고대 이스라엘 사람들은 어떻게 살았을까

고대 이스라엘 사람들은 어떻게 살았을까

2022년 10월 20일 초판 1쇄 펴냄

지은이 윌리엄 G. 데버
옮긴이 양지웅
다듬은이 이수경
펴낸이 신길순

펴낸곳 도서출판 **삼인**

등록 1996.9.16 제25100-2012-000046호
주소 03716 서울시 서대문구 성산로 312 북산빌딩 1층

전화 (02) 322-1845
팩스 (02) 322-1846
전자우편 saminbooks@naver.com

디자인 디자인 지폴리
인쇄 수이북스
제책 은정제책

ISBN 978-89-6436-225-9 93230

값 30,000원

The Lives of Ordinary People in Ancient Israel
—Where Archaeology and the Bible Intersect

고대 이스라엘 사람들은 어떻게 살았을까

윌리엄 G. 데버 저 | 양지웅 역

삼인

일러두기

이 책의 지명 표기는 성서(개역개정)의 표기를 기본으로 했다. 표준국어대사전과 국립국어원의 외래어 용례에 오른 경우에는 그 표기를 따르되, 본문에 처음 나올 때 괄호 안에 성서의 표기를 덧붙였다. 그 외의 히브리어는 발음에 가깝게 표기했으며, 아랍어는 '기타 언어의 표기 원칙'과 아랍어 용례를 참고하여 표기했다.

차례

서론 6

제1장 역사와 역사 기록에 관하여 13

제2장 고대 이스라엘 역사를 기록하는 도전적인 일 27

제3장 자연환경 59

제4장 데이터베이스: 유적지와 계층구조 77

제5장 도시와 마을 149

제6장 마을, 촌락, 그리고 일상생활 197

제7장 사회경제적 구조 277

제8장 종교와 제의 333

제9장 이스라엘의 이웃 나라들 391

제10장 전쟁과 종말 423

결론 485

옮긴이 후기 505

주 515

참고문헌 544

| 서론 |

이 책은 히브리 성서를 배우는 학생들에게 새롭고 독창적일 뿐만 아니라 그림도 풍부하게 들어 있는 안내서를 제공하려는 목적으로 기획되었다. 주로 비전문가들을 위해 썼으나, 전문가들을 위한 기술적인 상세한 부분들은 각주와 이 책의 끝에 있는 참고문헌에서 찾아볼 수 있을 것이다.

이 책은 통상적인 차원의 '이스라엘 역사'가 아니다. 첫째 이유로는, 이 책은 대략 기원전 8세기에 한정하고 있기 때문이다: 기원전 9세기 말에 이르러 북쪽에서 아람의 침입이 끝나가는 무렵(대략 기원전 810년)에서부터 신-아시리아가 유다로 군사 원정을 떠나온 기원전 701년까지를 다룬다. 이렇게 기간을 제한한 한 가지 이유는, 이 시기가 연대기적으로 잘 구분될 수 있기 때문이다. 다른 이유로는 이 기간이 고고학적 연구를 통해 충분히 입증되기 때문이다. 기원전 10~기원전 9세기에 대한 최근 논쟁으로 인해 우리의 초점이 흐려질 필요는 없다. 또한 기원전 7세기는, 그 시대에 더 이상 '이스라엘'이란 나라가 없었기 때문에(북이스라엘은 기원전 722/721년에 멸망한다—역자주) 간단히 배제할 수 있다. 우리가 다루는 시기를 조금 앞으로, 또한 조금 뒤로 확장할 수는 있을 것이다. 그러나 그렇게 하는 것은 다소 거추장스러운 일을 만드는 것일 뿐이다. 왜냐하면 이제 우리는 이 시기만 고려해도 차고 넘칠 정도로 풍부한 최신 자료를 확보했기 때문이다.[1]

내가 여기에서 하고 싶은 것은 고대의 이스라엘과 유다의 한 특정 시대에 대해 비교할 수 있는 하나의 역사(parallel history)를 구성하는 것이다. 다시 말해, 철기 시대의 팔레스타인에서 일종의 '일상적인 역사(secular history)'를 구성하여, 히브리 성서의 텍스트에 우리가 가지고 있는 그림들을 보충(하고 혹은 수정)하는 작업을 하고 싶은 것이다. 그런데 여기에서 텍스트상의 정보가 아니라 **고고학적** 사실이 기본적으로 주된 자료가 될 것이다. 정확하게 말해서, 텍스트 자료는 이후 각 장의 제2절에서 다루기는 하겠지만, 역사적으로 의심할 나위 없이 정확하다고 여겨진다면 어느 것이든 그 텍스트는 고려 대상이 될 것이다. 그러나 성서는 보조 역할이 될 것이며, 종종 별로 중요하지 않은 것이었음이 드러나게 될 것이다. 이러한 측면에서 이 책은 적어도 대부분 거의 '성서 없이 쓴 역사'가 될 것 같다. 비록 누군가 이런 일이 불가능하다고 할지라도 말이다. 각 장의 제3절에서 나는 사실의 차원을 넘어 근거에 바탕을 둔 추론으로 나아갈 것이다. 이는 바람직한 역사가라면 반드시 물어야 하는 질문인 셈이다: 그 당시는 정말 **어떠했습니까?** 이러한 질문은 우리가 통상적인 고대 이스라엘 역사에서 거의 완전하게 찾아볼 수 없는 보통 사람들의 삶을 그려보는 일에 도움을 줄 것이다.

그러므로 이 작업은 고대 이스라엘과 유다에 관한 또 하나의 역사가 아니라, 오히려 우리가 '현상학(phenomenology)'이라고 부를 수 있을 법한 것으로, 완전하게 객관적인 기록이라고 주장할 수 없겠지만, 그래도 다소 포괄적인 기술이라고 할 수는 있겠다. 내가 말하는 현상학이란 "'존재' 그 자체에, 인간이 경험하는 생생한 세계에, 그 멈추지 않는 모호함에, 그 자연발생적이며 자율적인 특성에, 그 담아낼 수 없는 크기에, 그 지속적으로 발전하고 있는 복잡성에 관심을 집중하는" 철학적 전통을 의미한다.[2]

고고학을 기초로 고대 이스라엘 역사를 기록하는 작업이 과연 가능한가에 대한 나의 자격을 묻는다면, 나는 전문적인 고고학자이다. 비록 구약성서학, 혹은 내가 여기에서 히브리 성서라고 부르는 것에 대해 포괄적으로 훈련받지는 못했지만 말이다.[3] 나는 거의 50년을 이스라엘에서 고고학과 함께 보냈다. 그리고 나는 성서학과 관련된 고고학 연구를 광범위하게 발표했다.[4] 많은 부분에서 이러한 (성서와 관련된—역자주) 오랜 경험이 현재의 작업에서 일종의 서언 역할을 맡게 될 것으로 보인다. 그렇지만 나는 내가 세속적 인문학자이며, 그 어떤 신학적인 면이나 다른 부분에서 전문적이지 않다는 점을 강조하고자 한다. 바로 이 점에서 이 책은 세속 역사인 셈이다. 비록 내가 역사가이기 때문에, 우리가 가진 역사적 자료 안에서 진실이란 주제를 궁극적으로 다루어야만 하지만(이에 대해서는 결론을 보라), 나는 신학적인 문제에 대해서는 기꺼이 신경을 쓰지 않을 것이다(역사적 진실을 다룰 것이지, 신학적 진리를 다루지 않겠다는 의미이다—역자주).

소위 '성서 시대의 일상생활'이라고 일반적으로 불리는 연구에 대하여 과거에 많은 책이 선을 보였다. 가장 좋은 것은 필립 킹Philip King과 로런스 스테이저Lawrence Stager의 『성서 이스라엘의 삶*Life in Biblical Israel*』(2001)이다. 혹자는 오데드 보로브스키Oded Borowski의 작품, 『성서 시대의 일상생활*Daily Life in Biblical Times*』(2003)을 언급할지도 모르겠다. 그러나 이 책들은 실제로 역사를 다루지 않았고, 단지 주제별로 구성되었기 때문에 통시적이기보다 공시적이라고 할 수 있으며, 더 나아가 역사 기술이 요구하는 설명적인 역할에서는 매우 부족했다. 그리고 두 책은 일차 자료를 사용하면서 모두 성서에 크게 의존하고 있을 뿐, 고고학은 사용하지 않았다.[5]

전도유망하게 보이는 다른 작품이 있는데, 사실 그것도 거의 쓸모가 없다: 퍼디낸드 데이스트Ferdinand Deist의 『성서의 물질문화*Material Culture of the Bible*』(2000)이다. 제목에도 불구하고, 그 책은 단지 물질문화의 양상에 대해 성서의 용어들만을 다룰 뿐, 고고학적인 자료는 거의 염두에 두지 않았다.

우리는 최근 몇 년간 연관된 특별한 주제에 관한 많은 광범위한 연구를 접할 수 있어서 다행스럽게 생각한다. 그러므로 나는 동료 고고학자인 오데드 보로브스키가 동물과 농업에 관해서 쓴 책을 활용할 수 있었다.[6] 네이선 맥도널드Nathan MacDonald의 『고대 이스라엘 사람들은 무엇을 먹었나?*What Did the Ancient Israelites Eat?*』(2008)는 그 자체로 하나의 진수성찬이다. 특별히 우리는 고대 이스라엘 사회에서 여성의 역할에 관한 전문화된 많은 연구를 얻었다.[7] 빵을 굽고 천을 짜는 일과 제의적 활동에 관한 짧은 연구에 더하여, 우리는 나의 제자 중 하나인 베스 알퍼트 나크하이Beth Alpert Nakhai가 편집한 논문집, 『고대와 고전 시대 근동에서의 여성의 세계*The World of Women in the Ancient and Classical Near East*』를 가지고 있다.[8]

이 책은 선임 이스라엘 고고학자인 에프라임 슈테른Ephraim Stern이 편집한, 다섯 권의 기념비적 작품인 『성지 고고학 발굴의 새로운 백과사전*New Encyclopedia of Archaeological Excavations in the Holy Land*』의 도움이 없었다면 쓸 수 없었을 것이다.[9] 거추장스럽게 문서로 증명하는 일을 피하기 위해서, 나는 이 책에서 유적지 목록을 종종 간략한 수준으로 언급할 것이다. 더 관심이 있는 독자라면, 그 책에서 권위 있는 요약 글을 찾을 수 있을 것이다. 그 사전에는 발굴자가 직접 글을 썼고, 방대한 참고문헌도 소개되어 있다.

나는 앤슨 레이니Anson F. Rainey와 R. 스티븐 나틀리R. Steven Notley가 편집한 『성스러운 다리: 카르타 성서 세계 도해*The Sacred Bridge: Carta's Atlas of the Biblical World*』에서 많은 도움을 받았다.[10] 이 책은 간단히 지도가 들어 있는 도해집이 아니다; 이것은 권위 있는 역사적 지리서로, 기록물과 고고학 자료 모두에서 풍부한 증거를 모아 기록되었다.

나는 고고학 결과물에 대하여 주로 비전문적인 방식으로 주목할 것이기 때문에 복잡한 고고학적 이론들에 대해서는 많이 다루지 않겠다. 사실 이론들은 갈피를 못 잡게 할 뿐이다. 내 입장을 말하자면, 나는 이른바 후기과정 고고학(post-processualist) 학파에 속해 있다. 다른 곳에서 이 학파를 조금 자세하게 설명했는데, 이 책의 목적을 위해서라도 후기과정 고고학의 몇 가지 의미를 주목할 필요가 있겠다.[11] 후기과정 고고학은 '명시적으로 과학적인' 신고고학을 대신하여 1980년대에 시작된 방법론이다. 특별히 가장 먼저 생각이 나는 작품으로는, 이언 호더Ian Hodder의 『과거 읽기: 고고학 해석의 최신 접근 방법들*Reading the Past: Current Approaches to Interpretation in Archaeology*』(1986)이 있다.[12]

호더의 '인지(cognitive)' 고고학—이것은 사물에서 의미를 찾자는 것이다—은 이 책에서 다루는 우리의 현상학적 접근과 완전히 합치한다. 텍스트text와 같이 인공유물(artifact)도 '읽는다'라는 은유는, 유사한 해석 원리를 사용한다는 것으로, 사실 내가 일찍이 채택했던 것이기도 하다.[13] 호더가 인공유물의 "언어, 문법, 그리고 구문론構文論"이라고 말하는 표현은 그중에서도 꼭 들어맞는다.

마지막으로, 후기과정 고고학의 역사에 대한 이해는 R. G. 콜링우드R. G. Collingwood와 다른 이들의 이상주의적인 전통과 강렬할 정도로 유사하다. 신고고학의 저속한 물질주의와 무력한 '문화적 과정 법칙'을 대신하여, 우리는 개인의 주도권, 예술과 상징 그리고 미학, 문화 안의 종교와 문화적 변화라는 것의 역할로 돌아갈 것이다. 이는 후기구조주의의 허무주의에 반대하는 입장이기도 하다.

이 책의 독특한 특징은 기셀 하셀Giselle Hasel에게 특별하게 의뢰해서 일련의 그림을 포함했다는 점이다. 이러한 그림들은 보통 사람들의 삶의 많은 부분을 글보다 더 잘 나타내줄 것이다. 다른 그림들은 내가 가지고 있는 방대한 수집물에서 가지고 왔는데, 내가 논의했던 거의 모든 유적지에서 내 손으로 직접 얻어낸 것들이며, 적절한 민족학적 분석을 거친 것들이다.

몇몇 장들에서 본문과 그림에 불가피한 중복이 생겼다. 그러므로 제4장에서 인상적인 수도로 예루살렘을 특정화하는 과정에서 언급한 그 유명한 예루살렘 터널이, 이후 엘리트 지배 계층이 글씨를 쓰고 읽을 수 있었다는 증거로 예루살렘 터널의 왕실 비문을 소개해야 했기 때문에 제7장에서 다시 논의된다. 그리고 그것은 다시 제10장에서 전쟁을 준비하는 양상을 설명하는 과정에서 한 번 더 등장한다. 이렇게 반복적으로 소개하지 않고 다른 방법이 있다면, 처음 그 유적지를 언급하면서 그곳에 대한 정보를 완전히 다루는 접근이 될 것이다. 그러나 그렇게 해버리면 이 책은 역사가 아닌 백과사전이 되고 만다.

이제 용어에 대해 말할 순서이다. 나는 일찍이 언급한 바 있는데, 학자 대부분이 사용하는 것처럼, '구약성서(Old Testament)'보다 '히브리 성서(Hebrew Bible)'를 선호한다. 그리고 나는 최근 전문용어인 'B.C.E.'[이는 '공통 시대 이전'이란 뜻으로, '기원전'(B.C.)이라는 기독교적 용어를 배제하겠다는 저자의 의도이다. 이 책에서는 관행을 따라 기원전이라고 썼다—역자주]를 사용한다. '팔레스타인'은 철기 시대의 고대 팔레스타인을 가리킬 뿐이다. 여기에는 그 어떤 정치적인 상황을 반영하려는 의도가 없다.

나는 이 책을 나의 부모님, 로니 얼 데버Lonnie Earl Dever(1908~1970)와 클로딘 와츠 데버Claudine Watts Dever(1911~1975)에게 헌정한다. 나의 아버지는 미국 남부와 중서부의 작은 마을 교회를 섬기셨던 근본주의 설교자였다. 나의 어머니는 가정주부로, 그녀의 일상은 교회와 가정을 돌보는 것이었다. 그들은 나의 긴 여정 이후 도달할 수 있었던 세계를 인식하지 못했고 또한 그 세계를 받아들이지도 않았을 것이다. 그러나 그들은 나에게 가치관과 사명감을 불어넣어 주었는데, 그것이 지금의 나를 만들었고 내가 이 책을 쓸 수 있게 해주었다고 생각한다. 이 책은 내 인생의 역작이다.

나는 또한 나의 첫 번째 아내, 노마 데버Norma Dever에게 감사한다. 그녀는 내가 손으로 쓴 글을 컴퓨터로 입력해서, 실수로 사진 촬영용 종이에 출력해 완성하기도 했다. 그녀는 이 책의 여러 초안을 쉬지 않고 손봐주었다.

나의 아내 패멀라 개버Pamela Gaber에게 특별히 감사하고 싶다. 그녀가 없다면 나는 많은 이가 불가능하다고 외쳤던 이러한 엄청난 작업을 감당하지 못했을 것이다. 그녀는 나를 꾸준히 재촉했고, 문제투성이 글을 셀 수 없이 많이 읽어주었다.

제1장

역사와 역사 기록에 관하여

역사란 무엇인가? 누가, 어떻게, 왜 그것을 쓰는가? 우리는 고대 이스라엘과 유다에 관한 질문에서, 이와 같은 어렵지만 근본적인 질문으로 시작해야만 한다.

역사를 정의하기

첫 번째로, '역사'라는 용어가 의미하는 바는 무엇인가? 역사가의 수만큼이나 역사에 대한 정의가 다양하다. 분명히 말해 역사는 과거에 관한 것이다. 그러나 그것은 재구성에 관한 것이 아니며, 과거를 다시 살리려는 것도 아니다. 왜냐하면 그러한 시도는 단지 환영만 만들어낼 뿐이기 때문이다. 그리고 순진한 소수의 사람을 제외한 모든 이에게 분명한 사실은, 역사란 또한 현재에 관한 것이라는 점이다. 바로 이 점이 우리가 이야기하며, 또한 과거—그것이 실제이건 상상에 의한 것이건—에 대해 우리 자신을 부분적이라도 규정할 수 있도록 해주는 작업을 하는 이유이다.

역사를 정의하는 한 가지 방법은, 그것을 골동품 수집과 비교하는 일이다. 즉 이것은, 우리의 목적과 같이, 히브리 성서의 고대 저자들이 최소한 실제 사건들을 묘사하려고 했는가, 그렇지 않으면 옛 전통들을 무비판적으로 수집하고 보존하는 단순한 골동품 수집상과 같이 행동했는가를 묻는 작업이다.

우리 시대 위대한 역사가 중 하나인 아르날도 모미글리아노Arnaldo Momigliano는 그 둘을 분명하게 구분했다. 골동품 수집가가 '박식한 연구'에 종사하는 반면, 역사가는 투키디데스Thucydides 시대부터 시작하여 중요한 정치적 사건들을 연대기적 순서로 기록하고 그것을 이해하며, 독자를 가르쳐주기 위한 목적으로 이러한 사실들을 설명하려는 시도를 해왔다.[14]

여기에서 우리가 다룰 것은, 주요 자료로 신명기적 역사(Deuterono mistic

History)인데(이후로는 줄여서, 'Dtr'로 표기한다; 한편, 한글 번역은 '신명기적 역사'로 표기한다—역자주), 이는 신명기에 여호수아부터 열왕기까지를 포함한 책이다(구약성서의 신명기, 여호수아서, 사무엘서, 열왕기서를 가리킴—역자주). 그러나 이 자료를 만들었던 저자, 편집자, 혹은 학파는 하나의 이야기를 전하려 했던 것일까 아니면 '사실대로 말하려' 했던 것일까?

성서와 역사 편찬의 관계를 다루는 너무나 지루한 연구서들이 나와 있다.[15] 그러나 여기에서 나는 신명기적 역사에서, 그리고 또한 그와 관련된 예언 문학에서, 우리의 주요한 자료가 사실과 허구가 섞여 있기는 하지만 걸러낼 수 있는 역사적 '핵심' 정보가 들어 있다고 가정할 것이다. 비평적 학자는 이 작업을 절대 객관적으로 수행할 수 없지만, 우리는 최선을 다할 것이다.

이러한 노력은 많이 인용되고 있는 요한 하위징아Johan Huizinga의 역사 정의와 맥을 같이한다: 역사란 "어떠한 문명이 그 자신의 과거를 설명하려고 표현한 지적인 형식"이다.[16] 하지만 그러한 과거에 대한 설명은 절대로 완전하지도 못하며, 또한 완전히 정확할 수도 없다. 이는 우리 자신의 편향성 때문이며, 아무리 잘해도 우리 자료 자체에 한계가 있기 때문이다. 여기에 그치지 않고, 우리의 탐구는 적합하지 않은 방법론 때문에 방해를 받을 수도 있다. 따라서 역사의 기록에서 자료, 목적, 그리고 방법론이라는 주제에 관하여 지금까지 우리가 암시하고 있는 바를 보다 자세하게 다루도록 하겠다.

역사 기록을 위한 자료

역사는 역사가의 자료를 능가하지 않는다. 대부분의 역사가에게 자료는 텍스트로, 사실이라고 생각되는 과거 사건들을 기록한 것이다(때때로 구전 역사에 의해 보충되기도 한다). 우리의 목적을 위해 우리는 고고학적 인공유물뿐만 아니라 기록된 자료도 보유하고 있는데, 이 둘은 우리가 그리려는 과거에 대해 비교적 신뢰할 수 있다고 여겨진다. 그렇지만 각각의 자료는 그 타당성과 관련해서 평가를 받아야만 하며, 그런 다음 비슷하게 평가를 받은 다른 자료와 비교되어야만 한다.

텍스트 자료

텍스트 자료에는 직접적 관계가 있는 성서 기록과 다른 기록들이 우리의 목적에 맞게 포함된다. 여기에 동시대의 다른 기록으로는, 특별히 신-아시리아 연대기가 포함된다. 하지만 우리는 이 모든 기록을 동등하게 비평적으로 평가할 것이다. 다시 말해서, 우리는 히브리 성서를 우대해서 취급해야 하는 경전(Scripture)이 아니라, 단지 또 하나의 기록된 자료로 읽을 것이다.[17] 모든 기록을 사용하면서 다음의 원칙이 준수될 것이다.

1. 기록 역시 인공유물이기 때문에, 그것은 고고학의 인공유물처럼 취급되어야만 하며, 사용 가능한 데이터가 될 수 있는 신뢰할 만한 사실을 이끌 것이다. 기록과 인공유물이 동등한 방식으로 '읽을 수' 있다는 점이 요즘 와서 분명해졌다. 즉, 일단 우리가 그 물질문화의 문법, 어휘, 그리고 구문론을 배우게 된다면, 유사한 원칙을 기초로 해석할 수 있다는 말이다. 이것은 우리의 두 학문 분야 사이에 대화를 만들어내는 엄청나게 획기적인 시도라고 할 수 있다. 그러나 아직도 몇몇 성서학자는 그 가능성을 인지하지 못하고, 계속해서 고고학이 '침묵하고 있다'라며 어리석은 말을 해대고 있다.[18]

2. 고대의 기록을 사용할 때, 우리는 다음과 같은 명백한 결점들을 고려해야만 한다: 이성을 거부하는 기적적인 이야기들; 정치적으로, 혹은 히브리 성서의 경우에는 신학적으로 편중된 경향성; 그리고 내적으로나 혹은 (고고학 자료와 같은) 외부 데이터와 비교해서 충돌이 나타나는 경우가 여

기에 해당한다.

3. 우리가 다루는 모든 기록의 연대 설정은 매우 중요하다. 이상적으로 생각해서, 기록은 그것이 말하는 사건과 동시대이거나 직접 눈으로 본 보도문이어야 할 것이다. 그러나 설령 그렇다고 할지라도 그것의 신뢰성은 앞에서 언급한 것처럼 보증되지는 않는다. 그리고 성서 기록과 관련해서 우리는 독특한 문제를 가지고 있다: 우리가 여기에서 활용하려는 신명기적 역사를 포함해서 기록 대부분은, 그것들이 기술하고 있다고 표명하는 사건들보다 훨씬 이후에 기록되었으며, 어떤 경우엔 몇 세기 후대에 기록되었다(아래를 보라). 그러므로 성서 기록이 고대 이스라엘의 **그 어떤** 역사를 기록하기 위한 신뢰할 만한 재료가 아니라는 주장이 종종 제기되고 있다.

우리가 여기에서 의존하는 특별한 성서 기록은 신명기적 역사서라고 불리는 것에 해당한다(앞을 보라). 이것은 신명기서에 여호수아부터 열왕기서까지 포함한 하나의 복합 저작물이다. 대부분의 학자들은 그 저작 연대를 기원전 7세기로 잡고 있는데, 분명한 것은 그것의 마지막 편집 연대가 포로기(기원전 6세기) 혹은 아마도 더 나중일 것이다.[19]

학자들은 이 획기적인 작품의 저자와 연대에 관하여 다른 견해를 가질지도 모른다. 그러나 그 책의 저작 의도는 분명하다: 야훼로부터 약속을 받은 땅에서, 유일신론적 신앙과 계약에 따른 생활 가운데 통일된 백성의 역사를 간추려서 그리는 것이다. 그러나 문제는 이렇게 그린 세계상이 역사인가 아니면 신화인가 하는 점이다. 그리고 우리의 경우에, 이렇게 늦게 기록된 기록물이 기원전 8세기에 관한 우리의 탐구에 그 어떤 연관성을 만들어줄 수 있는가 하는 것을 반드시 물어야만 한다. 이러한 것들이 근본적인 쟁점이다.

다시 말하지만 관련 연구서들은 너무 방대해서 여기에서 개관하기 어렵다. 그러나 나는 탁월한 이스라엘 역사가인 나다브 나아만Nadav Na'aman의 견해를 따를 것이다.[20] 그는 성서 이야기를 역사적 허구라기보다 '역사 편찬(historiography)'으로 읽는데, 그 주된 이유는 기록자가 그들이 볼 때 실제로 일어났다고 생각하며 자신의 기록을 고려했기 때문이다. 그러나 성서는 교훈적인 문학으로, 과거를 기술하기는 하지만 그것은 과거를 사용해서 어떠한 도덕적 교훈을 전해주기 위한 더 큰 의도를 가진다. 그러므로 성서 기록 자체가 사건 발생 이후에 이루어졌으며, 또한 그 기록 목적이 교훈 전달이라는 특별한 의도가 있기는 하지만 신명기적 역사 안의 이야기들은 역사 재건을 위해 조심스럽게 사용될 수 있을 것이다.[21]

바로 이러한 점에서 우리는 수정주의자들과 일치하지 않는다. 수정주의자들은 2장에서 다룰 것인데, 히브리 성서 기록에는 진짜 역사가 없다는 입장을 고수하는 사람들이다. 우리는 또한 정반대에 있는 근본주의자들도 거절한다. 그들에게 히브리 성서는 문자 그대로 사실이어야만 하기 때문이다. 그러므로 우리는 성서와 성서가 아닌 기록 모두 비판적으로 사용될 때, 역사를 기록하기 위한 순전하고 동등한 자격을 가진 자료로 취급하고자 한다.

고고학 자료

고고학자의 수만큼이나 세상에는 수많은 고고학의 정의가 존재한다. 그러나 고고학자는 '사물을 가지고 역사를 기록하는' 사람으로 단순히 여겨질 수 있다. 나는 사물—고고학적 인공유물—이 이제는 이스라엘과 유다의 새로운 역사를 기록하기 위한 일차적인 데이터가 된다고 시종일관 주장하고자 한다.

나는 이미 앞에서 주장하기를, 고고학적 증거가 기록 증거와 유사하며, 유사한 해석 방법을 사용해서 비판적으로 평가되어야만 한다고 했다. 그렇다면 왜 고고학적 데이터가 더 우월하게 여겨져야 할까?[22]

첫째로, 인공유물은 종종 기록보다 구체적인 특성이 있는 반면, 기록은 이상적인 세계를 나타내고 있는 것처럼 보인다. 우리는 인공유물에 보다 직접적으로 접근할 수 있다: 다시 말해서, 그것을 번역할 필요가 없다. 적어도 언뜻 보기에는 말이다. 물론 인공유물에는 이름표가 없으며, 그것들도 역시 의미를 산출해내기 위해 궁극적으로는 해석되어야만 한다. 그러나 고대 기록이 불가사의하게 보일 수 있는 반면, 다시 말해 글자로 표현된 것은 수수께끼를 포함하고 있는 어떤 생각일 수 있지만, 고대의 요리용 항아리는 그 자체가 말할 수 있다. 그러므로 인공유물은 기록보다 실제에 더 가깝게 보인다.

둘째로, 인공유물이 그 완전한 의미를 드러내기 전에 타당한 해석이 요구되어야 하지만 그 해석이 옳은지 그른지를 판단하기가 더 쉽다. 기록과 인공유물은 모두 부호화된 행위가 포함되어 있다. 그러나 고대 기록은 오랜 세기를 거치면서 편집되고 끝없이 재편집되었다. 그렇기에 우리가 지금 가지고 있는 것은, 일종의 해석이 해석된 것의 해석이라고 할 수 있다. 결국, 그 어떤 생생한 역사적 정보를 찾는 일은 거의 불가능하게 보인다.

이와 대조적으로, 고대 인공유물이 처음 발견이 되면, 그것은 본연 그대로이다. 물론, 우리가 그것을 건드리는 순간부터 해석은 시작한다. 그렇지만 우리는 수 세기 동안 누적된 것을 관통할 필요는 없는 것이다. 그러므로 만약 '일차적인'이라는 것이 동시대를 의미하는 것이라면, 인공유물은 우리의 텍스트를 능가하는 자료이다.

인공유물의 또 하나의 이점은, 그 그룹이 적합하게 발굴되었을 경우 최초의 물리적 상황을 보여줄 수 있다는 것이다. 그런 다음 그것들은 우리가 유물복합체(assemblage)라고 부르는 것을 구성하게 된다. 그리고 그것이 다른 집단과 적합하게 비교되었을 때, 그것은 이제 하나의 전반적인 문화적 맥락 안에 자리할 수 있게 된다. 그러나 성서 기록의 경우에는 그 기록의 최초 맥락을 아는 것이 불가능하지는 않지만 매우 어렵다.

기록된 문헌의 연대는 또한 문제를 담고 있다. 우리는 성서 자료의 연대를 결정하는 일이 어렵다고 이미 언급했다. 물론 고고학적 증거의 연대를 설정하는 일 역시 어렵다(이는 성서주의자들이 지적하기 좋아하는 부분이다).[23] 그러나 성서주의자들이 어떤 기록의 연대를 정하는 데 많게는 수백 년 차이가 날 정도로 다양할 수 있는 반면에(예를 들어 신명기적 역사서), 오늘날의 고고학자들은 가장 논쟁적인 발견에서조차 50년을 넘지 않는 수준에서 차이를 보일 뿐이며, 그 오차의 간격은 일반적으로 상당히 좁다. 어느 경우이건, 우리의 연대 설정은 여기에서 다루는 넓은 범위의 역사에서 거의 항상 충분하다고 하겠다.

마지막으로, 우리가 가지고 있는, 그리고 항상 가지고 있을 성서 기록의 숫자는 제한되어 있다. 정경正經은 닫혀 있기 때문이다. 사해 두루마리와 같이 기상천외의 발견조차 그러한 양상을 바꿀 수 없다. 그러나 고고학적 발견의 숫자는 기하급수적으로 증가하고 있다. 20년 전만 해도, 이 책과 같은 고고학적 역사는 불가능했을지도 모른다. 그러나 감히 예견하건대, 이제부터 20년 후에는 그러한 고고학적 역사들이 텍스트에 기초한 역사를 능가하게 될 것이다. 고고학적 증거의 무게가 더욱 우세하게 될 것이다.

역사 기록의 목표

쓸데없는 호기심 때문에 역사를 쓰는 사람은 없다. 사람들이 역사를 쓰는 방법은 자료에 의존할 뿐만 아니라, 어느 정도는 그들이 완수하고자 기대하는 것에도 의존하게 된다. 그리고 그다음 그러한 기대는 거의 개인적인 동기, 즉 이데올로기에 의존하게 된다.[24] 많은 이들은 다른 학자의 동기에 의문을 두는 것은 부적합하다고 문제를 제기한다. 이와는 반대로, 내가 논쟁하고자 하는 바는, 만약 우리가 적합한 문제의식으로 역사를 평가한다면, 그러한 학자들의 동기에 의문을 두는 것은 종종 필요하다는 점이다. 유일하게 요구되는 것은 우리의 묘사가 정확하고 공정해야 한다는 점이며, 우리의 논증이 단순히 편견에 호소하는 것이 되어서는 안 된다는 점이다.

나는 여기에서 이데올로기를 "대의를 지켜내고자 하는 일련의 사고방식으로, 배타적인 우월성을 요구하는 것"으로 규정하고자 한다. 분명히 모든 사람은 일련의 생각이 있으며, 대부분은 과거를 조사하는 일에 어떠한 어젠다가 있기 마련이다. 그렇다면 이데올로기를 가지는 것이 무슨 잘못인가? 나는 이데올로기가 단지 집착이 될 때, 문제가 된다고 주장하는 바이다: 즉, 극단으로 가서, 다른 정반대되는 증거들을 무시하고, 논쟁을 불러일으켜 선동으로까지 확대하는 그런 집착 말이다.

'최대주의자(maximalist)'와 '최소주의자(minimalist)'의 최근 논쟁 대부분은 서로 대결하는 이데올로기와 관련되어 있다. 성서 수정주의자(revisionist)들은 극좌에 속하는 학자들로, 주류 학자들과 특별히 복음주의자들이 특정 이데올로기의 신봉자들이며 그렇기에 그들이 허위 주장을 내세우고 있다고 주장한다. 얄궂게도, 그들은 **그들 자신의** 이데올로기 때문에 눈이 먼 것처럼 보인다.[25]

다음 장에서 나는 성서 수정주의자들의 작품을 개괄할 것인데, 그들의 이데올로기는 난폭하며 종종 유일한 목적만 가지고 있는 것처럼 보인다. 이제 역사 기록의 목적을 (최대주의자나 최소주의자의 입장이 아닌—역자주) 일반적인 차원에서 말하는 상황에서, 이데올로기를 앞에서 살펴본 것처럼 **고정된** 아이디어의 집합으로 정의하도록 하자. 그러나 혹자는 '어젠다'를 '이데올로기'로 바꾸어놓기도 할 것이다. 이렇게 볼 때 모든 이들은 자신만의 어젠다를 분명히 가지고 있는데, 과연 그 자체가 문제로 여겨질 수 있는가?

문제는 '고정된(fixed)'이라는 형용사이다. 특정 이데올로기 신봉자는 자신의 어젠다에 너무 집착한 나머지 그 혹은 그녀의 마음이 그와 정반대될 수 있는 모든 정보에 문을 닫는다. 그러한 경우에 이데올로기가 학문을 삼켜버리고 만다. 즉, 진정한 열린 자세가 특징이라고 할 수 있는 학문은 이데올로기 안에서 찾을 수 없게 된다. 특히 역사가는 반드시 열린 마음을 가져야만 하는데, 왜냐하면 역사 기록은 과학이 아니며, 인간 활동의 결과물에 대해서는 그 누구도 예견할 수 없기 때문이다.

내가 주장하고자 하는 바는, 가장 적합한 역사는 인문주의적이며 실증주의적 역사라는 점이다. 확실한 것은, 바로 여기에 주관적인(즉, 이데올로기적인) 요소가 분명히 작용한다는 점이다; 그러나 그것들은 솔직해야 할 뿐만 아니라, 대체로 온화한 태도여야 한다. 예를 들면, 주류 역사는 일반적으로 폭넓고 자유주의적이며 인문주의적 관점에서 기록된 것들이다. 올바른 역사의 태도는 환원주의자나 결정론자의 역사가 아니며, 열린 자세이다. 보다 옛날 방식의 실증주의적 역사는 일반적으로 다소 이론 중심적이었지만, 그럼에도 불구하고 그들은 사실을 이야기하려고 시도했다. 비록 최대주의적 방식으로 그 사실을 해석하려고 했지만 말이다. 그러나 이러한 역사들과는 반대로, 이데올로기적 역사는 자신들이 소중하게 지켜온 이론이 조금이라도 불편하게 보인다면 조금도 주저하지 않고 사실을 무시할 뿐만 아니라 심지어 그것을 왜곡하기도 한다. 마르크스주의 역사가들은 (그리고 일부 반反마르크스주의 역사가들은) 후자의 예가 될 수 있다.

이 모든 것은 우리가 상상하는 어떤 역사가들이 허풍선이라는 게 아니라 단지 모든 역사 기록은 어느 정도 주관적이라는 점이다. 다시 말해서, 이데올로기가 정말 **중요하다**는 것이다. 그런 만큼 동기도 중요하다; 그리고 어떤 동기는 다른 것보다 더 좋은 것일 수 있다—실용성과 도덕성 모두의 경우에 말이다. 그러나 배울 수 있는 교훈은, 우리는 우리 자신의 동기를 항상 점검해야만 할 뿐만 아니라, 우리의 의도에 관해서도 솔직해야 한다는 점이다. 그리고 무엇보다 중요한 것은, 우리는 균형 잡힌 판단을 추구해야만 한다는 것이다.[26]

최근 세 권의 대중적인 책들을 통해서(*What Did the Biblical Writers Know and When Did They Know It?* [2001], *Who Were the Early Israelites and Where Did They Come From?* [2003]: 이 책은 『이스라엘의 기원』으로 번역되었다. *Did God Have a Wife?* [2005]—역자주) 나는 내 개인적인 배경을 기술했고, 책의 첫 부분에

서 나 자신만의 전제를 소개했다. 이 책에서 나는 내가 세속적 인문학자이며, 성서를 변호(혹은 의심)하려는 그 어떠한 의도도 없음을 충분히 적어두었다. 나는 유능한 고고학자와 정직한 역사가가 되려고 노력할 뿐이다. 가능한 만큼 모든 연구 도구를 사용하면서, 고대 이스라엘과 유다의 보통 사람의 실제 생활을 파악하려 했다. 그들의 세계를 이해하기 위해서 나 자신의 세계관을 옆으로 치우려고 노력해왔다. 내가 이데올로기를 가지고 있다면, 그 이데올로기가 있는 그대로 나타나기를 바랄 뿐이며, 또한 그것이 나를 막아 내가 제시한 자료의 완전한 의미를 보지 못하게 하지 않기만을 단지 소망할 뿐이다.

역사 기록의 방법론

우리가 기대하는 역사 기록의 성과물이라는 것이, 우리가 시작부터 가지고 있는 것에 의존하고, 우리 자신을 위해 만들어놓은 목표의 가능성에 의존하며, 그리고 마지막으로 변호할 수 있는 이데올로기에 의존하게 된다면, 이 모든 것은 궁극적으로 우리가 채택하는 방법론에 달려 있게 된다.

우리가 기록을 다루건 아니면 인공유물을 다루건 간에, 건전한 학술적인 방법론은 똑같다. 그것은 무엇보다도 수사법이 아닌 사실에 호소할 것을 요청한다. 즉, 수사법에만 매달린다면, 우리의 주제를 파악했다고 할지라도, 경험적인 증거를 뛰어넘지 못하는 진술만 선호하게 되고 말 것이다. 이 말은 극단을 피하라는 뜻이다. 그렇게 될 때, 이데올로기가 결국 벗겨지게 되고, 절반의 진리가 확실함의 차원으로 고양된다.[27]

이와 관련하여, 겸손이란 순전히 열린 자세이며, 사실이 이끄는 대로 흔쾌히 가려는 마음이다. 이것은 분명하며 간단한 것처럼 보인다. 그러나 엄청난 도전이기도 하다. 이러한 열린 자세가 부족한 것은 특정 이데올로기

신봉자들의 또 다른 특징인데, 이들의 결론은 일반적으로 선입견이라고 부르는 것과 다르지 않다. 그러므로 기록을 우선시하는 많은 성서주의자는 고대 이스라엘에 관해 소중히 간직한 그들의 관념을 위협할 수도 있는 새로운 고고학적 자료를 염두에 두지 않는다.[28]

마지막으로, 역사가는 반드시 비판적인 판단을 발휘해야만 한다. 다시 말해 우리가 알 수 있는 것과 알 수 없는 것을 인식해야만 한다. 그것은 불확실성과 함께 살아간다는 것을 종종 의미하며, 부분적인 진실, 그리고 여러 학자가 말하는 것처럼 '모든 가능성을 고려'하며 살아감을 뜻한다.

우리가 가진 자료를 배경으로, 우리가 추구하는 목적과 그리고 우리가 사용할 수 있는 가장 적합한 방법론으로, 우리는 우선 우리의 자료 각각을 서로 구별하여 조사할 것이며, 가장 마지막까지 성서의 증거를 남겨놓을 것이다. 그런 다음 우리는 우리의 모든 자료를 비교하여, 기록과 인공유물 사이에 내가 '수렴(convergence)'이라고 부르는 것을 발견할 수 있는 지점을 찾을 것이다.[29] 바로 그 지점이, 즉 서로 독립적인 증거들이 일치하는 지점이, 진실에는 도달하지 못할지언정 최소한 고대 이스라엘에 대한 합리적이며 만족스러운 그림을 발견할 수 있는 가장 적합한 곳이다. 그것이 적절한 목표가 될 것이며, 그 목표는 달성할 수 있다.

극단적으로 회의적인 학자인 에른스트 악셀 크나우프Ernst Axel Knauf는 문헌에서 정보를 추출하는 것에 관하여 다음과 같이 결론을 맺는다: "내가 생각하기에, 과거와 현재의 많은 역사가도 동의하는 것처럼 그 일은 가능한 것 같다. 하지만 문학적 자료에서 얻은 정보는 고고학에서 정보를 걸러내는 것처럼 철저하게 다루어져야만 한다; 어떤 것은 사용할 수 있지만, 다른 것은 그렇지 못하다."[30] 크나우프는 또한 고고학과 기록 자료의 관계에 대해 기민하게 주목한다. 그는 이 둘을 떼어놓고, 문헌학에 우위를 두는 행위는 "고고학을 망쳐놓는 나쁜 영향을 주게 될 것이며, 그렇게 된다면 과거에 무엇이 일어났는지 우리가 이해할 수 **없을** 것이라고 단언"했다. 크나

우프는 결론을 맺기를, 우리는 "고고학을 기초로 역사가 기록될 수 있으며, 그리고 필요하다면, 오직 고고학만으로 가능하다"라는 것을 입증할 필요가 있고, "어떠한 종류의 역사가 그러한 노력에서 출현하게 되는지를 또한 [입증해야 한다]."[31]

똑같은 생각이 저명한 성서학자 레스터 그래브Lester L. Grabbe가 주목한 부분에서 발견된다. 그는 '유럽 세미나'의 설립자로, 이 세미나는 상당히 많은 수정주의 성서 연구를 소개하고 있다. 그는 앞으로 등장하게 될 이스라엘 역사를 위한 서언을 작성했는데, 그곳에서 그는 기록 자료가 아니라 **고고학적** 자료가 반드시 일차 재료가 되어야만 한다고 주장했다.[32] 그의 책 『고대 이스라엘: 우리는 무엇을 알고 있으며, 우리는 그것을 어떻게 알고 있는가?*What Do We Know and How Do We Know It?*』(2007)는 기분 나쁠 정도로 나의 책 『성서 저자들은 무엇을 알고 있었으며, 그들은 언제 그것을 알게 되었는가? 고고학이 고대 이스라엘의 실제에 관하여 우리에게 말해줄 수 있는 것*What Did the Biblical Writers Know and When Did They Know It? What Archaeology Can Tell Us about the Reality of Ancient Israel*』(2001)과 같은 목소리를 내고 있다.

이제 고고학의 중요성에 대한 의견의 일치가 점점 나타나고 있으며, 이것과 같은 많은 책이 나오게 될 것이다. 여전히 좋은 점은, 더 나은 공동 작업이 생길 것이며, 고고학적 자료는 온전하게 대우를 받고 융합될 것이라는 사실이다. 그러한 발전을 내다보고 고고학은 현재 작업에서의 자기 위치를 자랑스럽게 여겨야 할 것이다. 나는 이 책이 앞으로 일어날 일의 전조가 될 것을 소망한다.

앞으로 이어지는 내용에서 나는 히브리 성서가 상대적으로 후대에 엘리트들에 의해 쓰인 편향적인 기록으로서, 고대 이스라엘과 유다의 보통 사람이 살았던 일상적인 삶에는 전혀 관심을 두지 않았다고 가정할 것이다. 이들 민중은 성서에서 완전히 무시되었는데, 그렇지 않은 경우라면 제사장과 예언자 그리고 개혁자가 민중을 저주할 때만 성서에 나왔을 뿐이다. 이러한 대중에게 그들의 목소리와 그들의 역사를 되돌려주기 위해 고고학의 독립적인 증거를 사용하는 과정에서, 나는 그 어떠한 가치 판단을 내리지 않도록 주의하였다. '사물의 역사가'로서, 나는 단지 그것이 특정 시대와 장소에 살았던 대부분의 사람들에게 실제로 어떠했는지를 기술하려고 노력할 것이다.[33]

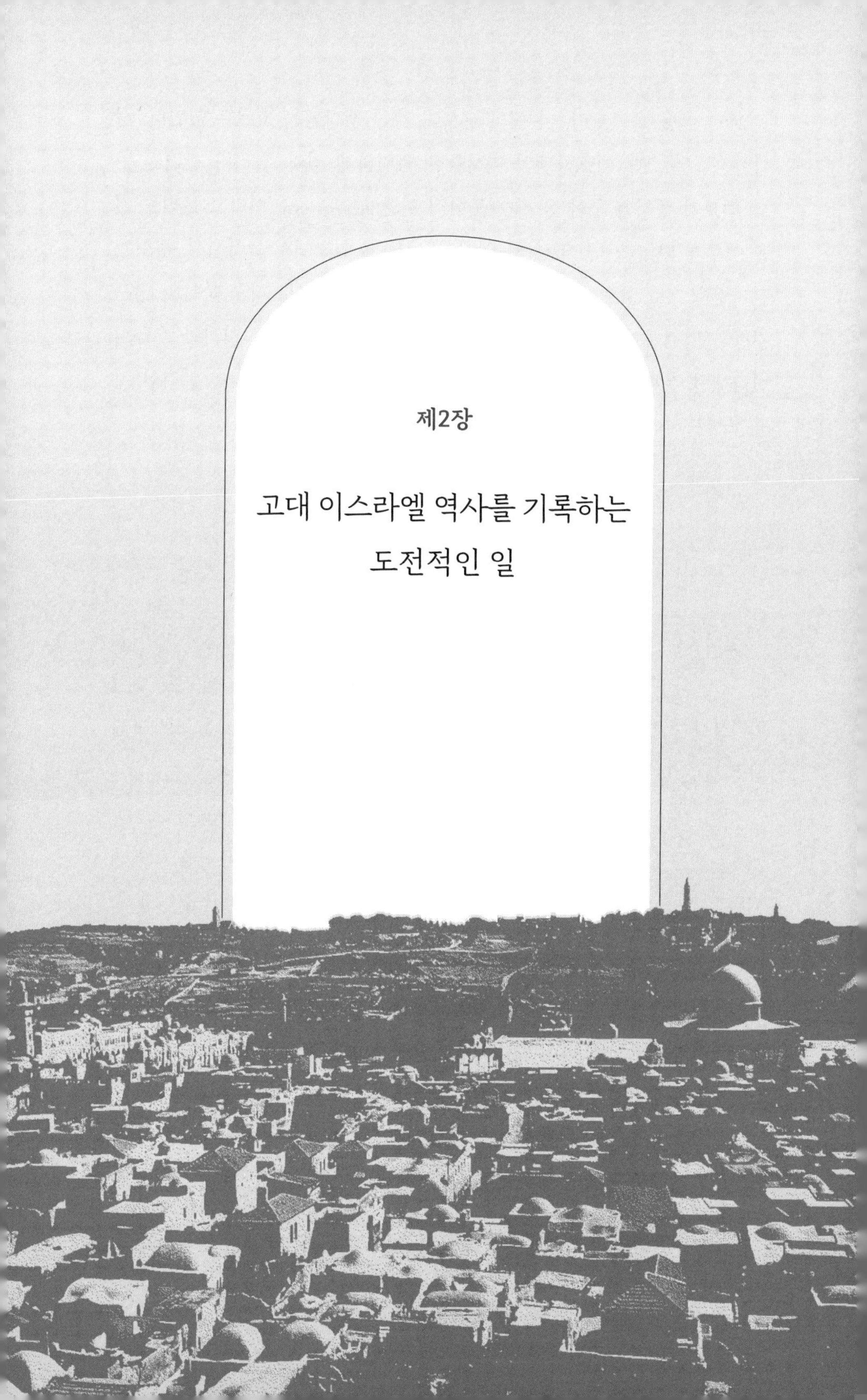

제2장

고대 이스라엘 역사를 기록하는 도전적인 일

20년 전을 돌아보면, 이 책의 제목과 같이 생각되는 도전은 없었다. 성서학자들은 고대 이스라엘의 역사들을 당연하게 썼다. 그러나 간격을 두고, 히브리 성서와 구약 연구는 '문학적 전환(literary turn)'이라고 불리는 것을 이루게 되었다. 즉, 역사(와 심지어 신학적) 연구에서 돌아서서, 성서를 단지 **문학**으로 읽으려 하는 것이다. 그러한 발전은 다른 학문 분야의 많은 경향과 밀접하게 관련이 있으며, 또한 새천년에 들어서며 지적인 흐름이 변화했던 것과도 관련이 있다. 비록 복잡하기는 하지만 우리는 이러한 것들을 반드시 검토해야만 한다.

고대 이스라엘의 '종교 없는 역사'를 향하여?

고대 이스라엘의 전통적인 역사에 관심이 낮아지고 있는 한 가지 이유는, 조반니 가르비니Giovanni Garbini의 통렬한 비판을 따르면, 발표된 역사가 "성서 기록을 패러프레이즈paraphase" 하는 것에 불과하기 때문으로 보인다.[34] 그런 경우, 누가 그런 것을 필요로 하겠는가?

이미 1987년에 유럽의 수정주의자 중 하나인 토머스 톰프슨Thomas L. Thompson은 고대 이스라엘의 성서 기록에 기초한 역사들에 환멸을 느끼게 되었고, 다음과 같이 선언하였다: "이스라엘의 기원에 대한 역사를 이제 처음으로 쓸 수 있게 한 것은 시리아-팔레스타인 고고학의 독립성이다. 성서가 아닌, 시리아-팔레스타인 고고학 분야와 인접한 고대 근동학에서 우리는 이스라엘의 가장 이른 역사를 위한 일차 자료를 찾게 되었다."[35]

나는 이보다 더 잘 표현할 수 없겠다. 사실, 나는 10년도 훨씬 전부터 이와 유사한 내용을 발해왔나—바로 '시리아 팔레스타인 고고학'과 '독립적 학문'이란 용어를 사용하면서 말이다(1973년까지 거슬러 올라갈 수 있다).[36] 몇 년 후에 톰프슨은 고고학에 기초한 역사를 만들어보려고 애를 썼지만, 그 책은 성공과 거리가 멀었다.

'이스라엘 역사'는 기록될 수 있는가

대부분의 독자에게 이것은 질문답지 않게 보일 것이다. 그러나 이것은 그렇게 쉽게 답할 수 있는 질문이 아니다. 사실, 오늘날 대부분의 히브리 성서학자들은 회의적이다. 하지만 분명히 말해서 나는 동의하지 않는다. 그렇지 않았다면 오늘 이 책은 절대로 만들어지지 못했을 것이다. 그러나 최근 역사 분야의 침체는 우리의 작업을 시작하는 데에, 일종의 서문의 역할을 위해서라도 심각하게 받아들여야만 하는 대목이다.

고대 근동 역사 편찬(혹은 역사 기록)에 대한 논의는 미국의 성서학자인 존 밴 세터스John Van Seters(1983년)와 바루크 핼펀Baruch Halpern(1985년)의 토대가 되는 작품으로 거슬러 올라간다. 1991년의 심포지엄에서 발표된 소논문들은 고대 이스라엘이란 주제를 보다 직접적으로 처음 수면으로 이끌었고, 그리고 곧 그 논쟁의 주연이 될 여러 학자의 견해가 반영되었는데, 그중에 나의 것도 포함되어 있다. 중요한 점은, 그 토론회에서 고고학을 최초로 하나의 주된 요인으로 소개했다는 점이다.[37]

그런 다음 1992년에 토머스 톰프슨의 펜에서 내용이 충실한 『기록된 것과 고고학 자료를 통해서 본 이스라엘 민족의 초기 역사*Early History of the Israelite People from the Written and Archaeological Sources*』가 나타났는데, 이 책은 그 제목에도 불구하고 고고학을 빈약하게 그리고 아마추어식으로 사용했을 뿐이었다.[38]

다음 해에 예스타 알스트룀Gösta Ahlström은 또 하나의 보다 의욕적인 '종교 없는 역사'인 『고대 팔레스타인의 역사: 구석기 시대부터 알렉산더의 정복까지*The History of Ancient Palestine from the Paleolithic Period to*

Alexander's Conquest』를 출간했다. 알스트룀은 훨씬 뛰어난 학자로, 톰프슨의 극명한 이데올로기와는 결을 같이하지 않았다(나중에 그는 탁월한 수정주의자가 된다; 아래를 보라). 그러나 그도 역시 고고학 자료를 직접 발굴해서 얻은 것은 아니었다. 이러한 초기 역사들은 그 당시에 아무런 주목을 받지 못했으며, 오늘날 그들은 연구사에 있어서 괴짜에 불과하다.

알스트룀의 『역사』가 나오기 한 해 전에 진정한 논쟁이 시작되었는데, 이는 셰필드 대학의 필립 데이비스Philip R. Davies가 의도적으로 자극적인 제목으로 쓴 『'고대 이스라엘'을 찾아서*In Search of 'Ancient Israel'*』였다. 데이비스는 세 가지 '이스라엘'이 있다고 구분했다: '성서(이스라엘)'와 '고대 이스라엘' 그리고 '역사적 이스라엘'이다. 여기에서 '고대 이스라엘'은 단순히 고대와 현대의 유대인 혹은 기독교인 성서학자들이 만든 사회적 개념에 불과한 것으로, 다시 말해 이들 학자 자신의 자아 정체성을 높이기 위해 고안된 문학적 허구이다. 물론 '역사적 이스라엘'은 철기 시대 팔레스타인에 존재했었을 것이다. 그러나 그것은 복구가 불가능한데, 왜냐하면 그 당시의 모든 성서 기록이 페르시아 시대(혹은 헬레니즘 시대)에 만들어진 것이므로 역사적으로 볼 때 무관하기 때문이다(아래를 보라); 그리고 고고학은 이론적으로는 쓸 만하지만 "침묵하고 있다". 히브리 성서 기록이 "너무 후대에" 기록되었기 때문에 초기 시대의 그 어떠한 진정한 역사를 담아낼 수 없다는 논증이 그 책의 핵심 주제이다.[39]

다음 해인 1993년, 코펜하겐 학파의 또 다른 수정주의 학자인 닐스 페테르 렘셰Niels Peter Lemche는 히브리 성서의 모든 텍스트의 작성 연대를 훨씬 후대인 헬레니즘 시대(기원전 3~기원전 2세기)로 잡아야 한다고 주장했다. 그러므로 히브리 성서는 자유롭게 쓴 하나의 문학적 작품이며, 완전히 허구이고, 렘셰가 1998년 자신의 책 『역사와 전통에서 본 이스라엘 사람들*The Israelites in History and Tradition*』에서 주장했던 것과 같이, 독창적인 시온주의자의 신화에 불과하다고 말했다. 결국 그의 주장에 따르면, 히브리 성서는 시기적으로 매우 늦은 헬레니즘 시대에 나타난 일련의 환상이며, 제국에 둘러싸인 유대 공동체의 상상력이 만들어낸 작품인 것이다; 사실상 그것은 하나의 문학적 날조이며, 용기 있는 수정주의자들이 그것의 진면목을 밝혀내기 전까지 수많은 세대가 히브리 성서에 잘못 이끌리게 되었다. 그러므로 렘셰에 따르면, 팔레스타인에 헬레니즘 시대를 제외하고, 그 어떠한 실제 생활을 알 수 있는 역사적 맥락은 존재하지 않은 것이 된다.[40]

'최대주의자' 대對 '최소주의자'

고대 이스라엘에 대한 증가하는 역사 편찬 논쟁을 더욱 뜨겁게 만들었던 두 권의 책이 1996년에 등장했다. 첫 번째 책은 프리츠와 데이비스가 공동 편집한 것으로, 보다 특별한 주제에 집중했는데 이것은 곧 주도적인 문제가 되었다: 바로 이스라엘 국가의 형성이었다. 중요한 모든 것을 기원전 9세기 혹은 그 이후로까지 낮춰 잡으려는 경향성—그리고 이로 인하여 사울, 다윗, 그리고 솔로몬의 통일 왕국과 이들에 대한 일종의 역사성을 부인하려는 것—이 소위 최대주의자와 최소주의자 사이의 주요한 분열의 표지가 되었다. 마지막으로, 이 시점에서 고고학의 목소리가 들리기 시작했다. 비록 의견이 분분한 상태였지만 말이다.[41]

1996년에 나온 또 하나의 책은, 지금까지 가장 강력한 이데올로기적인 목소리를 내는 것으로, 역사적 이스라엘의 존재를 모두 부인하는 극단의 자세를 주장하고 있다. 키스 화이틀럼Keith Whitelam(그는 이제 셰필드의 교수이다)은 그의 정치적 어젠다를 제목에 표시했다: 『고대 이스라엘의 발명: 침묵 당한 팔레스타인의 역사*The Invention of Ancient Israel: The Silencing of Palestinian History*』. 이 책에는 '고대 이스라엘'이 없을 뿐만 아니라, 그러한 이스라엘을 **찾는 작업**은 내내 비논리적이었다고 말한다. 그 책은 '팔레스타인 사람들'의 역사로, 사실 이는 우리의 관심이기도 했다. 성서학자(와 이제 고고학자)는 대부분 이스라엘인과 미국인의 동조자로, 팔레스타인 사람들에게서 그들의 문화적 유산을 조직적으로 갈취했다. 이 책은 편견에 호소하여 공격하며, 자료를 혼동하고, 그리고 거의 모든 페이지에서 졸렬한 익살이 넘쳐나고 있다. 화이틀럼의 공모자인 렘셰조차 화이틀럼의 극단적 이데올로기를 철회하는 것처럼 보이는데, 이는 다른 비평가들과 같았다.[42]

화이틀럼이 고고학 분야를 신학에서부터 해방해야 한다는 나의 옛 주장에 동의하고는 있지만, 오직 이 점에서만 우리가 동의할 뿐이다. 다른 경우에, 나는 그의 노골적인 정치적 어젠다를 심하게 비판해왔다. 그 두 책이 나온 후로부터, 이데올로기와 한층 고조된 정치적 수사학은 역사 편찬에 관해 그동안 주로 논의했던 내용들을 잘못된 것이라고 규정하기에 이르렀다.[43]

다음 해(1997)에 다른 중요한 책이 나타났는데, 그것은 헐Hull 대학교의 레스터 그래브Lester L. Grabbe가 편집한 논문집으로, 『'이스라엘 역사'는 기록될 수 있는가?*Can a 'History of Israel' Be Written?*』이다. 그래브 자신은 중도적 낙관주의자였지만, 그 책의 많은 기고자는 회의주의자들이었다. 기고자 가운데 데이비스, 렘셰 그리고 톰프슨이 있었다. 톰프슨의 소논문은 내가 초기 이스라엘을 재건하려고 시도한 것에 대하여 부도덕하게 개인적인 공격을 한 것에 지나지 않았다. "성서는 고대 이스라엘의 관점에서 기록되지 않았을 뿐만 아니라, 심지어 새로운 이스라엘—성서의 관점을 의미한다—조차 그 문학이 존재한다는 것을 제외하면 **그 어떠한 역사적 맥락**을 가지고 있지 않다"(강조는 데버의 것). 이 시점에서 나는 수정주의자(대부분은 코펜하겐과 셰필드에 있다)를 허무주의자라고 규정하고자 한다. 만약 그들이 역사적 고대 이스라엘은 **없다**라고 계속해서 고집을 부린다면, 과연 다른 결론이 나올 수 있을까?[44]

로버트 캐럴Robert Carroll의 소논문은 그 뒤를 잇는다. 히브리 성서는 "성스러운 허구," "검증된 거짓말," "프로파간다"이다. 더 나아가 "'고대 이스라엘 역사를 기록할 수 있는가?'라는 질문에 대해, 만약 추가적이거나 믿을 수 없는 역사가 여전히 적합한 역사의 기록이 되는 일이 용납되지 않는다면, 나는 '아니다'라고 대답하고 싶다." 캐럴의 역사에 대한 관념은 일반적으로 허무주의자의 입장이다. 그는 '중상모략', 즉 그가 그의 소논문에서 가장 잘했던 방법으로 나를 혹평했다. 그는 나(와 수많은 다른 고고학자)를 고고학이 실제 정보를 내놓을 수 있다고 가정하는 "행복한 낙관론자 집단"의 맥락에 집어넣었다. 텍스트만을 고집하는 그의 입장은 분명하다: "기록된 것이 없는 도자기 파편은 해석하기 어려우며, 무엇인가 기록되어 있는 파편보다 덜 흥미로울 뿐이다." **누구에게** 흥미가 덜하다는 것인가? 다시 말하지만 그들에게 고고학은 침묵하고 있다.[45]

2년이 지난 후(1999)에 토머스 톰프슨은 제목에 맞지도 않는 작품을 출간하게 된다: 『신화적 과거: 성서고고학과 이스라엘 신화*The Mythic Past: Biblical Archaeology and the Myth of Israel*』. 다시 말하지만 이 제목은 일종의 부정거래이다. 그 책은 실제로는 역사를 반박하고 있으며, 그 어떤 고고학적 자료도 언급하고 있지 않다. 여기에서 '고고학'은 단지 톰프슨에게 편견을 가지게 했던 미국의 올브라이트주의(Albrightianism)를 의미할 뿐이었다. 이런저런 학파들이 톰프슨의 희생양이 되고 말았는데, 그 이유는 이 책이 다름 아닌 역사 편찬의 오랜 논쟁의 역사에서 가장 이데올로기적인 작품이었기 때문이다. 톰프슨의 동료이자 이스라엘 역사 방법론에 대한 유럽 세미나의 설립자인 그래브는, 그 역시 주요한 수정주의자인데, 이 책에 대해서 날카롭게 비판하는 글을 썼다.[46]

톰프슨의 종종 알아들을 수 없는 단언(그는 전혀 증거 서류로 입증하지 않았다) 몇 가지만으로 그의 생각을 정리하기에 충분할 것이다. (1) "우리가 알고 있는 것은 단지 헬레니즘 시대의 성서뿐이다; 즉, 사해 두루마리가운데 찾아낸 텍스트를 통해서 우리는 처음으로 성서라는 것을 읽을 수 있었다." (2) "성서가 말하는 '이스라엘'은 하나의 문학적 허구이며, (…) 성서는 그 어떤 과거에 대한 역사가 아니다." (3) "성서의 그 많은 내용이 실제로는 전혀 존재하지도 않았던 사람들의 기원 전통을 다루고 있다는 것이 상당히 놀랍다." 그리고 고고학에 대하여, "성서고고학에 해당하는 철기 시대는 구약을 합리적으로 패러프레이즈 하는 것이 되어버렸다: 당신이 원하기만 한다면 그것은 종교가 없는 성서인 셈이다." 달리 말할 방법이 없다: 톰프슨은 아무것도 모르거나 혹은 기만하고 있다.

톰프슨의 근본적인 이데올로기는 다음과 같은 진술에서 가장 잘 드러난다: "더 이상 '고대 이스라엘'은 없다. 역사에는 더 이상 그것을 위한 자리가 없다. 바로 이것을 우리가 알고 있다. 그리고 이제 이러한 새로운 지식의 첫 번째 결론으로, '성서 이스라엘'은 그 기원이 헬라 시대의 유대인이 만든 개념이었다."[47]

고고학적 비평법

톰프슨의 『신화적 과거』가 등장하기 시작했을 때부터 나는 수정주의자들에 반대하는 몇몇 논문을 출간해왔었다(그때 그들은 하나의 방식이 되어가고 있었다). 나는 전통적인 역사 편찬에 대한 그들의 도전을 받아들였다. 그러나 나는 은밀하게 감추어진 그들의 이데올로기가 얼마나 문제가 되고 있는지를 지적하면서, 고고학에 대한 그들의 사용(혹은 오용)을 거부했다.[48]

(1999년에 발표된) 나의 두 개의 논문은 렘셰와 화이틀럼에 대한 직접적인 대답으로, 그들이 고고학을 오용하고 있는 수준이 지독하게 어처구니없을 정도임을 지적했고, 그들의 무능력과 놀라울 정도의 참담함을 입증해서 보여주었다. 1998년의 논문인 「고고학, 이데올로기, 그리고 '고대' 혹은

'성서' 이스라엘 탐구」는 보다 넓은 주제를 다루었는데, 나는 그 글에서 화이틀럼의 최근 저서 『고대 이스라엘의 발명』(1996)에 맞설 수 있었다.[49]

그 당시에 유럽의 수정주의자들—주로 셰필드와 코펜하겐의 학자들이다—이 자의식이 강한 하나의 학풍을 구성하고 있었음은 자명하다. 그들은 성서(구약)학뿐만 아니라 시리아-팔레스타인 혹은 성서고고학에도 영향력이 있었다.[50] 한편 여전히 놀라운 것은, 10년도 더 된 논의임에도 불구하고, 나를 제외한 그 어떤 고고학자도 이러한 수정주의자들에 대하여 전혀 다루지 않았다는 점이다.

그 이유는 아마도 이럴 것이다. 이스라엘 사람들은 그들 편에서 볼 때 다른 나라들의 고고학적 이론에 별로 주의를 기울이지 않았다. 그리고 인기 있는 의견임에도 불구하고, 이스라엘 사람들은 우리가 성서고고학이라고 부르는 작업을 실제로 실시하지 않았을 뿐만 아니라, 그들 스스로 성서고고학자라고 부르지도 않았다. 그러므로 이스라엘 사람들은 점점 커져만 가는 태풍을 거의 인식하지 못했다. 단지 성서고고학과 연대기에 관한 어떤 내부적인 논쟁, 그리고 보다 넓은 주제를 다룬 중요한 작품에서만 문제의식을 찾아볼 수 있다.[51]

2001년에 이스라엘 핑켈스테인Israel Finkelstein은 저명한 기자 닐 애셔 실버먼Neil Asher Silberman과 한 팀을 이루어 『발굴된 성서: 고대 이스라엘과 그 성스러운 텍스트의 기원에 대한 고고학의 새로운 비전*The Bible Unearthed: Archaeology's New Vision of Ancient Israel and the Origin of Its Sacred Texts*』을 출간하였다. 이 책은 전문연구서의 도움을 받지 않은 약간 대중적인 책으로, 비록 내가 이 책을 비평했었지만,[52] 핑켈스테인이 보다 큰 학계에서 일어나고 있는, 외부에서 들어온 인식의 변화를 지각하고 있었다는 공로를 인정해야만 할 것이다.

핑켈스테인은 직접적으로 수정주의자에게 도전하지 않았다. 그리고 심지어 그는 어느 정도 그들의 '늦은 연대'에 동조하고 있다(그 이유는 그 자신이 철기 시대에 대하여 늦은 연대를 정하고 있기 때문이다). 그러나 그는 보다 온건한 입장을 지키면서 스스로를 중도주의자로 규정하는 것처럼 보인다. 렘셰와 톰프슨과 같은 수정주의자들이 핑켈스테인과 협력해서 작업을 시도하기도 했다(그들이 승인하는 유일한 고고학자였다). 그러나 공평하게 말하면, 그는 그들처럼 극단적으로 좌파에 속했던 적이 없다.

나는 수정주의자들에 대하여 독립적으로 대대적인 대응을 준비하고 있었는데, 아주 우연하게도 그것은 핑켈스테인의 책과 같은 해(2001)에 등장했다: 『성서 저자들은 무엇을 알고 있었으며, 그들은 그것을 언제 알고 있었는가? 고고학이 고대 이스라엘의 실제에 대하여 우리에게 말해줄 수 있는 것*What Did the Biblical Writers Know and When Did They Know It? What Archaeology Can Tell Us about the Reality of Ancient Israel*』. 각주가 전혀 없었던 핑켈스테인과 실버먼의 책과는 달리, 나의 정면 공격은 학자들의 연구서를 철저히 인용하면서 완전히 입증되었다. 또한 나의 책은 설득력이 높다고 여겨졌는데, 사실 수정주의자들이 이미 나를 향한 인신공격을 더욱 활발하게 했던 시점이었다. (그들의 인신공격에 따르면) 나는 "고지식한 사람"이며; "비밀로 활동하는 근본주의자"이며; 나의 "방법론은 (…) 고고학과 전혀 관계가 없다"; 나는 "연관 있는 방법론적 그리고 역사 편찬적 문제들을 전혀 인식하지 못했다."[53] ('최소주의자'에 대항하는) '최대주의자'로 희화할 수 있는 거의 대표적인 학자로, 나는 쉬운 과녁이었던 셈이었다.

수정주의에 대한 다른 반응들

수정주의를 다루는 연구 분야에 진출하려고 했던 미국의 성서학자 중에 나는 단지 몇몇 용감한 영혼들만을 언급할 수 있을 뿐이다. 가장 기탄없는 (그리고 가장 최초의) 학자는 바루크 핼편Baruch Halpern으로, 그 자신이 탁월한 성서 역사가였다. 1995년 소논문의 제목을 「역사 지우기: 최소주의자의 고대 이스라엘 공격」이라고 하면서, 그는 그 어떤 수정주의자도 "진짜 역사가"로 훈련받지 않았음을 주목했고; "다른 시공간에서 제시되었던 그들의 역사 해설은 거의 언제나 보잘것없었었다"라고 평가했다. 더 나아가 "(수정주의라는) 이렇게 새로운 역사 편찬의 극단적인 형태는 고고학을 지성적으로 정직한 방식으로 다루지 않았다. 대신 그들은 고고학에 호소하는데, 바로 텍스트(성서) 표현의 타당성을 전복시키기 위해서였다."

핼편의 가장 기민한 주목은 이것이다: "이러한 비평가들의 견해는, 보다 최근에 등장한 기록물을 사용해서 과거를 회복하지 못할 것이라는, 예견된 불가능성에 대한 어떤 절망의 표현으로 보인다. 물론 예외는 있다—그들은 자신이 기록한 작품으로만 '진짜' 과거에 접촉할 수 있다고 자부한다."[54]

핼편은 다음의 핵심 주제를 정확하게 가리킨다: **이데올로기**. 그리고 수정주의자의 위선은 다음의 사실에서 찾을 수 있다. 즉, 자신의 반대 이데올로기를 몰아내려고 날쌔게 움직이고 있는 반면에, 그들은 자기 자신의 이데올로기에 대해서는 눈이 멀었다는 사실이다. 그러한 위선자 중에 화이틀럼보다 더 큰 죄를 저지른 사람은 없다. 예를 들어, 그가 무시했던 고고학적 증거를 내가 인용했을 때, 나에 대한 그의 대응은, 사실에 상관하지 않고 즉각 (물론, 나의) 이데올로기를 걸고넘어지는 것이었다.[55] 그것이 바로 특정 이데올로기를 고집하는 사람의 특징이며, 이데올로기와 정직한 학문 간의 차이이다.

이데올로기가 그 추악한 머리를 번쩍 들다

수정주의자들의 직간접적인 비난은 다음과 같다: (1) 내가 나이 많은 백인 남자로, 기득권을 대표한다; (2) 내가 대륙을 대표하기보다 미국 학계와 동일시된다; (3) 내가 계몽주의 전통을 고수하며, 포스트모더니즘을 터무니없으며 도덕적으로 공격적인 것으로 규정하고 있다; (4) 내가 문화적 상대주의를 거부하며, 때때로 그것을 수사적修辭的으로 반대하는 일에 참여한다; (5) 내가 사람은 최소한 부분적으로만 객관적일 수 있다고 믿는다; (6) 내가 스스로 이스라엘에서 40년 넘게 일을 했다; (7) 내가 고고학이 "침묵하고 있다"라고 희화한 자를 무지하다고 생각한다; (8) 내가 고고학적 인공유물과 성서 기록 사이에 직접적인 연결이 때때로 만들어질 수 있다고 강하게 생각한다; 그리고 마지막으로 (9) 나는 우리가 철기 시대의 '고대' 혹은 '역사적 이스라엘'을 규정할 수 있다고 믿는다. 이러한 것들은 강력한 비난이다; 그러나 나는 죄가 없다고 항변한다.[56]

나 역시 주요한 수정주의자들을 향하여 다음과 같은 비난을 던져왔는데, 주로 이런 것들이다: (1) 증거에 위반된 불분명한 논증을, 종종 한쪽 편에 치중해서 제시함으로써 정직하지 못한 학풍을 만들고 말았다; (2) 고고학과 고고학자에 대한 그들의 인상은 종종 희화화하는 것이다; 그리고 (3) 그들의 많은 저서는 이데올로기적 성명서를 빈약하게 숨겨놓고 있다.

나는 이러한 (그리고 다른) 비난들에 대해서 학문적 증거 자료를 통해 반증할 준비가 되어 있다. 그리고 나를 향한 그들의 적대적인 태도 역시 의심할 바 없이 설명해낼 수 있다. 이것은 정상적인 학문의 차이를 뛰어넘는 수준이다. 특별히 수정주의자들은 내가 그들을 '허무주의자'라고 특징짓는 것에 대해 불쾌하게 여겼다. 그러나 그들은 정말 **허무주의자들**이다. 그들은 반복적으로 이런저런 방식으로 '고대 이스라엘이란 없다'라고 단언하기 때문이다. 그들은 그들이 말하려는 바가, 우리가 재구성하는 역사적 이스라엘이 히브리 성서에서 그려지는 이상적인 것과 동일하지 않다는 (하나의 진부한 이야기의) 차원에서 그러한 주장을 외치는 것이라고 합리화하려고 한다. 그러나 그들이 말하는 것은 그런 것이 아니다. 더구나 그들 중 누구도 어떤 역사적 이스라엘을 재구성하기 위한 정직한 노력을 하지 않았다—시종일관 우리 고고학자들을 악령으로 묘사할 뿐이다. 그것이 바로 허무주의를 의미하는 것이다; 그리고 나 혼자만 책임을 질 순 없다.[57]

지오니 제빗Ziony Zevit은 다른 누구보다 고고학을 잘 알고 있는 미국의 성서학자로, 데이비스가 『'고대 이스라엘'을 찾아서』에서 가정하고 있는 몇 부분을 공격했다.[58] 1998년 화이틀럼의 『고대 이스라엘의 발명』은 벤저민 소머Benjamin Sommer가 비평했는데, 그는 화이틀럼의 자극적인 반反이스라엘 이데올로기를 문헌 증거를 들어 비판했다.[59]

1999년 노스웨스턴 대학에서 있었던 심포지엄에서 톰프슨과 나를 포함한(데이비스는 참석하기를 거부했다) 수정주의 논쟁의 주역들이 소논문을 발표했다. 브랜다이스 대학의 마크 브레틀러Marc Brettler는 「코펜하겐 학파: 역사 편찬의 문제들」이란 제목의 소논문을 발표했다. 일찍이 브레틀러는 1995년에 『고대 이스라엘의 역사 창조*The Creation of History in Ancient Israel*』에서 그 주제에 대한 통찰력 있는 비평을 실었던 바가 있다. 그의 1999년 소논문은 아주 공정하고 균형 잡힌 비평이었다. 그는 히브리 성서의 '헬레니즘 시대' 저작을 말하는 렘셰를 쉽게 논박했다. 그는 내가 했던 것과 같이 포스트모더니즘이라는 전문적인 용어를 별로 사용하지 않고서도 수정주의자의 비열한 회의주의가 그들을 잘못된 방향으로 내몰았음을 지적했다. 그리고 가장 통찰력이 있는 것으로, 브레틀러는 톰프슨이 성서 기록을 은유적으로 취급하는 것뿐만 아니라, 여러 가지 고고학과 신학 그리고 모든 종류의 고대 근동 비교연구에 이상할 정도로 심취해 있는 이유가 바로 그가 "텍스트를 히브리어로 꼼꼼히 읽어낼 수 없기 때문이다"라고 주목했다.[60]

만약 수정주의에 대한 미국 학자의 반응이 부족했다면, 이스라엘 사람들의 반응은 거의 없었다고 할 수 있다. 이스라엘의 고고학자들은 단지 가끔 각주에서 나의 책을 인용했을 뿐이다. 오직 핑켈스테인만이 이 모든 것을 위협으로 간주했던 것 같다(그 이유는 아마도 내가 그러했듯이 그 역시 수정주의자의 고고학 사용이 아마추어적으로 보였기 때문이었을 것이다). 『이스라엘 탐사지*Israel Exploration Journal*』의 편집자인 조너스 그린필드Jonas Greenfield는 (바루크 러빈Baruch Levine 그리고 아브라함 말라마트Avraham Malamat와 함께) 화이틀럼의 『고대 이스라엘의 발명』을 비평하면서, 그것이 반反셈족주의를 불러일으킬 것이라고 했다.[61] 사라 야페트Sara Japhet는 이스라엘의 유다학 학자로, 그녀의 「고대 이스라엘을 찾아서: 수정주의라는 대가를 치르더라도」라는 글에서 수정주의자의 편견을 능숙하게 기술하였다.[62]

고대 이스라엘의 그 어떤 역사성도 부인하는 수정주의자 대부분은 성서 기록이 헬레니즘 시대에 기록되었다는 자신들의 견해에 의존하고 있다. 특별히 그들의 이러한 입장을 초토화한 것은 탁월한 이스라엘 히브리어 학자 아비 후르비츠Avi Hurvitz의 연속적인 논문들이었는데, 그는 수정주의자들의 주장을 완전하게 무너뜨렸다(왜냐하면 그들 중 누구도 브레틀러가 이미 보여주었던 것처럼, 언어학 혹은 문헌학에 전문가가 아니었기 때문이다). 나는 후르비츠의 작품을 여러 번 인용하였다; 그러나 물론 수정주의자들은 그들의 입장에 반대되는 모든 정보에 대하여 늘 했던 것처럼 이 증거를 간단히 무시할 뿐이었다.[63]

'신앙과 역사': 복음주의적 반응

나는 수정주의가 제기한 도전에 주류 성서학자들이 다소 풀죽은 반응을 보였음을 언급했다. 이러한 이유는 한 세대 전에 연구의 초점이 '역사로서의 성서'에서 '문학으로서의 성서'로, 즉 보다 쉽게 증거를 제공할 수 있는 추세로 바뀌었기 때문이다.[64] 짧게 말해서, 만약 히브리 성서가 역사적으로 맞지 않음이 드러났더라도, 많은 성서주의자들은 (문학이라는 내러티브 자체는 존재하기 때문에—역자주) 더 이상 신경을 쓰지 않게 되었다. 그러나 그것은 대부분의 보수적인 학자들에게 사실이 아니다. 이들은 신앙 공동체와 많은 복음주의적 기독교인을 대표한다(정통 유대인은 이런 문제들을 신경 쓰지 않는다).

이미 1994년에 첫 번째로 고고학과 대면하는 자리에서, 더 보수적인 미국 학자들은 V. 필립스 롱V. Philips Long의 『성서 역사의 기술*Art of Biblical History*』의 출간과 함께 역사논쟁이라는 싸움에 들어가게 되었다(이 책은 이후 1999년에 『최근 연구 중인 이스라엘의 과거*Israel's Past in Present Research*』가 된다). 그러나 수정주의를 논박하려는 이 책의 시도는 고고학을 포함하지 않았다. 그렇지만 그 당시(1994)에 유명한 복음주의 학자 앨런 밀러드Alan R. Millard, 제임스 호프마이어James K. Hoffmeier, 그리고 데이비드 베이커David W. Baker가 편집한 책인 『신앙, 전통, 그리고 역사: 고대 근동 맥락에서 본 구약의 역사 편찬*Faith, Tradition, and History: Old Testament Historiography in Its Near Eastern Context*』이 출간되었다. 비록 그 책은 그 어떠한 전문 고고학자의 글을 싣지는 않았지만, (나를 포함한) 여러 저자가 최근의 전문적인 연구들을 언급했고, 그리고 그들은 시리아-팔레스타인과 성서고고학을 텍스트와 함께 독립적인 증인으로 볼 수 있는 것이라는 점을 상기시켰다. 몇몇 수정주의 학자들이 '최소주의자'라고 불렀는데, 그 토론은 당시 여전히 초기 단계에 있었다.

1999년에 데이비드 베이커는 빌 아널드Bill T. Arnold와 한 팀을 이루어, 점점 늘어나는 역사 편찬에 관한 논쟁에서 고고학의 공헌을 특별하게 다룬 한 권의 책을 출간하였다: 『구약 연구의 국면: 현대적 접근의 개관*The Face of Old Testament Studies: A Survey of Contemporary Approaches*』. 그러나 책의 색인이 지시하는 것은 그 논의에 포함된 고고학자가 극소수였다는 점으로, 고고학자들을 참가시키지 않은 것은 이미 언급한 바 있다.

2002년에 필립스 롱, 데이비드 베이커 그리고 고든 웬햄Gordon J. Wenham은 『구약 역사의 창: 증거, 논증, 그리고 '성서 이스라엘'의 위기*Windows into Old Testament History: Evidence, Argument, and the Crisis of 'Biblical Israel'*』라는 제목으로 일련의 복음주의 소논문집을 출간하였다. 이제 수정주의와 최소주의를 보다 직접적으로 직면하게 되었고, 어떤 장들은 고고학 정보를 제시하기도 했다(리처드 헤스Richard Hess의 논문이 그러했다).

미국의 복음주의 학자들은 곧 구체적으로 고고학의 역할과 특별히 성서고고학의 미래에 집중한 논문집을 출간했는데, 제임스 호프마이어와 앨런 밀러드가 편집한 것으로 그 제목은 『성서고고학의 미래: 방법론과 가설 재평가하기*The Future of Biblical Archaeology: Reassessing Methodologies and Assumptions*』(2004)였다.[65] 특별히 설득력이 있는 논문은 지오니 제빗이 쓴 첫 장이다. 기고자 대부분은 보수적이었으며, 꼭 그런 것은 아니지만 복음주의자도 있었고, 몇몇은 보다 넓은 영역에서 잘 알려진 학자도 있었다.

영국의 복음주의 학자이며 탁월한 이집트학자인 케네스 키친Kenneth A. Kitchen의 매우 논쟁적인 작품은 수정주의자들을 여러 부분에서 꾸짖고 있다: 『구약의 신뢰성에 대하여*On the Reliability of the Old Testament*』(2003).[66]

미국의 복음주의 학자들은 자신들의 시대에 이스라엘의 새로운 역사책을 만들어냄으로써 스스로 구별했다: 월터 카이저Walter Kaiser는 『이스라엘 역사*History of Israel*』(1998)을 출간했고(2017년에 개정판이 출간되었다—역자주), 이언 프로번Iain Provan, V. 필립스 롱V. Philips Long, 그리고 트렘퍼 롱먼Tremper Longman은 『이스라엘의 성서적 역사*Biblical History of Israel*』(2003)를 출간했다(2015년에 2판이 출간되었다—역자주).[67]

앞의 복음주의 학자 가운데 소수만이 수정주의자들을 정면으로 대면했는데, 그들은 통렬한 반응을 일으켰고, 그것은 분명히 이데올로기적이었다. (수정주의자들에게) 고대 이스라엘은 **존재**할 수 없었는데, 왜냐하면 그 것이 불편했기 때문이다.[68] 왜 그렇게 열을 내는가, 혹은 이렇게 물을지 모르겠는데, 왜 역사 편찬이란 주제가 보수적 학자들에게 이렇게 중요한 것으로 인식되는 것일까?

대답은 분명하다: 보수적 입장에서 볼 때, 역사는 '신앙의 근거'이기 때문이다. 실로, 일반적으로 개신교의 영역에서 이러한 대답은 전형적인 신학적 입장을 대표한다. '구속사(Salvation history)'라는 용어에서처럼, 하나님은 특정한 역사적 사건 속에서 자신을 계시하는데, 이에 대해 신자는 반응하며 그 안에서 그 혹은 그녀는 인생의 궁극적 의미를 발견한다는 것이다. 그러므로 모든 것은 이러한 구속적인 사건들이 실제로 **발생했는가**, 그렇지 않은가에 달려 있다. 그러므로 신앙을 역사에서부터 해방시키려는 모든 시도는 완강하게 저항을 받았으며, 심지어 (보수주의가 아닌) 어떤 자유주의 개신교 공동체에서조차 그러한 저항을 보였다.[69]

로마가톨릭 신학에서 성서신학은 상대적으로 덜 중요하다. 그 이유는 경전이 주교나 교황의 권위—전통의 교리—아래에 있기 때문이다. 똑같은 입장이 유대교(정통 유대교는 제외하고)에도 해당하는데, 후대의 전통이 역시 주도하고 있다. 그럼에도 불구하고, 이들에게조차 성서 이스라엘이 단지 '경건한 허구'라는 것은 반가운 소식으로 여겨질 리가 만무하다.

수정주의에 대한 가장 강력한 반격은 아이러니하게도 코펜하겐의 옌스 브룬 코포에Jens Bruun Kofoed의 『텍스트와 역사: 역사편찬과 성서 기록 연구 *Text and History: Historiography and the Study of the Biblical Text*』(2005)에서 나왔다. 조심스럽게 숙고하고 철저하게 증거를 담아낸 분석을 통해, 코포에는 균형 잡히면서도 진정한 보수적인 입장을 지켜나갔다. 이 책에서도 고고학의 공헌이 이미 다른 연구들에서 긍정적인 것으로 나타났지만, 별로 주목을 받지 못하고 있다. 예를 들어, 내가 출간했던 몇몇이 각주에서 언급되고 있을 뿐, 그 정보가 어떤 공헌이 될 수 있도록 사용되지 못하고 있다. 이스라엘 고고학자들은 전혀 언급되지 않았다. 더구나 포스트모더니즘은 대충 언급하고 지나가는 수준이다.[70] 이야기는 여기까지만 해두자(그러나 아래를 참조하라).

천년의 끝에서 평가하다

나는 대략 25년 전부터 시작된 역사편찬의 위기가 시간이 갈수록 증가하고 있으며, 역사편찬이란 주제가 이제는 성서학에서 중요한 것이 되었으며, 심지어 시리아-팔레스타인 고고학 분야에서조차 그 나름대로 중요하게 다루어지게 되었음을 여러 문헌 증거를 통해 입증하여 제시해왔다. 그러나 어떤 학자들은 여전히 그 중요성을 인식하지 못하고 있다. 다행히 최근에 상황을 잘 이해할 수 있도록 돕는 최첨단의 분석서가 두 권이나 출간되었다. 첫 번째는 고인이 된 옥스포드 대학의 제임스 바James Barr의 작품으로, 그는 우리 시대의 선구적인 구약학자 중 하나였다. 1997년에 강연한 내용인데, 그의 작업은 2000년에 출간되었으며, 제목이 『구약성서에서 역사와 이데올로기: 천년의 끝에서 본 성서 연구*History and Ideology in the Old Testament: Biblical Studies at the End of a Millennium*』였다. 제목 그 자체가 현재의 상황을 포착하고 있다. 그리고 논의의 대부분이 정말로 이데올로기에 대한 것이며, 그것이 역사 기록에 어떤 영향을 끼치고 있는지를 다루고 있다.

그 책의 4장은 소제목이 '이스라엘의 역사', 5장은 '이데올로기', 6장은 '포스트모더니즘' 그리고 7장은 '포스트모더니즘과 신학'이다. 1장은 논의의 어조를 설정한다: '성서, 역사, 그리고 변증학'(물론 마지막 것의 의미는 방어적인 차원이다).

일찍이 바Barr는 전통적인 역사-비평적 방법론의 쇠락을 기술했는데,

그는 "(역사-비평이라는) 새로운 이론을 갖춘 학자 세대가 1960년대 이후 출현하게 되어, 어떻게 그들 스스로 텍스트를 읽어내기로 결심했단 말인가"라며, 다소 애처롭게 언급하였다. 그리고 그와 연관해서, 그는 자신의 전반적인 논의를 특징짓게 될 한 용어를 즉각적으로 소개하게 된다: '포스트모더니즘.'[71]

포스트모더니즘과 수정주의

다른 곳에서, 특별히 나의 책 『성서 저자들은 무엇을 알고 있었으며, 그들은 그것을 언제 알고 있었는가?』에서 나는 성서 수정주의자들이 속이 빤히 들여다보이는 포스트모더니스트로 가장 잘 이해될 수 있음을 주장했다. 그래서 내 책이 나오기 전에 바Barr가 독립적으로 나와 같은 결론에 도달했음을 보고 나는 만족스럽게 생각한다. 실로 그의 책 대부분은 성서학과 포스트모더니즘과의 연관성을 주로 논의하고 있다. 그러나 '포스트모더니즘'이라는 이해하기 어려운 용어가 의미하는 것이 과연 무엇일까?(잠시 바Barr의 입장으로 돌아가서, 그가 정의하고 있는 내용을 살펴보자).[72]

그 용어는 그 어떠한 인식 가능한 운동이 아니라, 하나의 태도로 규정될 수 있다. 즉, 모든 것을 '모던'이라고 간주하는 일종의 극단적인 회의주의라고 할 수 있는데, 사실상 서구 문화 전통 전체를 모던으로 여기는 견해이다.

수정주의자들은 서구 문화 전통이 포스트모더니즘에 연루되어 있으며 또한 그것에 위협을 받고 있다는 나의 호소를, 마치 내가 판을 키워놓았다는 식으로 조롱해왔다.[73] 그들은 포스트모더니즘이 그렇게도 처절하게 반대하며 극복하려 했던 '모던'이 정확히 말해서 바로 그 전통이라는 점을 모호한 것으로 바꾸었다. 전통, **이것이** 거대담론—'메타내러티브'—이 된 것이다. 그러므로 수정주의자들이 말하기를, 우리는 그러한 거대담론을 반드시 의심해야 하며, 반드시 거절해야만 한다.

서구 문화 전통의 가치—내 의견으로는 위기에 처해 있는데—는 종종 다음의 세 가지로 요약된다: 이성, 자유, 그리고 경제성장. 우연이 아닌 것이, 이것들은 포스트모더니즘이 거부하는 바로 그 가치들이기도 하다. (1) 이성은 계몽주의의 유산으로, 과학적 방식으로 설명하려는 일련의 지나친 교만으로 희화화되었다. 즉, 자연을 정복하려는, 절대 실현될 수 없는 약속이라는 것이다. (2) 자유는 무제한적 자긍심으로 받아들여지는데, 전형적으로 거대한 서구의 민주주의 양식으로, 간단히 문화적 제국주의라는 또 하나의 도구에 불과하다. (3) 경제성장은, 당연한 이야기지만 자본주의, 자유시장 경제와 동등한데, 짧게 말해서 탐욕에 찌든 민주적 민족국가의 특징이라고 할 수 있다.

그렇다면 포스트모더니즘은 자신들이 말하는 이러한 퇴폐적인 서구의 가치를 대신하여 무엇을 내놓을 수 있는가? 이성을 대신해서, 포스트모더니즘은 세상에는 우리가 알 수 있는 진리가 없으며, 단지 서로 충돌하는 해석들만 있을 뿐이라는 단언을 간단하게 제시한다. 민주주의를 대신해서, 그것은 무정부 상태를 제시한다. 경제성장을 대신해서, 그것은 끝없는 계급갈등을 내놓는다. 많은 전문가가 이 모든 것이 결국 허무주의로 귀결된다고 지적했던 게 그리 놀라운 일인가? 그것은 단지 모호한 몽상가적인 보편주의에 호소할 뿐이다.

내 견해로는, 포스트모더니즘은 본질적으로 세상에는 지식이 **없다**는 것을 따르는 하나의 지식이론이다. 그것은 전적으로 1960년대 유럽, 특별히 프랑스의 좌파 지식인들 사이에서 시작한 것으로, 계몽주의 전통에 대한 대규모의 반란이었다. 그것의 추진력은 모든 것을 반대하는 것이며, 특별히 **이성**이란 개념, 혹은 합리성을 거부하는 것이었다. 이제 비이성적인 것이 칭송을 받는다: '타자(other)', 소설, 부조리인 것이다. 그리고 주요한 공격 대상은 진보의 개념, 또는 모던의 핵심이라고 여겨졌던 **텍스트**text가 되

었다.[74]

선도적인 스승들에게서 약간 인용하는 것만으로도 충분하겠다.

> 텍스트 바깥에는 아무것도 없다; 텍스트는 단지 다른 텍스트와 관계할 뿐이다.
>
> **자크 데리다**Jacques Derrida

> 모든 읽기는 정치적이다. 즉, 진실을 추구하기 위함이 아니라, 성과 계급, 인종과 권력이란 이데올로기에 관한 것이다. 나는 소설 말고는 아무것도 쓴 적이 없다.
>
> **장 미셸 푸코**Jean Michel Foucault

> 지식에 대한 모든 주장은 단지 사회적 구성에 불과하다. 사람들은 반드시 모든 거대담론에 대하여 의심을 가져야만 한다.
>
> **장 프랑수아 리오타르**Jean Fran ois Lyotard

마지막 어구—'사회적 구성(social construct)'—는 포스트모더니즘을 구성주의로 특징짓는 데 종종 사용되었다: 실제란 없으며, 오직 만들어낸 것, 즉 주관적인 해석이나 환영만 있는 것이다. 그렇다면 만약 텍스트가, 또는 진리 주장이 단지 하나의 '구성'에 불과할 뿐이라고 한다면, 그것을 '**해체**' 하는 것 말고 우리에게 주어진 것이 과연 무엇이란 말인가? 저작 의도와 같은 것은 없으며, 바로 그런 이유로 저자도 존재하지 않는다. 그러므로 텍스트는 완전히 거꾸로 생각해야 한다; 안이 밖이 되며; 그 자체를 모순이 되도록 하기 위해 조작해야 하고; 결국 독자가 원하는 대로 텍스트는 해석될 수 있다.

그러므로 포스트모더니즘의 주요한 방법론이 탄생하게 되었으며, 이는 대부분의 사람들이 한 번은 들어봤을 유일한 용어가 되었다: '해체(deconstruction)'. 여기에서 유일한 판단 기준은 '정치적 올바름(political correctness)'으로, 즉 **우리의** 정치적 어젠다에 따라서 판단하는 것뿐이다. 후자—보통 사람들이 들어봤을 다른 대중적인 구호—의 아이러니는, 포스트모더니즘이 세상에는 절대적이며, 어쨌든 올바른 것이 **존재한다**는 것을 부인하는 것으로 시작했다는 사실이다.

그러나 그것은 포스트모더니즘의 많은 모순, 그 어리석은 것 중 하나일 뿐이다. 보다 중요한 (혹자가 생각하기를, 보다 파괴적인) 것은 우리는 **아무것도** 알 수 없다는 근본적인 관념이다. 그러나 만약 그렇다고 한다면, 그러한 근본적인 관념 **그 자체를** 우리가 어떻게 알 수 있게 되었는가? 여전히 그런 진술 자체는 이성적인 사고이며, 그러므로 포스트모더니즘은, 자랑스럽게 비합리적이지 않다면, 아무것도 아닌 것이 되고 만다.

포스트모더니스트가 되었다고 주장하는 자들을 이해시키는 일은 분명 시간 낭비이다. 나처럼 새로운 상황에 적응하지 못하는 모더니스트들에게 조소가 최고의 무기가 될 것이다. 어떤 경우이건, 나는 여러 가지 속임수와 조금 진지한 묘사가 도움이 됨을 깨달았다.[75]

포스트모더니즘에 대한 가장 신랄한 분석 중 하나는 다비드 그레스David Gress의 『플라톤에서 나토까지: 서구와 그 상대자의 생각*From Plato to NATO: The Idea of the West and Its Opponents*』이다. 그레스는 다음을 주목한다:

> 만약 포스트모더니즘이 기껏해야 허무주의였다면, 그것은 자신을 니체와 슈펭글러에 의해 분석되고, 또한 두 세계대전 사이의 부흥운동가들에 의해 위태로운 처지가 된, 신중하고 잘 정의된 허무주의와 구분하는 하나의 새로운 이름을 제공하는 것에 지나지 않는다. 그리고 만약 포스트모더니즘이 허무주의의 정면 아래에서, 서구의 합법성에 대

> 한 급진적인 다른 형식의 공격을 여전히 감추고 있다면, 그것은 전혀 새로운 것이 되지 못하며, 기껏해야 루소, 마르크스, 그리고 지난 200년간 그들의 추종자들이 쏟아부었던 증거 없는 불만과 오류를 똑같이 장황하고 반복적으로 이야기하는 것이 될 뿐이다. 하나의 문구 혹은 하나의 운동으로서 포스트모더니즘의 유일한 공헌은, 반反자본주의와 반反모던 심리를 하나로 묶음으로써 더 심한 혼란의 씨앗을 뿌린 것이었다.[76]

보다 더 심한 것은 키스 윈드셔틀Keith Windschuttle의 『역사의 도살: 어떻게 문학비평가와 사회이론가가 우리의 과거를 학살해왔는가*The Killing of History: How Literary Critics and Social Theorists Are Murdering Our Past*』라는 책이다. 그는 어떻게 포스트모더니즘이라는 지지받지 못한 주장이 역사를 기록하는 일을 불가능한 것으로 만들어버렸는지를 자세한 문헌 증거를 통해 보여주고 있다.[77]

그러나 만약 포스트모더니즘이 우리의 적이 아니라고 한다면, 다시 말해서 만약 수정주의, 허무주의같이 우리가 상대하기 원하는 것이 실제로 포스트모더니즘과 동일시되지 않는다면 우리의 모든 노력은 허사가 되고 말 것이다.

그것이 바로 문제이다. 내가 이미 1990년대 중반부터 다루었던 주제로, 여러 연구 논문들에서 처음으로 시작했고, 그런 다음 한 권 분량의 책으로 다루었으며, 주요한 수정주의자들의 이데올로기를 폭로하는 일에 집중해서 발표했다.[78] 이 시점에 나는 이들의 기본적인 주장이 앞에서 언급한 고전적 포스트모더니즘의 구호와 얼마나 비슷한지를 지적해보려고 한다.

포스트모더니즘	수정주의
"텍스트 바깥에는 아무것도 없다."; 외적인 실체와 관련된 것은 없다.	성서 기록은 그 어떠한 '역사적 이스라엘'을 가리키지 않는다.
"모든 읽기는 정치적 행위이다."; 객관성은 없으며, 이데올로기만 있다.	성서의, 그리고 학자들의 '고대 이스라엘'은 이데올로기적 구성물이다.
"지식에 대한 모든 주장은 사회적 구성이다." 즉, 발명된 것이다.	'고대 이스라엘'은 발명되었다.

내가 볼 때, 수정주의가 포스트모던의 인식론(지식이론)에 기대고 있다는 사실은 처음부터 분명했다. 나는 이 둘이 연결되어 있다는 생각을 종종 단념하곤 하는데, 다른 이유에서가 아니라 수정주의자 대부분의 표현에서 전형적인 포스트모던 용어가 상대적으로 빈약했을 뿐만 아니라, 포스트모더니스트 문학을 직접적으로 인용하지도 못하고 있었기 때문이었다. 그리고 그것은 지금도 여전히 사실이다. 더 나아가 나의 비난이 점점 표면화되어감에 따라, 수정주의자들은 격렬하게 부정하고 나섰다(당연한 이야기지만, 그들은 증거를 첨부하지 않았다).[79]

만약 그들이 포스트모더니즘에 빚을 지고 있다고 솔직하게 인정하고 옹호했더라면, 그러한 이유로 나는 그들을 존경이라도 했을 것이다. 무엇보다 포스트모더니즘이 하나의 철학이란 범위에서 옹호될 수 있기 때문이다. 비록 개인적으로 나를 만족시키지 못하더라도 말이다.[80] 심지어 혹자는 고전적인 허무주의를 방어하려 들지도 모르겠다. 비록 아무것도 아닌 것을 방어하기 위해 과연 어떻게 아무것도 아닌 것을 사용할 수 있을지, 그게 내겐 의문이긴 하지만 말이다.

내가 처음으로 수정주의에 반대하기 시작했을 때, 그리고 그것과 포스트모더니즘 사이에 연결이 있음을 깨닫기 시작했을 때, 나는 그 연결로 인해서 오히려 수정주의자들을 불신하는 데 도움이 될 것이라고 기대했었음을 이제 고백하고자 한다. 그 이유는, 나는 이미 포스트모더니즘을 실패한 가치체계로 거부했기 때문이다. 나는 포스트모더니즘이 교만하고 냉소적이며 도덕적 상대주의이면서, 궁극적으로는 허무주의이기 때문에 싫어했다. 추가하면, 나는 포스트모더니즘이 실제 지성 집단에서 일찍이 구식이 되어버렸다고 생각한다.[81] 신경 쓸 일이 아니다. 왜냐하면 수정주의자들은 과거의 것들(포스트모더니즘을 가리킴—역자주)이 자신들에게 어떤 영향도 끼치지 못했다고 주장하기 때문이다. 내가 비난했던 것처럼 그들은 포스트모더니즘을 뒤늦게라도 수용하지 않았다. 그러나 나는 집요하게 그들을 공격할 것이다; 그리고 때가 되면 다른 학자들도 그 연결점을 발견할 수 있게 될 것이다.[82]

이제 내가 다시 주목하고자 하는 제임스 바는 자신의 1997년 강의에서 수정주의를 다루었고, 그리고 이후 2000년에 그 강의를 『구약성서에서의 역사와 이데올로기: 천년의 끝에서 본 성서 연구*History and Ideology in the Old Testament: Biblical Studies at the End of a Millennium*』라는 제목으로 출간된 책으로 정리했는데, 내가 비평했던 것만큼은 수정주의를 공격하지 않았다. 그럼에도 불구하고 그는 180페이지짜리 책 대부분을, 내가 했던 바로 그 비난으로, 방대한 문헌들을 증거로 대면서 완성해놓았다(물론, 더 자세하게 했다).

바Barr는 화이틀럼의 『고대 이스라엘의 발명』에 대하여 말하기를, 그것이 "믿을 수 없을 만큼 순박하다"; 그 지식이론이 "명백히 터무니없다"; 그 주장에 "실제적인 증거가 없다"라고 했다. 전반적으로 바는 이렇게 결론을 맺는다: "나는 수정주의자의 견해를 이해하지 못한다. 가장 중요한 이유는 **이데올로기**에 지나치게 무게를 두고 있기 때문이다." 그리고 바가 나의 초기 저작(1998년)에 의지했음에도 불구하고, 그는 "데버의 견해가 필립 데이비스가 확신하는 부분, 즉 기본적인 역사적 연구 방법론이 자신(데이비

스)의 견해를 반드시 뒷받침해야만 한다는 확신에 치명적인 손상을 입혔다"라고 진술한다.[83]

이 모든 것이 '역사의 종말'을 의미한다는 나의 견해에 대하여 바Barr는 그것이 신학의 종말도 된다고 보았다(여기에서 나는 신학을 다루고 있지 않다). 그는 자신의 책을 다음과 같이 주목하면서 끝을 맺는다: "지혜에 귀를 기울여야 할 것이다: 혁명이 그 아이들을 삼키고 말았다."[84]

우리는 존 콜린스John Collins의 『바벨 이후의 성서: 포스트모던 시대의 역사 비평*Bible after Babel: Historical Criticism in a Postmodern Age*』(2005)에서 또 다른 최신의 분석을 볼 수 있는 행운아들이다. 그 제목—**포스트모던**—이, 내가 했던 것처럼 강조되고 있음을 주목하라. 콜린스는 나의 책을 다소 자세하게 언급했는데, 그러나 그는 내 입장이 다소 수정주의에 가깝다고 생각했다. 그 이유는 아마 성서에 나오는 족장들 혹은 출애굽-정복에 대한 역사성과 같은 문제에서, 내 견해가 다소 최소주의자로 여겨졌을 수 있기 때문이다. 그러나 훌륭한 학자들은 어떤 주제에서는 최소주의자이며, 다른 주제에서는 최대주의자이다. 콜린스는 톰프슨이 "가능한 한 전통을 깎아내리는 데서 얻는 기쁨"이라고 부르는 것에 주목한다(포스트모더니스트는 **항상** 그러한 일에 기뻐한다). 그는 이렇게 말한다: 데이비스는, 내가 예전에 말했던 것처럼 "특정 이데올로기 숭배자"이다. 화이틀럼에 대해서는 가장 포스트모던한 사람이라고 정확하게 평가했다.[85]

진정한 문제: 우리가 정말 알 수 있는 것은 무엇인가

앞의 모든 주제를 관통하며 흐르는 주제는 인식론으로, 지식에 대한 이론과 관련이 있다. 우리가 무엇을 알고 있으며(혹은 우리가 알고 있다고 생각하는가), 그리고 우리가 어떻게 그것을 알고 있는가? 그러한 질문을 나의 2001년 책인 『성서 저자들은 무엇을 알고 있었으며, 그들은 그것을 언제 알고 있었는가?*What Did the Biblical Writers Know and When Did They Know It?*』에서 집중적으로 다루었다. 2007년에 이르러 유럽 세미나 회원으로, 지도적인 성서학자인 레스터 그래브Lester L. Grabbe가 『고대 이스라엘: 우리는 무엇을 알고 있으며, 우리는 어떻게 그것을 알고 있는가?*Ancient Israel: What Do We Know and How Do We Know It?*』란 제목의 책을 출간하게 된 일이 우연이 아닐 것이다(앞의 1장을 보라). 다시 말하지만 초점은 인식론이다. 그리고 유럽 세미나의 다른 많은 회원이 (허무주의자가 아니라고 한다면) 회의주의자였던 것에 비해 그래브는 놀라울 정도로 낙관적이었다. 나는 놀랍다고 말했는데, 왜냐하면 그는 유럽 수정주의자들의 동료였지만, 그들이 주장하는 '역사의 종말'이란 포스트모더니즘의 개념을 완전하게 부인했기 때문이다. 사실, 그는 그 어떠한 수정주의자들도 거의 언급하지 않고 있다(구체적으로 말하면, 직접 부딪히는 나의 방법을 그는 거절하고 있다).[86]

그래브의 핵심 주장은, 현재 교착상태에 빠진 역사편찬에 관한 연구가 답을 찾을 수 있는 유일한 방법으로, 이제 **고고학**이 고대 이스라엘 역사를 기록하는 데 우리의 일차 자료임을 인식해야 한다는 것이다. 그것은 환영받아 마땅한 확정으로, 내가 주류 성서주의자에 대항하여 지난 몇 년간 지켜냈던 주장이기도 하다. 그래브의 책에 대한 극찬에 가까운 비평으로, 나는 그 책을 고고학과 성서 연구 사이의 대화에서 오랫동안 가로막고 있었던 것을 타개했다고 칭송했다.[87]

그래브의 전략은 텍스트와 고고학 자료를 비교하는 것으로, 그런 다음에 왼쪽부터 오른쪽까지 지식을 연속적으로 나열해놓고 그 결과에 등급을 매기는 것이었다. 즉, 잘못된 것으로 증명된 것부터 정확하다고 증명된 것까지 나열하고, 그 중앙 지점을 가장 신뢰할 만하다고 보는 것이다. 이것은 두 계층의 자료 사이에 **수렴**을 찾고, 그런 다음에 역사적 핵심을 따로 떼어놓고, 그것을 옹호하려 했던 나의 방법론과 매우 유사하다.

최근 경향

그래브의 자칭 서문이 모양을 갖추어가고 있던 그때, 기획되었던 다른 몇몇 작품이 등장하기 시작했는데, 모두 고대 이스라엘의 새로운 역사를 쓰는 문제를 특별하게 다루었다. 옥스퍼드 대학의 세미나에서 발표된 일련의 소논문이 존 데이John Day의 편집 아래 2004년 『포로기 이전 이스라엘을 찾아서*In Search of Pre-exilic Israel*』란 제목—이는 데이비스의 회의적인 책인 『'고대 이스라엘'을 찾아서*In Search of 'Ancient Israel*』(1992)에 대한 명백한 대답이다—으로 출간되었다. 논문들은 모두 주류 학자들이 쓴 것으로, 이들은 복음주의적이거나 보수적인 학자들이 아니었지만, 최소주의자의 접근에 대해 하나의 대안을 제시하고 있다.[88]

비슷한 시기에 다이앤 뱅크스Diane Banks가 『이스라엘 역사 기록하기*Writing the History of Israel*』(2006)란 책을 내놓으면서, 이스라엘 역사편찬의 발전상을 기원전 18세기 중반의 그 시작 지점부터 현재까지 추적하고 있다. 그러나 신진 학자가 쓴 이 책은 일반적으로 자기의 주장을 명백하게 밝히지 않고 있으며, 종종 실망스럽기까지 한데, 특별히 고고학 자료의 가능성에 대한 이해가 부족했다.[89]

2007년에 옥스퍼드의 흠정교수인 H. G. M. 윌리엄슨H. G. M. Williamson은 자신의 편집 지도 아래 일련의 논문집을 출간했는데, 그 제목이 『고대 이스라엘의 역사 이해*Understanding the History of Ancient Israel*』였다. 이 책에는 처음으로 여러 고고학자가 포함되었으며(이스라엘 학자로 아미하이 마자르Amihai Mazar와 다비드 우시슈킨David Ussishkin), 두 명의 유럽 수정주의자들(데이비스와 화이틀럼), 그리고 일련의 주류 성서주의자, 역사가,

금석학자, 그리고 예술사가가 함께했다. 이렇게 예외적으로 다양한 학자들의 논문이 들어 있는 책은 놀라울 정도로 긍정적이었는데, 특별히 에든버러의 한스 바르스타Hans Barstad의 사려 깊은 논문인 「고대 이스라엘의 역사: 우리는 어떤 방향을 취해야만 하는가?」에서 찾아볼 수 있다.[90]

그래브 자신의 『고대 이스라엘』이 출간된 지 1년 후인 2008년에 그는 역사 방법론에 대한 유럽 학회에서 또 하나의 논문집을 내놓았는데, 그 제목은 『전환기의 이스라엘: 후기 청동기 II기부터 철기 IIA기까지(기원전 약 1250~기원전 850년) *Israel in Transition: From Late Bronze II to Iron IIA (c. 1250~850 B.C.E.)*』(『*The Archaeology*』 volume 1)였다. 당연히 논문 대부분은 고고학자들이 썼으며, 이스라엘인과 미국인이 작업했다. 비록 이 책은 기원전 9세기(즉, 주로 성서가 말하는 통일 왕국 시작부터)까지만 다루고 있지만, 몇몇 논문은 고고학과 고대 이스라엘 역사의 교차 지점을 다루고 있다.[91]

'회의론의 한계'에 대하여—그리고 그 너머?

이데올로기; 수정주의 그리고 포스트모더니즘; '최소주의자' 대對 '최대주의자'; 우리가 알 수 있는 것과 알 수 없는 것; '일차 자료'로서의 고고학; 허무주의; 신앙과 역사. 이 장에서 다루었던 이러한 모든 주제는 **회의주의skepticism**라는 만연한 태도와 관련이 있다. 이는 주로 '잘 속아 넘어가는 태도(credulity)'에 대한 해결책으로 제시되고 있다. 포스트모더니즘과 성서 수정주의가 엄밀하게 말해 극단적인 회의주의—그 주연들이 이러한 비난을 부인하지 않으려 한다—를 나타내고 있다고 말하는 것은 부당하지 않다. 그러나 그러한 회의주의는 하나의 방법론이 아니다; 우리의 목표가 고대 이스라엘에 대하여 **어떤** 역사라도 쓰는 것이라고 한다면, 회의주의는 대안이 아니다.

여기에서 제기된 주제에 대하여 가장 합리적이며 건설적인 의견 중 하나는 예일 대학의 탁월한 아시리아학자인 윌리엄 할로William W. Hallo가 1990년에 미국 동양 학회(the American Oriental Society)의 회장 연설에서 했던 「회의론의 한계」라는 제목의 글이다. 그것은 고대 근동 역사편찬 분야뿐만 아니라 또한 현재 성서학을 관통하는 예리한 비평으로, 극단을 회피하는 견해를 옹호하면서, 그 대신 가용한 **모든** 정보에 대하여 광범위하고 비판적이며 비교분석의 접근에 집중하고 있다.[92]

이렇게 균형 잡혀 있고, 공정한 '부드러운 사려분별성'을 가진 태도는 새로운 활력이 되며 또한 희망적이다. 특별히 너무 익숙한 수사학의 관점에서 볼 때 그렇다(이는 나 자신이 종종 탐닉하는 부분이기도 하다). 이제 나는 할로의 '회의론의 한계'가 '낙관론의 시작'으로 받아들여질 수 있음을 주장하면서 이 장의 결론을 맺고자 한다. 즉, 이것은 이 책에서 시도하려는 것처럼 새로운 이스라엘 역사의 서문이라고 할 수 있다. 이러한 방식으로 역사를 쓰거나 그렇지 않으면 포기하는 것뿐이다.

톰프슨과 렘셰가 그 어떠한 새로운 역사를 쓰지 않을 것이며 혹은 쓸 수 없다는 것은 명백하다; 그들은 이미 그들의 손으로 역사를 엉망으로 만들어버리고 말았다(혹은 그랬다고 나는 주장하는 바이다). 데이비스는 철기 시대의 모든 정보를 감당할 수 없어서 거부하였고; 그는 '페르시아 시대'의 이스라엘 역사를 기록하는 것만으로도 감당하지 못하는 수준이다. 그리고 화이틀럼은 '팔레스타인 사람들의 역사'에 꼼짝없이 붙잡혀 있는데, 이는 그가 감당할 수 없을 뿐만 아니라, 어떤 경우에서건 우리 고고학자들이 그의 도움 없이 100년도 넘게 잘해왔기 때문이기도 하다.

다른 포스트모더니스트들도 일이 잘 풀리지 않는다. 알베르토 소진Alberto Soggin의 『성서 시대의 이스라엘: 사회제도, 축제, 기념일, 제의*Israel in the Biblical Period: Institutions, Festivals, Ceremonies, Rituals*』(2001)

는 역사가 아니라 단지 일련의 주제 모음이다. 가장 극단적인 것은 마리오 리베라니Mario Liverani의 『이스라엘의 역사 그리고 이스라엘 역사*Israel's History and the History of Israel*』(2007)로, 이것은 한물간 마르크스 사상에 의존한 일종의 소설이다.[93]

아마 또 하나의 은유를 사용해서, 앞에서 언급한 경계라는 말보다 다른 세계를 뜻하는 것을 표현할 수 있을 것이다. 즉, '원을 넓혀가기'라는 은유이다. (1) 가장 안쪽의 원은 히브리 성서와 이스라엘 역사 기록을 이해하는 것에 대한 도전을 담아내고 있다. (2) 그다음 원은 새로운 패러다임을 추구함으로써 모든 인문주의 학문을 성가시게 하는 급진적인 표현의 위기가 될 수 있겠다.[94] (3) 가장 넓은 원은 포스트모더니즘과 서구 문화 전통이 서구 사회 안에서 충돌하고, 더 나아가 유일한 경쟁적인 세계관인, 집요한 이슬람에 의해 서구가 외적으로 위협을 받는 것이다.

이러한 모든 원에서, 오늘의 문제는 바로 무엇이 '진리'인가 하는 것이다. '포스트post'-모더니즘 이후에 그 무엇이 존재하는가? 어떤 이들에게는 다음 세대가 아마 '종말-이전(pre-apocalyptic)'이 될 것처럼 보인다. 이어지는 장에서 나는 축의 시대(axial age)의 역사를 기록하는 일에 나 자신만의 적절한 글을 써 내려가려고 한다. 비록 그것이 가장 안쪽의 작은 원과 관련된 것일 뿐이라 해도, 나는 그 일이 바깥의 원들에게도 역시 의미가 있다고 믿는다. 우리 서구인들은 우리의 운명을 성서 세계와 그 세계에서 무슨 일이 발생했는지를 이해하는 것으로 어느 정도 규정해왔다.[95]

수정주의자들은 역사의 잘못된 방향에 있다—잘못된 방향이란 이유는, 그들이 그 어떠한 설득력 있는 역사를 쓸 수 없기 때문이며, 또한 역사가 그들이 없어도 움직이기 때문에, 잘못된 방향인 것이다. 그들이 그만둔 곳에서 나는 시작하려 한다.

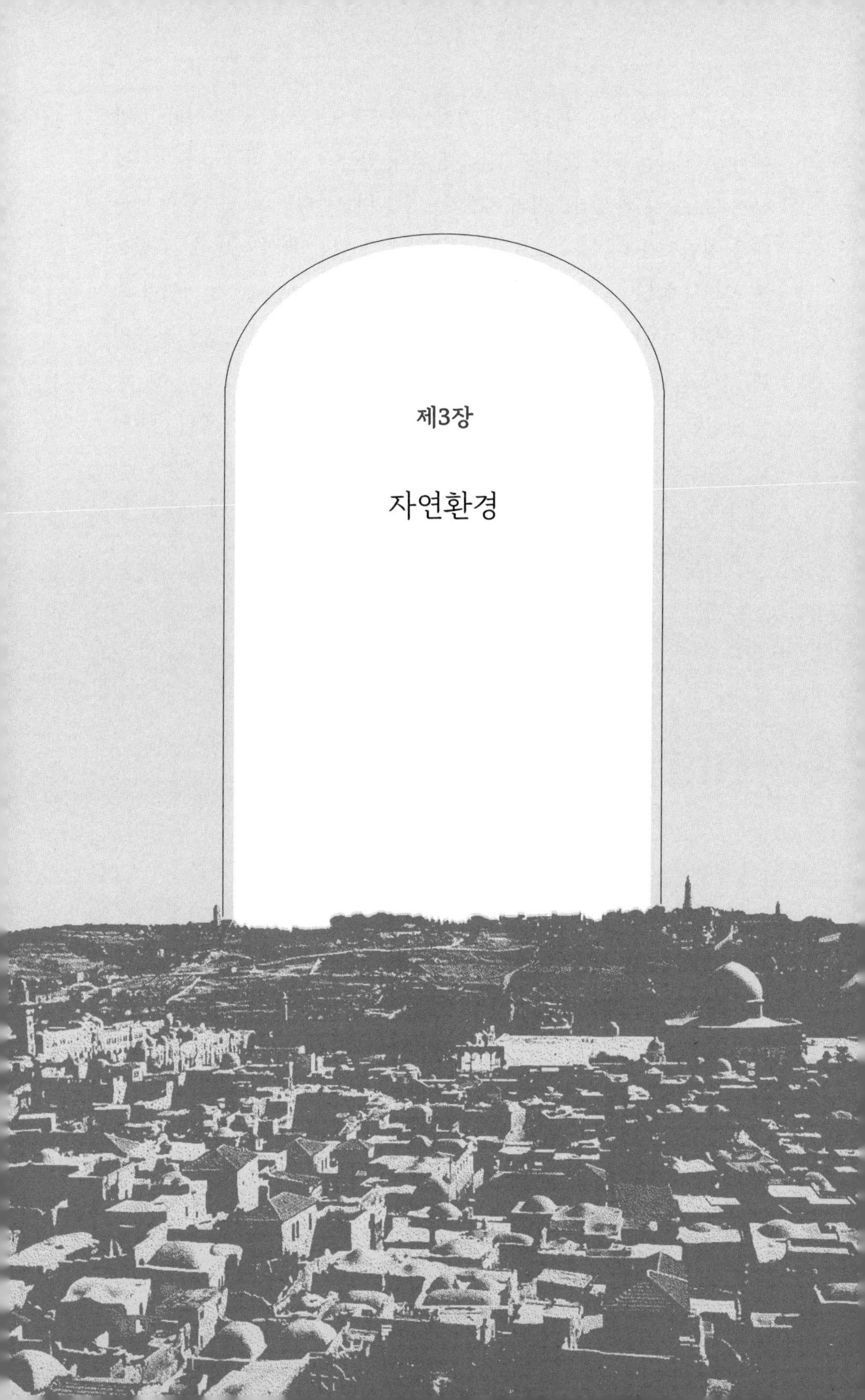

제3장

자연환경

모든 인간 사회는 자연환경에 의해서 부분적으로 모양을 갖추며, 그 안에서 오랜 시간 동안 발전을 거듭하게 된다. 만약 누군가 미국 남부의 아나사지족(Anasazi)과 알래스카의 에스키모족을 비교한다면, 이 민족들이 매우 다른 자연조건에 적응함으로써 자신들만의 구별된 특징을 발전시켜왔음을 분명하게 알 수 있을 것이다. 이스라엘이 성지(Holy Land)가 아니라 스위스에서 기원하고 그 운명이 정해졌더라면, 그 결과는 분명 달랐을 것이다(그리고 우리의 운명도 그랬을 것이다).

이러한 사실은 우리가 지리적 결정론으로 부르는 것에 희생물이 되었다는 뜻이 아니다. 왜냐하면 자연환경이 문화를 형성하는 유일한 요인은 아니기 때문이다. 이데올로기도 중요한 요인이며, 특별한 경우에 그것은 다른 모든 것을 압도하기까지 한다.

1절

물리적 정보

역사적 지형

이스라엘의 역사지리학자인 요하난 아하로니Yohanan Aharoni는 고전이 된 그의 책 『성서의 땅*The Land of the Bible*』(1967)에서 다음과 같이 주목한다: "어떤 땅과 사람들의 역사이건 지리적 환경에 상당한 영향을 받는다. 이것은 기후, 토양, 지세 등과 같은 자연적 특성뿐만 아니라, 이웃하는 지역과의 지정학적인 관계까지도 포함하고 있다. 이는 특별히 팔레스타인 지역에서 유효하다고 할 수 있는데, 이 지역은 작고 상대적으로 가난한 지방으로, 그 주된 중요성은 대륙의 교차점과 나라들의 교차로라는, 독특할 정도로 중앙화된 위치에 있다고 하겠다."[96]

본서는 다음의 질문을 제시한다: 기원전 8세기의 고대 이스라엘과 유다는 **실제로** 어떠했는가? 그러므로 우리는 우리가 이해하고자 하는 사람들의 삶에 대한 기본적인 사실을 구성하고 있는 환경—특별한 물리적 조건—을 살펴보는 것으로 시작해야만 한다. 첫 번째로, 우리는 자연 그 자체를 고려할 것이다. 그런 다음에 그것이 유발했던 생리적인 반응을 볼 것이다. 마지막 작업으로, 우리는 성서 기록자가 무엇을 생각했었는지를 조사할 것이며, 다음에 우리의 상상력을 발휘해서 기원전 8세기 이스라엘의 보통 사람들이 자신들의 환경에 관해서 어떻게 느꼈을 것인지를 재구성할 것이다.

레반트 지역

'레반트Levant'(이 말은 프랑스어 동사 '상승하다'에서 왔다)라는 단어에서 나는 지중해 동부 해안을 떠올리게 된다. 이곳은 물론 서구인들에게 해가 떠오르는 지역으로 여겨지겠지만, 더 나아가 문명이 발생했던 지역을 나타내기도 한다.[97] 이 지역은 터키 남부 해안(고대 아나톨리아)에서 아래로 내려와서 시리아 연안, 레바논 그리고 이스라엘을 거쳐 이집트 델타까지 아우르고 있다. 보다 내륙인 동쪽으로 확장하면 거대한 시리아/아라비아 사막(네푸드Nafud; 아라비아반도의 북부 사막을 가리킴 – 역자주)이 가로막고 있다. 그에 따라 형성된 반원형의 광대한 땅은 종종 비옥한 초승달(the Fertile Crescent)이라고 불렸으며, 이는 아라비아만灣 사막 가장자리에서, 위로 티그리스강과 유프라테스강을 지나, 서쪽으로 아나톨리아 고원지대를 건너서, 아래로 오론테스와 요르단 계곡, 그리고 시나이(성서의 시내 – 역자주)반도까지 이르는 하나의 거대한 호弧를 이루는 모양새이다.

그레이트 리프트 밸리Great Rift Valley

이 책에서 우리의 관심은 지중해 해안 지방을 따라 좁게 난 연안 지역 일부분으로, 비옥한 초승달의 남서쪽에 해당하며, 오늘날 이스라엘 국가와 웨스트뱅크(요르단강 서안 지구)를 가리킨다. 여기에서 리프트 밸리는 지형을 이루는 주요한 특징이다. 이곳은 오래전에 지각변동 운동으로 형성된 깊은 계곡으로, 터키 남부에서 시작하여 아래로 약 6000킬로미터 내려가 모잠비크의 잠베지강까지 확장되었다. 리프트 밸리 중간 부분은 시리아의 오론테스강과 이스라엘의 (갈릴리 바다와 사해를 포함한) 요르단 계곡으로 배수하고 있다. 사해 연안에 이르면, 그 고도가 해수면보다 약 375미터 아래에 있다.

리프트 양쪽 면에 높게는 2킬로미터에 이르는 산맥 혹은 절벽이 올라와 있다. 시리아의 서쪽 정상(과 이스라엘의 상부 갈릴리 부분)을 레바논산맥이라고 부르며, (시리아와 요르단 지역인) 맞은편에 있는 계곡은 안티레바논산맥이라고 부른다. 안티레바논산맥을 넘어가면 광대한 사막이 시작된다. 그러므로 우리는 아프리카와 아시아를 잇는, 리프트 밸리와 그 주변의 협곡을 따라 흐르는 상대적으로 좁은 땅을 다루게 되는 것이다. 그 지역은 종종 '육교(land bridge)' 혹은 카르타의 기념비적인 성서 세계 지도책(2006년)의 제목과 같이 '성스러운 다리(Sacred Bridge)'라고 불린다.[98]

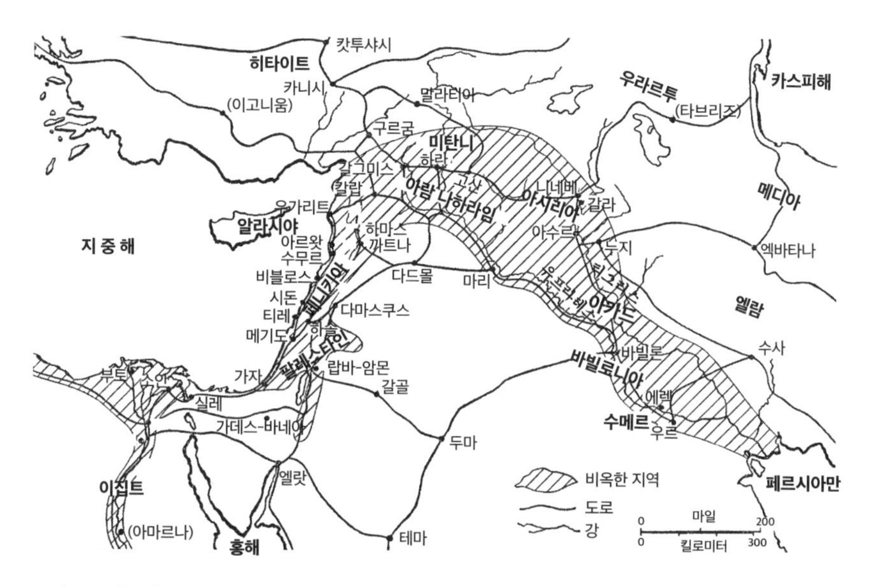

그림 III.1. 비옥한 초승달 지역. Aharoni 1967, 지도 1

쓸모없는 다리인가

계곡 그 자체는 깊고 불안정하지만(요르단 계곡), 그러나 시리아로 가면 그것은 베카Beq'a 계곡을 만나면서 넓어진다(베카는 '나누다'라는 동사에서 왔다). 대안이 되는 북-남 도로—'바닷길'(히브리어로 데레크 하-얌) 혹은 '왕의 대로'—에는 움직이는 모래언덕이 있고, 좁은 해안을 따라 습지가 있어서, 그 길은 종종 산기슭을 따라서 지나가거나 아니면 좁은 산길을 통과해서 내륙으로 들어가야 했다. 어떤 경우이건, 이집트와 메소포타미아라는 거대한 두 제국 사이에 있는 중요한 모든 지대는 호된 시련을 겪을 수밖에 없었다.

이스라엘(과 트란스요르단)을 통과하고 있는 이 육교 지역은 천 년 동안 이어진 침략군뿐만 아니라 주요한 교역의 통로 역할을 감당했다. 다리는 교통을 편리하게 한다; 그러나 반대로 그것은 쉽게 폭발하기 마련이다. 종종 대제국들이 대규모로 충돌하게 되는데, 그로 인해 고대 이스라엘의 운명이 결정되곤 한다. 이것은 어찌할 수 없는 사건의 중심에 놓인 작고 힘없는 사람들의 운명이기도 했다.

이렇게 위태로운 고대 이스라엘과 유다의 지정학적 상황은 그 작은 면적과 또한 고립된 위치; 산이 많고 그로 인해 조각난 지형; 좁고 바위가 많은 땅; 광대한 건조 지역; 그리고 뜸하면서 예상할 수 없는 강우(아래를 보라)로 인해 더욱 악화되었다. 이 지역은 전적으로 경작에 부적합한 땅이라고 할 수 있으며, 천연자원의 축복을 거의 받지 못한 지역이기도 했다. 만약 지형이 정말로 결정적인 요인이었다고 한다면, 이스라엘과 유다는 사라졌을 것이고, 오래전에 잊히고 말았을 것이다.

분열된 지세, 분열된 역사

그곳은 작은 땅이었다. 북쪽에서부터 남쪽까지 약 400킬로미터 정도이다. 가장 넓은 지점이라고 해봐야 (사해 지역인 남쪽 끝 지방으로) 약 145킬로미터 길이이다. 여기에 그치지 않고, 지역의 남쪽 3분의 1은 광활한 네게브 사막을 구성하고 있는데, 대부분 사람이 살 수 없는 환경이다. 텔아비브 북쪽의 해안 평야는 그 넓이가 겨우 40킬로미터이고, 여기저기에서 서쪽으로 습지대와 동쪽으로 사마리아 산지 때문에 더욱 제한을 받고 있다. 산지인 중앙 지역—유다, 사마리아 그리고 갈릴리 언덕—은 심장부라고 할 수 있지만, 그 지역은 산들로 빽빽하며 깊은 협곡으로 고르지 못하기 때문에 여행과 이동이 매우 어려웠다. 그곳에서 유일하게 동과 서가 만나는 북쪽의 이스르엘Jezreel 계곡은 너무 습한 데다 예부터 말라리아가 발생해서 사람이 살 수 없었다. 아열대 기후의 요르단 계곡은 가파른 기슭 옆에 자리하고 있으며, 강은 원시적인 기술로는 관개 작업을 할 수 없었다. 구불구불한 지세와 척박하게 다른 지역적 조건으로 인해 그곳은 좀처럼 통일되기 어려웠으며, 지역의 파벌들은 희박한 자원을 두고 역사 내내 항상 경쟁하였다.

"젖과 꿀이 흐르는 땅"이라고?[99]

고대에 모든 경제는 농업이었다. 그렇기에 양질의 흙과 충분한 강우를 가진 농작 가능한 토지가 필수적이었다. 그러나 남부 레반트에는 매우 극소수 지역만이 이러한 이상적인 요건을 충족시켰다. 남쪽으로 해안 평야는 배수가 잘되지 않아서 습지가 가득했고, 북쪽은 산 가장자리가 거의 바다까지 연결되어 있는 관계로 경작지는 거의 존재하지 않았다. 우리는 이스르엘과 요르단 계곡의 악조건을 이미 주목한 바 있다. 중앙 산지 지역은 산간 계곡으로 양질의 흙을 보유하고 있지만, 산기슭의 얕은 암석 토양으로 인해 힘을 들여 테라스(계단식 경작지—역자주)를 건설하지 않고서는 경작하거나 초목을 심기가 어렵다. 그러나 여기저기에 깊고 풍부한 테라로사 토양(붉은 흙)이 존재했다. 특히 셰펠라Shephelah나 서부 산기슭 지역이 그러했다.

조각난 지세는 또한 고도에 극단적으로 영향을 끼친다. 사해는 해수면 아래로 거의 400미터까지 내려가 있으며, 갈릴리 바다는 해수면 아래로 200미터에 이른다. 이에 반하여 중앙 산지의 가장 높은 곳은 해발 900미터 이상이며; 상부 갈릴리 언덕들은 대략 1,200미터에 이르고; 헬몬산은 해발 2,700미터를 넘는 정도이다. (트란스요르단의 언덕들은 그 높이가 거의 비슷하다.)

남부 레반트 대부분은 건조하거나 반건조 지역으로, 연간 강우량이 대략 100에서 200밀리미터 정도 되기 때문에, 목축 유목 생활만이 적합하다. 이스라엘과 유다에서는 (요르단강을 제외하면; 앞을 보라) 중요한 강이나 연중 마르지 않는 시내가 거의 없다. 대부분의 강바닥은 와디wadi(우기 이외에는 물이 흐르지 않는 마른 계곡—역자주)이며, 연중 마른 상태이다; 그것들은

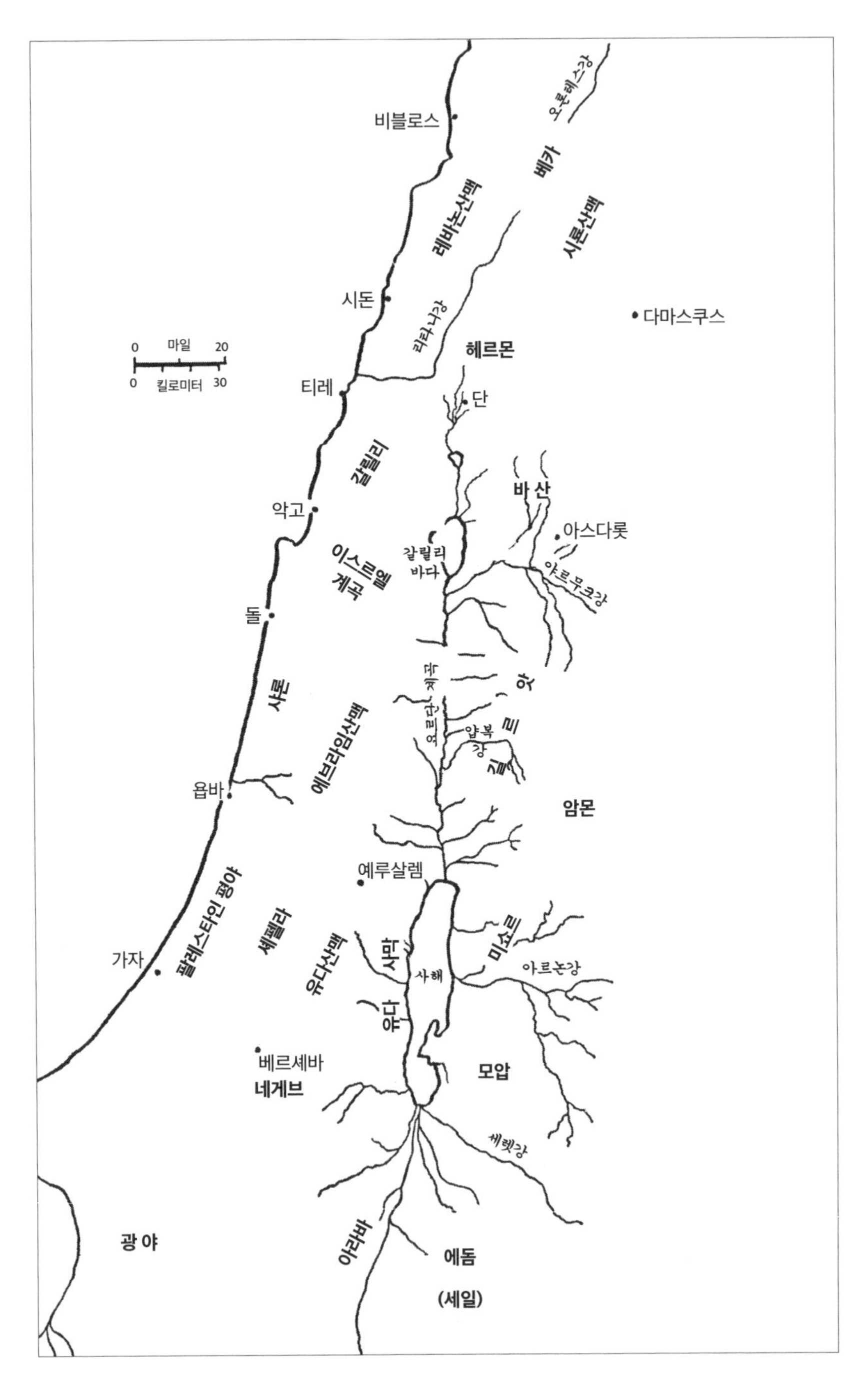

그림 III.2. 고대 팔레스타인의 지리적 지역. Aharoni 1967, 지도 2

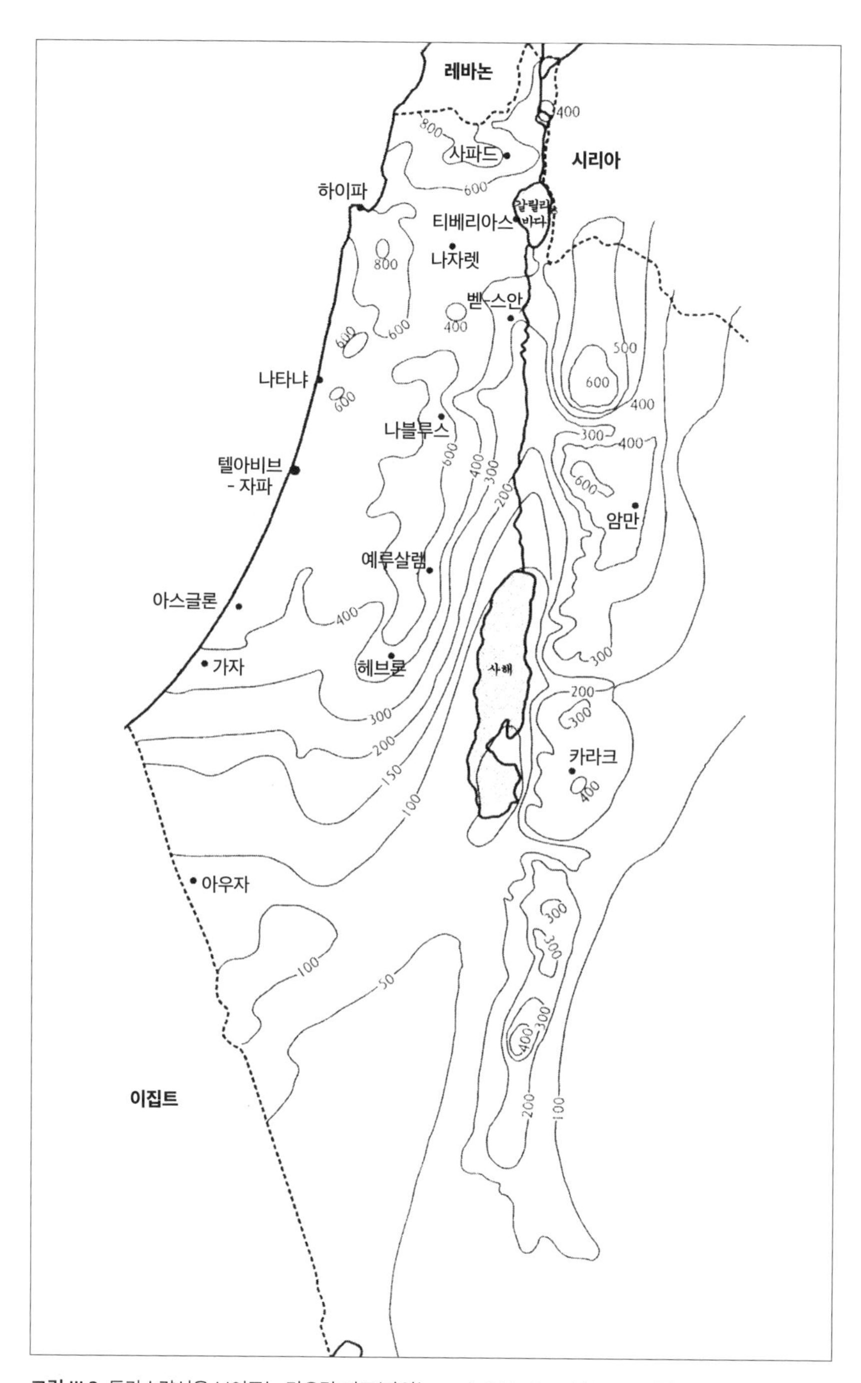

그림 III.3. 등강수량선을 보여주는 강우량 지도(단위는 mm). B. MacDonald 2000, 그림 4

우기에만 범람할 뿐, 어떻게도 사용할 수 없게 된다. 연간 강수량은 대단히 차이가 심한데, 어떤 때는 너무 많이 내리고 또 어떤 때는 너무 적게 내린다. 어떤 경우이건, 모든 비는 10월 중순에 시작해서 (이듬해) 4월 말까지 내리는데, 긴 여름은 완전히 건기이다. 온도는 네게브 지역과 요르단 계곡에서 섭씨 54도; 해안 지역을 따라서 섭씨 37도; 그리고 산지에는 섭씨 32~35도까지 오른다. 가뭄이라도 발생하는 날이면—대개 5년에 한 번씩 돌아오는데—겨울비조차 내리지 않는다.

연간 강우량이 200밀리미터 이상이 되는 지역에서는, 만약 좋은 해에 해당한다면 건식 농업으로 곡초와 곡물을 심고, 또한 과일과 채소 재배가 가능하다. 다음은 그러한 지역들이다.

남부/팔레스타인 평야	380~635밀리미터
북부 해안 평야	635~760밀리미터
유다 셰펠라(산기슭)	635~760밀리미터
예루살렘 언덕	500~635밀리미터
사마리아 언덕	635~760밀리미터
하부 갈릴리	635~760밀리미터
상부 갈릴리	760~1,000밀리미터

그 땅의 중요한 지리적 명칭은 위에서 기술한 조건에 맞게 거의 결정이 된다. 이 지역들을 서쪽에서부터 동쪽으로 배치하면 다음과 같다:

(1) 해안 평야:	남쪽으로 팔레스타인 평야
	중앙으로 샤론 평야
	북쪽으로 악고 평야
(2) 유대 셰펠라:	중앙산맥의 산기슭

(3) 중앙산맥: 남쪽으로 유대 지역
(레바논산맥) 중앙으로 사마리아
북쪽으로 상/하부 갈릴리

(4) 요르단 계곡과 남부 아라바 지역

(5) 트란스요르단 고원: 바산, 길르앗, 암몬, 모압, 에돔

(6) 이스르엘 계곡: 사마리아와 하부 갈릴리를 나누고 있음

정신적 틀이 되는 '지형'

앞의 이름 대부분은 성서 바깥의 기록에서 나왔고, 물론 그것들의 구분은 자연적인 특색에 기초하고 있다. 그렇지만 오늘날 고고학자들은 '지형(landscape)'을 자연과 그 자연 세계에 대한 인간의 인식 모두를 구성하는 것으로 이해하고 있다.[100] 그러므로 이제 우리는 성서에 나오는 용어를 찾아보고, 그것이 고대 이스라엘과 유다에서 성서 저자와 다른 주민들의 심리에 어떤 영향을 끼쳤는지를 살펴보도록 하자.

2절

성서의 자료

고대 이스라엘과 유다의 주민들은 자신들의 환경을 오늘날 우리보다 더

확실하게 잘 알고 있었다. 왜냐하면 그들의 실제 삶은 자연이 움직이는 방식에 대한 실제적인 지식에 달려 있었기 때문이다. 그리고 비록 그들이 우리의 과학적인 이해나 용어가 부족하기는 하지만 그들의 삶은 자신들만의 직관과 경험에 의한 방식으로 정교해질 수 있었다. 다행히도 그들의 대중적인 세계관 일부가, 비록 그것을 쓰고 편집했던 엘리트 집단의 견해가 들어 있음에 불구하고, 히브리 성서 안에서 발견된다.

땅, 그 자체

고대인들은 자신들의 땅이 독특하다는 것을 알지 못했는데, 그 이유는 비교할 기준이 없었기 때문이다(예외가 있다면, 아마 이집트일 것이다).[101] 그렇지만 그들은 자신들만의 기준으로 평가할 수 있었다. 이런 점에서 그들은 정말 잘 알고 있었다고 할 수 있다. 이러한 좋은 땅—'약속의 땅'—은 하나의 선물이며, 그러므로 소중했다.

그러한 주제는 히브리 성서 전반에 걸쳐 공명하고 있다. 모세는 야훼에게 다음과 같이 간청한다: "나를 건너가게 하사 요르단 저쪽에 있는 아름다운 땅, 아름다운 산과 레바논을 보게 하옵소서"(신 3:25). 그는 야훼가 그 땅을 약속했다고 확신하고 있으며, 그래서 그는 백성에게 이렇게 말한다: "네 하나님 야훼께서 네 조상 아브라함과 이삭과 야곱을 향하여 네게 주리라 맹세하신 땅으로 너를 들어가게 하시고, 네가 건축하지 아니한 크고 아름다운 성읍을 얻게 하시며"(신 6:10), 그곳은 "젖과 꿀이 흐르는" 땅이다(신 11:9). 신명기 8장 7~10절은 그 전부를 인용할 가치가 있다:

> 네 하나님 야훼께서 너를 아름다운 땅에 이르게 하시나니, 그곳은 골짜기든지 산지든지 시내와 분천과 샘이 흐르고, 밀과 보리의 소산지

요 포도와 무화과와 석류와 감람나무와 꿀의 소산지라. 네가 먹을 것에 모자람이 없고 네게 아무 부족함이 없는 땅이며 그 땅의 돌은 철이요 산에서는 동을 캘 것이라. 네가 먹어서 배부르고 네 하나님 야훼께서 옥토를 네게 주셨음으로 말미암아 그를 찬송하리라.

약속의 땅이라는 주제를 담고 있는 몇몇 구절들은 상당히 자세하게 이스라엘 사람들의 미래의 영토를 기술하고 있다. 그러므로 신명기 1장 6~8절을 보라:

우리 하나님 야훼께서 호렙산에서 우리에게 말씀하여 이르시기를, "너희가 이 산에 거주한 지 오래니, 방향을 돌려 행진하여 아모리 족속의 산지로 가고 그 근방 곳곳으로 가고 아라바와 산지와 평지와 네겝과 해변과 가나안 족속의 땅과 레바논과 큰 강 유브라데까지 가라. 내가 너희의 조상 아브라함과 이삭과 야곱에게 맹세하여 그들과 그들의 후손에게 주리라 한 땅이 너희 앞에 있으니 들어가서 그 땅을 차지할지니라."

독자는 또한 여호수아 10장 16~17절과 12장 8~24절에 나오는 요약을 주목해야만 할 것이다(후자는 가나안 왕과 그 도시들을 나열하고 있다).

히브리 성서는 고대 이스라엘과 유다의 자연적이며 문화적인 경계를 인식하고 있다. 민수기 34장은 그 인식을 나타내는 고전적인 기록이다. 야훼는 모세에게 구체적으로 말해주면서, 가나안이 그들의 "유산"이 될 것이며, 그 땅은 이집트에서 뻗어 나와 레바논 경계('르보-하맛,' 한글성서는 8절에서 '하맛 어귀'로 나온다—역자주)에 이른다고 하였다.

다른 성서 기록에서는 그 땅의 몇몇 특별한 지역들을 언급하고 있다. 그런데 그 지역들은 지금 여기에서 분류하고 있는 현대의 실증적인 차원으로 설명할 수 없다.

지역	성서 기록
지중해('대해')	수 9:1
'요르단 서쪽'	수 12:7
샤론 평야	대상 5:16; 27:29
'해변 길'; '왕의 큰길'	사 8:23(9:1); 민20:17
셰펠라(유다 산기슭의 언덕)	수 11:16; 15:33~42; 왕상 10:27
산지	수 11:16
요르단 계곡	수 11:21
갈릴리	수 11:2; 19:35~38
이스르엘 계곡	수 17:16; 삿 1:27
사해	창 19:28; 신 3:17; 수 3:16
아라바(남부 요르단 계곡)	신 2:8; 3:8
'요르단 동쪽'	수 13:27
동편 사막	삿 6:1~3
바산	왕상 4:13; 암 4:1
길르앗	신 3:10; 4:43
모압	왕하 3:4
암몬	민 21:24
에돔	겔 27:16

그 땅의 자연환경은 또한 많은 성서 기록에서 언급되고 있다. 독특한 기후 유형이 야훼 때문이라고 생각했는데, 그는 "너를 위하여 하늘의 아름다운 보고를 여시사, 네 땅에 때를 따라 비를 내리시고 네 손으로 하는 모든 일에 복을 주시는 분"(신 28:12)이기 때문이다. 야훼는

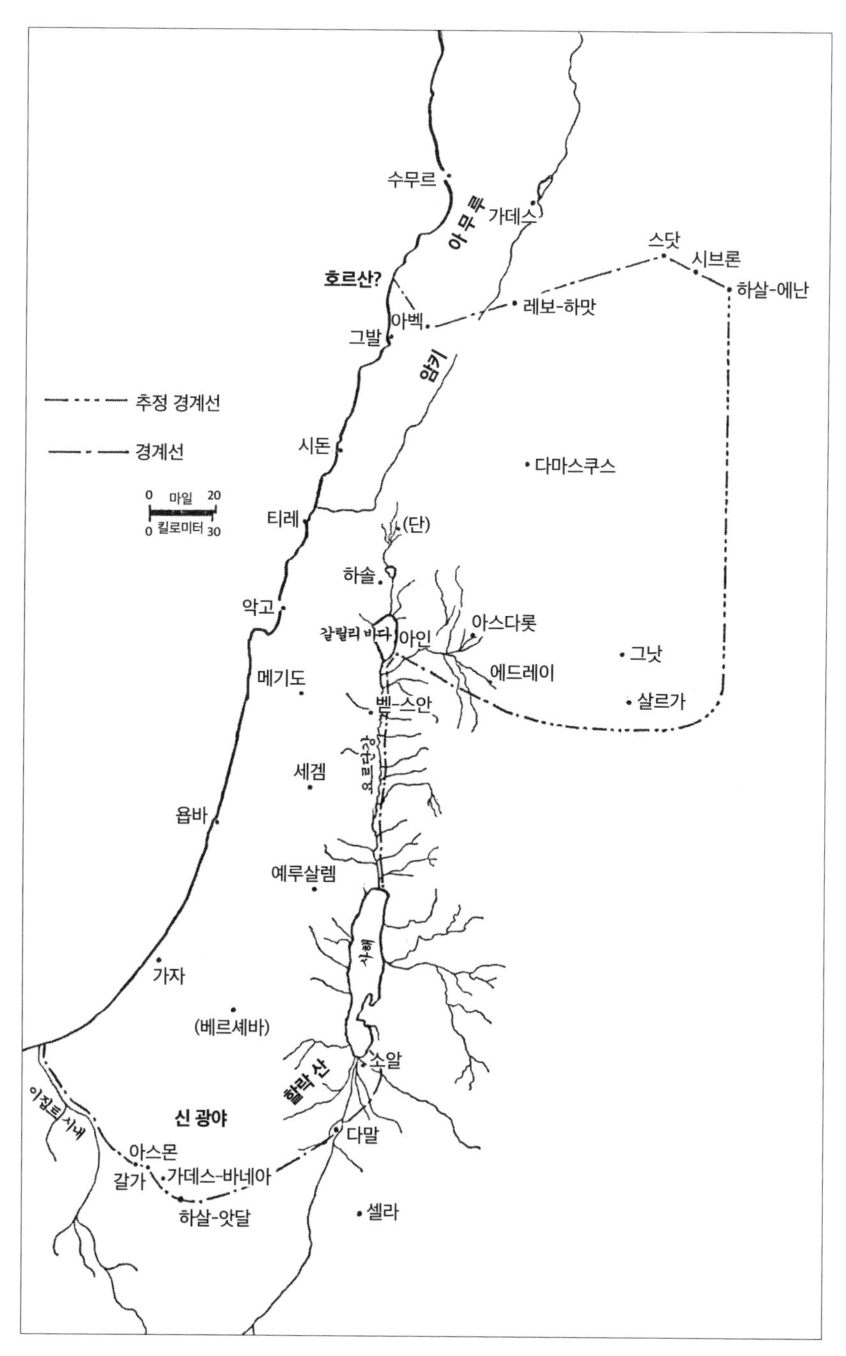

그림 III.4. 약속의 땅. Aharoni 1967, 지도 4

안개를 땅 끝에서 일으키시며;
비를 위하여 번개를 만드시며
바람을 그 곳간에서 내신다. (시 135:7)

욥기 38장 22절은 또한 "우박 창고"를 언급한다. 그러므로 날씨에 대한 개념은 야훼의 충만함이 "넘치는" 것으로 나타난다. 그리고 "이른 비와 늦은 비"라는 구절은(신 11:13~17; 참조. 렘 5:24) 일반적으로 발생한 것에 대한 적절한 설명이 된다. 10월 중후반이 되면, 지중해에서부터 바람이 불어 들어오는데, 갑작스러운 폭우가 쏟아지기도 한다. 그런 다음 잠깐 날이 맑은 후 겨울비가 내리기 시작한다. 12월 초와 2월 초 사이에 전체 비의 75퍼센트가 내린다.

일상이나 계절에서 온도가 극한까지 치닫는 전형적인 현상이 몇몇 성서 기록에 기술되어 있다. 야곱은 불평하기를, "낮에는 더위와 밤에는 추위를 무릅썼다"고 했다(창 31:40). 매서운 먼지 폭풍—시로코(히브리어로 샤라브)—은 사막에서 휩쓸며 불어오는 바람으로, 다음과 같이 묘사된다: "뜨거운 바람이 광야에 있는 헐벗은 산에서 불어온다"(렘 4:11). 그러므로 그 땅은 "그 거주민을 삼키는" 곳이었다(민 13:32).

폭풍만 있는 것이 아니라 종종 가뭄도 발생했다. 야훼는 "하늘을 닫아 비를 내리지 아니하여 땅이 소산을 내지 않게 하신다"(신 11:17). 와디(강바닥)는 "땅에 비가 내리지 아니하므로" 말라붙게 된다(왕상 17:7). 그 땅에는 우물(민 21:16)이나 수조(사 36:16)가 있기는 하지만 그것들이 말라버릴 수도 있다.

우리가 보다 자세하게 기술했던 것처럼, 계절의 영원한 순환이 암시되고 있지만, 사실 두 계절만 인식할 수 있다:

"땅이 있을 동안에는

심음과 거둠과 추위와 더위와
여름과 겨울과 낮과 밤이
쉬지 아니하리라." (창 8:22)

4장에서는 촌락 농업과 관련하여, 우리는 고대 가나안의 자연환경이 대부분의 사람들의 일상에 어떠한 영향을 끼쳤는지 자세히 추적하려고 한다. 특별히 인구의 대부분을 차지하는 농민이 주된 대상이다. 우리는 보통 사람들이, 즉 성서를 썼던 자들이 아닌 사람들이 자신의 환경에 관해서, 그 위험과 약속 사이에서 무엇을 느꼈는지 살펴볼 것이다.

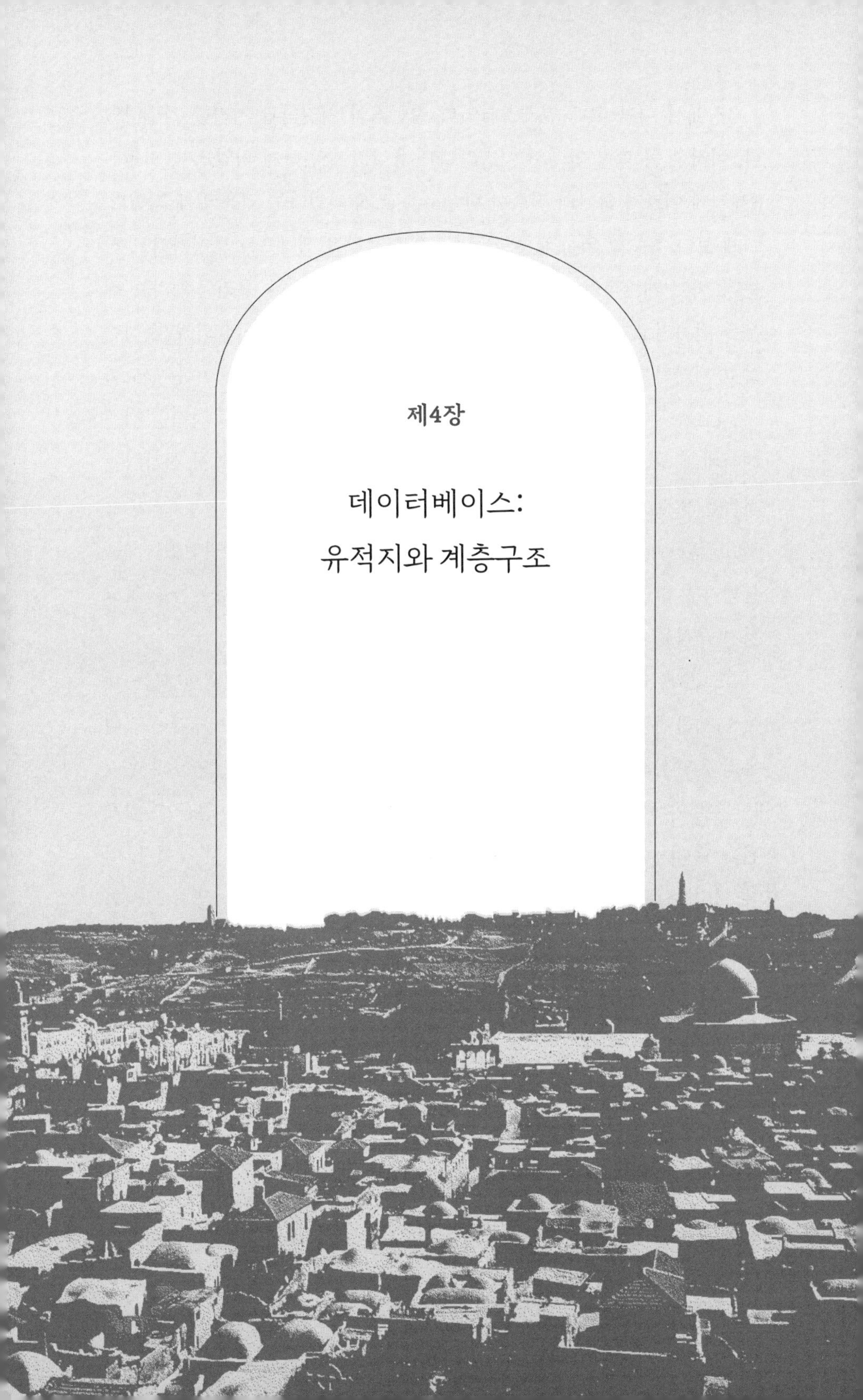

제4장

데이터베이스: 유적지와 계층구조

3장에서 나는 고대 팔레스타인의 전반적인 지질학과 지리를 기술하였다. 이러한 큰 맥락 안에서 이스라엘과 유다가 출현하게 되었으며, 기원전 8세기에 이르러 하나의 진화한 단계로 이르게 되었다는 점을 알게 되었다. 이제 보다 특수한 역사적, 문화적, 그리고 정치적 맥락으로 들어가려고 하는데, 바로 개별적인 발굴지를 살펴보도록 하겠다. 특히, 우리는 **왜**라는 질문을 던지려고 한다. 우리의 탐구가 진정으로 **역사적**인 것이 되려면, 신중하고 체계적으로 원인과 결과를 설명할 수 있어야 하기 때문이다. 고고학적 자료를 주제적으로 취급하는 그런 단순한 서술적이거나 공시적인 접근 대신에 우리는 통시적 접근을 취할 것이다. 즉, 시간이 지나면서 변화하는 것들을 표로 기록할 것이다.

그러나 이것을 하려면 해당 유적지의 다중계층이 어떻게 발전했는지를 살펴야만 하는데, 바로 적합한 기준을 가지고 특정 지층의 유물들을 묶고 성격 규정을 하는 것이다.

그 결과물은 기원전 8세기 이스라엘과 유다를 실제로 발굴한 모든 것이 자세하게 나와 있는 지도가 될 것이다(왜냐하면, 고고학 자료가 우리의 목적을 달성하기 위한 제1순위 자료이기 때문이다). 이 지도를 통해 우리는 이후 이 책에서 논의되는 모든 것에 대한 본질적인 자료를 얻을 수 있게 된다. 우리는 또한 가능하다면 측량 정보(survey data)도 포함할 것이다. 비록 그 정보를 그리거나 정량화할 수는 없다 하더라도 말이다. 또한 그러한 장소가 존재한다 해도 극소수만이 확인될 수 있을 것이다. 그러므로 우리는 어떤 장소들을 나열할 수는 있지만, 그것을 우리의 지도에는 첨가하지는 않을 것이다. 무엇보다 고고학 자료에 대한 우리의 기준에 맞게, 그림 1에 제시한 도표는 기본적으로 아랍어 지명(어떤 것은 히브리어)을 사용하고 있는데, 그 이유는 다른 이름들은 종종 성서 혹은 다른 텍스트에 근거하기 때문이다(비록 그 지도와 논의는 어떤 이름이든지 사용할 수 있지만 말이다).

그런 다음 우리는 이 표에 몇 개의 다른 동시대의 이름을 넣을 것인데,

이는 주로 성서나 신-아시리아 기록물에서 나오는 이름이며, 고고학 유적지로 확인할 것이다(이어지는 표에서 나오는 '텔Tell'은 일종의 둔덕(mound)처럼 불쑥 올라온 지형을 말하는데, 그 이유는 오랜 시간 동안 거주와 폐기를 반복하게 되면서 자연스럽게 생활 흔적들이 쌓여 올라갔기 때문이다. 결국, 고고학 발굴에 매우 유리한 조건이 형성된다—역자주).

그림 IV.1. 기원전 8세기 여러 지역의 계층적 분류

I. 계층 1: 수도

장소(아랍어/히브리어 지명)	성서의 지명; 지층	넓이(에이커)	인구(명)
북쪽: 세바스티야	(사마리아, 4~6층)	18(최대)	2,000
남쪽: 꾸드스	(예루살렘, 12층)	10~15	12,000? (기원전 7 세기)

II. 계층 1: 그 외 (행정 중심지/지방 수도)

장소(아랍어/히브리어 지명)	성서의 지명; 지층	넓이(에이커)	인구(명)
텔 까디	(단, 2층)	50	5,000?
텔 께다	(하솔, 6~5층)	15	1,000
텔 에트-무테셀림	(메기도, 4A층)	15	1,500
텔 제제르	(게셀, 6층)	31	3,000
텔 루메일레	(벧-세메스, 3~2 [IIb, c]층)	7	700
텔 에드-두웨이르	(라기스, 3층)	31	3,000
텔 에스-세바	(베르셰바, 3층)	3	300

III. 계층 2: 도시/도심지 (인구 1,000명 이상)

장소(아랍어/히브리어 지명)	성서의 지명; 지층	넓이(에이커)	인구(명)
텔 레호브	(3~2층)	12	1,200
텔 도산	(도단, 2층)	15	1,500
텔 티인니크	(다아낙, 4층?)	18	1,800
텔 후슨	(벧-스안, 4층)	10	1,000
텔 발라타	(세겜, 8~7층)	15	1,500
텔 엔-나스베	(미스바, 3A층)	7~8	800
키르베트 라부드	(드빌, B~2층)	15	1,500
텔 칼릴; 키르베트 아르바	(헤브론)	7.5	750
텔 젬메	(유르사?, C-D층)	12	1,200
텔 헤시	(에글론?)	25	2,500
텔 아부 후레이레	(그랄)	50	3,000?

IV. 계층 3: 마을 (인구 300~1,000명)

장소(아랍어/히브리어 지명)	성서의 지명; 지층	넓이(에이커)	인구(명)
텔 파라(북쪽)	(디르사?, 7d, e 층)	10?	1,000?
텔 요끄네암	(욕느암, 12층)	10	1,000
텔 이프샤르	(헤벨?)	10	1,000
키르베트 에트-텔 두루르	(제로르)	?	500
키르베트 제마인	(?)	3	300
텔 미할	(막미스)	10	1,000
텔 함메	(하맛)	7	700
키르베트 바나트 바르	(?)	7	700

마르자메	(바알 샬리샤?)	7	700
베이틴	(벧엘)	4	400
텔 집	(기브온)	5	500
텔 바타시	(딤나, 3층)	7	700
라스 아부-하미드	(깁브돈?)	10?	1,000?
키르베트 꼼	(막게다)	?	500?
미네트 루빈	(야브네 얌, 10층)		
텔 주데이데	(모레셋-가드)	?	500
키르베트 에트-투베이까	(벧-술)	4	400
텔 자이트	(립나?)	6	600
텔 할리프	(야흐넬, 6B층)	3	300
텔 에스-샤리예	(시글락)	4	400
텔 베이트 미르심	(미확인, A2층)	10	1,000
텔 마소스	(?, 2A층)	8	800
키르베트 아라라	(아로엘, 2층)	?	?
텔 이라	(라마?, 7층)		

V. 계층 4: 촌락 (인구 50~300명)

장소(아랍어/히브리어 지명)	성서의 지명; 지층	넓이(에이커)	인구(명)
텔 카데스	(게데스)	?	?
카츠린	(카스린, 8층)	?	?
텔 인암	(얍느엘?)		
텔 킨네레트	(긴네렛, 2층)	2.5	250
텔 키리	(?, 6층)	2.5	250
텔 카시시	(답베셋?)	2.5	250

키르베트 제메인	(?)	2.5	250
베이트 아르예	(?)	1	100
키르베트 클라	(?)	1.5	150
나할 레파임	(나할 르바임)	?	?
텔 쿠르다네	(아벡, 10층)	?	200?
텔 에스-산다한나	(마레사)	?	200?

VI. 성채

장소(아랍어/히브리어 지명)	성서의 지명; 지층	넓이(에이커)	인구(명)
텔 이스르엘	(이스르엘, ?)		
텔 에시-슈니	(쿠다디)		
키르베트 마흐루끄	(?)		
쿰란	(이르-하 멜라?)		
키르베	(?)		
부께이아	(아골 골짜기?)		
리숀 레-지욘			
라맛 라헬	(벧-학게렘, 5B층)		
텔 아라드	(아랏, 9~8층)		
키르베트 아부 투웨인	(?)		
텔 말하타	(?, 4층)	4	
호르바트 라둠	(?)		

1절

고고학적 자료

다층 계층구조를 개발하다: 계층 I

알려진 모든 장소를 계층구조로 정리하기 위한 가장 중요한 기준으로 다음의 것들을 포함할 수 있다: (1) 전략적 위치, 특별히 지역의 주도권을 얻을 수 있는 잠재적인 측면이 고려된다; (2) 상대적인 크기; (3) 기념비적 건축물의 존재 유무; (4) 제의祭儀 잔존물의 증거; 그리고 (5) 엘리트 존재의 유무로서의 사회경제적인 측면. 우리의 기초 분석 과정에서 이러한 고고학적 기준을 엄격하게 적용함으로써 우리는 다음의 계층구조를 구분해서 인식할 수 있게 되었다:[102]

각 왕국의 수도; 계층 1; 그림 IV. 2
지역 행정 중심지; 역시 계층 1; 그림 IV. 2
도심지, 혹은 진짜 도시(인구가 약 1,000명 이상); 계층 2; 그림 IV. 18
마을(인구 약 300~1,000명); 계층 3; 그림 IV. 23
촌락(인구 약 50~300명); 계층 4; 그림 IV. 25
부락, 농장(인구 50명 이하); 계층 5 (해당 지도 없음)
성채; 독특한 것으로, 계층화되지 않는다; 그림 IV. 29

계층 1 유적지: 수도

1. 계층 1 유적지—위치—를 구분하는 첫 번째 기준은, 고려하는 장소의 그 물리적 맥락을 조사해서(3장), 그 환경적 지위로 처음 부를 수 있는 곳에 자리 잡게 함으로써 만족스럽게 결정된다. 일반적인 환경적 제약을 가정할 때, 왜 이렇게 특별한 장소가 그곳에 위치하게 되는 것일까? 그리고 특별히 그 위치에 어떤 문제가 발생할 것처럼 보이는 곳이라고 한다면, 다른 곳은 왜 안 되는 것일까? 분석의 다음 단계에서, 우리는 문화적 맥락을 살펴볼 필요가 있다. 이는 도시지리학자가 '중심지'라고 부르는 것으로, 바로 이웃하는 지역들을 주도할 수 있는 곳이며, 이는 위치뿐만 아니라 잠재적인 정치적 영향력까지도 포함한다.[103]

만약 첫 번째 기준이 충족된다면, 다음으로 우리는 계층 1 지역을 구분해야 한다. 즉, 그곳이 수도인가 혹은 지역 행정 중심지인가. 물론 각각의 국가에 하나의 계층 1에 해당하는 수도만 있을 수도 있다(혹은 연속하는 왕조마다 그에 해당하는 수도가 하나씩 존재할 수도 있다). 그러나 지역의 중심지로서 기능하는 여러 개의 계층 1 장소도 존재할 수 있다. 그리고 이러한 두 경우 모두 크기는 이차적인 조건이 될 것이다. (크기도 중요하겠지만) 그렇지만 상대적으로 작은 도시가 해당 지역을 정치적으로 혹은 심지어 사회경제적으로 주도할 수도 있다.

2. 계층 1 지역을 구분하는 두 번째 기준은 기념비적 건물의 유무이다. 이것은 방어시설뿐만 아니라 정교하게 계획해서 공적인 목적을 위해 공공을 위한 공간과 사적인 공간을 떨어뜨려 놓았던 증거에서, 그리고 왕실, 저장소, 그리고 어쩌면 제의 중심지라는 증거를 포함하게 된다.

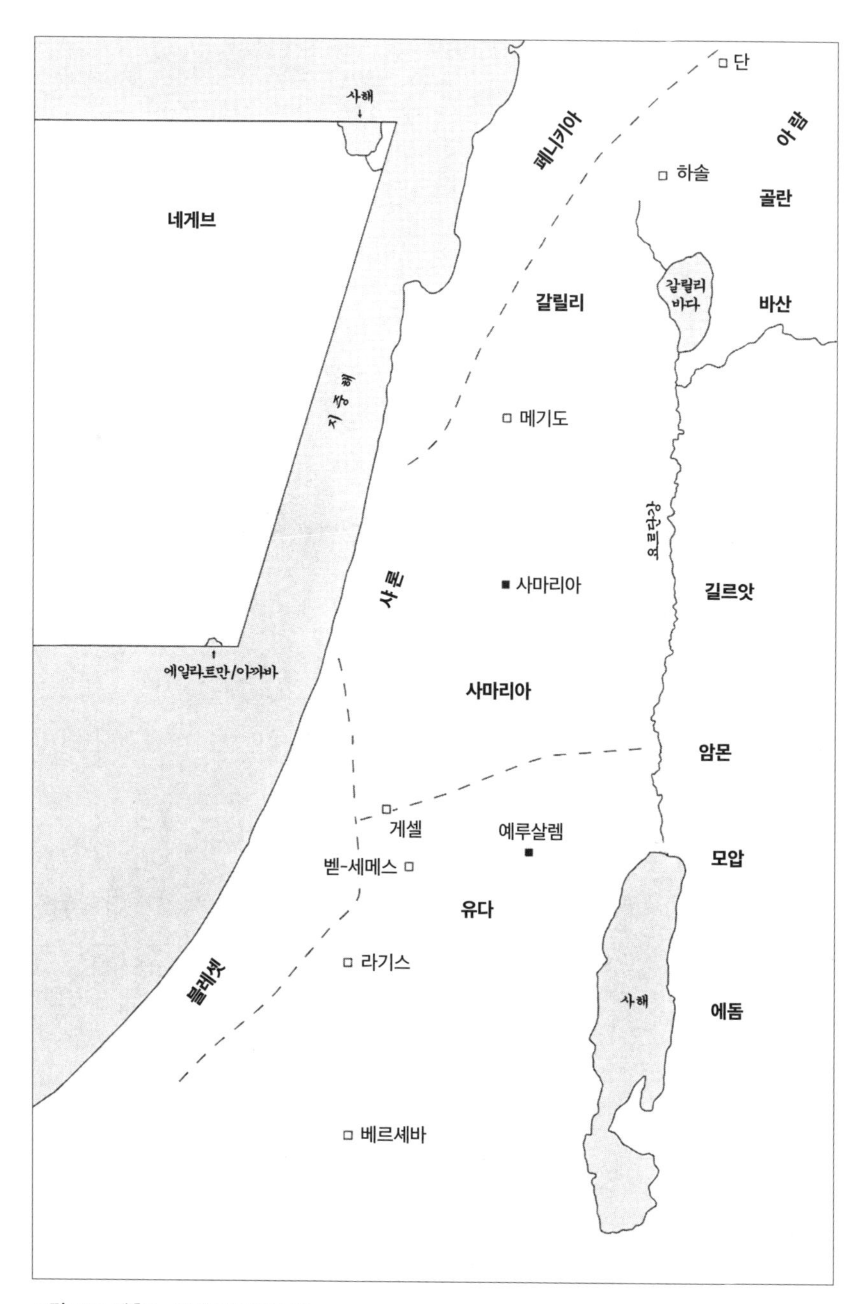

그림 IV.2. 계층 1: 수도와 행정 중심지.

사마리아

첫 번째로, 사마리아를 살펴보도록 하자. 사마리아는 150년간 북왕국의 수도로 논쟁의 여지가 없다. 사실 그 도시는 20에이커를 넘지 않으며 인구는 2,500명을 넘지 않는 수준이었다(이들은 대개 왕족, 귀족, 행정관료, 수도 수비대, 그리고 그들의 식구였다).

(이제 성서의 자료를 고려하지 않고) 고고학적 증거를 통해, 왜 그곳이 수도가 되었는지 살펴봐야 한다. 사마리아는 해발 442미터 정도에 이르는 산꼭대기의 사마리아 언덕의 중심지에 자리하고 있으며, 그곳은 주변 지방을 지배하는 지역이기도 하다(사마리아란 이름의 뜻은 '망루[watchtower]'이다). 또한 사마리아는 북과 남을 잇는 주요한 교차로에 놓여 있다. 그곳의 옛 명칭이 신-아시리아 기록물에 언급되어 있다.

수도로 보일 만한 건축물이 세워지기 전에, 그 장소는 본래 사람이 살지 않았었다. 그 장소는 새로운 수도로 세워지기 위해 선택된 것으로 보이는데, 즉 그 지역은 그 어떠한 복잡한 과거의 옛 역사나 전통이 없었다(마치 미국의 수도 워싱턴과 같다).

1908~1910년에 하버드 대학의 미국 발굴팀이 성지의 다른 초기 발굴 작업과 함께 그곳에서 작업을 수행했다. 이후 1931~1935년에 영국-팔레스타인(유대인) 연구자들이 공동으로 참여했다. 동료 중 하나인 캐슬린 케니언Kathleen Kenyon은 후에 팔레스타인과 성서고고학 분야에 권위자가 된다.[104]

발굴을 통해 아래층의 도시를 발견했는데, 대략 15에이커를 넘는 영역으로, 예전에는 발굴되지 못했던 지층이었다. 언덕 꼭대기에는 왕실에 속하는 건물이 약간 남아 있었는데, 인상적인 성채에 둘러싸여 있었다. 직사각형 모양의 왕궁 건물이 약 223제곱미터로 세워졌는데, 그 전체 지역은 여남은 방을 지지했던 최하위층 위에 세운 단단한 낮은 벽과 이중으로 된 상부 벽에 의해 둘러싸여 있었다. 상부 건물들 대부분은, 3개의 건축물을

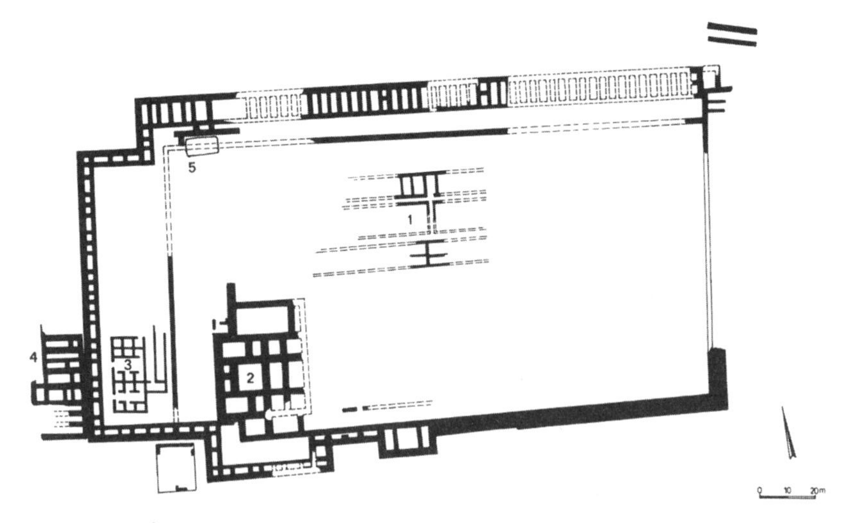

그림 IV.3. 사마리아 II 시대의 이스라엘 성채의 주요한 건축물들. 그림에 나와 있는 숫자는 다음을 뜻한다: 1. 거주지, 2. 첫 번째 왕궁, 3. 도편들이 나온 집, 4. 이후의 왕궁, 5. 저수지. Herzog 1997, 그림 5:22

제외하면 발굴이 되지 않은 상태로 남아 있었다. 이 중 하나는 안뜰과 많은 방이 있는 왕실로, 호화로운 페니키아 양식의 끌로 새겨 장식한 석조건물(마름돌: 일정한 모양으로 잘라놓은 돌—역자주)로 건축되었는데, 이는 이 지역을 통틀어서 가장 기술이 뛰어난 것이었다.

가까운 곳에는 많은 방을 가진 작은 건물이 있었는데, 이곳은 페니키아 양식으로 아름답게 상아를 깎아놓은 장식용 판들이 모여 있었다. 다른 곳에 흩어져 있는 조각을 모두 취합해서 고려할 때, 그 판들은 수백에 달할 정도였다. 이러한 모든 상아는 기원전 721년에 아시리아에 의해서 왕궁이 약탈당하고 파괴되었을 때 불타고 말았다. 우리는 7장에서 더 자세하게 살펴볼 것이다.

건축물 중앙에 있는 한 건물에는 그리 보존이 잘되지 못한 잔해 중에서 63개의 도편(ostraca), 즉 도기 파편에 먹물로 쓴 비문이 발견되었다. 기원전 8세기로 연대 설정이 되는 이것은 세금을 지불하기 위해 왕실에 보냈던

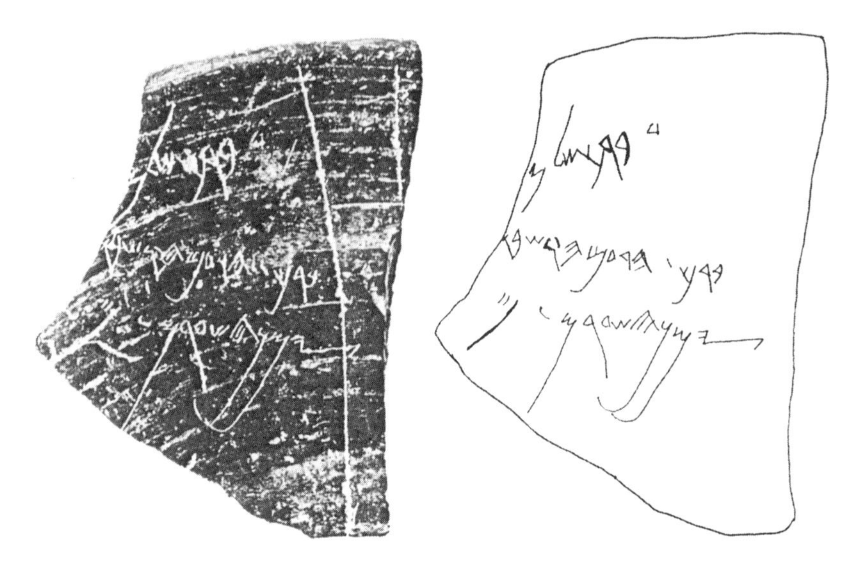

그림 IV.4. 사마리아 도편: '보리가 표기된 일종의 수표'. Aḥituv 2006, p. 311

기름이나 포도주와 같은 상품의 적재를 기록했던 일종의 명세서였다. 도편에는 사람 이름과 장소 이름이 적혀 있었고, 이를 통해서 우리는 그 지역에 부유한 지주들의 복잡한 연결망을 재구성할 수 있게 되었다. 에브라임 산지 지역에 있는 많은 장소들은 달리 알 수는 없었다(심지어 성서 기록에도 나와 있지 않았다). 다시 말하지만 우리는 이 장소들의 완전한 의미를 앞으로 살펴볼 것이다(7장).

고고학적 자료만으로도 이곳이 사마리아가 왕실 건축물이며, 그 지역의 다른 어떤 곳과 비교할 수 없는 특별한 장소임을 확인하게 된다. 여기엔 강력한 성채로 구성된 하나의 독립 왕궁이 있었고; 페니키아 양식으로 세워진 거대하고 화려한 거처가 있었으며; 상아로 세공한 가구들; 그리고 세금 영수증 기록을 보관하기 위해 따로 떨어진 곳에 문서 보관 건물이 있었다. 이러한 특징들은, 사마리아라는 전략적인 위치에 더하여, 이곳이 정말로 기원전 9세기 초반부터 기원전 8세기 후반까지 북왕국의 수도였음을 확실하게 만들어준다.

여기에서 우리가 특별하게 관심을 가지는 부분은, 변화가 나타나는 두 개의 연대기적 사실이다. (1) 모든 초기(기원전 9세기)의 건축물은 기원전 8세기 내내 연속해서 사용되었는데, 단지 외부 건물이 현실적인 면적으로 추가되었을 뿐이었다. (2) 기원전 721년 아시리아에 의한 파괴는 상아와 도편의 연대를 기원전 8세기 중·후반으로 설정하게 하며, 이는 추가적인 변화를 나타내는 지점이다.[105]

예루살렘

다른 수도인 예루살렘 역시 상대적으로 그 크기가 작다. 다윗과 솔로몬의 시대인 기원전 10세기에 그 인구는 아마 1,000명을 넘지 않았을 것이며, 역시 대부분은 지배계급과 그들의 식구들이었다. 그들은 성전산(Temple Mount) 아래의 돌출된 오벨Ophel에 자리한 다윗 성 안에 살았는데, 근처에 아래 방향으로 난 계곡에 기혼 샘이 있었다(성의 넓이는 대략 10에이커이다). 그러나 기원전 8세기 후반에 이르면, 이 성은 약 150에이커에 달할 정도로 극적인 성장을 경험하게 되며, 인구도 15,000명으로 증가한다. 이는 아시리아가 북왕국을 파괴했을 때 도망쳐 나왔던 피난민들로 인해 팽창한 것이 분명하다.[106]

예루살렘의 전략적 위치는 사마리아보다는 분명치 않다. 예루살렘은 이스라엘과의 북부 경계에 상당히 근접해 있다. 그곳은 유대 광야를 향하는 바로 그 분기점 위에 자리하고 있다. 그리고 그곳은 이스라엘이 존재하기 이전 시대에 이미 오랫동안 문제를 겪었던 지역이기도 했다. 그렇지만 예루살렘은 전국적으로 가장 높은 언덕 중 하나에 자리했고, 그 높이도 해발 790미터에 달할 정도였기 때문에, 사방으로 화려한 풍광을 자랑할 수는 있었다. 북쪽과 서쪽으로는 방어가 취약했고, 수자원도 빈약했으니, 가용할 만한 기술을 가지고 모든 약점을 보완해야만 했다.

마지막으로, 이데올로기가 있다. 전통에 따르면, 이스라엘이란 곳은 족

그림 IV.5. 예루살렘 구시가지, 동쪽을 향해 감람산을 보고 있다. 사진: W. G. Dever

장 시대까지 거슬러 올라가는데, 바로 아브라함과 이삭의 희생이 바로 이곳 '거룩한 산'에서 일어났다고 말한다. 그리고 다윗이 여부스 도시를 기적적으로 탈취한 이야기는, 이스라엘이 경멸하는 가나안 사람들을 쫓아냈던 일을 영구적인 기억으로 만들었다. 짧게 말해서, 당시에 (그리고 지금도) 예루살렘은 자연을 정복한 인간의 승리를 뜻하는, 하나의 영원한 상징이었다. (심지어 성서가 없어도, 우리는 예루살렘의 초기 전승을 고고학적으로 알 수 있을 정도이다.)

고고학자들에게는 불행하게도 예루살렘은 항상 활기차고 살아 있는 도시였기 때문에 어떤 고고학적 유적지도 탐사할 수 없었다. 그러나 지난 150년간 100여 개의 뜻밖의 작은 발견과 이곳저곳에서 수많은 우연한 발굴이 있었는데, 그중에 1962~1967년에 있었던 데임 캐슬린 케니언의 발굴은 주목할 만하다. 6일 전쟁 이후, 이스라엘인들은 구도시(Old City)의 안과 주변 어디에서건 처음으로 대규모의 발굴 작업을 수행했는데, 특별히 1968~1978년에 남쪽과 서쪽('통곡의 벽') 주변을 베냐민 마자르Benyamin

그림 IV.6. 오벨 능선, 북쪽을 향해 성전을 보고 있다. 사진: W. G. Dever

Mazar가 발굴했다. 그리고 1968~1982년에 나흐만 아비가드Nahman Avigad는 곧 재건될 예정인 유대인 구역을 광범위하게 발굴했고, 이갈 실로Yigal Shiloh는 '다윗 성'을 발굴했다(1978~1985년).[107]

혼동스러울 정도로 방대한 자료와 그것을 분류해야 하는 복잡한 문제에도 불구하고, 예루살렘은 기원전 10세기에 그 성이 세워진 이후 기원전 8세기 유다의 수도로 지속적인 기능을 유지—심지어 그 영역은 확장되었다—하고 있었다는 놀라울 정도의 엄청난 증거들이 존재했다. 성전, '다윗의 망대', 다른 행정 건축물은 모두 유지되었으며, 기혼 샘 위쪽 경사지에는 엘리트 집단의 거주 구역이 있었다. 추가적으로, 120미터로 이어지는 철기 시대 중석(heavy stone) 방어벽이 오벨 계곡의 동쪽 경사지를 따라 발견되었다. 그 위로는 4개의 긴 계단식 테라스가 있었는데, 각 줄에는 많은 방이 딸린 집들이 세워졌고, 그중 몇 개는 분명히 귀족들의 거주지로 보인다. (우리는 이 주제를 아래에서 다시 다룰 것이다.)

기원전 8세기 끝에 이르러, 기원전 701년에는 센나케리브Sennacherib 왕

(성서의 산헤립—역자주)의 포위 공격을 마주하게 되는데, 예루살렘의 지도자들은 여러 가지 이례적인 조치들을 취하게 된다. 예전의 수도 체계를 보충하기 위해서 그들은 기반암을 통과해서 365미터 길이의 터널을 팠는데, 이것은 기혼 샘의 물을 성벽 안의 동쪽 경사지에 공급해서 저장하기 위한 목적이었다. 19세기에 터널의 남쪽 끝에서 공사를 기념하는 비문의 일부가 발견되었는데, 이를 통해서 어떻게 이렇게 특이한 공사의 위업이 완수될 수 있었는지 알 수 있게 되었다. 비록 이 비문에 그 당시 왕의 이름은 사라졌지만, 기원전 8세기 후반의 고급스러운 히브리어 글자를 볼 때, 이것은 왕실의 비문임을 나타낸다고 하겠다.[108]

또 하나의 방어 수단으로 아비가드가 발견한 '히스기야 성벽(Broad Wall)'이 있는데, 대략 7미터의 넓이에, 이제는 그 길이가 60미터도 넘는 것으로 드러났다. 이 벽은, 만약 도시의 북서쪽 구역과 그곳에 있는 성문(이제는 욥바문)까지 확장되었다고 한다면, 성을 둘러싼 그 넓이가 이전보다 대략 4배나 넘게 확장한 것이 된다. 서쪽 언덕 전체를 포함하는 이렇게 중요한 도시 방어의 변화는 아마도 방어적 조치뿐만 아니라 기원전 732~기원전 721년 북왕국의 멸망 이후 북쪽에서 온 피난민의 대규모 유입을 수용하려는 시도로 보인다. 도시의 인구는 기원전 8세기 말에 15,000명 정도로 증가한 것으로 측정된다.[109] 이 모든 것은 예루살렘을 매우 인상적인 수도로 만들었다.

계층 1: 다른 중심지들

계층 1은 또한 수도나 그 크기가 절대적으로 결정적인 요인이 될 필요가 없는 그런 도시는 아니지만, 지역 행정 중심지를 포함한다. 우리는 이러한 중심지로, 고고학적 기준에 근거하여 다음의 일곱 도시를 구별할 수 있

그림 IV.7. 남쪽에서 바라본 텔 단 성읍 도시와 성문 지역. 사진: W. G. Dever

다: 북쪽 지역에 단, 하솔, 그리고 메기도(성서의 므깃도—역자주); 그리고 남쪽 지역에 벧-세메스, 게셀, 라기스, 그리고 베르셰바(성서의 브엘세바—역자주)이다(지금까지 알려지지 않은 다른 중심지들이 더 있을 수 있다. 지도 IV.1과 IV.2를 보라).

단

단Dan은 이스라엘의 가장 큰 최북단의 도시로, 오늘날 레바논과 시리아 국경에 자리하고 있다. 이곳은 매우 거대한 산으로, 대략 50에이커이며, 그 경사는 상당히 가파르다. 그 크기와 전략적 위치는 풍부한 수자원으로 더욱 강화된다. 그 지역 사방의 수면에서 거품을 일으키는 샘들은 요르단강 상류 수원지에 속하고, 바로 여기에서 모여 바니아스Banias 폭포 근처로 흘러간다.

그러므로 단은 지역 행정 중심지가 되기에 적합한 모든 요소를 다 가지고 있다. 그래서 솔로몬 사후 이스라엘이 두 개로 나누어진 후, 단은 곧 새로운 중심지가 되었다(지층 4층). 사실, 단은 일찍부터, 그러니까 텔 파라Tell el-Far'ah(북쪽, 성서의 디르사—역자주)에 정치적 수도가 세워지고 다음으로 곧장 사마리아로 옮겨지기 전에, 북부에서 실제 문화적이며 종교적인 수도였던 것으로 보인다.

단은 1966년 이래로 존경받는 이스라엘 고고학자 아브라함 비란Avraham Biran에 의해서 발굴되었다. 거의 즉각적으로 아랍어로 텔 까디Tell el-Qadi라고 불렸던 그 장소는 '단에 있는 신에게로'라고 읽을 수 있는 그리스 비문이 발견된 이후, 고대의 단으로 확실시되었다.

기원전 9세기 단의 특징은 도시 성벽, 3중으로 된 도시 성문, 외부에 큰 광장, 그리고 앞뜰에 큰 4개의 뿔이 붙은 제단을 가진 거대한 돌로 만든 산당(히브리어로 '바마')이 있었다. 이러한 건축물의 사용은 기원전 8세기까지 지속된 것으로 보이며(지층 2층), 약간의 수리를 했던 것 같다. 문에서부터 난 포장도로는 이제 그 위에 두 개의 출입문이 추가되면서 막히게 되었다. 산당은 계속해서 사용되었을 것이지만 발굴이 부정확하게 진행되었고, 최종 보고서가 제출되지 못했기 때문에 이와 관련해서 문제는 완전히 해결되지 못했다. 어찌 되었건, 단은 기원전 8세기에 지역의 행정 요지뿐만 아니라 제의 중심지로 유지되었을 것이다. 특별히 그곳은 아람 도시국가에 북부 경계의 최전선으로 자리했다(8, 9장). 성문 지역 밖에서 발견된 작은 건물들은 영업 허가를 얻으려는 시도로 아람 상인들에게 할당된 상점이었던 것으로 추측된다(아래를 보라).

아람어로 쓰인 기념비 비문 조각이 바깥 문 광장 지역 안에서 발견되었는데, 그것은 아시리아에 의해 파괴된 잔해 속에서 발견되었다(기원전 732년). 아이러니하게도 그 비문은 아람의 왕(아마도 하사엘)에 의해서 단이 파괴되었다고 언급하는데, 그렇지만 그 비문은 '다윗의 집'과 여호람으로 여겨지는 이스라엘 왕을 언급하는 유일한 성서 외적 자료를 우리에게 제공하고 있다. 그 비문의 연대는 기원전 9세기 중반으로 설정하며, 그것이 발

그림 IV.8. 텔 단의 성문 주변 건물의 내외각의 구성도. 번호에 대한 설명은 다음과 같다: 1. 바닥이 포장된 광장, 2. 외곽 문, 3. 정문, 4. 포장도로, 5. 상부 도로. Biran 1994, 그림 206

견되었던 기원전 8세기 말 지층은 해당하지 않는다. 그것은 본래 성문 지역에 세워졌던 일종의 전시용 비문이었다.[110] 그렇지만 기원전 9세기와 기원전 8세기 후반 모두 있었던 파괴는 단의 중요성을 증명하고 있다(자세한 것은 아래 7장을 보라).

하솔

하솔은 북이스라엘에서 가장 인상적인 도시로, 동시대 시리아의 주요한 도시들과 비교할 수 있을 정도였다. 하솔은 납달리산의 동부 지맥에 자리하는데, 훌레Huleh 계곡을 내려다보면서, 북과 남을 잇는 주요한 도로를 감시하는 역할을 했다. 가나안 시대의 유적은 거대했다: 200에이커가 넘는 지역에, 광대한 낮은 건물들이 중무장이 되었으며, 여기에 왕궁과 여러 성전으로 구성되었다. 그러나 철기 시대에 이르러서는 약 15에이커의 그리 크지 않은 무장된 성채만 있을 뿐이다.

하솔은 1955~1958년에 전설적인 이가엘 야딘Yigael Yadin의 지도 아래 대규모의 이스라엘 고고학자들이 발굴하였다. 1987년부터 현재까지 암논 벤-토르Amnon Ben-Tor의 지도로 새롭게 발굴이 되고 있다.[111]

기원전 8세기(지층 6~5층) 도시 성벽은 강화되었지만, 보다 이른 시기의 성채는 아마 작은 부분만 수리된 상태로 계속해서 사용되었을 것이다. 성채 근방에는 여러 개의 품질이 좋은 가옥이 새롭게 건축되었는데, 이것은 아마 귀족들 소유로 보인다. 이 구역은 문을 향하고 있는데, 그 문은 종려잎 무늬의 기둥머리로 장식이 되어 있었다. 그러나 하솔 지층 6~5층 건물의 3/4은 공적 기능이 있는 것으로 추정된다. 이는 하솔이 그 이전과 마찬가지로 그 때도 지역 행정 중심지였음이 명백함을 보여주는 것이다(7장).

이 지역에서 가장 두드러진 건축물은 경이로운 수준으로 설계된 수로 체계로, 그것은 기원전 9세기에 파인 것으로, 약 2.8제곱미터의 정방형 갱도를 냈고, 아래로 향하는 계단을 두었으며, 기반암을 잘라내서 아래로 약

그림 IV.9. 하솔의 수도 갱도. 사진: W. G. Dever

18미터까지 이어지게 했다. 바닥까지 길게 경사를 낸 터널을 만들어서, 지하수면을 또 다른 9미터 아래로 이끌도록 했다. 이러한 수로 체계는 기원전 9세기 말에 아시리아가 서쪽으로 더욱 가까이 진격해왔을 때 건축되었으며, 이후 기원전 8세기에도 지속적으로 사용되었다.

메기도

메기도는 인상적인 곳에 자리 잡은 또 하나의 거대한 둔덕이다. 해안 평야에서 시작하여 카르멜(성서의 갈멜—역자주)산맥을 통과하고 이스르엘 계곡으로 빠져나가는 주요한 도로의 북쪽 끝에 위치한다. 이 둔덕은 15에이커에 이르는데, 이례적으로 높고 가파르며, 그 지층이 20개 이상이 될 정도이다.

메기도는 1925~1938년에 록펠러 재단의 자금과 시카고 대학의 지원을 받은 대규모의 미국 고고학자들에 의해서 발굴되었다. 제2차 세계대전의 발발로 인해 현장 조사가 중단되었고, 그 결과 의욕적인 출판 계획은 오직 부분적으로만 실현될 수 있었다.[112]

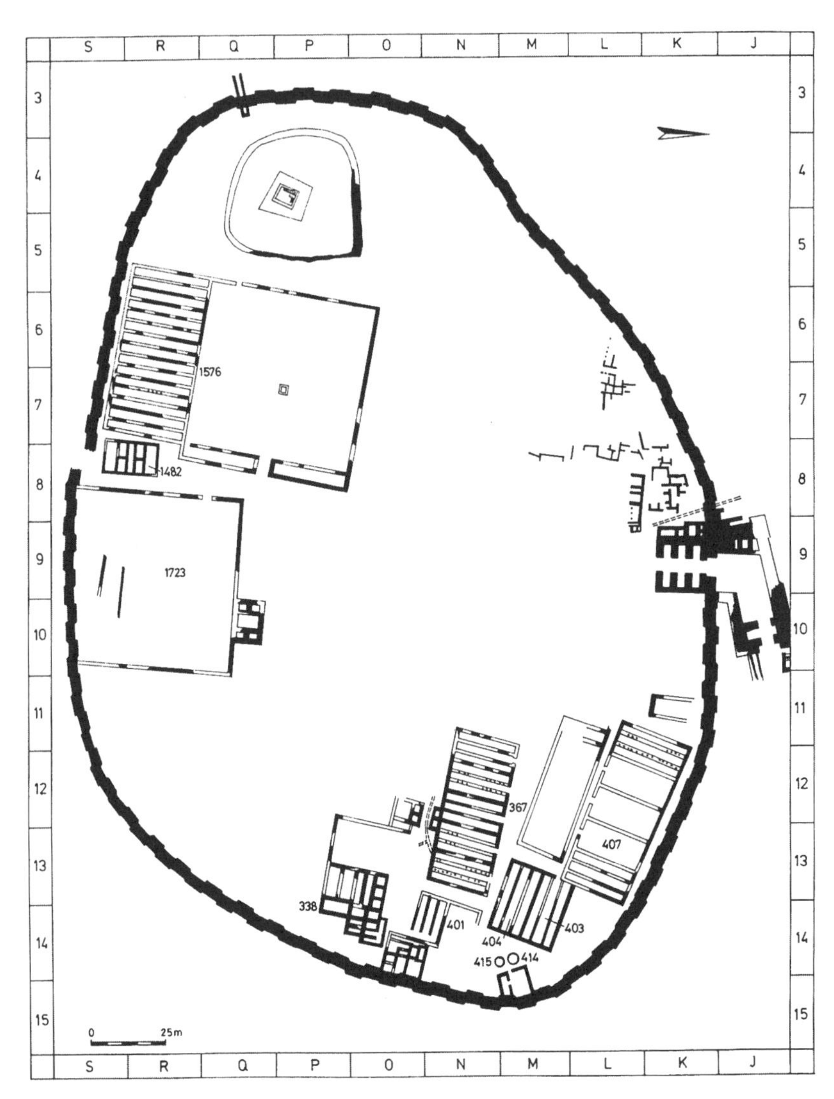

그림 IV.10. 메기도 지층 4층 B-A의 평면도. 이 단계에서 안쪽 성문이 3개의 출구로 줄어들었다. Herzog 1997, 그림 5.21

주요한 가나안의 도시였던 메기도는 기원전 10세기에 이르러 이스라엘의 지역 수도가 되었으며, 이후 기원전 9세기에는 무장된 성채와 전차를 보유한 도시가 된다. 기원전 9세기 말이 되면, 메기도는 완전하게 재건

된다(지층 4A층). 요철 모양(offsets-insets)의 성벽은 계속해서 사용되었으며 역시 3개의 통로를 가진 문도 사용되었다. 마구간(혹은 저장소) 건물도 역시 지속적으로 사용되었다. 도시의 내부는 대부분 발굴되지 못했는데, 그렇지만 공공 건축물들은 성벽을 따라 도시의 절반 정도 크기를 차지했을 것으로 보인다(7장).

또 하나의 훌륭한 수로 체계가 메기도의 지층 5A~4B층에서 발견되었는데, 이것은 지층 4A에서도 계속해서 사용되고 있었다. '주랑(gallery)' 건물에는 입구가 있었는데, 정방형의 세로축이 약 6미터 정도 아래로 기반암을 향해 나 있었다. 그런 다음, 하솔에서와 같이, 수평으로 된 터널이 68미터 길이 이상으로 나서 도시 성벽 아래로 뻗어 바깥에 있는 샘으로 연결되었는데, 그 샘은 이제 사라진 상태이다. 이 모든 것이 암시하는 것은 메기도가 이상적인 위치에 있으며 지역 행정 중심지가 되기 위해서 꾸며졌다는 점이다. 메기도는 하솔의 남쪽으로 32킬로미터 떨어져 위치한 중심지였다(그림 IV.2를 보라).

벧-세메스

이제 유다로 돌아가보자. 벧-세메스라는 장소는 북쪽의 행정 중심지와 비교하면 상대적으로 작았는데, 그 넓이는 겨우 7에이커였다(그러나 베르셰바는 기껏해야 3에이커뿐이었다; 아래를 보라). 하지만 그 위치와 독특한 특징으로 인해 벧-세메스는 의심할 나위 없이 중심지가 되었다. 그곳은 셰펠라에서 예루살렘으로 이어지는 주요한 도로를 이어주는 소렉 계곡이 내려다보이는 돌출한 곳에 자리를 잡았다. 또한 벧-세메스는 유다와 블레셋의 국경 지역이기도 했다.

그 장소는 1990년 이후로 슐로모 부니모비츠Shlomo Bunimovitz와 즈비 레더만Zvi Lederman의 감독 아래 텔아비브 대학에 의해 발굴이 진행되었다.[113] 벧-세메스를 행정 중심지로 만들었던 지층 3~2층의 특징은 거대한 도시

그림 IV.11. 북쪽에서 바라본 게셀 텔. 사진: W. G. Dever

성벽, 큰 공공건물, 탁 트인 광장과 뜰, 엄청난 저장 사일로, 철로 가공한 시설, 그리고 무엇보다 인상적인 물 저장소가 있다.

게셀

게셀은 이스라엘과 유다의 남쪽 국경에 자리한다. 그곳은 큰 둔덕으로(약 33에이커), 셰펠라에 붙어 있는 중앙산맥의 서쪽 측면에 웅장하게 위치해서, 그 너머에 있는 해안 평야를 내려다본다. 이곳은 예루살렘으로 올라가는 좁은 산길을 따라 이어지는 주요한 도로를 감시하는 기능이 있다.

이 장소는 성지에서 최초로 발굴된 지역 중 하나인데, 1902~1908년에 아일랜드 고고학자인 R. A. S. 매캘리스터R. A. S. Macalister가 지휘했다. 이후 1964~1973년에 하버드 셈족 박물관과 히브리 연합대학 발굴팀이 조지 어니스트 라이트George Ernest Wright, 본인(W. G. 데버W. G. Dever를 가리킴—역자 주), 그리고 J. D. 시거J. D. Seger의 감독 아래 발굴이 진행되었다. 게셀의 옛 지명은 아랍어로 텔 제제르Tell el-Jezer이며, 이는 이중 언어로 된 비문에서

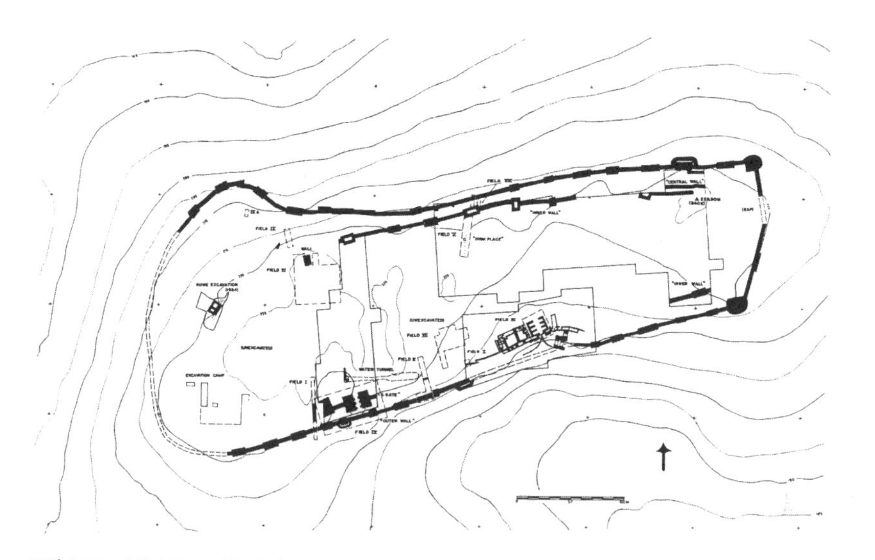

그림 IV.12. 게셀의 주요 건물 평면도. W. G. Dever. Dever 편집 1986, 평면도 1

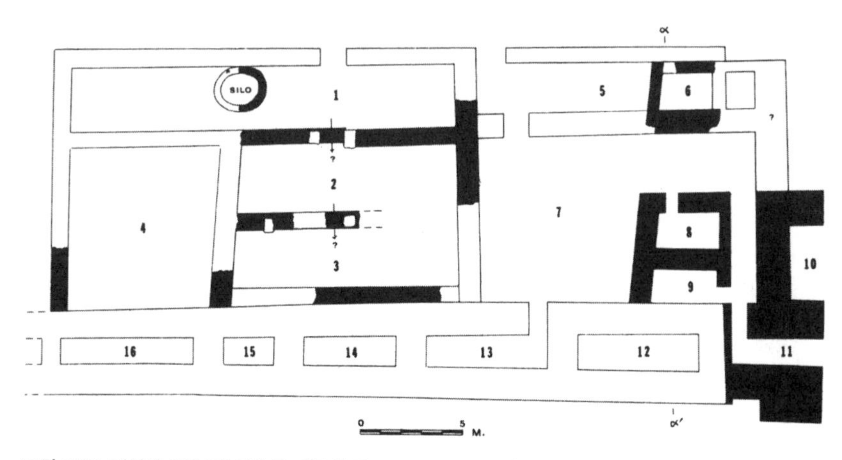

그림 IV.13. 게셀의 현장 3의 지층 7~6층의 구조. Dever 1984, 그림 4

알 수 있다.[114]

발굴에 따르면, 게셀은 26개의 지층이 있으며, 기원전 4000년 중반부터 로마 시대까지 뻗어 있다. 그곳은 기원전 10세기에 주요한 철기 시대 장소가 되었는데(지층 8층), 그때에 기념비적인 4개의 입구가 있는 문과 이중벽(casemate wall)이 세워졌다. 이러한 건축은 (앞에서 본) 기원전 10세기 하솔 그리고 메기도의 방어 시설과 거의 동일한 것이었는데, 그것들은 초기 이스라엘 국가가 출현했으며, 그 국가가 사람과 자원을 통제할 수 있었음을 보여주는 증거로 가장 잘 해석될 수 있을 것이다.[115]

지층 6층은 기원전 8세기에 속한 것으로, 여전히 지층 7층의 3개의 출입구가 있는 성문을 사용하고 있었으며(대략 기원전 918년에 있었던 시삭Shishak의 침공 이후 축소되었다), 또한 오래된 이중 성벽도 사용하고 있었다. 서쪽으로 성문에 인접한 왕궁 10000(고고학 발굴 번호임—역자주)은 왕궁 8000으로 대체되는데, 여기엔 아시리아 양식의 비트 힐라니*bit hilani* 왕궁의 설계와 유사하게 안뜰과 여러 방이 있었다. 이러한 큰 건물은 게셀 통치자의 숙소였거나 혹은 행정 건물이었을 것으로 보인다. 이는 게셀이라는 최고의 국경 지역의 특징을 더하여, 그곳을 지역 행정 중심지 중에 하나로 만들었던 요인이었다. 지층 6층은 기원전 732년 아시리아의 원정으로 인해 극심하게 파괴되었다(10장).

라기스

유다에서 남쪽으로 멀리 떨어진 라기스는 기원전 8세기에 또 하나의 행정 중심지였음이 분명하다(지층 3층). 그 둔덕은 웅장했다: 크고(31에이커), 매우 경사졌으며, 아주 멀리서도 보였다. 라기스는 해안에서 시작된 주요 도로에 걸쳐 자리했는데, 그 길을 따라 라기스의 경계인 셰펠라로 올라가서, 중앙 산지의 남쪽을 지나 헤브론으로 향할 수 있었다.

라기스는 1932~1938년에 영국 고고학자 존 스타키John Starky가 광범위

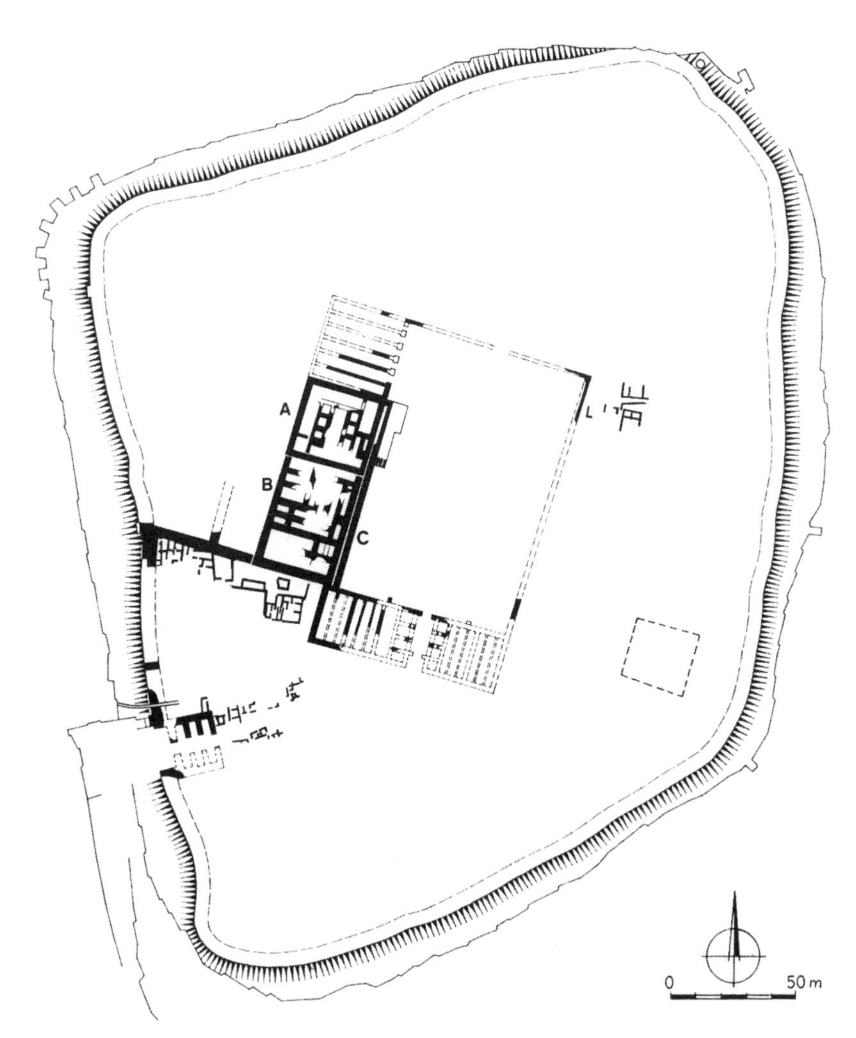

그림 IV.14. 라기스의 지층 3층의 평면도, 왕궁 A-C가 있다. Herzog 1997, 그림 5.27

하게 발굴했으며, 그 이후 1969~1976년에 다비드 우시슈킨David Ussishkin의 감독 아래에서 이스라엘 발굴팀이 샅샅이 조사했다. 그곳은 지금까지 유다의 모든 장소 중에 가장 잘 알려지고 또한 가장 많이 출간된 장소였다.[116] 지층 4층의 파괴(이는 아마 지진으로 보인다) 이후, 하부와 상부의 석조 성벽, 3개의 출입문이 있는 성문, 그리고 성채를 따라 놓인 거대한

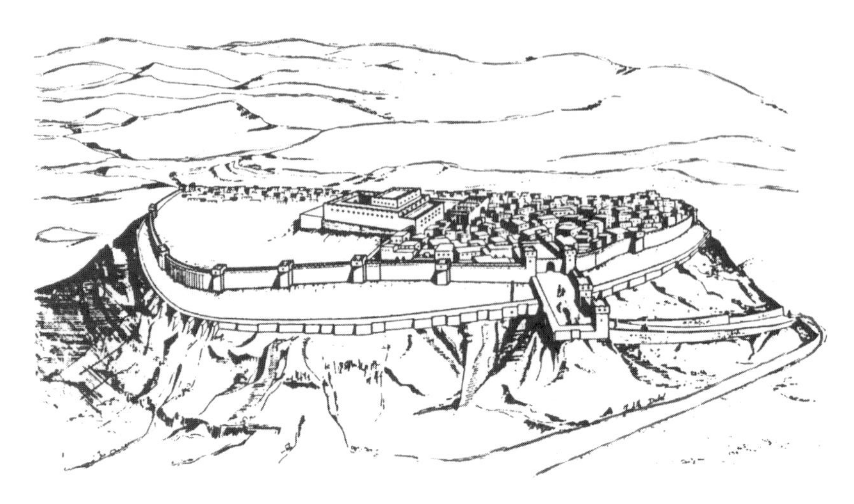

그림 IV.15. 미술가가 재구성한 기원전 8세기 라기스. Fritz 1995, 그림 38

왕궁-요새는 재건되었다. 마지막 것('저층부 C')은 고대 팔레스타인에서 지금까지 발견된 것 중에서 가장 큰 로마 시대 이전의 건축물로, 폐허가 되어버린 엄청난 기초가 수 킬로미터 떨어진 곳에서도 볼 수 있을 정도였다.

왕실-요새가 재건되고 확장되면서 북쪽과 동쪽에 일련의 건물들이 추가되었다. 북쪽 건물은 일부 거주 목적으로 쓰였으며, 문서 보관을 위해서도 사용되었을 것으로 보인다. 왕실-요새의 남동쪽으로 인접한 쪽에는 넓이가 가로 99미터와 세로 71미터에 달하는 넓은 뜰이 있는데, 아마 전차 사열장이었을 것이다. 이 넓은 안뜰의 입구에는 두 줄의 여러 기둥이 3개의 방을 만드는 구조로 된 건물이 여럿 세워져 있는데, 이러한 주랑 건물은 다른 여러 발굴지에서는 마구간으로 여겨졌지만, 이 경우에는 오히려 저장실에 더 가깝게 보인다.[117] 즉, 이 공간은 세금으로 걷은 농산물—농작물, 기름, 그리고 포도주—을 보관하기 위해 사용되었을 것이다.

기반암에 큰 정방형 갱도(거대 갱도[Great Shaft]) 굴착 작업은 계속되었는데, 그것이 수로 체계로 사용되었는지는 분명치 않다. 라기스 지층 3층은 기원전 701년 센나케리브의 원정 동안 심한 대화재를 겪고 끝이 났다(10

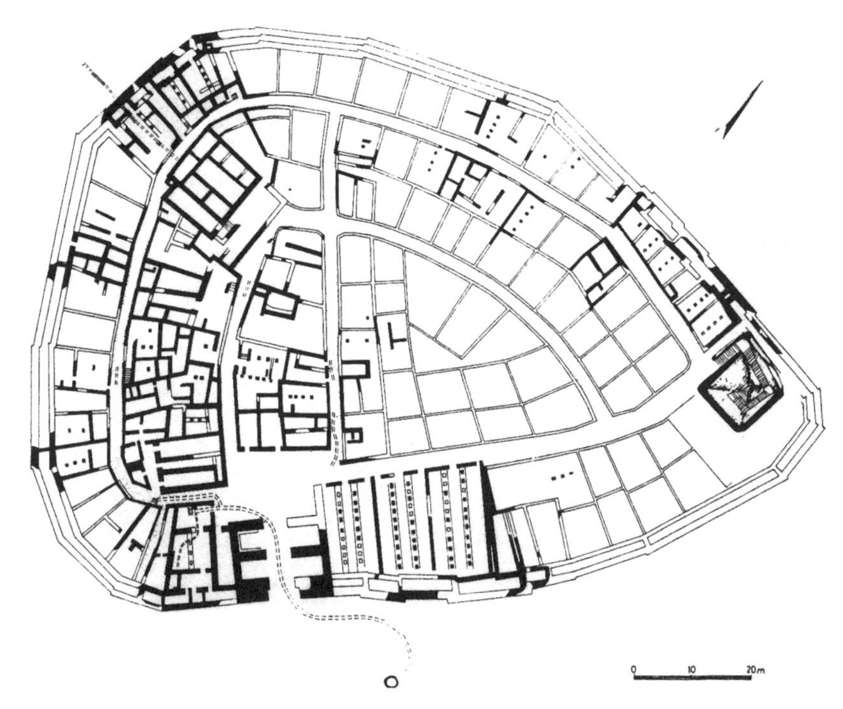

그림 IV.16. 베르셰바 지층 2층의 평면도. Herzog 1997, 그림 5.4

장을 보라). 이 엄청난 전쟁은, 신-아시리아 연대기와 이라크에 있는 센나케리브 왕실 벽에 부조로 만든 거대한 돌 그림에 그 기억이 잘 보존되어 있는데, 바로 라기스의 중요성을 반증해준다고 하겠다. 그곳은 전체 원정에서 주요한 공격 지점이었다.

베르셰바

가장 완전하게 발굴된 베르셰바(텔 에스-세바Tell es-Seba')는 가장 잘 보존된 지역 행정 중심지였다. 그 지역은 깊은 와디가 내려다보이는 작은 언덕 꼭대기에 자리했는데, 사방으로 수 킬로미터를 볼 수 있었으며, 특별히 남쪽으로는 네게브가 보였다. 그러므로 베르셰바는 유다의 도시나 촌락 중에서 최남단에 속했다.

그림 IV.17. 베르셰바, 이중벽과 가옥들. 사진: W. G. Dever

베르셰바는 1969~1976년에 이스라엘 고고학자인 요하난 아하로니 Yohanan Aharoni가 발굴했다. 하지만 그의 때 이른 죽음으로 인해 예비 보고서만 출간이 되었을 뿐이며, 그 지층 분석은 여전히 논쟁의 대상이 되고 있다.[118] 지층 2층은 유지되었고, 기원전 9세기와 기원전 8세기 중반의 잘 배치된 지층 3층 도시 위에 세워졌는데, 이는 엄청난 수준의 일괄적인 마을 계획을 보여주는 것이라고 할 수 있다. 타원 모양의 이중 도시 성벽은 가파른 둔덕의 외형을 완성해주었다. 성벽의 모양을 그대로 따라서, 약 3미터 안쪽에는 하나의 순환로가 있었다. 이렇게 나란히 자리하는 건축물들 사이에 일련의 기둥과 안뜰을 둔 유사한 가옥들이 조밀하게 자리하고 있었는데, 그 수는 40여 채에 이르렀다.

마을의 중심으로 들어가면, 또 하나의 줄을 이루며 약 30채 정도의 가옥과 함께 소규모의 기념비적인 건물들이 나오는데, 이것들은 가게 정도로 보인다. 다음으로 세 번째 안쪽 영역이 있다. 남동쪽에는 전형적인 3개의 출입구가 있는 도시 성문이, 라기스에서 본 것처럼 세 개의 3중 주랑 저장소 측면에 위치하고 있었다(이는 또한 하솔과 다른 곳에서도 나타나는 구조이다). 성문 안에는 거대한 공공 광장이 있다. 마지막으로, 거대한 물 저장소가 북쪽에 자리하고 있었는데, 그곳으로 배수된 물이 하나로 모이게 된다. 성전 혹은 성소가 그곳에 존재했던 것으로 여겨지나, 그 건물의 지하만 남아 있을 뿐이다.

베르셰바 지층 3~2층의 평면도는 독특하며, 이는 분명히 잘 계획된 도시 건축이며, 의심할 바 없이 새롭게 세워진 지역 행정 중심지였다. 특별히 가옥들, 실제로 도시 성벽 안에 건축된 것들은 막사 부대로 기획된 것이 틀림없다(그리고 아마 그들의 식구를 위한 것이다). 그리고 저장소—도자기 그릇들로 꽉 찼는데—는 확실히 행정 중심지에 상품으로 바치는 세금을 저장하기 위한 목적으로 사용되었다.[119]

계층 2 : 인구와 도시

지금까지 나는 계층 1에 해당하는 중심지를 고려하면서 '크기'를 선택적으로 기준으로 삼았고, 다른 것들은 이차적으로 보았다. 우리는 계층 1~2에 해당하는 중심지가 상대적으로 인구가 많지만, 그림 IV.1에서 나오는 것처럼 그 숫자는 분명 예상된 것임을 알 수 있다.

그렇지만 우리는 과연 어디에서 이러한 인구 정보를 얻게 된 것일까? 그 숫자는 단지 어림짐작일 뿐인가? 요즘에 들어와서 고고학자들은 '인구'라는 주제에 보다 많은 관심을 기울이게 되었고, 그들은 인구와 인구 성장을 측정할 수 있는 여러 가지 기준을 발전시켜나갔다. 종합적인 모델은 '정착 고고학(settlement archaeology)'이라고 불렸는데, 이것은 정착의 크기, 형식, 조밀도, 그리고 인구수를 측정하는 시도이다. 이러저러한 모델들이 민족지학(ethnography)에서 주로 나왔는데, 이 학문을 통해 각 개인이 평균적인 삶을 살아가기 위해서 10제곱미터의 공간이 요구된다는 것을 기준으로, 우리는 연구 대상이 되는 지역의 평균 생활공간을 계산할 수 있게 되었다.[120] 그러므로 우리는 에이커당 가옥의 숫자를 계산할 수 있는데, 그 가옥은 그 수치가 20까지 올라가며, 각 가옥당 평균 5명의 식구가 나오게 된다. 이것을 통해서 에이커당 평균 인구가 약 100명으로 계산된다.

다음으로, 해당 지역 모든 정착지의 숫자, 크기 그리고 분산 형태가 결정된다. 이것은 지표조사에서 거의 이루어진다. 그러므로 발굴되고 조사된 장소의 수는 그 지역의 생활공간으로 세워진 모든 건물을 계산하기 위해 사용되며, 결국 에이커당 100이란 숫자가 인구계수로 곱해지면서 전체 인구가 계산되는 것이다.

그림 IV.1에 나열되어 있는 75개 장소들의 인구 계산은 바로 앞의 모델에 기초했다. 그리고 정확한 인구가 아니라 단지 추정이기는 하지만 **상대적인** 수치는 여기 우리의 목적을 위해서는 매우 쓸모 있으며 또한 적합한 면이 있다. 그런데 우리는 해당 지역에서 대부분의 장소들을 지도로 만드는 일에 성공할 수도 있지만, 어떤 다른 장소의 경우 미지의 것으로 남아 있거나, 바람 등에 침식이 되어 사라져버렸거나, 충적 퇴적물 밑으로 사라졌거나, 혹은 현대의 대규모 개발로 인해 파괴되었을 수도 있음을 반드시 주의해야 한다. 그럼에도 불구하고 집중적인 지표조사는 여기에서 우리의 데이터베이스로 사용되는 75개의 발굴 장소들을 보완해줄 수 있었으며, 종종 놀라운 정도로 사용되기도 한다. 그러므로 이스라엘 고고학자들이 사마리아 지역(성서의 에브라임과 므낫세)에서 행했던 최근의 조사는 400개가 넘는 철기 II 시대(대략 기원전 900~기원전 600년) 장소들을 밝혀냈다.[121] 물론, 밝혀낸 장소들 대부분이 성서의 지명이나 혹은 다른 지명으로 규정되지는 못한다. 그러나 그것들은 우리에게 독립된 정보 자료를 줄 수 있다. 예를 들면, 이 모든 장소에 기원전 8세기 사람들이 거주했고 또한 각각의 인구가 약 500명이라고 한다면, 이로써 사마리아 지역에 대략 20,000명의 인구를 산출할 수 있게 된다.

그렇지만 기원전 8세기 이스라엘과 유다의 인구는 정확하게 알아낼 수 없다. 그래도 권위자 가운데 합의된 점은, 전체 인구가 왕조시대 말기에 약 150,000명 정도였다는 것이다. 이러한 수치는 2세기 이전 통일왕국 시대의 인구 100,000명과 비교된다.[122]

계층 2 : 도시로서의 장소

우리는 앞에서 계층 2에 해당하는 11개의 장소를 구분했다. 즉, 도시 중심지 혹은 진짜 도시들이다. 우리는 이제 근본적인 기준으로, 에이커당 100명의 숫자로 인구의 크기를 사용하기 시작할 것이다. 그러므로 '도시'라는 용어는 여기에서 10에이커 이상의 장소이거나, 혹은 앞에서 기술한 것처럼 에이커당 100명의 계수를 곱하는 법칙을 사용해서 인구 총수가 1,000명 이상의 경우일 때 사용할 것이다.

그러나 기준이 약 1,000명이라는 것은 너무 적지 않을까? 그리고 만약 측정 인구가 약 1,000명에서 5,000명 사이에 있다면, 도시의 범주를 보다 세분화해야 하지는 않을까?

고대 근동의 다른 지역에서, 그리고 다른 학문 분야의 학자 가운데 도시의 정의는 현저히 다르다. 만약 '크기(size)'만 가장 중요한 기준으로 취급한다면, 도시를 마을과 구분하는 기준은 팔레스타인 지역의 경우 우리의 수치보다 훨씬 더 높게 나올 것이다.

예를 들면, 모든 고고학 권위자가 고대 메소포타미아에서는 기원전 4000년대에 최초로 진정한 도시들이 일어났다고 입을 모았는데, 인구 총합만으로 볼 때 이곳에서는 약 20,000명에서 40,000명에 이르는 곳들만이 도시로 부르기 적합하다고 했다. 최근에 애리조나 대학에 제출된 박사

학위논문에서는 다른 모델을 발전시키고 있는데, 인구 크기와 음식 소비의 관계, 혹은 이웃하는 지역에 대한 '수용 능력'을 고려해야 한다고 주장했다. 그 내용은 이렇다: 하나의 마을은 그 인구가 성장해서 생산수단을 앞지르게 될 때는 하나의 도시로 반드시 발전해야만 한다. 즉, 도시는 이제 반드시 시골—외딴 마을, 촌락 그리고 농경지—과 하나의 유기체가 되어야 하는데, 이는 그 자체를 먹여 살려야만 하기 때문이다. 그러므로 그것은 하나의 중심지가 되며, 사실상 하나의 복잡하고 특성화되며 그리고 매우 계층화된 시장이 설치된 도시가 된다.[123]

남부 메소포타미아의 부유한 충적토 관개 평야의 수용 능력을 분석해보면, 약 4만 명의 인구가 자급자족할 수 있는 최대치이며, 그렇게 될 때 그것은 하나의 도시가 된다는 결론에 이른다.

이 모델은 그 자체로 매력이 있다. 특히 도시를 정의하는 객관적인 방법을 제공하기 때문이다. 그러나 그 방법은 단순히 고대 팔레스타인에 적용할 수는 없는데, 그 이유는 곧 분명하게 밝혀진다. 물론, 두 지역 모두에게 하나의 상수가 있다; 그러나 또한 근본적인 차이점 역시 존재한다.

우선 지속적인 요인(상수)인 현실적인 생활 조건부터 살펴보도록 하자. 모든 산업화 이전 시대에 정착지에 있는 사람들은 자신들의 거주지에서 들판까지 약 3.2킬로미터 넘어서는 거의 교류하지 않는다는 사실에서, 농업 생산물은 제한될 수밖에 없다. 손으로 들거나 당나귀의 등에 얹어서 도구들과 물품을 밭으로 이송해야만 하는 일, 또는 익은 작물을 보호하는 일, 그리고 수확물을 집으로 옮기는 일, 이러한 일들의 현실적인 어려움으로 인해서 먼 곳까지 농업 생산물 사업을 진행하는 것은 비실용적이거나 혹은 불가능하다.

메소포타미아에서는 땅이 평평하고 풍요로운 들판에다 1년에 이모작이 가능한 곳도 있어서 2만 명(혹은 그 이상)의 마을이 스스로 자립할 수 있었으므로, 결국 그 자체를 하나의 도시로 변모시킬 필요가 없었다. 그러므로 앞의 모델이 작동해서, 도시가 되기 위해서는 대략 4만 명의 인구라는 기준이 여기에 해당한다. 정착지 너머 반경 3.2킬로미터를 정할 때, 전체 음식 생산 지역은 6.4에서 9.6킬로미터로 정해지게 된다.

고대 팔레스타인에서는 인간 사회의 자연스러운 성격으로 인해서, 앞에서 말했던 것처럼 거리의 제약이 틀림없이 작동하게 된다. 그러나 차이가 있다면, 팔레스타인에서 촌락 혹은 마을 주변 지역의 음식물 생산의 용적이 (메소포타미아와 비교할 때—역자주) **상당히 낮다**는 점이다. 이것은 지리와 기후에 차이가 나기 때문이다(3장을 보라).

팔레스타인에서는 거친 시골의 산지, 얇은 암석토, 그리고 희박하고 예상할 수 없는 강우로 인해(여기에는 중력식 관개[높은 곳에 저수지를 놓고 물길을 내놓아 중력에 의해 물을 공급하는 방식—역자주]의 가능성이 없다) 매우 제한된 수준에서 농업 생산이 이루어지게 된다. 결과적으로 어느 지역의 반경 약 6.4에서 9.6킬로미터 정도에서 40,000명이 아닌 약 1,000명의 사람을 먹이기에 충분한 양을 생산할 수 있게 된다. 이러한 숫자적인 차이가 팔레스타인을 구분하는 것이다. 그러므로 비교적으로 상당히 **작은** 장소들이, 적절하게 말해서 도시가 된다.

지금까지 우리가 여기에서 도시를 어떻게 정의하는가를 다루었다: 10 에이커 이상 크기에 1,000명 이상의 인구를 가진 장소이다. 상한선—아마 5,000명 이상—은 문제가 되지 않을 것이다. 어떤 경우이건, 로마 시대 이전에 고대 팔레스타인에서는 거대도시란 존재하지 않았다. 그러나 우리가 곧 보게 될 것이지만, 국가는 아주 작은 수준이었으며, 가능한 합리적인 기준으로 고려할 때, 고대 이스라엘과 유다는 기원전 8세기에 와서야 진정한 국가가 되었다고 말할 수 있다.[124]

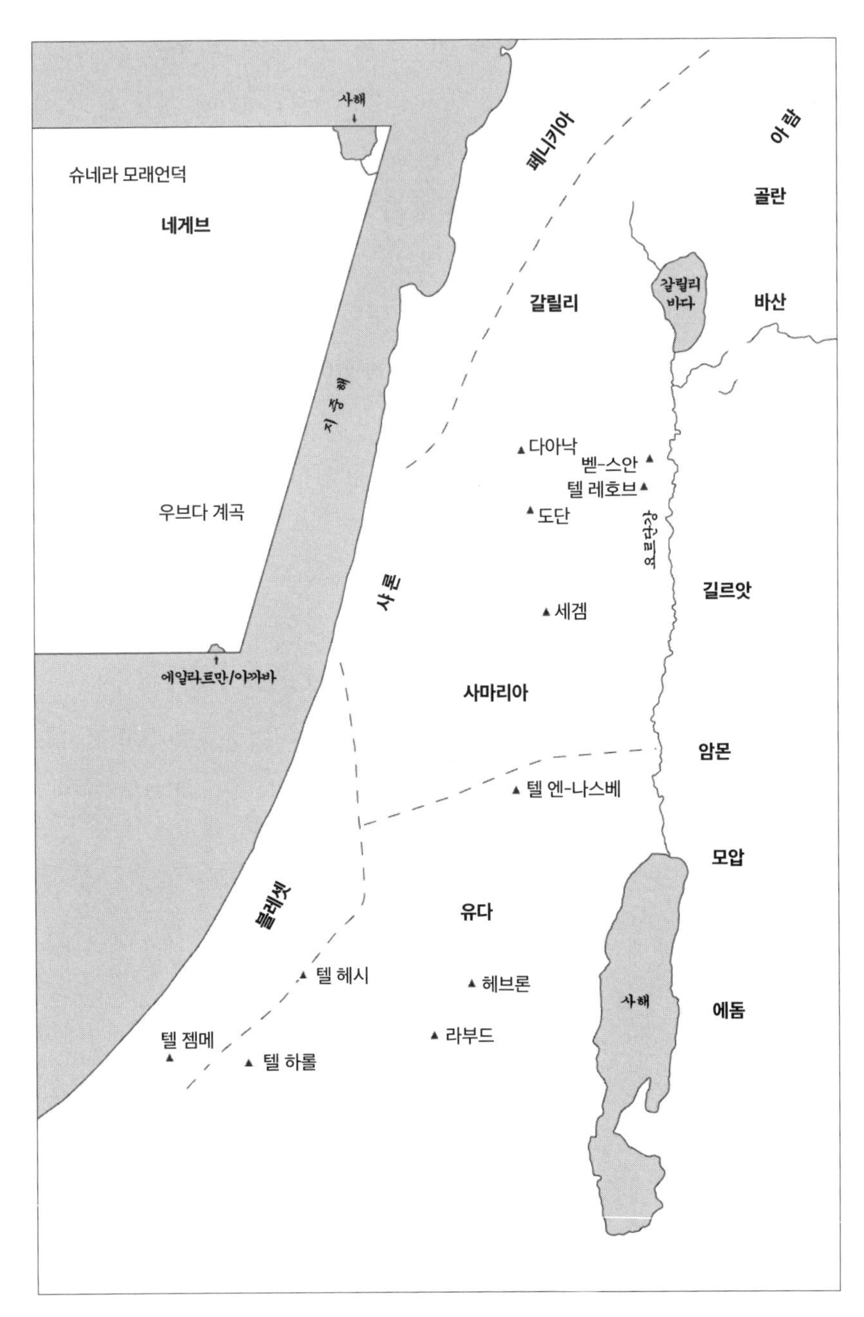

그림 IV.18. 계층 2: 도시들.

북부 도시들

도시를 정의하는 것은 크기뿐만 아니라 위치이며, 또한 어느 정도는 그 위치로 인해 결정되는 기능도 있다. 고고학적 판단으로 기원전 8세기에 존재했다고 여겨지는 계층 2에 해당하는 11개의 모든 도시는 주요한 지역에 위치했는데, 자원이 풍요로웠거나 전략적으로 중요한 곳으로, 마치 계층 1의 행정 중심지와 같았다(자세한 논의는 5장을 보라).

그들 중 5개는 북부 산지와 사마리아 중앙에 밀집하여 모여 있으며, 동쪽으로 확장하여 이스르엘과 요르단 계곡, 세겜, 도단, 다아낙, 벧-스안, 그리고 텔 레호브Tel Reḥov로 연결된다. 모든 도시는 서로 40킬로미터 이내에 있다.[125] 이곳들은 북왕국의 중심지로, 사마리아 자체가 이러한 다섯 개의 큰 도시들의 삼각형 비슷한 모양으로 둘러싸여 있었다. 모든 도시에 연간 300~400밀리미터의 비가 내렸으며, 그곳은 풍요로운 붉은 흙(테라로사), 원활한 배수, 그리고 충분한 샘물과 우물이 있었다. 촘촘하게 계단식으로 된 산허리에는 올리브나무와 포도나무가 덮여 있었고, 작은 산간 계곡에는 밀, 보리 그리고 여러 종류의 채소를 경작했다.

예를 들어, 세겜(히브리어로 '허리'라는 뜻이다)은 돌출한 언덕으로, 그리심 산의 기슭에서부터 뻗어 나와 그 산과 에발산 사이를 지나는 중요한 길목을 지키고 있으며, 그 길을 따라가면 북으로 예루살렘에서 사마리아, 그리고 그 너머까지 이르는 주요한 도로로 연결된다. 세겜은 오랜 청동기 시대의 가나안 역사를 보유하고 있었으며, 이스라엘이 거하기 전부터 전통적으로 중심지였다.[126]

도단은 25에이커의 가파르고 인상적인 둔덕으로, 도단 평야에서 불쑥 올라온 지형인데, 그래서 수 킬로미터 떨어져서도 눈에 보인다. 도단은 오랜 청동기 시대의 전통이 있었고, 그 역사는 이스라엘 시대에 잘 알려져왔었다.[127]

그림 IV.19. 세겜 둔덕, 남서쪽으로 청동기 시대의 방어 시설이 보인다. 사진: W. G. Dever

다아낙은 또 하나의 크고 가파른 텔tell로, 이스르엘 계곡의 남쪽 지대를 수비하는 길보아산을 연결하는 부분을 이루고 있다. 언덕을 지나 이곳 계곡으로 이르는 산길은, 겨우 8킬로미터 떨어진 지역 행정 중심지인 자매도시 메기도에 나 있는 중요한 산길과 비교할 때(앞을 보라), 두 번째에 해당할 정도로 중요하다. 다아낙은 가나안 시대 내내 중요한 도시였다.[128]

벧-스안은 거의 틀림없이 그 땅에서 가장 인상적인 텔이라고 할 수 있는데, 얄루드Jalud강의 작은 범람원 위쪽에 놀라울 정도로 24미터나 우뚝 솟아 있으며, 이 얄루드강은 동쪽에 있는 요르단으로 흐르게 된다. 벧-스안은 고대 팔레스타인의 두세 개의 중요한 교차로 중 하나를 수비하는 곳으로, 중앙 팔레스타인을 통과해서 트란스요르단으로 향하여 이후로 다마스쿠스(성서의 다메섹—역자주)와 그 너머까지 뻗어갈 수 있는 길들의 집산지가 되는 모든 노선을 관리하고 있었다. 그 장소는 중기와 후기 청동기 시대에 이미 중요한 도시 지역이었고, 왕조 시대 초기부터 이스라엘의 요새가 되었다.[129]

그림 IV.20. 아래의 고전 시대 도시에서 바라본 이스라엘의 벧-스안. 사진: W. G. Dever

벧-스안에서 몇 킬로미터 정도만 남쪽으로 내려가면 또 하나의 인상적인 둔덕이 나오는데, 그 이름은 텔 레호브이며, 요르단 계곡이 내려다보이는 12에이커 넓이의 장소이다. 그곳의 발굴은 지금도 진행 중이며, 밝혀낸 것들로는 크고 밀집해서 지은 가정에 해당하는 공간들이 있었는데, 이는 대략 기원전 840년(지층 4층)에 파괴되었다가 기원전 8세기에 재건되었다(지층 3~2층). 물질문화는 이스라엘의 다른 장소들과 다소 차이를 보였는데, 그곳은 트란스요르단과 좀 더 북쪽의 아람 지역의 물질문화와 어느 정도 유사점을 보여주고 있다.[130]

사마리아와 함께 이러한 다섯 개의 북쪽 도시들에 의해 장악되고 있는 그 지역이 서쪽의 샤론 평야나 북쪽의 갈릴리로 그 영향력을 확장하지 않았다는 점은 의미심장하다고 할 수 있다. 이것은 남부 샤론 평야가 예부터 좁은 습지여서 개발하기가 어려웠고(3장), 또한 북부 샤론 평야는 페니키아에 의해 지배를 받았다는 사실로 설명될 수 있을 것이다. 다아낙과 메기도는 둘 다 평원에 가까웠고, 방어가 견고히 되었으며, 이스라엘의 유효한 지배 아래에 있는 서부 경계 영역을 나타내주고 있었다.

북쪽으로 향하면, 하부와 상부 갈릴리의 산지는 비록 비옥하고 물도 잘 공급되었지만, 다소 멀리 떨어진 곳으로 상당히 오랫동안 여겨졌다(그리고 이는 오늘날에도 그렇다). 여기에서 계층 1에 해당하는 장소로 단과 하솔이라는 이스라엘의 주요한 전초기지가 있는데, 특별히 하솔은 성채와 방어탑을 보유한 중무장된 지역이었다. 더 멀리 북쪽과 동쪽으로 가면, 상부 요르단 계곡이 있는데, 그곳에는 아람의 영향이 다마스쿠스로부터 남쪽으로 미치고 있으며, 갈릴리 바다 해안을 따라 벳새다Bethsaida, 텔 하다르Tel Hadar, 그리고 엔-게브'En-Gev와 같은 북이스라엘의 장소들이 보인다(9장).

이러한 다섯 곳의 계층 2 장소들은 일종의 삼각형의 모양을 구성한다(그림 IV.18). 그러한 구성은 우발적으로 나온 것이 아니다. 최근에 유럽에서 작업하며 정착 유형(지형 고고학)을 분석했던 고고학자들은 중심지 이론(central place theory)이라고 부르는 모델을 생각해냈다. 독일 지리학자인 발터 크리스탈러Walter Christaller가 창안한 것으로, 이 모델은 해당 지역 안에 모든 장소의 위치를 지도로 넣어서, 그것을 다층의 위계로 배열한 후에 그 '티센 폴리곤Thiessen polygon'을 그려 그것들의 지리적 분산을 구분하게 된다.[131]

평평한 지형일 경우, 즉 강이나 다른 장애물이 없는 경우, 그리고 자원과 관련해서 차이가 거의 없는 경우에 중심지는 그 지역을 주도하기 마련이다. 여기에는 그 중심지를 이차적인 촌락이나 부락이 규칙적으로 둘러싸고 있다(한편, 촌락들 사이의 간격은 당연하다). 전형적인 티센 폴리곤은 그림 IV.21과 같이 생겼다.

중심지 이론은 이라크(메소포타미아), 특별히 바그다드 동쪽의 디얄라Diyala 지역에서 정착 유형을 분석하는 데 성공적으로 적용이 되었다.[132] 그러나 그 지역은 평평한 충적평야로, 즉 중심지 이론이 고안되었던 지형에 해당했다(한편, 이 모델은 네덜란드에서 가장 잘 적용이 된다).

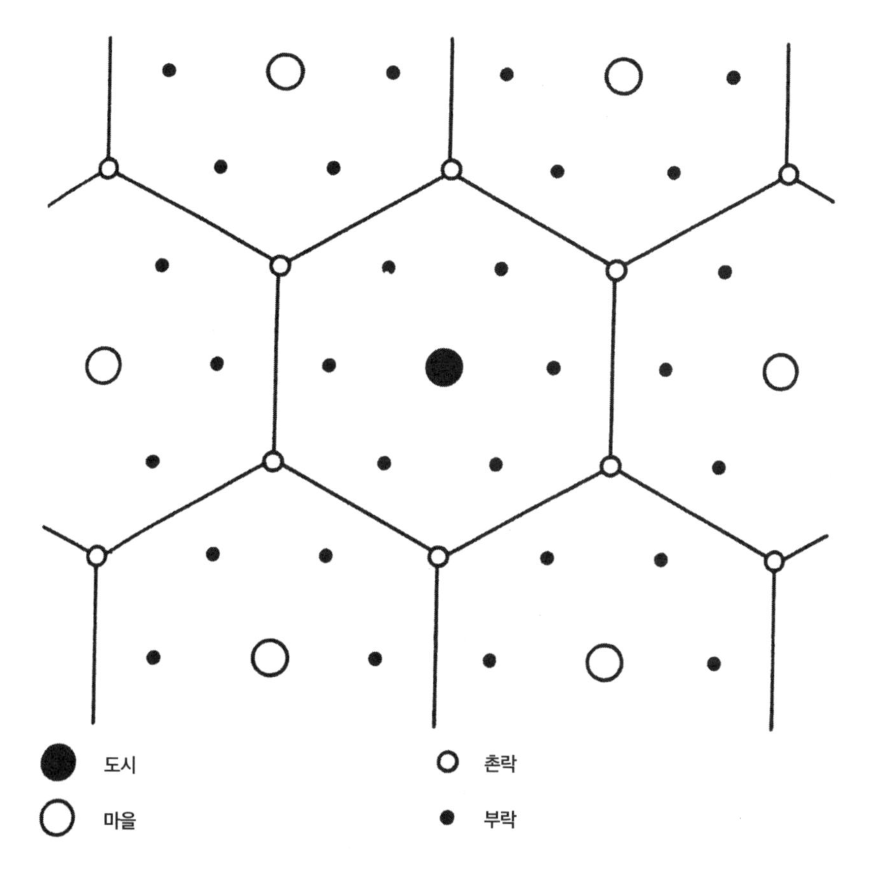

그림 IV.21. 티센 폴리곤.

우리가 이미 살펴본 것처럼 팔레스타인의 지형은 앞에서 언급된 지형들과 매우 다르다. 그러므로 중심지 이론은 이스라엘(혹은 요르단)에서 작업하는 어떤 고고학자라도 거의 활용하지 않았다. 그렇지만 개략적인 수준의 티센 폴리곤은 여기에서 논의했던 다섯 장소의 계층 1~2의 도심지와, 또한 추가로 다섯 장소의 계층 3~4의 마을과 촌락(아래를 보라)에 적용될 수 있을 것이다. 그 결과 놀라울 정도로 중요한 사실을 알게 되었다. 예외적으로, 최고의 중심지라고 할 수 있는 사마리아가 중심지가 아닌 주변부에 속하게 되었다. 만약 고전적인 이론을 따른다고 한다면, 도단이 중심지

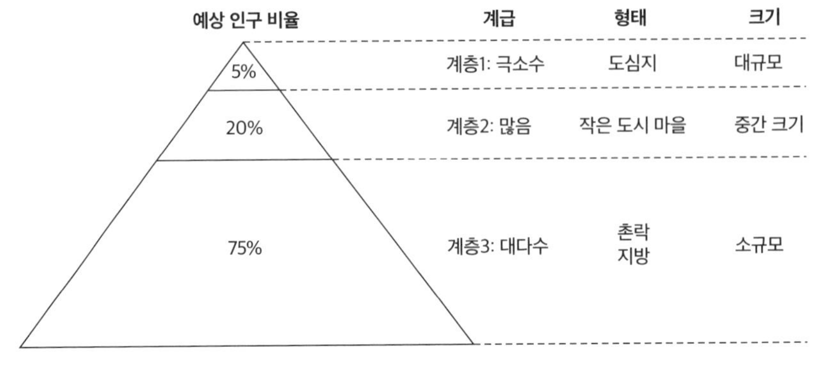

그림 IV.22. 정착지와 인구 측정에 따라 '등급-크기' 계층구조를 보여주는 도표.

가 되고 말 것이다.

중심지 이론의 한 가지 귀결을 고려해보자. 위계 순서가 있는 정착 형태는 그 꼭대기에 소수의 아주 큰 장소가 있고, 가운데에 상대적으로 중간 크기의 장소(마을)가 있으며, 그리고 바닥에 다수의 매우 작은 장소들(촌락, 부락)을 가진다는 것을 그 이론은 사실로 가정한다. 이러한 형태는 국가 수준의 정치와 사회경제 조직에 불가피하게 영향을 끼친다. 약간의 회의론자가 있음에도 불구하고 이렇게 널리 받아들여진 원리에 따르면, 철기 시대의 고대 이스라엘과 유다는 그러한 위계를 가진 진정한 국가를 구성하였다.

다음과 같은 전형적인 도형(그림 IV.22를 보라)은 그러한 위계 순서를 가진 사회를 보여준다.

남부 도시들

남왕국 유다의 계층 2 장소(도시)가 보여주는 그림은 다소 다르다. 우리는 그곳에 6개의 계층 2 도시들을 알고 있다. 그러나 그것이 분산되어 있는 모습에서 그 어떠한 확실한 양상 같은 것은 없어 보인다. 장소들은 남쪽으로 텔 예메Tel Jemmeh에서 블레셋 국경을 따라 북왕국 국경에 자리를 잡은 텔 엔-나스베Tell en-Naşbeh까지 이른다. 수도인 예루살렘은 그 지역의 북동쪽 모퉁이에 위치하였다. 그렇지만 대부분의 계층 2 장소들이 중앙의 유대 산지에 밀집되어 있기 때문에 예루살렘은 확실히 유다의 심장부라고 할 수 있다. 이제 다음의 사항들을 당연한 사실로 놓고 진행해보자: 블레셋은 서쪽에 놓여 있다; 이스라엘은 북쪽 경계를 이루고 있다; 유다 광야는 동쪽으로 뻗어 있다; 그리고 네게브 사막은 남쪽으로 베르셰바에서 시작해서 홍해에 있는 에일라트Eilat만까지 이른다(약 240킬로미터).

그것이 암시하는 것은 분명한 것 같다. 즉, 그러한 위치 조건은 고대 유다인들의 실질적인 생각을 반영할 수 있을 것이다. 유다는 그 땅이 이스라엘보다 훨씬 작지만, 동시에 지리적으로 상당히 단일한 조건이기 때문에 우리는 반드시 문화적인 요소를 추가해서 생각해야만 한다. 북쪽은 연중 아람과 특별히 페니키아의 영향에 취약했다—기원전 8세기에는 그 영향이 더 컸고 경제는 더 번창하고 있었기 때문에, 반대급부로 그 조직은 덜 단일했고 따라서 덜 안정적이었다. 이에 비하여 유다는 더 고립되었으며, 영향을 크게 받지 않았다. 그리고 (결과론적이지만) 유다는 북이스라엘보다 1세기나 더 오래 살아남았다(10장을 보라).

남쪽에 있는 계층 2 도시들을 개별적으로 자세하게 살펴보게 되면 많은 것이 새롭게 드러난다(그림 IV.18). 여기에서 크기(약 1,000명의 인구)뿐만 아니라 위치도 관계가 있어 보인다. 텔 엔-나스베(성서의 미스바; 아래를 보라)는 예루살렘 북쪽으로 11킬로미터 떨어진 주요한 도로에서 돌출한 꼭대기를 이루고 있다.

북서쪽으로 가면 게셀이 있는데, 이곳은 기원전 8세기 후반 아시리아에 의해 파괴되기 전에 이미 이스라엘에 속해 있었지만, 이후에는 유다에 속하였다. 그곳은 중앙산맥의 마지막 언덕에 자리를 잡았는데, 서쪽 방향 아래로 셰펠라와 해안 평야가 내려다보이는 방향의 경사지에 있었다. 그곳은 아얄론 골짜기를 내려다보며 동쪽으로 예루살렘으로, 서쪽으로 해안 지역 전체로 이어지는 길 위에 자리했다. 게셀에서는 거의 360도를 둘러볼 수 있으며, 맑은 날이면 해안을 따라 아스돗으로 향하는 모든 길을 바라볼 수도 있다. 고대 팔레스타인의 그 어느 장소도 여기보다 전략적으로 중요한 위치가 따로 없을 정도이다(기념비적 유물에 대해서는 앞을 보라).

남쪽으로 키르베트 라부드Kh. Rabûd(아마 성서의 드빌)는 헤브론 산지의 높이 솟은 바위 꼭대기에 위치한다—이 지역에서 하나뿐인 거대한 둔덕이다.[133] 또한 라부드는 풍부한 물 공급원이 있었고, 특별히 사람들이 (남쪽으로 약 19킬로미터 떨어진) 베르셰바와 북쪽의 네게브 사막으로 들어오기 전에 거쳐야만 하는 최남단의 유대 장소 중 하나이기 때문에 중요하다. 이제 북동쪽으로 단지 몇 킬로미터만 올라가면 헤브론이 나오는데, 이곳은 기원전 8세기에 주요한 도시였을 것이며, 역시 비슷한 곳에 자리 잡고 있었다(아랍어로 '키르베트 아르바'인데, 그 뜻은 '4개의 언덕'이다); 그러나 체계적으로 발굴되지 못했기 때문에 우리는 그 이상 말할 것이 없다.[134]

남서쪽 끝에 있는 3개의 장소는 긴밀하게 붙어 있는 삼각형의 모양을 만들었는데, 남쪽의 블레셋 경계를 수비하는 위치이며, 또한 남서쪽으로 네게브의 완만하게 오르내리는 낮은 황토의 모래 언덕에 위치한다. 이러한 장소들은 자연의 혜택이 거의 없지만, 그럼에도 그러한 곳에 자리를 잡아야 할 이유는 있었다. 세 곳 중에 두 곳은 크기가 아주 넓었다: 텔 헤시Tell el-Hesi(성서의 에글론?)는 25에이커 크기이며, 텔 아부 후레이레Tell Abu Hureireh/텔 하롤Tel Haror(성서의 그랄)은 크기가 50에이커에 달한다.[135]

계층 3 : 마을

우리는 이스라엘에서 24개의 마을을 확인했다(인구가 300~1,000명; 그림

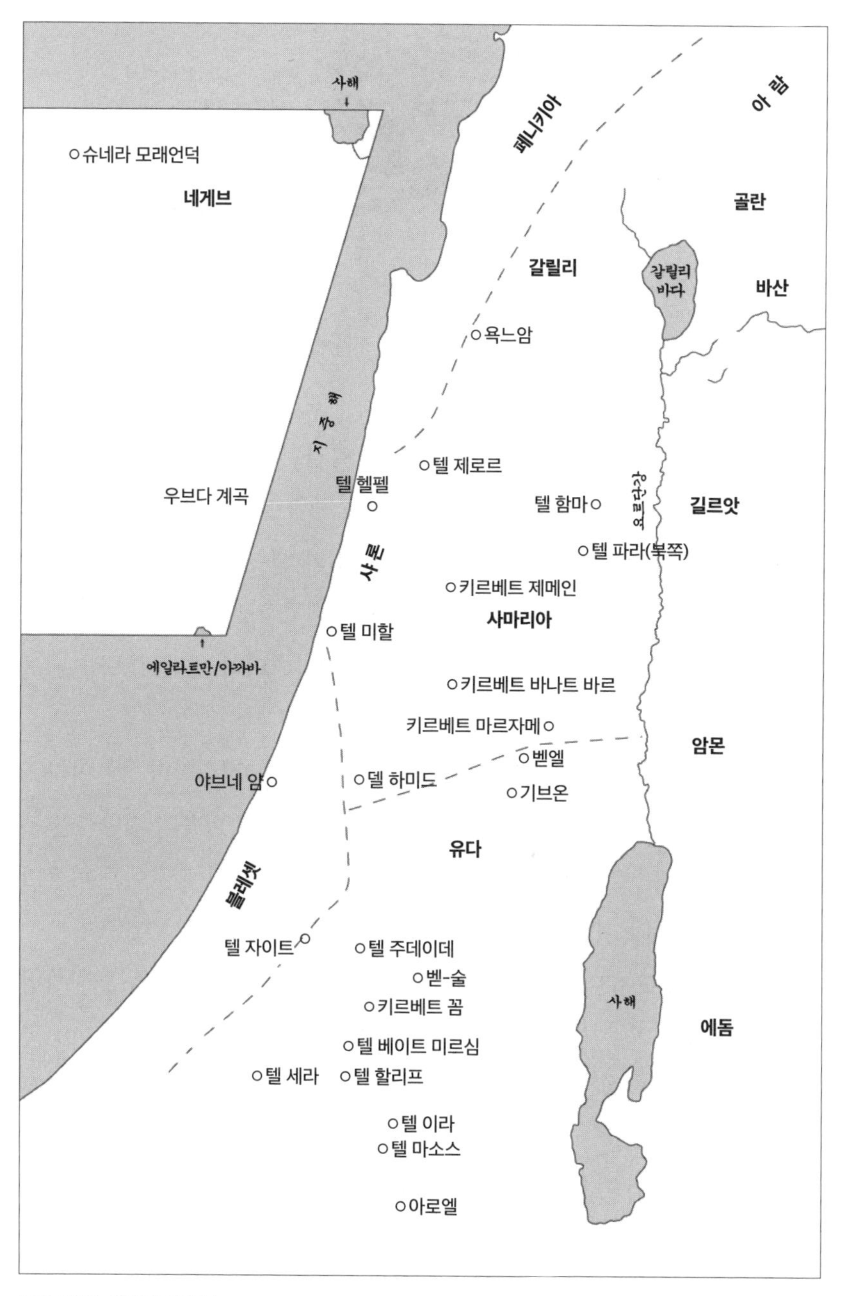

그림 IV.23. 계층 3: 마을들.

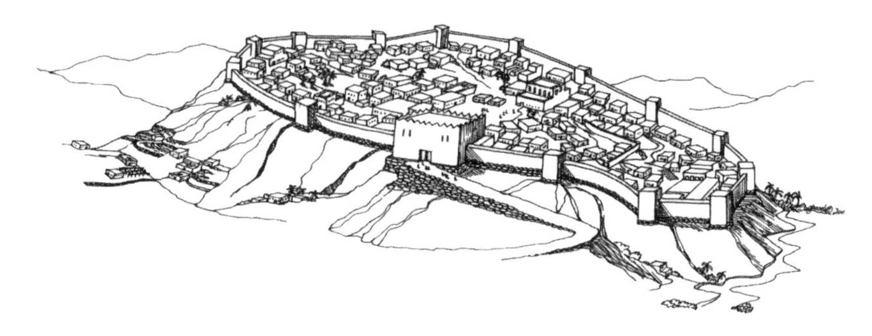

그림 IV.24. 벽을 갖춘 마을. Mazar 1982를 기초로 키르베트 마르자메에 재구성.

IV.23). 유다에 있는 12개의 마을은 상당히 일관된 크기로, 가장 큰 장소는 500~1,000명의 인구이다. 가장 큰 마을 중 2곳은 블레셋 경계를 마주하고 있다: 텔 바타시Tel Batash(성서의 딤나로 7에이커)와 벧-세메스(7에이커)이다.

중앙 유다 산지에 있는 여러 마을(벧-술 그리고 기브온)은 그 지역에 자리 잡고 있는데, 풍부한 경작지와 300~400밀리미터의 연간 강우량을 보인다.[136]

남쪽 경계는 북부 네게브 사막에 의해 극명하게 정해진다: 텔 이라Tel Ira(네게브의 라마)와 아로엘'Arô'er이다. 유다에서 계층 3 마을의 전반적인 분포는, 우리가 계층 2 도시들에서 보았던 것처럼 유다 국가에서 이들 마을이 지정학적이며 사회경제적으로 동질성을 띠고 있다는 특징을 보여준다.

우리가 고고학적으로 북왕국에서 알아낸 12곳의 계층 2 마을들은 광범위하게 그러나 필연적으로 분산되어 있었다. 6곳은 블레셋과 페니키아 국경을 따라 자리를 잡았다. 한 곳(벧엘)은 남쪽의 유다 국경에 접했다. 한 곳(텔 함메Tell el-Hammeh, 성서의 하맛)은 요르단 계곡에 있었으며, 작지만(7에이커) 인상적으로 매우 높은 곳에 자리했다.[137]

매우 흥미로운 점은, 우리가 기원전 8세기 갈릴리 지역에서는 계층 3에 해당하는 그 어떤 마을도 알고 있지 못한다는 사실이다. 그 이유는 그곳에서 고고학적 탐사가 별로 진행되지 못했기 때문일 것이다. 그리고 많은 작은 텔tell들은 오랜 시간이 지나면서 눈에 띄지 않게 되기도 했다. 심지어 탐사 자료에 의하면 그 지역에 열 개가 넘는 장소가 더해지기도 했다(아래를 보라).[138] 5장에서 우리는 북쪽과 남쪽에 있는 이러한 마을 몇 개를 자세하게 살펴볼 것이다.

계층 4 : 촌락

도시를 정의하기 위해 활용 가능한 기준을 발전시켰던 것과 같이, 우리는 촌락을 특징짓기 위해 그러한 유효한 기준을 만들어야 한다. 파우스트Faust의 견해를 따라서 나는 우리의 촌락이 다음의 조건을 충족시켜야 한다고 제안한다: (1) 크기는 아주 작으며(5~3에이커), 종종 고립되어 있어야 한다; (2) 긴밀하게 조직화되어야 한다; (3) 종종 경계벽으로 둘러싸여 있어야 한다; (4) 다소 큰 집도 있지만, 기념비적 건축물은 없어야 한다; (5) 경제적으로 자급자족해야 한다. 이러한 기준에 따라, 여기에서 우리는 13개의 촌락을 고려할 수 있다.[139]

우리는 북쪽에서 몇 곳을, 그리고 남쪽에서 세 곳을 따로 구분해서 고려한다. 그러나 우리는 이러한 수치에 지표면 탐사에서 얻은 수백에 달하는 장소들을 반드시 추가해야만 한다(비록 우리가 그것들에 대해 할 수 있는 말이 별로 없지만 말이다). 1970년대 이후로 갈릴리에서 있었던 이스라엘 고고학자에 의한 탐사에서 수십 개의 장소가 발견되었는데, 부락과 촌락에서부터 약간의 방어 시설을 갖춘 마을에 이르기까지 모든 방향으로 정교하게 서로 확장된 연결망이 나타났다. 이 모든 곳은 기원전 733~기원전 732년에 아시리아가 정복할 때까지 기원전 8세기 내내 계속되었다. 하지만 그 이후 그 지역은 1세기 이상 동안 거의 완전히 버려지게 되었다.[140]

유다의 개활지에서 실시된 이스라엘 학자들의 탐사는 광범위했고, 그렇

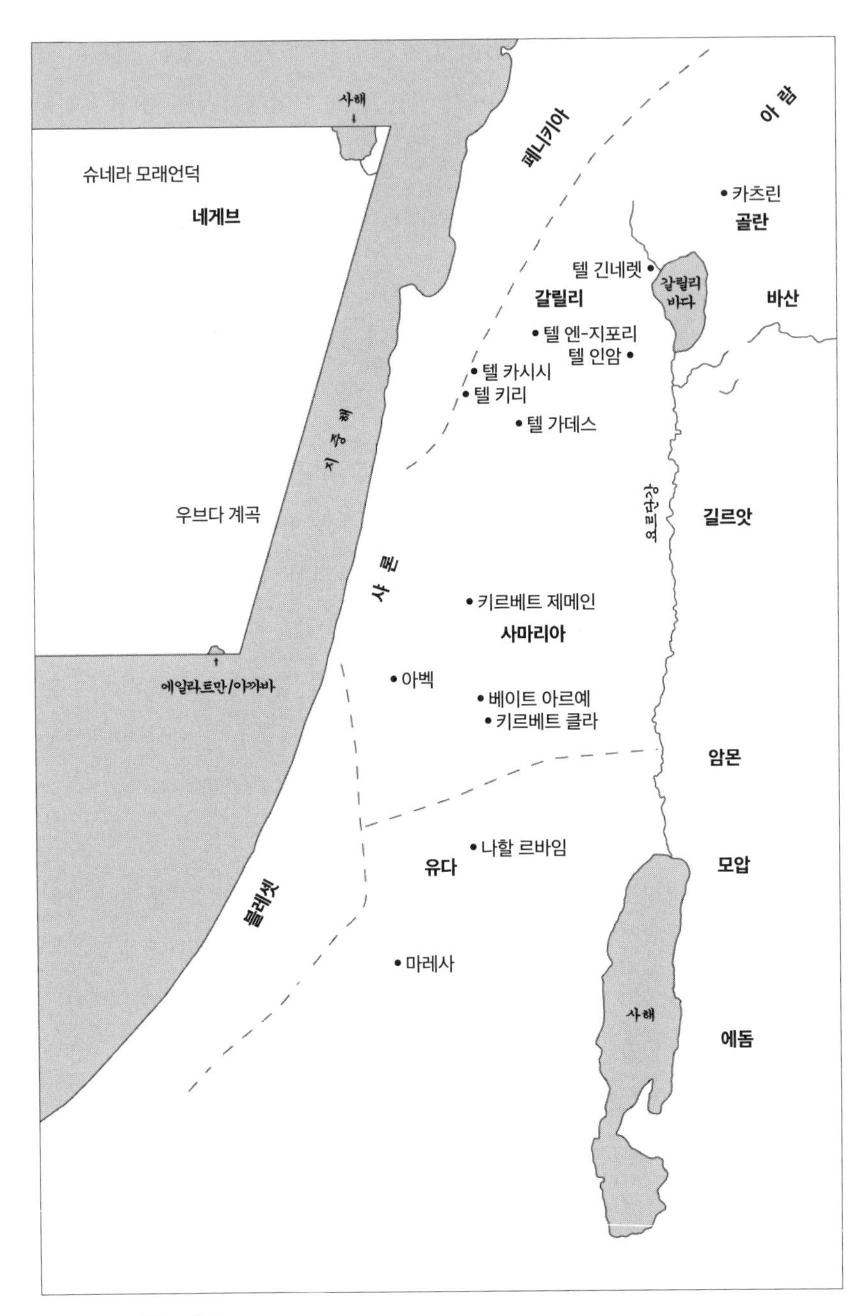

그림 IV.25. 계층 4: 촌락.

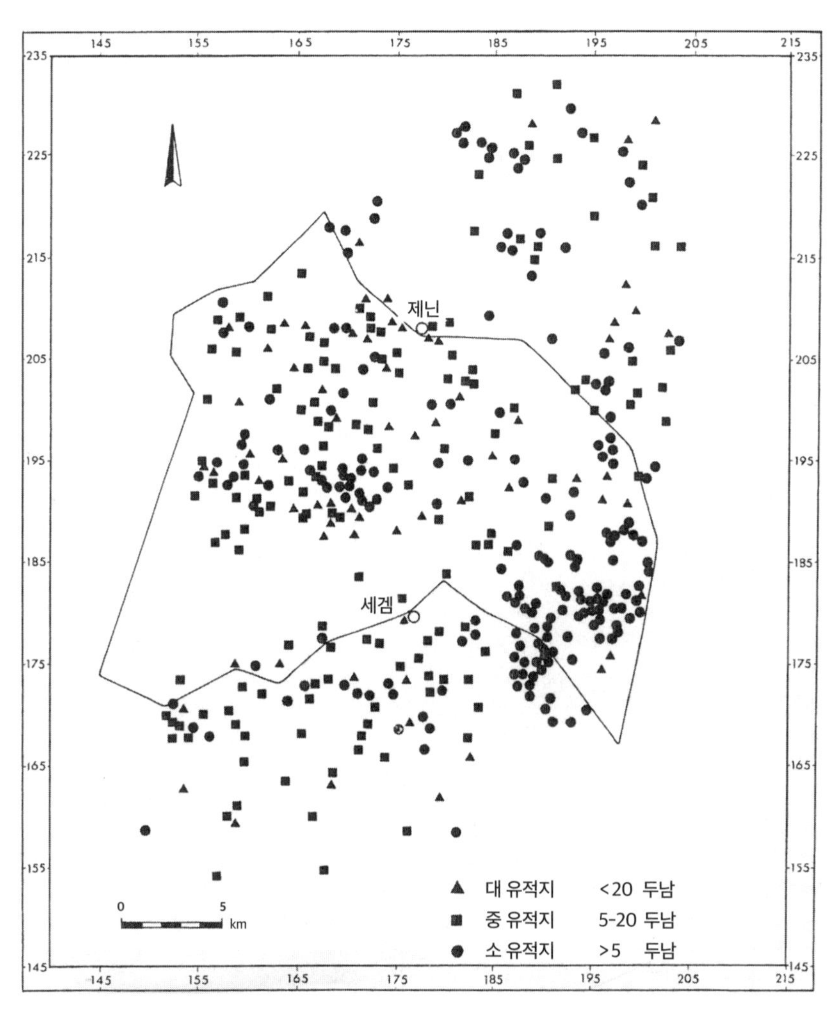

그림 IV.26. 중앙 사마리아 산지의 탐사 지도. 1두남dunam(약 1000제곱미터—역자주) = 1/4에이커. Zertal 2001, 그림 2.1

기에 중요한 것은 하나도 놓칠 수 없었다. 이곳에서 대략 88곳의 기원전 8세기 장소들을 발견했는데, 그 건축된 지역의 전체 넓이 총합이 225에이커에 달하며, 예상 인구는 2,300명(앞에서 설명했던 에이커/인구 계수를 사용했다)에 이른다.

여기에서 논의된 북쪽의 촌락들은 인구가 150명에서 대략 500명 사

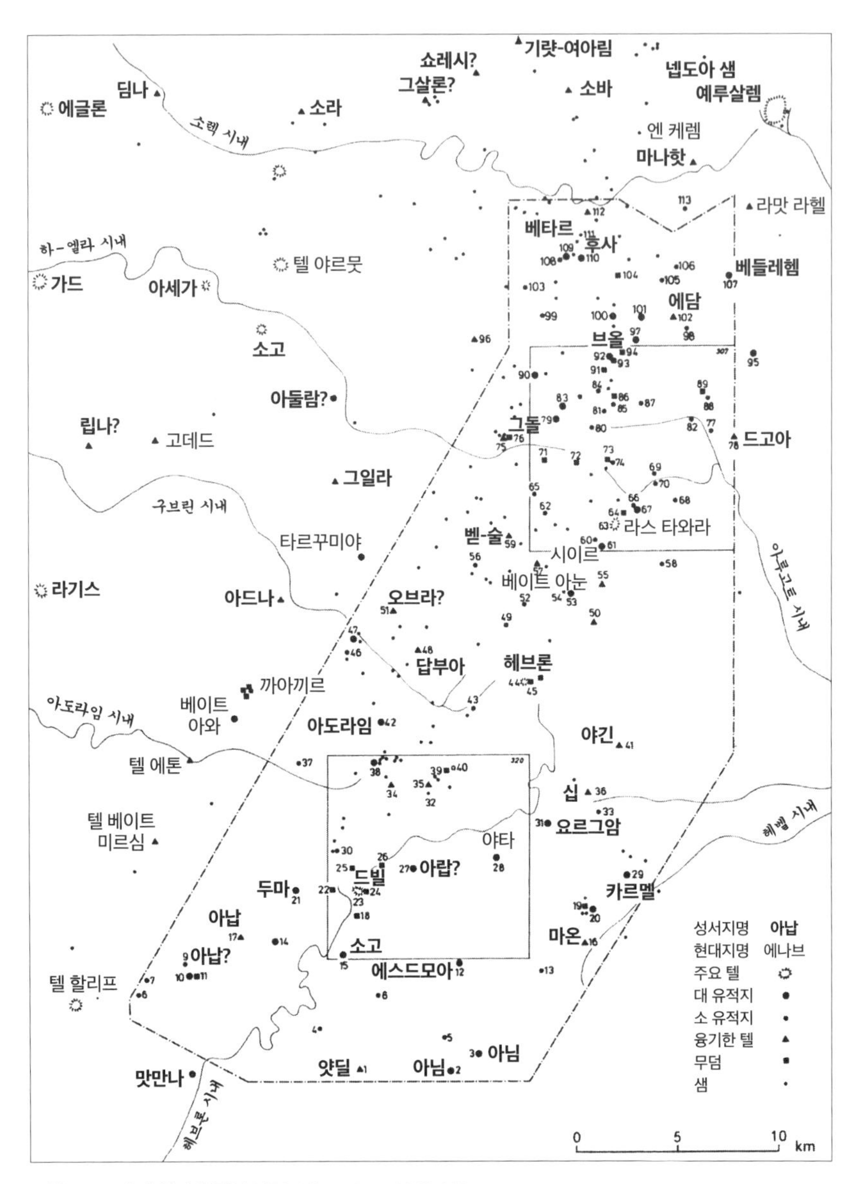

그림 IV.27. 유다 산지의 탐사 지도. Ofer, in Stern 1993, 815

이에 있고, 우리가 예상하는 지역 주변에 분산되어 있다. 몇 곳은 사마리아 언덕에 있었지만, 더 많은 곳은 멀리 갈릴리에 위치했다: 텔 인암Tel Yin am(성서의 얍느엘?) 그리고 텔 카데스Tel Qades(성서의 게데스).[141] 한 장소(카츠린Qaṣrin)는 다소 놀라운 곳으로, 골란 고원에 있었는데, 아람의 영향 안에 있는 지역으로, 깨져 흩어진 토기 조각들만이 발견되었다. 다른 곳은 이스르엘 계곡의 남쪽 지대를 따라 길보아산맥의 서쪽 끝에 매우 긴밀하게 모여 있는 곳으로, 가장 잘 발굴되었고 또한 책으로 발표된 장소들(텔 카시시Tel Qashish와 텔 키리Tel Qiri)이었다.[142]

사마리아 산지에는 상대적으로 촌락이 적었는데, 이는 수백 곳의 촌락지들이 조사되기는 했으나 실제로 극소수만 발굴되었기 때문일 것이다. 이러한 장소들에 우리의 고고학 지도를 추가하면, 사마리아 도편(ostraca)에서 우리가 아홉 곳을 알아낸 것처럼(앞을 보라) 확실히 그 공백을 잘 메꿀 수 있게 될 것이다.

여기에서 우리는 이스라엘 고고학자들에 의해서 탐사되고 최소한 부분적으로는 발굴까지 된 사마리아 산기슭의 몇 개의 촌락을 추가할 수 있게 된다. 그곳에는 사마리아에서 약 24킬로미터 남서쪽으로 떨어진 3개의 중요한 장소들이 있는데, 그곳에서 우리는 유사한 촌락 배치도를 발견하게 된다. 가장 잘 알려진 것은 베이트 아르예Beit Aryeh로, (1에이커의) 작은 직각형 모양의 벽으로 둘러싸인 장소로 10에서 15채의 전형적인 이스라엘의 4방 구조의 가옥과 여남은 개의 농경 시설이 있었다(대부분은 올리브기름을 추출하기 위한 도구였다). 그곳에는 공공건물이 없었지만, 저장소라고 생각되는 기둥을 갖춘 건물 하나가 있었다. 그 촌락은 잉여 농산물을 생산해낼 수 있었던 것으로 보인다. 인구는 대략 100명 정도였다.

다른 두 개의 촌락은 키르베트 바나트 바르Kh. Banat Barr 그리고 키르베트 클라Kh. Kla이다. 키르베트 바나트 바르는 약 2에이커의 장소로 절벽을 따라 수백 미터로 뻗어 있다. 그곳에서의 탐사로 여러 건물(4방 구조의 가옥 몇 채), 수조와 물웅덩이, 동굴과 계단식 논의 잔존물이 발견되었다. 그곳에는 아마 수십 채의 가옥이 있었을 것이며, 인구는 150명 정도였을 것이다.

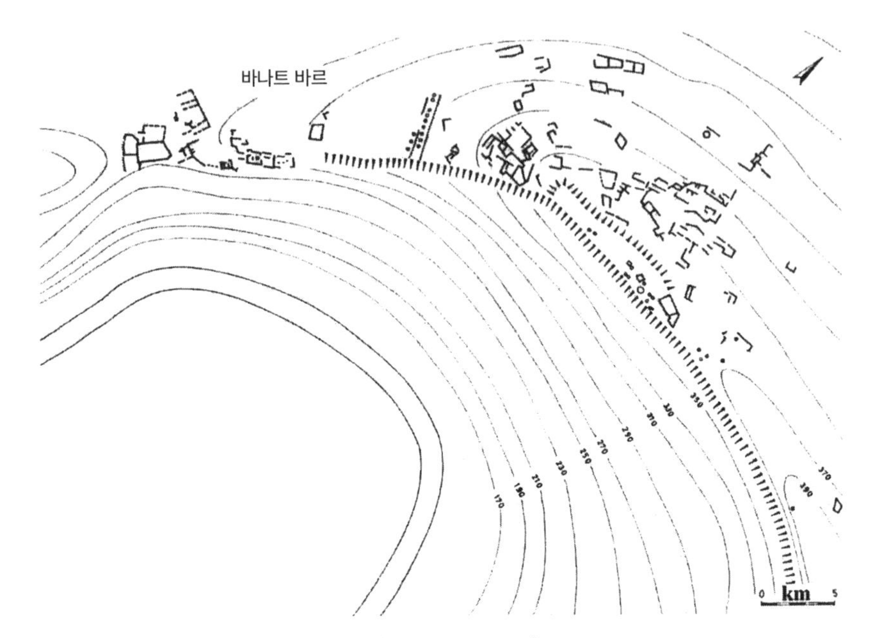

그림 IV.28. 키르베트 바나트 바르 촌락의 평면도. Faust 2010, 그림 24

키르베트 클라는 약 1에이커 넓이의 방어 시설을 갖춘 장소로, 벽과 탑을 갖춘 문루門樓의 도움으로 보호를 받았다. 몇 개의 '산업' 시설이 밀집된 건물 주변을 둘러싸고 있었다. 그 건물 가운데 하나는 8개의 방을 가진 큰 건축물이었는데, 공공의 목적을 위해 사용되었던 것으로 보인다(자세한 것은 6장을 보라).

요새

우리는 최소한 여남은 개의 요새 장소를 구분할 수 있다.[143] 그러나 그 장소들은 각각 서로 너무 다르기 때문에 그것들을 우리의 다단계 계층으로 자리매김하기가 어렵다. 그러나 그러한 장소들을 '요새'로 분류할 수

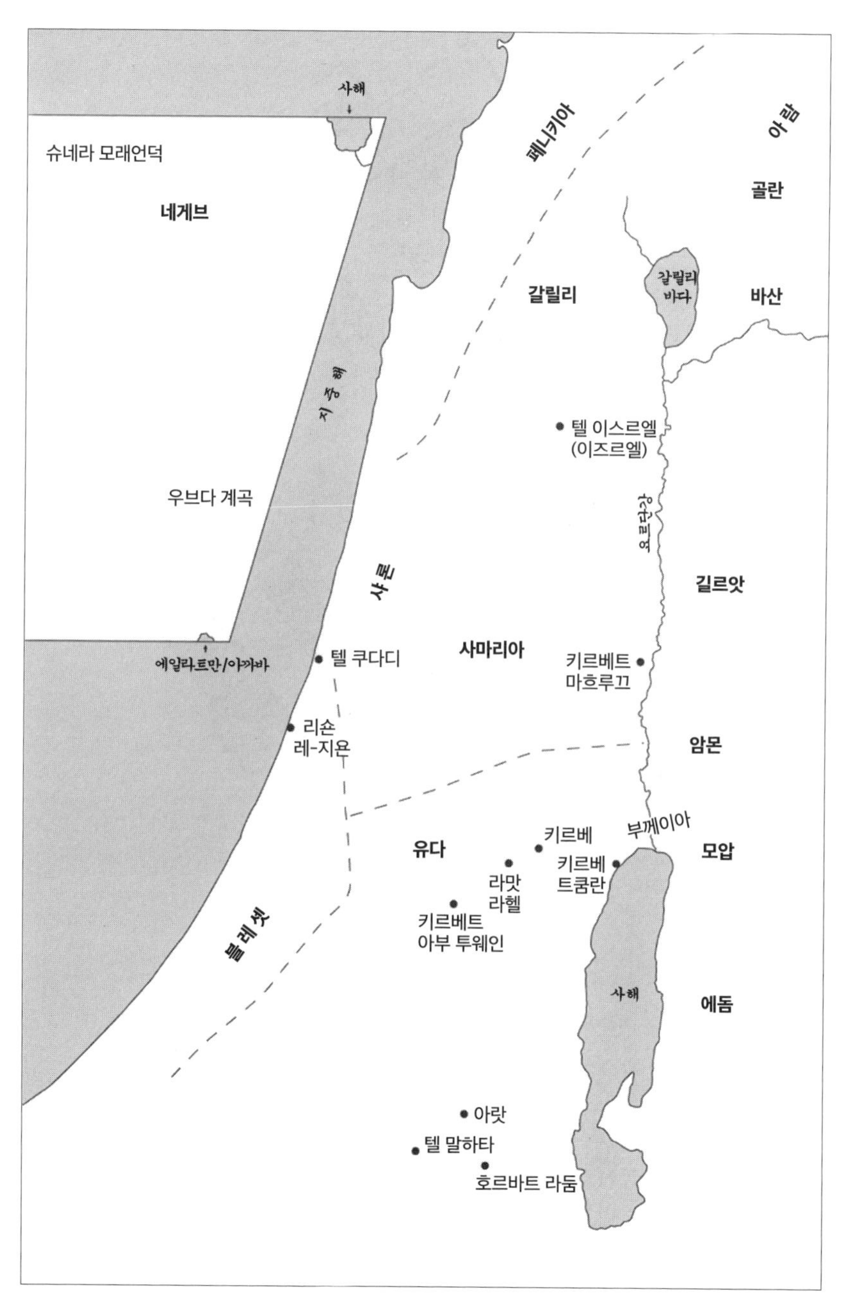

그림 IV.29. 기원전 8세기 요새의 지도.

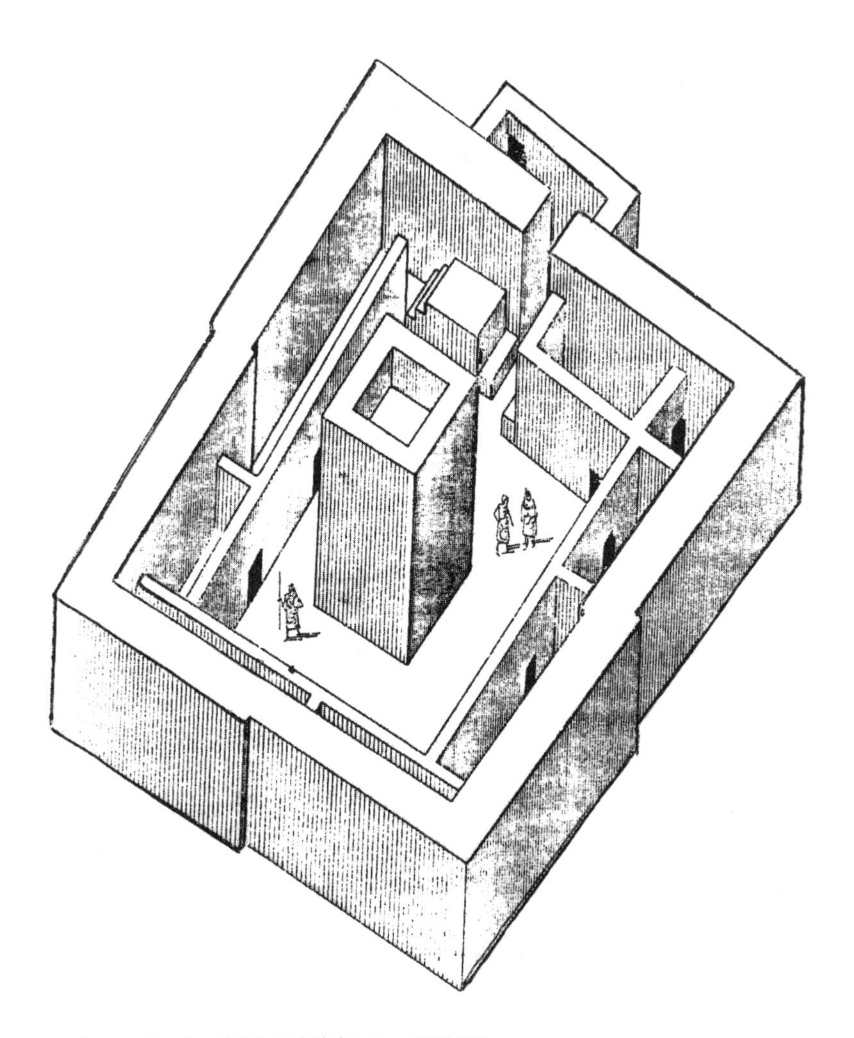

그림 IV.30. 호르바트 라둠의 요새 평면도. Stern 2001, 153

있는 공통적인 특징들이 존재한다: (1) 작은 크기로, 일반 가정에서 보이는 특징들이 거의 나타나지 않는다; (2) 전략적인 국경에 자리를 잡고 있다; 그리고 (3) 방어 시설이나 성채와 같은 인상적인 방어 요소들이 존재한다.

이러한 요새 중 4곳이 베르셰바 남쪽의 네게브 사막을 마주하고 있다.

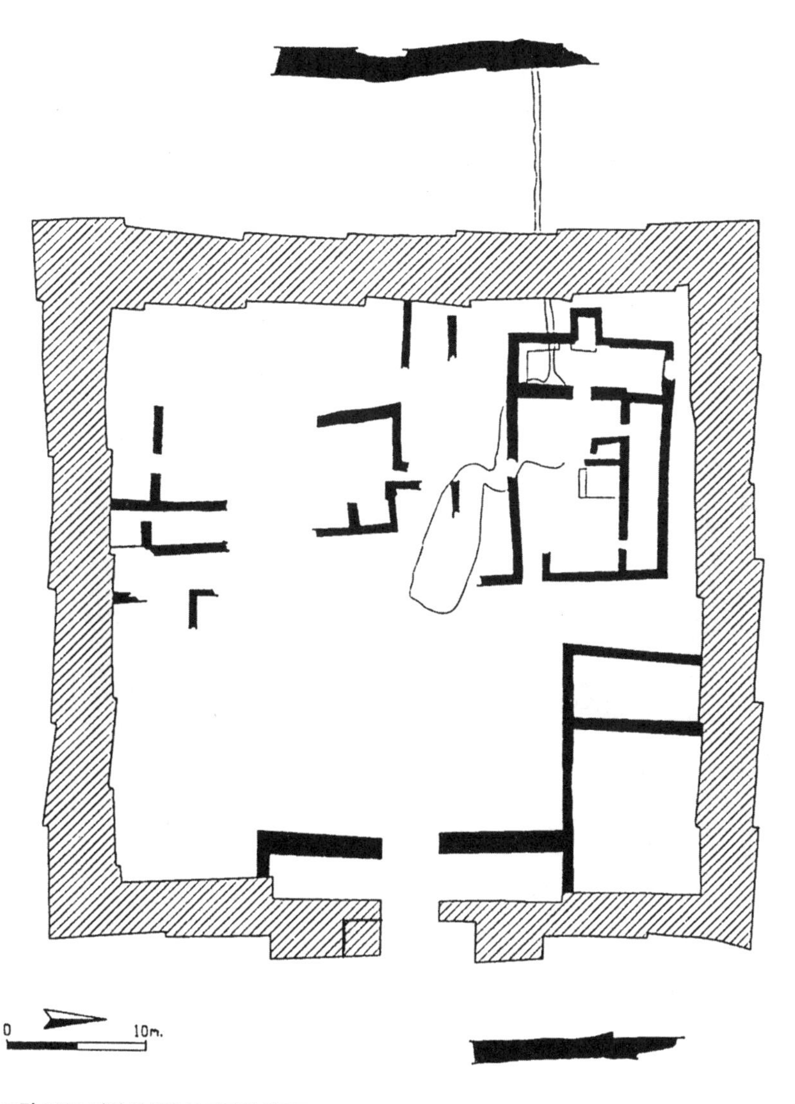

그림 IV.31. 아랏 요새와 그 성전의 평면도. Herzog 2001, 그림 6.5

텔 말하타Tel Malḥata 지층 4층은 엄청난 방어 시설을 보여주지만(4에이커), 다른 것은 거의 없다.[144] 근처에 있는 호르바트 라둠Horvat Radum은 하나의 요새만 있었는데, 이것은 아마 동쪽으로 6.4킬로미터 떨어져 있는 호르바

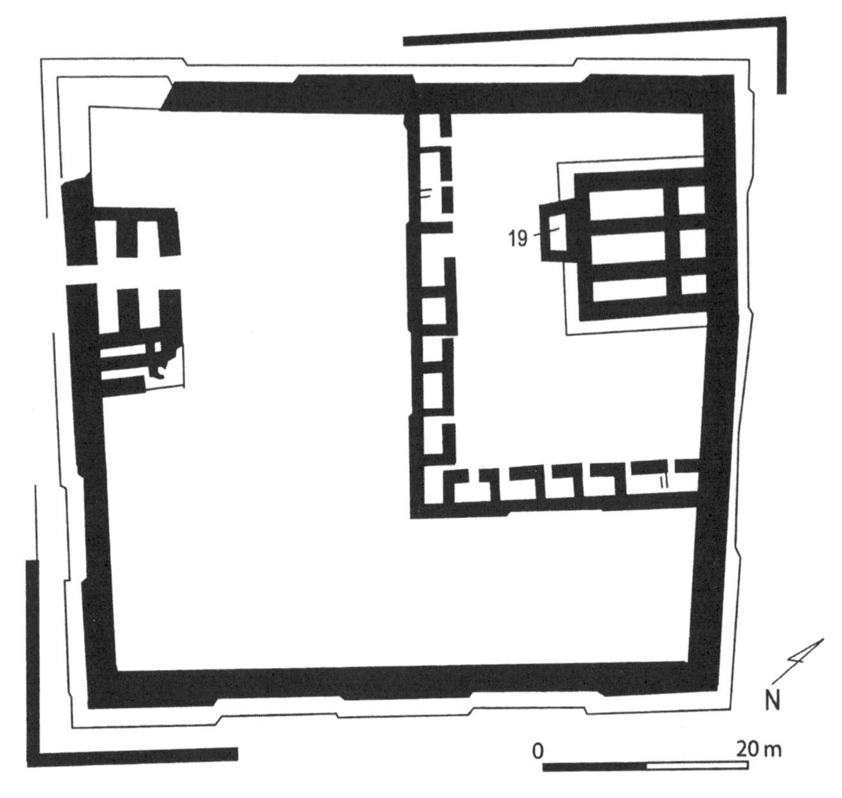

그림 IV.32. 텔 켈레이페의 제2기 요새의 평면도. Barkay 1992, 그림 9.29를 따름

트 우자Horvat 'Uza의 전초부대로 의도된 것으로 보인다.[145]

남쪽—아무래도 전국이라고 해야 할 것 같다—에서 가장 인상적인 요새는 아랏Arad이다. 그러나 불완전한 발굴과 불충분한 연구 보고로 인해 아랏의 지층 분석은 뜨거운 논쟁의 대상이 되어왔다. 이 책에서는 제에브 헤르조그Ze'ev Herzog가 연구 자료를 다시 작업한 결과를 따르며, 그러므로 지층 9~8층의 연대를 기원전 8세기로 잡는다.[146] 성채의 상당 부분이 거대한 정방형 요새로 채워졌는데, 이 요새는 두꺼운 벽에 모서리에는 지지대를 받친 탑이 있어서, 기원전 9세기의 작은 구조물을 대체하고 있었다. 이 요새는 기원전 701년 센나케리브의 원정에서 파괴된 것으로 보인다.

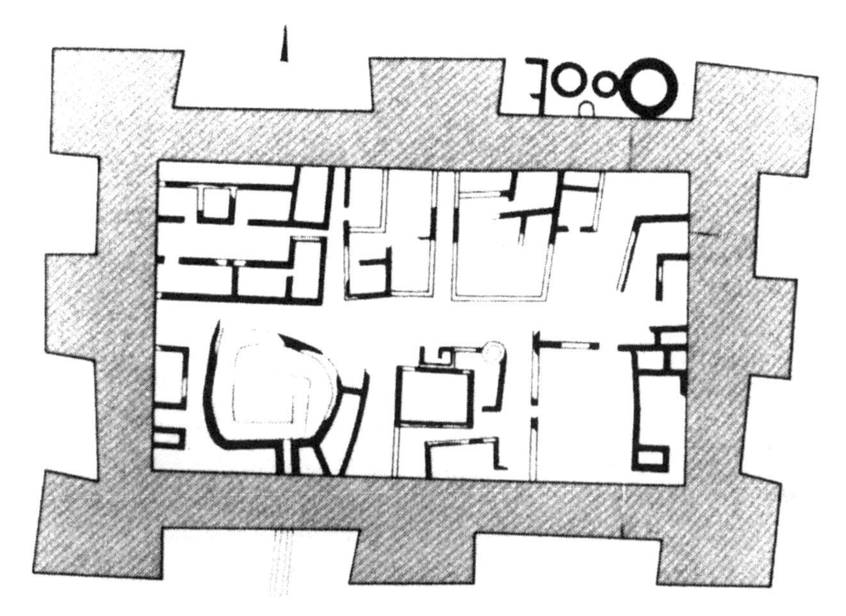

그림 IV.33. 가데스-바네아의 가운데 지층 요새의 평면도. Barkay 1992, 그림 9.32

네게브에는 기원전 8세기의 다른 여러 요새가 있었을 것이다. 그러나 대부분의 학자들은 네게브의 수많은 요새를 보다 초기의 것으로 연대 설정을 하는데, 기원전 10세기까지 올려 잡고 있다.[147]

보다 남쪽으로 내려가면 세 개의 주목할 만한 유다 요새가 나온다. 첫 번째 것은 텔 켈레이페Tell el-Kheleifeh로, 홍해에 있는 에일라트만의 바로 북쪽에 자리한다(아마 성서의 에시온-게벨로 보인다). 비록 엉터리로 발굴이 되고 출간이 되었지만, 그래도 지층 2층은 거대한 정방형의 요새 건물이 있었고, 특별히 그 요새에는 3개의 통로가 있는 문이 존재했었다는 것을 알게 되었다. 정확한 연대를 설정하기 어렵지만, 그곳에는 기원전 8세기 도자기들이 얼마 정도 있었다.[148]

보다 멀리 떨어지면, 동부 시나이 사막의 텔 꾸데이라트Tell el-Qudeirat에서 하나의 작은 요새가 발견되었는데, 아마 확신하건대 성서의 가데스-바네아로 보인다. 이곳에서, 즉 샘물 옆에서 작지만 가파른 둔덕이 발견되었

그림 IV.34. 공중에서 조망한 쿤틸레트 아즈루드. 사진 제공: Zeev Meshel

는데, 바로 3개의 중첩된 요새가 백일하에 드러났다. 그중에서 '가운데' 요새가 기원전 8세기에 속한다. 그곳의 특징은 예외적으로 두껍고 강화된 벽에 8개의 방어탑이 붙어 있으며, 깊은 해자垓字가 둘러싸고 있었다. 3개의 지층 중 한 곳에 거대한 수조가 건설되어 있었다.[149]

훨씬 더 먼 곳, 쿤틸레트 아즈루드Kuntillet'Ajrûd(이제 호르바트 테만 Horvat Teman으로 불린다)에 요새이자 성소가 발견되었는데, 이곳은 동부 시나이 사막에서 매우 멀리 떨어진 지역이었다. 샘과 여러 우물을 내려다볼 수 있는 꼭대기이며, 시나이 광야를 관통하는 고대의 무역 경로로, 그곳에는 한때 대상들이 머물 수 있는 숙소—대피소나 식량을 공급할 수 있는 중간 기착지—와 같은 기능을 했을 것으로 보이는 건축물이 있었다. 그러나 주요한 건물은 다소 전형적인 직각형의 네게브 요새로, 거의 1미터 두께의 단단한 벽(이중벽)과 4개의 모서리에 방어탑이 자리하고 있었다. 내부의 안뜰은 그 넓이가 가로 18미터에 세로 9미터에 달했다. 한쪽 모서리에 있는 계단은 벽과 탑 쪽으로 나 있어서, 그곳에 2층이 있음을 암시한다.[150]

동쪽 끝에는 탑들 사이로 하나의 벽으로 된 이중 통로가 있는 문이 있었는데, 이 문에는 두 개의 측면 방들이 있어서, 제의 용품을 보관하는 저장 구덩이(*favissas*)와 같은 기능을 했다.

우리는 이 요새에서 발견된 많은 제의 용품과 히브리어로 벽에 쓴 수수께끼 같은 수많은 낙서를 해석할 것인데, 그곳의 성소로서의 기능을 8장에서 논의할 것이다. 그러나 여기에서는 단지 기원전 9세기 후반에서 기원전 8세기까지 연대 설정이 되는 하나의 요새로서 그 기능에만 관심을 집중하도록 하겠다. 그러므로 이 요새는 우리가 알고 있는 유다 요새 중 가장 멀리 떨어진 곳이라고 하겠다.

다시 북쪽으로 돌아가면, 오늘날 텔아비브 근처, 리숀 레-지욘Rishon le-Zīyyon에 작은 요새가 하나 있다. 이곳은 북부 블레셋 평야 경계에서 매우 가까웠다.[151]

동쪽으로 가면, 예루살렘에서 남서쪽으로 단지 19킬로미터 떨어진 곳에 키르베트 아부 투웨인Kh. Abu Tuwein이 있다. 그곳에서 큰 요새가 발견되었는데, 그 요새는 그 지역에서 유일한 건물이었다. 자리를 잡은 위치를 볼 때, 요새의 기능은 불명확하다.[152]

동쪽인 쿰란('소금 성읍'; 수 15:62의 언급으로 보인다—역자주)과 사해의 북서 해안에, 그리고 부께이아Buqeiah 광야의 북쪽과 북서쪽으로 뻗은 지역에 여러 요새가 존재한다. 이러한 요새들은 예루살렘 지구의 동부 경계와 아래로는 요르단 계곡을 방어하는 것으로 볼 때 이해가 된다.[153]

키르베트 마흐루끄Kh. Maḥrûq는 북동쪽으로 약 24킬로미터 떨어진 곳으로, 요르단 계곡의 바로 아래쪽에 있으며, 요르단 계곡의 북에서 남으로 이어지는 길을 내려다보고 있다(오늘날에도 여전하다). 그 장소의 특징은 별로 없지만, 두 개의 거대한 탑을 내세울 수 있는데, 하나는 직각형 모양이고, 다른 하나는 원형이다. 이곳이 요새라는 것은 상당히 근거가 있으며, 이 요새는 트란스요르단을 직접적으로 마주 대하고 있다.[154]

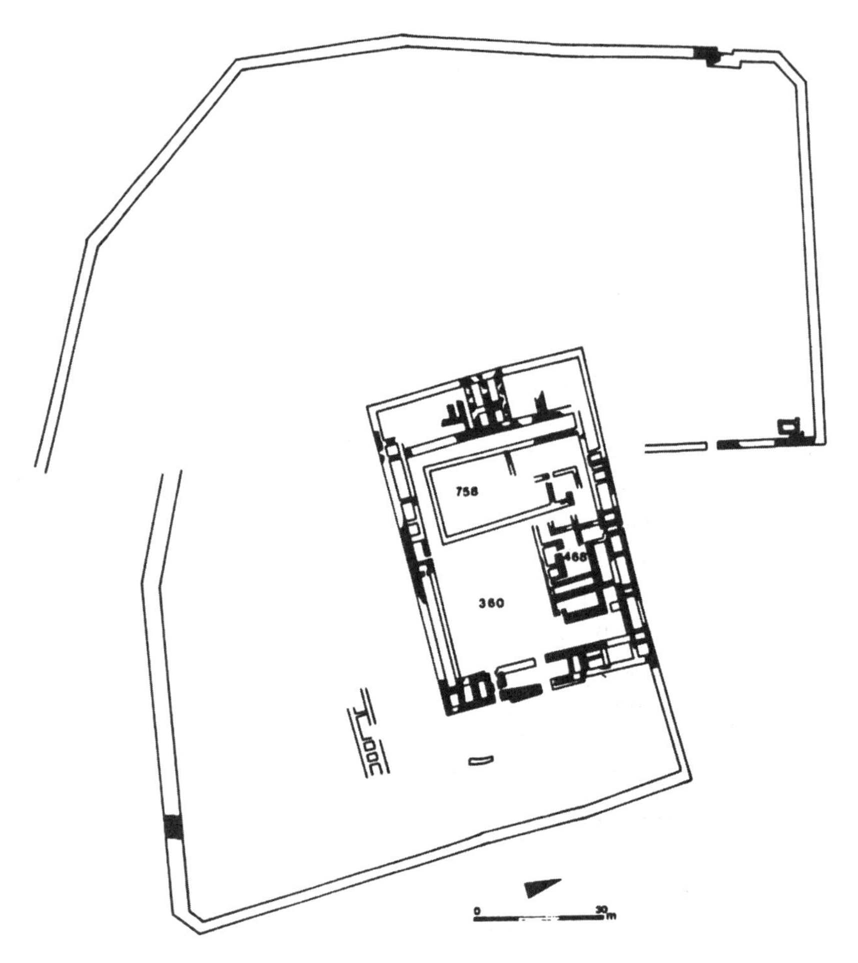

그림 IV.35. 라맛 라헬의 지층 5A층의 평면도. Fritz 1995, 그림 47

요새로 여겨질 수 있는 유다의 마지막 장소는, 오늘날 예루살렘의 남쪽 외곽에 있는 라맛 라헬Ramat Raḥel이라는 산꼭대기이다. 기원전 9세기에 세워졌다가 기원전 8세기에 이르러서도 계속 사용되었는데, 이곳은 그 시작(지층 5B층)이 왕실의 본거지로, 정원이 둘러싸고 있었다—수도에서 피할 수 있는 일종의 은거지이다. 그런 다음, 기원전 8세기에는 중앙부에 웅장한 왕궁이 자리하고 사방에 엄폐 설비가 갖춰진 요새가 건설되었다(지

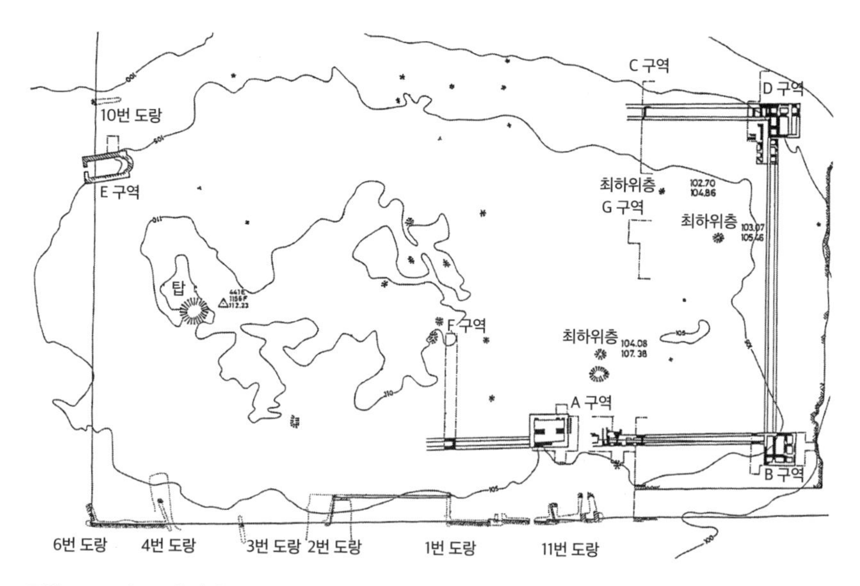

그림 IV.36. 이스르엘 평면도. Ussishkin, in Stern 1993, 1838

층 5A층). 인상적인 건축 구조, 멋지게 쌓인 마름돌, 원시-에올리언(proto-Aeolic) 기둥머리(기둥의 꼭대기를 소용돌이 모양으로 장식한 것—역자주), 장엄한 가구들, 인장 도구들—이 모든 것을 볼 때, 이 단계의 라맛 라헬은 정말로 성채로 기능했음이 분명하다. 이곳은 또한 수도와 직접 연결되어 왕실의 주거지로도 사용되었다는 점에서 독특하다.[155]

우리가 알고 있는 기원전 8세기의 다른 요새는 북왕국에 있는 것들로, 의심할 바 없이 방어가 가장 중요한 관심사였다. 텔 미할Tel Michal 근처 지중해 연안에 있는 쿠다디Kudadi는 블레셋 국경을 지키는 요새였음에 분명하다. 이곳에는 두 개의 연속하는 요새들이 있었는데, 두 번째 것은 분명히 기원전 8세기에 해당한다.[156]

독특한 요새 하나가 북쪽 이스르엘에 자리를 잡고서 사마리아 산지부터 이스르엘 계곡으로 내려가는 길을 수비하고 있었다. 계곡 바로 끝에 인상적으로 자리하고 있어서, 그 정상에서 아래를 내려다볼 수 있었는데, 그 장소는 기원전 9세기에 왕실 요새로 건축되었을 뿐만 아니라 사마리아에서 남서쪽으로 약 32킬로미터 떨어져 있었기 때문에 일종의 피난처로도 사용되었다.[157] 그러나 그곳은 기원전 9세기 후반에 아람의 침략으로 인해 파괴된 것으로 보인다. 따라서 그 요새는 우리가 여기에서 다루는 시기에는 아마 버려졌을 것이다.

이상한 일이지만, 북쪽으로 아람 왕국을 상대로 그 경계선을 따라 위치했을 요새에 대해서는 전혀 알려진 바가 없다. 기원전 8세기 내내 분명히 위협의 대상이었음에도 불구하고 말이다. 갈릴리 바다의 동편 해안에 있는 내륙에 텔 소렉Tel Soreg이란 곳이 있는데, 기원전 8세기의 작은 요새이다. 그러나 그 위치는 엔-게브'En-Gev 근처이기 때문에, 그 요새는 이스라엘에 소속되었다기보다는 아람의 전초기지였을 것으로 보인다.

2절

성서의 자료

성서는 무엇을 추가하고 있는가

고고학 자료에 우선권을 내어준다는 우리의 기본적인 원칙에 맞게 지금까지 우리는 하나의 데이터베이스를 구축하려는 시도를 했고, 그 결과 모든 발굴 장소의 계층을 만들어냈다(가능한 모든 탐사 자료를 계산에 넣었다). 그러므로 우리는 고고학 발굴과 (약간의) 탐사를 기초로, 기원전 8

세기에 생활이 어떠했는지 이제 우리가 알 수 있는 것들을 요약하게 되었다. 그러나 이제 우리는 우리가 가지고 있는 가장 광범위한 문헌 자료인 성서 기록에 나오는 장소들과 짜 맞추어야만 한다.[158] 다른 방식으로 하는 것은 방법론적으로나 역사편찬적으로도 옹호할 여지가 없을 것이다. 하지만 (문헌을 고려해야 하는 상황에서) 그러한 조사는 가치가 제한적일 수 있다.

1950년대에 마르틴 노트Martin Noth 이래 성서학자들은 고고학은 '침묵한다'(독일어로 *dumm*, 곧 '멍청하다')라는 의견을 개진했는데, 그 이유는 분명히 고고학의 유물이 익명으로 되어 있으며, 다시 말해 그것은 사건을 기술할 수 있지만, 일반적으로는 그 사건들과 관련해서 개별적인 이름을 붙일 수는 없기 때문이었다. 맞는 말이다; 그러나 그게 무슨 문제가 되는가? 이에 대한 대답은 '천만의 말씀'이다.

첫째로, 지금 여기에서 우리의 주된 고려 대상인, 기원전 8세기의 지명에 관계가 있는 히브리 성서의 자료는 열왕기하 14~20장에서 발견할 수 있는데, 여기에 (기원전 8세기 예언자인) 이사야, 아모스, 그리고 미가에서 몇 개의 연관 구절을 보충할 수 있을 것이다. 그러나 기원전 8세기 맥락에 진짜 놓여 있다고 가정하고는 있지만, 이러한 몇 안 되는 기록 자료를 신뢰할 수 있을까? 열왕기하에 나오는 이야기는 신명기적 역사(신명기에 여호수아-열왕기를 더한 것)의 부분을 구성하고 있는데, 사실 이것은 기원전 7세기 후반까지는 수집되지 못한 상태에 있었으며, 상당히 후대에 (즉, 포로 시대) 들어와서야 작성되었던 것으로 여겨진다.[159] 역대기는 왕조시대와 어림잡아 평행한 기사를 말하고 있는데, 아마 상당히 후대의 작품이기는 하지만 그럼에도 그것은 약간의 그럴듯한 정보를 더해줄 수 있을 것이다. 그리고 위에서 언급한 예언서가 기원전 8세기 예언자의 이름대로 그 예언자 개개인이 기록한 것이 아니라, 오히려 후대의 예언자 학파에 의해서 만들어졌다는 의견의 일치가 있다. 그것이 우리에게 암시하는 것은 무엇인가? 즉, 만약 이러한 이야기들이 여기저기의 오랜 (구전이든 기록이든) 전승을 보존하지 않고 있다면 어떻게 되는가? (자료와 관련해서, 자세한 것은 1장을 보라.)

첫째로, 몇 개의 성서 외적 기록은 대조할 수 있는 지점들을 제공한다. 최소한 약간의 지명 문제만 해도 그렇다. 예를 들어, 기원전 745~기원전 727년에 티글라트 필레세르Tiglath-Pileser의 원정과 관련하여, 쐐기문자로 기록된 신-아시리아 연대기에는 아시리아가 교전해야 했던 이스라엘의 북쪽 경계에 있는 처음 세 개의 도시를 포함하고 있다: 이욘, 아벨-벧-마아가, 그리고 야노아이다(지리적 순서이다).[160] 역사적인 자료로 여겨지는 열왕기하에는 바로 이러한 세 개의 장소가 같은 순서로(왕하 15:29) 언급되고 있으며, 또한 그 도시들이 티글라트 필레세르 3세에 의해 파괴되었다고 말한다.

그러한 수렴은 우연일 수 없다. 더 나아가, 정확하게 기원전 8세기 후반이라는 연대는 그러한 자료가 후대(페르시아 시대, 혹은 심지어 헬라 시대)이고 그러므로 역사적이 될 수 없다는 일부 성서주의자의 수정주의적 개념(2장)을 효과적으로 폐기해버린다. 최소한 바로 이 지점에서 그들의 주장은 폐기된다.[161] 그러나 그렇다고 해서 열왕기하에 있는 다른 모든 지명이 역사적으로 믿을 만하고 그렇기에 우리의 탐구에 적절하다는 것을 의미하는가? 한편, 역대기는 어떤가?

다음으로, 여남은 혹은 심지어 수백 개의 지명을 담아내고 있는 다른 많은 성서 기록의 연대를 설정하는 데 문제가 존재한다. 우리의 난제를 보여주는 고전적인 사례는 여호수아 15장 21~63절에서 언급된 유다의 행정 구역 목록으로(일반적으로 수 13~19장으로 넓게 본다), 어떤 성서학자들은 이를 여호사밧 통치 시기(기원전 867~기원전 851년)로 연대를 설정하기도 한다(대하 17:2 참조). 이 목록만으로 열 개가 넘는 성서에 나오는 장소의 지명을 알 수 있다. 비록 대부분은 지표면 조사에서 알 수 있는 것이지만, 그 지명은 우리가 실제로 위치를 확인하고 그 정체를 규정할 수 있게 해준다.[162]

그러나 여전히 다음과 같은 문제들이 있다. (1) 이들 마을은 진짜인가? 성서 저자가 간단히 만들어낸 것은 아닌가? (2) 만약 진짜라고 한다면, 그 연대를 기원전 9세기로 정하는 것이 신뢰할 만한가? 여호수아 15장이, 비록 기원전 7세기보다 이르지 않다고 하더라도(앞을 보라), 200년이나 이전의 시기에 대하여 믿을 만한 정보를 보존하고 있는가를 묻는 것이다. (3) 마지막으로, 만약 우리가 이러한 125개 정도의 마을이 이미 기원전 9세기에 세워졌다는 것을 알았다 하더라도 기원전 8세기에도 여전히 그곳에 사람이 거주했을까?(아마 그럴 것이지만, 그렇다 하더라도 언제나 우리가 알 수 있는 것은 아니다)

열왕기하의 가능한 자료들과는 별개로 우리는 이사야, 아모스, 그리고 미가에 나오는 기원전 8세기 맥락(즉, 원래의 역사적 맥락)으로 보이는 몇 개의 연관 있는 장소들을 언급하였다. 우리는 이러한 구절들을 아래에서 자세하게 다룰 것인데, 그러나 여기에서 지적할 부분은, 성서에서 언급된 이 마을들이 비록 기원전 8세기로 믿음직하게 연대 설정이 되었다 할지라도, 오직 (성서의) 저자들이나 편집자들에게만 알려졌다고 가정할 수 없다는 점이다. 이 마을들은 단지 어쩌다 언급되었던 것들일 뿐이다. 그곳에는 더 많은 마을들이 존재했을 것이다(아래를 보라).

마지막으로, 장소들의 이름이 있다 하더라도, 그 장소들을 규정하고 또 위치를 정하는 것에는 많은 문제가 따른다. 앞에서 논의했던 많은 장소들은 이미 성서 바깥에 있는 자료를 고려하여 긍정적으로 규정된 사실이다. 이러한 장소들에는 단, 하솔, 메기도, 다아낙, 긴네렛, 벧-스안, 게셀Gezer, 그랄, 그리고 여러 다른 곳과 같은 주요한 장소들 대부분이 포함되어 있다. 여기에서 아랍어식 이름(아랍어로 '제제르Jezer'는 히브리어로 '게제르Gezer'이다), 해당 장소(예를 들면, 단)에서 발견된 기록 자료, 혹은 이름을 분명하게 해주는 성서 바깥의 기록(사마리아 그리고 다른 장소들)이 문제 해결에 결정적이다. 이러한 경우에 히브리 성서의 언급은 무의미하다.

더 나아가, 어떠한 장소에 대하여 명확한 이름을 갖는 일은 그 장소를 기술하고 그곳의 기능을 이해하는 데 중대한 영향을 끼치지 못한다. 그렇게 정확하게 지명을 표기하는 것은, 간단히 말해서 사치다. 좋긴 하지만 필요는 없다.

거시적 환경

개별적인 지명들과는 별개로, 우리가 여기에서 발전시켜왔던 장소들의 계층화와 관련하여 히브리 성서에는 어떠한 실마리가 있을까? 최고의 안내서로 퍼디낸드 데이스트Ferdinand Deist가 쓴 『성서의 물질문화: 개론 *Material Culture of the Bible: An Introduction*』(2000)이 있는데, 사실 이 책은 기록상의 논의를 다루고 있을 뿐 실제 물질문화(즉, 고고학적 자료)는 다루지 않았다.[163]

히브리 성서는 우리가 나누었던 구분에서 단지 몇 개 정도만 인식하고 있는 것 같다. 기껏해야 다음의 것들이 언급될 뿐이다:

1. 방어가 견고하게 된 도시들(히브리어로 이르*ʿÎr*; 키르야*qiryâ*)
2. 촌락(히브리어로 하체림*ḥăṣērîm*)

짧게 말해서, 히브리 성서는 근본적으로 2개의 계층 구조를 인식하고 있다.

이렇게 인색한 정보에도 불구하고, 여러 학자들은 성서의 증거를 더 자세하게 말할 뿐만 아니라 그 언급 횟수를 명시하려고 애를 썼다. 이스라엘 고고학자 제에브 헤르조그Ze'ev Herzog는 철기 시대 이스라엘에서 7개의 정착 방식이 있다고 구분하기도 했다.[164] 성서학자(이자 고고학자)인 볼크마르 프리츠Volkmar Fritz는 단지 수도, 행정 혹은 군사 도시, 그리고

거주 도시만을 구분하고 있다(놀랍게도, 마을이나 촌락은 고려하지 않았다).[165]

어떤 경우이건, 성서 기록은 장소들을 계층화하는 우리의 작업에 중요한 정보를 더하지는 못하고 있다. 사실, 성서 시대의 현실이라고 간단하게 묘사하고 있는 내용은 보다 객관적인 고고학적 자료와 충돌한다.

히브리 성서에서 발견한 추가적인 지명들

만약 성서 기록이 우리가 여기에서 발전시키려는 계층화에 대한 큰 그림을 묘사하는 데 도움을 주지 못한다면, 보다 온당한 기여점으로는 무엇이 있을까? 다시 말해서, (성서 기록은) 우리가 지금 사용하고 있는 범주를 채울 수 있을 법한 개별적 장소들을 확인해줄 수 있는가? 결국, 우리는 발굴된 장소만을 기초로 만든 지도는 단지 소수의 사람들만을 반영하고 있음을 알게 된다. 그러한 도시들은 대부분 컸으며, 도시나 마을의 정보를 담고 있는 보다 가시적인 텔tell이다. 그러나 인구 대부분은 작은 농촌이나 부락과 같은 시골에 살았다(그림 IV.22를 참고하라). 이들 중 대부분은 발견되지 못한 상태로 남아 있으며, 물론 발굴되지도 못했다.

우리의 지도에 있는 공백을 채우려면, 지표 조사 자료를 포함하는 것이 이론적으로 도움이 될 수 있다. 이미 살펴본 것처럼, 이스라엘과 유다에서 최근 이스라엘 고고학자들이 지표 탐사 조사를 실시했고, 그 결과 최소한 400~500곳이 발견되었다. 대부분은 텔이 아니라, 상당히 작은 장소였으며 그렇기에 최근까지 관심을 피할 수 있었다. 많은 장소들에서는 단지 깨어진 토기 조각들만 나왔을 뿐이다. 그리고 당연한 이야기지만, 많은 고대의 장소들은 침식, 충적층의 퇴적, 혹은 현대의 개발이란 이유로 사라져왔었다. 그러므로 우리는 완전하다거나 혹은 심지어 대표할 수 있을 정도의 기원전 8세기 이스라엘과 유다의 지도를 절대로 가질 수 없다.

이러한 제약에도 불구하고 우리는 비록 제한적이기는 하지만 성서 자료를 활용할 수 있는데, 특별히 만약 성서의 이름을 우리가 고고학적 장소에서 알아낸 것과 비교해서 긍정적으로 확인해볼 수 있다면, 약간의 장소들의 이름을 추가할 수 있다. 비록 우리는 거의 모든 이름을 성서 바깥의 자료에서 가지고 왔지만, 여기에서 제시된 발굴지 지도에 나와 있는 지명은 모두 성서에서 가져온 것들이다. 그러나 우리는 성서 기록에는 언급되어 있지만, 아직 발굴되지는 못한 그런 장소들을 기초로 몇 군데를 더 추가할 수 있을까?

앞에서 언급했던 모든 기록들(왕하 14~21; 이사야; 아모스; 미가)을 정독해 보면, 한 가지 흥미로운 점을 발견하게 된다. 히브리 성서에서 가져온 22곳의 추가 장소가 다음 그림 IV.37과 같이 요약될 수 있다(또한 신-아시리아 기록에서도 등장하고 있다):

역대기서는 상당히 후대에 기록되었고, 그것이 열왕기와 합치하는 곳을 제외하면 대개 회의적으로 취급되고 있다(앞을 보라). 그 책은 지명 연구에 거의 아무런 가치가 없다. 단 "유다의 평지와 남방 성읍들"을 특정하고

그림 IV.37. 기원전 8세기 성서의 지명

이스라엘	왕하 14~21	이사야
	*이욘(텔 에드-딥빈)	림몬(루마네)
	*아벨-벧 마아가	
	*야노아(야누)	
	가드-헤페르(키르베트 에즈-주브라)	

유다	이사야	미가	아모스
	아얏(키르베트 하이얀)	아둘람(에시-셰 이크 마드코르)	드고아
	믹마스(무크마스)	가드모레셋	(텔 유데이데)
	라마(에르-람)	베들레아브라	(에트-타이베)
	아나돗(아나타)	마롯(?)	
	갈림(?)	사아난(?)	
	게빔(?)		
	라이사(?)		
	맛메나(?)		
	미그론(?)		

있는 것을 제외하면 말이다(대하 28:18):

벧-세메스
그데롯 (미확인; = 그돌?)
소고 (그리고 그 촌락들; 키르베트 압바드Kh.'Abbâd)
딤나 (텔 바타시)
김소 (게셀 북부의 짐주Jimzû)

역대기는 또한 열왕기에 있는 몇 안 되는 지명들을 추가한다—단Dan과 베르셰바(전통적인 이스라엘의 국경), 그리고 엘랏(에시온-게벨).

이러한 성서 자료와 관련하여 다음과 같은 여러 의미를 생각해볼 수 있다: (1) 열왕기하는, 심지어 그것이 남왕국의 자료였음에도 불구하고, 기원전 8세기 유다에 속하였다고 상정하는 장소들을 전혀 나열하지 않았다(오직 북이스라엘 왕국의 5곳만을 언급할 뿐이다). 열왕기서는 단지 그 독자들이 남쪽에 대해서 이미 알고 있을 것이라고 상정했기 때문일까?

(2) 어떤 경우이건, 이런 특별한 성서 기록에서 조금씩 수집한 20여 곳의 장소 가운데 단 13곳만이 그럴듯하게 확인이 되고 그래서 그 위치를 정할 수 있다: 이스라엘에 5곳, 유다에 8곳이다(그림 IV.1에 나온 것들은 아랍어로 되어 있다). 그리고 이 경우에서조차 장소의 확인은 아랍어 지명에 그 옛 이름이 보존되었을 것이라고 가정하는 방법이나, 혹은 성서 기록에서 어떻게 지명을 지시하고 있는지에 달려 있다(즉, 성서에서 알게 된 장소 근처에 긴밀하게 묶여 있는 장소들을 추론하는 것이다).

(3) 심지어 확인 작업이 합리적 의심을 뛰어넘을 정도로 확실하게 보인다 할지라도 이런 장소 가운데 그 어느 것도 실제로 발굴되지 않았다. 그렇기 때문에 지표 조사를 근거로 도자기 연대 설정을 하는 것을 차치하고서라도, 우리는 어떠한 것도 실제로는 기원전 8세기에 존재했었다고 확신할 수 없다.

(4) 마지막으로, 이러한 장소들을 기원전 8세기로 돌리는 가장 중요한 이유는, 그것들이 기원전 8세기를 말하고 있다고 여겨지는 성서 기록에 언급되었기 때문이다. 그러나 논의할 여지가 없는 동시대 기록 증거는 성서 바깥의 기록에만 나오며, 이 경우에는 신-아시리아 연대기이다. (신명기적 역사의 일부인; 앞을 보라) 열왕기하의 저자들과 편집자들이 그곳의 지형학적 지식을 얼마큼 알고 있었는지는 성서 외적인 증거를 통해서 확증될 수 있는 것이다.[166] 그러나 설령 그렇다고 할지라도, 이러한 3개의 기원전 8세기 장소—이욘, 아벨-벧-마아가, 그리고 야노아—는 발굴된 적이 없었다. 그러므로 우리는 그곳들에 대해서 단지 그 장소들의 위치와 크기를 제외하면 그리 할 말이 많지 않다. 그리고 그 장소들을 우리의 지도에 표기해도 된다는 것을 뜻하지도 않는다.

결론적으로, 장소의 이름뿐만 아니라 그 장소가 어떻게 분산되고 있는지에 대해서 이러한 성서 자료의 포괄적인 조사는, 우리의 고고학에 기초한 역사에 그 어떠한 순전한 역사적 정보를 조금도 제공해주지 않았다. 바로 그것이 우리가 고고학적 증거를 1차 자료로 고려해야만 하는 주된 이유이기도 하다.

얼마나 많은 도시가 있었으며, 얼마나 많은 사람이 있었는가

기원전 8세기 이스라엘과 유다의 지형을 차지하고 있는 도시, 마을, 촌락, 그리고 요새의 분포를 조사하면서 우리는 그 지역의 전체 인구와 관련하여 마지막으로 무엇을 말할 수 있을까?

앞에서 제시한 것처럼 에이커당 100명의 계수라는 일치된 수치를 사용함으로써, 이 책의 4장에 있는 도표와 지도에서 나온 75개 도시들은 대략 80,000명의 총인구를 산출하게 된다. 지표 조사에서 알게 된 500여 곳의 다른 장소들을 더하게 되면, 특히 여기에서 평균 10에이커라고 가정하면, 우리는 최소한 이론적으로 또 하나의 50,000명을 더하게 되며, 결국 총합이 약 130,000명에 이른다. 이스라엘 역사에서 의도적으로 배제했던 신-블레셋, 페니키아, 그리고 아람의 장소들을 포함하면, 총합은 대략 150,000명으로 증가하게 될 것이다. 그러한 수치는 철기 II 시대(대략 기원전 900~기원전 586년) 요르단강 서편 팔레스타인에 종종 주어지는 150,000명의 인구수와 잘 어울린다.

그것은 기원전 10세기, 곧 통일 왕국으로 추정된 시대에 100,000명으로 계산되었던 것에서 지속적으로 인구가 증가했음을 나타낸다. 그러나 그 수치는 기원전 7세기 이스라엘과 유다에서 (의심스럽지만) 400,000명으로 계산되는 것과 비교해서 작다고 하겠다.[167] 그러나 기원전 8세기에 이르러 인구가 증가하고 있었으며(그리고 아마도 절정에 이르렀으며), 역사적으로 변화와 발전의 표지들이 있었다는 것은 의미심장한 일이다. 이것은 앞으로 이 책에서 고고학적 자료로 완전히 뒷받침해줄 부분이기도 하다.

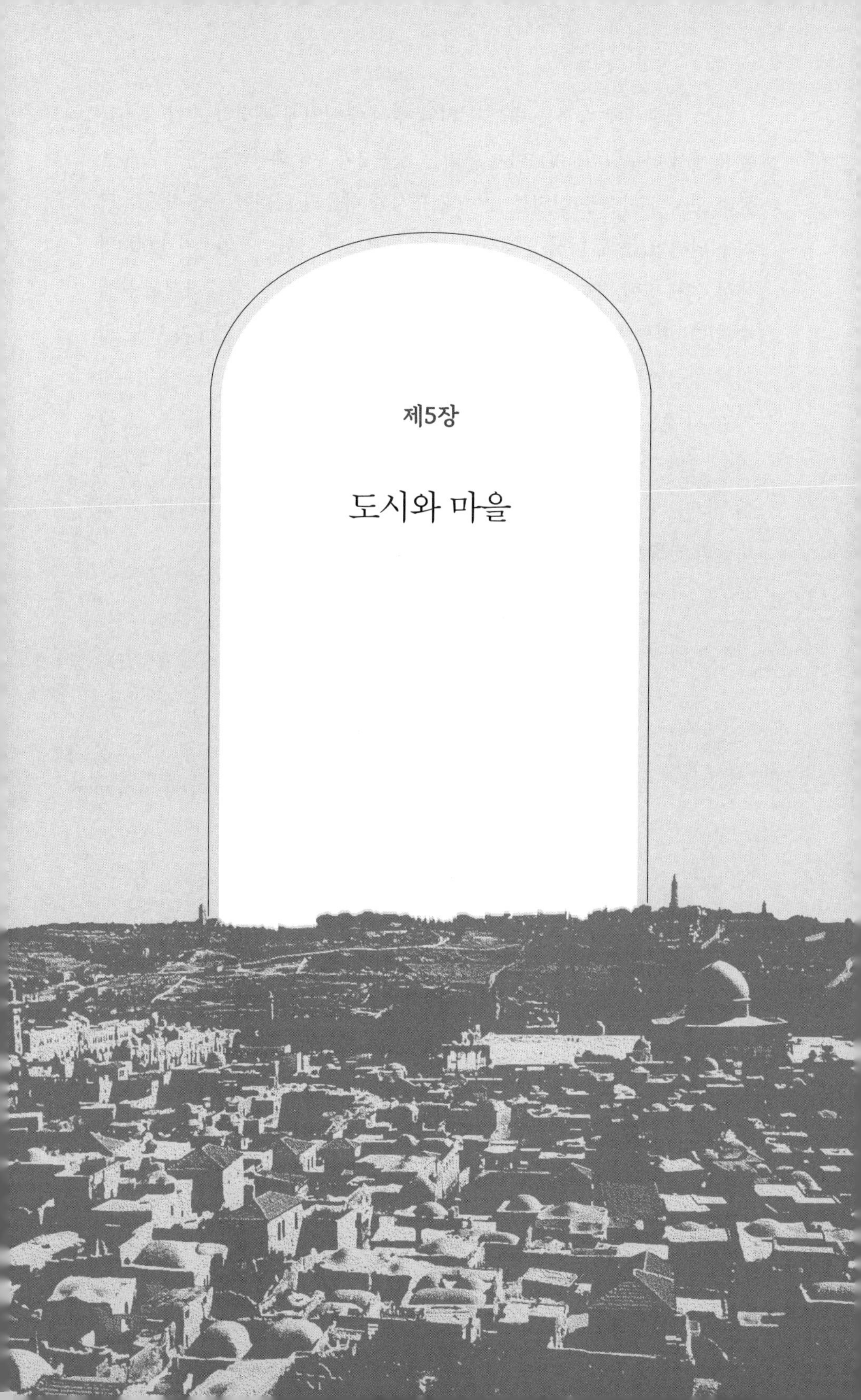

제5장

도시와 마을

나는 계층 1에 속하는 수도와 지역 행정 중심지에 해당하는 큰 도시들을 앞에서 다루었다(4장). 이제 우리는 계층 2와 3에 해당하는 장소로 눈을 돌려 도시와 마을을 살펴볼 것이다. 도시와 마을의 차이는 부분적으로 크기에 달려 있는데, 다시 말해서 도시는 촌락보다 크며, 그 인구가 1,000명에서 수천 명에 달한다(4장). 그러나 마을과 도시 역시 더 복잡하게 구분될 수 있다. 이는 특별히 도시의 경우에 해당하며, 우리는 그 인구가 너무 커져서 자급자족할 수 없는 정도라고 규정한다. 그러므로 도시는 행정적인 기관, 다양한 사회경제적인 전문가 집단, 음식과 편의를 제공해주는 일, 그리고 그와 같은 시설들이 요구된다. 그렇게 매우 계층화된 사회와 다양화된 경제는 촌락 생활 방식에서 중대한 전환이 일어났음을 나타내며, 바로 마을의 건축계획에서 그러한 변화를 기대할 수 있게 된다.

1절

고고학적 자료

도시와 마을의 건축 계획

이 범주를 가지고 우리는 인구가 약 300명에서 3,000명에 이르렀을 것으로 추정되는 도시와 마을을 고려하고자 한다. 우리는 고고학적으로 입증이 된 그러한 계층 2와 3 장소 35곳을 확보하고 있다(그림 IV.2, IV.18, IV.23).

우리가 정의해두었던 도시와 마을이라는 현상을 분석하기 위해서는 도시계획이라는 문제를 반드시 다루어야만 한다. 그러한 도시들은 균형 잡힌 배치와 지정된 구역을 가지고 있는데, 그리 간단히 생겨나지 않는다. 통찰력을 가진 혹자라면 가용할 수 있는 공간을 가장 효과적으로 사용할 수 있으며, 특별히 보다 계층화된 사회의 필요를 충족시킬 수도 있는 합리적인 계획을 만들어내야만 한다. 여기에서 우리는 단지 두 개의 일반적인 도시계획 형태를 구분함으로써 문제를 단순화할 수 있다: (1) 해당 장소의 지형에 주로 좌우되는 특별 차원의 도시계획; 그리고 (2) 직각 형태의 구조로, 이는 도시 성벽 내에서 해당 지역을 다소 정밀하게 격자 방식으로 적용한 것이다.[168] 후자의 방법은 기원전 5세기에 살았던 그리스의 건축가이자 기술자인 히포다무스Hippodamus의 연구로 인해 완전한 형식으로 고안되어서 철기 시대 내내 활용되었다. 그러므로 고대 이스라엘과 유다에서 그러한 도시계획을 찾는 것은 상대적으로 희박한 일이다.

기원전 8세기에 계획된 도시로 최고의 사례는 (앞서 계층 1에 해당하는 행정 중심지들을 제외하면) 텔 엔-나스베Tell en-Naṣbeh(성서의 미스바)이다. 7~8에이커의 2/3 부분이 1920년대 미국의 발굴팀에 의해서 분명하게 드러났는데, 그곳은 비정상적으로 큰 (그리고 오늘날에도 불합리할 정도의) 발굴 작업이었다.[169] 거의 아무것도 남지 않은 빈약한 유적에서 어떤 이들은 최하위층을 찾아냈는데, 이는 지층의 분석을 어렵게 만들었다. 그리고 발굴이 중단되자마자 책임자가 사망했기 때문에 다른 사람이 그 발굴의 출판을 맡아야만 했다. 그러나 좋든 나쁘든 우리는 철기 II 시대 도시에 대한 거의 완전한 평면도를 가지게 되었다. 그것은 기원전 9세기에 시골의 마을로 세워졌다(지층 3C층). 그러다가 기원전 8세기에 이르러 잘 계획된 행정 중심지로 변모했다(지층 3B-A층). (우리는 그러한 세부 사항이 신뢰할 만한 것같이 그러한 계층화를 나열할 것이다. 특별히 연대기적인 국면을 나열할 것이다.)[170]

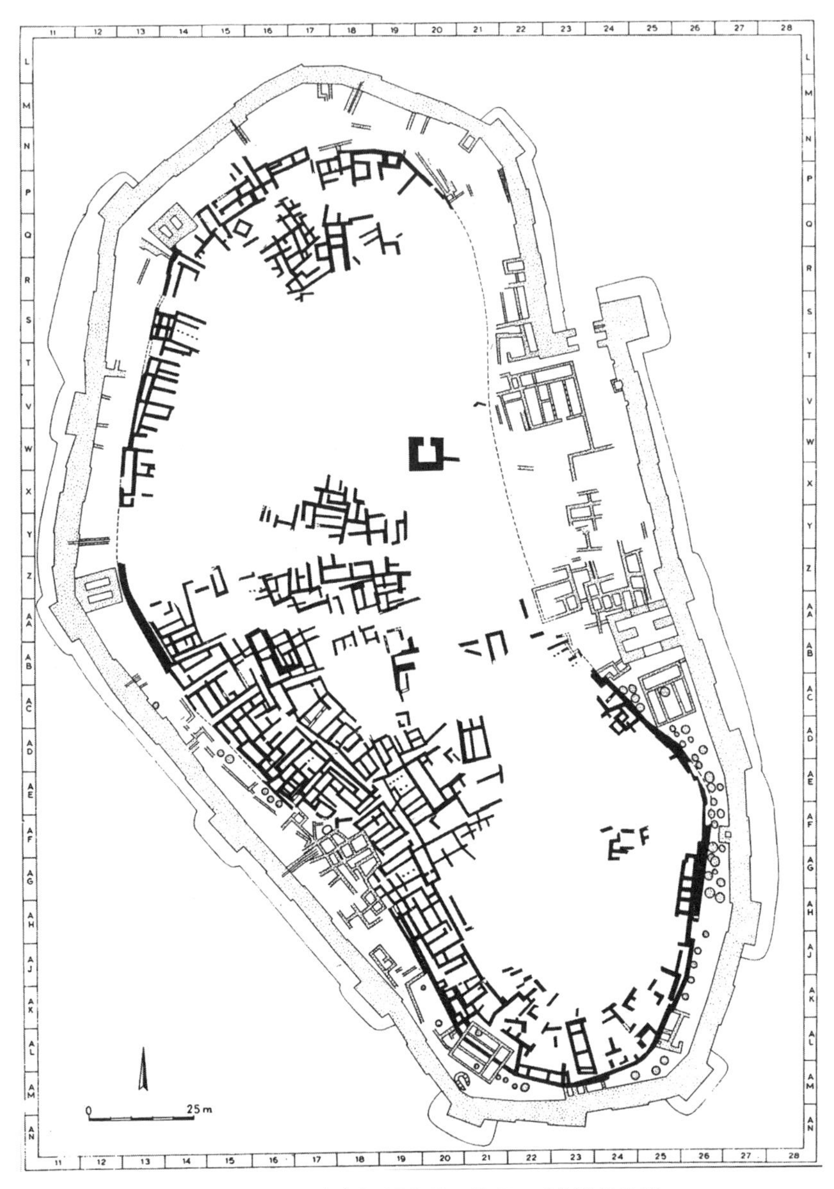

그림 V.1. 텔 엔-나스베 지층 3C층 구조의 평면도(굵은 선). 지층 3B-A층(보다 밝은 선).

Herzog 1997, 그림 5.26

본래의 마을은 상당히 균일한 3개 혹은 4개의 방을 가진 작은 가옥 집단으로 구성이 되는데, 여기에 공통의 벽을 공유하고 자연적인 산꼭대기의 윤곽을 대충 따르고 있다. 이중으로 된 벽은 약 1.8~2.1미터의 두께로, 가옥의 바깥 면을 감싸고 있으며, 해당 장소 전체를 둘러싸고 있다. 발견된 성문은 없었다. 일종의 '순환로'는 이 벽과 가옥 사이에 자리하고 있었다.

기원전 8세기 초반에(지층 3B층) 그 마을은 확대되고 당시 약 4.5미터 넓이의 무거운 돌벽으로 에워싸였으며, 반원 모양의 성채로 보강된 탑이 여남은 개 합쳐져 있었다. 북동쪽 지구에 있는 성문은 바깥문에 여닫는 출구를 둔 특징이 있는데, 두 개의 탑이 감시하고 있으며, 하나의 큰 바깥 성채가 붙어 있었다. 또한 그곳엔 안쪽으로 두 개의 통로를 둔 문이 있었다.

일반적인 4방 구조의 가옥보다 더 정교한 몇 채의 새로운 가옥이 당시 건축되었는데, 문 안쪽에 밀착하여 큰 개방형 테라스가 함께 붙어 있었다. 이 가옥은 아마 새로운 관료들을 위한 숙소로 보인다. 마지막으로, 대략 40여 개의 돌로 만든 사일로가 줄을 지어 다른 열린 공간에 묻혔는데, 이것은 대규모의 저장 시설 역할을 했다.

이러한 변화는 매우 정교한 도시계획의 결과였는데, 이전 재원들을 영리하게 포함시키고 그것들을 정교하게 도시에 맞게 잘 꾸며서, 결국 주요한 행정 중심지에 어울리게 했다. 인구는 도시 성벽 내에서 그렇게 크게 증가하지는 않았을 것이지만, 도시의 성격은 탈바꿈하였다(7장을 보라).[171]

이 책에서 우리가 시도하는 것과 같이 진짜 역사를 기록하는 것은 어려운 일이다. 특별히 만약 우리가 단지 100년 정도만 다루거나, 또는 만약 의도적으로 고고학 자료를 사용하지 못한다고 한다면 말이다. 우리는 반드시 (1) 시간이 지나면서 바뀌는 것들과 (2) 그 변화에 대한 설명을 다루어야만 한다. 텔 엔-나스베와 관련하여 우리는 중요한 변화들을 실제로 기록할 수 있으며, 그 이유는 분명히 유다 왕조가 기원전 8세기에 이르러 그 절정에 도달하면서 추가적인 행정 중심지가 필요했기 때문이었다. 베르셰바 지층 2

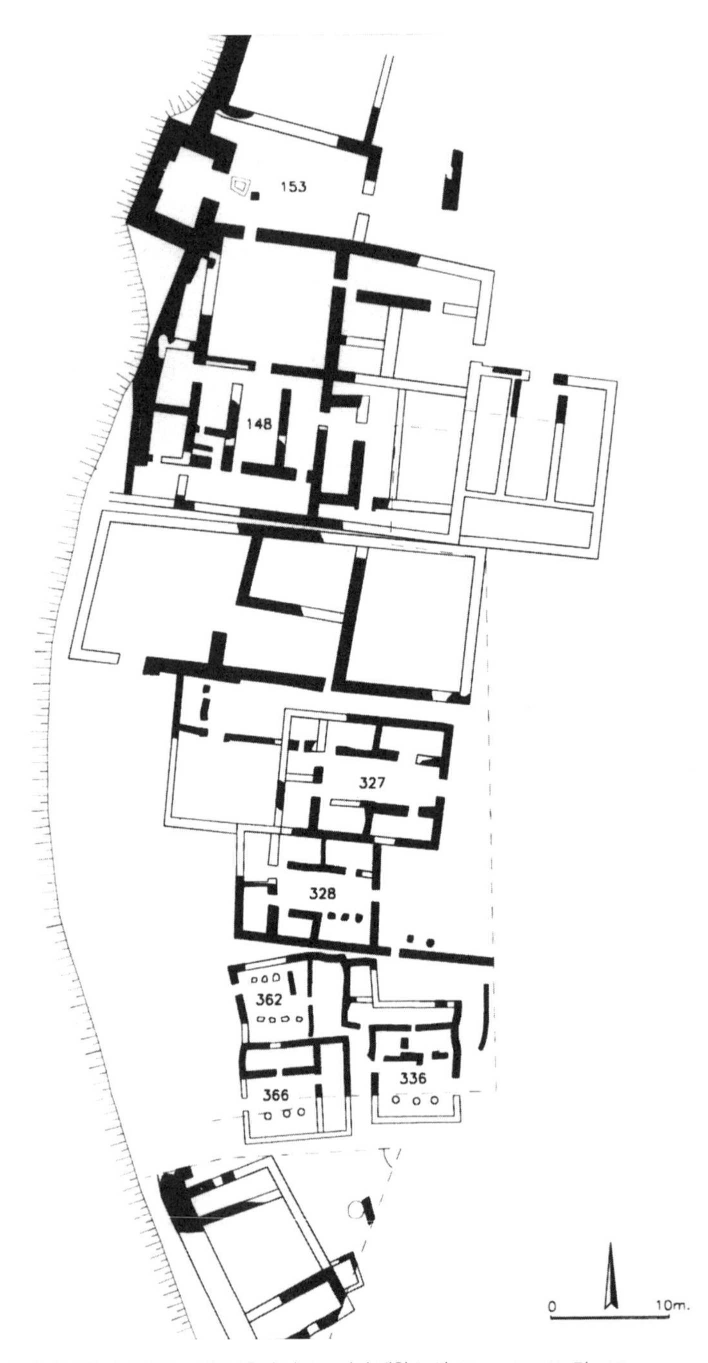

그림 V.2. 텔 파라(북쪽)의 평면도; 지층 7d층의 성문 근처의 생활 구역. Herzog 1997, 그림 5.23

층은 유사한 많은 특징을 보여준다(4장). 특별히 순환로와 인접한 가옥들이 그러하다. 한편, 우리는 이미 그것을 계획된 행정 중심지로 취급한 바 있다.

2개의 다른 기원전 8세기 장소들은 비록 광범위하게 발굴되지는 못했지만, 어느 정도 도시적 계획을 보여준다. 텔 파라(북쪽; 성서의 디르사?)에서 북서쪽 지구에 있는 지층 7d층의 유물들은 잘 계획된 새로운 도시를 보여준다.[172] 옛 4방 구조의 가옥은 비록 예전 기구들을 다시 사용하기는 했지만, 보다 정교한 안뜰을 갖춘 가옥으로 교체가 되었다. 이러한 변화의 이유는 분명하지 않다. 그러나 텔 파라가 이제 시골의 마을보다는 오히려 계획된 도시가 되었음을 암시하는 게 그리 비이성적으로 보이지는 않는다. 그러나 비록 그곳이 도시라고는 하지만, 돌출된 성문 하나 달랑 붙어 있는 엉성한 수준의 도시 성벽에 지나지 않을 뿐이다.

우리는 유다 셰펠라의 텔 베이트 미르심Tell Beit Mirsim을 마을이라고 분류했는데, 그곳의 예상 인구가 대략 1,000명이기 때문에 도시로 분류하는 게 가능할 수도 있다. 그곳은 1926~1932년에 전설이 된 미국의 성서고고학자 W. F. 올브라이트W. F. Albright가 발굴하였다. 그러나 그의 지층 분석 상당수는 이제 개정되고 있다.[173] 여기에서 북서쪽 지구의 지층 A2의 발견이 관계가 있다. 그 지층의 구조는, 거대한 방어탑 모양의 구조물이 연결된 이중벽 안쪽에 4방 구조 가옥들이 단단하게 밀집된 것을 드러내고 있었다. 그러나 이곳에서 도로의 구획은 불규칙했으며, 순환로는 없었다. 그러므로 도시의 설계는 계획되었다기보다 이전에 있던 구조가 굳어진 것으로 보인다.

그림 IV.2에서 다른 도시와 마을의 장소는 광범위하게 발굴되지 못했는데, 그렇기 때문에 우리는 그 도시의 구조에 대해서 특별히 말할 수 있는 내용이 거의 없다. 그렇지만 재발굴되는 옛 장소 덕분에 무엇인가 새롭게 알 수 있게 되었다. 1920년대와 1930년대에 텔 루메일레Tell el-Rumeileh(성서의 벧-세메스)에서 미국 고고학자의 발굴이 있었는데, 작은 둔덕(7에이커)

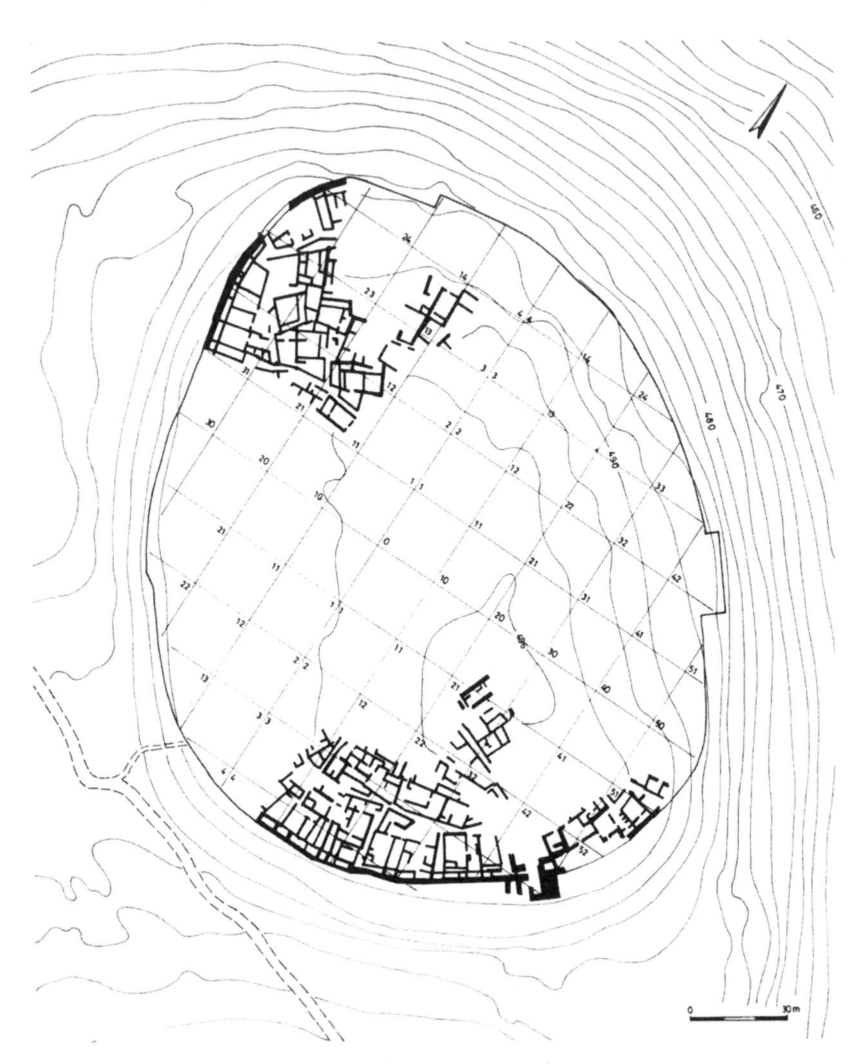

그림 V.3. 텔 베이트 미르심의 지층 A2층의 평면도. Herzog 1997, 그림 5.29

의 3/4을 조사했고 최하위층까지 내려갈 수 있었다. 이스라엘 고고학자인 슐로모 부니모비츠Shlomo Bunimovitz와 즈비 레데르만Zvi Lederman의 감독 아래 시행된 갱신된 발굴 작업에서 기존의 잘못된 고고학 단층을 바로잡았고, 상대적으로 넓은 발굴 지역을 추가할 수 있었다. 그 결과 이제 우리는 또 하나의 대규모 마을 도면을 보유하게 되었다. 나는 원래 벧-세메스를 지방 도시라고 분류했었는데(그림 IV.1, IV.2), 부분적으로 그 크기가 작았기 때문이었다. 그러나 최근의 발굴자들은 그곳을 유다의 지방 행정 중심지로 여기고 있는데, 나도 동의하는 바이다.[174]

지층 3층(옛 발굴에서는 2b층)은 기원전 8세기 초반에 속한다. 그 지층은 거대한 성벽이 특징적인데, 대략 1.8미터 정도의 높이에, 여러 탑들이 지금도 보존되어 있으며, 예외적으로 큰 공공건물이 있었고, 여러 광장이나 공공장소, 저장소와 거대한 사일로, 그리고 특별히 물을 수집하기 위한 거대한 저장소가 있었다.[175] 부분적인 파괴가 있은 후, 지층 2층(2c층)은 계속되었는데, 다음으로 그곳은 기원전 701년에 신-아시리아의 원정으로 인해 파괴되었다.

방어

고고학적 해석의 초기 단계에서 학자들은 종종 도시를 정의하면서 거의 성벽의 존재 유무를 가지고 판단했다. 즉, 진정한 도시라면 반드시 방어 시설을 갖추어야만 한다는 가정을 세웠던 것이다. 그것은 정말 보통의 경우이다; 그러나 우리가 이미 살펴본 것처럼 크기와 복잡성의 정도가 더 나은 기준이 된다.[176]

사회의 복잡성과 정치사에 대한 분석을 착수하기 전에 데이터베이스를 만들기 위해서, 관련이 있는 기원전 8세기 장소들의 목록을 만들어보도록 하자. 성벽은 (1) 두꺼운 벽(종종 돌출되고 들어간 모양), 그리고 (2) 이중벽(casemate), 즉 안에 방이 있는 이중으로 된 벽으로 나눌 수 있다. 이 시기(와 일반적으로 철기 II A-C 시기)의 성문은 3개나 2개의 통로가 있었다(때때로 그것들은 각각 '2실'과 '1실'로 불렸다). 그리고 다음의 표는 알려진 도시들을 담고 있으며, 또한 약간의 마을도 포함하고 있다.

그림 V.4. 기원전 8세기의 도시 방어 시설

장소와 지층	벽의 형태	문
단 II	두꺼운 벽, 탑	하부 = 3개의 통로 상부 = 2개의 통로
하솔 VI-V	이중벽 (재사용됨)	4개의 통로 (재사용됨)
메기도 IVA	두꺼운 벽, 돌출되고 들어감	3개의 통로
게셀 VI	두꺼운 벽, 이중벽 추가됨	3개의 통로
텔 엔-나스베 3A	두꺼운 벽, 탑	3개와 2개의 통로
*텔 바타시 III	두꺼운 벽	4개의 통로
*벧-세메스 3, 2	두꺼운 벽, 탑	?
라기스 III	두꺼운 벽, 이중 구조	3개의 통로
*텔 베이트 미르심 A2	두꺼운 벽	2개의 통로
*베르셰바 II	이중벽	3개의 통로
*텔 할리프 VIB	이중벽, 완만한 비탈	?
*텔 이라 VII	두꺼운 벽과 이중벽	4개의 통로

*도시라기보다 마을에 가깝다.

이러한 자료에서 우리가 배울 수 있는 것은 무엇인가? 첫째로, 방어 시설 건축과 관련하여, 대부분이 기원전 8세기에 시작된 것이 아니라 기원전 9세기(그리고 심지어 기원전 10세기)에 만들어진 것을 약간 수리해서 재사용했다는 점이 중요하다. 물론 그것은 그리 놀랍지는 않다. 왜냐하면 이러한 초기 도시 성벽과 성문은 상당한 자원, 토목공사 기술, 그리고 수작업의 헌신이 나타나 있는 기념비적인 건축물이기 때문이다. 그것들은 기원전 9세기에 아람의 침략과 같은 파괴와 소요를 견뎌냈을 뿐만 아니라(10장) 어쨌든 방어 시설로서 주목할 만한 효과를 증명해낸 것이기도 하다.

가장 중요한 것은 기원전 8세기에 들어와서 개조했다는 사실이다. 하솔 지층 8층의 기념비적인 4개 통로를 갖춘 성문과 상부 도시의 이중벽은 원래 기원전 10세기에 세워졌음에도 중요한 변동이 없이 계속된 것으로 보인다.[177] 유사한 메기도 지층 5A/4B층의 성문과 돌출되고 들어간 두꺼운 성문은 기원전 10세기 후반 혹은 기원전 9세기 초반에 건축된 것인데, 역시 재사용되었으며, 지층 4A층의 예전 4개 통로의 성문 위에 3개 통로의 성문으로 포개놓았다.[178] 비슷한 현상이 게셀의 지층 8~6층에서 보이는데, 이곳은 다시 성문이 재사용되었고, 크기는 다소 더 작아졌다.[179]

단Dan에서는 성벽이 재사용되었는데, 그렇지만 낮은 곳에 있었던 3개 통로의 성문은 이제 2개 통로의 성문으로 보강 건설이 되어서 자갈로 깔아 놓은 주도 위에, 보다 높은 테라스 편에 세워졌다.[180]

베르셰바는 잘 계획된 행정 중심지라는 근본적인 특징 때문인지 주요한 방어 시설이 확실히 연속성을 보여주고 있다. 3개의 통로를 갖춘 성문은 지층 3층과 2층에서 재사용되었다. 그러나 지층 4층의 두꺼운 벽은 지층 3~2층에서는 이중벽으로 대체되었다. (그림 IV.16을 보라.)[181]

마지막으로, 라기스 지층 4층의 이중벽, 완만한 비탈(*glacis*), 그리고 3개 통로를 갖춘 성벽은 지층 3층에 좀 더 초기의 토대 위로 재건축이 되었는데, 이는 지진으로 인해 파괴된 후라고 추정할 수 있다.[182]

이러한 도시와 마을의 모든 방어 체계는 분명한 하한선(*terminus ante quem*)이 있다(고정 연대 이전의 시기). 왜냐하면 그것들은 모두 기원전 732~기원전 721년 혹은 기원전 701년에 아시리아에 의한 공격으로 파괴되었기 때문이다. 그러므로 이러한 방어 시설은 모두 논리적 근거가 있다: 신-아시리아의 위협이 기원전 9세기 중반에 시작되었던 것이다(10장). 하지만 종국에 모든 방어는 실패하고 말았다.

지나간 것을 보존하고 새로운 비상사태를 준비하는 일 사이에서 민감하게 균형을 잡고 있을 때, 이러한 방어 시설을 감독해야 했던 행정 관료나 공사 기술자들은 무엇을 고려했을까? 우리는 고고학적 증거만으로 그 무엇을 배울 수 있을까? (우리는 아시리아의 진출이 비성서적 기록 자료를 통해 중요한 문제가 되었음을 알고 있다.)

기원전 9세기를 넘어 기원전 8세기 초중반에 이르는 고고학적 기록에서 확인할 수 있는 몇 가지 현상에서 그 실마리를 찾아볼 수 있을 것이다. (1) 도시의 기본적인 방어 체계는 가능할 때는 언제든지 재사용되었다. (2) 원래 건축물은 다시 세워지거나 혹은 필요에 따라서 간단히 수리되었다. (3) 안쪽 문과 같이 어떤 새로운 요소들이 추가되기도 했다(단Dan, 텔 엔-나스베). (4) 그러나 여러 개의 3개 통로를 갖춘 성문들이 2개 통로 성문으로 축소되는 일련의 단순화의 경향성이 보인다(메기도, 게셀). (5) 마지막으로, 거대한 두꺼운 벽에서 단순하게 된 이중벽으로 이동하고 있다.

기원전 8세기 도시계획자의 합리적 선택은 여러 경우에 효율성의 관점에서 볼 때 극명하게 나타난다(앞의 괄호 1, 2번). 그러나 오래된 방어 체계를 발전시켜야 하는 필요성 역시 분명하다(괄호 3번). 어떤 통로에 방—도시의 방어벽 기능을 담당한다—의 수를 의도적으로 줄인 것(괄호 4번)은 설명하기가 조금 어렵다. 그러나 우리는 다른 자료를 통해서, 여러 방이 성격상 방어적인 목적보다는 통상通商의 목적으로 더 사용되었다는 것을 알아냈기 때문에(아래를 보라), 실제 방의 개수는 그렇게 문제가 되지는 않을 것이다.

더 나아가, 두 개의 통로를 갖춘 성문이 만약 충분히 거대하고 효과적이라면 건축하기는 훨씬 더 간단했을 것이다. 이러한 고려는 두꺼운 성벽을 보다 가벼우면서도 효과적인 이중벽 혹은 속이 빈 방을 사용해서 벽을 두 개로 세운 성벽으로 교체하는 선택으로 결정되었을 것이다. 성벽은 침입자에게 만만치 않게 보였을 것이다. 그러나 방으로 내부를 채운 이중벽은 (다른 자료에서 우리가 알 수 있는 것처럼)[183] 평화로운 시기에는 성내의 다른 목적으로 실용적으로 사용되었을 것인데, 쉽게 채워지고 또한 강화될 수 있었다.

고고학적 자료에서 우리가 실제로 말할 수 있는 모든 것은(물론, 성서 바깥의 자료인 신-아시리아의 기록 자료를 참고한 것이다) 대략 기원전 9세기부터 기원전 8세기에 진입하면서 그 지역 전반에 아시리아의 진출에 관한 염려가 계속 증폭되어가고 있었으며, 특별히 북쪽 지역이 취약했다는 것이다. 이러한 염려는 이치에 맞으며, 기원전 8세기 말에 있었던 대재앙으로 증명되었다(10장).

성내 지역 밀집 공사

비슷한 구조를 가지고 있는 모든 마을과 도시는 성벽의 주변과 (만약 있다면) 순환로 내부에 같은 특징을 드러내 보이는데, 바로 밀집한 소규모의 개인 가옥 집단의 존재이다. 이 가옥 집단은 일반적으로 공통의 벽과 안뜰을 공유하며, 대체로 실제 도로(혹은 심지어 좁은 길)가 지나가지는 않는다. 우리는 6장에서 이러한 거주 형태(혹은 이스라엘 사람들의 '4방 구조' 가옥)를 보다 자세하게 살펴볼 것이다. 유일하게 쓸모 있는 증거가 충분히 드러난 소수의 장소에서 나왔다: 텔 엔-나스베 지층 3A층; 베르셰바 지층 2층; 그리고 좀 더 확대해서 메기도 지층 4A층, 텔 파라(북쪽) 지층 7d층, 그리고 텔 베이트 미르심 지층 A2층.

기원전 8세기 텔 엔-나스베(그림 V.1)의 배치도는 30여 개의 가옥을 보여주는데, 주변의 순환로에 인접해 있으며, (비록 이 장소가 거의 발굴되지 않았지만) 그 지역의 중심을 향해서 뻗어 나와 있었다. 가옥 배치는 지나치게 축약된 것이었지만 (그리고 정밀하게 결정하기에는 서로 다른 연대를 가진 요소들이 섞여 있었지만), 그러나 많은 가옥이 전형적인 철기 I~II 시기의 '4방 구조' 혹은 기둥과 안뜰을 둔 형태였다(아래를 보라).[184]

메기도의 상황은 분명치 않다. 기원전 9세기 지층 4B층(그림 IV.10)은 거대한 공용 건물이란 주된 특징이 있다: 다시 사용된 왕실 1723 건물, 그리고 동쪽과 서쪽에 기둥을 둔 복합건물들(마구간이거나 저장소; 아래를 보라); 그리고 분명히 넓은 열린 광장과 거대한 수로 체계. 15에이커 중 9에이커는 밝혀졌으며, 소수의 개인 가옥이 서쪽 문에서 발굴되었다.

이러한 특징들이 기원전 8세기 지층 4A층에도 계속해서 나타나고 있는지는 불확실하다. 그러나 계속해서 나타난 것으로 보인다. (만약 그렇지 않다면, 우리는 기원전 8세기에 대한 어떠한 배치도도 가지고 있지 못한 것이다.) 그 경우 성문 곁에 집이 별로 없는 것이 연관이 있을 것이다. 하지만 그 이상의 자세한 내용은 내놓을 수 없다.[185] 무엇보다 메기도는 주요한 행정 중심지이며(계층 1에 속한다), 그러므로 그곳은 전형적인 거주를 위한 도시는 아니었다.

똑같은 점이 베르셰바 지층 2층에도 해당한다고 하겠다(앞을 보라). 비록 여기에서는 기원전 8세기의 가옥 배치가 다양하고 확실하지만 3에이커의 60퍼센트가 밝혀졌기 때문이다.[186] 그곳에는 20여 채가 되는 가옥이 있으며(그림 IV.16), 발굴되지 못한 지역은 그 숫자를 손쉽게 두 배로 늘려줄 수 있게 해준다. 덧붙여 말하자면, 3에이커 전체 영역을 기초로 추정해서 나온 인구—약 300명—는 가옥당 평균 5~6명으로 계산하고, 50개의 가옥을 계산해서 산출한 결과와 대략 비슷하다. 그러나 이러한 숫자는 신뢰하지 못할 수도 있는데, 왜냐하면 메기도와 같이 베르셰바는 행정 중심지이거나 막사 마을이었기 때문이다. 따라서 가옥은 비록 전형적이기는 하지만(아래를 보라), 가족이 살지 않을 수 있으며, 오히려 그곳에 주둔한 군인 부대가 차지했을 수도 있다.

보다 전형적인 거주 마을은 텔 베이트 미르심이다. 10에이커 정도의 둔덕 중 약 3에이커가 발굴되어서 기원전 8세기 지층까지 내려왔다(지층 A2층). 결과로 나온 배치도는 2개의 상대적으로 큰 개인 집단 주택들을 드러냈다. 하나는 성문 바로 안쪽의 남동쪽 지구에 있으며, 다른 하나는 북서쪽 지구의 거대한 탑 혹은 방어탑 근처에 있다. 거의 30개의 가옥 잔존물을 가지고 일반적인 배치도를 완성할 수 있는데, 다소 불규칙한 모양이다. 그러나 더욱 자세하게 표시된 평면도를 통해서 알 수 있는 북서쪽 지역은 15

채의 4방 구조 혹은 이스라엘 사람들의 전형적인 가옥이 긴밀하게 붙어 있는 모양새이다(아래를 보라).[187]

마지막으로, 텔 파라(북쪽; 앞을 보라)는 북서쪽 성문 근처에 기원전 8세기에 해당하는 여남은 개별 가옥들의 구조를 보여준다(지층 7d층). 개별 가옥의 평면도는 그렇게 분명하지는 않다. 그러나 어떤 것들은 4방 구조의 모습을 나타내는 것처럼 보인다. 더 중요한 것은, 개별 가옥 구조를 기원전 10세기(지층 7b층)에서부터 계속해왔다는 점이다. 이 지층에서는 4방 구조의 평면 구조가 보다 명확하게 드러난다(앞을 보라).[188]

행정 건물

도시에 불가피하게 영향을 주는 사회적 계층화를 고려할 때, 우리는 앞에서 기술했던 가옥들보다 더 크고 더 전문화된 몇 개의 건물을 발견할 수 있다고 기대하게 된다. 아마 그러한 건물들은 공간적으로 다소 멀리 떨어져서 자리하고 있을 것이다. 사실, 우리는 기원전 8세기의 그러한 건물 여러 채에 대해서 알고 있다. 우리는 앞서 4장에서 계층 1 수도와 지역 행정 중심지를 논의하면서 그러한 건물 몇 개를 이미 언급한 적이 있다. 실제로 우리가 확인한 8곳의 수도와 지역 행정 중심지(그림 IV.1, IV.2) 가운데 7곳에서 정말 그러한 행정 건물들을 보여주었다(모든 장소에서 행정 건물들을 볼 수 있었지만 단에서는 충분한 발굴이 이루어지지는 못했다).

하솔의 위쪽 도시에는 성벽 북쪽 끝에 매우 큰 성채와 행정 건물이 드러났다. 그곳은 기원전 9세기 말에 지층 7층에 처음으로 건축되었다. 그러나 최소한 기원전 8세기 초반까지(지층 6층) 지속해서 사용된 것으로 보인다. 추가적으로, 인상적인 왕궁이 성채의 B지역에서 발견되었다. 거대한 3개로 분할된 기둥을 가진 건물로, 아마 총독의 저장소로 보이며(아래를 보

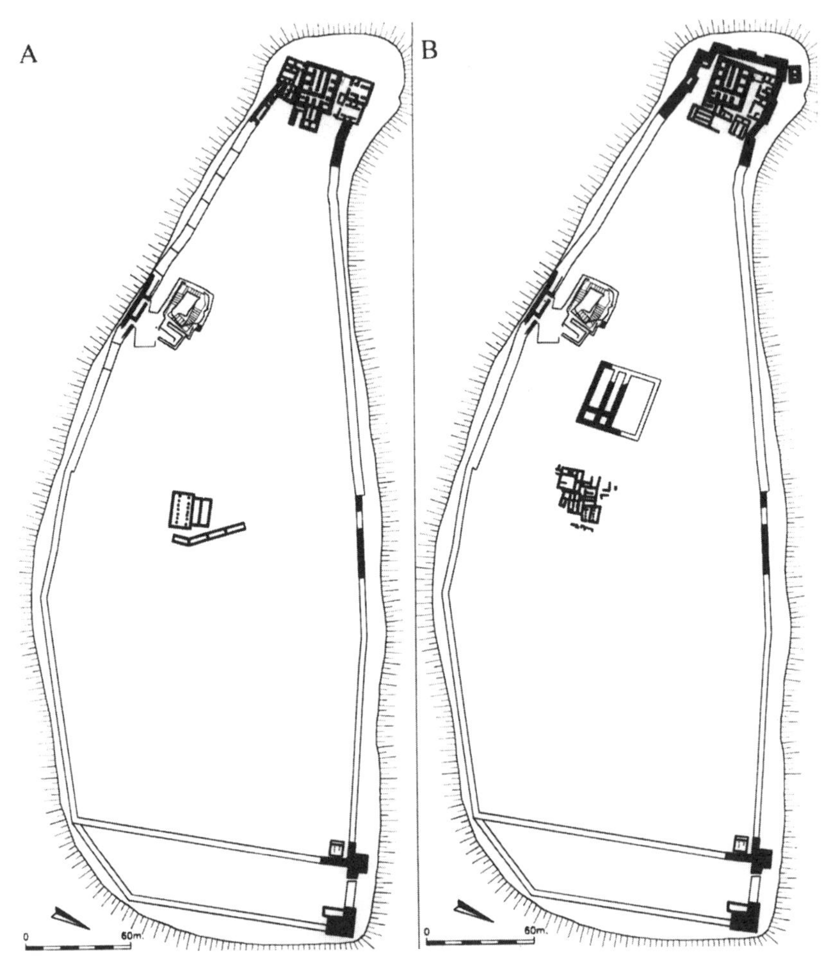

그림 V.5. 하솔 지층 7(A)~6(B)층의 성채의 평면도. Herzog 1997, 그림 5.20

라), 기원전 9세기에 세워졌다가 역시 기원전 8세기까지 계속해서 사용되었다. 마지막으로 2개의 지층 5B층에 속하는, 보통 4방 구조의 모양으로 생긴 건물들이 연이어서 세워졌는데, 학자들은 이를 서기관의 집으로 보았다.[189] 이러한 여러 방을 갖춘 모든 기념비적 건물은 성채를 따라 벽으로 싸인 지역 안에 자리를 잡았으며, 바로 이런 특징이 그것의 전문화된 기능을 확인해준다고 하겠다.

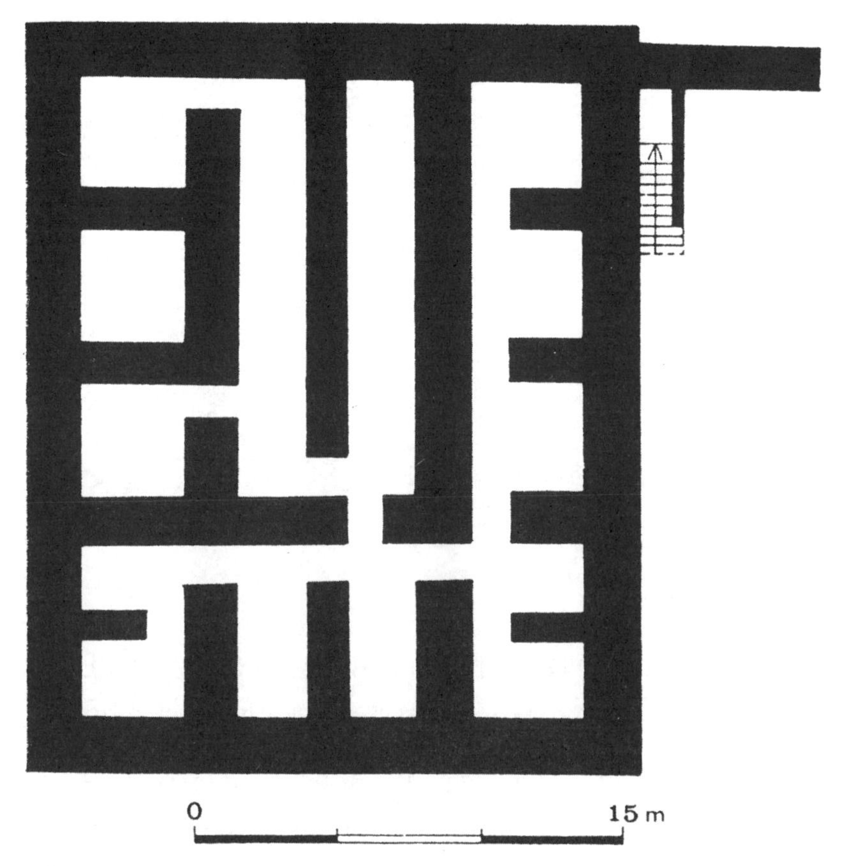

그림 V.6. 하솔 B지역의 성채(앞의 그림 V.5의 B에서 윗부분을 확대한 것—역자주). Sharon and Zarzecki-Peleg 2006, 그림 8

메기도 지층 4B층의 기념비적 건물은 기원전 8세기에 들어와서도 계속적으로 사용되었으며(지층 4A; 그림 IV.10), 이 시기에 15에이커 장소의 대부분은 이전에 공공건물과 행정 건물이었던 것이 차지했으며, 특별히 2개의 큰 마구간 혹은 저장소 건축물, 중앙에 작은 연못을 둔 넓은 바깥 광장, 그리고 재사용된 왕실 울타리가 여기에 포함된다(왕궁 1723; 지층 5A/4B층).[190]

나는 기원전 9~기원전 8세기 사마리아에 있는 왕실 성채, 그 인상적인 왕궁, 개별 거주지, 문서 보관소, 물을 받는 작은 웅덩이—이 모든 것은 최

그림 V.7. 하솔의 기둥을 가진 건물. 사진: W. G. Dever

고급 이중벽으로 둘러싸인 지역 안에 모여 있었다—를 이미 주목한 적이 있다(그림 IV.3). 기원전 8세기에는 외곽에 기념비적 건물이 추가되었는데, 거의 확실히 또 하나의 행정 목적의 건축물이었다.[191] 기원전 721년 아시리아의 사마리아 침공으로 인해 많은 유물이 파괴되었는데, 그중에는 사마리아에 바친 세금 영수증을 보여주는 도편 조각도 있었고, 사마리아의 엘리트 관료의 일상을 대변하는 값비싼 페니키아 양식의 상감세공 가구의 조각도 있었다.

우리는 또한 예루살렘 외각에 위치한 라맛 라헬 지층 5A층의 복합 왕궁도 주목한 적이 있다. 이곳은 아마 왕실의 임시 거처 혹은 요새로 보인다(그림 IV.35). 넓은 벽으로 둘러싸인 공간 안에는 이중벽으로 된 복잡한 건물이 있는데, 다양한 많은 방을 가진 건물 옆에 큰 안뜰을 둔, 끌로 다듬은 미세 석조(마름돌) 건물이다. 정교한 가구들, 나선 모양의 기둥, 그리고 조각된 돌난간들은 이 왕실의 화려한 성격을 잘 보여준다.[192]

라기스 지층 3층의 평면도는 특별히 지시하는 부분이 있다. 31에이커의 벽으로 둘러싸인 지역에서 거의 1/6에 해당하는 곳이 발굴자들이 왕궁 A~C라고 이름을 지은 거대한 연단이 차지하고 있다(C층은 기원전 8세기이다). 그것은 이스라엘에서 발견된 것 가운데 가장 큰 철기 시대 건축물이며, 수 킬로미터 밖에서도 눈에 보이는 정도이다. 왕궁에 붙은 것은 하나의 거대한 열린 광장인데, 우리가 다른 곳에서 보았던 3개의 기둥으로 된 여러 건물의 북쪽 측면에 있다(아래를 보라). 또 하나의 그러한 집단 건물이 안뜰 남쪽을 형성하고 있는데, 거대한 주택을 따라 자리를 잡고 있다. 그러므로 라기스 지층 3층은, 그 자신을 둘러싸고 있는 벽으로 따로 떨어져 있는 기념비적 건물들을 볼 때(그림 IV.14) 분명 행정 중심지라는 것을 확인하게 된다.[193]

베르셰바 지층 3~2층의 평면도는 잘 계획된 행정 중심지임을 보여주는데, 많은 개별 가옥들을 나타내고 있다. 그러나 그곳은 일반적인 가옥 크기보다 4배나 더 큰 정성을 들인 건축물을 내놓았는데, 독특하게 마름돌로 석조 기술을 사용해서 건축되었다. 이것은 지층 3~2층의 성문에 압도적으로 우세한 곳에 자리하고 있었다. 발굴자가 그곳을 '총독의 집'이라고 불렀는데, 이 왕궁의 구조는 기원전 8세기에 베르셰바의 역할이 행정 중심지였음을 확인시켜준다.[194]

저장 시설

다양한 물건들을 주기적으로 보관하는 일은 어느 크기의 마을 혹은 도시든지 필요한 것이었고, 농업 생산을 위해 시골에 의존하고 있는 경우에 특히 그러했다. 기원전 9~기원전 8세기에 해당하는 한 건물이 그 특유한 성질 때문에 학자들의 주의를 끌었다.[195] 그것들은 모두 큰 직사각형 모양으로, 세 개로 나누어진 건물이며, 두 열로 난 돌기둥이 세 개의 긴 방들을

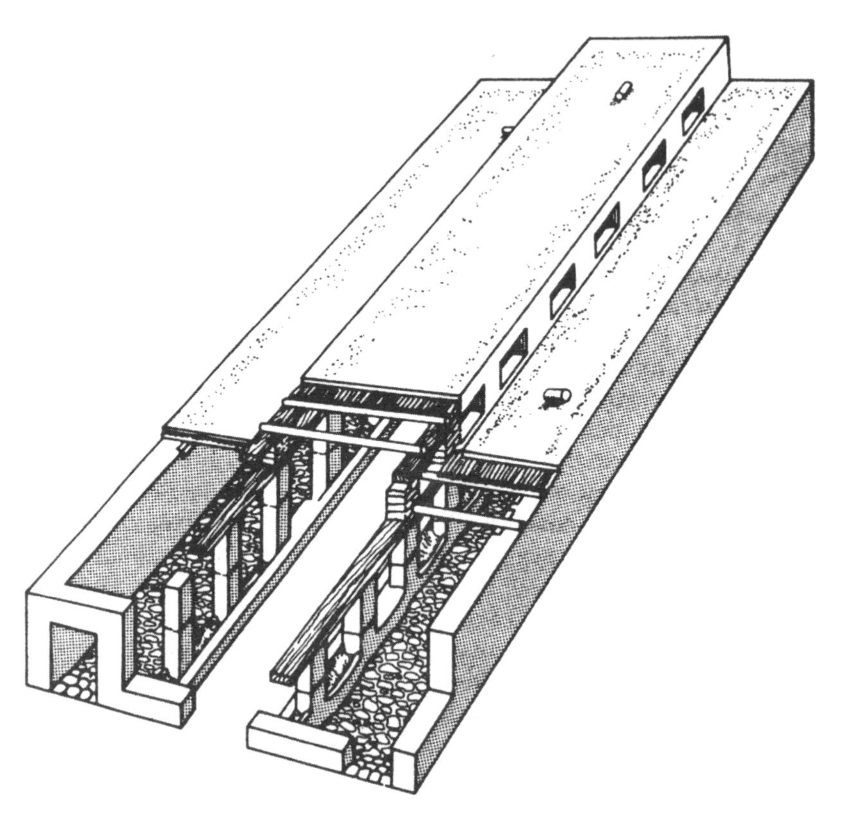

그림 V.8. 베르셰바의 지층 8~5층의 재구성, 지층 2층의 기둥을 둔 건물 재구성. de Geus 2003, 그림 19

서로 나누고 있었다. 일반적으로 하나의 좁은 입구를 지나면 중앙의 복도로 들어갈 수 있다. 어떤 경우에는 돌기둥에 구멍이 뚫리기도 했는데, 이는 동물을 매어놓기 위한 것으로 보인다; 그리고 때때로 기둥들 사이에는 돌로 된 여물통들이 있었다. 이러한 건물들은 종종 고립된 곳에서 발견되었는데, 그렇지만 그것들은 더 많은 경우에 복합적 건물에 공통의 벽을 공유해서 세워졌다. 이런 건물 대부분은 텅 빈 채로 발견이 되었다. 그러나 베르셰바에서는 수백 개의 그릇이 옆의 방에서 발견되었는데, 대부분은 저장용 항아리, 그릇, 그리고 요리용 냄비였다.

그림 V.9의 목록은 특별히 문제가 되고 있는 기원전 8세기의 세 개로 나누어진 건물들이다. 이들 건물의 성격과 사용을 해석할 때 다양한 요인들을 명심해야만 한다. (1) 그 건물들은 모두가 상당히 큰 건물로, 전형적인 개인 주택을 능가했으며, 대략 4~6배 정도 컸다. (2) 그 건물들은 구조면에서 거의 전부 동일했다. (3) 그 건물들은 공공건물의 목적으로 건축되었는데, 하나의 입구 회랑과 두 개의 측면에 옆방이 있었다. (4) 그 건물들은 모두 거주 지역에서 동떨어져 있었으며 성문이나 궁전 안뜰 근처에 자리를 잡고 있었다. (5) 대부분이 거의 텅 빈 채로 발견되었지만, 베르셰바 건물의 옆방은 수십 개의 그릇으로 가득 차 있었으며, 그 가운데 대부분은 음식과 음료를 저장하는 데 이상적이었다. (6) 기둥에 밧줄로 매는 구멍이 있고, 어떤 장소(메기도)에는 기둥들 사이에 구유들이 있는데, 이는 동물이 중앙 복도를 들어가고 나갈 때 쓰인 통로라는 것을 보여주는 것이다.

그림 V.9. 기원전 9~기원전 8세기의 세 개로 나뉜 기둥을 갖춘 건물들

장소	지층	연대(기원전)	비고
*하솔	7층	약 9세기	약 30×20미터. 다듬은 돌기둥
긴네렛	2층	약 8세기	약 18×10미터
*메기도	4A층	약 8세기	4그룹에 17개씩, 5개의 기둥, 구유. 평균 약 23×14미터
*벧-세메스	3 [IIb]층	약 8세기	약 18×13미터
*라기스	3층		4개, 왕궁 근처, 약 21×15미터
텔 헤시	7d-c층 ('도시 5')	약 10/9세기	약 16×13미터
*베르셰바	3~2층	약 9~8세기	3개, 성문에 인접, 약 18×10미터

*지역 행정 중심지

미국의 메기도 발굴자들은 이러한 세 부분으로 나뉜 기둥이 있는 건물을 해석했는데, 그 연대를 기원전 10세기로 잡으면서, 말들을 위한 마

구간—아마도 그 이유는 솔로몬의 “말 외양간”이라는 성서의 언급(왕상 4:26) 때문이다—으로 해석했다. 그러나 이제 그 건물은 기원전 9세기(지층 4A층)로 연대 설정이 되었으며, 대부분의 권위자들은 관공서의 저장소라고 보았다.[196] 그렇다고 한다면 그 건물은 다양한 종류의 음식이나 물건을 서민들에게서 징발된 세금의 형태로 보관하는 곳으로, 이후 관료들이 무역이나 재분배를 위해 사용했을 것이다(아래를 보라).

몇 가지 다른 종류의 저장 시설이 기원전 8세기 장소에서 발견되었는데, 특별히 돌을 정렬해놓은 공용 사일로들이 있다. 가장 큰 것은 메기도에서 나온 기원전 8세기 후반의 것으로, 아시리아 점령 시기 동안 사용되었다(지층 3층). 큰 광장의 중앙에 위치했으며, 두 개의 내려가는 석조 계단이 있었고, 그 용적은 113세제곱미터를 넘는 수준이었다.[197] 여러 가지 그러한 사일로들은 또한 벧-세메스의 지층 3~2층에서도 발견되었다.[198] 텔 엔-나스베에서 40개가 넘는 작은 사일로들이 성문과 여러 큰 행정 건물 근처인 지층 3A의 확장된 도시에서 발견되었다.[199] 메기도와 벧-세메스는 다른 이유로 지역 행정 중심지로 이미 지정되었으며, 그리고 텔 엔-나스베는 아마 조금 작은 중심지로 알맞은 것 같다.

산업 시설

대부분의 큰 규모의 산업 활동이 벽으로 둘러싸인 마을이나 도시 안의 주변 지역에 따로 떨어져 있거나, 혹은 더 그럴듯한 것으로는 인접한 지역의 거주지 외곽에서 시행되었다고 보는 것이 이치에 맞는 생각이다. 그러나 그렇게 확 트인 넓은 지역들이 조사되지 않았기 때문에 우리는 구체적인 증거를 별로 가지고 있지 못한 상태이다.

올리브와 포도가 상업 규모로 작업이 되었다는 점은 분명하다. 왜냐하

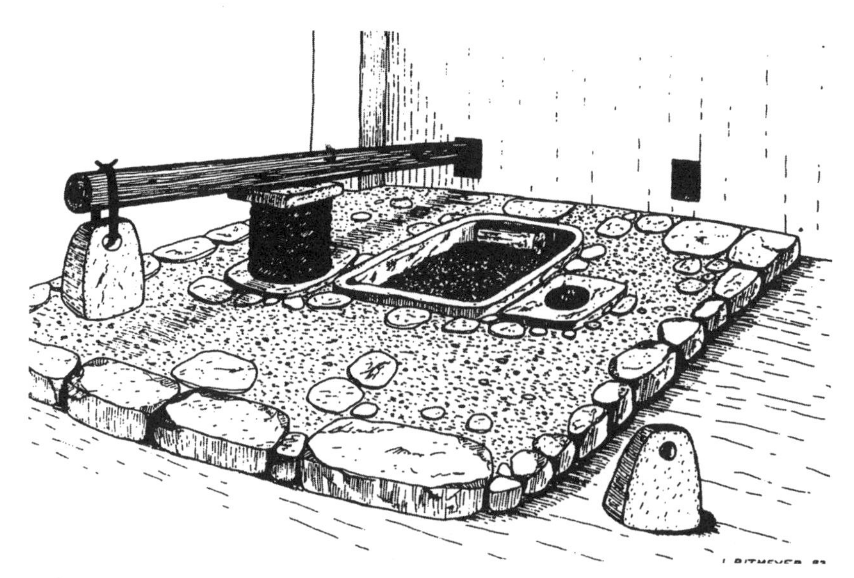

그림 V.10. 텔 미크네(에그론)의 올리브기름 압착기 시설의 재구성. (기원전 7세기의 것이기는 하나) 개별 가옥에 있었던 것. de Geus 2003, 그림 35

면 커다란 돌 압착기는 거주 지역 내에서 쉽게 활용되는 물품이 아니기 때문이다. 그러나 블레셋 장소인 텔 미크네(성서의 에그론)에서 엄청난 크기의 올리브기름 압착기가 발견되었는데, 거의 모든 집이 자기만의 들보 압착기를 보유하고 있었다.[200] 근처인 텔 바타시(딤나로, 이스라엘인의 장소라고 추정이 된다)에서 우리는 기원전 8세기 것으로 보이는 또 하나의 들보 압착기를 발견했다. 만약 우리가 더 많은 부락과 농장을 발굴했다면, 틀림없이 더 많은 압착기를 찾아냈을 것이다.[201]

도자기는 비록 거의 모든 장소에서 나오는 것이지만, 요업 생산에 대한 그 어떠한 고고학적 증거를 우리에게 남겨주지 않았다. 민족지학의 정보가 나타내는 것은, 대부분의 도자기 생산이 가내 공업으로, 아마 여성들이 작업했을 것으로 보인다는 것이다.[202] 여전히 우리는 그 어떤 기원전 8세기(혹은 그 어떤 철기 시대)의 도기용 바퀴나 도기 제작용 가마를 가지고 있지 않다.

다수의 기념비적 건물에서 나타나는 고급 끌로 만든 석조(마름돌) 양식은 대규모의 채석장과 돌 가공 작업이 있었음을 암시한다. 그러나 여전히 이 부분에서 역시 우리는 직접적인 고고학적 증거를 보유하지 못하고 있다.[203]

마지막으로, 철기 시대는 부분적으로는 철기 도구와 다른 물건들이 도입된 시기라는 특징이 있다. 최근까지 우리는 이 부분과 관련해서 별다른 정보를 가지고 있지 못했다. 그러나 최근 몇 년간 벧-세메스 지층 3층에서 독특한 철기 제작소가 발굴되었다. 그것은 아마 기원전 9세기 혹은 더 나아가 기원전 10세기에 세워진 것으로 보이는데, 그 이후에 기원전 8세기까지 죽 사용되었다. 대장간은 약간 큰 공공건물과 상업적인 지역 근처에 자리를 잡았는데, 이로 보건대 그것은 관리하에 있는 산업이었을 것이다.[204]

고품질의 상아 세공품과 셀 수 없이 많은 새긴 보석들은(아래를 보라) 확실히 가정 수준의 생산 작업에서 만들어진 것이다. 그러나 우리는 그러한 사치품이 만들어졌을 그 어떤 '공장'도 밝혀내지 못했다.

물 시스템

고대 이스라엘과 유다는 대부분 레반트라는 건조 그리고 반건조 지역 안에 자리하고 있다(3장). 그러므로 대부분의 장소는 샘 곁에 자리를 잡았으며, 그곳은 그 인구가 후기 철기 시대에 급성장하기 전까지 적합했다. 이제—특별히 아시리아가 야기한 위기가 사방에서 불안하게 다가오는 이때—많은 장소에서 물을 늘리고 확보할 수 있는 새로운 기술을 이용해야 할 필요성이 생겼다(참고 10장). 우리는 다수의 물 시스템에 대한 실질적인 고고학적 증거를 보유하고 있는데, 거의 그것들 모두가 기원전 8세기에 건축되거나 사용되었다. 관련 있는 장소들이 다음의 표 V.11에서 나열되었다.

그림 V.11. 기원전 9~기원전 8세기의 물 시스템[205]

장소	지층	연대(기원전)	비고
하솔	7~5층	약 9~8세기	41.1미터 깊이의 계단 기둥 모양; 41.1미터 길이의 측면 터널
메기도	4A층	약 9~8세기	39.6미터 깊이의 기둥 모양; 80.7미터 길이의 측면 터널
기브온		약 8세기?	24.3미터 깊이의 계단 기둥 모양; 샘 쪽으로 연장되어 있음
게셀	7~6층?	약 9~8세기?	7.6미터 깊이의 계단 기둥 모양; 38.1미터 길이의 측면 터널
예루살렘	12층	약 8세기	기둥 모양
벧-세메스	3~2층	약 9~8세기	큰 수조
라기스	4~3층?	약 9~8세기	'거대한 기둥 모양'; 완성되지 않은 24미터 깊이의 거대한 우물
아랏	9~8층?	약 9~8세기	거대한 우물
베르셰바	3층	약 9~8세기	수조를 향해 정방형 기둥 모양
가데스-바네아	'중간'	약 9세기?	샘에서부터 수로를 냄

세부 사항에 차이점이 무엇이건 상관없이 이러한 물 시스템은 지역 편의를 위해 기술을 활용한 것으로, 모두 기술적으로 탁월했으며, 예루살렘의 수도 시설은 왕실 건축으로 볼 때 이례적으로 탁월한 것이었다. 각각의 경우를 설명하는 방법으로, 선택된 건축의 방식을 언급하는 것으로 추측할 수 있겠다. (1) 어떤 시스템에서는 수직 갱도가 기반암 안으로 깊이 파고 들어가서 물 수면으로 추정되는 곳까지 나아간다(기브온, 비록 실패했지만). (2) 다른 시스템에서는 수직 갱도가 기반암 안으로 깊이 파고 들어가

그림 V.12. 기브온 물 시스템. 사진: W. G. Dever

는데, 그 지점에서는 물 수면에 이르기까지 경사진 측면의 기둥을 파서 나아간다(하솔; 게셀). (3) 소수의 시스템은 기둥을 파는 것과 유사하지만 그런 다음에 긴 터널을 파서 성벽 밖의 샘으로 도달하게끔 한다(메기도; 기브온의 두 번째 터널; 예루살렘). (4) 어떤 경우에는 깊은 우물 자체가 수면에 도달하였다(아랏). (5) 가끔은 깊은 수조를 파서 흐르는 빗물을 모으기도 했다(벧-세메스; 완성되지 않은 라기스의 '거대한 기둥 모양'?). (6) 마지막으로, 벽으로 둘러싸인 곳 안에 위치한 샘에서 물을 옮길 수 있는 송수관을 건설한다(사막의 오아시스인 가데스-바네아).

가정집

고대 이스라엘과 유다의 마을과 도시에서 지금까지 가장 두드러지고 중요한 요소는 일상의 가정 거주지였다. 우리는 이러한 집을 수백 채 정도 발굴해냈으며, 그것 중 다수는 확실히 기원전 8세기로 연대 설정이 되어 있다.[206] 우리를 놀라게 하는 첫 번째 특징은 이렇게 독특한 양식의 가옥에 특별할 정도로 어떠한 연속성이 보인다는 점이다. 즉, 종종 '3방 구조' 혹은 '4방 구조' 가옥으로, '기둥과 안뜰을 갖춘' 가옥 혹은 심지어 '전형적인 이스라엘 사람의 가옥'으로 불린다(아래를 보라). 그 이유는 1층이 사각형 혹은 직사각형으로 방이 있고, 중앙에 안뜰을 갖춘 U 모양 구조를 보이기 때문이다(안뜰이지만, 그것을 하나의 '방'으로 계산하고 있다). 안뜰의 양쪽 면은 일반적으로 두 개의 측면 직사각형 모양의 방으로, 종종 자갈을 깔아 놓은 바닥이다. 2열의 돌기둥 혹은 거대한 벽은 이러한 옆방을 따로 구분하고, 어떤 경우에는 출입문의 역할을 제공한다(2번, 3번 '방'). 마지막으로 그 구조의 뒤편을 따라 연결된 넓고 외진 방은 때때로 재분할되기도 한다(4번 '방'). 이들 가옥 대부분은 2층이 있다. 안뜰에 지붕이 있는지 없는지는

논쟁이 되지 않는다.[207]

이러한 기본적인 구조에 대해 다양한 변형—즉, 3개 혹은 4개의 방, 그리고 다양한 출입구—이 있음에도 불구하고 이 모든 가옥은 분명히 표준화된 구조를 반영하고 있으며, 즉 전형적인 집이란 어떻게 생겨야 하는지에 대해서 그 나름의 표준이 있었다. 그러한 최초의 가옥은, 정착 시기인 기원전 12~기원전 11세기에 이스라엘이 출현하고 이스라엘의 문화가 생성되면서 처음으로 나타났다. 그러한 철기 I 시대 가옥의 사례는 이즈베트 사르타'Izbet Sarta와 텔 마소스Tel Masos와 같은 이스라엘 지역에서 발견되었다. 그러나 그러한 가옥은 또한 소수의 초기 블레셋 장소에서도 나타났다(텔 까실레Tell Qasile 지층 11층).[208]

이스라엘 왕조가 태동하는 시기인 기원전 10세기에 이르면, 그러한 가옥들이 많은 장소에서 나타난다. 심지어 최남단이라고 할 수 있는 네게브 요새까지 확대되었다(10장). 분열 왕국 시기 동안, 그것들은 북쪽과 남쪽 모두에서 전형적인 가옥이 되었다. 당시는 기본 모듈이 잘 정착되어서 이스라엘과 유다에 하나의 문화로 숙성되었기 때문에, 심지어 귀족들의 가옥도 비록 약간 커지기는 했지만 역시 같은 구조로 세워졌다(7장).

학자들은 그러한 독특한 가옥 구조를 오랫동안 주목해왔는데, 특별히 그 기원에 대해서 그리고 과연 그것이 '민족성'을 반영할 수 있는지에 대해서 질문을 제기해왔다. 그것은 가나안에 이스라엘 사람들이 정착하던 동시대에 최초로 출현한 것으로 보이는, 이스라엘 사람들의 독특하고 고유한(indigenous) 가옥 양식으로 생각되었던 것이다.[209] 그러나 오늘날 우리는 기원전 14세기 텔 바타시Tel Batash(지층 7층)와 같은 곳에서, 후기 청동기 시대 초반의 '기둥과 안뜰을 갖춘' 유사한 가옥의 몇몇 사례를 발견하게 되었다.[210] 또한 유사한 형태의 철기 I 시대 가옥들이 최근에 트란스요르단 지역에서 발견되었는데, 이곳은 기원전 12~기원전 11세기에 이스라엘의 영향력 아래에 있던 지역이 아니었다. 특별히 주목할 부분은 모압 북쪽이며,

암만에서 남쪽으로 몇 킬로미터 정도 떨어진, 요르단에 위치한 텔 우메이리Tell el-'Umeyri라는 곳에서 발굴된 가옥이다(6장). 기원전 13세기 후반에서 기원전 12세기 초반으로 연대가 설정되는데(지층 12층), 이 가옥은('B 건물') 갑작스러운 파괴(아마 지진으로 보인다)로 인해 가정용품이 있는 그대로 발굴되었다. 발굴자들이 주장하는 것처럼 그 가옥의 구조는 동시대의 4방 구조의 이스라엘 가옥과 정말로 유사했으며, 예외가 있다면 가운데 안뜰의 한쪽 끝에 돌로 포장한 거대한 판이 놓여 있었다는 점이다. 여기에서 우리는 통상적인 철기 I 시대 가정집의 가벼운 변형을 확인한 것처럼 보인다. 아마 새로운 후기-가나안(post-Canaanite) 정치 체제의 사람들이 이제 가나안 전 지역에서 출현하게 되면서 공유했던 일종의 보편화(*koine*)된 물질 문화를 반영하는 것일지도 모른다.[211]

거주민의 정확한 민족 정체성이 무엇이건 간에 이 가옥의 구조와 그것이 내포하는 것은 매우 극명하다고 하겠다. 발굴자들은 최근에 거의 200개나 되는 발견 품목을 완성해서 출간했다(6장). 2층이 무너져서 구석방에서 발견된 몇 개의 저장용 항아리를 제외하면, 일상용품 대부분이 2층 혹은 지붕 위에서 취급되었음을 (우리가 이전에 생각했던 것처럼) 확인해준다. 음식물을 저장하는 것에 맞춰서 가축들은 1층을 차지하고 있었다.

여기에서 우리가 4방 구조 가옥이라는 하나의 완전한 가정 형태를 가지게 되었다는 점이 중요하다. 그리고 그 모든 것은 철기 시대의 전형적인 가정의 활동을 반영하는 것으로, 기원전 12세기에 시작하여 이후 600년간 이스라엘 왕조 말까지 줄곧 이어졌다. 비록 '우메이리' 가옥이 우리가 여기에서 개관했던 시기보다 훨씬 이전에 세워진 것이기는 해도 건축양식(과 그러므로 삶의 양식)이 근본적으로 연속성을 보인다는 점은, 그 비교가 적절하다는 것을 확신시켜준다. 실로, 우리는 이제 비슷하게 잘 보존된 4방 구조 가옥을 기원전 8세기에서 나온 모든 물건과 함께 보유하고 있다: 유다 셰펠라의 텔 할리프Tell Ḥalif. 이곳에서 우리는 역시 2층 건물, 자가 거주,

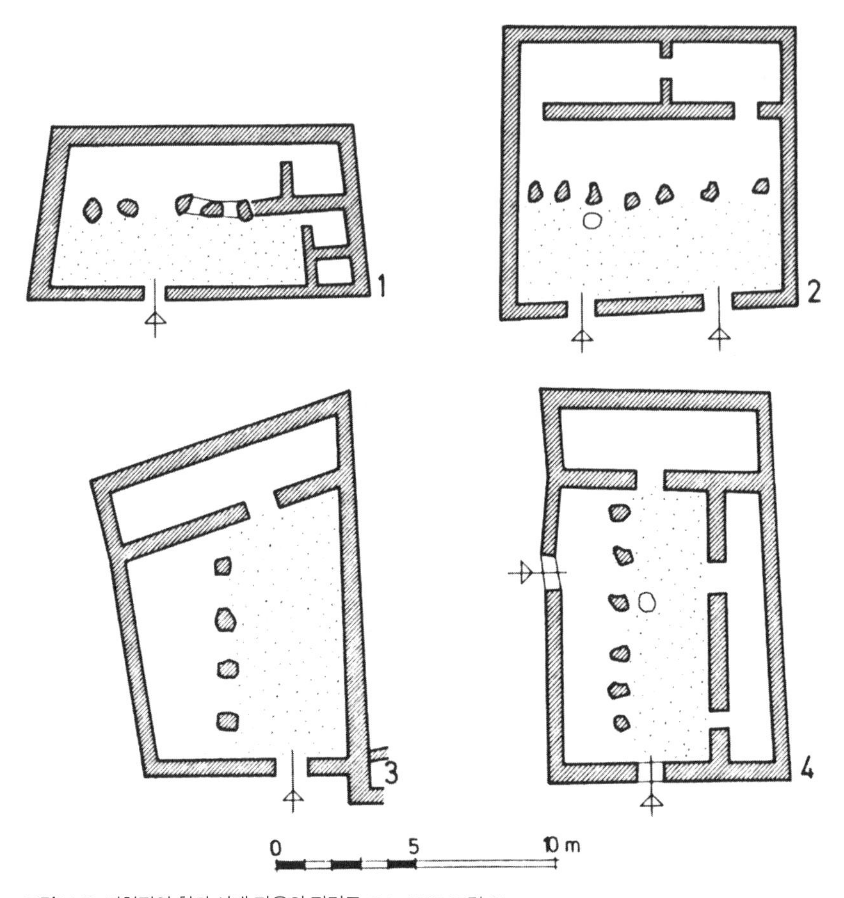

그림 V.13. 전형적인 철기 시대 가옥의 평면도. Rritz 1995, 그림 24

상당수의 가족을 위한 피난처 제공, 식량 공급, 그리고 가축에 대한 증거를 가지고 있다.[212] 우리는 이 주제를 6장에서 다시 다룰 것이다.

학자들은 이러한 독특한 다중 방, 다중 기능의 가옥이 이스라엘과 트란스요르단의 시시한 도시국가들이 출현하기 이전(기원전 10~기원전 8세기), 초기 철기 시대에 자급자족 농민 가운데 널리 사용되기 시작했을 것으로 오랫동안 생각했었다. 그것들은 정말로 단순했지만 이상적인 농가였으며, 그 당시 농민(과 목축민)의 사회적이며 경제적인 요인을 잘 수용했던 형태

였다.[213]

이러한 가옥의 전형적인 크기는 (1층과 2층, 모두 합하여) 102~111제곱미터에 이르며, 어떤 것들은 보다 작은 정도이다(약 83제곱미터). 이것을 오늘날의 적당한 크기(92~140제곱미터)의 아파트나 교외의 가옥과 비교할 수 있을 것이다. 1층은 흙으로 채워 넣은 바닥으로 되어 있으며 그곳에는 부분적으로 지붕이 없는 가운데 안뜰이 있는데, 음식을 보관하고 다양한 것들을 (뒷방에) 보관하기에 이상적인 공간이다. 자갈로 바닥을 깔아놓은 옆쪽의 작은 방들은 옆에 사료를 두었으며, 가축 칸막이 방으로 적합하게 기능을 한다. 가축에서 나오는 열기는 2층의 생활공간으로 올라오게 되며, 축축한 겨울철에 환영을 받았을 것이다. 요리를 위한 화로는 종종 1층에서 발견되었는데, 젖을 짜는 가축에 가까운 곳이었고, 근처에 저장할 수 있는 공간도 있었으며, 음식을 만드는 도구들에도 가까웠다.

2층은 방을 4개에서 8개까지 어느 쪽으로든지 나눌 수 있었는데, 여남은 수의 구성원을 이루는 가정이 살기에는 충분한 생활공간이었다(아래를 보라). 우리는 다른 경우에서, 외부에 계단이나 혹은 사다리를 통해서 옥상에 도달할 수 있었다는 증거를 발견했다. 옥상이 날씨가 좋은 날에 음식을 말리며 가공하는 데 사용되었다는 점은, 종종 붕괴된 2층 유해 위쪽에서 발견된 돌로 만든 지붕 밀대(stone roof rollers)뿐만 아니라 다량의 가정용품들에서 알아낼 수 있었다(아래를 보라).

이러한 고유한 가옥들은 상대적으로 만들고 유지하기가 쉬웠는데, 단지 지역에서 나는 재료들을 사용하고 비숙련자들의 노동력만으로도 가능했다. 기초는 거친 자연석으로, 조심스럽지만 석회 반죽은 없이 깔아놓았다. 옆으로 쌓은 벽은 햇볕으로 말린 진흙 벽돌로, 진흙 석고를 주기적으로 더덕더덕 발라주어야 했다. 나무 들보가 첫째 층과 둘째 층을 받쳐주었다. 지붕은 볏짚 등으로 이은 잔가지들로 덮었는데, 이것 역시 진흙으로 발라주었다. 돌로 만든 지붕 밀대가 종종 무너진 잔해 속에서 발견되었는데, 이를 통해서 진흙으로 바른 지붕에 주기적으로 다시 회반죽을 바르고 물이 스며들지 않도록 평평하게 굴려서 밀었음을 알 수 있다. 지방의 농가가 거의 정확하게 이런 형태를 띤다는 점이 지중해 근방의 모든 가옥에서 발견되는데, 남부 이탈리아와 그리스부터 터키와 시리아를 거쳐 요르단과 이집트 델타와 나일 계곡까지 내려오고 있을 정도이다.[214]

이러한 4방 구조 가옥은 철기 I 시대의 초기 농경 사회와 경제에 상당히 적합한 것이었으며, 철기 I 시대 내내 살아남았을 뿐만 아니라 철기 II 시대(약 기원전 900~기원전 600년)에는 대유행에 이를 정도로 충분히 유연했다. 그것들은 물론 농촌 지역의 특징으로 지속되었다; 그러나 그것은 또한 마을의 기초적 연립 주택으로 남았으며, 심지어 기원전 8세기의 보다 큰 도시에서도 유지되었다. 가옥은 크게 변화된 부분이 없었는데, 단지 다소 확장이 될 경우, 그리고 상류층이 거주하게 되면서 더 좋은 것들을 설비하게 되었다(6장).

연대 설정이 비교적 정확한 가옥의 사례들로 다음의 계층 1~2에 속하는 거대한 장소들이 있다: 벧-스안 지층 2층, 세겜 지층 7층, 텔 엔-나스베 지층 3A층, 벧-세메스 지층 3A층, 라기스 지층 3층, 텔 베이트 미르심 A2층, 그리고 베르셰바 지층 2층. 그러한 가옥을 보유한 계층 3에 속하는 마을들로는 텔 파라(북쪽) 지층 7d, e층; 욕느암 지층 7층; 텔 바타시 지층 3층; 텔 할리프(오늘날 라하브Lahav) 지층 A, B층, 그리고 텔 이라 지층 2층이다. 심지어 소수의 계층 4에 속하는 소규모의 촌락(마을을 지키는 외각벽이 있다)에도 그러한 가옥이 발견되었다: 긴네렛 지층 2층(그 이유는 아마 요새와 같은 위치 때문일 것이다), 그리고 아마 텔 키리 지층 6층일 것이다.[215]

독자는 이러한 모든 도시와 마을의 가옥이 동질성을 보인다는 점에서 놀랐을지도 모른다. 이것은 우리가 앞으로 보게 될 것이지만, 매우 중요한 부분이다. 그러한 전형적인 가옥에서 살았던 가족은 얼마나 많은 구성원이 있었을까? 과거의 학자들은 예상하기를, 이스라엘과 유다의 평균 핵가족이 10명에 이를 것이라고 보았다. 오늘날 대부분의 학자는 그 숫자를 5명으로 줄였다: 2명의 성인과 2명 혹은 3명의 아이들이다(아이들 대부분은 유아기를 넘기지 못한다).[216] 어떤 경우에, 우리는 2채 혹은 3채가 하나로 연결되는 복합가옥을 고려하게 된다. 이것은 공동 안뜰을 공유하며, 20명의 구성원이 소속되는 일종의 다세대 주택과 같은 모양을 만들어낸다: 가장으로서의 부모, 오래 살아 있는 노년의 부모, 여러 명의 어린 자녀, 그리고 결혼한 아들로, 당시 풍습을 따라 그의 아내를 남편의 집으로 데리고 온 경우이다. 그러한 친족 중심의 대규모 가정은 지금도 미개발된 중동 지역 상당수에서 전형적인 형태로 남아 있다. 그러한 가옥이 최대 140제곱미터에 이르기 때문에, 식구는 쉽게 15명 정도까지 수용할 수 있었고, 이는 (민족지학적 자료에 근간하여) 한 사람당 생활공간으로 9제곱미터를 필요로 하는 일반적인 비율에도 잘 맞아떨어진다. 이러한 가정이 성서가 말하는 베트-아브*bêt-'āb*, 즉 '아버지의 집'이었다는 점을 25년 전에 처음으로 밝혀낸 사람이 바로 래리 스테이저Larry Stager였다(더 자세한 사항은 성서 자료와 통합을 시도하는 아래를 보라).

제의 장소

우리는 8장에서 제의 장소를 철저히 다룰 것이다. 그래서 여기에서 우리가 주목할 점은 제의 장소가 단Dan과 같이 큰 문화적 수도에도 있고, 물론 사마리아와 예루살렘과 같이 국가 수도(계층 1에 속하는 장소)에도 존재한다는 사실이다. 우리는 거대한 성소나 성전과 같은 제의 장소를 잘 찾아낼 수 있기를 기대한다. 정말 흥미로운 점은 계층 2와 3에 속하는 장소들—도시들과 마을들—에서 우리는 고고학적으로 신전, 성소, 성전으로 증명되는 것을 아직 발견하지 못했다는 것이다. 그러나 여전히 우리는 그것들이 존재했었다고 반드시 가정해야만 한다. (우리는 다아낙에서와 같이, 일찍이 철기 시대의 것들을 보유하고 있다; 8장을 보라).

우리는 작은 요새에 있는 주요한 지역 성소들을 확인했다: 북부 네게브 사막에 위치한 아랏Arad에, 그리고 동부 시나이 사막에 위치한 쿤틸레트 아즈루드Kuntillet 'Ajrûd에 지역의 성소들이 있었다. 지역의 제의 장소는 그러한 고립된 지역에 제한적으로 영향을 끼쳤을 것으로 보인다.

많은 사람이 섬겼던 가장 중요한 제의 장소는 거의 확실하게 시골 지역, 작은 촌락이었다. 그리고 실제로 우리는 바로 그런 곳에서 다수의 가정용 성지(shrine)를 확인하게 된다(아래를 보라). 오늘날 비교적 작은 장소들에 관심이 점점 기울어지면서, 우리는 앞으로 그러한 (가정 중심의—역자주) 제의 장소에 대해서 더 많은 것을 확인하게 될 것이다.

2절

성서의 자료

역사 기록을 위해 우리의 두 자료를 서로 분리해야 한다는 원칙에 맞게, 도시와 마을에 관한 거의 모든 고고학적 자료를 개관하였다. 이제 우리는 성서 자료로 눈을 돌려서, 독립적으로 무엇을 배울 수 있으며, 어떠한 수렴될 만한 것이 있는지 살펴볼 것이다. 우리는 앞에서 제시한 범주와 관련하여 도시와 마을이라는 항목 아래 적절한 성서 자료를 정리할 수 있다.

도시와 마을의 건축 계획

히브리 성서의 기록자들은 질서 있는 도시나 마을은 간단히 생겨나지 않으며, 약간의 인위적인 인간의 논리적 근거가 뒤따라와야만 한다고 알고 있었을 것이다. 그러나 우리에게는 그러한 것을 반영하고 있는 성서적 용어가 없다. 하지만 우리가 장소를 계층화해서 작업했던 것과 같은, 몇 개의 임시변통의 구분이 히브리 성서에 있었음을 확인할 수 있다.

가장 관련 있는 기록은 레위기 25장 29~34절이라고 할 수 있는데, 토지와 관련하여 전반적인 기술을 하고 있다. 여기에서 다음의 세 가지 구분이 주목할 만하다: (1) "성벽 있는 성"(히브리어로 이르-호모트*ʿîr-ḥōmôt*); (2) "성벽이 둘리지 아니한 촌락"(히브리어로 하체림*ḥāṣērim*; 특별히 성벽이 없는 상황을 일컬음); (3) "성읍 주변의 땅"(히브리어로 세데이 미그라스*sĕdēy migrāš*)과 "들판"(히브리어로 세데이 하-아레츠*sĕdēy hā-'ārēṣ*, "그 땅의 들판"). 다른 곳에서 촌락은 성벽 있는 성이나 마을의 '딸들'로 불릴 수도 있다(삿 1:27; "다아낙과 그의 딸들," 히브리어로 바노트*bānôt*, 한편, 한글 성서는 "다아낙과 그에 딸린 마을들"이라고 표기한다—역자주). 이런 곳들은 성벽이 없는데, 그 이유는 여기저기 구절들에서 그 촌락의 주민이 위험에 처할 때 성벽이 있는 마을이나 도시로 도망하려 했다는 것이 암시되었기 때문이다. 이러한 성격을 잘 드러내 보여주는 또 다른 구절로 여호수아 21장 12절이 있다. 이 구절에서 우리는 (1) 마을(이르*ʿîr*, 한글 성서는 '성읍'으로 표기한다—역자주), (2) "그 촌락"(하체리아*ḥăṣēriāh*), 그리고 (3) 그 들판(세데이 하-이르*sĕdēy hā-ʿîr*, 한글 성서는 '밭'으로 표기한다—역자주). 만약 우리가 이러한 두 구절에서 나온 계층 관계를 비교한다면, 다음의 비교표를 얻을 수 있다:

레위기 25장 29~34절	여호수아 21장 12절
1. 성벽이 있는 성	1. 마을이나 도시(성벽은 정해지지 않는다)
2. 성벽이 없는 촌락	2. 성벽이 없는 촌락
3. 주변의 들판 (그리고 개방된 시골)	3. 주변의 들판

문제는 히브리어 용어인 이르*'îr*의 사용에 있을 것이다. 그 단어는 종종 벽이 있는 것으로 특정되는 '도시'를 나타내는데, 또한 일반적으로 벽의 유무로 특정되지 않는 개념인 '마을'로도 나타난다. 위에서 비교한 것에 따르면, 우리의 계층 3에 해당하는 마을이 좌측 열에는 나타나 있지 않으며, 우측 열에 나와 있는 것처럼 보인다(특정되지 않은 이르*'îr*; 참고. 레 25:29의 "성벽이 있는"). 그러므로 이르*'îr*는 단순히 '도시'라기보다는 우리가 여기에서 '마을'이라고 부르는 것으로 사용될 수도 있다.

도시(이르)를 일컫는 다른 용어들은 분명히 성벽이 있는 도시를 가리킨다. 그러므로 "견고한 성"(이르 미브사르*'îr mivsār*; 왕하 17:9; 18:8) 혹은 "견고한 성벽"(즉, "도시"; 사 2:15; 호마 베추라*ḥōmāh bĕṣûrāh*)이 될 수 있다.

(저작 연대가 불명확한) 여호수아 15장에서 많이 논의되고 있는 경계 목록에 따르면, 하나의 구분점이 나타나는데, (1) 성벽이 있는 마을이거나 혹은 없는 마을이 될 수 있는 것(하체림)과 (2) 그들의 "딸들"(바노트*bānôt*)로, 분명히 외곽에 자리한 부락(hamlets)으로, 나누어서 생각할 수 있다.[217]

관련 있는 이러저러한 성서 구절들로부터 독자는 다음과 같은 결론을 맺을 수 있다: (1) 성서의 저자들은 오직 간단한 임시변통의 두 단계로 구분해서, 즉 성벽이 있는 마을/도시 그리고 촌락으로 인식했다. (2) 그들은 항상 명확하거나 일관된 구분을 사용하지 않았다(예를 들면, 이르*'îr*는 '마을'도 되었고 '도시'도 되었다). (3) 어떤 경우에서건, 문제가 되는 모든 성서 구절은 우리가 다루는 기원전 8세기보다 후대이다; 그것의 현재 모습 어디에서도 기원전 7세기 후반보다 이른 시기는 없다(사사기, 열왕기하?); 다른 기록들은 포로 후기에 작성되었기 때문이다.

수도와 왕

히브리 성서는 북왕국과 남왕국 모두 왕이 있었으며, 이 왕들은 자신들이 알았던 다른 도시들과는 별개인 수도에서 통치하고 있었다는 것을 인식했다. 너무 많아서 일일이 언급할 수 없을 정도로 많은 기록에서 '사마리아'가 북왕국의 수도이며, '예루살렘'은 남왕국의 수도라는 것을 알 수 있다. 심지어 우리는 기원전 8세기 일련의 왕들의 이름까지 가지고 있을 정도이다.

어떠한 왕들이 있었는가? 우리는 고고학적 증거만을 기초로, 기원전 8세기 이스라엘과 유다가 일반적으로 받아들여지는 인류학적 기준에 의해 정의된 실제적인 국가였다고 추론할 수 있다. 국가 형성 과정이라고 부르는 것이 이미 기원전 10세기 후반(또는 최근의 수정주의자들에 따르면, 이보다 약간 이후)에 분명히 작동했다. 그러므로 비록 성서 바깥의 기록에서 왕들의 이름이 나타나 있지 않았다 하더라도, 사람과 재화를 조직하고 중앙화했던 왕들은 분명히 존재했었다. 그러나 사실 그러한 기록(대부분 신-아시리아 기록)은 여기에 연관 있는 기원전 8세기 왕들을 언급하고 있다. 성서 자료에 따르면, 관련 있는 왕들은 다음과 같다(다른 자료의 도움을 받아 약간 연대기적 문제를 해결했다):

그림 V.14. 관련 있는 유다와 이스라엘의 왕들

이스라엘(기원전)	유다(기원전)
요아스, 805~790년	아마샤, 805/4~776/5년
여로보암 2세, 790~750/49년	웃시야, 788/7~736/5년
스가랴, 750/749년	요담, 758/7~742/1년
살룸, 748년	아하스, 742/1~726년
*므나헴, 749~738년	히스기야, 726~697/6년
브가히야, 738~736년	
*베가, (750?)~732/1년	
*호세아, 732/1~722년	

*표시는 신-아시리아 자료에도 나와 있는 왕을 가리킨다.

그래서 우리는 히브리 성서에서 어떤 중요한 것을 배우게 되는 것일까? 개별 이름이 필수적인 것이라도 되는가? 더 나아가 히브리 성서의 연대기적 자료는 종종 정확하지 않으며 모순되기도 하는데, 그렇다면 그것들은 성서 바깥의 자료를 통해 수정되어야만 한다. 그렇다 해도 그렇게 정확한 내적 연대 측정(inner dating)은 우리가 여기에서 시도하려고 하는 장기적인 정착의 역사(장기 지속[*la longue durée*])라는 대상에 필수적인 것도 아니다.

단지 위에서 제시한 지명 분석에서처럼 우리는 다음과 같이 결론을 맺어야만 한다. 즉, 비록 어떤 성서적 증거가 충분히 역사적으로 여겨질 수 있더라도, 그것은 여기에서 제시된 고고학적인 역사에 그 어떤 본질적인 것도 추가해주지 못한다는 점이다. 우리의 재구성 안에서 활동하는 익명의 연기자가, 이야기를 통해 우리에게 전해져 내려온 성서의 왕들보다 더 큰 목소리(와 더 객관적으)로 말해준다(고고학이 침묵한다는 성서주의자의 편견을 비판하는 목소리이다—역자주).

앞에서 우리가 도입했던 아날(annales) 학파의 접근에 의하면, 이러한 소수의 왕들과 그들의 대략적인 통치 기사는 간단히 말해 에벤멍*évé-nement*(사건)—"파도 표면의 거품"—일 뿐이다. 우리가 장기 지속의 최종 결과를 얻을 수 있는 과정은, (왕의 이름과 같은 '사건'이 아니라—역자주) 보다 넓은 차원의 콩종크튀르*conjoncture*(정세), 즉 구조화뿐이며, 그리고 특별히 수천 년이 넘게 흘러왔던 바다의 "심해의 융기(deeper swells)"를 통해서뿐이다.[218]

그것이 바로 여기에서 제시된 역사적 재구성이 (성서가 말하는 사건 중심의 거대서사 방식의 역사와—역자주) 차별점을 보이는 지점이다. 우리의 역사는 대중의 역사—보통 사람과 그들이 남긴 인공유물에 의한 역사—로, 우리의 전임자들이 전해준 '위대한 사람들의 공적인 위업'에 대한 기사가 아니다. 마지막으로, '침묵하는 것은 **성서 기록**이지 인공유물은 아니라는 점이 아이러니한 일이다.

방어 체계

우리가 고고학적 증거로 보유하고 있는 기원전 8세기의 방어 체계는 다음의 4가지 요소로 구성된다: (1) 속을 채운 석조 벽(solid masonry wall)으로, 때때로 돌출되고 들어간 부분이 있다; (2) 포곽벽(casemate wall)으로, 혹은 이중벽에 방들이 포함된 구조인데, 여러 개의 방이 있는 성문과 두 개, 세 개, 혹은 네 개의 통로가 있는 모양이다; (3) 어떤 경우에는 외부 탑이 있다; 그리고 (4) 때때로 완만한 비탈(*glacis*), 즉 바깥쪽으로 경사진 곳을 연결하는 경사로(ramp)가 있다. 만약 우리가 도시 성벽에 대해서 무엇인가를 알아보려 한다면, 히브리 성서는 방어 형태에서는 어떤 분명한 구분을 해주지 못하며, 단지 그 저자가 '성벽'이라고 여러 번 반복하고 있다는 점만 발견할 뿐이다. 그러한 기념비적인 벽에 대한 히브리어 용어는 일반적으로 호마*ḥōmāh*로, 테라스나 경계벽(히브리어로 게다림*gĕdārîm*)과 같은 다른 벽들과는 차이를 보인다. 그러므로 예루살렘 벽(시 122:7)이나 두로의 벽(겔 26:4)과 같은 표현이 있는 것이다. 몇몇 기록에서 도시 자체를 나타내는데 '벽'이란 이미지를 사용하고 있다는 것이 흥미롭다(렘 2:18).

두 번째 용어로, 성벽이 있는 도시를 "견고한 성읍"으로 표기하고 있다는 점이다(대하 19:5, 이르-하베추로트*ʿîr-habbĕṣūrôth*; 렘 4:5, 이르-하미베차르*ʿîr-hāmmibĕṣār*).

종종 나타나는 예외는, 아마도 성서의 저자가 견고한 도시의 "성벽(히브리어로 호모트*ḥōmôt*)과 보루(히브리어로 헬림*ḥēlîm*, 한글 성서는 '외벽'으로 번역함—역자주)"를 말하면서 생각했던 것으로 보인다(사 26:1).

성벽 혹은 성문의 탑(히브리어로 미그달림*migdālîm*)은 고고학적으로 잘 증명이 되는데, 히브리 성서에서 종종 언급되고 있다. 우리는 예루살렘 지역에서 몇 군데 따로 떨어진 탑을 발견했는데, 아마도 성서의 저자들은 그것을 '탑(미그달림)'으로 지칭했던 것 같다(한글 성서는 사 30:15에서와 같이 대부분 '망대'라고 번역하고 있다—역자주).

우리가 기원전 8세기의 것으로 확인했던 성문은 히브리 성서에서 여러 번 언급되었을 뿐만 아니라, 그 성문의 다양한 기능들도 특별하게 소개되었다. 성문(히브리어로 샤아르*šaʿar*)의 기능은 다음과 같았다:

도시에 들어가고 나오는 목적(왕하 23:8)
공무상의 회견 장소(삼상 21:13 [히브리어 성서는 14절이다—역자주])
일반적인 소집 장소(룻 4:1; 시 69:12 [히브리어 성서는 13절이다—역자주])
공적인 토론을 위한 광장(대하 32:6)
재판 활동을 위한 장소(신 17:5; 암 5:10~15)
시장(욥 31:21~22; 잠 22:22; 24:7; 31:23; 창 23:17~18; 룻 4:1~12)

제의적인 활동을 위한 장소(왕하 23:8)

성문 건축과 관련하여, 성서의 저자는 그 특징으로 (나무로 만든) 문, 못, 두 개의 기둥 혹은 회전축, 철근 보강용 바, 그리고 일종의 꺾쇠를 언급하고 있다. 대표적인 기록은 삼손이 가자Gaza(성서의 가사—역자주)의 성문을 탈취한 사건을 기술하는 장면이다(삿 16:3). 그 기록은 건축과 관련하여 여러 가지 특징을 언급하고 있다: "문"(히브리어로 달토트*dālthôth*, 한편, 한글 성서는 '문짝들'로 번역했다—역자주), "기둥 혹은 회전축"(히브리어로 메주조트 *mězuzôt*, 한글 성서는 '문설주'로 번역했다—역자주), 그리고 "철제 바"(히브리어로 바리아*bārîah*, 한글 성서는 '문빗장'으로 번역했다—역자주). 다른 곳에서 "철제 꺾쇠"(히브리어로 메하브로트*měḥābrôth*, 한글 성서는 '거멀못'으로 번역했다—역자주)가 언급되어 있다(대상 22:3). 마지막으로, 나무를 연결해주는 "철제 못"이 언급되고 있다(대상 22:3, 히브리어로 마스메르*māsmēr*, 한글 성서는 '[문짝] 못'으로 번역했다—역자주).

이러한 성서의 참조 사항에서 우리는 인공유물과 가장 상세하게 수렴되는 한 가지를 얻게 되었다. 그것은 바로 거대한 나무로 만든 문으로, 철제 못과 꺾쇠가 붙어 있으며, '철제 바'로 강화시켰고, 두 개의 나무 축으로 돌아가게 한 모양이다. 그러한 그림은 고고학이 이제 제공하는 물리적인 증거들에 딱 들어맞는다. 단, 그 문은 반드시 나무였기 때문에 시간이 지나면서 썩어 없어져버리고 말았다; 그리고 철제 못과 꺾쇠도 역시 같은 이유로 보존되었을 것으로 기대하기 어렵다. 기원전 10세기 게셀 성문의 (돌로 만든) 입구에 그것은 기원전 8세기에도 재사용되었는데, 돌로 만든 각 문설주에는 무엇인가를 꽂을 수 있는 구멍이 나 있으며, 그 구멍에 녹이 슨 얼룩이 묻어 있어서, 그것을 통해 우리는 철을 붙인 두 개의 나무 기둥이 열리고 닫힐 수 있었음을 확인하게 되었다.

기록과 인공유물이 소통하는 것과 관련해 우리는 이 시점에서 무엇을 말할 수 있을까? 성서의 저자가 기원전 8세기 방어 시설에 대해 상당한 수준까지 알고 있었으며, 특별히 가장 유력한 성문과 관련되는 곳에 대해 많은 것을 알고 있었다는 사실은 매우 흥미롭다. 한편으로 그것은 성서 기록의 저작 연대를 페르시아 시대(혹은 심지어 헬라 시대)로 내려 잡은 급진적인 성서 수정주의자의 주장이 간단히 말해 틀렸음을 의미한다. 그러한 (성서의) 이야기들은, 그 실제적인 철기 시대의 세부 사항들을 고려한다면, 상당히 후대에 기록되었을 **가능성**이 없다.

그러나 성서 기사에서 얻은 정보가 일반적으로 훨씬 더 정확하고 신뢰할 만할 때, 우리가 고고학을 통해 이미 알고 있는 것에 무엇인가를 더해줄 수 있는가? 다시 말하지만 그에 대한 대답은, 더해줄 것도 별로 없으며 중요한 것도 없다는 것이다.

그러나 누군가는 여기에서 성서 기록이 고고학적 증거를 확증해준다고 주장할지도 모르겠다. 그러한 주장과는 반대로, 이제 1차 자료는 고고학적 증거이며, 바로 고고학이 성서 기록을 확증해준다. 외부적인 증거는 성서 저자가 과거에 대해서 무엇인가를 알고 있었을 것이며, 그리고 그들이 기록하려고 했을 때 정확하게 보고할 수 있었을 것이라는 명제를 입증해주었다. 그러나 우리는 더 이상 성서의 이야기에 의지할 필요가 없다. 그 이유는 바로 이제 고고학으로부터 나온 유용한 정보들이 풍성하기 때문이다.

우리가 지금까지 인용했던 성서 기록은 기원전 8세기 방어 체계 전반에 걸친 우리의 지식에 아무것도 더해주지 않았다. 단지 성문에 대한 질문만을 고려한다면, 우리가 알지 못하고 있는 어떤 사실을 성서는 말해주고 있으며, 그리고 그런 사실은 애초에 우리가 전혀 알 수조차 없는 성질의 것이라고 하겠다. 앞에서 나열한 성문의 모든 기능은 이미 자명하지만, 오직 한 가지만 성서를 통해서 알게 되었다. 우리는 발굴된 여러 성문 지역을 통해서 공적인 광장이나 만남의 장소라는 것을 이미 알고 있었다. 다시 말해서, 성문에는 정교한 왕좌 같은 좌석이 마련되어 있어서 그곳에서는 고위 인사가 방문자를 만날 수 있었으며, 교환이 진행되기도 했고, 그리고 제의적인 활동이 일어나기도 했다. 우리는 단지 그곳에서 재판 활동이 일어났다는 지식을 새롭게 얻었을 뿐이다. 우리는 측면 방들에 있는 긴 의자에 사람들이 앉아 있었을 것이며, 또한 그곳에서 사람들이 하는 일이라고는 의심할 바 없이 토론이었을 것을 알고 있다. 그러나 성서 기록을 통해서 우리는 그들이 왜 토론했는지를 배울 뿐이다.

산업 시설

우리가 조사한 도시, 마을, 그리고 촌락에서 나온 모든 것 중에 도기 파편처럼 가장 흔한 물질문화 유물도 없다. 그러나 우리는 도자기를 생산했던 요업 기술에 관해서 고고학적 증거를 거의 가지고 있지 못하다(앞을 보라). 어디에서 그리고 어떻게 도자기를 만들었을까? 누가 그것을 만들었을까? 우리가 별로 알고 있지 않은 것에 대해서 성서 기록이 더해줄 수 있는 것이 있다면 과연 무엇일까? 불행하게도, 우리가 가지고 있는 얼마 되지 않은 기록은 그리 도움이 되지 못한다.

어떤 기록들은 간단히 지나가면서 도자기를 언급한다: 욥 10:9("진흙"); 애 4:2("질항아리"); 사 30:14, 렘 19:11("깨진 그릇"); 사 45:9("손잡이"). 몇몇 다른 기록에서는 보다 특정한 내용을 말하기도 한다: 렘 18:~4("녹로"가 있는 "토기장이의 집") 그리고 사 41:25("진흙을 밟음").

그러나 이것은 단지 성서의 저자가, 우리가 도자기 제작에 관해 알고 있는 것, 즉 그 모든 것이 명백한 그것을 알았다는 점을 의미할 뿐이다. 여기에서 유일하게 도움이 되는 힌트가 있다면, "토기장이의 집"—분명히 작업실이다—으로 "내려가는" 것에 대한 언급일 것이다. 그러한 작업실이 교외에 있다는 것(7장)을 의미하는 것일까? 그것들은 아마 그랬을 것이다(그 경우에 우리는 그것들을 발견할 수는 없을 것이다). 그곳엔 아마 진흙 무더기와 도기에 들어갈 재료, 반죽통, 녹로, 검댕이 묻은 가마, 큰 건조 공간이 있을 것이다. 그러나 여전히 모든 민족지학 자료는, 고대 사회에서는 일반적으로 대규모로 관리를 받은 산업은 거의 없었다는 의견으로 입을 모으고 있다. 도자기 제작은 다소 가내 수공업으로 이루어지며, 집에서 여자들이 대부분의 그릇을 생산해낸다. 그러나 거기서 우리는 그 문제를 남겨두어야만 한다. 우리가 아직 알지 못하는 것이 많이 있다; 그리고 히브리 성서는 별로 도움이 되지 못할 뿐만 아니라, 앞으로도 그럴 것이다. 왜냐하면 정경正經은 이미 결말이 나버렸기 때문이다.

물 시스템

우리는 기원전 8세기에 보다 정교한 물 시스템이 사용 중이었다는 것을 주목한 바 있다. 아마 정부의 지원 아래에서 작업된 것으로, 하솔, 메기도, 기브온, 게셀, 벧-세메스, 예루살렘, 베르셰바, 아랏, 그리고 가데스-바네아가 그런 곳이었다. 우리는 또한 보다 작은 지역의 우물들과 수조들의 존재를 주목하였다. 몇몇 성서 기록은 수조(cistern)를 언급한다(왕하 18:31; 사 36:16, 한편, 한글 성서는 개역개정판에서는 '우물'로 번역했으며, 공동번역개정판에서는 '물통'으로 번역했다—역자주). 그러나 잘 알려진 중요한 물 시스템에 대한 특별한 언급들도 있는데, 하나는 기브온(삼하 2:13)에 있고, 다른 하나는 예루살렘(왕하 20:20; 대하 32:30)에 있다.

기브온과 관련된 구절이 유익하다. 그 이유는 우리가 실제로 그러한 "작은 못"(히브리어로 베레카트*běrēkāt*), 즉 수면에서 물을 끌어내는 깊은 갱도(여기에 외부에 있는 샘에 도달하기 위해 추가적인 계단으로 만든 터널이 연결될 수 있다) 같은 것을 실제로 발굴했기 때문이다. 예루살렘에 있는 "기혼의 윗샘물"(대하 32:30)과 "저수지와 수도"(왕하 20:20)는 기원전 8세기 후반 히스기야에게 그 공을 돌릴 수 있는 토목 공사의 위업이었다. 후자는 우리가 진짜 발굴해낸 것에 대한 정말로 정확한 묘사이기도 하다: 성벽 아래의 기혼 샘물을 집수 저장소로 전달하는 진기한 물 터널("수도"와 "저수지"); 그리고 샘물을 아래로 이끌 수 있는 깊은 수직 갱도('워런 샤프트Warren's shaft'). 우리는 심지어 기념비에 기록된 왕실 비문의 일부도 보유하고 있는데, 그 연대는 고문서학으로 볼 때 기원전 8세기 후반의 것으로, 어떻게 이 터널을 팔 수 있었는지를 기술하고 있다. 그러므로 '히스기야 터널'은 정말 히스기야의 것이다. 그 터널은 기원전 701년 센나케리브의 포위 공격이 있기 바로 전으로 연대 설정을 할 수 있는 것으로, 히브리 성서가 언급하는 것과 같이 하나의 방어 전략이었다. 다시 말하지만 이것은 관련된 성서 기록이 후대에 쓰인 것이 아니며, 더구나 새빨간 거짓 이야기도 아님을 증명한다. 성서의 저자들은 우리가 고고학 덕분에 지금 알고 있는 것을 알고 있었다.

그렇지만 정직하게 말하면, 히브리 성서는 우리에게 왕의 이름, 즉 '히스기야'라는 이름을 알려주고 있다. 그러한 간단한 내용은 그 시기의 역사를 기록하는 데 필수적인 것은 아니다. 실제 터널 건축에 대한 설명과 관련하여 우리가 물리적 증거로부터 추론할 수 없는 것은 거의 없는데, 특별히 전문가에 의해서 조심스럽게 분석된 증거이기 때문에 더욱 그러하다.

앞으로 8장에서는 여러 제의 장소들을 조사할 것이다. 우리는 기원전 8세기의 종교적 믿음과 실천에 대한 고고학적 증거를 가지고 있다. 그러나 성서 기록의 공헌에 대한 논의는 잠시 미루고, 대신에 고고학적 증거를 제시하며 제시된 증거가 우리의 지식에 어떠한 공헌을 할 수 있는지 평가하려고 한다.

3절

그것은 정말 어땠는가

여기에서 그동안 우리가 제시했던 모든 증거를 뛰어넘어서 다음과 같이 단순한 질문을 해보자: 그게 무엇을 의미하는 것이지? 보통 사람들은 이러한 현실에 대하여 어떻게 느꼈을까? 그리고 그들은 어떻게 반응했는가?

사회계층화에 관해서, 그리고 농촌 생활 방식에 대한 선호에 관해서(6, 7장), 우리가 알고 있는 모든 것으로부터 나는 이스라엘과 유다의 많은 사람이 자신들의 두 국가가 급격하게 도시화를 진행하는 것을 보면서 분개했을 것이라고 주장하고자 한다. 만약 오지의 작은 촌락에 살던 어떤 농부가 수도는 아닐지라도 어느 대도시에 방문했다—만만치 않은 일이다—고 치자, 그의 첫인상은 두려움이었을 것이라고 생각한다. 누가 그렇게 대단한 것을 미리 알 수가 있단 말인가? 그리고 그 대도시가 시골 촌뜨기를 위해 무엇을 해줄 수 있단 말인가? 엄청난 도시 성벽, 성문, 왕궁, 저택, 이국적인 물건으로 가득한 상점 거리, 이 모든 것은 압도적인 인상을 심어주었을 것이 분명하다.

그러나 그렇다면 독자는 즉각적으로 다음과 같은 생각을 할 수 있을 것이다: 이 모든 비용이 얼마나 들었을까? 보통 사람들이 지불해야만 하는 세금은 얼마였는가? 그리고 이렇게 대단한 도시를 만들 모든 작업을 조직하고 수행하기 위해서 과연 어떤 종류의 권력이 존재했던 것일까?

우리가 잊어서는 안 되는 것은, 이스라엘의 가장 이른 시기부터 그들에게는 국가의 발흥과 권력 집중에 대한 뿌리 깊은 저항심이 존재했다는 점이다. 성서의 기사는 '유목민적 이상'이라고 알려진 것을 한결같이 반영하고 있다. 사사 시대에 예언자 사무엘은 왕과 권력자가 백성의 자녀를 차출해서 군대를 만들 것이며, 그 딸들을 징발하여 여종으로 삼을 것이고, 그들의 땅을 빼앗고 그 소출을 약탈하며, 죽을 정도의 세금을 부과할 것이라고 경고했다(삼상 8:10~18). 만약 그런 일이 일어난다면, 사무엘은 백성이 자신들의 왕 때문에 "울부짖고" 말 것이라고 선언했다.

왕조시대를 통틀어서 이러한 종류의 반反국가주의는 대중적 정서로 남아 있었다. 성서 저자들은 북왕국의 모든 왕을 일일이 정죄했다; 그리고 남 유다에 대해서는 오직 2명의 왕들만을 승인했다. 바로 기원전 8세기의 개혁가인 히스기야와 기원전 7세기의 왕 요시야였다. 셀 수 없는 반역과 쿠데타의 시도가 있었다고 적혀 있다. 그리고 그것이 실패했을 때, 다음과 같은 외침이 있었다: "이스라엘아! 너희의 장막으로 돌아가라!"(왕상 12:16)

단순했던 시절에 대한 이러한 영속적인 향수는 항상 대중에게 분노를 불타오르게 했다. 상당히 조직화된 도시 사회의 발전은 피할 수 없는 것이었을는지 모른다. 그러나 그것은 절대로 대중의 승인을 얻지 못했다. 분노에 더해서, 대도시를 방문했던 사람은 아마 공포로 가득 차서 그곳을 떠나고 말았을 것이다. 왜 이렇게 거대한 성벽이 있어야 하는 거지? 우리를 위협하는 게 누군데? 그렇다면 우리 같은 보통 사람은 그냥 사방이 훤히 뚫린 그런 곳에서 우리 스스로 보호해야 한다는 말인가? 나는 우리의 가난한 농부들이 집에 돌아가면서, 부자들은 점점 더 부유해지고, 도시는 더러운 곳이 되며, 세상은 떨어져 나가고 있다고 생각했을 것이라고 본다. 사실, 기원전 8세기 중반이 그러했다.

제6장

마을, 촌락,
그리고 일상생활

1절

고고학적 자료

우리는 그림 IV.1에서 고고학적으로 증명되고 지도로 지정된 75곳이나 되는 장소들이 인구통계학, 즉 '현장에서 찾을 수 있는 사실들(facts on the ground)'을 고려할 때, 그 자료가 사실상 빙산의 일각에 불과하다는 점을 일찍이 주목했다. 이 말은 우리가 단지 여남은 농경 촌락에 대해서 상세한 발굴 보고서를 작성할 수는 있지만, 기원전 8세기 이스라엘과 유다의 인구 대부분이 거주한 다른 수백 곳에 대해서는 알지 못하고 있다는 뜻이다. 최근에 이스라엘 연구자들에 의해서 광범위한 고고학적 탐사가 진행되었는데, 그 결과 수백 개의 추가적인 정착지가 있으며, 대부분은 시골이고, 거의 발굴되지 못한 상태라는 것을 알게 되었다.[219]

우리는 또한 전체 인구 가운데 시골에 해당하는 부분이 기원전 10세기와 초기 왕조시대 이래로 계속해서 확대되었음을 알고 있다. 이것은 이스라엘과 유다가 기원전 8세기 후반에 이르러 각기 정점에 도달하는 과정에서 차츰 나타나는 현상인 국가의 도시화, 중앙화, 그리고 그 권력의 집중화 경향에도 불구하고 나타나는 (시골 인구의—역자주) 증가였다.

나는 7장에서 이러한 사실에 대하여 사회경제적, 문화적, 그리고 정치적인 의미를 조사할 것이다. 여기에서는 촌락을 살펴보도록 하자. 촌락은 대부분의 고대 이스라엘 사람과 유다 사람이 살았던 지역이므로, 이곳의 특성과 분산 방식, 그 사회, 경제, 그리고 자원을 살펴볼 필요가 있다. 특별히 기원전 8세기에 정말 어떠했는지를 알아보려고 시도하겠다.

기원전 8세기의 촌락

우리는 고고학적으로 기원전 8세기로 규정된 계층 4에 속하는 여남은 촌락을 선정했다(그림 IV.1). 이 장소 중 몇 곳은 충분하지 않게 발굴이 되었거나 혹은 너무 빈약하게 발표가 되어서 그리 적절한 정보를 주지 못한다. 단지 한두 개 정도의 그림 자료만 제공해줄 뿐이다.

텔 키리Tell Qiri

텔 키리는 카르멜산을 통과해서 이스르엘 계곡으로 난 주요한 산길에 있는 곳으로, 욕느암이라는 큰 텔tell 근처에 자리 잡은 2.5에이커 넓이의 낮은 둔덕이다. 그곳은 1975~1977년에 암논 벤-토르Amnon Ben-Tor에 의해서 수행된 지역 프로젝트의 일환으로 발굴되었다. 지층 6층은 기원전 8세기에 속하지만, 지층 9~5층은 철기 I-II 시기 전체에 걸쳐 있어서(대략 기원전 900~기원전 600년), 상당한 연속성을 보여주기 때문에 '건축의 단계'를 거의 구분할 수 없을 정도이다. 텔 키리는 성벽이 없는 촌락으로, 수백 년 동안 파괴되거나 심지어 대체로 변경된 부분이 없었다. 인구는 안정을 유지하면서 비교적 성장했던 것처럼 보이며, 그 경제는 농업에 기반하고 있었다. 가옥들은 작았고 조밀하게 붙어 있었으며, 공동의 벽 같은 것을 공유했다. 흥미로운 점은 그 가옥들은 일반적으로 우리가 촌락과 마을에서 종종 볼 수 있었던 '4방 구조'가 아니었다. 그 이유는 아마도 그들에게는 기둥이 필요하지 않았기 때문으로 보인다. 안뜰에는 돌이 줄지은 많은 저

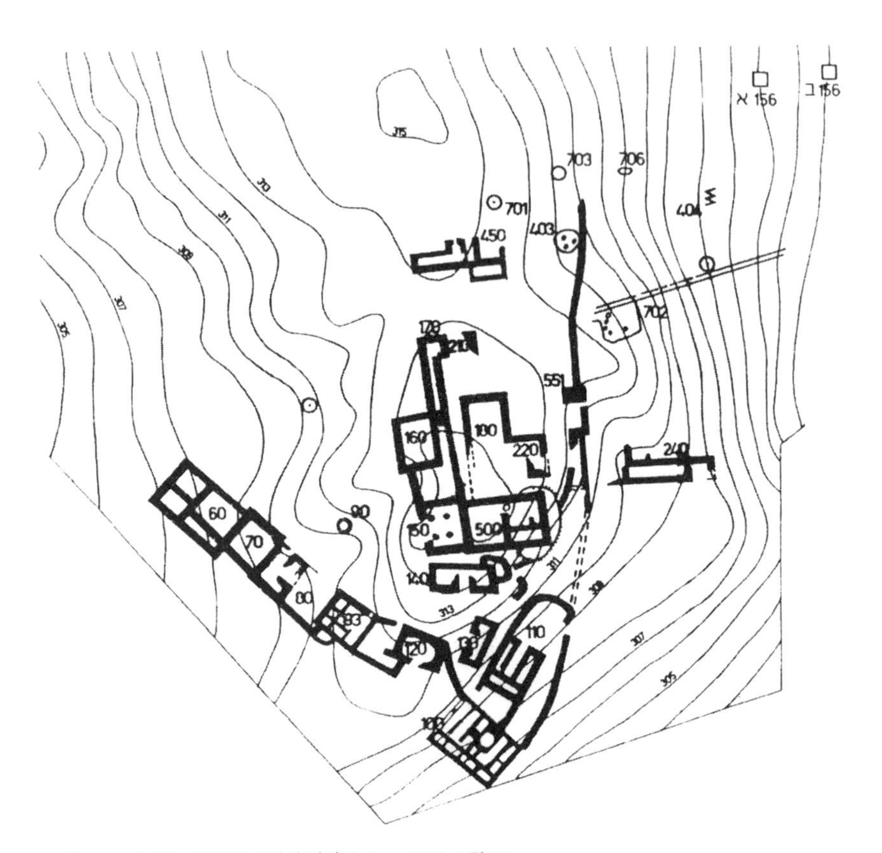

그림 VI.1. 키르베트 제메인 촌락의 평면도. Faust 2011, 그림 22

장소(silo)들이 있었다. 또한 몇 개의 올리브 압착기도 있었다. 많은 수의 현무암 분쇄기와 절굿공이가 모든 가옥에 있었는데, 이는 농업 생산 과정을 보여주는 것으로, 단단한 낫이 많은 것으로도 확인되는 부분이다. 씨앗으로는 밀, 석류, 이집트콩, 그리고 베치vetch(콩과의 한해살이풀—역자주)가 발견되었다. 동물 뼈로는 대부분이 양과 염소(80퍼센트)이며 약간의 소(15퍼센트)가 있었다.[220]

키르베트 제메인Kh. Jemein

이곳은 후기 철기 시대 산꼭대기에 자리 잡은 작은 지역으로, 그 넓이는

2~3에이커 정도가 되며, 서부 사마리아에 위치하고 있다. 이곳은 대략 24채 정도의 4방 구조 가옥이 단단히 밀집되고 경계벽에 둘러싸여 있었다. 주변에는 테라스, 수조, 석회 가마, 올리브기름 압착기, 그리고 포도주 저장실이 발견되었다. 그곳에서 받은 인상은 대략 100명 인구에, 번창하는 농업 촌락의 모습이었다.[221]

베이트 아르예Beit Aryeh

이곳은 철기 시대 후기에 잘 계획된 촌락으로, 그 크기는 1~2에이커 정도이며, 10채의 4방 구조 가옥이 경계벽을 따라 밀집해 있다. 이들 가옥은 표준화된 것일 뿐만 아니라, 많은 공통 벽도 공유하고 있다. 그곳에는 중심부에 큰 안뜰이 있었다. 그 지역과 주변에서는 33개의 올리브기름 압착 시설, 거대한 물 수조, 그리고 채석장이 발견되었다.

그 건물들이 바닥층까지 발굴되지는 않았지만, 그곳은 놀라울 정도로 동질성을 나타내고 있음이 분명하다. 발굴자들은 그 장소를 '성벽이 있는 왕실 촌락'으로 여겼는데, 아마 교역을 위해 올리브기름을 비축하는 곳이었을 것이다.[222]

나할 르바임The Naḥal Refaim

시골 정착지의 특징을 보이는 거대한 지역을 탐사하는 몇 안 되는 고고학 프로젝트 가운데 하나로 나할 르바임 프로젝트라는 것이 있다. 이 프로젝트는 현대 예루살렘의 남서 외곽에 있는 12에이커에 해당하는 지역을 탐사하는 것이다. 셰펠라에서 예루살렘으로 연결되는 소렉 계곡 위에 있는, 농경 테라스에 남아 있는 잔존물 대부분은 우리가 관심을 두는 시기보다 이전의 것들이다. 그러나 우물 위쪽의 테라스를 따라 흩어져 세워진 몇몇 농가들은 우리의 연구 대상에 해당한다. 바로 이곳에서 초기 청동기 시대의 테라스(지층 2~3층)가 만들어졌다가, 새로운 농가가 기원전 8~기원전

그림 VI.2. 외벽이 없는 작은 촌락의 재구성. 그림. Giselle Hasel

7세기 어느 시기에 세워졌을 무렵 다시 만들어지고 또한 증가했다. 이것은 예루살렘의 인구가 절정에 이르렀던 시기, 즉 북왕국으로부터 피난민의 유입이 한창이던 시기(기원전 8세기 후반—역자주) 이후에 발생했음이 분명하다(10장).

철기 II 시대의 유물은 희박했는데, 기바트 마수라Giv'at Masura와 에르-라스er-Ras의 농가뿐만 아니라, 근처의 마나하트Manahat에 있는 테라스에서 발견된 것들과 유사하다. 예비 보고서를 능가해서 사용할 만한 것이 없기 때문에, 우리는 고고학자들이 지금까지 주로 도시 지역에 집중했던 그들의 발굴 전략에서 돌이켜서, 시골 정착지와 교외 촌락에 더 많은 관심을 가져야 할 것이라고 말할 뿐이다.[223]

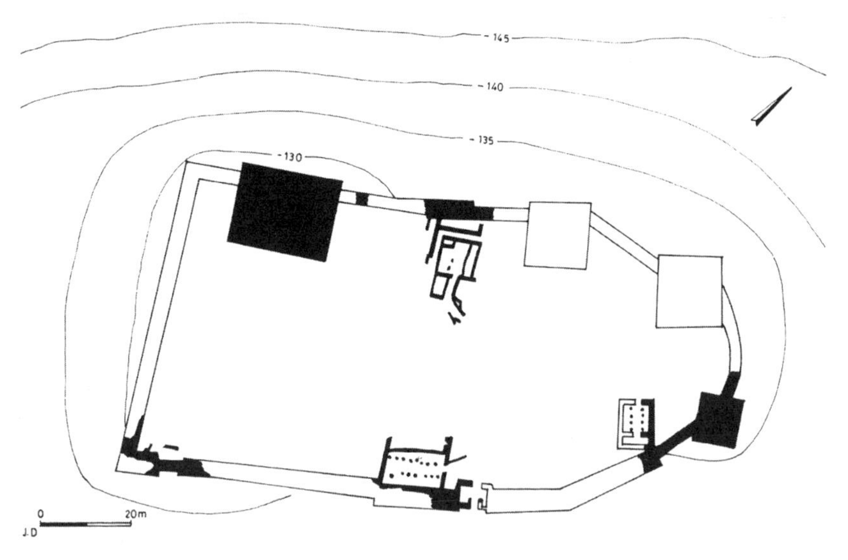

그림 VI.3. 텔 오레이메(킨로트), 지층 2층의 평면도. Rritz 1995, 그림 29

텔 오레이메Tell el-Oreime

마지막으로, 우리는 갈릴리 바다의 북서 해안에 있는 텔 긴네렛Tel Chinnereth(킨로트Kinrot)이라는 작은 지역을 발굴했다. 지층 2층은 기원전 8세기에 속하며, 상당히 넓은 중기-후기 청동기 시대의 도시 폐허 위에 세워진 것으로, 이제는 실질적인 수준으로 축소되었다(2.5에이커). 이 지층은 부분적으로만 발굴되었으나, 그곳에서 일련의 기둥과 안뜰을 갖춘 가옥이 촌락 벽과 문 근처에서 발견되었다. 비교적 큰 그러한 건물이 둔덕의 다른 편에 수조와 함께 서 있었다. 그곳에는 비교적 단순한 가옥들 몇 채가 흩어져 있었다.[224] (그림 VI.3을 보라.)

비록 이러한 자료가 충분하지 않지만, 우리는 다음과 같은 것들을 추론할 수 있다: (1) 어떤 작은 촌락들은 둘러싸는 벽이나, 심지어 성문 같은 것을 보유할 수도 있다; (2) 초반의 전형적인 4방 구조 가옥은 다양하게 간편화된 방식으로 적용될 수 있었다; 그리고 (3) 이러한 가난한 촌락민 대부분은 거의 생존하지 못했다. 물론 마지막의 문장이 의미하는 바는, 그들의 유물이 불충분하며, 그렇기에 통상적인 발굴로 새롭게 드러나는 것이 별로 없었다는 뜻이다. 그것은 확실히 기원전 8세기 시골 생활에 대한 우리의 인식을 왜곡하는 것이기도 하다.

지방의 가옥: 가구, 기능, 그리고 가족

우리는 5장에서 전형적인 이스라엘-유다의 4방 구조 (혹은 '기둥과 안뜰을 갖춘') 가옥의 특징을 상당히 자세하게 살펴보았다. 그 가옥들은 우리가 지금 살피려고 하는 작은 마을과 촌락 거의 모두에서 압도적으로 많았으며, 그렇기에 우리는 그것을 여기에서 논의해야 할 것이다. 그것들은 거의 촌락과 마을에서 독보적으로 전형적인 가옥인데, 심지어 도심지에서도 찾아볼 수 있다. 그 이유는 어느 종류이건 궁궐 같은 건물은 드물기 때문이다. 그러므로 우리가 살펴볼 것으로, 압도적으로 많은 사람의 실제 생활을 반영하는 것은 다름 아닌 이들 가옥과 그 가구들인 것이다.[225] 그렇다면 중산층의 생활에 대해서는 무엇을 말할 수 있을까? 우리는 단지 추정만 할 뿐인가? 그렇지 않으면 우리에게 어떠한 실제적인 사실이 있는가? 이어지는 논의에서 나는 보통 사람의 생활양식을 묘사할 것이다. 이 작업에는 우리가 고고학적 발굴에서 보유한 전형적인 물품에 대한 거의 완전한 목록이 사용될 것이다. 이 목록들은 확실히 기원전 8세기라는 역사적 환경에서 나온 것들이며, 특별히 텔 할리프Tell Ḥalif의 가옥 F7과 같은 집들에서 나온 물건들이다(아래를 보라). 그동안 '실제로 어떠했는지'를 상상하려 시도했던 고고학자들은 별로 없으며, 성서학자는 거의 전무했다. 그러나 우리가 지나치게 추정에 탐닉하기 전에 다음과 같은 기본적인 자료를 조사하도록 하자.

더 넓은 시골의 지형부터 시작해보면, 전형적인 촌락은 수십 명의 사람이 둘 혹은 그 이상의 방, 소위 4방 구조의 가옥들에 살며 여러 가족 복합체를 이루었을 것이다. 그리고 작은 마을에서는 여남은 수의 그러한 가족 복합체가 생겼을 것이다. 이러한 설정은 가족의 사회경제적 구조(성서에서 나오는 '아버지의 집')를 반영한다. 즉, 우리가 이후에 살펴볼 성서의 증거를 다루는 데 필요한 개념인 것이다(7장에서 다시 언급하겠다).

이제 우리가 알아낸 가옥을 통해서, 특별히 거의 완전하게 보존되어 있는 몇몇 물질문화 목록을 가지고, 우리는 그들의 일상생활을 엿볼 수 있게 된다. 우리가 앞에서 주목한 것처럼 최선의 품목 목록을 보유한, 발굴된 가옥 2채로는 (1) 요르단에 있는 기원전 12세기의 텔 우메이리Tell el-'Umeyri와 (2) 기원전 701년에 파괴된 유다의 텔 할리프의 가옥 F7이 있다.[226] 후자가 여기에 더 직접적인 연관이 있기 때문에 그 품목들을 간단하게 표로 제시해보도록 하겠다. 특별히 여기에는 '사치품'이 전혀 없다는 점이 주목할 만하다.

그림 VI.4. 텔 할리프의 가옥 F7의 품목들

품목	개수	품목	개수
저장용 항아리	19	해머 역할의 돌 (Hammerstone)	6
물병	6	투석기(Ballistae)	1
목이 길쭉한 병(Decanter)	3	도가니(Crucible)	1
손잡이가 둘 달린 항아리 (Amphora)	2	숫돌(Whetstone)	1
손잡이가 둘 달린 긴항아리 (Amphoriskoi)	1	돌판(Stone disk)	3
모래 거푸집(Flask)	2	돌 무게추 (Stone weights)	4

작은 용기(Juglet)	9	병마개(Jar stopper)	2
물을 섞는 데 사용하는 단지 (Krater)	9	칼(Knife)	1
그릇(Bowl)	13	화살촉(Arrowhead)	3
절구(Mortaria)	1	못/막대기(Nail/rod)	1
접시(Plate)	1	실을 감는 가락 (Spindle whorls)	1
요리용 냄비(Cooking pot)	3	주걱(Spatula)	1
요리용 주전자(Cooking jug)	2	목걸이(Beads)	2
등잔(Lamp)	6	인장(Seal)	1
국자(Scoop)	1	공문서용 인장(Bulla)	1
가는 체/여과기(Strainer)	1	조개껍질(Shell)	1
깔때기(Funnel)	1	뿔 심(Horn core)	1
작은 대(臺, Stand)	2	작은 조각상(Figurine)	6
절굿공이(Pestle)	2	가는 기구(Grinder)	6
잡동사니 돌	3	흙 방추돌(Clay loomweights)	7

텔 할리프에 대한 용어와 개괄

가옥 F7은 시골 주택의 사례로 취급될 수 있는데, 비록 혹자가 생각하는 것처럼 전형적인 가옥은 아닐 수 있다 하더라도 말이다. 그 장소는 넓이가 약 3에이커에 대략 300명의 사람이 살았으니, 나의 '촌락/마을' 구분에서 딱 경계에 있는 셈이다(파우스트Faust의 '시골' 기준에도 해당한다).[227]

최근의 많은 논의는 철기 II 시대 전반에 걸쳐(약 기원전 1000~기원전 600년) 이러한 전형적인 '4방 구조' 가옥이 널리 분포되어 있었음을 강조한다. 그 가옥은 또한 '이스라엘'이라는 특유의 문화적인 측면과 민족성의 증거라고 할 수 있는 균일한 가옥 구성으로 여겨진다.[228] 지나칠 정도로 이

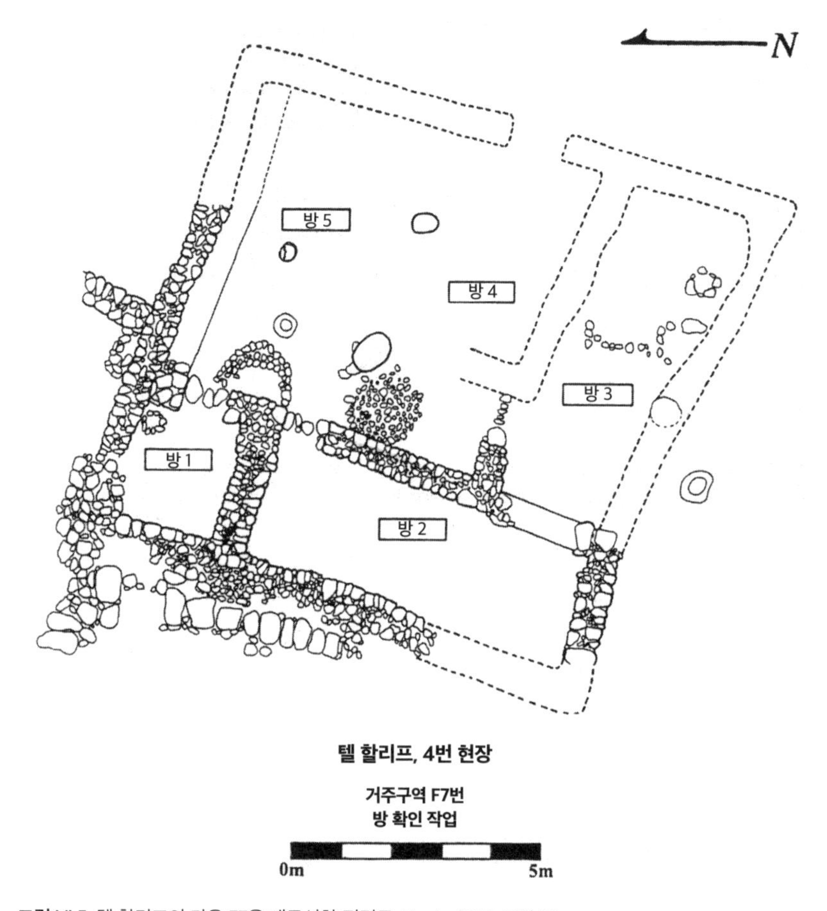

그림 VI.5. 텔 할리프의 가옥 F7을 재구성한 평면도. Hardin 2010, 그림 5.3

거주지들은 간단히 '4방 구조' 가옥으로 불리는데, 안뜰이 있는 표준화된 가옥 구성은 사실 많은 변이를 보여준다. 혹자는 안뜰이 없는 4방 구조를 찾을 수도 있고, 안뜰이 없는 3개의 방; 혹은 어떤 경우에는 더 많은 방을 찾을 수도 있다. 전형적으로 작은 도시의 안뜰을 갖춘 가옥들이 종종 일반적으로 방을 나누는 좀 더 표준적인 방식을 나타내고 있는 반면, 시골의 더욱 큰 집에서는 보다 많은 변화가 나타나고, 때로는 단지 3부분으로 방이 나뉘기도 한다.[229]

매우 작은 촌락과 농가에서는 종종 4방 구조 가옥이나 3방 구조 가옥이 발견되지 않으며, 단지 방들이 다닥다닥 붙어 있는 집들이 있을 뿐이다.[230] 마지막으로, 3개 혹은 4개의 '방'이라는 '방'에 대한 엄밀한 개념은 다음의 다양한 이유에서 오해의 소지가 있다: (1) U 모양의 1층에 있는 안뜰은, 특별히 지붕이 없는 상황에서는 실제로 방이 아니다; 오히려 그곳은 일종의 현관에 가깝다. (2) 안뜰을 둘러싸는 구역은 둘 혹은 세 개의 '방(room)'이 더해져 집을 구성하게 되는데, 일반적으로 셋 혹은 네 개보다 더 많은 방으로 나뉜다. 엄밀하게 말하자면, 여러 방이 세 줄 혹은 네 줄을 이루고 있는 셈이다.

여러 형태의 가옥 구성이 있었기 때문에, 다시 말해서 대부분은 어떠한 주제에 대한 변주에 해당하기 때문에 나는 세세한 부분을 피하고, 대신에 사실상 모든 형태가 공통으로 갖는 특징에 관심을 둘 것이다. 즉, 안뜰(지붕이 있건 없건), 2층을 받치고 있는 기둥, 그리고 때때로 부분적으로 두꺼운 벽들이다. 그러므로 나는 이러한 대상을 '기둥과 안뜰을 갖춘(pillar-courtyard)' 가옥이라고 부를 것을 제안한다.[231]

하딘Hardin의 2010년 연구에서 F7 가옥 안에 있는 거의 완전한 품목들을 광범위하게 공개하고 분석한 것을 통해 우리는 다음과 같이 그 가옥의 정보를 요약할 수 있다.

4번 방: 지붕이 없는 안뜰; 약 18제곱미터(5.6평); 마구간으로 보인다.

5번 방: 지붕이 있었을 것이다; 약 21제곱미터(6.4평); 음식 준비하는 곳.

3번 방: 지붕이 있다; 약 18제곱미터(5.6평); 다용도.

2번 방: 지붕이 있다; 약 13제곱미터(4평); 다용도 그리고 제의용.

1번 방: 지붕이 있다; 약 6제곱미터(1.8평); 저장소.[232]

만약 F7 가옥이 단지 1층으로만 구성되어 있다면, 전체 생활공간은 지

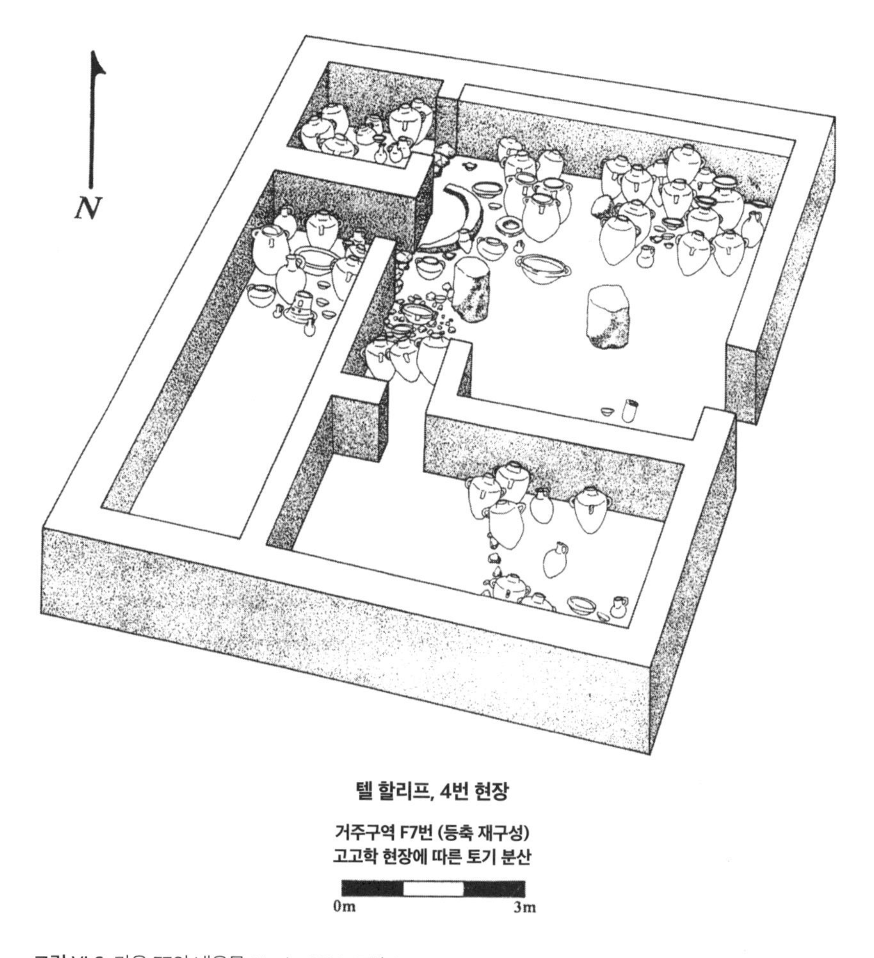

그림 VI.6. 가옥 F7의 내용물. Hardin 2010, 그림 4:9

붕이 없는 안뜰이 포함되면 약 80제곱미터이다. 반대로 안뜰이 없다면, 즉 안뜰이 확 트여 있어서 **지붕이 있는** 생활공간이라면 크기는 약 62제곱미터에 이른다(아래를 보라). 한 사람당 10제곱미터의 생활공간이 필요하다는 나롤 계수(Naroll coefficient)에 따르면, 보다 넓은 2층에 9명 혹은 10명으로 이루어진 가정이 생활할 수 있으며, 혹은 작은 경우에는 6명이 생활할 수 있다는 결론이 나온다.[233] 후자의 경우는 '핵가족'에 해당하는 수치로,

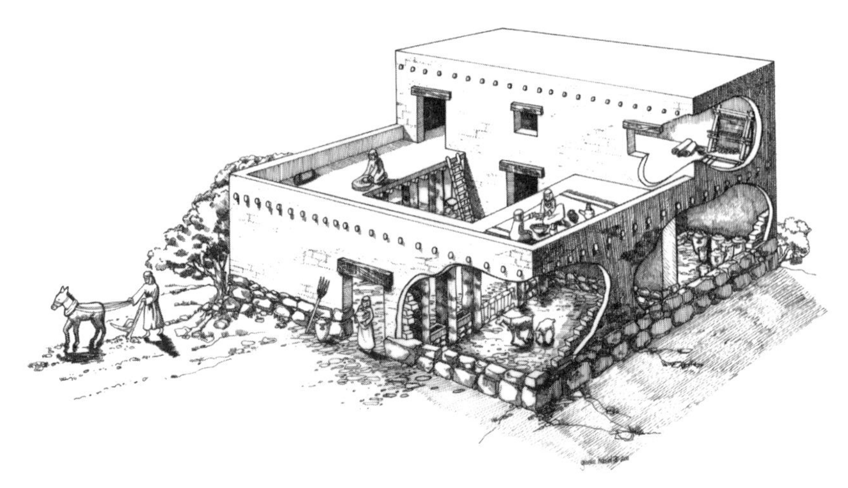

그림 VI.7. 촌락 가옥의 재구성. 그림, Giselle Hasel

오늘날 거의 모든 학자가 동의하는 부분인데, 민족지학 자료에 근간을 두고 있다. 그러나 2층의 상황을 고려한다면, 생활공간은 120~158제곱미터(36~48평)까지 이르며, 13명에서 17명 사이의 '확대' 가족을 위한 공간을 충분히 제공해준다(아래를 보라). 17명이란 수치는 히브리어 베트-아브 *bêt-'āv*, 즉 '아버지의 집'이란 성서의 표현에 잘 들어맞으며, 이것은 아버지, 어머니, 두세 명의 아이들, 결혼한 아들, 아들의 아내, 그리고 그 아들의 한두 명의 자녀들, 여기에 하인(종)이 포함될 수 있다—이렇게 하면, 10명 이상의 식구가 나온다(아래를 보라).

중앙의 안뜰에 지붕이 덮여 있었는지 그렇지 않았는지에 대한 물음은 쉽게 풀 수 없다. 그 이유는 대부분의 설명은 그 문제를 해결할 수 있을 만큼 충분히 잘 발굴되거나 기록된 증거를 제시하지 못하고 있기 때문이다. 물론, 증거의 부재가 (그것이) 없다는 증거가 될 수는 없다. 오직 상식에 근거해 해결책을 하나 제시해보자면, 풍부한 물건들, 특별히 도자기가 거의 언제나 측면 방들에서 발견되었기 때문에 안뜰은 단지 지붕이 없는 작업 공간이었을 것이라고 주장할 수 있다. 할리프 가옥에서 중앙 안뜰(5번 방)

을 제외한 모든 4개의 방은 도자기들과 다른 물건들로 어질러져 있었으며, 상대적으로 안뜰은 접근이 편리했다. 발굴자들에 따르면, 안뜰은 지붕이 없었던 것으로 보였다고 한다(비록 그 재구성을 한 것을 보면, 지붕이 있기는 하지만 말이다).[234]

메기도에서 기원전 12세기의 안뜰이 있는 가옥이 발굴되었는데, 그 가옥은 갑자기 파괴된 것이며, 그 이유는 아마 지진으로 인해 불이 발생했기 때문으로 보인다(건물 00/K/10). 아래로 떨어진 지붕은 잘 보존된 상태였는데, 측면 방들 대부분을 덮을 정도로 확장되어 있었지만, 가운데 큰 안뜰 부분에 대해서만큼은 두드러지게 지붕이 없었다. 안뜰은 또한 상대적으로 적은 물건들이 있었는데, 거의 모든 것들이 한쪽에 모인 저장용 항아리들뿐이었다. 그러나 두 개의 타분*tabûn*(진흙으로 만든 화덕—역자주)은 그것이 있어야 할 자리라고 생각했던, 지붕이 없는 안뜰에 있지 않았고, 오히려 측면 방의 한쪽에 있었다. 발굴자들은 안뜰이 주로 음식을 준비하고 소비하기 위해 주로 사용되었다고 결론을 내렸다.[235]

세겜의 가옥 1727은 기원전 8세기 후반에 아시리아의 정복에서 난폭하게 파괴되었는데, 우리가 보유한 가장 조심스럽게 발굴이 된 가옥 가운데 하나이다. 1층의 내부 공간은 약 62제곱미터(19평)이다. 큰 중앙의 안뜰은(1번 방) 발굴자들이 일종의 '생산' 공간으로 불렀는데, 여기에는 중앙에 큰 돌로 줄을 세워놓은 불구덩이가 있었다. 캠벨Campbell은 비록 위가 막힌 공간에서 연기를 해결하기 어려울 것이라고 인식하기는 했으나, 안뜰에는 지붕이 있다고 생각했다. 그는 이란의 하사나바드Hasanabad의 폐쇄된 공간에 있던 화덕에 관한 왓슨Watson의 민속지학 연구를 인용하였다. 지붕이 있을 것이라는 생각에 대해 발굴 기획자—권위 있는 G. R. H. 라이트G. R. H. Wright—는 주목하기를, 그곳에서 발견된 불에 탄 지붕 재료는 아마 건물이 안쪽으로 붕괴할 때 측면 방에서부터 미끄러져 들어온 것일 수 있다고 하였다. 그러므로 가옥 1727은 지붕이 없는 중앙 안뜰을 가졌을 것으로 보인다.[236]

세겜의 발굴자들이 이러한 전형적인 기둥과 안뜰을 갖춘 가옥에 2층이 있다는 생각을 고수할 수 있었던 것은 다름 아닌 가옥 1727의 부서진 잔해 때문이었음을 지적했다. 토대가 되는 벽은 충분히 두꺼워서 그러한 2층을 받쳐줄 수 있을 정도였으며, 2층 방들을 나누는 벽들은 같은 평면도를 따랐을 것이다. 1층은 주로 마구간, 창고, 그리고 음식 준비를 위해서 사용되었을 것이며, 2층은 가족의 주된 생활공간이었을 것이라는 게 일반적으로 동의하는 부분이다.[237]

여기에서 제기되는 문제는 일반적으로 '생활공간'을 계산하는 과정에서 직면하게 되는 것이 아니라 가족의 크기, 사회구조, 그리고 다른 변수들을 추정하면서 생기게 된다. 내가 이해하는 한 거의 모든 권위자는 1층에 대하여 생활공간을 계산할 수 있다. 그러나 만약 2층도 있었다면 그 수치를 배가해야만 하는가? 만약 그렇게 한다면, 전형적인 기둥과 안뜰을 갖춘 가옥의 예상 가족의 크기는 두 배가 되고 말 것이며, 우리의 모든 계산은 엉망이 되어버리고 말 것이다.

특별히 우리는 큰 촌락/시골과 작은 도시 가옥 사이의 예견된 이분법을 재조사해야만 한다. 추정에 따르면, 전자의 평균 크기는 약 86~120제곱미터(26~36평)이고, 그것을 가족 크기로 변환시키면 9에서 13명으로, 다세대의 확대가족을 이룬다.[238] 그러한 큰 가정들은 농경 생활양식에 더 잘 들어맞는다. 평균 약 45~80제곱미터(13~24평)에 해당하는 작은 가옥은 5~9명에 이르는 전형적인 '핵가족(nuclear family)'이 어울리며, 이는 민족지학 자료에 기초한 예상보다 약간 많은 수이다(앞을 보라). 이러한 작은 가옥들은 응집력이 조금 덜한 가정을 반영할 수 있는데, 그곳에서 사람들은 도심지로 이주했을지도 모른다. 우리는 또한 마을의 벽들 안쪽에 있는 제한된 공간에서 건축이 이루어졌는지를 다루어야 할지도 모른다. 드보de Vaux는 텔 파라(북부)에서 철기 시대 가옥의 크기에 차이가 있는 것은 사회경제적인 불평등의 증거라고 보았다(성서에 언급된 예언자적 항변 구절에 선입견을 가진 것이다). 그러나 그러한 해석은 의문의 여지가 있다. 우리는 단순히 기능적 차이를 다루어야 할지도 모른다.[239]

사례 연구: 키르베트 에르-라스Kh. er-Râs

가옥 크기와 가족 크기에서 내가 발견한 문제를 해결할 한 가지 방법은 이러한 기둥과 안뜰을 갖춘 가옥들의 1층을 진정한 '생활공간'으로 여기는 것이 아니라, 오히려 음식 준비, 실 엮기, 그리고 다른 실외 활동을 포함하여(지붕 없는 안뜰) 마구간과 저장 공간을 위해 주로 사용되었던 공간(측면 방들)으로 취급하는 것이다. 그렇다면 2층은 진정한 '생활공간'으로 이해될 수 있다: 잠을 자는 방에는 어느 정도 사생활이 보장되며, 또한 대가족이 모여 음식을 먹고 휴식을 취하며, 다른 공동체 활동을 할 수 있었을 것이다. 다음 논의에서 나는 간단히 시험 삼아 두 개의 시나리오를 시도해보려고 한다. 이번 논의에서 기초하고 있는 (키르베트 에르-라스) 가정적인 가옥은 촌락 혹은 작은 마을에 하나의 전형적인 대가족 거주 형태로 간주되는 것인데, 표준을 넘어서 대략 102(31평) 혹은 204제곱미터(62평)에 1, 2층 모두 지붕이 있는 공간이며, 21명의 확대가족을 수용할 수 있을 크기이다.[240] (아래의 '가설적 시골집[그림 VI.8]'을 보라.)

이 기둥과 안뜰을 갖춘 가옥의 2층 평면도는 다음의 여러 부분을 고려한 것을 기초로, 가설적으로 재구성될 수 있다: (1) 주요한 칸막이벽은 1층의 최대 하중 벽의 윗부분에 곧바로 세워질 수 있었을 것이다(7번, 11번, 12번, 그리고 13번 방으로 나뉜다). 하나의 짧고 가벼운, 교차하는 벽은 한쪽 기둥에서부터 아래로 집의 측면 벽까지 뻗어 있는 들보 하나에 놓여 있었을 것이다(즉, 칸막이벽은 8번, 9번, 그리고 10번 방 사이에 있다).

(2) 만약 지붕이 있는 집이라면 안뜰 옆의 작은 측면 방에서 사다리를 이용해서 위로 올라갈 수 있었다(13번 방?). 기둥들 사이의 마구간에서 위로 올라갈 수 있었는데(1번, 2번 방), 그러나 그것은 위층의 생활공간에 나쁜 냄새를 풍기게 되었다.

(3) 2층의 건평은 1층에 있는 방들을 기초로 다소 정확하게 계산할 수 있다. 예를 들면 키르베트 에르-라스 가옥(그림 VI.8)에서 12번 방(4번 방 위에 있다)은 길이 약 2.4미터에 폭 2.4미터로, 성인이 잠을 자기에 매우 안락한 공간에 해당하는 방이라고 할 수 있다. 옆에 있는 11번 방(3번 방 위에 있다)은 길이 약 1.5미터에 폭 2.4미터로, 어린이들이 잠을 자는 방으로 이상적이다. 7번 방(6번 방 위에 있는데, 분할되지 않는다)은 길이 2.4미터에 폭 6미터로, 그 넓이는 15제곱미터에 이른다. 그것은 가족의 공동 식사를 포함한 다양한 활동에 잘 들어맞는다.

만약 우리가 5명 혹은 6명의 핵가족을 다룬다고 한다면, 이러한 3개의 방의 총 생활공간은 단지 약 24.5제곱미터(7.4평)에 이르며, 이것은 한 사람당 9.7제곱미터를 사용한다는 나롤(문화인류학자—역자주)의 기준을 충족시키지 못한다. 그러나 만약 우리가 2층의 다른 쪽도 사용되었다고 한다면(8~10번 방), 또 하나의 14제곱미터의 넓이가 더해질 수 있다. 그런 경우에 2층 생활공간의 총합은 약 37제곱미터(11평)에 이르며, 이는 4명의 식구를 달랠 수 있는 정도가 된다. 만약 우리가 지붕이 있는 안뜰 위의 공간을 추가할 수 있다면, 약 18.5제곱미터(5.6평)가 더해질 수 있으며(이것은 7번 방으로 출입할 수 있을 것이다), 결국 우리는 총 55제곱미터(17평)에 달하는 생활공간을 확보하게 된다. 그 수치는 약 5~6명의 가족으로 바꿀 수 있으며, 핵가족이라는 묘사에 잘 들어맞는다.

그러나 확대가족의 경우에는 통상 10명에서 15명의 식구로 생각이 되기 때문에, 우리는 1층의 55.7제곱미터(16.8평)를 생활공간으로 계산해서,

(2층을 포함해서) 총합으로 약 111제곱미터(34평)의 전체 넓이를 산출해야 할 필요가 생긴다. 분명 우리는 '생활공간'이라는 것이 무엇을 의미하는지 결정하기 전까지는 가족의 크기와 구조에 대해서 확실한 결론에 이르지 못한다. 비록 민족지학 자료는 가옥의 전체 공간을 생활공간으로 취급하기를 선호하지만, 현재 상태로는 그 질문에 대해 아직도 열려 있는 것처럼 보인다.

가옥 구상 그리고 사회구조

잘 증명된 가옥 구상에 기초하여 제시된 이러한 계산이 암시하는 것은 다음의 내용들로 보인다. 만약 우리가 한 사람당 9.7제곱미터(3평)의 공간이 요구된다는 나롤 계수를 사용한다면, 1층과 2층 모두를 생활공간이라고 가정한 예상 가족의 크기는 10~12명에 이르게 된다(앞을 보라). 그 수치는 확대 가정의 예상 크기 내에 잘 들어맞는다.

이러한 계산은 대부분의 권위자들이 반드시 생활공간으로 1층과 2층을 모두 사용한다는 것을 **가정해야만** 하는 경우인데, 그들은 이 점을 분명하게 밝히지 않는다. 만약 그렇다면 우리는 10명에서 12명에 이르는, 시골에 거주하는 확대가족의 가옥을 위해 다음과 같은 공간 활용을 구상할 수 있다.

1층: 1~5번 방: 마구간, 저장소, 음식 준비, 가정 생산 공간, 수면을 위한 공간도 가능하다.

2층: 11~12번 방: 첫 번째 가정. 8~10번 방: 두 번째 가정. 7번 방: 공동 구역. 10명의 식구. 안뜰: 아마 음식물을 말리는 용도로 사용.

할리프의 F7 가옥이나 키르베트 에르-라스 가옥과 같은 시골의 집들과는 달리, 즉 1층 면적이 평균 90~120제곱미터(27~37평)인 시골집과는 달리 도시 가옥은 1층 면적이 평균 45~80제곱미터(14~24평)에 이를 뿐이다(앞을 보라). 그 정도의 면적이라면, 핵가족의 예상 인원보다 약간 많은 정도인 5명에서 8명의 사람에게 적합한 크기이다. 2층 공간을 더해서 생활공간이 두 배가 된다면 그 수치는 10명에서 13명까지 늘어나게 되어, 이는 확대 가정에 더 가깝다고 할 수 있다. 도시에 거주하는 가옥이 보다 작은 핵가족이라는 일반적인 개념을 유지한다면, 우리는 단지 한 층—이 경우에는 2층이 되겠다—을 진정한 생활공간으로 고려해야만 할 것이다. 이러한 사실은 도시에 사는 가족들의 경우 1층은 공간이 작기 때문에 그 좁은 공간을 서로 다른 목적으로 사용해야 했음을 추측하게 한다: 거의 없겠지만 있더라도 소수의 가축을 기를 마구간; 제한된 수준의 저장 공간; 그리고 가능하면 작업장이 있을 것인데, 이곳은 현대의 많은 중동 연립주택에서 포함하고 있는 부분이다.

고대 이스라엘의 사회구조—성서, 민족지학, 그리고 고고학 자료에 기초하여—에 대한 최근의 다양한 연구 결과를 취합하면, 비록 여기에서 필요에 따라 단순화했지만, 다음과 같은 3계층의 구조에 도달하게 된다.[241]

1. 사회의 기초가 되는 단계는 **핵가족**으로, 아버지, 어머니, 그리고 둘 혹은 셋의 살아남은 자녀들로 구성된다. 이것은 성서가 말하는 바이트*bayit*, 즉 개인(히브리어로 게베르*gěvěr*)의 '집'에 해당한다. 사회의 토대가 되는 이러한 단위는 도심지에서 기둥과 안뜰을 갖춘 작은 가옥을 반영하는 것으로 여겨지며, 그 생활공간의 면적은 약 45~80제곱미터(14~24평)로, 대략 5명에서 8명의 식구에게 적합한 수준이다.

2. 사회의 중간 단계는 여전히 부계父系로, 다중 세대가 살고 있는 **확대 가족**이다. 그것은 핵가족의 아버지, 어머니, 그리고 자녀들에 하나 혹은 둘의 결혼한 아들, 그 아들의 아내들 그리고 자녀들; 여기에 미혼의 이모나

삼촌; 그리고 하나 혹은 둘의 종(성서는 히브리어로 게림*gērîm*, 즉 '나그네')으로 구성될 수 있다. 이렇게 10명에서 12명에 이르는 거대한 집단은, 성서 표현으로 베트-아브, 곧 '아버지의 집'이다. 이 말은 민족지학 문헌에서 자일라*za'ila*, 곧 '결합 가족(joint family)'과 같은 개념이며, 이는 중동에서 여전히 일반적인 가족 형태이다. 이러한 큰 집단은 우리가 작은 마을, 촌락 그리고 시골의 외곽에서 보았던, 기둥과 안뜰을 갖춘 큰 가옥을 나타내준다. 그곳은 평균 생활공간이 83~120제곱미터(25~37평)로(혹은 지붕이 있는 2층 공간을 포함한다면 이 수치에 두 배 넓이가 가능하다), 15명 정도의 사람들을 수용할 수 있다.

3. 가장 큰 사회적 조직은 민족지학 정보에 따르면 하물라*hamula*, 곧 '직계가족(stem family)'이라고 부르는 것으로, 여러 확대가족으로 구성하여 하나의 촌락이나 심지어 하나의 마을을 구성하는 경우이다(사람은 모두 합하여 100~200명에 이른다). 그것은 성서의 미슈파하*mishpāḥā*로, 고대 이스라엘에서 가장 큰 가족 혹은 '씨족(clan)'에 해당하며, 오늘날 고고학적 기록에서 밝혀지는 것처럼 여러 여남은 수의 촌락들이나 작은 마을을 구성하는 집단이다. 그 수준 위로는 '부족(tribe)'(히브리어로 셰베트*shevet*; 맛테*māṭṭeh*)이 있으며, 더 위로 이스라엘 자손(히브리어로 베네-이스라엘*bĕnê-yiśrā'ēl*)으로 올라간다.

이러한 이론적인 고찰은 텔 할리프의 가옥 F7에 대한 하딘의 재구성과도 잘 들어맞는다. 비록 그가 당연한 것으로 생각되는 2층을 매우 명확하게 다루지 않고, 즉 (2층을 포함함으로써) 필요로 하는 2배의 생활공간을 고려하지 않았음에도 그는 다음과 같이 결론을 맺는다: "F7 거주지는 소규모의 확대가족들이 차지했을 것이다. 즉, 아버지, 어머니, 그리고 미혼의 자녀들뿐만 아니라, 결혼한 아들들과 며느리들 그리고 그 자녀들, 여기에 미혼의 고모와 때로는 미혼의 삼촌도 포함될 수 있었다. 여기에 노예가 주거지에 들어올 가능성이 있다."[242] 이 F7 가옥은 기원전 8세기에 이스라엘 사람과 유다 사람의 대다수가 살았던 비도시권 가옥의 전형적인 전체로 취급될 수 있다.

이론적인 시골의 가옥

텔 할리프 F7 가옥이 기원전 8세기 가옥과 그 내용물에 대한 가장 완전한 사례인 반면, 그 평면도는 전적으로 전형적이지 않다. 그러므로 그것을 다른 동시대의 이스라엘과 유다의 가옥들과 함께 고려해서, 촌락과 작은 규모의 마을 가옥에 대한 이어지는 논의를 위해 일반화하도록 하자. 많은 변이에도 불구하고, 이러한 일반화는 여전히 쓸모가 있을 것이다.

전형적인 평면도를 얻기 위해 나는 예루살렘 외곽의 계단식으로 된 산기슭에 자리 잡은 작은 농경 정착지인 키르베트 에르-라스Kh. er-Râs의 기원전 8세기 '기둥과 안뜰을 갖춘' 가옥을 선택했다. 그것은 1층의 건평이 약 102제곱미터(31평)의 건물로, 우리의 모델에 따르면 약 10명을 수용할 수 있다—이는 전형적인 시골의 작은 확대가족이다. 여기에서 나는 2층의 모양에 대해서 내가 믿고 있는 하나의 평면도를 제시했다. 보이는 내부의 벽은, 비록 이론적이기는 하지만 허술한 천장 위가 아니라, 하중을 지탱하고 있는 1층의 벽에 놓여 있었을 것이 분명하다. 7번 방의 입구(그림의 ?표시)는 사다리를 통해서 접근이 가능한 것으로 보인다. 이어지는 논의에서 방의 번호는 이 평면도에 따라서 부여된 것이다.[243]

우선 전형적인 안뜰(1번 방)부터 살펴보면, 그 지표면을 두들겨서 편편하게 했다. 화로와 요리용 항아리가 중앙 안뜰에서 발견되었는데, 이를 사용해서 간단한 식사가 여기에서 준비되었으며, 분명 여성이 했을 것이다. 화로는 작은 돌들을 둥근 모양으로 만들어서 불을 살렸을 것이다. 요리용 항아리는 석탄 바로 위로, 다른 여러 돌들 위에 올라가 있었다. 손잡이가

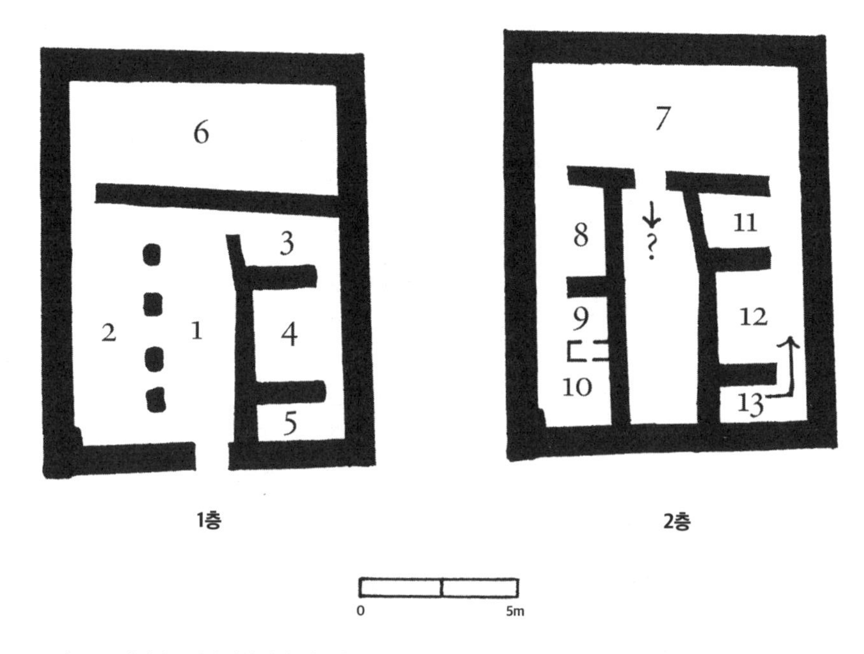

그림 VI.8. 기원전 8세기 전형적인 '기둥과 안뜰을 갖춘' 가옥의 재구성(키르베트 에르-라스).
Clark 2003, 36에서 각색

많이 나타난 것으로 보아 그 요리용 항아리들을 석탄 위로 매달아두었던 것으로 추측할 수 있다(아래를 보라).

보다 일반적인 화덕 혹은 탄누르tannûr(히브리어이며, 아랍어 표기는 타분 *tabûn*)는 원형으로 깔아놓은 작은 돌들 위에 세워 올린 두꺼운 테라코타 벽으로 만들어졌다. 측면의 벽은 그 높이가 60센티미터에 이르며, 그 꼭대기에는 작은 구멍이 나오도록 안쪽으로 비스듬하게 되었다. 돌 뚜껑은 그 입구를 막을 수 있었다. 안에서 발견된 재를 분석해볼 때, 연료는 나뭇가지와 햇볕으로 말린 거름 조각이었고, 그 재는 때때로 치워졌다. 화덕이 열을 지킬 수 있도록 깨진 토기 조각들을 바깥쪽 벽에 회반죽으로 붙여놓곤 했다. 탄누르는 종종 안뜰의 입구 근처에서 발견되었는데, 이는 측면 방의 한쪽이거나(3번 방), 혹은 현관 근처였다.[244]

그림 VI.9. 회반죽을 한 바닥에 놓인 게셀의 탄누르.

이러한 탄누르는 오늘날에도 여전히 사용된다(이는 내가 웨스트뱅크의 아랍 촌락에서 살면서 알게 된 부분이다). 하나의 요리용 냄비를 석탄 안쪽에 혹은 열려진 위쪽에 놓을 수 있다. 보다 많은 경우에는, 얇게 편 밀가루 반죽을 아래쪽의 뜨거운 돌 표면에 직접 놓거나, 안쪽의 측면 벽에 붙이기도 한다. 그러면 수 분 내에 빵이 구워진다. 여성이 곡물의 가루를 준비한 후 한 시간도 채 지나지 않아 가족을 위한 하루 분량의 빵을 쉽게 구워낼 수 있었을 것이다. 하지만 가루를 얻기 위해 곡물을 갈아내는 작업은 진저리가 나는 작업이었을 것이다.

반죽은 밀이나 보리에 물을 섞어서 만들었다. 표면이 거친 윗돌과 아랫돌('안장 모양의 맷돌')은 구멍이 많은 현무암 재질로, 가옥의 안뜰이나 다른 곳에서 종종 발견되었다(텔 할리프 가옥에서 여러 종류가 출토되었다). 빵(혹은 으깬 밀죽이나, 일종의 쿠스쿠스[거칠게 빻은 밀가루를 채소, 고기 등과 함께 삶아 스튜로 먹는 요리—역자주])을 만들기 위해 곡식을 가는 작업은 성가신 일로, 매일 한 시간가량 소모되었다. 그 일은 분명 여성이나 집안의 여자아이가 자신의 일상적인 일의 일부로 담당했을 것이다. 곡물은 근처에서 공급이 가능했으며, 안뜰 바로 옆인 뒷방(6번 방)의 큰 저장용 항아리에서 가지고 나왔다(텔 할리프 가옥에서는 전체 19개의 저장용 항아리가 출토되었다). 때때로 여성들이 힘을 모아 이 일을 수행했다(아래를 보라).[245]

요리용 항아리(텔 할리프 가옥에서는 5개가 나왔다)를 해석하는 데는 어려운 부분이 없다. 이러한 독특한 그릇들은 언제나 알아볼 수 있으며, 중점토로 만드는데, 불에 구울 때 파손에 견뎌낼 수 있도록 충분히 많은 석회석을 뿌려 넣어서 강화시킨다. 기원전 8세기의 것은 땅딸막하고 둥근 모양으로, 홈이 있는 고리가 도자기 뚜껑에 잘 맞았다. 보다 초기의 것들은 일반적으로 손잡이가 없었는데, 그러나 기원전 8세기 후반에서 기원전 7세기에 이르는 보다 작은 유다의 요리용 항아리부터는 손잡이가 적용되었다(그림 VI.12의 번호 19, 20번). 그 용량은 0.5쿼트(약 0.47리터)에서 2쿼트(약 1.8리터)까지 다양하다. 그 항아리들은 불에 잘 구워졌지만, 재질이 거친 도자기여서 깨끗하게 유지되기는 어려웠다. 그것은 고깃국이나 다양한 채소 요리, 그리고 다른 음식들을 요리하는 데 사용되었다(아래를 보라)

최근에 여성 성서학자와 고고학자의 다양한 연구에 의하면, 성서 시대의 빵을 굽는 것은 단순한 잡일이 아니었다. 그 일은 종교적(비록 '신학적'이라고까지 할 수는 없지만)인 함의를 띠고 있는데, 왜냐하면 독립적인 지위가 거의 없는 여성이 이 역할에 뛰어났기 때문이다. 그들은 가족을 위해 기본적인 음식물을 제공할 수 있었다. 그들은 자신들의 고결한 노동으로 평가를 받고 존경을 받을 수 있었다. 그리고 바로 그런 것이 종교가 관련하는 것—옳은 일을 하는 것—이기도 하다. 기록과 인공유물, 그리고 민족지

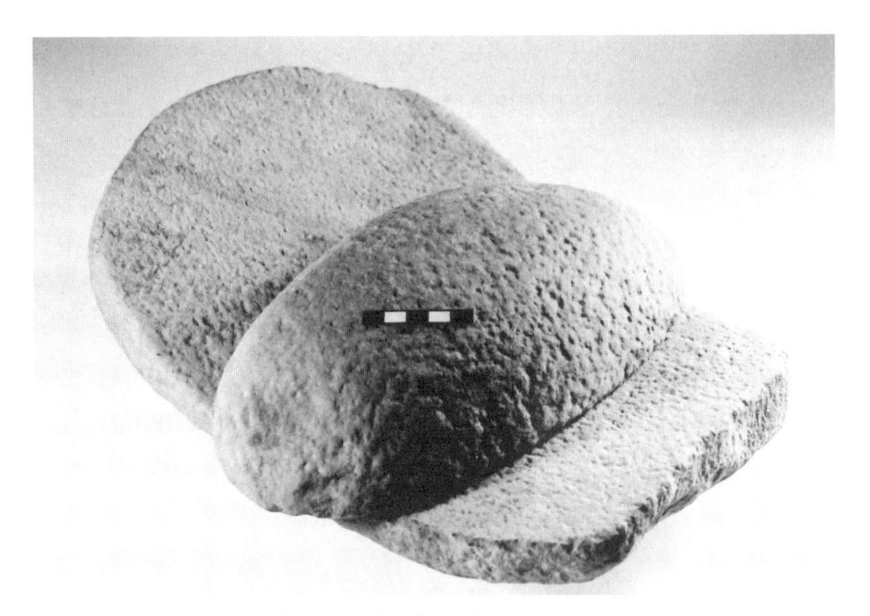

그림 VI.10. 윗돌과 아랫돌, 현무암으로 된 곡식을 가는 돌들. 사진: W. G. Dever

그림 VI.11. 탄누르에서 빵을 만들고 있는 팔레스타인의 여인. 사진: W. G. Dever

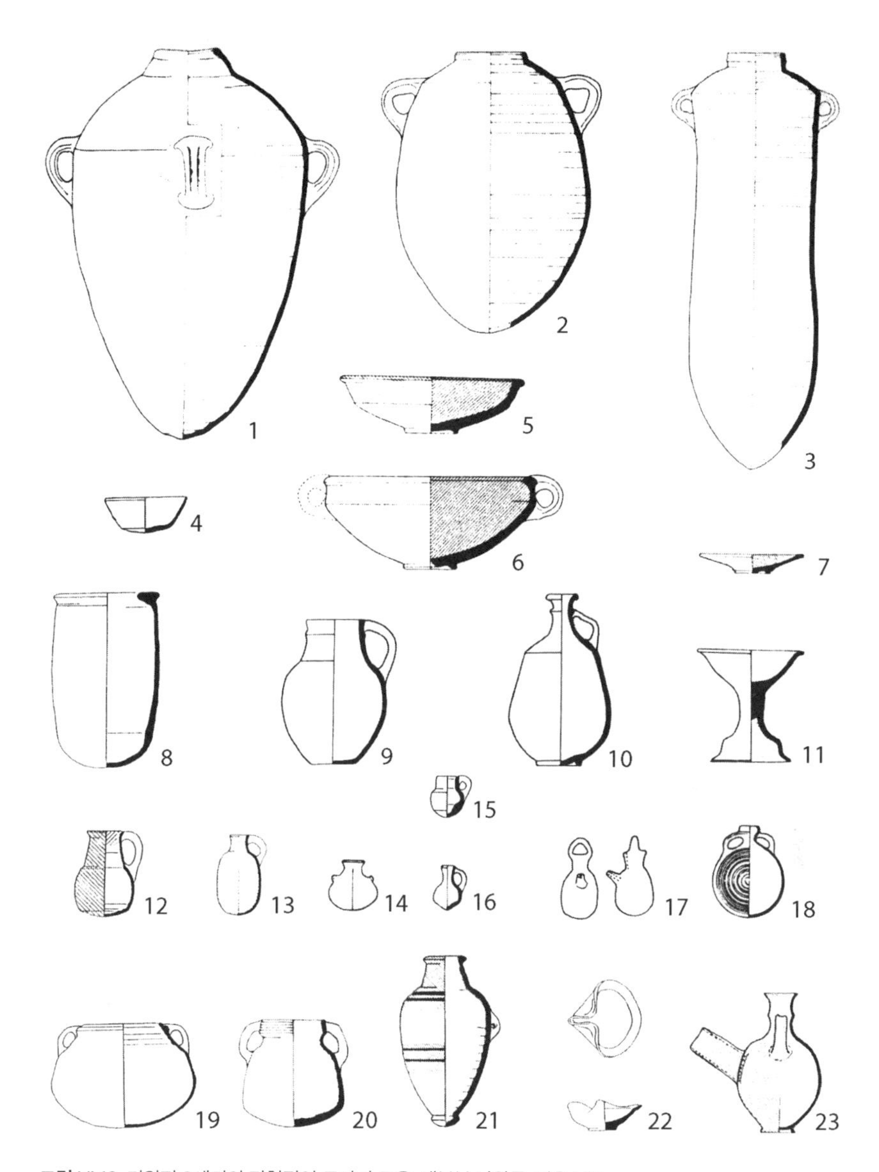

그림 VI.12. 기원전 8세기의 전형적인 도자기 모음, 대부분 남왕국. 비율 1:10

학적 증거를 조사하는 여러 학자들은 빵을 굽는 일은 아마 '축복'을 내리는 (the baking a 'blessing') 다양한 제의를 수반한 작업이었을 것이라고 결론을 맺었다.[246]

다른 음식물 역시 안뜰에서 조리될 수 있었다. 돌로 만든 작은 모르타르와 절굿공이가 채소나 혹은 향신료를 부수기 위해 사용되었다(텔 할리프 가옥에서 여러 개가 출토되었다). 우리는 몇 개의 쇠칼을 찾아냈고, 고기를 자르거나 다룰 때 사용하는 도구들을 날카롭게 만드는 숫돌을 발견했다.

음식을 위한 물과 개인적 위생을 위한 목적으로 사용되는 물은 뒷방 근처의 큰 저장용 항아리를 통해서 얻을 수 있었다. 우리는 또한 용액을 부을 수 있는 물주전자, 목이 길쭉한 병, 병, 주전자, 작은 용기(juglet)를 찾아냈다(그림 VI.12, 텔 할리프 가옥에서 29개를 발굴했다). 때때로 물은 집 안이나 밖에 있는 우물이나 수조에서 얻을 수 있었다. 그러나 많은 경우에 어린 여자아이가 하루에 몇 번 왔다 갔다 하면서 샘이나 우물에서 물을 길고 집에 저장했을 것이다. 그러나 물은 항상 공급이 부족했을 것이며, 특별히 가뭄이 심할 때는 더욱 그러했을 것이다.

중앙 안뜰 바로 옆의 여러 방들(2번 방)에는 일반적으로 자갈을 깔아서 주기적으로 청소할 수 있게 했다. 이 방들은 분명히 동물을 위한 마구간으로, 한두 마리 소나 당나귀, 그리고 양이나 염소 몇 마리를 두기에 충분한 크기였다. 기둥들 사이의 공간에는 여물통이 있어서 동물들에게 음식이나 물을 먹일 수 있었다. 가축의 똥은 따로 보관하다가 짚이나 왕겨를 섞어서 돌벽에 붙여 말린 후에 연료로 사용했다. 마구간 안에서 보호를 받은 동물들이 낸 열기는 특별히 밤에 실내 온도를 높여서 2층의 생활공간을 따뜻하게 해주었다. 분명 집 밖에 울타리를 두어 큰 동물들을 관리했을 것이지만, 우리가 가진 증거는 별로 없다.

민족지학 자료는 산업사회 이전의 전형적인 시골 촌락 가정은 소나 황소 한 마리, 당나귀 (혹은 말) 한 마리, 많아도 약 30마리 정도의 양과 염소,

그리고 잡아먹으려고 새장에 키우는 비둘기들이 있었을 것이라고 추정한다. 약간 잘사는 가정의 경우 낙타를 가질 수도 있다. 그러나 이러한 큰 동물들은 키우는 데 돈이 많이 들고, 또 어렵다.[247]

좋은 날씨일 경우, 나무를 수직으로 세운 베틀이 안뜰에 놓인다. 비록 나무 베틀이 남아 있지는 못했지만, 우리는 베를 짜는 것에 대한 좋은 증거를 가지고 있다. (텔 할리프 가옥에서 발견한 11개 정도 되는) 진흙을 구웠거나 아니면 돌로 만든 방추돌(loom weight)은 그 돌에 난 구멍으로 쉽게 알아볼 수 있는데, 그 구멍을 통과해서 휘어진 실 아래로 연결시키는 것이다. 가끔씩 그것들은 파괴된 방 안에서 아주 많은 양이 발견되기도 하는데, 불에 구워져서 단단해졌고 모두 한 줄로 되어 있어서 그것이 떨어질 때 모양 그대로를 보존하고 있었다. 불에 탄 방은 아마 그러한 방추돌을 수백 개 이상 보유하고 있었던 것으로 보인다.[248]

우리는 또한 몇 개의 뼈 혹은 상아로 만든 베틀 북(shuttle)을 발견했는데, 이것은 씨실을 이쪽저쪽으로 박기 위해서 사용되는 것이다. 이러한 것들은 뼈나 돌, 혹은 나무(그래서 남아나지 못했다)로 만들어졌을 것이다(아래를 보라). 우리는 또한 몇 개의 깎아 다듬은 칼들을 가지고 있다(이것은 텔 할리프 가옥에서 발굴한 것이다). 혹한의 계절일 경우, 베틀은 집 안 벽에 기대어 세워두었다.[249]

우리는 돌로 만들거나 도자기로 만들거나 아니면 뼈로 만든 방추차를 보유하고 있다(텔 할리프 가옥에서는 오직 한 개만 출토되었다). 이것들은 무게추로 사용되며, 구멍을 뚫은 곳에 묶인 실이 뼈 혹은 나무로 만든 방추의 자루에 연결되어서, 방추가 회전할 때 그 탄력을 더해주는 역할을 한다. 나무 다발은 한 손으로 쥘 수 있는 용량이며, 다른 손으로는 꼰 가닥을 가늘게 빗어서 양모를 실로 잣게 된다. 실이 스핀들 축에 모이게 되면, 그것을 떼어내고 공에 둘둘 말아놓는다. 이러한 방식의 실 잣는 일은 여러 레반트 사회에서 고대로부터 내려온 방식으로, 오늘날 여러 촌락에서 지켜지고

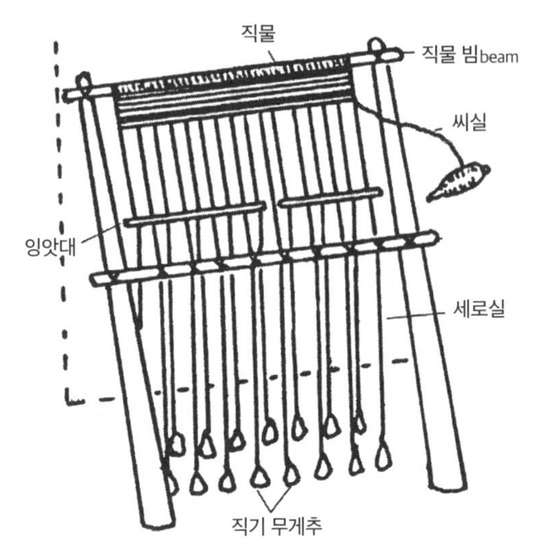

그림 VI.13. 직립 직기織機. King and Stager 2001, 그림 III.76

있다. 그러나 이 일은 매우 지루하며, 많은 시간을 요구하는 작업이다.[250]

여인과 소녀는 아마 항상 실을 잣는 일을 하고, 심지어 다른 일을 생각하면서도 그 작업을 계속했을 것이다. 실은 자연색으로 염색했을 것인데, 양털에서 흰색이나 크림색을, 염소의 털에서 검정색을, 낙타의 털에서 황갈색을, 꼭두서니(madder) 뿌리에서 빨간색을, 사프란saffron에서 노랑 혹은 초록색을, 그리고 코발트나 인디고에서 (희귀한 색인) 파란색을 염색했다.

빵을 굽는 일이 고상한 작업으로 여겨지는 것처럼, 실을 짜는 작업 역시 그러했다. 여기에서 여인과 어린 소녀는 그들의 손재주, 근면성, 가족을 부양하는 모든 중요한 일에 자신들의 가치 있는 역할을 담당하고 있음을 증명할 수 있게 된다. 비록 인공유물의 증거는 없지만 제의적 행동에는, 앞에서 빵을 만드는 것과 같이, 실을 짜는 것도 수반할 수 있겠다. 그러나 우리는 텔 미크네Tel Miqneh라는 곳에 있는 기원전 8~기원전 7세기의 가정용 기름 압착기 설비에서 뿔 달린 작은 분향단焚香壇이 거의 모든 방 안에서 발견되었다는 사실을 알고 있는데, 이는 제의적 활동이 많은 집안의 잡일을

그림 VI.14. 양털에서 실을 잣는 팔레스타인 여인.

수반했음을 암시하는 부분이다.[251]

우리는 '성(sacred)'과 '속(secular)'의 현대적 구분이 고대인들의 생각에는 낯선 것임을 명심해야만 한다. 종교는 모든 삶의 영역에 스며들어 있었으며, 그것은 심지어 가장 일상적인 잡일에서도 떨어질 수 없는 개념이다. 그리고 여인들이 자신만의 일을 하면서 본능적으로 올바른 일을 하고 있음을 알게 될 때, 그들은 자신의 세계와 조화로운 삶을 영위하고 있음을 깨닫게 된다(자세한 것은 8장을 보라).

지붕이 없는 안뜰이나 측면 방(3, 4, 5번 방)에서 준비하거나 만든 요리는 그곳에서 먹었거나 아니면 날씨가 나쁜 경우에 2층의 어느 방에서 먹었을 것이다(아래를 보라). 기원전 8세기 장소들을 발굴한 결과, 우리가 어느 시대에서라도 보유하는 실제 가정용 도자기 거의 전부에 해당하는 것들을 정리할 수 있었다. 요리용 항아리, 컵, 주전자, 큰 저장용 항아리, 그리고 모든 종류의 저장용 목적의 용기와 따르는 목적의 용기에 더하여, 우리는 또한 넘칠 정도의 조금 작은 항아리, (두 개의 손잡이가 있는) 큰 크라테르krater(포도주와 물을 섞는 데 사용한 단지—역자주), 다양한 크기의 작은 그릇, 여러 종류의 매우 작은 용기, 어느 시대에나 발견될 수 있는 얇은 접시와 대형 접시, 그리고 간단한 주둥이 받침 램프가 있다. 그림 VI.12에서, 나는 이미 논의한 것들을 포함하여 기원전 8세기의 거의 모든 도자기 목록을 제시했다.[252]

여러 그릇들은 좀 더 자세한 보충 설명이 필요하다. 마시기 알맞은 용기는 그 종류가 희귀했는데, 사람들은 그릇이나 주전자와 같은 것으로 쉽게 마실 수 있었다. 우리는 또한 '물 디캔터'(water decanters, 포도주 등을 따르는 데 쓰이는 마개가 있는 용기—역자주)라고 부르는 그릇을 가지고 있는데, 이것은 기원전 8~기원전 7세기 유다 지역에 국한되어 나타났다. 이것들은 매우 독특하게 한쪽에 주둥이가 달린 주전자로, 아래 몸체는 구형이며 위로 올라갈수록 약간 용골 모양(carination)을 띤다. 그것들은 일반적으로 광이 잘 났으며, 특별히 기원전 8세기 초반의 진흙 주전자에서는 용액이 새지 않았다. 이 주전자는 휴대용 물통으로 잘 사용되었을 것 같은데, 특별히 작업 현장에 물을 가지고 갈 경우에 적합한 도구였다. 우리는 또한 손잡이가 두 개 달린 그릇으로, 순례자의 병이라고 부르는 것을 발견했는데, 이것은 끈으로 묶어서 가지고 다니기에 보다 실용적인 도구였다.

우리는 맥주 물병도 발굴했는데, 하나의 손잡이가 달린 물병으로, 여과기에 구멍이 뚫린 특징을 가진 일종의 붓는 주둥이가 있는 물병이었다. 이것은 음료를 마실 때 보리 맥주에서 껍질을 여과하는 기능을 했다. 액체를 담는 또 하나의 특별한 그릇으로는, 달걀 모양의 큰 항아리가 있는데, 가장자리에 4개의 손잡이가 있으며, 그중 하나에 구멍이 뚫려 있어서, 액체를 항아리 안으로 넣게 했다. 이것은 틀림없이 올리브기름을 보관하기 위한 것으로, 국자 물병이 구멍이 뚫린 곳에서 내뿜어져 나온 부분 뒤에 놓여 있어서 넘치는 기름이 다시 뒤로 내려가서 보존될 수 있도록 만들었다. 올리브기름은 값비싼 상품으로, 요리를 위해 사용되거나, 접시 램프의 연료로 사용되거나, 혹은 사람을 청결하게 하고 기름을 부을 때 사용되었다(아래를 보라).

길고 매우 가냘픈 주둥이에, 손잡이가 하나 달린 작은 용기는 때때로 램프 충전재(lamp-filler)로 해석되기도 했다. 그러나 그것은 갓난아이에게 이유식을 하기 위한 일종의 젖병으로 보다 쉽게 사용되었을 수도 있다. 마지막으로 우리는 매우 작거나 심지어 축소한 용기를 발견할 때도 있었다. 이것 중에 어떤 것은 매우 광이 나는 것으로, 아마도 향유병(unguentaria)으로 사용되었을 것이며, 우리는 그것들을 무덤 안에서 발견했다(앞을 보라). 축소형으로 만든 것은 제의적 용도로 사용되었기 때문인 것으로 보인다(8장을 보라).

어떤 가옥에서 발견된 도자기 그릇의 숫자를 통해서 무엇인가를 밝혀낼 수 있다. 우메이리 가옥은 거의 150개의 그릇이 출토되었는데, 그 집이 파괴되었을 때(기원전 12세기) 그릇들 전체가 사용되었을 것으로 보이며, 텔 할리프 가옥에는 약 83개의 그릇이 있었다.[253] 11개는 보통의 가정에서 사용하는 모양으로, 전체의 1/4에서 1/2 정도는 여러 가지 저장용 항아리가 차지했다. 또 다른 40~50퍼센트는 요리를 담기 위한 그릇이다. 상대적으로 적은 수의 요리용 그릇은 대가족일 경우에는 식사가 그때그때 벌어지는 일이라는 것을 나타낸다고 하겠다.

사람들은 일과 중에 바닥에 서서 혹은 앉아서 음식을 먹었을 것이며(가벼운 식사), 혹은 2층의 한방에 모두 모여 앉아 저녁 식사를 했을 것이다(그림 VI.8, 7~13번 방). 남자들은 밭에서 간소하게 점심을 먹었을 것이다. 우리는 식탁이나 의자, 혹은 그 어떠한 식기 도구에 대한 정보도 전혀 가지고 있지 않다. 음식은 큰 크라테르에서 분배가 되거나, 혹은 십중팔구 여전히 따뜻한 조리용 항아리에서 직접 떠먹었을 것이다. 사람들은 자신이 먹을 음식을 떠서 우리가 알고 있는 작은 그릇이나 접시에 담고, 손을 이용해서 음식을 먹었을 것이다. 우리는 돌로 만든 적은 수의 그릇을 발견했는데, 그러나 그것들은 너무 무거워서 편리하지 않았다. 그리고 그것들은 닦아내기도 어려웠다. 나무로 만든 가구나 식기 도구는 사용되었을지도 모르지만, 그러나 그것들은 일반적인 고고학 유물들 안에는 보존되어 있지 않다.[254]

식품 생산과 소비

고대 이스라엘의 음식에 대한 다양한 연구가 진행되었는데, 가장 최근에 그리고 가장 잘된 것으로, 네이선 맥도널드Nathan MacDonald의 『고대 이스라엘 사람들은 무엇을 먹었는가? 성서 시대의 음식*What Did the Ancient Israelites Eat? Diet in Biblical Times*』(2008)이 있다.[255] 그는 "젖과 꿀이 흐르는 땅"이라는 유명한 성서의 구절이 이상적인 표현이며, 다시 말해 하나의 은유라는 것을 보여주었다. 실제는 매우 다르다. 사실, 철기 시대 보통 사람들의 음식은 단조로웠는데, 계절에 맞게 다양했고 선택적이었으며, 간신히 적절한 수준이 되었다. 히브리 성서에서 언급된 이국적인 음식 중에 많은 것은 아마 존재했겠지만, 대부분의 사람들이 그것들을 먹어보지 못했다.

기본적인 음식은 지중해 지역에서 대표적인 3가지에 기초하고 있다: 곡식(빵), 포도주, 그리고 올리브기름이다. 빵은 1인당 칼로리 섭취량의 절반까지 차지했을지도 모른다. 빵의 주원료는 밀(경질 소맥) 혹은 보리였다. 밀은 500에서 635밀리미터의 연간 강우량이 필요했는데, 4월까지 계속 내리게 된다면, 비교적 작은 계곡에 물이 가득 차게 된다. 11월에 씨앗을 뿌리고, 5월이나 6월에 추수한다. 밀은 (물이나 우유에 흠뻑 담근 후에) 생으로 먹거나, 볶아 먹거나, 또는 일반적으로 갈아서 빵을 만들어 먹는다(때로는 맥주를 만드는 데 사용한다). 6명의 식구가 있을 경우, 맷돌 가는 일이 하루에 4시간 정도 소요되며, 여기에 한 시간가량이 빵을 굽는 데 추가된다. (빵은 아주 기본적인 음식물이어서 여러 성서 기록에서 그 말 자체가 '음식'과 동의어가 되었을 정도이다.)

포도는 일상적으로 먹거나 혹은 말려서 먹기도 하고, 주로 포도주를 만들어서 소비하는데, 연간 강우량 400에서 760밀리미터를 필요로 한다. 포도는 어떤 온도에도 잘 적응하며, 다른 작물은 실패할 법한 모래와 자갈이 많은 토양의 고지대에서 번성한다. 포도나무는 겨울에 가지치기를 하고, 그런 다음에 7~8월에 열매를 딸 준비를 하게 된다. 포도주는 발효와 보관을 위해 큰 항아리에 '저장된다'(그림 VI.8, 3, 4, 5번 방). 성인은 한 사람당 매일 1리터 정도의 포도주를 소비했을 것이다. 포도주 그리고 포도주 만들기와 관련된 많은 성서 구절들은 그 중요성을 증명해준다. 포도주는 "마음을 즐겁게 하며"; "술은 마르고, 포도덩굴은 시든다. 기뻐 가슴 뛰던 이들도 한숨만 짓는다"(사 24:7, 공동번역개정판—역자주). 맥주는 또한 다량으로 소비되었다.[256]

올리브는 전국에 걸쳐 산기슭의 테라스(계단식 농업—역자주) 지역에서 번성했는데, 배수가 잘되는 토양이 선호되었다. 올리브는 최소한 380밀리미터의 연간 강우량을 필요로 했다. 올리브는 가공하지 않으면 그 맛이 쓰기 때문에 과일로는 소비되지 않았을 것이다. 올리브는 올리브기름을 가

그림 VI.15. 11월에 막대기로 나무를 때려서 올리브를 추수하는 모습. 사진: W. G. Dever

공하는 원료가 되었으며, 이 기름은 요리에 사용되거나, 누군가에게 기름을 부을 때, 그리고 램프의 연료로 사용되었다. 올리브는 사실 사치품에 속했고, 음식물로는 10퍼센트 이상 소비되지 않았다. 일부는 아마 타 지역에 교환되기도 했을 것이다. 올리브 압착은 철기 시대에 널리 알려졌는데, 올리브 압착에 대한 많은 연구가 진행되기도 했다. 히브리 성서에서 올리브기름은 종종 언급되고 있지만, 그 압착에 대해서는 별로 전하는 바가 없다.[257]

다른 음식물은 드문 편이다. 채소와 과일은 중요하게 취급되지 못했다. 그것들은 종종 야생 상태에서 가난한 사람들이 추수했다. 렌즈콩, 누에콩, 이집트콩, 그리고 야생 완두와 같은 콩류(콩과에 속하는 농작물)는 잘 알려졌다. 그것들은 동절기 농작물로, 대부분 온화한 기후와 380밀리미터 이상의 강우량을 필요로 했다. 콩류는 단백질을 공급해주는 중요한 영양소인데, 왜냐하면 육류(대부분 양과 염소)는 사치품에 속할 정도로 거의 소비되지 않기 때문이었다. 베치vetch는 사료로 사용하거나, 혹은 그냥 땅에 묻어서 질

그림 VI.16. 베들레헴 근처 산기슭의 테라스. 사진: W. G. Dever

그림 VI.17. 3월의 이른 파종, 헤브론 산지. 사진: W. G. Dever

소 비료가 되게 했다. 우리는 몇몇 향신료나 양념에 대해서는 알고 있으며, 또한 꿀은 음식을 달게 하는 데 사용되었다.

우유와 유제품은 매우 중요했는데, 심지어 일 년에 특정 기간에만 가능했기 때문이기도 하다. 염소 우유는 젖소의 양보다 두 배로 많았고 신선하게 음용되었으며, 종종 요구르트(히브리어로 레벤*leběn*)로 만들거나 말려서 치즈로 만들기도 했다. 우유는 덜 일반적이기는 했으나, 휘저어서 버터밀크나 버터 혹은 치즈로 만들어 먹었다.

이론상으로는 상당히 다양한 음식이 있지만, 강우량의 변덕이 심하고 가뭄도 빈번했기 때문에(매 5~6년에 한 번씩은 큰 가뭄이 들었다) 그들의 삶에는 기근 혹은 심지어 기아가 상존하는 위협이 되었다(아래를 보라. 그리고 창 4; 12; 26장; 룻기를 참고하라).

찌꺼기나 다른 쓰레기는 집 밖의 구덩이에 버렸다. 이것을 신세계(미국—역자주)의 고고학자들이 '패총'(kitchen midden, 음식물 쓰레기를 조개무지라고 가리켰다—역자주)이라고 불렀다. 우메이리에서 이러한 구덩이가 집에서 약 2미터 떨어진 곳에 있었는데, 70개의 폐기된 인공유물이 출토되었고, 약 7,000개의 도자기 조각이 나왔으며(도자기는 쉽게 파손된다), 그리고 25,000개의 동물 뼛조각이 발견되었다. 이러한 인공유물과 다른 많은 것들은 대부분 민간의 일상생활을 잘 보여준다.[258]

음식을 준비하고, 방적紡績하고, 실을 엮는 일, 그리고 동물을 돌보는 일에 시간이 소요되는 것에 더하여, 안뜰이나 1층에서 행했던 다른 집안 활동들로는 무엇이 있을까? 위에서 언급한 일들은 거의 분명히 여성들이나 어린 소녀들이 수행했다. 그러나 남성들과 다 큰 소년들은 곡식을 관리하고 양이나 염소 무리를 돌보면서 들판에서 하루 종일 보냈을 것이고, 어느 정도 여가를 가졌을 것인데, 특별히 농사를 짓지 않는 기간에는 쉴 수 있었다. 그들은 안뜰에서 자신들의 도구를 만들거나 수리했으며, 그것들을 근처에 저장했다(1~5번 방). 이러한 도구들—쟁기, 괭이, 갈퀴, 타작 썰매, 기

그림 VI.18. 기반암에 만들어진 올리브 압착기. 사진: W. G. Dever

타 등등—은 주로 나무로 만들었으며, 그것들은 시간이 지나면서 생기는 손괴損壞를 피할 수 없었다. 한편, 우리는 철제 쟁기 돌출부뿐만 아니라, 가축을 몰 때 쓰는 막대기, 원형 낫, 끌 그리고 다른 도구들을 발견했다. 우리는 또한 단단한 낫날을 발굴했는데, 단단한 돌은 철제보다 사용하기가 훨씬 편리했다.

우리는 돌로 된 작은 올리브 압착기를 발견했다. 또한 포도 압착에 대한 몇 가지 증거들을 찾아냈다(앞의 그림 V.10). 대규모 압착 설비의 작동은 집 밖에 장소를 마련해서 진행되었을 것이다. 특별히 큰 다세대 가족의 '산업적' 시설일 경우가 그렇다(아래를 보라). 여기에서 공동의 타작마당이 있었을 것인데, 나무로 만든 탈곡 썰매(혹은 오늘날에도 여전히 쓰고 있는, 말이 끄는 판)는 보존되지는 못했을 것이다.

이제 2층(과 심지어 평평한 지붕)은 가족의 주요한 생활 영역(7~13번 방)이라고 널리 생각되고 있다. 여기에서 3개에서 5개까지 서로 떨어진 어떤 방들도 고려될 수 있으며, 큰 집의 경우 총합 56제곱미터(17평)의 생활

그림 VI.19. 탈곡 썰매, 곡물을 분쇄하는 돌들이 붙어 있는 것이 보인다. 사진: W. G. Dever

그림 VI.20. 나무 갈퀴로 곡식을 키질하고 있다. 사진: W. G. Dever

공간이 계산된다. (그것은 오늘날 길이 3미터에 폭 3.6미터의 전형적인 침실이 다섯 개 정도 있는 것과 맞먹는다; 자세한 것은 7장을 보라).

이곳에는 충분한 방들이 있어서 10명 혹은 그 이상의 가족이 공동 식사를 하거나, 낮 시간을 보내거나, 소소한 일들을 하거나, 우리가 몇 가지 증거를 가지고 있는 어떤 게임을 즐겼고, 그리고 밤이 되면 사생활이 보호된 상태로 잠자리에 들 수 있었다. 한 가지 공유하는 활동이 있다면 그것은 바로 이야기하는 일일 것이다. 부모는 그들의 부모에게 배운 이야기들—'우리는 누구인가' 그리고 '우리는 어디에서 왔는가'에 대한 이야기—을 아이들에게 해주면서 그들을 즐겁게 해주었다. 이러한 신화들은 토속 종교의 관습적인 한 부분으로, 곧 구전 전통이며, 몇 세기가 지난 후에서야 기록될 수 있었다(경전에 대해서는 아래를 보라). 전통적인 노랫말이 종종 불렸지만 우리는 음악과 관련해서는 고고학적 증거를 별로 가지고 있지 못하다.[259]

의자나 가구에 대한 보존된 증거들이 없으며, 우리는 (비록 무덤 안에 있던 도자기로 만든 축소형 침대는 가지고 있지만) 그 어떤 종류의 나무로 만든 소파나 침대에 대한 증거도 부족하다. 한 식구는 틀림없이 바닥에 함께 모여서 잠을 잤고, 한편 아이들과 청소년들은 아마 따로 떨어진 방에서 돗자리 혹은 짚 위에서 잠을 잤다. 양털을 덮었고, 아마 양이나 염소의 가죽이 계절에 맞게 사용되었을 것이다. 낮 동안에 이 모든 '침구류'는 모서리에 쌓아두었고, 때때로 지붕 위에서 말렸다.[260]

의복과 저장에 관해서 무엇이 있는가? 직물은 거의 보존되지 않기 때문에 우리는 증거를 거의 가지고 있지 못하다. 유기물 재질이 더 잘 보존될 수 있었던 시나이 사막의 쿤틸레트 아즈루드에서 아마포(linen)와 양털 조각이 발견되었다. 그러나 이것들은 제의적 용도로 사용된 직물일 수도 있다.[261] 우리는 또한 라기스 부각浮刻을 가지고 있는데, 그 돋을새김 조각은 신-아시리아 센나케리브의 기원전 701년 정복을 기념하는 것으로, 니네베

그림 VI.21. 유다의 포로들이 파괴된 라기스 성에서 끌려나오다. Ussishkin 1982, 플레이트 86

Nineveh(성서의 니느웨—역자주)에서 발견되었다. 그 부각은 눈으로 본 기억에 따라 제작된 것으로 보이는데, 사람들은 남자와 여자가 모두 짧은 소매의, 일정한 형태가 없는 긴 시프트 드레스를 입고, 벨트는 착용하지 않았다. 남자들은 짙은 수염을 기르고 있었고, 여자들은 머리를 덮었다(아래의 10장을 보라).

평평한 지붕은 나무 사다리로 접근할 수 있었다. 발굴에서 우리가 알게 된 것처럼, 지붕은 나뭇가지, 어린 가지, 그리고 진흙 반죽으로 만들었으며, 여러 돌과 나무 기둥으로 받치고 있는 사이사이에 떨어진 나무 들보 위에 올려놓았다. 진흙 반죽은 비가 내린 후 매년 다시 작업을 해야 했고, 새로 깐 진흙과 짚은 큰 석재 롤러로 단단하게 다져 굳혔다(때때로 유지되었다). 평평하고 넓은 공간의 지붕은 날씨가 좋을 때 음식물을 말리고 가공하며 저장하는 데 쉽게 사용되었다. 지붕은 또한 의복이나 침구를 말리는 데도 사용되었다. 여름의 정말 뜨거운 날씨에, 어떤 사람들은 틀림없이 시원한 지붕에 올라가 잠을 즐기며 휴식을 취했을 것이다(최근까지 촌락민들이 여전히 그렇게 하고 있다).

일상 용품

우리는 촌락과 작은 마을의 일상생활에서 사용되었을 법한 보다 작은 물건들에 대해서 고고학적 증거를 상대적으로 거의 보유하고 있지 못한데, 그 이유는 생활방식이 단순했기 때문이다. 그리고 우리가 발굴한 물건들은 종종 안뜰, 길거리, 혹은 구덩이, 즉 그것이 사용되었던 현장이 아닌 쓰레기장 같은 곳에서 종종 발견되었기 때문에 그 물건의 실제 사용을 예시할 맥락을 알 수 없다.[262]

가정에서 사용하는 도구들은 우리가 촌락과 작은 마을에서 기대할 수

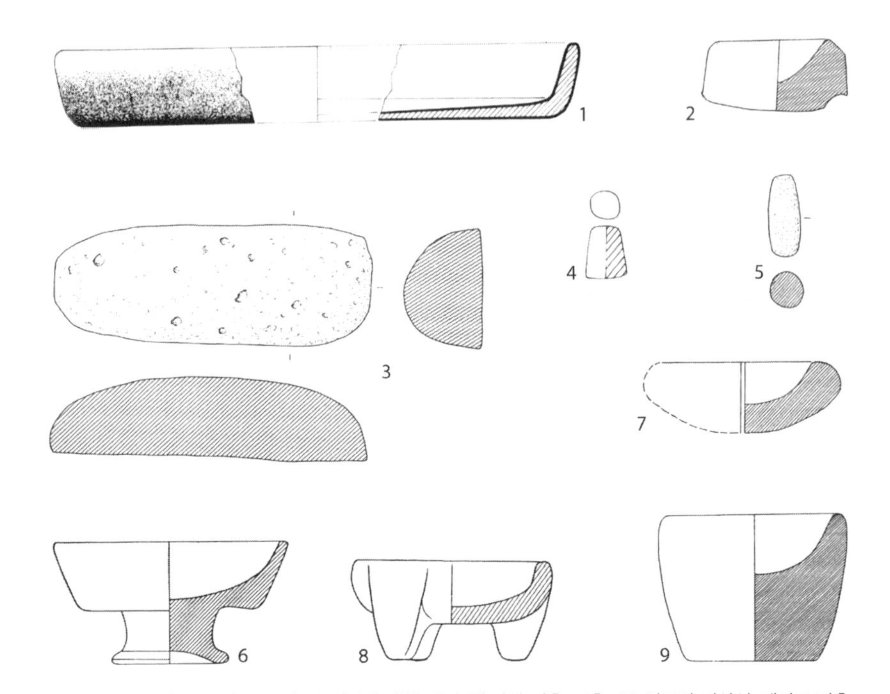

그림 VI.22. 석재 그릇, 절구, 공이. (1) 석회암 대형 접시, 텔 파라 지층 7d층; (2) 현무암 연삭석, 메기도 지층 5A층; (3) 석회암 절구, 라기스 지층 3층; (4) 석회암 공이, 텔 키리 지층 6층; (5) 석회암 공이, 라기스 지층 3층; (6) 석회암 절구, 라기스 지층 3층; (7) 현무암 받침대 그릇, 하솔 지층 5A층; (8) 현무암 다리 셋 달린 그릇, 하솔 지층 5A층; (9) 석회암 절구, 메기도 지층 5A층. 비율 = 1:4 (1, 2, 5~7번); 1:10 (3, 4, 8, 9번).
Chambon 1984, pl. 77:26 (1); Finkelstein, Ussishkin, and Halpern 2000, 그림 12.5:3 (2); Ussishkin 2004, 그림 28:3:8 (3); Ben-Tor and Portugali 1987, 그림 58:17 (4); Ussishkin 2004, 그림 28.5:1 (5); Ussishkin 2004, 그림 28.3:7 (6); Yadin 편집 1989, pl. CCCXXXIII:5 (7); Yadin 편집 1989, pl. CCCXXXI:8 (8); Lamon and Shipton 1939, pl. 112:8 (9)

있는 것들이다. 돌로 만든 도구들은 여전히 사용하고 있었다: 현무암 맷돌(위와 아래의 돌이 움직이며 간다), 땅을 파는 데 사용하는 막대, 규질암으로 된 단단한 돌덩어리(절굿공이), 절구와 공이, 돌도끼(작은 도끼), 그릇과 대야, 단단한 돌칼(나무 손잡이에 붙여서 둥근 낫으로 사용한다), 그리고 마개 혹은 뚜껑. 베틀의 무게추는 돌이나 도자기로 만들 수 있었는데, 일반적으로 진흙을 구워서 만들었다.

몇 개의 철기 도구를 사용한 증거가 나왔는데, 예를 들면 쟁기의 끝부분,

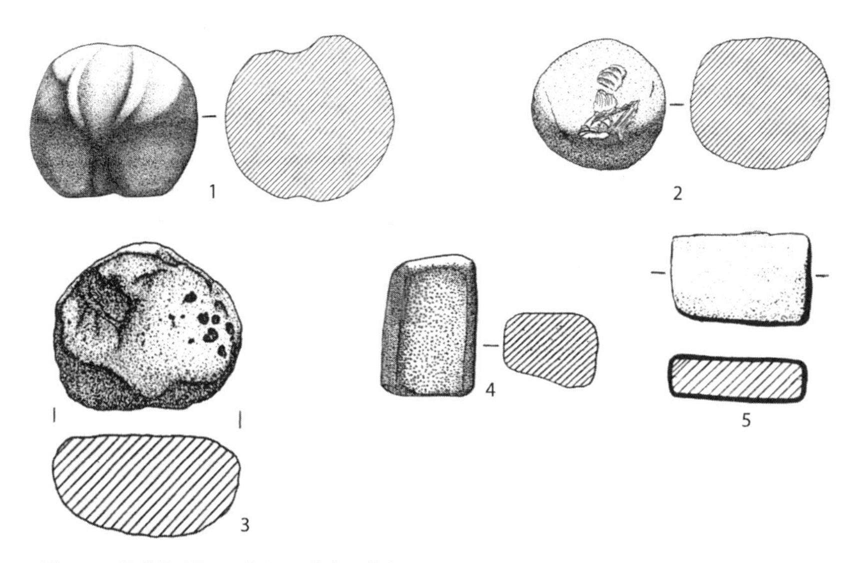

그림 VI.23. 석재 물건들-큰 것들. (1) 석영 투석기(큰 망치?), 텔 할리프, 가옥 F7; (2) 석영 투석기(절굿공이), 텔 할리프, 가옥 F7; (3) 현무암 연삭석, 텔 할리프, 가옥 F7; (4) 섬록암 숫돌, 텔 할리프, 가옥 F7; (5) 석회암 연삭석, 텔 파라 지층 7e층. 비율 = 1:4 Hardin 2010, pl. 9:1 (1); pl. 11:4 (2); pl. 11:5 (3); pl. 8:4 (4)

황소를 몰 때 쓰는 막대기, 칼, 도끼, 끌이나 정, 드릴, 긁어내는 도구, 창, 그리고 화살촉 등이다. 청동기도 사용되어서 송곳, 바늘, 그리고 핀뿐만 아니라 대부분의 화살촉을 만드는 데 쓰였다. 동물의 뿔을 사용해서 일종의 펀치나 절굿공이처럼 쓰기도 했다. 드물게 쓰인 상아와 함께 뼈는 스핀들 축과 휠을 만드는 데 사용되었고, 실을 짜기 위해 사용하는 주걱으로 쓰였으며, 송곳과 펀치를 만드는 데 사용되었다.

비록 가난한 사람들이라 하더라도 개인적인 장식품에는 신경을 썼다. 보석류는 이곳저곳에서 증명이 되었고, 은이나 금과 같은 것은 누구나 생각하는 것처럼 희귀했다. 우리는 청동으로 만든 팔찌와 귀걸이, 옷핀(안전핀)을 발견했다. 구슬이나 부적 장신구, 뼈나 상아로 만든 목걸이 장식, 그리고 머리핀이 알려져 있으며, 그것들은 종종 무덤 부장품으로 출토되었다. (예루살렘에 있는 약간 후대의 무덤에서 우리는 상당히 많은 보석을 발굴했다.) 우리는 얇은 석회암 받침 몇 개를 확인했는데, 이것은 분명히

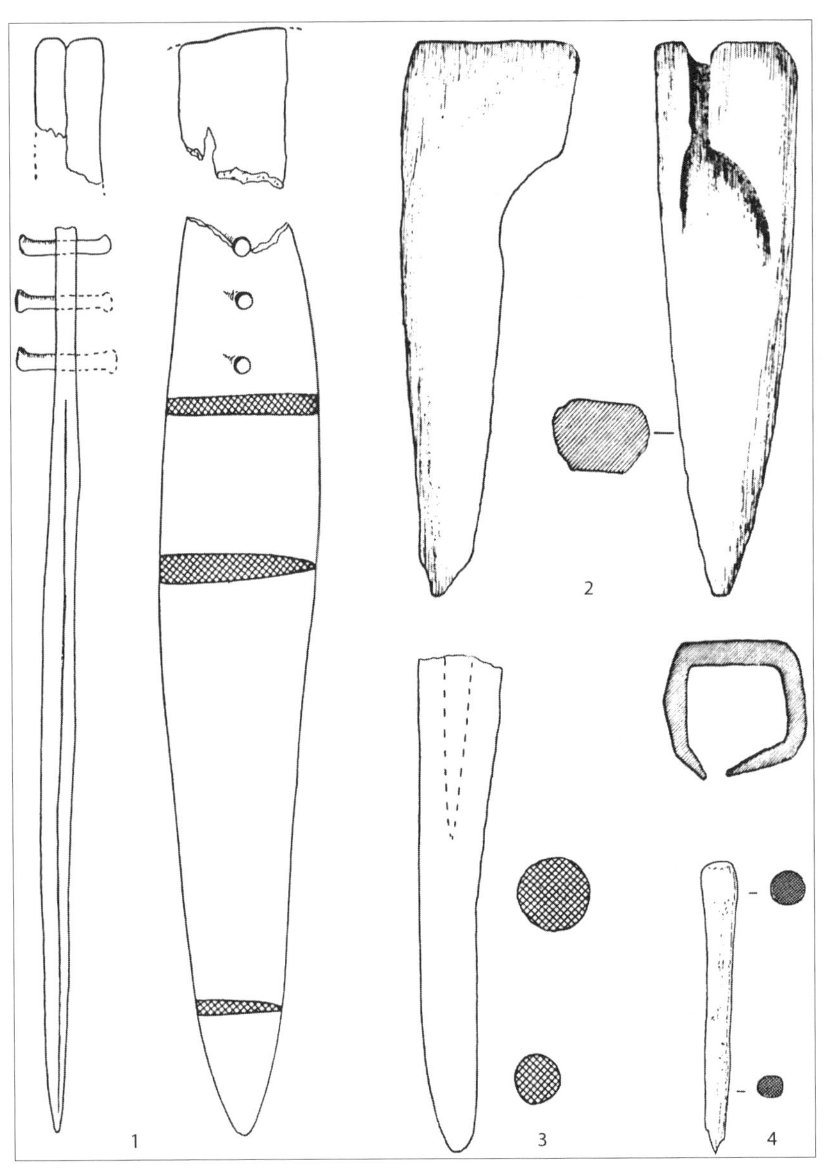

그림 VI.24. 금속 물건들. (1) 철제 칼, 하솔 지층 5A층; (2) 철제 쟁기 돌출부, 베르셰바 지층 3층; (3) 철제 찌르는 도구(goad), 하솔 지층 5A층; (4) 철제 돌출부, 라기스 지층 3층. 비율 = 1:2

Yadin 편집 1989, pl. XXXIV:3 (1); Aharoni 1973, 9장, 그림 1 (2); Yadin 편집 1989, pl. CCXXI:15 (3); Ussishkin 2004, 그림 28:16:9 (4)

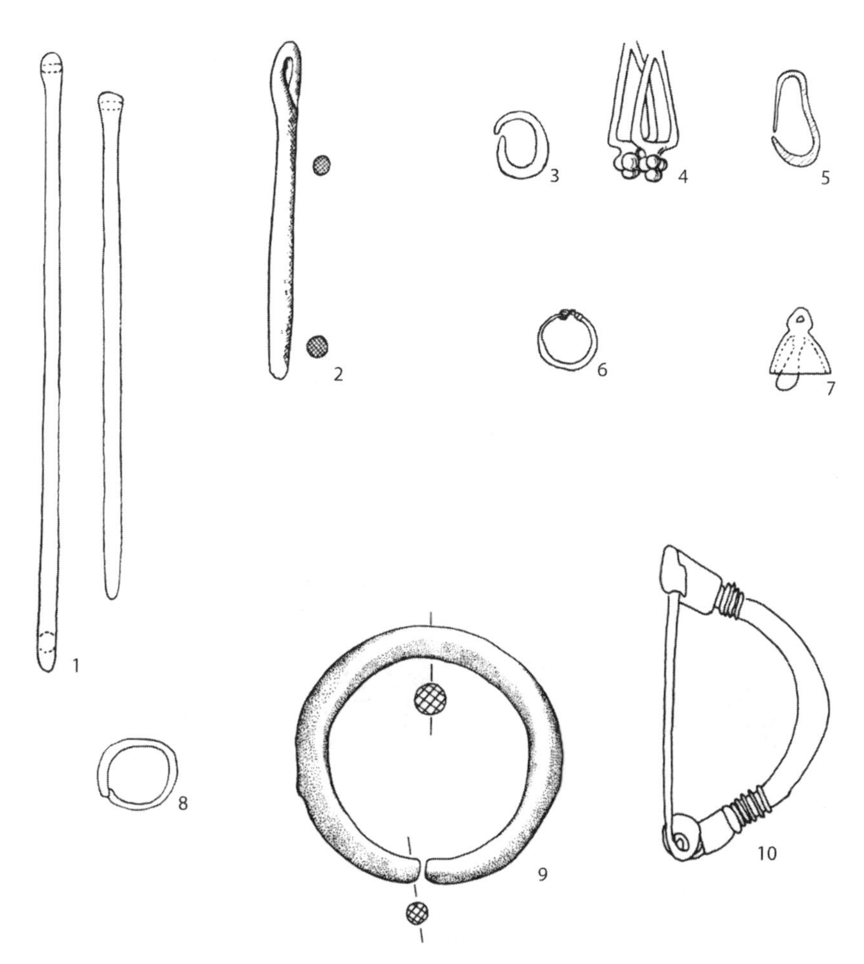

그림 VI.25. 청동 물건들. (1) 눈화장 막대, 라기스, L.1007, 1009; (2) 바늘, 하솔 지층 5A층; (3) 귀걸이, 라기스, L.4005, 4021; (4)-(7) 귀걸이, 라기스, L.4005, 4021; (8) 반지, 라기스, L.223; (9) 팔찌, 벧-산 S~1a(=5층); (10) 핀(안전핀), 벧-산 지층 4층. 비율 = 1:2

Tufnell 1953, pl. 57:35, 37 (1); Yadin 편집 1989, pl. CCXXI:12 (2); Tufnell 1953, pl. 57:40~42, 47, 48 (3); Tufnell 1953, pl. 57:40~42, 47, 48(4~7); Tufnell 1953, pl. 56:8 (8); A. Mazar 2006, 그림 13.11:3 (9); James 1966, 그림 118:2 (10)

입술연지 혹은 눈가의 화장(콜kohl, 아라비아 등지의 여성이 눈꺼풀을 검게 칠하는 데 쓰는 가루—역자주)을 하기 위한 화장품을 섞으려는 용도였음에 분명하다. 상아 혹은 뼈로 만든 화장용 주걱에는 종종 장식이 달려 있었다. 작

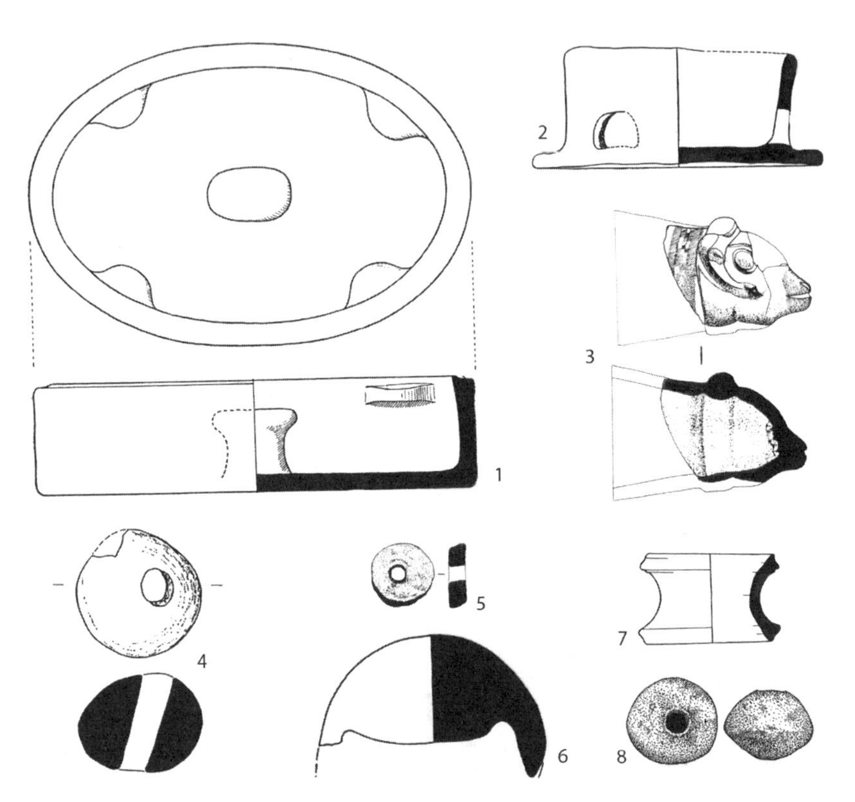

그림 VI.26. 도자기/점토. (1) 족욕기, 사마리아, 남부 무덤; (2) 화로, 하솔 지층 1A층; (3) 테라코타 동물 머리 모양의 술잔, 텔 파라 지층 7e층; (4) 점토 베틀 무게추, 메기도 지층 5A층; (5) 도자기 물렛가락 휠, 텔 파라 지층 7e층; (6) 도자기 항아리 마개, 라기스 지층 3층; (7) 항아리 대, 하솔 지층 5A층; (8) 도자기 잉크병, 게셀 지층 6층. 비율은 다양하다.

Crowfoot, Crowfoot and Kenyon 1957, 그림 21:16 (1); Yadin 편집 1989, pl. XXXII:23 (2); Chambon 1984, 그림. 64:4 (3); Finkelstein, Ussishkin, and Halpern 2000, 그림 12:16:10 (4); Chambon 1984, pl. 77:4 (5); Ussishkin 2004, 그림 12:28.4 (6); Yadin 편집 1989, pl. XXXII:14 (7); Dever 1986, 그림 5 (8)

은 용기에는 올리브기름이 담겨 있었고, 정결을 위해 사용했거나 아니면 스스로에게 기름을 부을 때 사용했다. 해양의 부석浮石(pumice, 가벼운 돌로, 물에 뜬다—역자주)은 먼 화산에서부터 떠내려온 것으로, 피부를 벗겨내기 위해 일종의 거친 사포처럼 활용하기도 했다(이를 '화산석[scoria]'이라고 부른다).

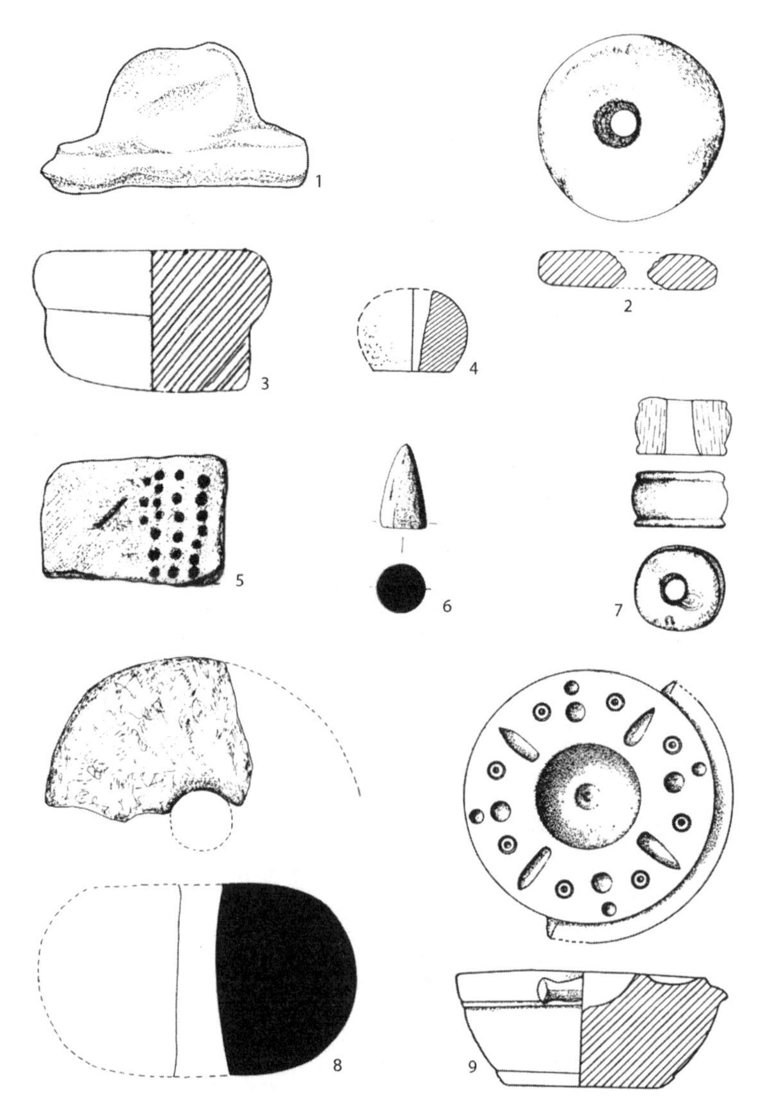

그림 VI.27. 작은 돌 물건들. (1) 피부를 문지르는 바다의 속돌 ('화산석'), 벧-산 P-7(=지층 5층); (2) 석회암 방추 휠, 텔 키리 지층 6층; (3) 석회암 항아리 마개, 텔 키리 지층 6층; (4) 석회암 단검 자루 끝, 라기스 지층 3층; (5) 석회암 게임판, 텔 키리 지층 6층; (6) 석회암 게임 조각, 텔 파라 지층 7d층; (7) 석회암 방추 휠, 텔 키리 지층 6층; (8) 석회암 베틀 추, 텔 키리 지층 6층; (9) 석회암 화장 접시, 하솔 지층 5A층. 비율 = 1:2

A. Mazar 2006, 그림 13:8:5 (1); Ben-Tor and Portugali 1987, 그림 56:3 (2); Ben-Tor and Portugali 1987, 그림 56:9 (3); Ussishkin 2004, 그림 28.9:21 (4); Ben-Tor and Portugali 1987, 그림 58:10 (5); Chambon 1984, 그림 69:3 (6); Ben-Tor and Portugali 1987, 그림 57:19 (7); Ben-Tor and Portugali 1987, 그림 56:1 (8); Yadin 편집 1989, pl. CCXXXIII:2 (9)

사치품은 매우 희귀했다: 가끔 원통 인장(cylinder seal) 혹은 글씨나 그림이 새겨진 반지, 나무 물건에 깎은 뼈나 상아를 새겨 넣은 물건, 행운의 상징이었던 '호루스의 눈' 혹은 베스Bes(고대 이집트의 오락의 신—역자주), 글씨가 새겨진 세겔 무게추, 여기에 글씨를 쓸 수 있었던 사람이 보유했을 도자기로 만든 잉크병이 있었다.

여성에게 가장 가치 있는 소유물은 수를 놓은 드레스였을 것이며, 그것은 자기 자신이 손수 만들어서 딸에게 물려주었던 것이기도 했다. 그리고 다음으로 지참금이 있다. 지참금은 은을 보관한 작은 가방으로, 결혼할 때에 첫날밤의 잠자리로 가지고 갔다. 여기에는 아마 약간의 금을 포함한 보석도 있었을 것인데, 이는 만약 그녀가 만족스럽지 못한 아내가 되거나 혹은 퇴짜를 맞게 되었을 경우, 그녀를 구할 수 있는 일종의 보험과 같은 것이었다. 사치 품목은 극소수였고, 있다 해도 오로지 필수품만 있었을 뿐이다.

우리는 몇 개의 주사위, 게임용 조각들, 그리고 게임판을 가지고 있는데, 어린아이들은 자신이 쓸 만한 것은 무엇이든지 그것으로부터 장난감을 만들어냈을 것이다.

우리는 다음에서 더 자세히 가정의 성소를 논의할 것이다(8장). 그러나 많은 집들에서는 (앞의 텔 할리프 가옥에서처럼) 가정의 성소를 두고 있었는데, 그 이유는 종교적 풍습이 대부분 가정의 중심을 차지하는 일이었기 때문이다. 우리가 일반적으로 찾아냈던 품목들은 때때로 벽에 있는 벽감(niche, 벽에 움푹 들어간 곳—역자주) 근처에, 혹은 긴 의자 위에, 또는 따로 분리된 작은 방에 놓여 있었다. 이러한 품목들에는 도자기로 만든 제대祭臺(offering stand); 석회암으로 만든 작은 제단; 몇 개의 이국적인 그릇들로, 어떤 것은 제물을 위한 그릇이고, 다른 것은 액체(신에게 바치는 헌주)를 붓기 위한 그릇; 테라코타로 만든 동물 모형이나 사람 모양의 (풍요를 기원하고 상징하는) 신상; 어떤 것은 점술을 위한 (양이나 염소의 관절과 같은)

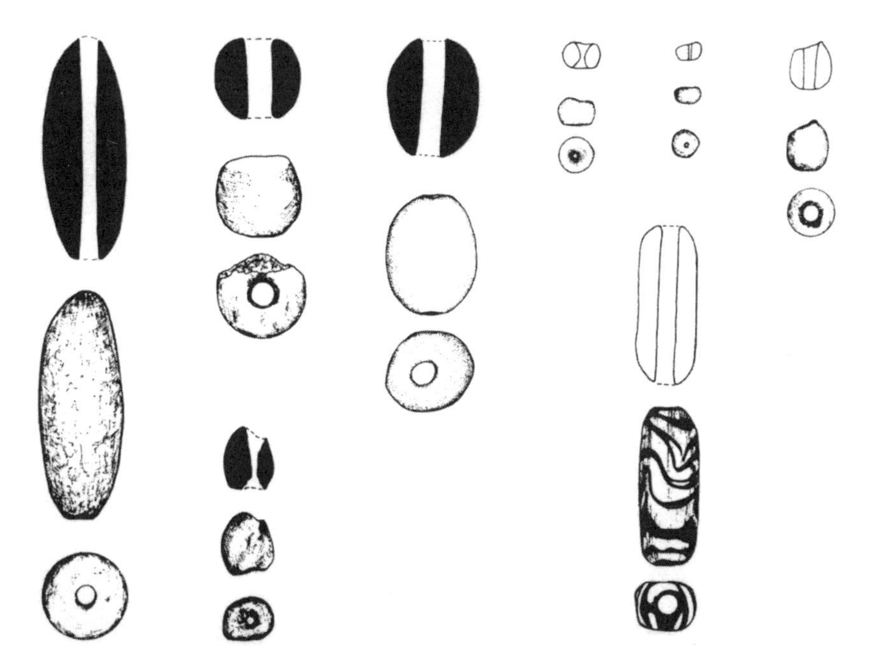

그림 VI.28. 파이앙스(유약을 바른 채색 도기)/준보석류의 돌. 텔 키리 지층 6층에서 출토된 구슬과 부적 모음. Ben-Tor and Portugali 1987, 그림 57

복사뼈; 그리고 아마 신들에게 바치는 사치품들이 있었다(자세한 것은 8장을 보라).

집 주변 바로 가까운 곳에서 우리는 수조 혹은 우물, 돌로 줄을 지은 사일로, 그리고 양 우리나 염소 우리에 대한 증거를 보유했다. 이곳저곳에서 우리는 쓰레기 구덩이들을 찾아냈으며, 그것들은 비록 그 쓰레기들의 상당수가 썩어 없어져버렸을지라도, 그 자체로 엄청난 증거가 된다(앞을 보라). 임시 변소나 화장실 같은 약간의 위생 시설이 있었겠지만 우리는 그 어떤 것도 식별하지는 못했다. 예루살렘의 상류층 가옥에서 우리는 몇 개의 방에 있는 실제 화장실을 찾아냈다. 그러나 시골 지역에서 사람들은 간단히 집 밖에서 스스로 해결했던 것 같다. 독자는 이러한 마을과 촌락에 어떤 냄새가 났을지 상상해볼 수 있을 것이다.[263]

2절

성서의 자료

지금까지 발견한 곳 가운데 어느 곳이든 우리는 기둥과 안뜰을 가진 전형적인 (혹은 약간의 변형이 있는) 가옥들이 따닥따닥 붙어 있으며, 측벽을 공유하고 있음을 확인했다. 두 개 혹은 그 이상의 벽이 자리를 잡았고, 결과적으로 하나의 공통 안뜰을 함께 사용할 수 있게 되었다. 그러한 다양한 집단 주택, 좁은 길, 안뜰과 지붕이 없는 공간, 이렇게 모든 것이 모여서 하나의 전형적인 촌락을 구성하였다. 가옥의 수를 계산하고, 가옥당 사람들의 수를 평균하면, 우리는 이러한 촌락에 약 50~300명의 예상 인구에 이르게 된다(앞을 보라).

우리의 기준에 전반적으로 맞게, 우리는 이제 잠재적인 (2차적인) 정보의 출처로 성서 기록을 살펴보아야 할 차례이다. 우리는 무엇을 배울 수 있는가? 그리고 우리가 기원전 8세기에서 그려낸 것이 성서가 말하는 그림에 어떤 영향을 끼칠 수 있을까?

앞에서 제시된 고고학적 자료 대부분은 전형적인 이스라엘과 유다 가옥들, 그 가구들, 그리고 그 기능들과 관련이 있다. 성서 기록은 이러한 그림에 무엇을 더해줄 수 있을까?

'아버지의 집'

로런스 스테이저Lawrence Stager의 탁월한 1985년 소논문인 「고대 이스라엘 가족의 고고학」을 따라서 대부분의 학자들은 지금까지 우리가 살펴본 기둥과 안뜰을 갖춘 가옥과 여러 가옥이 공유하는 안뜰을 초기 성서의 표현인 '아버지의 집'(베트-아브)과 연결시켰다. 이것은 '핵가족'으로, 아버지, 어머니, 그리고 미혼 자녀들이다. 그 수는 4명에서 6명 정도이다. 인접한 하나 혹은 두 개의 가옥은 아마 공통의 안뜰을 공유했을 것이고, 결혼한 아들과 그 자녀들의 집이었다; 여성을 포함한 하나의 그룹은 '확대가족'으로 불리며, 민족지학 문헌에는 '직계가족' 혹은 '확대가족'으로 소개된다.[264] 최근까지만 해도 중동의 가족 대부분은 전통적으로 이러한 방식으로 살았으며, 작은 마을이나 촌락에서는 많은 사람이 여전히 그렇게 살고 있다. 촌락에서 그러한 여러 확대가족과 가정 집단은 모두 혈연으로 묶인 공동체로, 몇백 명의 전체 인구를 구성할 정도이다. 걸어갈 수 있는 거리 안에서 그러한 다른 촌락들이 존재하며, 그 또한 친족 기반으로 이루어졌으며, 실제이건 상상에 의한 것이건 똑같은 부족 조상을 두고 있다고 주장하고 있다. 이러한 경향은 극단적으로 긴밀한 친족 중심의 사회를 만들어내고 말았는데, 이는 가족의 깊은 유대에 기초하며, 전통적인 가치를 공유하고, 씨족이나 부족의 족장에 대한 충성이 국가와 같은 외부의 권위보다 더 위에 있는 사회를 만들었다.

고대 이스라엘의 일상생활에 대한 여남은 개의 성서 이야기들은 이러한 가족 중심의 사회구조를 반영한다. 예를 들면, 여호수아 7장의 이야기를 한번 보자. 아이'Ai 전투에서 아간의 불충성을 심판하기 위해 이스라엘 백성들을 소집하는 과정에서, 여호수아는 '이스라엘 부족(히브리어로 셰베트-예후다*shēvĕt-yĕhūdāh*)' 전체를 부른다. 다음으로 그는 '이스라엘 가족', 즉 '씨족'(미슈파하-예후다*mishpaḥāh-yĕhūdāh*)을 끄집어낸다. 마지막으로, 그는 아간의

'가정'(베트*bêt*)을 내놓고, '한 사람 한 사람'(라그바림*lagvārîm*), 즉 아간의 모든 사람들인 '그의 아들들과 딸들'을 불렀다. 그리고 가족의 연대책임에 대한 극적인 (그리고 공포스러운) 증거로서, 아간이 사형 신고를 받게 되자, 그의 모든 식구들도 그와 함께 심판을 받게 되었고, 심지어 그의 동물들이나 모든 소유물까지도 파괴되고 말았다. 집단적 처벌은 우리에게 도덕적으로 반감을 품게 할지도 모른다. 그러나 고대 이스라엘에서 그것은 거대한 가족, 즉 **베네bĕnê-이스라엘**('이스라엘의 아들들'; 하나로서의 이스라엘 자손)의 순수성을 유지할 수 있는 일종의 필요 수단이었다.

스테이저가 주목한 것처럼, 전형적인 철기 시대의 기둥과 안뜰을 갖춘 가옥은 '아버지의 집'이라는 사회, 경제, 그리고 문화적 가치가 거의 온전하게 들어 있는 일종의 이상적인 표현이었다. 그것은 특별히 대부분의 정착민이 소규모의 농업 촌락민이었고, 그리고 그러한 거주지들이 본질적으로 농가였던 철기 I 시대를 볼 때, 사실이었다. 그러나 심지어 왕조 후기에 들어섰던 때라도, 즉 많은 사람이 큰 마을에 살고 있던 때라 할지라도 이러한 '이스라엘의 전형적인 가옥'과 그 가치는 만연했으며, 이는 여러 학자가 최근에 보여주고 있는 내용이기도 하다.[265] 짧게 말해서, '좋은 삶(good life)'은 본질적으로 시골에서, 가족과 씨족 중심의 사회에서 사는 것이다.

여기에서, 성서의 이상과 현장에서 나온 고고학적 사실을 관련 지어볼 때, 우리는 기록과 인공유물이 어떻게 서로 관련하여 진짜 생활의 조건들을 명확하게 조명하는지에 대한 가장 좋은 사례 가운데 하나를 갖게 된다.

앞에서 언급한 가정의 일과 중 어떤 것들은 아마 여성들이 수행했던 것으로 성서 기록에서 언급되었을 수 있다. 실내에서 요리를 하면 연기를 만들어내서 눈을 아프게 하거나(욥 20:26) 혹은 창문을 열어서 그 연기를 내보내야만 했을 것이다(호 13:3; 공동번역개정판은 "창틈으로 새어 나가는 연기처럼 사라지겠구나"라고 번역했다—역자주).

잠언 31장 1~31절의 '덕스러운 아내'라는 유명한 묘사가 포함하는 것은, 여성이 잘 수행하는 다른 많은 일 가운데 방적과 베틀로 베를 짜는 일이다.

> 양털과 삼을 구해다가,
> 부지런히 손을 놀려 일하기를 즐거워한다. (…)
> 한 손으로는 물레질을 하고,
> 다른 손으로는 실을 탄다. (…)
> 손수 자기의 이부자리를 만들고,
> 고운 모시옷과 자주색 옷을 지어 입는다. (잠 31:13, 19, 22; 새번역)

빵을 굽고, 방적과 베틀로 베를 짜는 일은 집안 활동의 보편적인 것들이다. 성서 기록은 필수 식품이라고 할 수 있는 빵을 만드는 작업에서 여성의 중요한 역할을 인식하고 있다. 여성들은 밀이나 보리를 갈기 위해서 맷돌을 사용한다(사 47:2; 욥 31:10; 전 12:3). 우리가 보았던 안장형 갈판(saddle quern)—아래쪽에는 오목한 돌판이 있고, 윗돌은 밑바닥이 판판한 모양—은 여러 기록에서 언급된다. 출애굽기 11장 5절은 '맷돌'을 언급하고 있는데, 히브리어로 (단수형이 아닌) 윗돌과 아랫돌을 가리키는 이중형식(레하임rěhāyîm)을 사용하고 있다. 신명기 24장 6절이나 사무엘하 11장 21절과 같은 기록은 특별히 맷돌의 윗돌을 언급하고 있다(히브리어 레케브*rekeb*는 동사로 '올라타다'이다; 한편, 한글성서는 '위짝'으로 번역하고 있다—역자주). 그리고 욥기 41장 24절은 맷돌의 아래짝을 기술하고 있다. 그러므로 곡식을 갈면서 중요한 것은, 이러한 행동의 소리가 '즐거워하는 소리'와 동등하게 평가를 받는다는 점이다(렘 25:10).

우리가 보았던 작은 절구와 공이는 잠언 27장 22절에서 언급되는데, 여기에서는 곡식을 찧는 것으로 사용되며, 이것은 일종의 묽은 죽을 만드는 도구이다. '철판'(마르케셰트*markheshet*)이나 '냄비'(마카바트*makhavat*)와 같은 조리용 그릇들은 레위기 2장 5, 7절(또한 7장 9절)에 언급되었다. 그러나 우리는 이러한 묘사에 정확하게 일치하는 것처럼 보이는 철기 시대 그릇들은 하나도 보유하고 있지 않다.

간단한 화로가 열왕기상 19장 6절("달군 돌", 한편 한글 개역개정판은 '숯불'로 번역했다—역자주)이나 이사야 44장 19절("숯불 위에 굽는" 빵)과 같은 기록에서 등장한다. 우리가 발굴한 테라코타 화덕(혹은 탄누르)은 여러 기록에서 반영되고 있다. 그 안에 불이 있는 것은 빵을 꺼내기 전까지 계속 봐주어야 하고 휘저어주어야 한다(잠 26:20; 참고. 시 21:9; 호 7:4~7).

빵을 굽는 것은 일반적으로 각 가정에서 하는 일로 여겨지지만, 재난이 닥쳤을 예외적인 경우에는 많으면 10명의 여인들이 하나의 화덕에서 빵을 구워야만 했다(레 26:26).

방적과 베틀 작업은 또한 철기 시대에는 매우 일상적인 활동으로, 고고학적으로 잘 증명이 된다. 히브리 성서의 저자들은 분명히 이것을 알고 있었으며, 그렇기에 그들은 종종 베를 짜는 것을 그들의 이야기에서 하나의 은유로 활용하였다.

베를 짜는 작업의 기본적 특징 몇 가지가 언급되고 있다: 베틀(사 19:9); 베 짜는 사람과 베 짜는 과정(삿 16:13; 왕하 23:7; 사 19:9); 베틀의 나무 채(기둥)(삼상 17:7; 대상 11:23; 20:5); 실(창 14:23); 날실(사 19:10 [새번역과 공동번역개정판—역자주]; 전 4:12); 베틀의 북(욥 7:6); 그리고 양털에서 보풀을 세우는 것(사 19:9).

마지막으로, 여러 가지 색깔의 실이나 직물이 언급되었다: 진홍색(톨라*tōlā'*) 그리고 보라색(아르가만*'argāmān*)이 있는데, 여기에서 보라색은 왕족을 상징하는 색으로 매우 귀했고, 그것을 제조하는 것이 상당히 어려웠으므로 실제로는 매우 흔치 않은 색깔이었다.

베틀로 베를 짜는 것이나 베틀 추와 관련해서 우리가 발굴한 유일한 고고학적 자료는, 전형적인 베틀이 직각으로 서 있는 것(달라dālāh)이라는 사실을 보여준다. 그러한 베틀은 여성이 가정에서 사용했을 것으로 추측된다. 그 베틀은 다른 곳에서도 알려졌는데, 예를 들면 철기 시대 그리스에서도 알려졌다. 우리는 또한 땅에 박아서 작업을 진행하는 수평 베틀도 알고 있는데, 이것 역시 주로 여성들이 사용한다. 그러나 성서 기록은 이러한 두 개의 베틀 방식과 관련하여 문제를 해결해주지 못하고 있다.

열왕기하 23장 7절은 여성이 지면에 가까운 베틀을 사용했을 것이라고 암시한다. 베틀을 아래로 고정하는 데 필요한 '말뚝' 혹은 못이 들릴라와 삼손의 이야기에서 언급된다(삿 16:13~14, 히브리어로 야테드yātēd). 그러나 성서 기록은 이 두 개의 베틀이 철기 시대에 사용되었다고 나타내려는 것처럼 보이는데, 지면에 가까운 베틀에 대한 고고학적 증거는 없다(비록 나무로 만든 말뚝이 [사사기에 의하면, 삼손이 가지고 가버렸기 때문에—역자주] 어쨌든 보존되지 못했더라도 말이다).

남자가 베틀의 실을 짜는 것과 관련하여, 민족지학 연구에 따르면, 수직으로 된 베틀은 남자들이 사용한다. 물론, 고고학적 자료는 성을 분명하게 결정하지 않는다. 그러나 어떤 학자들은 여성이 집에서 수직 혹은 수평의 베틀로 실을 짰을 것이며, 식구들을 위해서 간단하게 작업을 하거나, 혹은 소규모의 가내수공업 방식으로 했을 것이라고 주장한다. 남자들은 준準-공업 규모로 다른 곳에서 더 무겁고 복잡한 베틀을 사용했다. 그러나 고고학적 자료에서든 아니면 기록 자료에서든 그 어느 것도 문제를 해결하지 못한다. 더구나 유효한 민족지학적 자료도 없다.

'수렴'

한 가지 놀라운 수렴 지점이 어떤 기록물에서 나왔는데, 즉 글귀가 들어 있는 고고학적 인공유물로, 이 경우에는 (비록 기원전 7세기의 것이기는 하지만) 도기 파편이다. 오늘날의 텔아비브 남쪽에 위치한 야브네-얌 Yavneh-Yam에서 발견된 것으로, 그 도편은 일종의 원망을 표현하고 있다. 다시 말해서, 가난한 현장 노동자가 그의 절도 혐의 혹은 부진한 성과로 인해 자신의 외투 혹은 망토(베게드*beged*)를 저당 잡힌 것에 대해 서기관에게 항의하는 내용이다.[266]

빚을 갚기 위한 담보로 누군가의 의복을 취했다는 이러한 언급은(이 경우엔 사람을 속여서 빼앗은 것이다) 담보물 취하는 것을 관리하는 신명기 24장의 여러 관련 구절에 대해 놀라울 정도로 자세한 설명을 제공한다. 가난한 사람의 의복을 취하는 것은 그의 생명에 위협을 가하는 일이기에, 누군가의 집에 들어가서 필수적인 어떤 물건을 담보물로 빼앗아 오는 것은 불공정한 일이다(10~11절). 사람은 누구라도 다른 사람의 맷돌에서 한 짝을 가져와서는 안 된다. 왜냐하면 그것은 그 사람의 생계 수단과 그의 생사에 관련된 안녕을 위협하는 것이기 때문이다(6절). 흥미로운 점은, 신명기의 두 구절이 그 도편에서 기술하고 있는 상황을 정확하게 반영하고 있다는 것이다: 가난한 사람들의 의복을 빼앗아서 밤새도록 가지고 있거나(12~13절), 혹은 과부의 의복을 담보물로 빼앗은 일이다(17절).

야브네-얌 도편이, 다시 말해 하나의 고고학적 인공유물이 성서 기록을 예증할 수 있는 어떤 것, 즉 성서 기록의 해설이 될 수 있는가? 성서를 '확증'하는가? 그 평판을 떨어뜨릴 수 있는가? 그 답은 여기에서 제시된 두 개(도편과 성서—역자주)의 정보가 단순히 보충하는 것으로 보인다는 점이다. 둘 다 상대방을 필요로 하지 않거나, 사실 그것으로부터 어떤 것도 얻지 못하는 상태이다.

그것은 인공유물 증거를 기록 증거와 연결하는 것에 대한 일반적인 문제를 제기하는데, 우리가 여기에서 시도하고 있는 것과 같이 각각을 역사 기록을 위한 잠재적인 자료로 취급할 수 있는가에 대한 문제이다. 앞에서 제시했던 방대한 자료 가운데 몇 가지 사례를 생각해보도록 하자. 우리는 가정집과 그 설치물들을 보다 상세하게 기술하였다. 우리는 이러한 물건들과 관련하여 성서 구절 대부분을 인용하기도 했다. 흥미로운 일치점이 나타났다. 그렇지만 그것에 어떤 의미가 있는가?

나는 거기에 의미가 없다고 말하고자 한다—한 가지 매우 중요한 예외가 있다. 우리가 기술했던 전형적인 기둥과 안뜰을 갖춘 가옥은 쉽게 핵가족의 집으로 이해될 수 있으며, 혹은 보다 많은 사례에서는 집단을 이룰 경우에 다세대 가족의 가옥들을 보여주는 증거가 되기도 한다. 확실한 것은, 우리는 고고학적 자료**만으로**, 이미 우리가 해왔던 것처럼 그러한 세대를 추론해낼 수 있다는 점이다. 그러나 성서 기록 없이 우리는 베트-아브, 즉 '아버지의 집'이라는 사고방식을 재구성할 수는 없을지도 모른다. 여기에서 성서 기록은 거주민의 생활방식을 명확히 하는 것 이상을 하는 것 같다. 집과 그것이 어떤 기능을 하는지 이해하는 데 이러한 정보가 과연 필수적인 걸까? 그것은 확실히 매우 도움이 될 것이다. 그러나 최근에 고고학자들은 기록 자료 없이 고대 이스라엘 가옥의 '심리학'을 발전시키는 작업을 시작해왔다(앞을 보라).

좀 더 세분화된 고고학 자료를 생각한다면, 과연 우리가 기록에서 농업이나 목축, 추수, 요리, 실잣기, 혹은 종교적인 관습과 같은 문제를 무엇이라고 말할 수 있단 말인가? 다시 말하지만 그 대답은 거의 없다는 것이다. 그리고 있더라도 그리 중요한 것은 없다. 심지어 우리가 인공유물을 기록과 직접 연결할 수 있다 해도, 거기에는 엄청난 난관이 남아 있게 될 뿐이다.

다른 곳에서 나는 이 문제를 도자기와 관련해서 다룬 바 있다. 히브리 성서는 30곳이나 넘게 특정한 도자기 그릇을 언급한다. 어떤 고고학자도 이러한 성서의 용어와 우리가 가지고 있는 실제 도자기와 연관시키려고 노력하지 않았다. 나는 그것을 기원전 8세기에 한해서 시도했는데, 그 결과는 매우 흥미롭게 보인다(앞을 보라). 그러나 우리는 그러한 연관이 일대일

매치가 되었다고 단순히 확신할 수는 없다. 그리고 심지어 우리가 그렇게 확신한다 할지라도, 그릇을 가리키는 히브리어 이름이 전혀 다른 것을 가리킬 수도 있지 않겠는가? 나는 그렇지는 않을 것이라고 생각한다. 우리는 램프(네림*nērîm*)에는 심지가 있고, 기름을 태워서 빛을 낸다는 것을 이미 알고 있다. 우리는 요리용 항아리(두드*dūd*)가 음식에 열을 가하기 위해 사용된다는 것을 또한 이미 알고 있다. 히브리어 이름을 아는 것은 그러한 경우에 (이미 물건의 정체를 파악하고 있기 때문에—역자주) 전혀 도움이 되지 않는 것이다.

심지어 특별한 연관성이 희박한 경우에서조차, 핌*pîm*이란 무게추의 경우에서처럼, 우리는 히브리어 이름을 그 물건과 연결하는 것으로부터 어느 것도 얻어내지 못한다. 이 경우에 우리는 우연히 그 물건에 대한 히브리 이름을 알게 된 것일 뿐이다. 더 나아가 비록 성서가 그 사물(핌을 가리킴—역자주)의 (은으로서의) 가치에 대해 어떠한 단서를 제공할 수 없을지라도, 우리는 (고고학이라는) 독립된 자료를 통해서 그 가치를 알 수 있다.

'복된 삶': 신화인가, 실제인가

우리는 고고학 자료에 근거하여 기원전 8세기 이스라엘과 유다의 표준으로 시골 생활을 조금 자세하게 기술하였다. 우리는 특별히 보통 사람의 일상을 자세하게 취급한 바 있다. 히브리 성서의 과연 어느 기록이 이러한 생활양식이나 그 가치에 대해서 조명한 적이 있는가?

히브리 성서가 말하는 복된 삶이란 시골 생활로, 대부분이 농부인 촌락과 마을 사람들의 생활양식이라는 것은 두말할 나위 없다. 저자들은 통상적으로 자신들의 이야기 안에서 고고학적 맥락과 문화를 가정하곤 한다. 심지어 그들이 도시인들에게 이야기하는 상황에서도 말이다. 그리고 그들이 말하는 기교는 압도적으로 반反-엘리트적이며, 반反-국가적이다. 그런 점이 기원전 8세기 예언자로 인정받는 아모스와 미가의 메시지에서 극명하게 나타난다.

이들 저자에게 복된 삶은 다음과 같은 요소로 이루어진다:

자기 자신의 집과 밭을 소유하는 것(미 2:2)
독립성을 유지하는 것, 사람을 억압하는 군주가 없는 상태(미 4:4)
누구도 다른 이의 밭이나 소유를 빼앗지 않는 것(미 2:2)
사람은 자유로우며, 사고 팔 수 없다(암 2:6)
자신의 정원을 즐기는 것(미 7:14)
곡식을 심고 추수하는 것(미 6:15)
탈곡하는 것(미 4:12; 6:15)
포도주를 위해 포도를 으깨는 것(미 6:14~15; 7:1)
자신의 가축을 기르는 것(미 2:12; 7:14)
여름 과일을 따는 것(미 7:1)
어려운 시기를 대비하여 남겨두는 것(미 6:14)
먹고 마시지만, 검소하게 사는 것(미 6:14)
정의를 당연하게 여기는 것(암 5:15, 24)
전쟁의 위협이 없이 사는 것(미 4:3)

복된 삶에 대한 최고의 표현은 미가 4장 3~4절의, 그 유명한 신의 자기 계시이다.

나라마다 칼을 쳐서 보습을 만들고
창을 쳐서 낫을 만들 것이며,
나라와 나라가 칼을 들고 서로를 치지 않을 것이며,

다시는 군사 훈련도 하지 않을 것이다.
사람마다 자기 포도나무와 무화과나무 아래 앉아서, 평화롭게 살 것이다.
사람마다 아무런 위협을 받지 않으면서 살 것이다.

다른 예언 문학에서 복된 삶에 대한 비전이 있는 것처럼 다른 성서 기록에서도 시골 생활과 관련된 법과 풍습을 담아내고 있다. 그러므로 만약 우리가 이사야와 신명기를 살펴본다면, 우리는 다음과 같은 그림을 그려볼 수 있다:

땅 자체; 강과 시내가 흐르고, 밀과 보리, 포도와 무화과, 올리브가 나는 땅으로, 부족한 게 아무것도 없다(신 8:7~10).

촌락과 농장에서의 삶: 집과 수조와 우물, 경작하고 나무를 심고, 밀을 갈고 빵을 굽고, 낮에는 태양 빛을 받으며, 밤에는 불빛으로 생활한다(신 6:10~14; 28; 사 42:3, 11; 43:17; 44:19; 49:7; 58:9).

가까운 이웃과 좋은 관계를 유지한다(신 5:20~22; 22~23).

형편이 상대적으로 어려운 사람에게 호의를 베푼다(신 15; 16:18~20; 26:2~14, 17~19).

공평하고 정직하게 거래한다(신 25:13~14; 24).

경계를 이루는 벽들을 유지한다(신 19:14; 27:17).

계절이 바뀌고, 그것에 맞게 비가 내린다(신 11:14~16).

식물을 심고, 씨앗을 뿌리며, 열매를 거둔다(사 5:1~10; 61:5; 62:8; 63:3; 65:10).

포도원을 지킨다(사 5:10; 62:8; 63:3).

가축을 보살핀다(신 25:4).

농업의 축제와 다른 축제들을 준수한다(신 18:3ff; 사 56:58).

십일조와 희생 제사를 바친다(신 12:17, 27; 14:22, 23; 26:1~4).

만족하고 욕심을 부리지 않는다(신 7:25; 24:19).

단순한 신앙(신 10:12).

전반적으로 복된 삶(신 7:13~14; 28:3 6; 사 65:21~25).

좋은 삶에 대한 이사야의 구절은 앞에서 소개했던 아모스나 미가의 길었던 목록들과 매우 비슷하다:

> 사람들이 제 손으로 지은 집에 들어가 살겠고
> 제 손으로 가꾼 포도를 따 먹으리라.
> 제가 지은 집에 남이 들어와 사는 것을 보지 않겠고
> 제가 가꾼 과일을 남이 따 먹는 것도 보지 아니하리라.
> 나의 백성은 나무처럼 오래 살겠고
> 내가 뽑은 자들은 제 손으로 만든 것을 닳도록 쓰리라.
> 아무도 헛수고하지 아니하겠고
> 자식을 낳아 참혹한 일을 당하지도 아니하리라.
> 그들은 야훼께 복받은 종족,
> 후손을 거느리고 살리라. (사 65:21~23; 공동번역 개정판)

이런저런 구절들에서(레위기; 예레미야) 복된 삶의 기본이 되는 생각—올바르게 살아가는 것, 자연과 신과 조화롭게 사는 것—은 농촌의 생활이라는 것이 극명하게 나타난다. 도시, 왕권, 중앙 권력—이 모든 것은 왕조시대 내내 대부분의 사람들에게 익숙했던 것이다. 그러나 그것들은 비참할 정도로 월권을 일삼았고, 부패했으며, 종교를 왜곡하는 일에 연루되었다.

사회, 경제, 그리고 기본적인 문화적 가치는 농업 부분에서 나온다. 이것은 우리가 장차 다룰 '가내 생산 방식'에 기초한 사회라는 것이기도 하다. 즉, 자유로운 남성과 여성, 자신의 땅에서 방해받지 않으며 살아가는 것, 스

스로의 힘으로 생계를 유지하는 것, 자녀들을 양육하는 것, 자신들의 유산을 전수하는 것이다. 이것이 바로 **농촌의** 삶의 방식이다. 그러나 그러한 삶이 정말 존재했을까?

성서가 도움을 줄 수 있는 것은 무엇인가

우리가 인용한 거의 모든 성서 기록이 구전에 기초했으며, 상당히 후대에, 그러니까 기원전 586~기원전 535년의 바빌로니아 포로 시대나 심지어 그 이후에 어느 정도 축소되어 기록되었다는 사실을 우리는 반드시 직면해야만 한다. 간단히 말해서, 문제는 이것이다: 왕조시대 동안(약 기원전 900~기원전 600년) 평범한 생활에 대한 이러한 그림이 정말 신뢰할 만한 **역사적인** 정보를 포함하고 있는가? 그 그림은 그것이 진짜처럼 보이고 세부적으로 현실적인 것들이 많게 보인다 하더라도, 단지 하나의 생각인가 아니면 실제인가? 아마 그것은 일종의 '전에는 없었던 과거에 대한 향수'라고 할 수 있다.

예언자들이 욕을 퍼부었던 상대는 우리가 앞에서 윤곽을 그렸던 바로 이러한 빼앗을 수 없는 권리들을 폐기한 자들이었다. 그들은 다음과 같이 남용한 부자들에게 항의했다:

정의를 그르치는 자(암 5:10, 15),
농부들의 밭을 빼앗는 자(미 2:2),
심지어 그들의 의복까지 취하는 자(암 2:8),
사람을 '신발 한 짝'의 값으로 사는 자(암 2:6; 8:6),
'그들이 뿌리지 않은 것을 거두는 자'(미 6:15),
'상아 침대'에서 늘어져 있는 자(암 6:4),

값비싼 양을 배불리 먹는 자(암 6:4), 그리고
날이 밝도록 술을 마시는 자(암 2:8).

이러한 성서의 그림이 역사성을 가지고 있다는 한 가지 논리는, 우리가 앞에서 요약했던 그러한 빼앗길 수 없는 기본적인 권리를 폐기한 것에 대해서 예언자가 **정확하게** 저주하고 있다는 점이다. 만약 실제 삶의 상황이 예언자나 개혁가의 심한 비난을 야기하지 않았다고 한다면, 왜 그렇게 열띤 항의가 필요했겠는가, 하는 반문인 셈이다. 그들은 단지 허수아비를 세운 것이 아니었다. 그것은 이러한 기록을 했던 바로 그 엘리트들이 저지른 남용에 대한 예언자의 비난인 것이다. 그들의 기록은 그들이 원한다면 그들 스스로가 진리를 기록할 수 있음을 증명하는 것이기도 했다. 그리고 고고학적 증거가 우리가 기술해왔던 기원전 8세기 시골의 민간 생활을 정확하게 묘사하고 있음을 입증한다는 것이 바로 진실이다.

3절

그것은 정말 어땠는가

기원전 8세기 일상생활에 대한 중요한 정보를 제공하는 인공유물 증거들을 제시하면서 나는 전형적인 가정을 재구성하고, 가족 구성원이 늘 하는 일과를 기술해보려고 했다. 우리는 심지어 남녀 성 차이를 고려한 업무들에 대한 증거들도 제시했다(이것은 오늘날 고고학자들에게 주요한 관심

그림 VI.29. 헤브론 서쪽, 데이르 사미트Deir Samit 촌락 안의 가옥과 안뜰. 사진: W. G. Dever

의 대상이 되고 있다). 그러나 여기저기에서 우리는 인공유물의 증거와 그와 관련 있는 민족지학 정보에 근거하여 약간의 추정을 하기도 했다. 그러나 이러한 내러티브와 기술적 보고가 진짜 '역사'인가?

'정말 어땠는지'

19세기에 근대 학문과 전문적인 역사 기록 과목이 그 모양을 갖추게 됨에 따라 일부의 주의 깊은 학자들이 유행하는 낙관주의에 도전하고 나섰다. 그들은 주장하기를, 우리는 "과거가 정말 어땠는지"(독일어로 *wie es eigentlich gewesen war*)를 전혀 알 수 없다고 했다. 하지만 여기에서 우리가 보유한 최고의 정보에 기초하여 나는 바로 그 일을 시도하려고 한다. 즉, 마을과 촌락에서 그 삶이 정말 어땠는지에 대해 최소한의 장면—어쩌면 심지어 그것이 정말 어떻게 **느껴졌는지**에 대한 일부분—을 그려볼 것이다.

그림 VI.30. 갈릴리 바다를 뒤덮는 이른 비구름. 사진: W. G. Dever

만약 내가 사마리아와 헤브론 산지에서 수 개월간, 그러니까 모든 계절을 경험하면서 원시적인 아랍의 촌락에서 살아본 적이 없었다고 한다면, 그러한 시도를 절대 하지 않았을 것이라고 확신한다(앞을 보라).

자연에 대한 인식

우선, 기원전 8세기 이스라엘과 유다의 모든 사람은 물리적으로 한계상황에서 살았다. 그리고 그들은 항시 그러한 사실을 자각하고 있었다. 3장에서 우리는 레반트의 이 작은 구석의 자연조건을 기술하면서, 이러한 자연조건이 일상생활의 모든 면면을 결정하는 요인이라고 하였다. 대부분의 사람이 살았던 작은 농경 촌락에서 농부들은 바위로 가득한 산기슭을 대면하게 된다. 이 산기슭은 돌을 치워 없애고 계단식으로 만들어야 한다(테라스 작업). 또한 테라스는 언제나 고된 노동으로 유지, 보수되곤 한다. 작은 산간 계곡의 흙은 비록 깊기는 하지만 종종 가루 같기도 하고 단단하게 차 있어서 쟁기질하기가 어렵다. 여름은 길고 더우며, 5월 초와 10월 말 사이에는 비가 내리지도 않는다. 물의 부족은 일반적으로 예기치 못한 계절적 강우로 더욱 악화—너무 많거나 혹은 너무 부족하거나—되곤 한다. 결국 샘물이 마르게 되고, 수조는 오염된다. 인간 집단은 자연에 호의를 구하지만 자연은 종종 불친절하게 보인다.

계절의 흐름

고대 이스라엘과 유다의 본질적인 생활 리듬은 변화하는 계절 주기에 의해 결정된다.[267] 한 해는 가을에 시작하는데, 늦은 추수와 연간 내리는 비가 시작하는 시기로, 일반적으로 10월 중후반에 해당한다. 이 시기는 긴 죽음의 여름이 지난 후 다시 생명을 축하하는 시간으로, 밭과 동물과 사람이 문자 그대로 말라비틀어진 시기가 끝나게 되는 때이다. 이때—우리 현대 서구인의 달력과는 다르게—가 새해, 곧 농경을 시작하는 시기가 된다(이는 이후에 로시 하샤나*Rosh Hashanah*, 즉 '날들의 머리'라는 말로 역사화된다). 심지어 기록이 없어도, 우리는 어떤 종류의 가을 축제가 기념되었을 것이라는 걸 직관적으로 알고 있다. 숙곳Succoth(또는 '장막절', 이것은 이후에 시나이 광야를 방랑했던 것과 연결된다) 기간 동안, 마지막 여름 실과들—무화과, 포도 그리고 멜론—을 심고, 겨울을 위한 포도주 만들기와 경작하기와 모종 작업은 완료된다. 사사기 21장 13~24절은 가을 축제의 밝은 모습을 기술하고 있는데, 이때 가족 전체가 포도밭에서 천막 생활을 한다. 젊은이들은 노인들이 지켜보는 눈을 피해서 (틀림없이 갓 짜낸 포도주에 취해서) 축하하고 춤을 추며 자신들의 짝을 찾는다. 들판에 있는 돌로 만든 탑들은 가족 전체가 지내거나 추수 시기에 작업을 하는 곳으로, 예루

그림 VI.31. 사마리아 언덕의 '망대', 과거에 추수 시기에 사용되었다. 사진: W. G. Dever

그림 VI.32. 3월의 헤브론 산지에서는 가축을 기른다. 사진: W. G. Dever

살렘 북부의 테라스 지역에서 여전히 볼 수 있으며, 최근까지도 사용하고 있다. 혹자는 포도원의 '망대'와 같은 것을 묘사하는 이사야 5장 1~7절을 떠올릴지도 모르겠다.

이어지는 겨울은 환영할 만한 변화는 아니며, 다소 어려운 시기이다. 저장된 음식은 조심스럽게 관리되어야만 하며, 종종 배급된다. 신선한 과일이나 채소는 없다. 가축을 보살피는 일은 종종 마구간에서 이루어지는데, 시간이 갈수록 어려워지게 된다. 심지어 비록 신선한 풀을 들판에서 얻을 수 있다 하더라도, 매서운 겨울에 야외에서 가축을 친다는 것은 어려운 일이다.

통상적으로 맑은 날이 아니라면, 어떤 요리든 만드는 일은 어렵다. 난방(그리고 사생활 같은 것)이 없이 집을 닫아만 두었다면, 모든 식구들은 (설사는 말할 것도 없고) 아마 호흡기관에 질병을 달고 살았을 것이다. 이들 민간의 사람들은 이러한 불편을 덜어낼 치유책이 없었기 때문이다. 어린아이와 노인은 특히나 질병과 죽음에 취약했다. 가을의 개간과 파종이 끝이 나면, 권태기는 겨울이 지나는 것과 함께 사람들을 뒤덮고 만다.

4월에 봄이 오고 비가 점점 줄어들면서 기분은 다시 고조되고 5월과 6월 초에 풍년이 들 것이라는 큰 소망을 품게 된다. 계곡에 경작한 들은 짙은 초록색으로 물이 들고; 산기슭의 목초지는 풀로 덮이며; 그리고 선홍색의 양귀비(아네모네)는 마치 보석이 빛나는 것처럼 대지에 점점이 수를 놓는다. 아몬드 나무는 하얀 꽃을 풍성하게 맺고 있다. 다른 과실나무들은 덧없이 지나가는 봄 동안에 그 꽃을 만발하게 피워댄다. 맑은 물이 샘에서 흘러나오는데, 어떤 것은 높은 산에 있는 눈이 녹아서 생겨난 물이기도 하다. 4월이 되면, 지난 11월에 태어난 어린 양과 염소를 처분할 준비가 된다(이것은 유월절[Pesach]을 기념하는 것이다). 잘 길러진 암소는 새끼를 낳는다. 그리고 오래 일이 없는 시기에 임신이 된 아이들이 이제 세상에 나온다. 삶은 복되며, 만약 신이 원하기만 한다면 그것은 또 다른 계절로 넘어갈 것이다.

그림 VI.33. 남자들이 헤브론 언덕의 테라스 산기슭을 지나 들로 가고 있다. 사진: W. G. Dever

만약 늦은 봄과 이른 여름의 추수가 풍성하다면, 넘치는 음식이 기다리게 될 것이다. 5월 말이나 6월 초에 밀과 보리 추수가 절정에 이른다. 온 가족은 근처 타작마당에 모여 함께 일을 한다(샤부오트*Shavuot* 축제, 혹은 '칠칠절'). 남자들 그리고 여자들도 나무 손잡이가 달린 철제 원형 낫으로 들판에서 밀을 자르며, 그것을 하나로 묶어 올린다(이것은 허리에 통증을 유발하는 구부정한 작업이다). 그 묶음은 당나귀 등에 올려서 타작마당으로 옮겨놓고, 그런 다음에 나무판을 그 위에 깔고 올라가 밟음으로써, 그 줄기를 부수고 곡식을 빼낸다. 나무로 만든 탈곡 포크는 모든 것을 위로 던지는 기능을 하는데, 이렇게 계속해서 공중에 던지면 바람이 불어 왕겨는 날아가고 무거운 곡물은 땅바닥으로 떨어지게 된다. 이제 떠내서 체로 걸러낸 다음, 큰 저장용 항아리나 가방에 넣어 촌락으로 가지고 오면 된다. 또한 이때는 초여름 과실이 한창인 시기이다: 무화과, 이른 포도, 그리고 다른 과일들과 채소들이다. 쟁기질을 다시 해서 여름 추수를 준비하게 된다.

비록 봄과 여름의 추수가 종종 괜찮은 수준이라고 하더라도, 그것을 다

그림 VI.34. 어느 촌락의 타작마당. 사진: W. G. Dever

음 추수가 올 때까지 긴 시간 동안 보관하는 것은 문젯거리이다. 저장용 항아리는 곰팡이가 생기기 마련이며 각종 해충의 온상지이다. 바깥에 놓인 무방비한 사일로들은 땅속에 안전하게 파놓은 것만큼 많지는 않지만, 썩게 되고, 한편으로 설치류가 수확물의 절반까지 훼손할 수도 있다. 봄철 과일은 말려서 (건포도를 만드는) 포도와 같은 가을 과일처럼 보관할 수 있다. 그러나 어떤 음식물이든지 그것을 보관하는 일은 비효율적이며 또한 낭비되는 것이 많다. 심지어 촌락 안에서도 도둑이 있기 마련이다. 음식은 귀한 것이지만, 절대 그냥 넘겨줄 수 없다.

대부분의 가정이 다른 가정과 물물교환을 위해 잉여 농산물을 생산할 필요가 있기 때문에 음식은 또한 귀하다고 할 수 있다. 통상적으로 농가 혹은 촌락의 가정은 자급자족을 한다; 자급자족의 능력은 필요가 아니라 하나의 미덕으로 여겨지는 것이다. 우리가 보다 큰 마을과 도시에서 발견한 기원전 8세기의 무게 단위인 세겔shekel과 평형 저울은 당시에 통제를 받는 일종의 거래가 있었다는 증거를 보여준다. 그러나 시골에서 일부 가족들은 아마 어느 부분에서 생산에 특화되었을 것이며(베를 짜는 일, 도자기를 만드는 일), 이는 자급자족을 넘어서는 부분이기도 하다. 그러므로 혹자는 다양한 물건들을 교환해서 집에서 만들 수 없는 것들을 얻기도 했다.

고대 이스라엘과 유다에서 농경 시즌에 맞는 옛 가나안식 달력이 채택된 것은 분명하다(앞을 보라). 그러나 이제 시간이 지나고 왕조시대에 이르게 되면, 그 옛날의 추수 축제는 '역사화되며', 앞으로 우리가 볼 것이지만(8장), 그것은 새로운 신학적 의미를 얻는다.

생존

비록 가정이 어찌해서 영양부족을 피할 수 있었다고 할지라도(혹은 기근을 막을 수 있었다고 할지라도), 건강을 위협하는 다른 많은 것이 있었다. 음식은 저장 중에 혹은 준비 중에 쉽게 오염될 수 있었다. 우리가 (임시 변소에서) 발견한 얼마 안 되는 증거에 의하면 대부분의 사람들은 항시 대장 질환을 겪고 있었다. 개인위생이라는 것이 별로 없었고, 어디에서도 소독 시설이라는 것이 없었기 때문에 대장 질환과 피부 질환은 쉽게 확산했다. 상아와 뼈로 만든 빗에는 머릿니가 일상적인 문제였다는 것을 잘 나타내준다. 사방이 막힌 공간에서 생활한다는 것은 전염성 질병이 쉽게 퍼지기 마련이라는 사실을 의미한다.

밭에서 일하는 남자들과 소년들은 다양한 종류의 사고에 취약하기 마련이다. 그들은 큰 동물과 조잡한 도구를 다루며 고군분투하기 때문이다. 가정에서 가사家事를 돌보면서 그들은, 여성이라고 해야겠는데, 역시 쉽게 베이고 다쳤다. 아이들은 항상 그랬듯이 놀다가 다쳤다. 어떤 사고에도 적합한 치료는 거의 없었다. 팔이나 다리에 심한 부상을 입었다면, 그것은 절단이나 혹은 죽음을 의미하는 일이었다. 깊이 베이거나 찔린 상처는 봉합할 수 없는 수준일지도 모른다. 소소한 상처도, 가시에 찔린 정도라 할지라도 감염의 가능성이 존재한다. 자신의 이를 온전히 가지고 있는 성인은 거의 없었다.

출산은 거의 극복할 수 없는 난관을 떠오르게 한다. 여성은 일찍 결혼하는데, 거의 13세 정도로 어리다. 30세 정도가 되는 시기에는 대개 많으면 여남은 수의 아이를 출산하기 마련인데, 여기에는 여러 번의 유산도 포함된다. 출산 시에는 식구들만 있으며, 혹 촌락의 산파가 와서 도움을 주는 경우도 있다. 장기화되고 어려운 노동, 도산倒産(아이를 거꾸로 낳음—역자 주), 패혈성 감염, 출혈 과다—이러한 것들은 종종 아이와 산모 모두를 사망에 이르게 한다. 출산 이후, 여성은 유아를 수유해야만 한다. 비록 산모가 병이 들었거나 그 자신이 영양 섭취가 안 되었더라도 말이다. 어디에나 있는 유년기의 질병은 어린아이 대부분이 유아기를 견디지 못하게 만들었다.

우리가 가지고 있는 정보가 시사하는 바는 (여남은 수 중에서) 오직 셋이나 넷 정도의 어린아이만이 생존하고 젊은 청년으로 자라게 되었다는 점이다. 예상 수명은 아마 30세나 40세를 넘지 못했을 것이다. 그 정도를 넘게 되면, 그런 사람들은 말 그대로 노인이 되었고, 그들은 폐 질환, 심장 질환, 관절염, 그리고 다른 만성질환으로 괴로워하면서 살았다. 50세를 바라보는 사람들은 존경받는 장로가 되었다. 그들은 지혜롭고 명예를 누렸다. 만약 그들이 60세가 된다면, 그들은 그 자체로 기적이고, 거의 성인聖人 대접을 받았다.[268]

생명 주기 사건들

실제의 경험(혹은 인식)은 생명 주기 사건(Life Cycle Event)들이라고 부르는 것, 특별히 이른바 통과의례라는 것에 주로 기인한다. 이렇게 새로운 부분으로 인생의 장이 열리고, 또한 삶의 여러 부분이 바뀌게 되는 사건들은, 인류학자들이 가끔 '단속평형설'(punctuated equilibrium, 진화가 짧은 기간에 급격한 변화로 발생하지만 그 후에는 긴 시간이 지나도 생물에 변화가 발생하지 않는다는 가설—역자주)이라고 부르는 것이다. 이 말은 일시적으로 삶의 평형을 방해하는 단일한 사건이 되풀이되지만, 그것은 지나가게 되고, 안정적인 기간이 그 뒤로 따라온다는 의미이다.

촌락민들과 마을 사람들에게 가장 영향을 끼쳤을 법한 인생의 중요한 사건들로는 다음의 것들이 있다고 말할 수 있다:

출생
할례 혹은 다른 출생 의식
젖을 뗌
초기 청소년기의 '성년' 의식
약혼과 결혼 의식
임신과 출산
인생의 절정에 이름
쇠락과 노년
죽음과 장례 의식

이런 것들은 단발적인 사건이 아니며, 더구나 단순히 개인적인 사건도 아니다. 공동체 전체가 그러한 사건들을 참여하고 기념한다. 그들은 '연대의식', 곧 공동체의 집단의식을 갖게 된다. 함께함으로써 그들은 실제의 경험, 집단 공통의 역사적 기억(실제이건 상상이건), 구전 전승, 그리고 공동체 안에서 개인을 정의하고('민족성') 반드시 보존하고 전수해야만 하는 유산을 세우게 된다. 바로 **이것이** 신앙 체계이며, '종교'이다. 그러나 이러한 익명의 대중은 거의 글을 읽고 쓰지 못하는 사람들이기 때문에 그들은 경전이라는 것을 우리에게 남겨주지 못했다—오직 그들이 만들고 사용했고 폐기했으며, 아마 재사용했을 인공유물만 남겼을 뿐이다. 이러한 잡동사니와 조각들을 가지고 우리는 그들의 역사를 쓰려고 노력해야만 한다.

'가내 생산 방식'

고대의 사회적이고 경제적인 집단을 정의하는 가장 도발적인 시도 가운데 하나는 저명한 미국의 인류학자인 마셜 살린스Marshall Sahlins가 제시했던 정의였다. 그의 책 『석기 시대 경제*Stone Age Economics*』(1972)에서 그는 가족 중심의 공동체를 묘사한다. 즉, 그것은 "정치적으로 주권자가 없는 사회의 조건을 떠맡아야 하는 (…) 일종의 축소한 형태의 부족 공동체"와 같았다. 다른 곳에서 살린스는 전형적인 경제를 '가내 생산 방식'으로 기술했다. 물론, 그 말은 그것을 고대 '아시아적' 생산방식 혹은 '전제주의적 생산방식'이란 전형적인 묘사와 구분하는 내용이다(또한 마르크스주의, 자본주의, 혹은 다른 현대의 생산방식과도 구분하고 있다).[269]

나는 초기 이스라엘, 혹은 우리가 여기에서 특성 지으려고 노력하는 후대의 이스라엘에 대하여 이보다 더 적합한 묘사는 생각해낼 수 없다. 심지어 기원전 8세기와 같은 후대라고 할지라도 이스라엘과 유다는 여전히 본질적으로 부족 중심의 공동체였다. 그들의 정치적 본질은 가족이고 지역 공동체였다. 그들에게 '주권'이란 것은 없었으며, 저 멀리 떨어져 있는 자칭 왕조차 존재하지 않았다. 이와 같은 살린스의 기민한 관심은 우리를 성서의 세계관으로 이끌어준다: "그때에 이스라엘에 왕이 없으므로, 사람이 각기 자기의 소견에 옳은 대로 행하였더라."(삿 21:25)

세상을 인식하다

농촌의 촌락은 보편적으로 독특한 삶의 방식을 보여주며, 또한 외부의 큰 세계에 특이한 견해를 갖게 한다. 우리는 직접적인 증언이 부족함에도 불구하고, 고대 이스라엘 촌락의 심리를 과소평가해서는 안 된다. 첫째로, 작은 마을 고유의 고립성(insularity)이란 것이 있는데, 사생활이란 것이 없고 모두가 다른 사람들의 소소한 일을 알고 있다. 긴밀한 가족 관계와 유대, 그리고 빈번한 동족결혼(사촌이 선호된다)이 의미하는 것은 불가피한 사소한 싸움이 결국 마을 소동으로 확대된다는 점이다. 이러한 사소한 일상의 문제들을 처리함으로써 백 명 정도 혹은 그 이상의 가까운 이웃들과 좋은 관계를 유지할 수 있다.

불행한 여성은 청소년 시기에 나이 많은 남자에게 시집을 가는(그리고 아마도 두 번째 아내와 경쟁하는) 경우인데, 누릴 만한 권리는 거의 없으며, 결국에는 낙심한 어머니가 되고 만다. 어린 여성들은 격리되며, 혹 가족 밖의 젊은 남자와 빈번하게 접촉하게 되기라도 한다면 그것은 피를 보는 싸움으로 끝나고 마는데, 그 경우에 그녀의 가족은 남자를 죽일 수도 있으며, 심지어 자기 집의 어린 여성을 죽일 수도 있다. '명예'가 최우선이었다. 그리고 그것이 아무리 신화적이라 할지라도, 어떤 희생을 거치더라도 지켜져야만 했다.

가정은 사회, 경제, 그리고 정치에서 필수적인 요소였다. '가족'은 다세대의 핵가족을 포함하는데, 이는 출생과 결혼 모두로 생겨난 확대가족을 더한 것이며, 또한 촌락과 이웃하는 촌락의 친족 관계까지도 더한 개념이다. '가족'은 심지어 더 큰 씨족으로 확장될 수 있다. 씨족 역시 혈연관계이다. 그러한 세계를 넘어가면, 사람이 위험을 무릅쓰고까지 만날 사람은 없는 것이다.

촌락의 사람 대부분은 32킬로미터나 멀리 떨어져 있는 마을의 큰 시장으로 여행을 떠나본 적이 단 한 번도 없었다. 그들은 누군가가 와서 세금을 징수하거나 혹은 군대 복무를 위해 젊은 남자들을 징집하려고 돌아다니지 않는 이상, 정부 관료를 대면한 적이 결코 없었다. 극소수의 사람들만이 공식 제사장을 만날 수 있었고, 혹은 예루살렘 성전을 방문할 수 있었다. 당나귀 등에 올라 여행한다는 것은, 하루에 약 8킬로미터를 이동해서, 동굴이나 피신처에서 밤을 보내고, 갔다가 다시 돌아올 때까지 충분한 음식을 힘들게 가지고 다녀야 한다는 것을 의미한다. 먼 곳을 여행하는 것은 간단히 말해서 노력할 가치가 없는 일이다.

개인이나 개인의 권리 혹은 개인적 견해라는 개념이 거의 없었다. (그것은 근대에 만들어진 의식이다.) 국가에 대한 개념 역시 없었을 것이며, 촌락이나 자신들의 구역 너머의 그 어떠한 권위에 대해서도 그들은 그 존재를 생각하지 않았다. 촌락의 평등주의 성격은 분쟁에 어떠한 결정을 내릴 수 있는 지역의 엘리트가 없다는 것을 의미했다—오직 소수의 나이 많은 현자나 점쟁이가 있어서, 그들의 조언을 구했을 뿐이다. 학교 문을 두드릴 수 있었던 극소수를 제외하면, 교육을 받은 사람은 거의 없었다. 실제로 사람들은 자신의 상황에 맞게 최선을 다하면 그것으로 좋았다. 영국인들이 흔히 말하듯이, 그들은 '그럭저럭 헤쳐나갔다'.

그들은 세상 속에서 고립되었다는 절대적인 감정을 분명히 가졌을 것이다. 즉, 그들은 혼자이며 도움을 받지 못한다는 생각으로, 마치 모르는 게 약이라는 듯이, 자신들이 사는 (특별히 기원전 8세기 중후반) 시대에 들려오는 위험한 소문들에 대해서도 거의 듣지 못했다. 어떤 이는 붙잡을 수 있는 가장 가까운 출처에 의존할 수 있었다: 그 자신의 가족으로, 그곳만이 유일한 안전지대였다. 그러므로 가족, 그리고 가족의 유산은 근본적인 사회적 가치였다. 만약 종교가 현실에 맞서는 데 그 무엇이라도 제공하는 것이 있다면, 그것은 궁극의 현실을 다루는 것이어야만 했다: 바로 생존 말이다(8장).

촌락의 사고방식에 대한 또 하나의 양상은 내재된 고립성과 시골 사람들만의 보수적 성향과 관련이 있다. 그들은 새롭거나 '낯선' 생각을 조금도 참아줄 수 없었다; 엉뚱한 행동은 용납되지 못했고, 전통을 따르지 않는 사람은 그 누구라도 용서가 되지 않았다. '다른' 사람은 의혹의 대상이 되거나 심지어 추방을 당하기도 했다: 한마디로 '저주받은 자'가 되는 것이다. 이러한 자들은 촌락 여러 곳에서 나타나는 백치, 육체적으로 제약이 있는 자, 문둥병자, 동성애자, 심지어 결혼하지 않은 소녀나 소년까지도 포함한다. 그러므로 사회의 평등주의적 성격과 화합력은, 엄청난 사회적 압력이 바로 이러한 전통을 따르지 않는 자들을 향해 행사되었다는 것을 의미한다. 기원전 8세기 유다의 촌락과 마을에서의 삶은 왕조 초기 시대 이래 최소한 200년 동안은 계속 유지되어갔다. 누구도 변화를 바라지 않았다. 오직 안정만 있을 뿐이었다.

고고학은 우리의 철기 IIA-C (심지어 더 이른 철기 I 정착) 기간 내내, 해당 유적지의 내부 지층이 구분이 쉽게 되지 않고 매우 복잡할 만큼 그러한 연속성이 있음을 증명한다. 이집트 시삭Shishak의 침략이 있었던 기원전 918년과 아시리아에 의한 파괴가 있었던 기원전 8세기 후반 사이에, 우리는 어떠한 중요한 단절도 발견하지 못했다.[270] 그리고 그 긴 시간에 속한 사람들 대부분은, 우리가 지금까지 서술했던 가혹한 계절의 변화와 지역의 문제(perturbance)가 아닌 다른 것들은 곧잘 잊어버리면서 살았다. 삶은 계속된다. 심지어 그것이 불가해하며 "추잡하고, 잔인하며, 짧더라도"(인간 본성의 비관적인 측면을 강조했던 토머스 홉스Thomas Hobbes의 표현을 인용하고 있다—역자주) 말이다.[271]

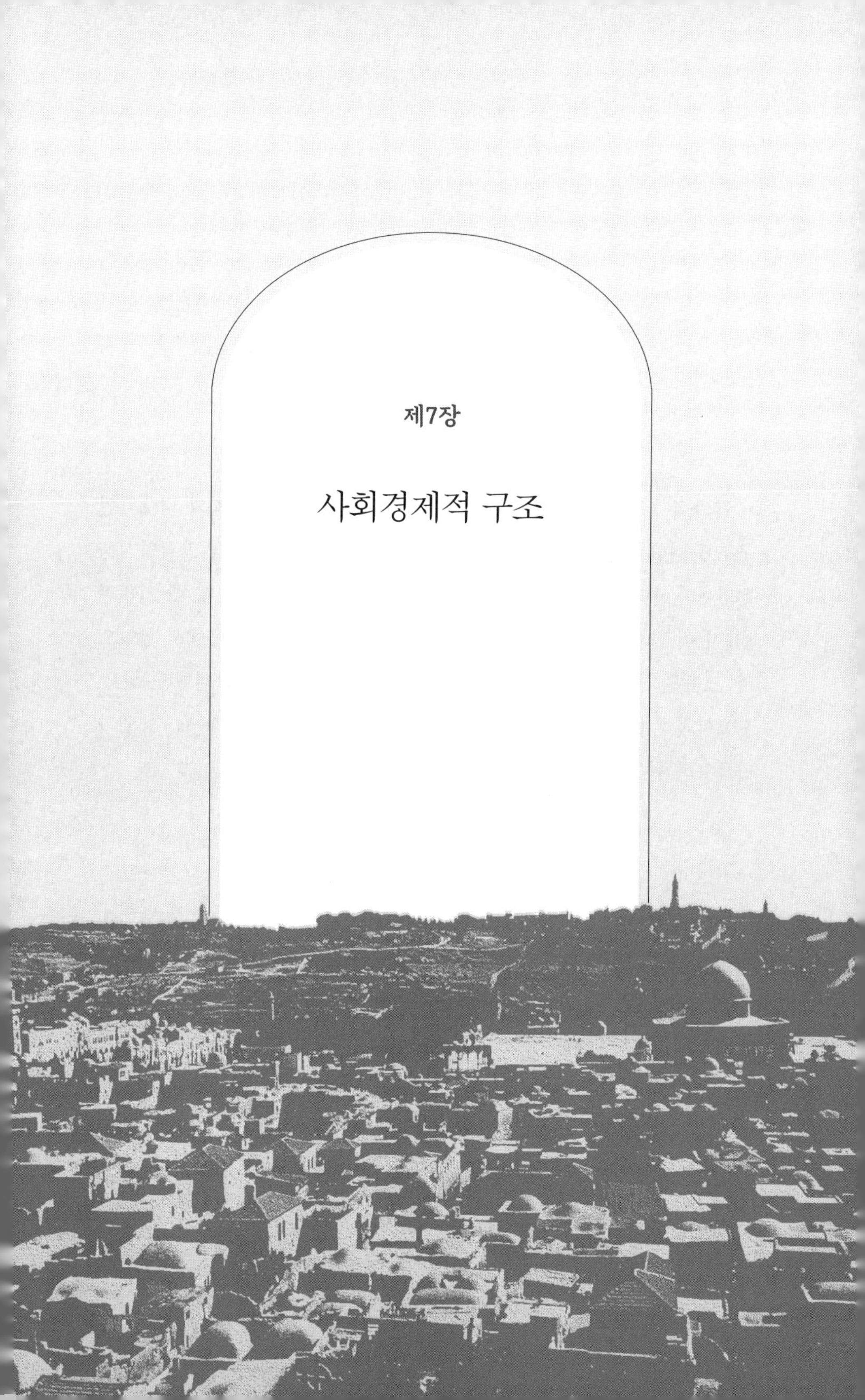

제7장

사회경제적 구조

1절

고고학적 자료

앞의 4~6장에서 데이터베이스를 제시하면서 우리는 사회와 경제적인 구조에 대한 질문을 던져야 할 필요가 생겼고, 특별히 시골의 생활양식을 논의했다. 우리는 가끔 '평등주의적' 사회에 관해서 언급했는데, 즉 기원전 8세기 이스라엘과 유다의 사람 대부분이 시골의 촌락과 마을에서 살았으며, 그곳은 본질적으로 동질이고 비계층적 사회라는 것을 논의했다. 실로, 고고학적 기록은 그곳이 단순하고, 발달이 덜 된 사회이며, 경제는 농업과 자급자족하는 생활양식이라는 것을 보여주었다.

사회구조

엘리트 구조와 사회구조

만약 우리가 처음에 했던 것과 같이 고고학적 증거를 엄격하게 제한한다면, 사회의 계층화는 확신하기 어려울 것이며, 그것을 자세하게 기술하는 것은 쉽지 않을 것이다. 우리가 할 수 있는 최선은 몇 가지 크게 구분이 되는 구조가 드러나는 여러 장소를 조사하는 일인데, 주로 왕궁 혹은 행정 중심지, 또는 그 둘이 결합된 곳이 될 가능성이 높다. 이러한 건물들은 엘리트 계층이 살던 곳이며, 보통 사람들과 구별된 어떤 역할이나 기능을 나타내줄 것이다. 불행하게도 이러한 건물들의 평면도는 언제나 분명치 않으며, 원래 그곳에 있었던 내용물들을 거의 찾을 수도 없다. 그러므로 어떤 학자들은 이 해석에 동의하지 않을지도 모른다. 그러므로 우리는 약간의 상상력을 발휘하되, 신뢰할 수 있을 만한 사실에 충실해야만 한다.

사마리아 왕궁

나는 이 장소를 이미 개략적으로 기술한 바 있다. 나는 그곳의 위치나 기념비적 건물들, 그리고 사치스러운 가구들을 근거로 왕궁 성채였다고 주장했다(4장). 아크로폴리스에 있는 주요한 건물은 큰 사각형의 뜰로, 견고한 이중벽으로 둘러싸여 있었다. 이러한 벽들은, 원래 약 1.5미터 두께로, 대략 1,580제곱미터(478평) 또는 4.5에이커를 에워쌌다—우리가 이 시기에 알고 있는 그 많은 작은 마을들보다 큰 영역이다(그림 IV.1, IV.2).

기원전 8세기에 이르러 그 벽은 보강되었는데, 약 5.5에이커를 에워싸면서, 이제는 사각형의 뜰이나 광장을 두르게 되었다. 전체 면적은 폭 105미터에 길이 190미터를 계산해서, 약 2,165제곱미터(654평)에 이른다. 남서쪽 모퉁이에 위치한 사각형의 호화로운 건물은 그 크기가 대략 길이 17미터에 폭 10미터로 (계산하면, 약 167제곱미터[50평]), 한쪽 끝에 큰 뜰이 있고, 인접한 건물에는 14개의 방이 있으며 그 안으로 작은 (아마 지붕이 없는) 뜰을 둘러싸고 있었다. 측면의 방은 계단이 있어서 2층으로 올라갈 수 있었을 것이다. 만약 2층이 있었다면, 생활공간은 278제곱미터(84평)에 이를 정도로 넓어지게 된다. 이것은 큰 촌락이나 연립주택과 비교할 때 최소한 2배나 큰 것으로, 1층의 평면 구성은 완전히 달랐다.

궁전은 국토의 어디에서나 발견할 수 있는 돌에다 끌로 새겨 장식을 해서(마름돌) 건축했는데, 왕궁의 몇 곳과 다른 곳의 엘리트 건물에 국한해서 사용했다. 큰 사각형의 돌덩어리들은 접합제를 사용하지 않고 쌓아 올렸는

그림 VII.1. 사마리아의 왕궁 건물의 마름돌. 사진: W. G. Dever

데, 누구도 얇은 칼날을 접합 부분에 집어넣을 수 없을 정도로 촘촘하게 올려놓았다. 이 마름돌은 시리아에서 잘 알려진 것이며, 페니키아 양식으로 그곳에서 제작되었다. 석공들은 외부에서 온 사람들이거나, 혹은 외국 장인에게 훈련받은 지역의 숙련 노동자였을 것이다. 이것은 어떤 기준으로 보더라도 왕실 석공 공사의 결과물이다. 이러한 대단한 덩어리들은 이후의 건축가들이 떼어냈고, 또 그것들이 로마 시대까지 내려오게 되었는데, 이로 말미암아 1908~1910년과 1931~1935년에 미국과 영국의 발굴자들은 지층의 연대를 설정하는 데 심각한 어려움을 겪기도 했다.

이 건물이 궁전이었다는 추정은, 건물이 따로 떨어져 있으며, 크고, 벽이 있는 복합체와 함께 있는 그 독특한 위치에 의해서 더욱 뒷받침된다. 또한 인접한 건물에는 작은 방들이 많이 있었는데, 그것은 얇은 벽으로 분할되어 있으며, 틀림없이 왕궁의 기록 보관소로 보인다. 그곳에는 각각 약 9제곱미터(2.8평)인 15개의 작은 방이 있는데, 그 입구는 두 개의 복도의 시작을 이룬다. 한 쌍의 길고 좁은 복도가 이 건물과 연결되어 있다.

나중 건물이 수상(chancellor)이 살았던 곳이라는 생각에 대한 의심은, 이 건물 바닥에서 한 무더기의 도편(글씨가 쓰인 도자기 파편)뿐만 아니라 문서를 봉합하는 인장이 발견되면서 사라졌다. 그것들은 모두 세금 영수증이거나 내역서로 그 안에는 (왕이?) 다스렸던 해; 분명히 관료가 쓴 납세자의 이름; 그리고 제출한 상품의 종류(예를 들어 '오래된 포도주', '목욕용 기름') 같은 것이 기록되어 있었다. '15번째 해'와 같은 숫자가 적혀 있었는데, 그러나 관계가 있을 법한 왕의 이름은 없었으므로, 이 도편들은 기원전 9세기의 아합(기원전 873~기원전 852년)에서부터 므나헴의 시대(기원전 748~기원전 738년)까지 어디라도 가능하다. 모든 도편은 기원전 721년 파괴된 잔해에서 발견되었고, 심지어 그것이 옛 기록 문서라도 할지라도 그때보다 이른 시기에 나올 수는 없다. 어떤 경우이든, 그것들은 거의 기원전 8세기에 속한다.

사마리아 도편은 사회구조를 이해하는 데 여러 가지 암시를 준다. (1) 이러한 세금은 분명히 자원해서 납부한 것이 아니었고, (우리가 그의 이름을 알건 모르건) 그렇게 할 수 있는 충분한 힘을 가진 왕의 명령을 받아 지주가 뽑아낸 것이다. (2) 이 왕은 자신을 위해 일하는 관료를 두었을 뿐만 아니라 우리에게 이름이 알려진 행정관도 있었는데, 그들은 왕궁 근처의 수도 건물에 있는 사무실과 고문서 보관 건물에 기거했다. (3) 연구에 의하면, 도편에 나온 이름은 세금 징수원으로 사마리아 지역에서 부유한 지주였다. (4) 그러한 사회 조직 단계를 넘어서, 우리는 씨족과 씨족의 이름을 보유하고 있다. (5) 평민 계급은 세금을 내는 대토지의 소작 농부와 다소 닮았던 것으로 보인다.[272]

만약 이러한 분석을 어느 정도 받아들일 수 있다면, 우리는 최소한 3개의 계층이 있는 사회를 얻게 된다: 소규모의 지도적 엘리트 계급, 기업과 소유권이 있는 큰 집단, 그리고 훨씬 큰 노동자 계급이다. 만약 우리가 (도편과 같이—역자주) 이렇게 소중한 기록 자료들을 몇 개 더 보유했더라면, 우리는 이스라엘과 유다의 다른 부분에서 사회와 경제적인 구조를 분명히

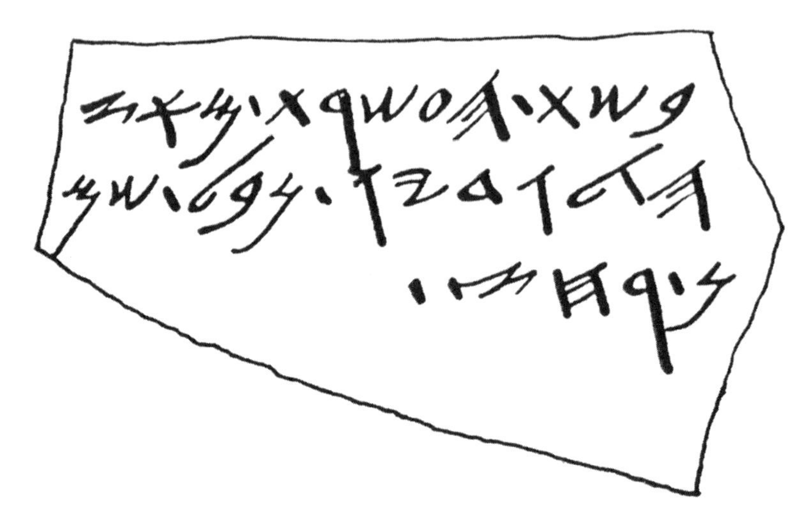

그림 VII.2. 사마리아 도편 17번. McCarter 1996, 103

재구성할 수 있었을 것이다.

왕궁 복합건물 안에서 발견된 유일하게 다른 건물은 중앙 안뜰에 부분적으로 보존된 큰 건축물로, 그것 역시 기원전 721년에 파괴되었다. 여기에서 발굴자들은 불에 탄 페니키아 양식의 깎아 만든 상아가 상감이 된 수백 개의 판자 조각들을 발견해냈다. 그것들은 분명히 값이 비싼 수입품이어서 사마리아의 지도자들, 그리고 궁중에 붙어 있는 귀족 가정의 호화로운 삶의 방식을 더욱 증명해준다. 이러한 건물—왕궁만큼의 크기인데—은 좋은 가구로 꾸며진 부차적인 주거지였을 수도 있으며, 혹은 다양한 전쟁에서 빼앗은 전리품을 보관하는 창고였을 수도 있다.

우리는 키프로스에 있는 페니키아 유물과 같이 다른 곳에서 얻은 고고학적 증거를 통해서 이러한 기원전 10~기원전 8세기의 상감세공으로 장식한 물건이 침대와 의자 같은 나무 재질의 가구를 정교하게 장식하기 위해 사용되었음을 알고 있다. 상감세공 장식에 대한 가장 좋은 사례는 기원전 9~기원전 8세기의 북부 시리아 작업장에서 나왔다. 그것들은 이스라엘

그림 VII.3. 사마리아에서 출토된 상아 장식. Crowfoot and Crowfoot 1938, pl. 5, 6, 17

과 유다의 다른 곳에서는 좀처럼 발견되지 않았던 것들이며, 절대 쌓아둔 것도 아니며, 기껏해야 한두 조각뿐이었다. 이러한 상아로 만든 물건은 엄청난 부와 특권을 확실하게 나타낸다.[273]

왕궁 건물의 북서 모서리에는 길이 5미터, 폭이 13미터에 이르는 깊은 연못이 있는데, 수천 갤런의 물을 담을 수 있는 크기이다. 광대한 광장의 나머지 부분들은 주요한 건물들이 없어져버린 것같이 보이며, 기념행사 행진이나 혹은 전쟁 연습을 위한 공간으로 사용되었을 수도 있다.

우리는 역사를 쓰는 시도—시간 경과에 따른 목록들의 변화 추적—를 하기 때문에, 이러한 기원전 9세기 중반에 건설된 기념비적인 건물들이 한 세기 혹은 그 이상, 기원전 721년에 아시리아에 의해서 파괴되기 전까지 계속해서 사용되고 있다는 점은 주목할 만하다. 때때로 기원전 8세기 초반에 많은 방을 가진 또 하나의 거대한 건물이 추가되었다(4번 건물; 그림 IV.3). 그것은 원래 건물의 절반 크기에 해당하지만 벽으로 둘러싸인 건물들 밖에 있었다. 그 건물은 북왕국이 성장해서 정점에 오르게 되자, 추가적으로 거주를 위한 건물 혹은 행정적인 건물을 세웠던 것으로 보인다. 그 건물은 새롭게 지어졌지만, 옛 전통에 따라서 세워졌다.

우리는 사마리아가 수도였다는 것을 단지 추정하는 게 아니다. 신-아시리아 연대에 의하면, 그들이 기원전 732~기원전 721년에 서쪽으로 원정을 떠났을 때(10장), 그것은 정확하게 사마리나*sāmārina*라는 이름이 붙은 장소를 향해서 간 것이며, 그로부터 150년 후에 정복된 모든 지역은 '사마리나 속주'라는 이름으로 불렸다.[274]

라기스 궁전

유다 남부의 산지에 있는 라기스 지층 3층에서 우리가 연대를 설정할 수 있었던 것 중에서 가장 크고 또한 최고로 잘 보존된 왕궁이 드러났다.[275] 그 왕궁은 이미 높고 가파른 31에이커의 청동기 시대 둔덕 중심 근처에 자

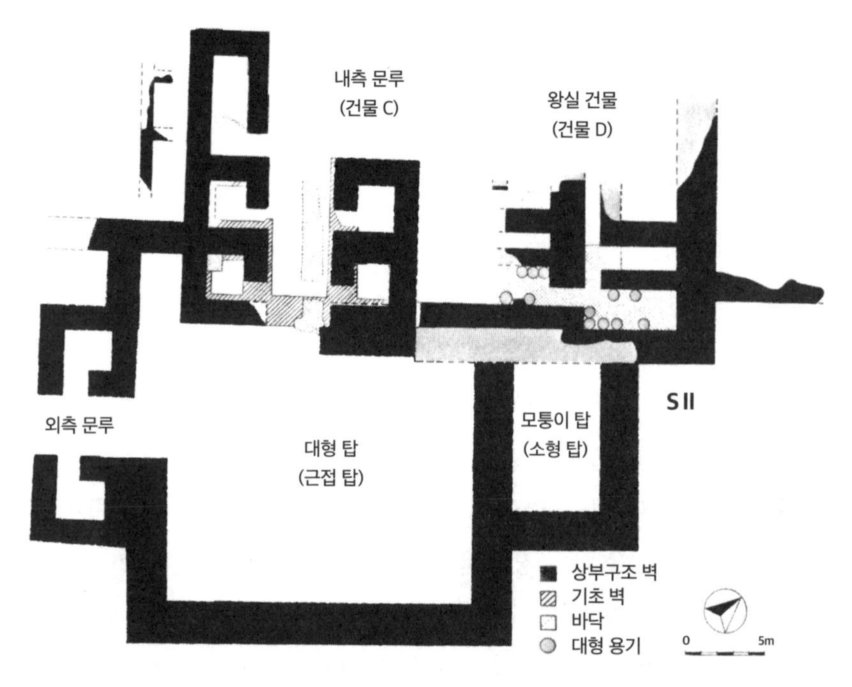

그림 VII.4. 오벨에 있는 '다윗 성' 상부의 중요한 요소들. E. Mazar 2006b, 그림 2

리하고 있었다. 그곳은 기원전 8세기에 이중벽과 3개의 통로가 있는 문으로 방어했다(그림 IV.14).

길이 32미터와 폭 30미터에 달하는 거대한 연단(podium)이 기원전 9세기와 기원전 8세기 초반에 도시 중심부에 세워졌다(연단 A-B). 그 연단은 아주 높아서 사방을 조망하며 명령을 내릴 수 있었고, 심지어 그 지역을 넘어서까지도 볼 수 있을 정도였다. 연단 위에는 왕궁이 있었던 것 같은데, 그 나라에서 발견된 건축물 중에서 가장 큰 철기 시대 건물이었다. 오늘날에도 그 기초는 여전히 서 있으며, 너무 두드러져서 수 마일 떨어진 곳에서도 볼 수 있을 정도이다. 그 벽은 1.8미터에서 3.6미터 두께인데, 깎아 만든 거대한 돌을 쌓고 그 사이에 자갈과 흙으로 꽉 채워 넣었다—한마디로 난공불락의 요새였다. 지층 C층에 이르면(기원전 8세기 중반), 그 연단은 동쪽으로 확장이 되어 그 기초는 대략 길이 36미터와 폭 75미터에 이르게 되며, 그 지역은 약 0.5에이커에 이른다. 당시 중요한 변화가 발생했는데, 사각형의 뜰 혹은 광장이 동쪽에 건축된 것이다. 북서쪽으로는, 왕궁에 붙어서 그 건물을 보완하는 수준으로 6개의 길고 좁은 방들이 추가되었는데, 이것들은 아마 저장을 위한 공간으로 보인다.

남쪽으로 광장을 확장하면서 그 광장이 4개의 통로가 있는 성문에 결합되었는데, 그 성문의 오른편으로 2개의 매우 큰 건물이 측면을 우회해 있었다. 왼편으로는 3방 구조의 긴 건물 3채가 있었는데, 우리는 그 건물들을 다른 곳에서 국가 저장소라고 해석했다.[276] 새롭게 건축된 건물은 길이 69미터에 폭이 105미터로, 면적이 약 7,250제곱미터(2,200평)에 이른다. 왕궁과 그 건물을 포함한 광장의 총면적은 길이 105미터에 폭 129미터로, 약 13,470제곱미터(4,075평)가 되며, 이는 약 3과 1/3에이커에 해당한다. 그러한 크기는 미국의 전형적인 교외 한 구역에 맞먹는 정도로, 2/3에이커만 해도 큰 가옥 5채를 수용할 수 있다.

라기스 지층 5~3층의 기원전 9~기원전 8세기에 해당하는 기념비적인 건물들이 중요한 왕궁이었음을 드러낸다는 점은 의심할 나위 없다—크기만으로 보면 사마리아보다 더 크다. 그러나 이러한 건축물들은 심각하게 파괴되었으며, 그런 다음에 약탈당하고, 마지막으로 모두 도둑 맞았다. 그러므로 우리는 그 건물의 성격이나 기능을 특정 지을 그 어떠한 기초가 되는 내용을 가지고 있지 않다. 하지만 그 왕궁 건물은 너무 컸고 그래서 그 성벽 안으로 대략 1/4의 거주지를 수용할 수 있었다. 그리고 그 건물은 자체 두꺼운 외벽과 경사진 비탈길이 있어서 일반 거주 구역과는 훨씬 더 눈에 띌 정도로 동떨어져 있었다.

예루살렘의 왕궁?

예루살렘은 사마리아처럼 중요한 수도였던 것 같은데, 옛 시가지(Old

그림 VII.5. '다윗 성' 측면, 철기 시대 성벽이 있다. 사진: W. G. Dever

City)에 접근하는 것이 지극히 제한되어 있어서 고고학자들은 그렇게 많은 내용을 전해줄 수 없다. 이른 시기로 잡는다고 해도, 솔로몬 성전은 확실히 기원전 10세기에 존재했었고, 다양한 기념비적 건물들이 드러났다. 오벨 Ophel 언덕 위에서는 여러 기념비적 건축물이 발견되었다. 첫 번째 것은 성전산(Temple Mount)의 남쪽 벽 외각 근처에 있는 큰 건물로, 저장소 옆에 3개의 통로가 있는 문이 있었다. 이 문이 있는 건물은 아크로폴리스 위의 건물로 들어가기 위한 출입구였던 것으로 보인다. 그것은 기원전 8세기로 연대 설정을 할 수 있다. 남쪽으로 가면, 다윗 성의 부분으로, 에일라트 마자르Eilat Mazar가 최근에 발견한 거대한 성채의 흔적이 남아 있다. 그것은 기원전 10세기로 연대 설정이 될 것으로 보이는데, 기원전 8세기에서도 사용되었던 것 같다.[277]

다른 곳에서 기념비적 건물과 일반 거주 건물의 흩어진 파편들이 나왔는데, 이는 기원전 8세기 수도에 대한 증거가 된다, 비록 그것이 여전히 대부분 발굴되지 않고 있다 해도(우리는 확신할 수 있다). 주요한 잔해는 성

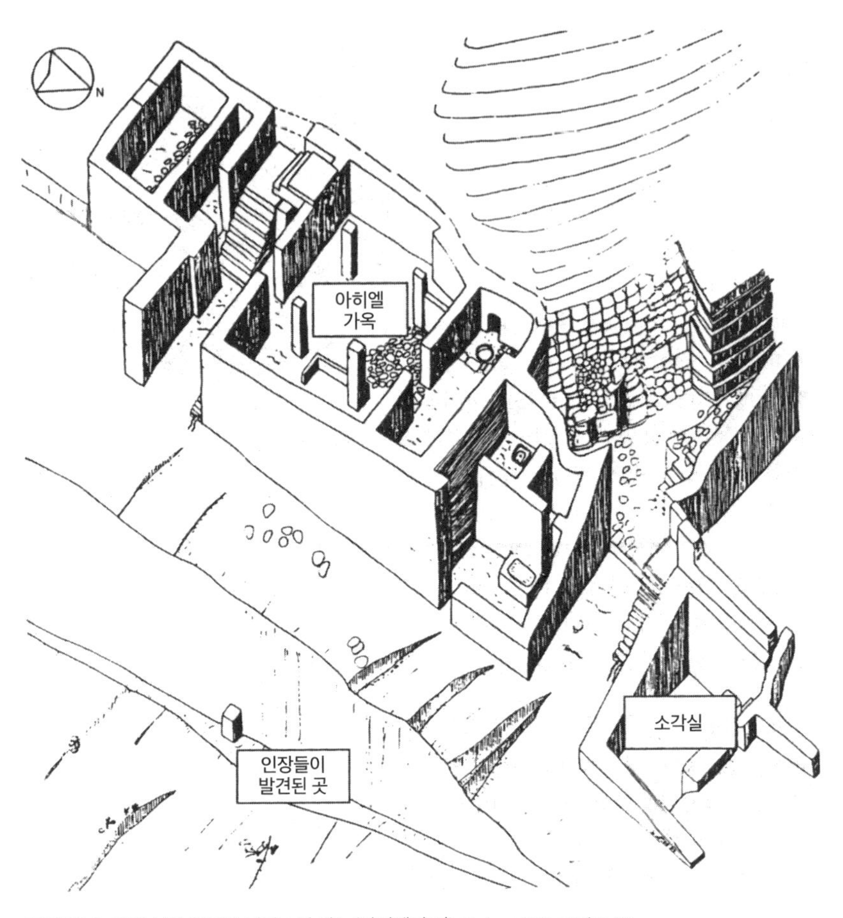

그림 VII.6. 다윗 성의 아래쪽 테라스에 있는 '아히엘의 집'. Barkay 1992, 그림 9:44

전산의 오벨 남쪽 경사지에서 발견되었다(이갈 실로Yigal Shiloh가 말하는 '다윗 성'이다). 첫째로, 남쪽에 기념비적 도시 성벽의 반半경사가 있다. 그 아래로, 계곡 바닥과 기혼 샘 근처에서 낮은 벽이 발견되었다. 이 벽들은 잘 건축된 집단을 이룬 가옥을 감싸고 있었는데, 이 가옥 위로는 일련의 테라스가 생성되어 있었고, 각 가옥의 옥상에서 확장된 테라스가 아래로 내려가면서 반복해서 나타났다. 이러한 가옥들은 본래 성전산의 남쪽 '계단식 돌' 구조가 포기되었을 때 만들어졌던 것으로, 아마 기원전 9~기원전 8

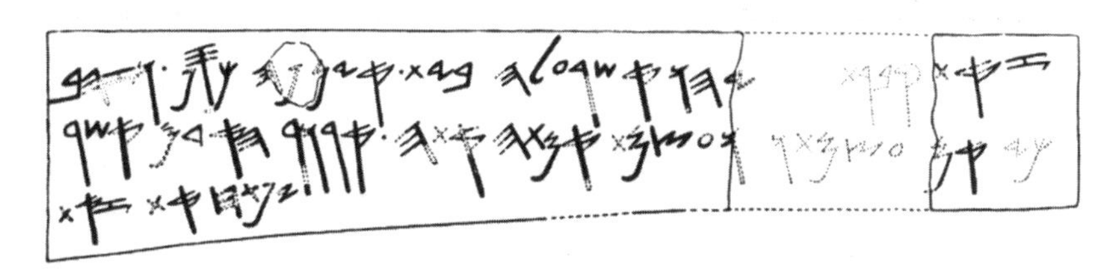

그림 VII.7. 실완 촌락의 계곡에서 발견된 '왕실 청지기'의 묘지와 비문. Barkay 1992, 그림 9:49

세기경으로 보이며, 기원전 586년 바빌로니아에 의해 파괴될 때까지 지속적으로 사용되었다. 어떤 집에서 집주인의 이름이 나왔는데, '아히엘Ahiel'이란 사람으로, 그 이름이 현관의 위쪽 인방(문틀의 일부로 문을 가로지르게 되어 있는 가로대—역자주)에서 발견되었다.[278] 이렇게 서로 긴밀하게 연결된 정교한 가옥들은 모두 성전산이 보이는 곳에 있었으며, 기원전 8세기 동안에 사람이 거주했는데, 왕실과 성전에 관계하는 엘리트 가족의 거주지였던 것으로 보인다.

더 나아가, 사회경제구조에 대한 직접적인 증거가, 오늘날 실완Silwan(고대의 '실로암')이란 아랍 촌락 아래에 있는 기드론 계곡 건너의 바위를 깎아 만든 무덤에서 나왔다. 이곳은 깎아지른 낭떠러지로, 많은 무덤이 있었는데(모두 도굴을 당했다), 아마 철기 시대 상류층 가문을 위한 무덤 지역이

었을 것이다. 이러한 무덤 중 한 곳에서 다음과 같이 읽히는 기원전 8세기 비문이 나왔다:

> 이것은 […] 야후[의 무덤]으로
> 집을 주관하는 자이다.
> 여기에는 금이나 은이 없다
> 대신에 [그의 뼈] 그리고 뼈가 있으니
> 그와 함께했던 그의 여종 아내이다.
> 이것을 여는 자에게 화가 있을 것이다.

1953년에 나흐만 아비가드Nahman Avigad는 처음으로 (1870년에 발견된) 이 비문을 해독했으며, 그 이름을 '셉나야후Shebnayahu'로 읽을 것을 제안했다. 왜냐하면 '집을 주관하다'라는 구절을 '왕실의 시종'을 뜻한다고 해석했기 때문이다. 그러므로 우리는 기원전 8세기 말에 히스기야의 왕실 시종인 셉나에 대한 직접적인 증거를 가지고 있다고 봐야 한다(사 22:15~18; 참고. 36:3; 37:2). 덧붙여 말하자면, 성전이 다 보이는 위치에 있으며, 또한 이렇게 과시적인 무덤이기도 한 것에 대해서 성서에는 공격적인 언급이 나와 있다—"높은 곳에 무덤을 파는 자야, 바위에 누울 자리를 쪼아내는 자야!"(사 22:16, 새번역—역자주). 이것은 실완 무덤에 대한 적절한 설명으로 보인다.[279]

더 많은 기록된 증거들이 당연히 도움이 될 것이다. 그리고 지금 당장 그렇다. 기혼 샘 지역 주변을 발굴하면서 이스라엘의 발굴자들은 최근에 기원전 9세기의 것으로 보이는 인장(bulla, 공문서의 인장—역자주), 즉 파피루스 두루마리를 고정할 때 사용하는, 진흙을 누르는 도장들을 130개나 찾아냈다. 그 보고서들은 아직 출간되지 않았지만, 그에 따르면 그 문서를 다루었던 관료들로 보이는 엘리트와 연관이 있는 도상학적 문양들이 들어 있다.[280] 이것은 심지어 기원전 8세기 이전의 사회경제적인 계층화를 나타내는 것이라고 할 수 있다.

중간 계급 엘리트들의 거주지

우리는 왕궁이 행정 건물과 붙어 있으면서 하나의 복합건물을 이루고 있다는 특징을 보여주는 수도와 지역 행정 중심지 여러 곳을 살펴본 바 있다(4장). 우리는 이러한 도시들을 얼마나 소규모이든 상관없이 엘리트 지배계급에 대한 증거로 취급했다. 그러나 우리는 또한 인상적이지만 그렇다고 왕실은 아닌 그런 기원전 8세기의 엘리트 건물 몇몇을 알고 있다. 우리가 알고 있는 이러한 건물은 일반적으로 성문에 인접해 있었는데, 아마 중간 계급의 도시 관료나 행정관료 혹은 유복한 상인 계급의 가옥이었을 것이다.

하솔 하솔의 아크로폴리스 위에 거대한 사각형의 건물이 B 지역의 벽이 있는 성채 내의 건물에 추가되었는데, 아마 기원전 8세기 초반에 있었던 것으로 보인다(지층 6층). 이 방이 많은 건축물은 꼭대기에 있는 거대한 성채 내부에 길게 뻗은 이중벽 바로 안에 자리하고 있다. 길이가 약 6.4미터에 폭이 7.6미터로 (넓이는 대략 510제곱미터[155평]) 이 건물은 두 개의 길고 좁은 복도가 죽 이어진다는 특징이 있다. 남은 것들로는 U 모양의 건물로 일반적인 4방 구조 가옥과 비슷하며, 또한 인접한 여남은 수의 작은 방들이 있었다.

외부로 나와 있는 계단은 2층에 연결된다. 만약 2층이 비슷한 배열이라면, 그 건물은 생활공간으로 930제곱미터(280평)까지 올라갈 수 있게 된다. (미국인 평균 가옥의 크기는 약 232제곱미터[70평]이다.) 이 건물 안에 있었던 내용물은 그리 도움이 되지 못하며, 단지 그 크기와 그것의 전략적인 위치를 고려할 때 이곳을 행정 건물이라고 규정할 수 있게 된다. 성채 근처에는 다소 사적인 공간으로 볼 수 있는 두 개의 매우 큰 '기둥과 안

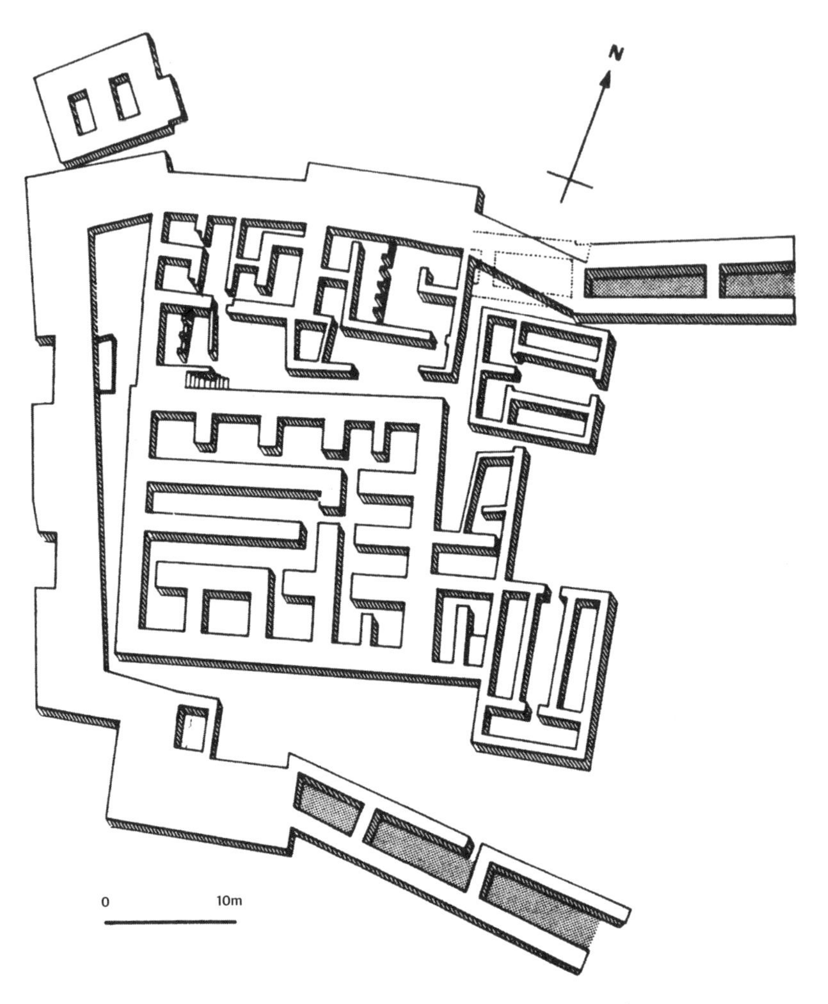

그림 VII.8. 하솔의 성채 근처에 있는 방어탑과 엘리트 가옥. de Geus 2003, 그림 17

뜰을 갖춘' 가옥이 있는데, 아마도 고위층 관료의 거주지였을 것으로 보인다.[281]

텔 파라 한때 수도였던 북쪽의 텔 파라Tell el-Far'ah(성서의 디르사—역자주)에서 우리는 기원전 9세기에서 기원전 8세기로 변화하는 것을 상세하게

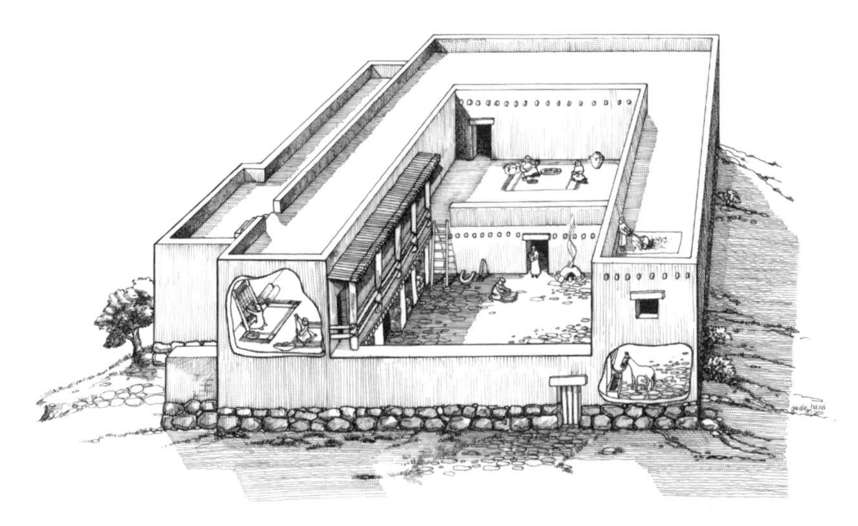

그림 VII.9. 엘리트의 큰 가옥. Giselle Hasel의 그림

기록할 수 있는 흔치 않은 기회를 포착할 수 있었다. 북서쪽 구역에서, 2개의 통로가 있는 성문과 성문 광장에 인접한 바로 그 안쪽에 4방 구조의 가옥들이 대규모로 모여 있었는데, 그 연대를 측정해보면 기원전 10세기(지층 7b층)에서부터 기원전 8세기(지층 7d층)까지 이른다. 특별히, 초기에 있었던 작은 4방 구조 가옥은 당시 성문과 광장을 압도하는 매우 거대한 여러 집들에게 자리를 내주고 있었다.

가장 극명한 사례는 148번 가옥으로, 성문 바로 안쪽에 있었으며, 광장을 향해서 곧장 열려 있었다. 그 집의 크기는 대략 길이 20미터에 폭 10미터로, 생활공간은 대략 185제곱미터(56평)가 된다—만약 2층 건물이라면, 아마 그럴 것인데, 그 넓이는 두 배가 된다. 대략 10개의 방이 직사각형의 안뜰을 둘러싸고 있었다. 이것은 옛 4방 구조 방식을 생각나게 하는 것일지 몰라도, 이 가옥은 그 크기와 매우 큰 바깥뜰을 고려해볼 때(이 뜰은 93제곱미터[28평]를 넘어선다) 급격한 변화를 나타내준다. 148번 가옥은 그 크기와 주요한 위치로 인해 확실히 상류층에 속하는 지주이거나 관리의 거주

그림 VII.10. 텔 파라(북부)의 성문 근처의 정교한 기원전 8세기 가옥. Giselle Hasel의 재구성. 참고 그림 V.2

지로 보인다.[282]

텔 엔-나스베 예루살렘에서 북쪽으로 몇 마일 떨어진 곳에 있는 텔 엔-나스베Tell en-Naṣbeh(성서의 미스바—역자주)에서 (7에서 8에이커에 이르는) 작은 행정 건물 혹은 거주 가옥이 기원전 8세기 성문 근처에서 식별될 수 있었다. 이곳에서 미국의 발굴자들이 1930년대에 그 둔덕의 윗부분 전체를 완전하게 치워버렸다—잘못된 전략이었지만, 최소한 한 가지만은 예기치 않은 방향으로 우리를 이끌었다. 그곳의 지층 분석은 완전히 잘못되었다. 그렇지만 그곳이 기원전 9세기의 작은 마을에서 기원전 8세기의 적당한 크기의 행정 중심지로 탈바꿈했다는 것만큼은 분명했다.

확장된 방어 시설에는 크고 무거우며 두꺼운 벽과 함께 다수의 탑, 보루(bastion) 그리고 두 개의 통로가 엇갈려 놓인 성문을 포함하고 있었다. 바로 성문 안 왼편으로는 거대한 사각형의 건물이 있었는데, 그 평면도는 전형적인 4방 구조의 이스라엘 가옥을 닮았으며(5장), 여기에 안뜰 주변으로 여러 방이 둘러싸고 있었고, 두 줄의 기둥(A)이 돋보였다. 저장을 위한 방은 인접해 있었다. 이 건물의 길이는 약 13.7미터에 폭이 13.7미터로, 즉 대략 185제곱미터(56평)라는 점은 의미가 있다. 그런 크기는 전형적인 4방 구조 가옥과 비교할 때 상당히 큰 편이다. 그 건물은 그 중요한 위치와 그 크기 모두를 고려할 때 개인적인 가옥일 리가 없다.

또 하나의 복합건물이 성문의 남쪽으로 약간 떨어진 곳에 자리했는데(B), 이 건물은 성벽을 향해 있고 완전히 새롭게 건축된 것이었다. 불행하게도 그 평면도는 분명하지 않다. 그러나 이 건물들이 차지한 전체 영역을 볼 때, 모든 건물이 그 모양에 있어서 통상적이지 않았으며, 최소한 성문 근처에 있는 다른 건물들과 비교할 때 최소한 3배나 컸다. 이 구역의 한 건물은 다행히도 그 평면도가 분명하다(A). 그것은 역시 전형적인 4방 구조였지만, 이러한 많은 가옥보다는 다소 컸는데, 그 크기는 대략 149제곱미터(45평)에 이르렀다. 아마 이곳은 성문 근처에 사는 낮은 계층의 관료 거주지였을 것이다.[283]

텔 베이트 미르심 유다 남쪽에 (10에이커에 달하는) 더 큰 지방 도시로 텔 베이트 미르심Tell Beit Mirsim이 있는데, 그곳에서 많은 수의 기원전 8세기 마을 평면도를 식별할 수 있었다. 성벽의 북서 구역은 확실한데, 여기에는 성의 안쪽으로 조밀하게 모인 가정집들이 있었고, (베르셰바 지층 3~2층에서처럼) 뒷방이 서로 결합한 상태로 하나의 구역을 만들 정도였다. 그러나 한 건물은, 통상적인 성벽을 넘어서 확장된 새로운 성벽에 붙어서 세워진 여러 방을 가진 건물로, 이것은 마치 돌출한 탑과 같았다.[284]

이 건물을 자세하게 분석한 학자는 별로 없었지만,[285] 내가 볼 때 그것은 행정 건물 아니면 엘리트 거주지였음이 분명하다. 그 평면도는 앞에서 논

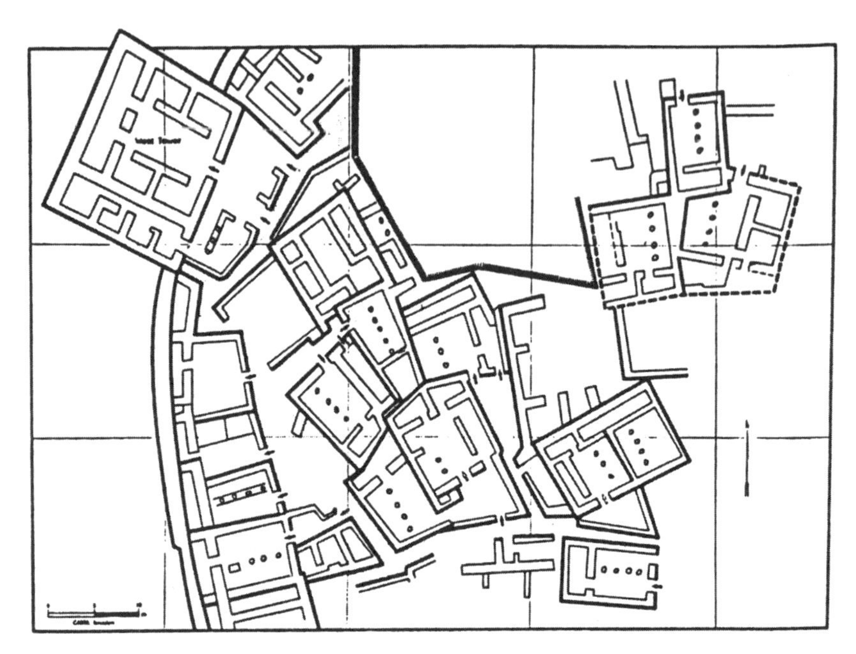

그림 VII.11. 텔 베이트 미르심의 지층 A2층의 서쪽 탑. Fritz 1995, 그림. 39

의했던 아시리아 양식의 비트 힐라니*bit hilāni*(창문이 있는 집—역자주) 건축과 다소 유사하기 때문에 행정 건물인 것으로 보이지만, 그 위치가 일반 가정집들 한가운데에 있다는 점에서 행정 건물이 될 수는 없다. 그러므로 그것은 최고의 조망권을 보장하는 엘리트 거주지가 단지 일반 가정집 근처에 자리했을 뿐이라고 생각할 수 있다. 그 크기는 인상적이다: 길이가 22미터에 폭이 22미터로, 넓이는 대략 465제곱미터(140평)가 되므로, 근처의 일반 가정집과 비교할 때 2배 혹은 3배나 크다. 그 가옥의 특징은 입구에 큰 뜰이 있으며(사실 도시 성벽의 일부이다), 중앙 뜰을 둘러싸고 7개의 방이 모여 있다. 그 건물이 무엇이건 간에 그것은 보통 집이 아니다. 매우 높은 지위에 있는 관리나, 혹은 마을의 총독이나 부유한 상인만이 그러한 부동산을 가질 여유가 있었을 것이다.

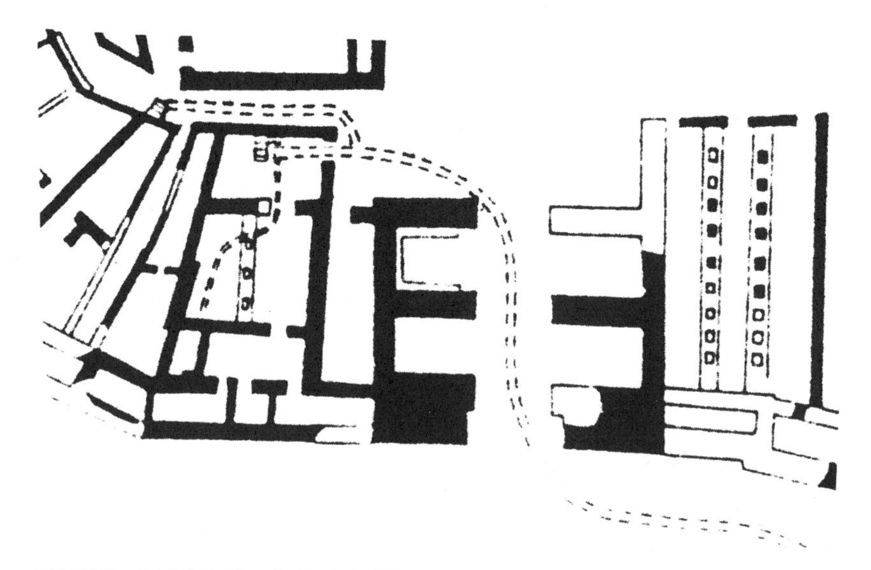

그림 VII.12. 베르셰바의 지층 2층 성문에 인접해 있는 호화로운 건물. Herzog 1997, 그림 5.31

베르셰바 우리는 베르셰바가 나라의 남쪽 끝에 있는 계획된 막사 마을로, 지역 행정 중심지라고 이미 기술한 바 있다(4장). 우리는 그곳에서 총독이나 군 사령관을 발견할 것을 기대할지도 모른다. 그러한 기대감으로 거대한 건물에 초점을 맞춰보면, 그 건물은 다른 전형적인 4방 구조 가옥들과 다르다는 것을 알게 된다. 길이가 약 10미터에 폭이 18미터로, 그 넓이는 214제곱미터(65평)이고, 이것은 다른 가옥들과 비교할 때 4배 이상 크다고 할 수 있으며, 더구나 그 건물은 부분적으로 잘 다듬어진 마름돌로 세워졌다.

이 건물은 성문 안쪽의 광장 오른편에 위치하며, 광장 건너편의 거대한 3개의 정부 저장실을 마주 보고 있다. 그 평면도는 베르셰바의 전혀 다른 지층 3층의 건물 평면도와는 차이를 보인다. 이것의 특징으로는 두 개의 긴 복도가 중앙의 작은 뜰을 두고 한쪽씩 자리하고 있으며, 대여섯 개의 작은 방들이 있었다. 이 건물은 '총독의 집'이라고 불리는데, 중간 계급 관리에게 거주와 업무를 이상적으로 결합할 수 있었던 장소로 보인다.[286]

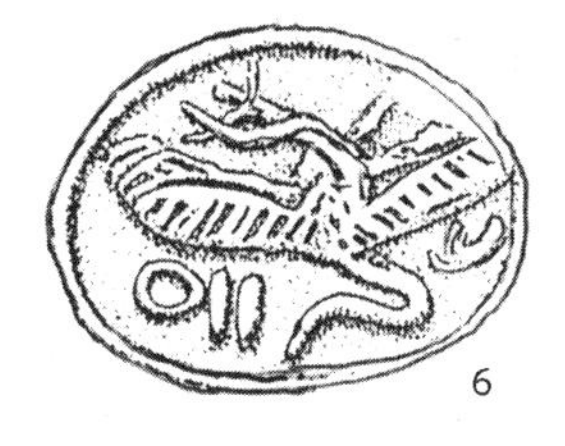

그림 VII.13. 기원전 8~기원전 7세기 인장 자국 모음 (1) '왕의 신하, 야사니야Jaazaniah'의 인장, 텔 엔-나스베 (기원전 7세기); (2) '제사장 힐기야의 아들, 하난'의 공문서 인장 (기원전 8세기); (3) '서기관 네리야의 아들, 바룩'의 공문서 인장 (기원전 7세기); (4) 사마리아에서 출토된 인장, 도자기 지층 4층; (5) 메기도에서 출토된 인장, 지층 4A층; (6) 텔 할리프에서 출토된 인장, 지층 6A층.

McCarter 1996, 147 (1); McCarter 1996, 146 (2); McCarter 1996, 149 (3); Crowfoot, Crowfoot, and Kenyon 1957, pl. XV:23 (4); Finkelstein, Ussishkin, and Halpern 2000, 그림. 12:42.4 (5); Hardin 2010, pl. 13:10 (6)

인장과 신분

나는 이제 발굴 과정에서 종종 나타나는 매우 특별한 계층의 물건을 다룰 것이다. 바로 인장(seal) 방식의 도장들이다. 이러한 작은 준보석들은 일반적으로 홍옥수(carnelian) 혹은 다른 일종의 준보석인 돌이다. 그것들은 형상이나 사람의 이름이 새겨지거나 형상과 사람의 이름이 함께 새겨져 있으며, 또한 금반지에 끼워 도장을 새긴 반지로 사용할 수 있었다. 법적인 문서나 다른 문서에 파피루스를 돌돌 말아 줄로 묶은 다음에 왁스(혹은 진흙) 조각으로 매듭을 고정하고, 그곳에 반지를 눌러서 밀봉할 수 있다. 그러므로 문서를 '밀봉하여' 열리지 못하도록 해서, 중요한 문서에 그 신뢰성을 더해줄 수 있다. 우리는 파피루스 두루마리를 절대 발견할 수 없다. 왜냐하면 그것은 썩어서 없어지기 때문이다. 그러나 우리는 구워낸 진흙 조각, 곧 인장(bulla)을 복구할 수는 있다.

이러한 인장은 레반트 세계에서 긴 역사를 가진다. 우리는 수천 개의 인장을 보유하고 있는데, 그것들 가운데 수백 개는 철기 II 시대로 연대 설정을 할 수 있으며, 그중에 수십 개가 기원전 8세기의 것이다.[287] 그것들은 기원전 7세기에 와서는 이스라엘과 유다에서 더 보편적인 것이 되었는데, 종종 소유자의 이름과 부칭(patronymic, 아버지의 이름)만을 실었다. 만약 우리가 그러한 인장들을 기원전 8세기 상황에서 특별히 구별하여 취급한다면, 우리는 무엇을 배울 수 있을까?

첫째로, 인장에 새겨진 형상—예술적 소재—은 일반적으로 페니키아의 예술을 따라서 그렸다. 이것은 하나의 절충적인 예술 방식으로, 친숙한 그림들을 한편으로는 이집트에서, 다른 편으로는 메소포타미아에서 빌려왔다.[288] 때때로 이러한 이국적인 주제들은 충실하게 자국화되었고, 그런 경우에 그 그림들은 쉽게 인식이 되었으며, 그 의미 역시 밝혀지게 되었다. 그러나 그림의 소재들은 종종 서투르게 표현되었고, 그 경우에 우리는 익숙하지 않아 보이는 지방의 예술 방식과 씨름해야만 한다.

우리가 이스라엘과 유다에서 발견한 것들 대부분이 페니키아 양식이며 주로 수입된 것들이기 때문에, 우리는 그 산출지에서 멀어지고 또한 그 개념상의 세계에서조차 거리가 멀어진 물건들을 다루게 되는 것이다. 그러나 어떤 경우에서건, 그것들은 사치품이었으며 소유자의 높은 위치를 나타내 주었다. 통상적인 가옥에서 발견된 인장(seal/bulla)은 매우 단순한 도상 문양이거나 혹은 단지 이름만 있는 특징이 있다.

읽고 쓰는 능력 그리고 사회적 지위

나는 사회적 지위를 규정하는 물질문화 물건을 살펴보면서, 글씨가 새겨진 준보석을 조사했는데, 그것에 있는 비문, 즉 개인의 이름과 직분처럼 보이는 것을 조사했다. 이러한 인장의 소유자는 밀랍이나 진흙과 같은 부드러운 것에 자신의 이름을 찍을 수는 있었는데, 한편으로 그들 스스로는 읽거나 쓸 수 있었을까? 그들이 그럴 필요가 있었는가? 그리고 만약 그들이 읽고 쓸 수 있었다고 한다면, 그들의 사회적 지위에 관해서 우리에게 말해줄 수 있는 것은 무엇일까?

대부분의 권위자는 철기 시대 이스라엘과 유다의 인구 중에서 불과 1퍼센트만 읽고 쓸 수 있는 능력이 있었다고 추정한다.[289] 심지어 그 얼마 안 되는 사람들조차 우리가 히브리 성서에서 알고 있는 복잡한 시문과 산문 상당수를 읽을 수 없었다. 소수의 사람이 우리가 소위 '업무상 문해력(functionally literate)'이라고 하는 정도의 능력을 가졌을 뿐이고, 극소수만이 진정으로 유창하게 읽고 쓸 수 있었을 뿐이다. 심지어 왕조차도 읽거나 쓸 수 없었다는 믿을 만한 증거를 가지고 있다. 왕들은 여기저기에 있는 서기관 학교에서 훈련을 받은 소수의 전문 서기관을 고용해야 했다.[290] 로마 시대 이후에 와서야 인구의 5퍼센트 정도만이 읽고 쓸 수 있었다.

인장의 주인으로 보이는 사람의 이름과 때때로 등장하는 관직은 아래에 새기거나 측면 위쪽에 새기기도 한다. 많은 것들은 히브리 성서를 통해 우리에게 익숙한 히브리 이름들이다. 그러나 우리는 또한 여남은 수의 새로운 이름도 가지고 있다. 만약 우리가 기원전 7세기의 엄청나게 많은 인장과 도장(과 인장이 찍힌 흔적)을 고려한다면, 우리는 성서와 성서 외적인 것 모두에서 더 많은 이름을 얻을 수 있다.[291] 인장이 그렇게 보편적으로 사용되었다는 것은, 글자를 쓰고 읽는 능력이 진기한 것이라는 점을 암시하고, 바로 그렇기에 인장 그 자체가 높은 신분에 대한 표지였음을 나타내준다. 사람은 자신이 기록할 수 없으니까 도장을 찍는 것이다. 어떤 사람은 서기관을 고용할 만큼 충분히 부유했으며, 기록된 자료들을 비슷하게 사용하는 다른 상류층과 함께 정치적인 업무뿐만 아니라 자신의 개인적인 일을 지휘할 수 있었다. 어떤 이는 낯선 문화를 가진 누군가, 즉 페니키아 상인이나 아람의 기업인과 같은 사람과 편지를 주고받았을 수도 있다. 서기관은 전문적인 지위를 확보했을 것인데, 왜냐하면 그들은 매우 쓸모가 있었기 때문이며, 따라서 분명 좋은 대우를 받았을 것이다. (자세한 것은 아래를 보라.)

관료주의

기원전 8세기에 이르러 사마리아의 궁중은 왕에게 바쳐진 다양한 세금을 문서로 기록하게 되었다. 그리고 도편에 기록해서 그 기록물을 보존해야 했다. 사마리아 도편과 같은 기록물은 흔하지 않지만, 우리가 그런 기록물을 보유하고 있다는 사실은 그런 것이 더 많이 있었다는 것을 암시해준다. 여기에서 우리는 귀중한 정보의 보물을 얻게 된 셈이다. 어쨌든 도편은 잘 보존되었고, 많은 것이 온전한 상태이다. 그리고 그것들은 성서 히브리어로 잘 쓰였으며, 학자들이 잘 읽어낼 수 있었다. 그러므로 우리는 도편 하나를 집어 들고서 훑어본 다음에 이렇게 말할 수 있다: "아하! 그게 이렇게 된 거구나!" 그러나 그렇게 쉽지만은 않다.

사마리아 도편 대부분은 히브리어 접두사 '라메드*lāmed*'로 시작하는 개별 이름이 들어 있다. 불행하게도 이 '라메드'는 '-에게', '-를 위하여', 혹은 '-에 관하여'와 같은 다양한 의미가 있다. 그러나 대부분의 권위자들은 그것을 '-를 위하여'라는 뜻으로 읽으며, 결국 '-에게 바친 세금', 혹은 '왕을 위하여'로 읽는다.[292] 다음으로 그러한 이름들은 세금을 징수하는 개인의 이름이었을 것이며, 이들은 중간 계층의 정부 관료였다. 다른 이름들에는 '-로부터'라는 말이 명시되어 있는데, 그러므로 이들의 경우에는 납세자라는 것을 알 수 있다.

나는 기원전 8세기의 사마리아 구역에 대한 우리 지도에 있는 빈틈을 채워줄 것으로서, 사마리아 도편의 중요성을 일찍이 주목한 바 있다. 16곳 정도가 되는 장소에 이름이 부여되었는데, 그 이름 가운데 우리는 많으면

10곳을 규명할 수 있다. 바로 아랍어로 된 지명을 가지고, 발굴하거나 혹은 고고학적 탐사를 통해서 그러한 작업이 이루어진다. 그러나 이들 장소 가운데 소수만이 히브리 성서에 있는 이름들이다. 그리고 그것 중에서 오직 세겜만이 발굴되었고 연대가 확인되었다.[293]

개인의 이름은 여러 주제와 관련하여 많은 정보를 준다. 여러 학자들이 지적하기를, 이러한 개인 이름 가운데 1/3은 이스라엘-유다의 국가 신이라고 여기는 '야훼Yahweh'가 아니라, 옛 가나안 신명인 '바알Ba'al'의 요소를 가지고 있다고 했다. 그러므로 우리는 다음의 이름들에서 그 대조점을 확인할 수 있다:

'므립바알'*měrib-ba'al*
'갓디야우'*gāddî-yau* (*gāddî-yau*는 *yāhû*와 같다)[294]

전형적인 문서로 추정된 것들에서 나타나는 이러한 이름의 비율은 일종의 종교 혼합 현상을 암시하며, 그 가운데 보다 많은 사람이 다른 종교보다 야훼 신앙에 열성적이었음을 보여준다. 8장에서 '민간 종교'에 관해서 다룰 것을 고려할 때, 이것은 그리 놀라운 일은 아니다.

전부는 아니지만 이러한 세금을 내는 대부분의 개인은 부유한 지주들이나 귀족들로, 큰 마을에 살았지만 시골에 있는 광활한 경작지를 소유하고 관리할 수 있었다. 다시 말해서, 이 세금은 그러한 땅에서 소출한 것에 대한 실질적인 납부였다. 여러 곳에서 '씨족의 지도자'라는 모양도 나왔다. 이러한 자료만으로도 우리는 (앞에서 언급했던) 3계층의 구조뿐만 아니라, 종종 4계층의 사회구조를 확증할 수 있다:

계층 1: 통치 계층: 왕과 궁정에 있는 귀족 가족
계층 2: 상위 계층: 씨족의 지도자 그리고 도시에 사는 부유한 지주들

계층 3: 중간 계층: 전문적인 중간 계층으로, 마을이나 도시에 사는 정부 관리와 서기관을 포함한다.

계층 4: 하위 계층: 농부 계층으로, 촌락이나 농장에서 땅을 경작하는 생계형 농민들

사마리아 도편은 글씨를 쓰고 읽는 능력과 사회구조와의 관계를 엿볼 수 있게 해주었다. 앞의 4개의 계층에서 아마 계층 3에 속하는 몇몇 사람만이 진정으로 읽고 쓸 수 있는 능력을 가진 자들, 즉 소수의 중산층 개인이었다. 그러나 계층 1과 계층 2의 사람들은 읽고 쓸 수 있는 사람들에게서 이익을 챙겼다. 다시 말해서, 그들은 그러한 도움이 없이는 자신들의 높은 지위를 유지할 수 없었을 것이다. 그리고 일부 상위 계층 사람들—경우에 따라 상인들—은 읽거나 쓸 수 있었을 것이다. 그러나 어느 경우이건, 하위 계층은 거의 전부 읽거나 쓸 줄 몰랐고, 그렇게 몇 세기 동안이나 유지되었다.

기원전 8세기에 읽고 쓰는 능력이 이전보다 발전하다

기원전 8세기에 이르러, 마치 하룻밤 안에 벌어진 것처럼 보이는, 읽고 쓰는 능력이 실질적으로 성장했다는 것을 인정하기 위해서 우리는 그 이전의 여러 세기를 살펴볼 필요가 있다. 그 앞선 세기에 그러한 동력이 나타났기 때문이다. 우리가 보유한 가장 이른 '히브리어' 비문은 사실 옛 가나안 글자로, 그것은 히브리 사람이 출현하던 때에 도입되는 과정에서 사용되었던 것으로, 곧 이스라엘과 유다의 국가 언어가 되었다. 가장 이른 시기의 비문은 기원은 기원전 11세기의 것으로, 확실히 '알파벳 순서'였는데, 다시 말해서 가나안 알파벳에서 사용되는 26개의 글자를 당시에 받아들여진 순서대로 죽 나열한 것이다. 그것은 블레셋 평야 근처에 정착한 작은 지역인 이즈베트 사르타'Izbet

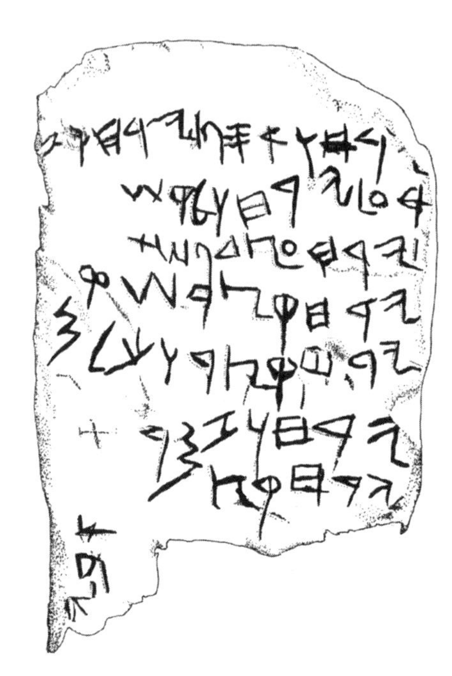

그림 VII.14. 게셀 달력. McCarter 1996, 80번

Ṣarṭah라는 곳의 지층 2층에 있는 어떤 사일로 안에서 나온 도편이다. 그것은 아마 학생의 연습장으로 보이는데, 왜냐하면 두 개의 글자에서 표준 순서가 뒤바뀌어져 있기 때문이다. (학생은 글자를 연습했지만, 그 순서를 잘못 썼다—역자주) 그리고 밑에 줄은 확실히 조잡한 수준이어도 그리 나쁘지는 않지만, 그 위의 세 줄은 도저히 알아볼 수 없는 수준이다. 더 나아가, 기록된 글자는 (비록 글자를 쓰는 방식이 그때에도 여전히 유동적이었다고 할지라도) 왼쪽에서 오른쪽이었다(히브리어는 오른쪽에서 왼쪽으로 쓴다—역자주).[295]

두 번째 알파벳을 연습한 글자가 최근에 남부 유다 언덕에 있는 텔 자이트Tell Zayit에서 발견되었다. 기원전 10세기의 것으로 보이는 지층에서, 안뜰 벽에 붙어 있는 큰 돌에 새겨진 알파벳 연습 글자였다.[296] 이것은 재사용된 것이거나, 아니면 우리가 '전시용 비문'이라고 부르는 것, 즉 대중을 교

화하기 위한 목적으로 고안된 것일지도 모른다. 어떤 경우이건, 이것과 이즈베트 사르타의 알파벳 연습용 글자는 늦어도 기원전 11~기원전 10세기에, 심지어 작은 촌락의 사람들조차도 쓰는 것을 배웠음을 보여준다. 그렇지만 그것은 많은 사람이 예술에 숙달하기 훨씬 이전임이 분명하다.

유명한 게셀 달력(Gezer Calendar)은 우리의 발굴에서 찾아낸 것이 아니라, 1902~1909년에 분명치 못한 지층에서 매캘리스터Macalister가 발견했다. 그것은 부드러운 석회암으로 된 손바닥 크기의 팔레트로, (글자 모양의 변화를 비교 분석하는) 고문서학의 방법으로 연대 설정을 해서 기원전 10세기로 판단되었다. 그것은 역시 히브리어를 (혹은 페니키아어를?) 연습하는 텍스트로 보인다. 일종의 짧은 연상시(mnemonic poem)로, "구월은 삼십일이지요(Thirty days hath September)"와 같이, 농업을 위한 1년의 계절을 설명하는, 쉽게 기억할 수 있는 짤막한 노래였다. 그 노래는 다음과 같다:

1. 두 달엔: 수확하기 (10, 11월에 해당함—역자주)
   두 달엔: 씨뿌리기 (12, 1월)
2. 두 달엔: 늦은 씨뿌리기 (2, 3월)
3. 한 달엔: 아마亞麻 자르기(혹은 풀 자르기, 4월)
4. 한 달엔: 보리 추수 (5월)
5. 한 달엔: 추수와 측정하기 (6월)
6. 두 달엔: 포도 추수 (7, 8월)
7. 한 달엔: 여름 과실 (9월)
   바닥글: '아비야Abiya'[297]

'우연히 발견'한 것임에도 불구하고, 우리가 알고 있는 가장 초기 히브리어 비문이 연습으로 쓴 문장이라는 사실은 의미 있는 것처럼 보인다. 이제 사람들은 쓰는 법을 배우기 시작했으며, 가장 간단한 방식인 가나안 알파벳을 사용했다. 그 알파벳은 겨우 25개의 문자만 있으면 되었고, 이집트나 메소포타미아의 글자 체계가 요구하는 수백의 혹은 수천의 글자와는 비교할 수 없을 정도로 간단한 방법이었다.

이러한 간단한 알파벳의 발명은 일찍이 기원전 2000년대로 거슬러 올라가 가나안 집단까지 이르게 된다. 기원전 1200년 이후 가나안에 정착한 초기 이스라엘 사람들이 그 알파벳을 사용하게 되었고, 글자를 쓰고 읽는 능력은 비로소 널리 퍼지게 되었으며, 잠재적으로 전체적인 현상이 되었다.[298] 그러나 시간이 필요했다. 그러는 동안, 기록된 것을 읽을 수 있는—혹은 읽을 수 있었던 극소수의 사람을 부릴 수 있는—능력은 엘리트 통치 계층의 권력을 창출하거나 유지하는 데 도움이 되었다.

우리가 알고 있는 기원전 10세기 비문이 극소수라 할지라도, 글자를 읽고 쓰는 능력은 그 이상의 즉각적인 진보를 만들어내지는 못했다. 우리는 이스라엘에서 기원전 9세기 비문을 거의 보유하고 있지 못한데, 심지어 이스라엘의 이웃 나라인 페니키아, 아람, 모압 그리고 다른 나라에는 비문들이 있었고, 그중 어떤 것은 기념비적인 왕실 비문이기도 했다. 아람 왕실의 한 비문이 이스라엘에서 발견되기까지 했는데, 바로 그 유명한 단 비석(Dan stele)으로, 오므리 왕조에 대한 승리를 기념하는 글로서, 약 기원전 840년으로 연대 설정이 되었다.[299] 그 비문은 알려진 이스라엘 왕(여호람/요람, 기원전 851~기원전 842/841년)을 언급하며 또한 "다윗의 집(왕조)"이라고 표현한다. 하지만 우리는 고대 이스라엘에서 나온 히브리어로 된 왕실 비문을 가지고 있지 않다(예외가 있다면, 히스기야 터널의 비문이 있을 정도이다).

어떤 경우이든 기원전 8세기에, 다시 말해서 북이스라엘이 사회, 문화적으로 정점에 이르렀던 시기에 비교적 갑작스럽게 비문 증거가 급증했다는 사실은 의미심장하다. 사마리아 도편에 추가하여, 우리는 베르셰바 근처에 있는 기원전 7세기의 아랏 요새에서 약간 후대에 기록된 대규모의 비문을

발견했다.[300]

우리가 비문을 너무 적게 가지게 되었던 한 가지 이유는, 만약 그것이 이집트에서처럼 파피루스에 기록되었다면 팔레스타인의 습한 기후로 인해서 살아남지 못했을 것이다. 그러나 사막—파피루스가 보존될 수 있는 몇 안 되는 장소 가운데 한 곳—에서 우리는 파피루스를 발견할 수 있다. 이 파피루스, 곧 편지는 사해 동굴의 한 곳인 와디 무랍바아트Murabba'at에서 발견되기도 했는데, 그 연대가 기원전 8세기에 해당한다.[301]

우리가 발견한 다른 기원전 8세기 기록 유물 가운데, 나는 사해(Dead Sea) 기슭에 있는 한 동굴 안에 기록된 낙서(graffiti)를 주목했으며, 또한 예루살렘 근처의 한 동굴에 있던 낙서, 그리고 아랏 도편 몇 개를 언급했다.[302]

나는 8장에서 두 개의 매우 중요한 기원전 8세기 종교적 문서를 논의할 것이다: 헤브론 산지에 있는 키르베트 꼼Kh. el-Qôm에서 발견한 무덤 비문과 동부 시나이 사막에 있는 쿤틸레트 아즈루드Kuntillet 'Ajrûd의 요새/성소에서 발견된 다량의 낙서이다. 여기에서 우리는 간단히 이들 두 장소가 다소 멀리 떨어져 있으며, 특별히 후자가 멀다는 점만 지적하려고 한다. 따라서 그것은 기원전 8세기의 촌락, 심지어 사막의 요새에 있던 일부 사람들이 읽고 쓸 수 있었던 것을 나타낸다.

이 주제에서 떠나기 전에, 우리는 유일하게 가지고 있는 히브리어로 된 왕실 비문을 언급할 것인데, 바로 기원전 701년 아시리아의 침공이 있기 바로 몇 년 전으로 연대 설정을 할 수 있는 비문이다. 이 비문은 종종 '실로암 터널 비문'으로 불렸던 것으로, 기혼 샘의 물을 성벽 아래를 지나 다윗 성 안의 안전한 저장소로 끌어들이는 긴 지하 터널이 완료된 것을 기념하고 있다(10장). 이 히브리어 비문은 정교한 필체로 새겨진 것으로, 심지어 단어를 띄어쓰기하고 있으며, 터널을 어떻게 팠는지에 대해서 기술하고 있다. 비문은 1880년에 발견되었으며, 현재 이스탄불의 고고학 박물관에 보

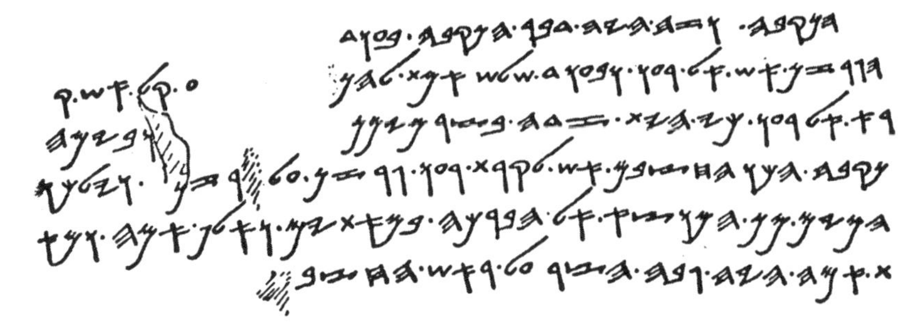

그림 VII.15. 예루살렘에서 출토된 실로암 터널 비문. McCarter 1996, 90번

관되어 있는데, 위의 절반 부분은 소실된 상태이다. 남겨진 부분은 다음과 같이 읽을 수 있다:

> 터널[의 문제]. 그리고 이것이 터널을 파는 공사의 문제이다. [돌을 자르는 사람이] 도끼를 [휘두르는] 중에, (양쪽 끝에 있는—역자주) 서로가 그의 동료를 향해서(도끼를 휘두르고 돌을 잘라내며 나아간다—역자주), 그리고 아직 3큐빗(약 1.5미터—역자주)이나 잘라내야 하는 도중에, 한 남자는 자신의 동료가 부르는 소리를 들었는데, 왜냐하면 바위 안에 어떤 균열(?)이 있었기 때문이며, 그 왼편과 그 오른편에(균열이 있었다—역자주). 터널이 완성되는 날에, 돌을 자르는 사람은 자신의 동료를 향해서 두드렸으며, 도끼가 도끼를 향해서, 그리고 물이 바깥에서부터 웅덩이로 흘렀으니, 1000하고도 200큐빗이었으며, 그리고 돌을 자르는 사람의 머리 위의 바위 높이가 [100] 큐빗이었다.

어떤 학자들은 주장하기를, 실로암 터널 비문이 실제로 왕실 비문이 아니라고 하였다. 그들은 그러한 기념비적인 토목공사의 업적이 중앙의 권세자인 왕 자신에 의해서만 실행된다는 사실을 무시하는 것 같다. 그리고 계약자가 이 사업에 자신들의 이름을 임의로 붙였다고 보기는 어려운 일이다. 그것도 다른 곳이 아닌 터널 입구에 일종의 현판을 붙였을 리 없다. 마지막으로, 우아한 필체로 보아 매우 전문적인 장인이 깎았던 것이 분명하며, 그러한 장인은 오직 왕실만이 고용할 수 있었을 것이다.[303]

만약 우리가 (결국) 기원전 8세기 왕실 비문을 가졌다고 할지라도, 우리는 기원전 8세기에 이르면 글을 읽고 쓸 수 있는 능력이 다소 널리 퍼져나가고 있었으며, 공적인 영역에서만이 아니라 많은 개인의 일과에도 도입되었다고 거의 확실하게 가정할 수 있다. 왕실 비문보다 그러한 읽고 쓰는 능력을 지위와 연관시킬 수 있는 것은 없을 것이다.

기원전 8세기에 사회의 모든 계층에서 급격하게 읽고 쓰는 능력이 성장했다는 사실은, 우리가 앞으로 2절에서 보게 될 것처럼 성서 기록의 기원과 그 성격을 이해하는 데 광범위한 부분을 암시하고 있다는 것을 말해준다.

중간 계급?

지금까지 매우 조심스럽게 고려한 고고학 증거만으로, 우리는 처음 세 개의 사회계층을 재구성했고, 다음으로 4개의 계층으로 기원전 8세기 이스라엘과 유다의 사회를 재구성했다. 우리는 소규모의 엘리트 지배 계층에 대한 통계자료를 가지고 있지는 않지만, 이 상위 계층은 전체 인구에서 약 1퍼센트 정도로, 다시 말해서 2,000명을 넘지 않았을 것이 분명하다. 그러한 소규모의 사람들은 우리가 위에서 논의했던 여러 큰 도시와 행정 중심지(도시의 전체 인구는 18,000명이다. 그림 IV.1)에서 쉽게 집을 짓고 살았다.

만약 2,000명 정도의 고위층 관료나 엘리트가 이러한 장소에서 살았다면, 그들은 소수였을 것이지만, 그럼에도 상당한 규모의 드문 상류층일 것이다. 예를 들면, 인구가 300명 정도인 베르셰바에서 아마 15~20명은 그곳에 주둔한 평범한 군인들보다 높은 지위에 있었을 것이다. 그 숫자에 총독, 행정 관료, 그리고 소수의 군대 장교가 포함되었을 것이다.

매우 많은 시골의 하위 계층—최소한 전체 인구의 80퍼센트에 이른다—의 존재는, 우리가 6장에서 했던 것처럼 쉽게 그 증거를 제공할 수 있다. 이러한 점은 중간 계층을 기술할 수 있는 여지를 남기며 5장에서 논의한 것처럼 이들은 아마 큰 마을이나 도시에서 살았을 것이다. 그러나 우리는 그러한 중간 계층에 대한 고고학적 증거를 실제 가지고 있는가?

우선, 만약 큰 마을과 도시가 그러한 사회와 경제를 뒷받침해준다면, 우리는 상당히 큰 수준의 그러한 중간 계층의 존재를 가정해야만 한다. 기원전 8세기의 이스라엘과 유다와 같이 도시화된 사회는 단지 엄청난 하위 계층과 극소수의 지배 계층만으로 이루어지지 않는다. 최소한 우리는 상품을 공급하는 사람, 서비스 공급자, 중매인, 무역업자, 수입업자, 대금업자, 금융업자, 부동산업자, 그리고 모든 종류의 기업가를 고려해야만 한다. 추가적으로, 일부 사람들이 중간 계층으로 들어올 수 있었는데 기술공, 숙련공, 석공, 대장장이, 보석공, 상아와 인장 제작자, 갖바치, 의복을 만드는 사람, 그리고 다른 일을 하는 사람 등이다.[304]

그러한 중간 계층을 실제로 묘사하기 위한 우리의 최대 희망은, 앞의 5장과 6장에서 논의했던 큰 마을과 도시의 평면도를 살펴보는 일이다. 그러나 우리가 몇 안 되는 공공 지역 너머에서 실제로 구분할 수 있는 모든 것은 조밀하게 압축된 건물 집단으로, 그것 중 대부분은 그 시대의 전형적인 4방 구조의 가옥이 아니었다.

예를 들면, 우리가 가진 가장 완전한 평면도를 살펴보면, 텔 엔-나스베 Tell en-Naşbeh 지층 3A층의 평면도로, 대략 800명의 사람이 살았던 작은 도시이다(성서의 미스바—역자주). 성문 근처의 뚜렷하게 구별되는 여러 건축물은 분명히 몇 안 되는 관리의 집들이다. 다른 많은—수십 개의—건물은 불확실하지만 우리가 이해할 수 있었던 건물들은 대부분 4방 구조의 가옥이었다. 그렇지만 최소한 나머지 절반은 기술공이나 숙련공의 작은 가게이거나 심지어 소규모의 산업 시설이었을 것으로 보인다. 실로, 우리는 그렇게 추정해야 한다. 비록 발굴과 출판 결과가 모호한 증거를 남겨주었지만

그림 VII.16. 텔 엔-나스베 지층 3A층의 중앙 구역 평면도. Fritz 1995, 그림 35

말이다.[305]

그러나 한 지역에서 그 가능성이 있다. 도시 중앙의 오른편에, 비교적 큰 개활지에 둘러싸여 2~3개의 촘촘하게 모인 복합건물이 자리하고 있다. 이 구역의 여남은 건물 가운데 그 어느 것도 그 도시의 다른 곳에서 흔했던 많은 4방 구조 가옥과 닮은 점이 단 하나도 없었다. 이러한 건물을 상점이나 상인 계급의 사업장으로 해설하는 것이 합리적이지 않을 이유가 있을까? 다시 말해서, 그동안 우리가 찾지 못했던 중간 계층이 바로 여기에 있었던 것은 아닐까?

특별하게 고안된 상업적 구역에 상점이 있었으며, 도공과 목공, 직공과 다른 장인들이 있었던 곳이 바로 이곳이었을 것이다. 그리고 이곳에서 도시 사람들이 필요로 했을, 그러나 시골에서부터 가져왔어야만 했던 음식과 식량을 저장하고 판매했을 것이다. 또 하나의 그러한 복합건물이 북쪽에 있었으며, 그것은 근처의 가정 건물들과는 동떨어져 있었다.

우리는 몇 안 되는 다른 장소에서 비슷해 보이는 상업 지역과 생산 지역을 찾을 수 있었는데, 그 평면도를 분간할 수 있었다. 텔 베이트 미르심 A2 지층으로, 두 개의 복합건물이 나왔는데, 한 개는 남서쪽 문 근처에, 다른 하나는 북서쪽의 '탑'(혹은 엘리트 거주지; 앞을 보라) 근처에 있었다. 그러나 다시 말하면, 각각의 지역은 그 지역의 전형적인 4방 구조 가옥으로 보이지 않는 복합건물을 포함하고 있었으며, 각각은 이러한 일반 가옥들과는 다소 대조적으로 보였다(그림 V.3을 보라).

도시의 '탑' 근처에 그리고 바로 옆으로 이어지는 방향으로 5개의 건물이 줄을 이루었는데, 그것 중 여럿은 거의 똑같았으며, 우리가 지금 추정하고 있는 바로 그 일종의 상업 지구였던 것으로 보인다. 마지막으로, 많은 사적인 가옥은 중간 계급의 가게 소유주, 기업가, 사업가, 다양한 서비스 제공자, 그리고 모든 종류의 하급 공무원뿐만 아니라, 근처 들판으로 일을 나갔던 일부 지주와 농장주의 소유였음이 분명하다.[306]

그러나 이것은 전적으로 추정된 내용이 아니다. 수많은 민족지民族誌 자료는 우리의 재구성을 뒷받침한다. 웨스트뱅크West bank의 발달이 덜 된 지역에서 20년 전까지만 해도 누구라도 그러한 작은 마을을 방문할 수 있었고, 심지어 몇몇 도시에도 갈 수 있었는데, 우리가 상상했던 그곳의 삶의 방식을 실제로 볼 수 있었다.[307] 마을 혹은 도시의 중심부는 모든 종류의 작은 상점과 사업장이었으며, 근처에 큰 산업 시설이 있기도 했다. 주민들이 필요한 모든 것은 바로 이곳에서 구할 수 있었다. 그리고 많은 경우에 건물 소유주와 그들의 가족은 이 건물의 2층에서 살았다.

오늘날 예루살렘의 구도시는 성내城內에 약 80,000명의 인구가 밀집되어 있으며, 셀 수 없는 상점과 집이 서로 얽히고설킨 상태로, 중동의 전통적인 마을이나 도시의 뻔한 일련의 모습(parade example)을 나타내고 있다. 최근까지 몇 세기가 지나는 동안 변화는 거의 일어나지 않은 것 같으며, 예

그림 VII.17. 예루살렘 구시가의 혼잡한 상점과 거주지. 사진: W. G. Dever

외가 있다면 인구가 밀집한 것과 허울뿐인 현대적 세련미뿐이다. 이것은 단지 '아날 학파(annales school)'의 장기지속(*longue durée*)이 반영된 것이다(앞을 보라).

경제

경제구조는 사회구조와 별개로 생각할 수 없는데, 사회구조가 뒷받침해주고 정당하게 해주기 때문이다. 하지만 우리는 여기에서 실용적인 분석을 목적으로 하고 있기 때문에 예외로 치부해왔었다. 어쨌든 관련이 있을 것으로 보이는 고고학적 자료들이 다소 제한적이어서 해석하기가 어렵다.

'가내 생산 방식'

거의 전적으로 농업에 기반하고 있는 작은 촌락과 전형적인 농촌 생활양식을 살펴볼 때, 나는 '가내 생산 방식'이라고 특성을 지었다(6장). 앞에서 소개했던 4계층의 사회구조라는 관점에서, 이것은 하위 계층의 경제를 나타낸다고 할 수 있으며, 대부분 농부였다. 이러한 개인들은 실제로 촌락이 필요로 하는 모든 상품을 생산했을 것이다. 그러나 이 밖에도 시골 지역에서는 필연적으로 마을과 특별히 도시에서 역시 필요로 하는 모든 것을 생산했다. 남은 유일한 질문은 이것이다: 어떻게 이러한 물건들이 시장에서 팔렸을까? 짧게 말해서, '경제구조'라는 것이 있었나?

지역 촌락 수준에서 거의 모든 경제적 거래는 분명 물물교환으로 이루어졌다. 각 가정은 자신들이 생산한 물건 중에서 여유분을, 필요로 하는 이웃 가정과 간단히 교환할 수 있었다. 상점은 필요치 않았다. 그러나 만약 예를 들어 음식물이 근처에 있는 장이 서는 마을에 보내진다면, 분명히 그러한 일이 있었을 것인데, 그 촌락의 사람들은 어떻게 자신들의 부족한 것을 메울 수 있었을까? 마을과 도시는 촌락민들이 원하거나 촌락민에게 필요한 약간의 어떤 것들을 분명히 생산했는데, 왜냐하면 그들은 온전히 자급자족할 수 없었기 때문이다.

'재분배' 경제체제?

학자들은 앞의 문제들에 대해서 여러 가지 해답을 내놓았다. 한 가지 유명한 모델은 '재분배(redistributive)' 경제체제라고 불리는 것이다.[308] 이 이론에 따르면, 경제는 다음과 같은 방식으로 움직인다(여기에서 상당히 단순화해서 제시한다):

1. 어떤 개인은 부, 곧 자본을 창출하는 여유분을 축적한다.
2. 이러한 기업가들은 거의 강압적으로 상품과 서비스를 '분리하기' 위해서 대중을 조작함으로써 번영하게 되는데, 더 나아가 자신들의 부를 증가시키며, 자신들 계급의 독특성을 강조한다.
3. 그러나 중앙 권력은 중간 계층과 상위 계층의 부유한 자들에게 세금을 부과하는데, 그럼으로써 왕실의 기금을 만들게 된다.
4. 다음으로 정부는 노동이나 다른 것들을 교환하는 과정에서 대중에게 나눠줌으로써 그 축적된 부를 '재분배'하거나, 혹은 사치품을 위해서 그리고 자신들의 지위를 향상하기 위해서 해외 무역을 하는 과정에서 그 부를 사용한다.

분명히 그러한 재분배 경제체제는 만약 어떤 중앙의 권력이 세금을 부과하고 거둘 힘이 없다면, 즉 현물로 세금이 거두어지거나 아니면 은이나 금 같은 현금의 형태로 거두어지지 않는다면 작동하지 않는다. 수입은 큰 왕궁의 노동자를 고용하는 데 사용되었을 것이며, 또한 우리가 보았던 행정 중심지를 세우기 위한 건축 인부에게, 그리고 각 구역의 행정 관료에게 지불되었을 것이다. 이러한 개인들은 모두 소규모의 상위-중간급 계층을 형성하였을 뿐만 아니라, 여러 전문 분야에서 활동했던 하위 계층에게 더 많은 금액이 배정되었을 것이다(앞을 보라).

우리는 기원전 8세기 이스라엘과 유다에 중앙화된 정부가 존재했음을 의심의 여지없이 보여준 바 있으며, 게다가 부유한 상위 계층의 납세자와 세금을 활용하는 중간 계층의 행정 관료의 존재를 보여주었다. 이것은 사마리아 도편에서 매우 정확하게 드러났다(앞을 보라). 중간 계층, 이 경우에는 하급 관료의 존재인데, 그들이 있을 것이라는 단순한 추정을 더 확실히 나타내기 위해서 기록된 자료들을 보다 자세하게 살펴보도록 하자. 우리는 중간 계층을 조사하기 위해 다소 빈약한 고고학적 증거에 살을 붙이게 될 것이다.

13번 도편에는 어떤 '아비에셀Abiezer'이란 사람이 나오는데, 그는 분명히 (알려지지 않은 지역인) '테텔Tetel'이란 이름의 씨족 출신이었다. 아비에셀의 세금은 '샤마르야우Shamaryau'와 '아[사]As[a]'에게 납부되는데, 이들은 아마도 사마리아의 조세 관료였을 것으로 보인다. 그러나 어떤 물건이 바쳐졌는지에 대해서는 언급하지 않았다. 다른 도편에서 우리는 전형적인 납세 방법이 '포도주병' 하나 혹은 둘, 아니면 '기름병' 하나였음을 알게 되었다.

언급된 어떤 씨족 가운데 세금을 보낸 여러 씨족의 이름을 알게 되었다. 그러므로 '셰미다Shemida'로부터 우리는 (알아보기 힘든 한 명의 이름을 더해서) 5명의 발송인을 알게 되었으며, 모두 합하여 15번의 거래가 있었음을 확인했다. 어떤 씨족 지도자가 어떤 특별한 지역에서 땅을 공동으로 소유했던 것으로 보인다. 어떤 개인의 이름이 종종 등장하는 것은 그 이름의 지주가 상당한 부를 축적했음을 암시하는 것일지도 모른다.

이러한 도편은 그 가치가 얼마나 값이 나갈지는 몰라도, 작은 임의의 실례보다 중요할 수는 없을 것이다. 그러나 그러한 도편은 작은 마을과 농촌의 정착민들이 조밀한 연결망을 이루었던 것을 반영해주며, 또한 비교적 극소수인 기업가적 지주들이 농업 생산 활동을 조직화하며, 자신들의 이윤에 대하여 최상급의 포도주와 기름으로 납세했었다는 사실을 나타낸다.

개인의 납세는 미미했지만, 이러한 도편에서 표준적인 납세였던 것으로 보이는 몇 가지 사례가 나왔다. 그리고 '항아리'—철기 II 시대의 큰 저장용 항아리 모양—는 57리터 이상을 담을 수 있었으며, 숙성된 포도주나 '혼합하지 않은 올리브기름'과 같은 것은 소량이 아니었다. 덧붙여 말하자면, 도편에 2개의 지명이 나왔는데, 그곳은 큰 포도원으로 보인다:

> '케렘-하텔' ('하텔의 포도원'으로, 하텔은 분명히 지명이다) 그리고
> '케렘-예호엘리' ('예호엘리의 포도원')

이러한 포도원들은 프랑스나 다른 유명한 포도 생산 지역과 비교할 수 있을 정도였다. 그들은 양질의 '버라이어털varietal'(단일한 포도 품종으로 만든 포도주—역자주) 포도주를 만들기도 했다.

그러므로 이러한 증거는 중간 계층의 기업가들과 농업 생산물의 조달자들은 시골에서 농장을 관리하며 그곳의 소작농들을 고용했다는 것을 암시한다. 이러한 중개자가 농촌의 사유지(이곳은 여전히 발굴되지 못한 채 남아 있게 될 것이다)에 살았는지, 아니면 도편에서 언급되었던 마을이나 도시에서 살았는지, 혹은 심지어 그 지역의 어떤 도시에서 살았는지는 말하기 불가능하다.

교역에 대한 더욱 자세한 고고학적 증거

나는 물물교환을 넘어서 거래를 위한 매개로 은을 언급한 바 있다. 우리는 기원전 8~기원전 7세기에 교역과 상업에서 사용되었던 새로운 도량형을 발견하였다.[309] 이러한 작은 돔 모양의 석회석 무게추에는 글자가 새겨

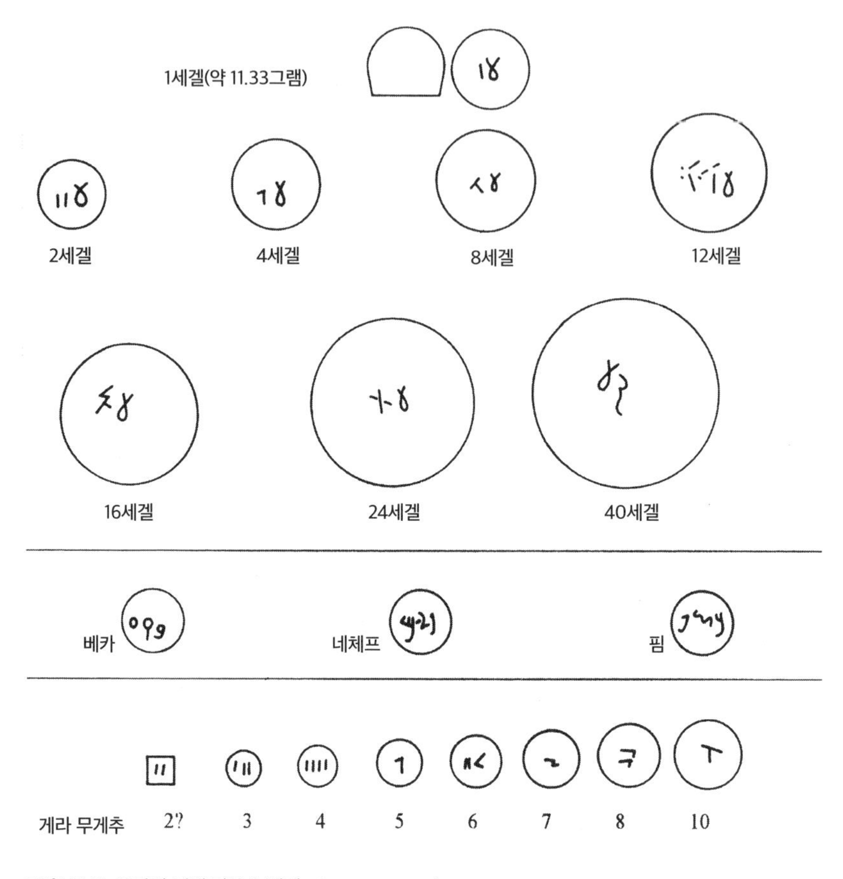

그림 VII.18. 유다의 세겔 저울추 체계. Kletter 1999, 그림 6

졌는데, 바로 1, 2, 4, 8, 12, 16, 24, 그리고 40이란 글자였다. 숫자 기호는 무슨 이유에서인지 이집트 방식이었다.

또한 더 작은 소량의 무게추들도 있었는데, 그것을 히브리어로 게라*gerah*라고 부르며, 1부터 20까지의 단위가 있었다. 우리가 알고 있는 모든 무게를 평균하게 되면, 세겔*sheqel*이 약 11.33그램의 무게라는 계산이 나온다. 그러므로 핌*pîm*은 세겔의 약 2/3이고; 네체프*neṣef*는 약 5/8 세겔이며; 베카*beqa'*는 약 1/2 세겔이다.

각각의 무게는 또한 가방 모양의 표시를 동반하는데, 틀림없이 은을 담

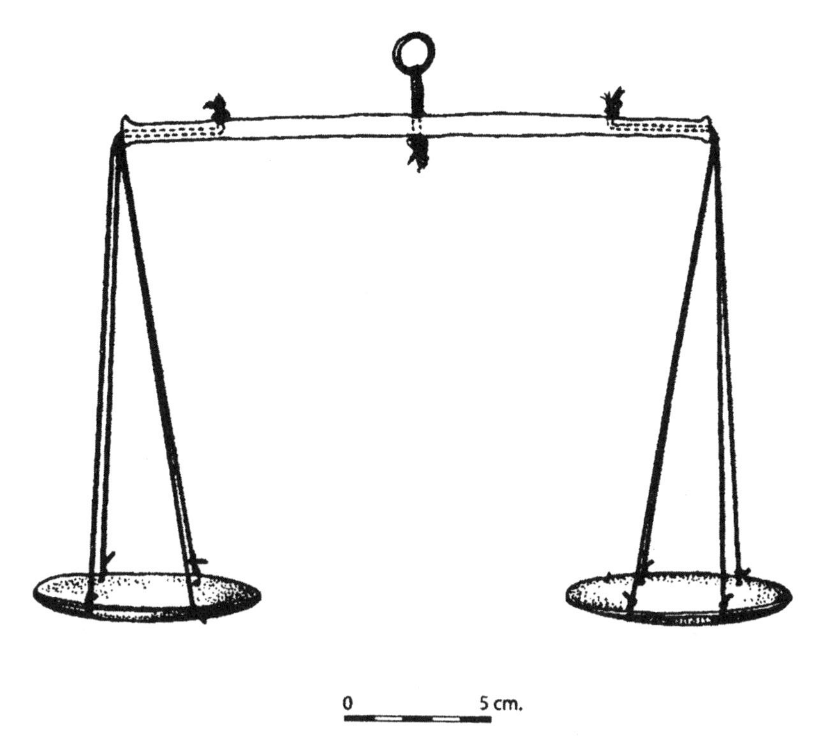

그림 VII.19. 평형추와 저울눈. Barkay 1996

고 있는 가죽이나 천 주머니를 가리키는 것이었다. 그 표시는 '세겔sheqel'이라는 의미임이 분명한데, 이 단어는 히브리어 동사 샤칼*šql*, 즉 '무게를 재다'라는 말에서 나왔다(아래를 보라). 한쪽에 지불을 위해 은 조각을 올려놓고, 다른 쪽에는 돌 세겔 무게추를 놓아서 균형을 맞춤으로써 사람이 돈을 지불하게 된다.

우리는 수십 개의 세겔 무게추를 가지고 있을 뿐만 아니라, 다수의 금속 저울 접시와 사슬까지 발견했다. 더 나아가, 저울은 종종 성문 지역에서 곡물을 담는 큰 숟가락과 함께 발견되었는데, 이를 통해서 교역이 이행되었음을 알게 된다.[310]

마지막으로, 우리는 이러한 돌 무게추가 처음에는 약간 크게 만들어졌다가 중량을 맞추기 위해서 다듬어갔다는 것을 알게 되었다. 흥미로운 것이라면, 어떤 무게추에는 판판한 바닥에 끌로 조각한 표시(chisel mark)가 있는데, 그것의 무게는 대략 10퍼센트 더 나갔다는 점이다—일종의 '푸줏간 주인의 속임수'(엄지손가락을 저울에 올려놓아서 무게가 더 나가도록 하는 속임수—역자주)라고 하겠다. (심지어 오늘날에도 우리는 '속인다'라는 뜻으로 '뜯어내다[chiseling]'라는 말을 쓴다.) 우리는 여러 세겔 무게추 뭉치들을 가지고 있다—한마디로 이것은 은행 돈처럼 마음대로 사용했던 셈이다.[311]

해외 무역

국제적인 영역에서 교역이 있었는지를 판단하는 한 가지 방법은 수입된 물건을 찾아보는 일이다. 예를 들어, 이스라엘과 유다 모두는 이웃하는 페니키아 해안의 사람들과 최소한 기원전 10세기 혹은 그 이전부터 긴밀하게 접촉해왔었다. 기원전 8세기라고 기대할 수 있을 법한 그 어떤 페니키아의 물건들을 우리는 찾았는가? 지리적으로 근접했고, 돌Dor, 시끄모나Shiqmona, 악십Achzib, 그리고 다른 곳과 같이 발굴이 잘된 페니키아 지역들이 있음에도 불구하고(9장), 우리는 겨우 몇 개의 평범한 페니키아 도자기 그릇을 그림 IV.2에서 나열했던 대부분의 장소 여기저기에서 찾아냈을 뿐이다. 물론 우리는 수입된 페니키아 도자기 가운데 사치품을 촌락과 작은 마을에서 찾아내기를 기대하는 것이 아니다. 그러나 도시라면 어떨까? 사실 우리는 북왕국 수도 사마리아에서 우리가 그렇게 찾고자 했던 페니키아 수입품을 발견했다.[312]

나는 그곳에서 발견된, 상아를 깎아서 만든 엄청나게 많은 장식용 판을 묘사한 적이 있다. 이것은 기원전 9~기원전 8세기에 상아 조각 예술이 융성했던 시리아에서 직수입된 페니키아 물건이거나, 페니키아 장인의 감독 아래 국내 지역에서 자체 제조된 것일 수도 있다.[313] 같은 것이 우리가 언급했던 새긴 준보석 인장의 경우에 적용될 수 있는데, 거의 모든 도상학적 형상이 페니키아 문화를 나타내고 있다. 마지막으로, 우리는 품질이 좋은 도자기 그릇—잘 알려진 '사마리아 도자기'—이 동시대의 페니키아 장소들, 예를 들면 사렙다Sarepta와 같은 장소에서 나온 것과 매우 닮았다는 사실을 말할 수 있다. 그러므로 이 사마리아 도자기는 수입된 것이거나, 아니면 페니키아 양식에 맞게 지역 내에서 제조되었던 것으로 보인다.[314]

하솔에서는 종종 수입된 페니키아 도자기 혹은 모조품으로 만든 사치스러운 그릇이 나왔는데, 이것을 비교연구를 해보면 그 유사성을 발견할 수 있으며, 그것이 기원전 8세기에 들어서 쇠락하긴 했지만, 여전히 증거상으로는 (약 4~6퍼센트 정도로) 존재했다는 것을 알게 된다.

시리아 국경에 자리 잡은 단Dan에 있는 외곽 광장의 끝에서 발굴자들은 성문 바깥의 인접한 여러 작은 건물들을 발견했다. 이 건물이 일종의 '면세 지역'으로, 즉 페니키아 혹은 다른 외국의 상인들이 상점을 차릴 수 있었고, 그들에게 약간의 이권을 주는 교역 합의를 성사시켰던 곳이라는 주장이 제기되었다.[315] 우리가 보유하고 있는 페니키아 수입품의 수를 고려해볼 때, 이러한 주장이 허황한 것은 아니다. 사실, 우리는 페니키아 문화가 이스라엘 안으로 상당히 많이 침투했음을 상세한 기록으로 증명할 수 있다. 예를 들면, 하부 갈릴리의 로시 자이트Rosh Zayit는 본질적으로 페니키아 사람들이 살았던 지역으로 보이기까지 하는데, 바로 그곳의 발굴지를 살펴보면 그렇다는 말이다(남부 페니키아 국경선에 대해서 아래를 참조하고, 9장을 보라).

레반트 해안 아래쪽으로 움직여보면, 후기 블레셋 문화 지역을 맞이하게 되는데, 당시 이 지역의 문화는 부분적으로 동화된 상태였다. 9장에서 우리는 아스글론Ashkelon 그리고 아스돗Ashdod과 같은 이러한 '신-블레셋' 지역들에 대해서 보다 많은 것을 이야기할 것이다. 여기에서 우리가 말할 수 있는 것은, 우리는 블레셋 평야와 유다 사이에 교역이 있었다는 것에 대한 상당한 수준의 고고학적 증거를 가지고 있지 않다는 점이다. 사실, 만약

8장에서 논의할 유다의 기둥 바닥 모양의 신상(figurine)과 같은 전형적인 유다의 인공유물들에 대한 분포도를 살펴본다면, 블레셋과 마주하는 국경 지역이 외부 문화에 별 영향을 받지 않았다는 점을 알게 된다.

북쪽과 북동쪽인 이스라엘로 눈을 돌리면, 그곳은 언제나 외국의 영향에 개방되어 있었는데, 동시대 시리아의 아람 문화가 확산된 것을 나타내는 몇몇 아람의 장소가 실제로 명목상 이스라엘의 영토 안으로 침투했음을 보게 된다. 이런 곳으로 특별히 갈릴리 바다의 북쪽 그리고 동쪽 해안 주변에 있는 벳새다Bethsaida, 텔 하다르Tel Hadar, 그리고 엔-게브'En-Gev가 포함된다. 이들 장소에서 물질문화는 대개 아람의 것이었다. 하지만 역시 이곳에서 고고학적 기록은 교역이나 상호 교류가 거의 없었으며, 심지어 분명히 이스라엘 영토로 보이는 그리 멀지 않은 곳에서조차도 교류가 없었다는 것을 보여준다. 한 가지 예외는, 요르단의 웨스트뱅크 남쪽으로 16킬로미터 떨어진 텔 레호브Tel Reḥov가 될 수 있겠다. 어느 모로 보나 이곳은 분명히 이스라엘 사람들의 영역이었다. 그러나 지금까지 발굴에서 알려진 물질문화는 다소 수수께끼 같은 특징을 보여주는데, 이것은 아마 아람의 영향 때문일 것이다(9장).

이스라엘과 유다에서 가장 가까운 이웃은 길르앗, 바산, 암몬, 그리고 트란스요르단의 에돔 사람들이다. 한 세대 전에는 이 사람들에 대해 성서와 성서 바깥의 자료를 제외하면 거의 알려진 바가 없었다. 그러나 오늘날 광범위한 고고학적 탐사와 발굴의 횟수가 증가함에 따라서 우리는 이들 지역의 문화를 좀 더 자세하게 알 수 있게 되었다(9장). 여전히 우리는 이들이 이스라엘과 유다와 교역을 했는지에 대하여 증거를 거의 가지고 있지 못한 상태이다.

암몬 북부 지역은 고고학적으로 볼 때, 여전히 거의 미지의 나라(*terra incognita*)이다. 그러나 암몬과 모압 그리고 에돔은 어느 정도 비교할 수 있는 기초적인 것들을 제공한다. 이들은 본질적으로 부족 형태의 나라로, 기원전 8세기에 이르러서야 비로소 온전한 국가적 복합성을 띠게 된다(9장). 역시 우리는 여전히 여기에서 교역에 대한 증거를 거의 가지고 있지 못하다—그 이유는 아마 이 국가들이 당시 아직 성숙한 상태가 아니었기 때문일 것이다.

2절

성서의 자료

각 장에서 했던 것처럼 이제 우리는 고고학이 제공하는 '현장의 사실들'의 지식을 반영한 것으로 보이는 히브리 성서의 기록을 따로 살펴볼 것이다. 사회적이며 경제적인 요인들은 기초이다. 그러나 그것들은 일반적으로 우리의 기록을 명확하게 만들어주기보다 추측하도록 만들기 때문에, 그것들은 고고학적 증거를 끌어내고 또한 연결하기가 다소 어렵다. 그렇지만 약간의 일치하는 부분이 있다.

사회적 계층화라는 사실

우리는 앞에서 고고학적 자료만을 기초로 해서 4계층의 사회를 재구성했다. 성서 저자들과 편집자들은 우리가 '복합 사회'라고 부르는 것에 어떤 추가적인 정보를 공급하는가? 짧은 대답은 '그렇다'이다. 그런데 그들은 그렇게 하기를 좋아하지 않는다. '복된 삶'이라는 성서의 이상을 6장에서 기술하면서, 그 저자들이 우리처럼 사회의 계층화를 반드시 인지하지 않았던 반면에, 그들은 우리가 이제 고고학적으로 알게 된 (권력의) 남용에는 익숙했음을 보여주는 언어를 사용했음을 지적한 바 있다.

이것은 "상아 집"에 살며 "상아 침대" 위에서 돌아다니는 사마리아 구역의 게으른 부자들에 대한 성서의 정죄를 설명해준다(암 6:4). 고고학적으로 증명된 상아를 기초로, 이제 우리는 이러한 은유를 실제로 이해할 수 있게 되었다. 그리고 "밭에 밭을 더하며"(미 2:2) "신 한 켤레로 가난한 자를 사는"(암 8:6) 부유한 지주에 대한 성서의 저주는, 우리가 앞에서 자세하게 분석했던 사마리아 도편을 비추어볼 때 완전하게 이해가 된다.

성서의 저자들은 부자들을 혹평했으며, 일반적으로 왕을 무시했는데, 후자에 대해서는 단지 그들이 "여호와가 보시기에 악을 행하였다"라고 언급할 뿐이다. 그들은 중간 계층이 존재한다는 사실과 그 가치를 받아들인 것처럼 보인다. 그러나 예외 없이 그들이—'땅의 백성들'(히브리어로 암 하-아레츠ʿām hā-ʾārets)이라고—칭송하던 하위 계층은 바로 일반 대중이었다. 이제 이들은 고고학적으로 잘 설명이 된다(6장).

경제

앞에서 우리는 기원전 8세기 지역 사이의 교역을 논하면서 일련의 세겔 무게추라는 고고학적 증거를 제시했다. 히브리 성서는 그에 맞는 증거들을 우리에게 제시한다. 히브리 성서에서 기본 통화 단위는 세겔로, 어원의 뜻이 '무게를 재다'에서 유래한 히브리어 용어인데, 다시 말해서 은을 저울질하여 지불하는 방식이다. 세겔이란 단위는 많은 성서 구절에서 언급되었다. 이스라엘이 아이ʿAi를 정복해서 얻은 전리품은 세겔로 계산하였다(수

7:21). 비슷하게, 골리앗의 무기는 세겔로 계산되었고(삼상 17:5; 참조. 삼하 21:16), 또한 압살롬의 머리카락도 그랬다(14:26). 다양한 상품의 가격은 또한 세겔로 주어진다: 밭(대상 21:25; 렘 32:9), 황소(삼하 24:24), 보리 무게(왕하 7:18), 그리고 하루 음식 섭취량(겔 4:10; 45:12). 황소가 어떤 종을 뿔로 받았을 경우, 그에 대한 보상은 세겔로 주어져야 한다(출 21:32). 이 외에도 조공은 세겔 단위로 바쳤다(왕하 15:20; 아시리아에게 바친 조공). 세겔 무게추는 변경될 수 있었다; 아모스 8장 5절은 상인들 마음대로 무게추를 "크게 했다"는 이유로 문제를 제기하고 있다. "성소의" 세겔 무게라는 특별한 언급이 있다(출 30:13, 24; 레 5:15; 민 3:47, 50; 7:13).

세겔 조각 무게추는 1세겔보다 작은 특정 무게추로, 역시 히브리 성서에서 언급되고 있다. 그러므로 우리는 반(1/2) 세겔이란 무게(출 30:13~15; 38:26); 1/3 세겔(느 10:32); 그리고 1/4 세겔(삼상 9:8)에 대한 언급을 알고 있다. 또한 더 작은 무게인 게라gerah가 나오는데, 이것은 세겔의 1/20에 해당한다(출 30:13; 레 27:25; 겔 45:12). 여러 가지 특정한 작은 무게추의 이름들이 성서 기록에 언급되었다: 베카beqa', 곧 반 세겔(히브리어로 베카는 '나누다'이다), 그리고 핌pîm이 있다(어원을 알 수 없는 이 단어는 오직 삼상 13:21에서 한 번만 나온다. 한편, 한글 성서 개역개정판은 이러한 특징을 언급하지 않는다—역자주). 우리는 기원전 8세기 후반과 기원전 7세기 초반의 지층 분석이 잘된 고고학적 맥락에서 이러한 무게추와 다른 세겔 무게추들을 발견했다. 그러므로 우리는 이제 지금까지 수수께끼 같았던 여러 성서 구절들을 이해할 수 있는 위치에 와 있다. 신명기 25장 13~16절은 저울추(히브리어로 에벤'even)를 위한 "주머니(히브리어로 키스*kîs*)"를 언급하고 있으며, 더 나아가 "두 종류의 저울추, 곧 큰 것과 작은 것"을 가진 사기꾼을 말한다. 아모스 8장 5절은 "가짜 저울"(새번역—역자주)에 대해서 불평한다. 마지막으로, 미가 6장 11절은 "부정한 저울"과 "거짓 저울추 주머니"를 저주한다.

세겔을 언급하는 관련 구절에 더하여, 우리는 기대하는 바와 같이 세겔 무게추가 사용되는 저울에 관련된 기록을 알고 있다. 저울을 일컫는 히브리어 용어는 모즈나임*mō'znāyîm*으로, 실제로 '귀(ears)'를 의미하는 복수형 명사이다—분명 양쪽의 저울대가 두 귀를 닮아 보였을 수 있다는 사실에서 왔을 것이다. 다수의 성서 구절이 일반적으로 저울을 언급하는데, 예를 들면 에스겔 5장 1절은 예언자의 잘라낸 머리카락의 무게를 재는 중에 기술하고 있다. 레위기 19장 36절은 세겔 무게추와 연관해서 저울을 언급하며, 잠언 16장 11절은 '저울'과 '저울추'를 평행하여 언급한다. 이러한 구절들은 우리가 앞에서 인증했던 저울과 상업에 대해 고고학적 자료가 정통한 것을 보여준다.

예언자들은 실제로 존재했던 경제체제의 개혁을 분명 요구해왔다. 그리고 그러한 것에 대해서 우리는 고고학 덕분에 적절한 물리적 증거를 가지고 있다. 심지어 우리는 핌이란 무게추가 실제로 히브리 성서 사무엘상 13장 21절에 언급되어 있다는 사실에서 자료의 독특한 수렴을 발견하기도 하였다. 핌이란 단어는 히브리 성서에서 오직 여기에서만 나왔고, 20세기 초반에 핌 무게추가 처음으로 발견되기 전까지는 그 정확한 의미를 이해할 수 없었다.

이러한 성서 구절들은 심지어 후대에 기록되거나 편집되기는 했지만, 진실되게 보이는데—특별히 우리는 변조된 무게추를 가지고 있을 뿐만 아니라, 어떤 사람은 정확한 히브리 단위를 새겨 넣기도 했기 때문이다. 그리고 그것들은 기원전 8세기 후반과 기원전 7세기 초반에 특별히 유다에서 유행하던 것이기도 했다. 이것은 주목할 만한 수렴이며, 단순한 우연이라고 볼 수 없다.

사치품

앞에서 사치품을 논의하면서, 우리는 도장을 새긴 반지와 같은 가공된 준보석이 널리 사용되었다는 점을 주목했다. 또한 여기에서 우리는 인공 유물과 기록 사이의 직접적인 수렴을 발견하게 된다. 인장(히브리어로 호탐 ḥôtām)에 대한 히브리어 단어는 성서에서 많이 등장한다. 창세기 38장 18, 25절에서, 다말은 유다에게 그가 (값을 치를 것이라는) 약속을 지킬 것이라는 담보로 그의 "줄 달린 인장"을 요구한다. 도장을 새긴 반지 그 자체는 출애굽기 35장 22절과 민수기 31장 50절에서 하나님을 위한 선물이나 봉헌으로 묘사되기도 한다. 다른 곳(출 28:11, 21, 36; 39:6, 14, 30)에 따르면, 성전에서 봉사하는 제사장들은 "새긴 인장"을 소유하며, 어떤 것들에는 "이스라엘 자손의 이름"이 새겨져 있었다. 고대 이스라엘의 왕과 다른 고위 관료들은 자신들의 권위의 상징으로 인장을 가졌으며, 그 오른손에 반지를 끼었다(렘 22:24).

인장은 종종 부와 권위의 상징일 뿐만 아니라, 소유권을 나타내는 실제적인 방식으로도 사용된다. 열왕기상 21장 8절에서 이세벨은 아합의 문서에 인장을 찍었는데, 즉 그녀는 돌돌 만 파피루스나 양피지 문서를 끈으로 묶은 다음, 그 매듭을 고정하도록 밀랍 혹은 진흙 조각을 바른 뒤에, 그 위로 도장을 새긴 반지를 찍어 눌렀다. 예레미야 32장 10~44절은 밭을 구입하는 과정에서 여러 번 "인장질"을 하는 행동을 말하기도 한다. 느헤미야 9장 38절과 10장 1절에서, 제사장은 계약 문서를 "인봉印封"한다. 확실히 인장은 도장의 자국을 만들기 위한 것인데, 이것은 우리가 보유하고 있는 수백 개의 것들에서, 비록 기술적으로 어렵다고는 하지만 음각으로 새겨져 있다는 사실에서 알 수 있다. 아가 8장 6절과 이사야 8장 16절 모두는 하나의 은유로 '인장'이라는 용어를 사용하는데(후자는 메길라*měgillāh*, 곧 두루마리와 관련되어 나온다), 하나님이 약속하는 "증언 문서를 밀봉하고, 이 가르침을 봉인"하라고 나온다(새번역—역자주). 성서의 이러한 구절들과 또한 몇몇 다른 구절들에서 다소 많은 사람이 보편적으로 인장을 소유하고 있는 것처럼 보이지만, 많은 기록 그 자체는 정확하게 연대 설정이 될 수 없다. 더구나 인장을 소유하고 사용했던 모든 사람이 읽거나 쓸 수 있었다고 확신할 수도 없다—사실, 그렇게 할 수 없다는 것이 인장을 가지게 되었던 한 가지 이유이기도 했다. 비록 누군가는 읽고 쓸 수 있었음이 분명하거나, 혹은 중요한 것을 인봉하는 일 전체가 의미 없을지도 모르지만 말이다.

문자를 읽고 쓸 수 있는 능력

나는 읽고 쓸 수 있는 능력(literacy)을 사회의 상위 계층을 구분하는 한 가지 기준으로 취급해왔었다. 성서 기록은 중요한 어떤 정보를 더해주고 있는가? 많은 학자들은 제안하기를, 신명기 6장 6~9절—하나님이 이스라엘에게 그들의 문설주에 계명을 '기록하라'라고 명령하는 것—과 같은 성서 기록이 그러한 읽고 쓰는 능력이 이른 시기부터 있었으며 또한 보편적이었음을 시사한다고 말했다. 그러나 비록 (신명기가) 신명기적 역사가에 의해서 모세 시대로 설정되고 있기는 하지만 이 구절은 거의 확실히 매우 후대이며, 아마 포로 후기로 보이며, 무엇보다 초기 철기 시대와 관련하여 실제적인 증거가 거의 없다. 사실, 그 기록은 실제로 구전 전승이 여전히 지식을 전달하는 데 주요한 수단이었음을 암시하고 있다. 성서의 족장들이나 모세 시대에 기록이 있었다는 출애굽기 17장 14절과 같은 다른 많은 암시는 문화 진화 과정에서 비슷한 문자 사용 이전의 단계를 반영한다. 이 구절(출 17:14)은 아말렉과의 전투 이후에 하나님이 모세에게 어떻게 말하는지와 관련되어 있다: "이것을 책에 기록하여 기념하게 하고 여호수아의 귀에 **외워 들리라.**" 그러므로 이러한 기록과 또한 관련 있는 기록들에서 기록에 대한 언급은 실제로는 역사적인 증거가 아니라, 일종의 시대착오인 셈이다.

어쨌든 중요한 요점은 성서 저자들의 구전과 기록 전승이 기원전 8세기는 아닐지언정 최소한 기원전 7세기로 거슬러 올라가며, 그들은 읽고 쓰는 능력이 비교적 왕조시대에 널리 퍼졌다고 가정했다는 사실이다. 고고학적 자료는 이에 부합한다. 그렇지만 그 자료는 독립적으로 이 사실을 보여주고 있다.

매우 특별한 수렴 지점

어떠한 특정한 고고학적 발견이 성서 기록에 언급된 것과 직접 연결되어 있다는 것을 찾아내기란, 우리가 종종 언급했던 이유에서와 같이, 흔치 않다. 성서 저자의 전반적인 세계관은 그들이 보통 사람들의 자세한 생활에 대해서 감지하지 못했음을 종종 나타낸다. 그러나 북부 경계에 있는 단Dan을 발굴한 결과, 최근에 성문 밖에서 큰 광장을 찾아낼 수 있었다. 여기에 구역 밖의 '상점(bazaar)' 혹은 시장이었을 것으로 보이는 독특한 여러 건축물이 존재했다. 혹자는 히브리어 후초트*ḥuṣṣôt*(밖에 설치된 것, 한글성서 개역개정판에서는 '거리'라고 하여 불명확하지만, 공동번역 개정판에서는 '무역 시장'이라고 분명히 밝힌다—역자주)라는 단어에서 필연적으로 아합이 아람 다마스쿠스에 건축할 수 있는 허가를 받았으며, 아람이 사마리아에서 호혜적인 방식으로 역시 허락을 받았다는 내용을 떠올릴 것이다(왕상 20:34). 이러한 건물들은 '면세'점과 같았다(앞을 보라).

1차 자료

앞의 모든 경우(와 다른 장)에서 우리는 고고학적 자료와 성서 기록 사이에 상관관계를 파악할 수 있었는데, 이러한 기록들이 기원전 8세기에 대한 우리의 역사에 과연 무엇을 공헌할 수 있는지를 물어보게 되었다. 그리고 그 답은 다시 말하지만 별로 없다는 것이다. 본질적인 것은 없으며, 심지어 도움이 되는 것도 없다. 예를 들면, 우리는 성서 저자들이 가끔 언급했던 상아, 인장, 저울추를 실제로 가지고 있다. 우리는 심지어 모든 저울추의 정확한 이름과 그 무게까지도 알고 있다. 반면에 성서 저자들은 단지 몇 개만을 언급할 뿐이다. 즉, '핌'과 같은 것 말이다. 그리고 그들은 그 이름이나 그 가치를 알거나 어떻게('세겔'이라고) 부르는지도 몰랐다. 다시 말하면, 상아로 된 물건은 (성서에서) 몇몇 언급되었다. 그러나 이러한 언급은 최근에 실제 상아 판이 발견되어서, 그것이 값비싼 페니키아 양식의 가구를 장식하는 데 사용되었다는 것을 알기 전까지는 수 세기 동안 수수께끼로 남겨져 있었다.

따라서 어느 것이 '1차 자료'일까? 어느 것이 역사를 기록하는 데 신뢰할 만한 정보를 제공하는 본질적인 자료일까? 공정한 관찰자라면, 성서적 혹은 반反성서적 편견으로부터 자유로운 자라면, 고고학적 증거가 이제 우선권을 차지해야만 한다고 결론을 맺을 것이다. 달리 말하면, 기록을 예증하고 '확증하는' 것은 인공유물이다. 기록이 고고학적 자료를 확증하는 것이 아니다. 이러한 인공유물은 확증을 필요로 하지 않는다. 그러한 사실이 아래에서 중요한 의미를 내포하게 될 것이다.

3절

사물의 의미

고대 이스라엘과 유다의 사람들 대다수는 시골에 있는 작은 마을, 촌락, 그리고 농장에서 살았다. 따라서 나는 6장에서 그들이 '실제로 어떠했는지'에 대한 보다 자세한 논의를 제시했다. 여기에서 나는 대신에 큰 도심지의 엘리트 지배 계층과 상위 중간 계층이 자신들의 세계를 어떻게 인식했을 것인지를 상상해보았다.

왕과 그의 수행원은 한 가지 점에서 자신의 머리에 놓인 왕관이 얼마나 무거운 것인지를 아마도 느꼈을 것이다. 고대 근동의 모든 곳에서 왕들은 '신적인 권리'를 부여받았다고 하면서 통치했다. 그러나 신들은 변덕스러운 존재였고, 억압받는 대중은 동요했다(쿠데타는 빈번했고 폭력적이었다). 왕들은 왕권이 지속하는 한, 자신들이 할 수 있는 것을 거머쥐었고 그것을 즐겼다. 고고학을 통해서 우리는 (유다는 아닐지언정) 이스라엘 왕들의 과시적인 소비—그것은 (가난한 자들에게서 빼앗은—역자주) 비열한 과소비였다—에 관해 중요한 것을 알게 되었다. 그러나 만약 왕들이 주기적으로 폐위되었다면, 그 왕들의 일탈을 못 본 체했던 자들 역시 그들의 운명과 함께했다. 연대책임은 당연했다.

큰 마을과 도시에서 중간 계급으로 올라갔던 몇 안 되는 사람들은 창의력과 통상적이지 않은 결정으로 그렇게 될 수 있었다. 어느 누구도 진짜 교육을 받지 못했으며, 더 넓은 세상의 많은 경험도 갖지 못했다. (그러한 환경 속에서) 포부가 있는 상인이 촌락이라는 환경에서 도대체 어떻게 자본을 축적해서 경제적이며 사회적인 사다리를 타고 높은 곳으로 올라갈 수 있었을까? 불가능하게 보이지만, 몇몇은 해냈다.

우리는 몇몇 도시에서 대저택에 해당하는 것을 확인한 바 있다. 이것들은 성공한 소수의 기업가들 혹은 지주들의 거주지였을 것으로 보인다. 혹시 누군가 경영상의 기술을 보여주었다면, 그리고 특별히 만약 누군가 약간만이라도 쓰는 법을 배웠더라면, 행정 기관에서 일할 수 있는 지위가 부여되었을지도 모른다. 부와 지위의 차이는 그렇게 발생하는 것이다. 그러나 흔들흔들하는 사다리의 꼭대기 근처에 있으면 영속적으로는 만족하지 못하거나 확신을 가지지 못하게 될 것이다. 삶은 대중에게는 잔인했을 수 있지만, 그것은 극소수의 엘리트에게조차 힘든 것이기도 했다. 그리고 대망의 아시리아의 위협이 실제화되었을 때(10장), 엘리트는 자신들이 첫 번째 표적이 될 것을 깨달았다.

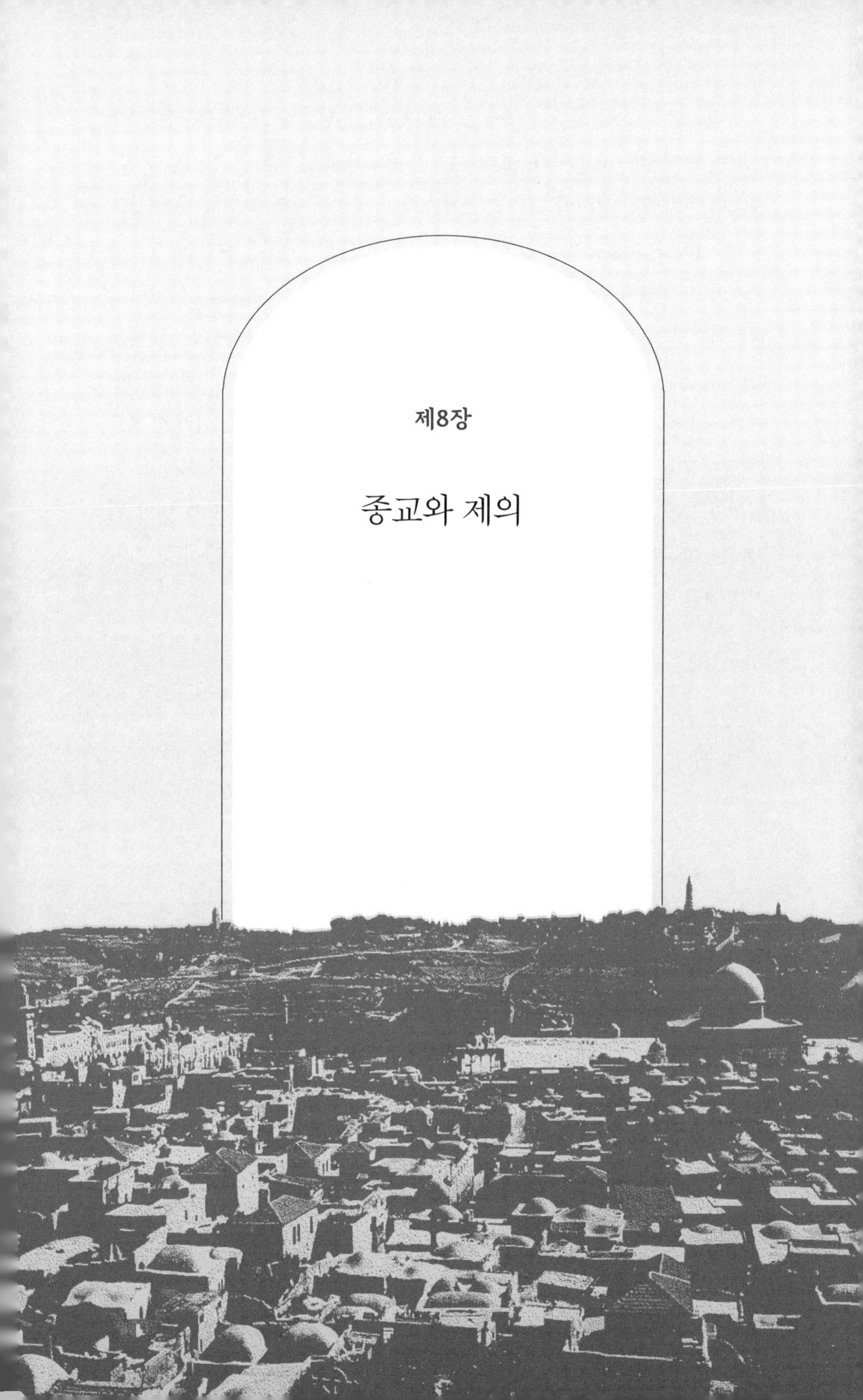

제8장

종교와 제의

광범위한 종교적 신앙과 관습은 우리가 어느 정도 알고 있는 모든 고대 사회를 특징짓는 요소이다. 고대 이스라엘과 유다도 예외는 아니었다. 19세기의 비평적인 성서학 그리고 팔레스타인(성지)에서의 고고학 답사는 모두 그 시작부터 종교가 제일 중요한 주제였을 뿐만 아니라, 많은 학자들의 동기이기도 했다. 실로, 최근까지 그 지역의 고고학은 성서고고학이라고 일반적으로 이해되고 있었다. 그러나 오늘날 그 학문 분야는 종종 팔레스타인 고고학, 시리아-팔레스타인 고고학, 혹은 레반트 고고학으로 불린다. 번갈아서, 어떤 이는 간단히 이스라엘 고고학, 요르단 고고학, 시리아 고고학 등이라고 말하기도 한다. 그러나 고전적인 성서고고학이 소멸하고, 독립적이고 세속적이며 전문적인, 이제 완숙하게 된 학문의 성장에 대한 이야기는 이전에도 여러 번 말했던 것이며, 그렇기에 여기에서 다시 그 이야기를 붙들 필요는 없다.[316]

1절

고고학적 자료

몇 년 동안의 방치 (혹은 혐오) 이후, 이스라엘 종교에 대한 연구는 최근에 들어와서 갑자기 성장했다. 여전히 대부분의 논의는 대체로 성서 기록을 분석하는 것에 맞추어져 있었고, 심지어 많은 이들은 이것이 주로 종교에 **관한** 기록 연구일 뿐, 종교 그 자체 현상은 아니라는 점을 인식하는 정도에 그치는 수준이었다. 가장 좋은 연구였다고 해도 이러한 탐구는 고대 이스라엘과 유다에 살았던 사람들 대부분의 실제 종교, 즉 민간 종교(folk religion)가 아니라, 히브리 성서의 신학적 이상—'책의 종교'—에 집중하고 있었다. 그리고 실제로 최근에 단 한 명도, 심지어 이제 본질적인 자료를 다룰 수 있는 고고학자조차도 민간 종교에 대한 충분한 연구를 수행하지 않았다.

민간 종교에 대해서 2005년에 나의 책 『하나님은 아내가 있었는가? 고대 이스라엘의 고고학과 민간 종교*Did God Have a Wife? Archaeology and Folk Religion in Ancient Israel*』에서 나는 알려진 모든 고고학 자료를 종합하려 했다. 또한 이스라엘 종교에 대한 관습적이고 기록 중심인 거의 모든 작품을 개괄하면서, 왜 어느 것도 만족스럽지 못한지를 지적하기도 했다. 지금까지 최고의 작품은 고고학을 대단히 잘 알고 있는 성서학자인 지오니 제빗Ziony Zevit의 것이었다. 그의 책 『고대 이스라엘의 종교들: 변위적 접근들의 종합*Religions of Ancient Israel: A Synthesis of Parallactic Approaches*』(2001)은 권위 있는 연구서로, 가장 정확한 것이라기보다 더욱 가치가 있는 것이라고 평가하고 싶은데, 그 이유는 그 연구가 고고학적 자료를 신중하게 취급했기 때문이다.[317]

여기에서 나는 고고학적 자료를 한 번 더 사용하려고 한다. 그렇지만 이번에는 여러 가지 차이점이 있다. (1) 다루고 있는 시대는 기원전 8세기로 국한할 것이다. (2) 취급 방법은 덜 주제적이고, 보다 통시적이며, 변화와 그 변화에 대한 설명에 집중할 것이다. (3) 환경의 영향은 자연과 문화 모두에 더 중요한 역할을 할 것이다.

7장에서 나는 자연이 순환하는 리듬을 따라 생겨난 연례적인 여러 축제와 기념일을 논의했다. 이 모든 것은 본래 옛 가나안의 농경 역법에 기초한 것이었다. 이들 축제는 어느 때이건 명확하게 '성스러운' 축하 행사는 아니었으며, 오히려 세속적이었다. 고대 세계에서 성과 속에 대한 구분이란 것은 없었으며, 고대 이스라엘과 유다에는 확실히 없었다. 삶의 **전 영역**에서

신들은 충만하게 퍼져 있었다. 이러한 연례적인 의식은 본능에서 생겨난 것이며, 직관적으로 인식되는 것들이었다. 그것들은 왕조시대 바로 끝(이나 더 후인 포로기와 귀환 시점)에 이르러서야 체계적으로 신학적인 의미를 획득하게 되었다. 즉, 몇 세기 동안의 구전 전승이 기록물이 되어 하나의 경전이 되었을 때였다—그것은 바로 우리가 알고 있는 히브리 성서로, 이후의 랍비 유대교의 근간이 되는 것이기도 하다.

그것이 의미하는 바는, 철기 시대의 초기 이스라엘 종교를 평가할 때, 보통 사람들에게는 기록된 성서가 없었으며, 대부분이 읽고 쓸 수 없었기 때문에, 한 권의 성서를 가졌더라도 그들은 그것을 읽을 수 없었다는 사실을 우리는 항상 생각해야만 한다는 점이다. 대부분의 사람들에게 시나이산 계약은 없었으며, 겨우 모세에 관한 희미한 이야기만 있었을 뿐이다. 십계명 같은 기록된 법전은 없었고, 기껏해야 산업사회 이전의 시골 생활을 운영하기에 충분한 민간 지혜가 있었을 뿐이다. 아마 한 주에 한 번씩 쉬는 것을 준수하는 일이나 새로운 달이 시작하는 것을 축하하는 일과 같은 자연적인 관습이 가장 초기부터 자리를 잡았을 것이다. 할례하는 것과 돼지를 멀리하는 것은 이스라엘의 기원으로까지 거슬러 올라갈 수 있다. 그러나 이러한 것들은 기록된 법률이기 때문이라기보다 오히려 '민족적 표식'이었을 가능성이 높다. 널리 퍼진 법은 촌락의 장로들이 결정하는 것이었다.

확실히 고대 이스라엘의 어느 촌락이나 마을에서도 신명기에 있는 600개가 넘는 법률 조항들을 (심지어 만약 그것이 이미 기록된 상태였다 하더라도) 상세하게 알 수 있었던 사람은 없었다. 그리고 모든 남자는 1년에 세 번 예루살렘의 축제에 참여해야 하고 혹은 7년마다 토지를 묵혀야 한다는 것과 같이 엄격하고 많은 규칙들은 농업을 하는 사회와 경제에서 준수하기 불가능해 보이는 것들이다.

사실은 이렇다: 대부분의 고대 이스라엘 사람들은 평생 예루살렘에 단 한 번도 가보지 못했다; 그들은 성전을 본 적도 없으며, 공식적인 레위인

제사장을 만나본 적도 없었다; 그들은 엘리트가 확립한 '책의 종교'에 대해서 아는 바가 거의 없었다; 그리고 그들은 왕조시대 말기까지 거의 다신론(이거나 자연주의적인) 신앙으로 남아 있었다. 우리는 여기에서 '민간 신앙', 즉 대중의 종교를 다룰 것이며, 이것은 아이러니하게도 히브리 성서가 **정죄하는** 대상으로 종종 그려지고 있다. 그러나 이제는 우리가 알고 있는 (히브리 성서보다) 더 높은 곳에 있는 고고학을 통해서 더 잘 그려지게 될 것이다. 이것은 내가 2005년 책에서 촉발했던 것에 대한 새로운 이해이다.

종교에 대한 일반적인 특징을 기술하면서 이제 특정한 제의 장소와 종교적 의식들을 살펴보도록 하자. 이것들은 고고학을 통해서 가장 명확해지며, 성서 기록으로는 우연히 나타날 뿐이다.

보다 구체적인 고고학 장소와 자료를 다루기 전에 '제의(cult)', 곧 종교의 **실제**를 규정하는 몇 가지 기준을 제시하도록 하겠다.

1. 제의 장소는 종교적 의식을 위해 의도적으로 '신성하게 된' 곳으로, 종종 다른 공적인 장소나 특별히 사적인 영역과 구별되는 표지가 있으며, 심지어 분리되기도 한다.

2. 제의 장소는 종종 절벽이나 산꼭대기와 같이 높은 장소에 위치하는데, 이는 신들에게 '더욱 가까이' 가려는 목적이다.

3. 제의 시설들은 일반적이지 않은 건축학적 특징들을 보여주는데, 예를 들면 일련의 작은 방들, 입석立石, 제단, 물 대야, 그리고 다른 특이한 것들이 있다.

4. 인공유물들은 '이국적인' 것들로, 제물대, 성배, 신상 등이 있다.

5. (선택적이기는 하지만) 음식이나 음료를 봉헌하는 일종의 희생 제사에 대한 물질적인 증거가 있다.

문제 해결을 위해서 우리는 우리의 조사를 여러 가지 범주로 나눌 수 있으며, 처음 단계는 예식을 위한 시설들이 될 것이다. '제의'란 말에 대해서 나는 신앙이라기보다 단순히 종교의 실제를 뜻하는 것으로 이해하는데, 그 이유는 고고학이 이러한 실제에 발굴 보고서를 제작하는 데 더 살 맞기 때문이다. (나는 신앙을 신학자나 목회자의 것으로 기꺼이 남겨두고자 한다.) 그러한 기준을 두고, 우리는 일반적으로 북쪽에서 남쪽으로 이동하게 될 것이다.

기원전 8세기의 제의 장소들

성전, 신전 그리고 성소

나는 북쪽 경계에 있는 행정과 문화의 중심지인 단Dan을 이미 다룬 바 있다.[318] 기념비적인 성채에 더하여 중요한 특징이 있는데, 바로 둔덕의 가장 높은 정상에 거대한 제의 시설이 있었으며, 또한 근처에 몇 개의 샘이 있었다는 점이다. 이러한 인상적인 시설들은 발굴자에 따르면 기원전 10세기에 시작된 것으로, 그때 '산당山堂'(성서에서는 바마*bāmāh*라고 부른다)이 세워졌다. 이것은 거대한 돌로 된 연단으로, 가파른 계단을 통해 올라갈 수 있었고, 일련의 인접한 작은 방들이 그 위에 자리하고 있었다. 기초석은 잘 들어맞는 마름돌로 세웠으며, 상부층은 페니키아 양식(마름돌쌓기)으로 장식했다.

산당의 정면에는 공공의 뜰 혹은 광장에 '4개의 뿔'이 달린 거대한 돌 번제단燔祭壇과 그 성역(혹은 둘러싸는) 벽이라는 단독 건물이 특징적으로 자리하고 있었다. 그러한 특대형 제단에 비견될 수 있는 것이라고는 베르셰바에서 발견된 것이 유일하다. 한편, 단과 베르셰바는 고대 이스라엘의 국경으로 일컬어지고 있다(북쪽의 경계가 단이고, 남쪽의 경계가 베르셰바이다—역자주).[319] 일반적인 형식인 뿔이 달린 작은 제단은 근처에서도 발견되

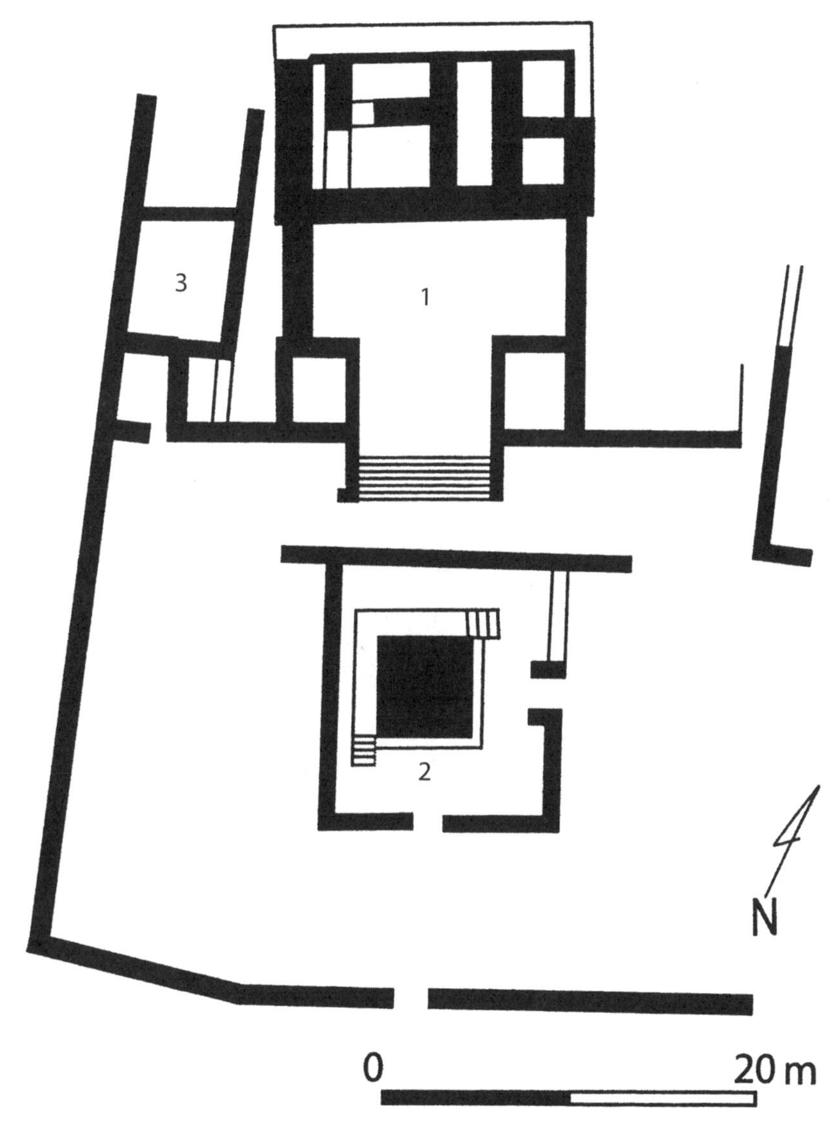

그림 VIII.1. 단Dan의 '산당.' (1) 산당(바마); (2) 큰 제단; (3) 리스카, 세 개의 건물.
Sharon and Zarzekci-Peleg 2006, 그림 10

었다. 광장에서 조금 벗어나면 세 부분으로 분할된 건물이 세로축으로 자리하고 있는데, 그 건물의 첫 번째 방 안에는 돌로 만든 낮은 제단이 바닥에 세워져 있고, 그 주변에 3개의 철제 삽이 엎어져 있었다. 그러나 그 건물은 후에 산당에 추가된 것이다.

잘못된 발굴과 피상적인 출간으로 인해서 단의 제의 시설들의 지층 분석이 어렵게 되었다. 그러나 기원전 8세기에 이르러서도 산당(바마 A와 B)과 뿔 달린 큰 제단은 여전히 사용되었을 것으로 보인다. 페니키아 양식의 여러 신상은 남성 모양과 여성 모양이 있었는데, 그 둘 다 이 시대에 속한 것 같다(아래를 보라). 큰 올리브 압착기와 청동 기계 역시 기원전 8세기로 연대 설정을 할 수 있을 것이다. 마지막으로, 두 개의 성문 사이에 있는 안뜰에서 돌로 만든 낮은 제단과 그 뒤로 5개의 작은 입석이 발견되었다(아래를 보라).

이러한 고고학적 자료만을 기초로, 단 성소에 자주 갔던 사람들의 (신앙은 아닐지언정) 종교적인 실제에 대해서 우리는 무엇을 말할 수 있을까? 첫째로, 우리는 성소의 가능한 전반적인 기능을 고려해야만 한다. 단의 전략적인 위치 때문이기도 하고, 또한 건축물의 공공 광장과 기념비적 성격 때문에, 단이 기원전 8세기 북왕국이라는 넓은 지역을 담당했던 유명한 신전이었다고 결론 짓는 게 합리적이다. 청동으로 된 제사장의 홀은 그 지역 내에서 만들어진 것으로 보이며, 지역의 제사장이 그 성소를 주관했음을 암시한다. 그러나 시설의 전반적인 크기를 볼 때, 그 성소는 더 많은 예배자를 위한 것이었음이 분명하다.

신전 경내(성스러운 영역)에 올리브기름 압착기는 제사장의 관리 아래에서 운영되었는데, 틀림없이 제사장과 예배자 모두에게 기름을 붓기 위해 사용되었을 것이다. 샘 웅덩이와 근처의 욕조는 목욕재계를 암시하는데, 이는 고대 제의에서 잘 알려진 특징이기도 하다. 신상들로는 남성 모양과 여성 모양 둘 다 있었는데, 아래에서 자세하게 다룰 것이다. 마지막으로, 돌로 만든 제단과 (같은 시대의 것이라고 한다면) 철제 삽은 동물 희생 제사에서 사용되었을 것이며, 실제로 불에 탄 (식별되지 못한) 뼈와 재가 근처

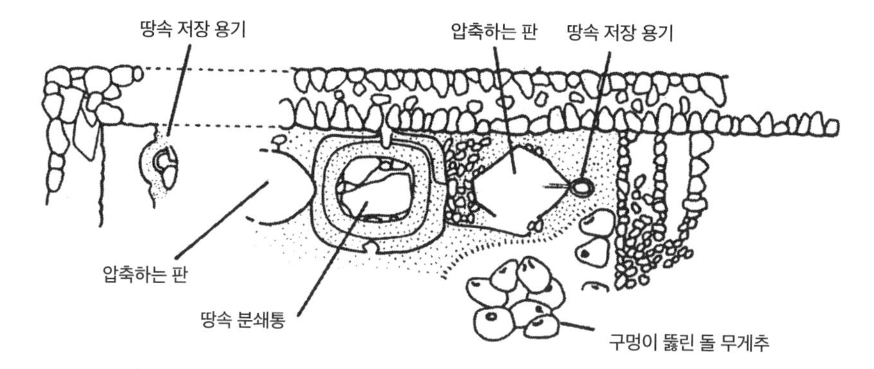

그림 VIII.2. 텔 단의 올리브 압착기 시설. Stager and Wolff 1981, 그림 1

에서 발견되었다. 봉헌단(offering stand)은 음식과 음료를 봉헌하기 위해 추가로 사용될 수 있었다.

만약 우리가 성소와 그 제의 장비의 전례적인 사용에 관해서 추정할 수 있다면, 이렇게 큰 환경적인 조건과 그것이 끼칠 수 있을 영향에 관해 무엇이라고 말하겠는가? 단은 이스라엘에 있는 장소 중에서 유별난 곳으로, 연중 마르지 않는 지하 샘이 있어서 요르단강 상류의 수원지를 이루기도 한다. 그 멋지고 화려한 주변 경관은 나무숲으로 말미암아 더욱 돋보이는데, 그것은 마치 건조한 중동이라기보다 스위스처럼 보일 정도이다. 그렇기에 그곳은 진정 기적적인 장소였다. 항상 흐르는 샘들과 늘 푸른 나무들이 그 장소를 방문한 예배자들에게 매혹적인 영향을 끼치지 않았다고 믿기는 어렵다. 단은 이스라엘 전 지역 가운데 독특했으며, 그 명성은 분명 저 멀리까지 퍼졌다. 단에 왔던 순례자들은 분명 스스로 정결해지고 새로워졌음을 느끼면서 그곳을 떠났을 것이고, 그들이 그곳에서 숭배했던 신이 누구이건 상관없이 그곳을 칭송했을 것이다. 높이 솟은 나무숲과 연결되는 성소뿐만 아니라 신선하게 흐르는 샘물과 연결되는 땅속에 사는 신들은 고대 근동의 어느 곳에서나 알려진 것으로, 그 이유는 극명하다. 물은 레반트라는 건조한 모든 땅에서 생명이라는 강력한 상징이다: 죽음과 소멸이라는 상존하

그림 VIII.3. 호르샤트 탈의 참나무. 사진: W. G. Dever

는 위협 가운데 물을 통해 생명이 지속한다는 재확신인 것이다. 심지어 오늘날에도 하부 갈릴리에 있는 호르샤트 탈Horshat Tal 국립공원은 많은 숭배자가 방문하는 곳으로, 먼 옛날부터 그래왔던 것처럼 이들은 (마지막으로 남아 있는 것들인) 거대한 토착 팔레스타인의 생기 있는 참나무 아래에서 그리고 지표면 어느 곳에서나 부글부글 끓고 있는 온천에서 축제를 만끽하고 있다.

단에서 이루어졌던 희생 제사, 목욕재계, 그리고 신을 향한 헌주獻酒는 또한 고대 근동 종교에서 통상적인 것이었으며 민간에서 일반적으로 시행되는 것으로, 그러한 행위들은 또한 신들을 달래주며 그들의 호의를 얻는 데 효과적인 것으로 여겨졌다. 만약 민간 종교가 '효과가 있는 것'이라고 한다면, 단은 아마도 기원전 8세기에 당연히 이름이 널리 알려진 신전이었음이 분명하다. 그 이상은 아닐지라도 그곳은 지난 2세기 동안에도 이미 유명한 곳이었다.

단에서 남쪽으로 약 56킬로미터 떨어진 수도 사마리아는 기원전 8세기에 주로 왕실의 요새였다. 그 언덕(아크로폴리스)은 겨우 부분적으로 발굴이 되었다. 그러나 그곳에서 소규모이긴 하지만 제의 시설의 증거가 나왔다.[320] 발굴 지점 E 207은 돌 부스러기로 가득 찬 도랑으로, 예루살렘의 동굴 I에서 나온 것들과 유사한 제의용 물건과 도자기가 상당량 출토되었다(아래를 보라). 아마 이것은 초기 가나안 제사에서 잘 알려졌던 '죽은 자를 위한 축제'(마르제아흐*marzēaḥ* 연회; 아래를 보라)의 증거로 보인다. 그러나 우리는 그러한 축제가 사적인 차원이나 혹은 공적인 차원으로, 그 어떤 식으로라도 그 장소에서 있었는지를 알지는 못한다. 그러나 다시 말하지만 종교적 실제는 전통적인 요소가 분명 있기는 하지만, 아시리아의 임박한 위협과 같은 조건의 변화에 따라서 새로운 환경에 곧잘 순응하기도 한다. 히브리어로 '사마리아'라는 이름의 뜻은 '망루(watchtower)'이다. 그곳에서 숭배하는 신들이 지켜보고(보호해준다는 의미—역자주) 또한 그 신들을 기다

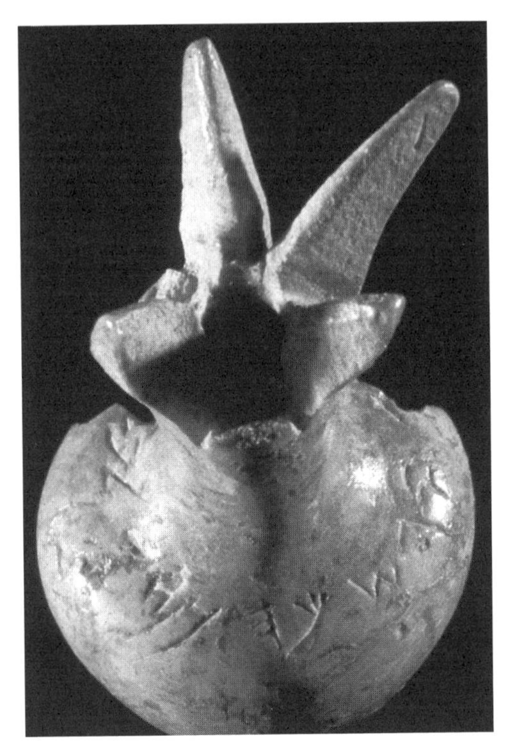

그림 VIII.4. 예루살렘에서 나온 상아 홀의 머리.

리는(호의를 의미—역자주) 것보다 더 적합한 이름이 또 있겠는가?

남쪽으로 내려가서, 남왕국의 수도인 예루살렘에는 기념비적인 제의 건축물이 있을 것으로 기대할 만하다. 하지만 기대하는 성전—국가 성소—은 고고학적으로 전혀 증명되지 못했으며, 기껏해야 한두 개 정도의 인공유물 정도만 밝혀냈을 뿐이다. 상아로 만든 석류 모양의 작은 홀笏 하나가 역사적인 유물이 될 수 있을 정도다.[321] 그 홀에는 "[…]아ah라는 성전 제사장을 위해 구별되었다"라고 새겨져 있다. 그러나 사실 그것은 (고고학 발굴지에서 나온 것이 아니라—역자주) 일반 시장에서 구매한 것으로, 위조품—최소한 그 글씨는 위조이다—일 것이다. 철기 시대의 예루살렘 성전은 기원후 7세기부터 현재까지 존재하는 이슬람 성소인 황금 돔(Dome of the Rock)

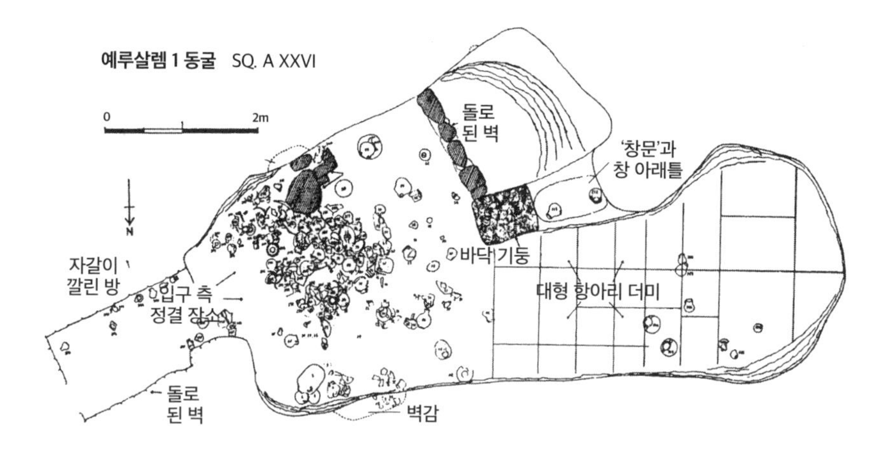

그림 VIII.5. 예루살렘의 1 동굴의 평면도(기원전 7세기). Zevit 2001, 그림 3.44

아래에, 한때 자리를 잡고 있었을 것이다. 그러나 성전산(Temple Mount) 지역 어디에서도 발굴이나 조사가 금지되었기 때문에 가능성 있는 위치를 넘어선 그 어떤 것도 우리는 알지 못하고 있다. 열왕기상 5~9장의 다소 모호한 성서의 참조 구절들을 고려할 때, 현재의 모든 재구성은 다른 곳에서 발굴된 가나안 혹은 페니키아 성전과 비교해서 추측한 것에 기초한 것이다.[322]

그러나 예루살렘 지역에서 최소한 두 개의 다른 제의 시설이 발굴되었는데, 이곳은 아마 '산당'이라고 부르기 좋은 자격을 갖추고 있었다(비록 이러한 동일시는 성서 용어에 의존하고 있지만 말이다). 데임 캐슬린 케니언Dame Kathleen Kenyon은 성전산에서 남쪽으로 수백 야드 떨어진 곳에서 큰 자연 동굴을 발굴했는데, 어떤 부분은 인위적으로 확장되기도 했다.[323] 1번 동굴은 수백 개의 물건으로 가득했으며, 여기에는 거의 100개의 사람과 동물 모습의 신상이 발견되었다. 다른 제의 물건들에는 제물대(offering stand), 모형으로 만든 성소, 축소된 긴 의자, 그리고 테라코타로 된 '딸랑이(rattle)'가 포함되어 있다(아래를 보라).

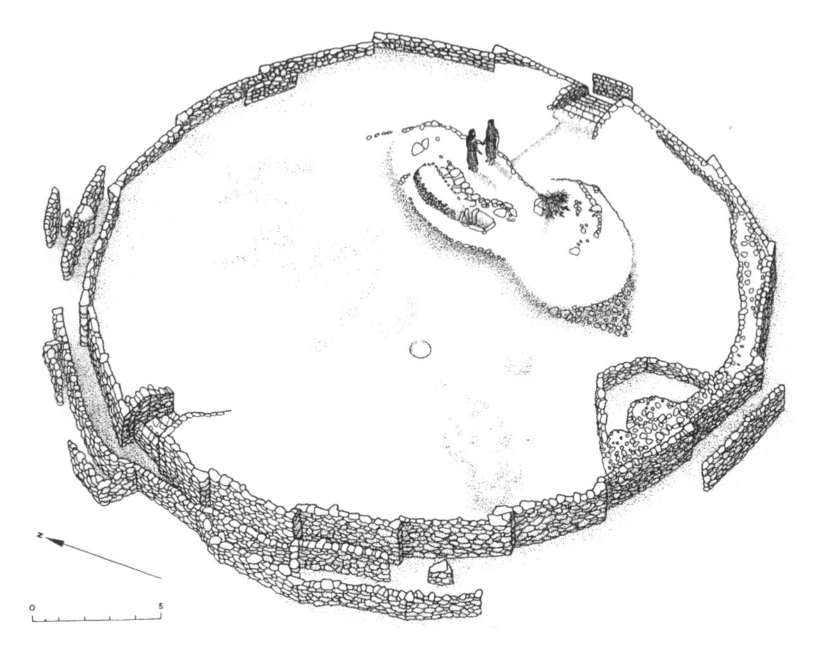

그림 VIII.6. 예루살렘 근처 기원전 8세기의 큰 돌무더기 평면도. Zevit 2001, 그림 4.4

그곳에는 또한 상당한 양의 가정용 도자기가 있었다(약 1,200개의 그릇으로, 이는 발견된 것 중 90퍼센트에 해당한다). 그러므로 학자들은 1번 동굴이 단지 일반적인 쓰레기를 버리는 지저분한 장소, 곧 신전 근처의 구덩이(*favissa*, 제의용품 저장소)인지, 아니면 어엿한 제의 시설인지를 놓고 의견이 나뉘어 있다. 도자기를 보면, 1번 동굴은 기원전 7세기에 마지막으로 사용된 것으로 보이지만, 그것은 기원전 8세기에 처음으로 사용되었을 것이며, 대부분의 제의 장소들이 가졌던 통상적인 긴 수명을 유지할 수 있었다(아래를 보라). 예루살렘 그 자체는 이스라엘이 등장하기 이전부터 수 세기 동안이나 제의 장소였을 것이다. 모든 변동에도 불구하고 그곳이 오늘날에도 유명한 성지로 남아 있다는 것은 의미심장한 일이다.

예루살렘 지역의 가능성 있는 다른 제의 장소는 예루살렘 서쪽 외곽의 꼭대기에 있는 20개의 큰 고분(tumulus, 돌무더기)으로 이루어졌다. 그것들

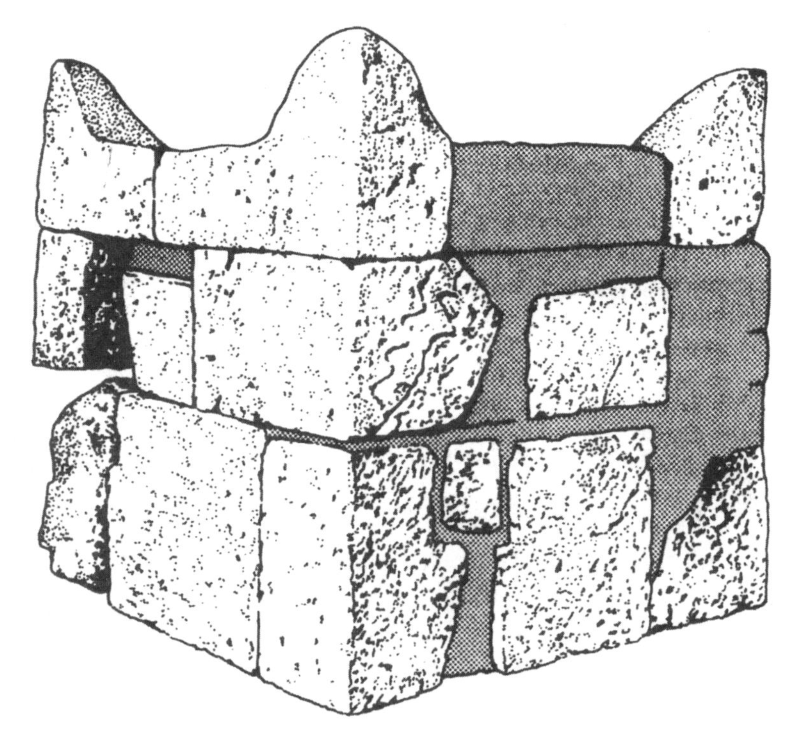

그림 VIII.7. 베르셰바의 4개의 뿔이 달린 제단, 재조립한 것. 사진에서 채택한 것임. 이스라엘 문화재 관리국

은 1923년에 부분적으로 발굴되었다가 1953년에 재조사되었다. 이 복합체와 연결된 것은 외부를 두르고 있는 벽, 거대한 연단, 포장된 구역, 몇 개의 구덩이, 그리고 불에 탄 동물 뼈가 가득한 밀폐된 공간이다. 발굴된 소수의 고분에서 기원전 8~기원전 7세기 도자기들이 상당수 출토되었으며, 특별히 요리용 항아리와 그릇들이 나왔다. 이러한 고분들은 제의적 용도로 사용되었을 것이며, 아마도 어떤 종류의 축제와 연결되었을 것이다. 그리고 장례 의식과도 연결되었을 것인데, 특별히 왕족이 아닌 사람들이 준수했던 의식이나 민간 종교와 관련이 있었을 것이다.[324]

작은 성전 하나가 분명 기원전 8세기의 지역 행정 중심지였던 베르셰바에 존재했다고 생각되어왔다. 그러나 이 '성전'은 거의 부정적인 증거—발

견되지 않은 것—를 기초로 재구성되었다. 요하난 아하로니Yohanan Aharoni는 (단에서와 같이) 우리가 주목했던 한때 뿔이 네 개 달린 제단이었던 거대한 돌무더기를 복구했다. 다시 말해서, 그 돌은 현장에서 나온 것이 아니라, 과거에 해체되었다가 이후에 성벽을 만들기 위해 재사용되어 결합된 조각인 것이다. 그는 한때 다른 곳에 서 있었던 그 제단을 원래 성전이었다고 생각했던 '지하 건물'과 연결했다. 이 성전은 제단이 해체되면서 파괴되었다는 주장이다. 이러한 가설은 논쟁거리가 되었는데, 어쨌든 아하로니의 기원전 8세기 주장은 일반적인 합의를 따라 기원전 7세기로 낮아졌다.[325]

(베르셰바—역자주) 근처에 아랏Arad이 있다. 그곳에는 의심의 여지없이 어엿한 성전이 있었고, 그와 함께 제사장직의 사람들과 제의 용품들이 확실하게 입증되었다. 그곳은 1960년대에 요하난 아하로니가 발굴했다. 그 건물은 발견되는 순간부터 논쟁거리가 되었다. 어떤 학자는 주장하기를, 그것은 '성전'이 될 수 없다고 하였다(그들의 입장에선, 예루살렘을 제외하고 **그런 것**은 없어야만 했다). 다른 이들은 생각하기를, 그것은 간단히 말해서 사막의 '이동 신전(tabernacle)'이라고 했다. 여전히 다른 이들은 그것이 일종의 성전이었지만, '이스라엘 사람'의 것은 분명 아니라고 추정하기도 한다. 그리고 추정 연대는 기원전 10세기부터 기원전 7세기까지 다양하다. 최종 보고서는 출간되지 않았고, 단지 발굴된 것들에 대한 최근의 여러 재조사는 문제를 상당 수준으로 명백하게 했는데, 특별히 연대 설정의 문제를 분명하게 했다. 이제는 그 성전이 기원전 8세기의 것이었음이 분명하다는 데 동의하고 있다. 즉, 솔로몬 이후 약 2세기가 지난 시대이다. 그러므로 그 성전은 지층 4 혹은 5층에서 내내 사용된 것이 아니라, 오직 지층 10~9층에서만 사용되었다.[326]

철기 시대의 아랏은 베르셰바 동편에 있는 작은 요새로, 네게브 사막과 함께 유다 경계 지역이었다. 복합건물은 거의 사각형으로, 두꺼운 외벽은 들어갔다 나왔다 하는 요철 모양이었다. 성전은 내부 공간의 거의 1/4을

그림 VIII.8. 아랏의 성전 복합건물. 사진: W. G. Dever

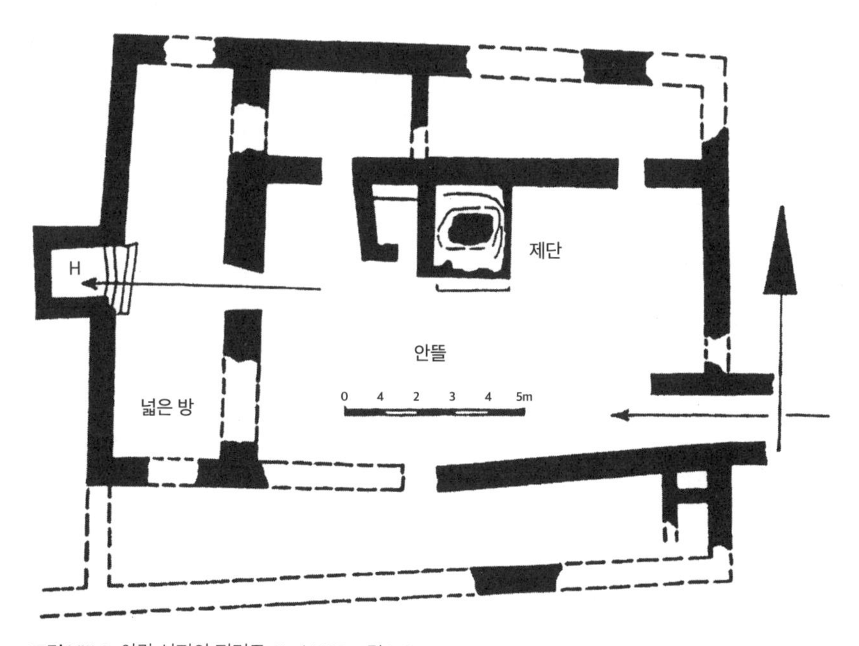

그림 VIII.9. 아랏 성전의 평면도. Keel 1997, 그림 170

차지했는데, 북서쪽 모퉁이에 자리했다. 그것은 요새 안에서 유일하게 잘 보존된 건물이었다. 다른 공간의 사용은 불확실하게 보이지만, 그 공간들은 아마 방어 기지의 수비대를 위한 생활공간과 저장 공간이었을 것이다. 그렇기에 그곳은 반드시 상당히 작았어야만 했다. 100여 개가 넘는 도편, 즉 깨진 도자기 조각 위에 잉크로 쓴 기록의 발견으로(앞을 보라) 그 요새의 크기와 기능에 대해 좀 더 이해할 수 있게 되었다. 대부분은 지급 내용과 관련이 있었는데, 그러나 어떤 것들에서는 성서에 나오는 제사장 가족의 이름들이 언급되어 있었다. 한 도편에서(18번), '야훼의 성전'을 말하고 있는데, 나는 이것을 예루살렘 성전을 가리키는 것이 아니라, 아랏에 있는 지역 성전을 가리키고 있다고 해석한다.

직사각형의 성전은 예루살렘 성전과 같이 기본적으로 그 평면도가 세 부분으로 나뉘고, 중앙의 축을 따라서 3개의 방이 배열되어 있었다. 첫 번째 방은 일종의 개방된 뜰로, 중앙이 아닌 쪽에 입구가 있었다. 한쪽 측면 벽에 큰 돌로 된 제단이 있고, 제단 뒤로는 벽으로 둘러싼 작은방 혹은 저장 공간(구덩이[*favissa*]?)이 있었다. 한쪽에 벽을 쌓아서 구획을 구분한 곳에 있는 제단 근처에서 제물대와 이동 가능한 그릇 그리고 큰 기름등잔이 발견되었다. 근처에는 구부리고 있는 사자 모양의 작은 청동 저울추가 하나 있었다.

옆방은 얕았지만 넓었다. 그 방에는 벽을 따라서 돌과 진흙 벽돌로 만든 낮은 긴 의자가 있었을 것인데, 그것들은 거의 보존이 되지 않았다. 그 방을 넘어서, 세 번째 방은 단지 하나의 작은 벽감(niche, 길이 1.5미터에 폭 1미터의 움푹 들어간 곳)으로, 계단 하나를 밟고 올라가서 접근할 수 있었다. 입구 옆에는 한때 그 넓이가 0.2제곱미터가 되는, 섬세하게 장식이 된 뿔 달린 제단이 있었는데, 그 제단의 윗부분에는 불에 탄 유기물질의 흔적이 남아 있었다(불행하게도 그 물질은 분석되지 못했다). 휘장이 지성소至聖所(앞에서 언급한 작은 벽감을 가리킴—역자주)를 완전히 가렸을 것이다. 후면의 벽에는 장식이 되어 있지 않은 두 개의 큰 입석(standing stone)이 있었는데, 하나는 다른 것보다 더 컸으며, 하나에서는 빨간색으로 칠한 희미한 흔적이 남아 있었다. 그러나 이러한 마체보트*māṣṣēbôth*(돌기둥들에 대해서는 앞을 보라)는 현장에서 발견되지 않았다. 그것들은 이후의 석고 바닥 아래에서, 위에서 언급했던 2개의 제단을 발견했을 때 (세 번째 마체바와 함께) 찾아낼 수 있었다(예비 보고서에는 몇 가지 혼동스러운 점이 있다).[327]

만약 물리적인 조건이, 내가 이 책에서 주장하는 바와 같이 신전이나 성전의 위치와 기능에 영향을 끼친다면 아랏의 성전은 확실하게 이해할 수 있다. 이곳은 적대적인 네게브 사막의 가장자리이며, 이웃하는 에돔의 국경을 따라 군사 수비대가 배치된 곳으로, 분명히 위험한 상황에 몰려 있는 지역이다. 만약 종교가 '궁극적 관심'을 다루는 것이라면, 아랏의 군사들은 (야훼뿐만 아니라) 그들이 알고 있는 어떤 신에게라도 호의를 간청하기 위해서 찾아갔을 것이다.

지금까지 발견된 것 중에서 가장 극적인 이스라엘과 유다의 신전은 시나이 사막의 동쪽에 있는 쿤틸레트 아즈루드Kuntillet ʿAjrûd에서 발견된 기원전 9~기원전 8세기 신전이다(앞의 그림 IV.34를 보라).[328] 그곳은 1975~1976년에 이스라엘의 고고학자들이 발굴했지만, 그러나 거의 출간되지 않은 상태인데, 그 이유는 그곳에서 발견된 선정적이고 문제가 되는 낙서와 그림들 때문이다(아래를 보라). 그곳은 지중해와 홍해 사이의 동부 시나이 사막을 열십자로 교차하는 사막 길 가운데 하나에 있는 전형적인 중동의 대상 숙소(caravansary) 혹은 잠시 들르는 역으로 보인다. 그곳은 근처에 작은 우물이 있는 고립된 산꼭대기로, 오늘날에도 베두인족이 빈번하게 사용하고 있다.

쿤틸레트 아즈루드는 본질적으로 한 시대에 사용되었던 장소로, 기원전 9세기 중반에서 기원전 8세기 중반까지 연속적으로 점유되었다. 도자기는 연대를 확정할 뿐만 아니라, 비록 그곳이 멀리 떨어지기는 했지만,

'이스라엘의' 장소로, 북과 남(혹은 유다) 모두가 접촉하는 곳임을 분명히 해준다. 메사mesa(꼭대기가 평평하고 주위가 벼랑인 지역을 가리킴 — 역자주) 꼭대기에 있는 주요 건물은 다소 전형적인 철기 시대 유다 사막 요새로, 평면도 상으로는 직사각형을 이루고 있는데, 이중벽과 모서리에 사각형의 탑이 있고, 중심부에 지붕이 없는 뜰을 갖춘 모양이다. 아래층에는 음식 저장소와 요리용 시설들이 있었고, 계단이 있어서 위층이 있었을 것이라고 여겨지는데 그곳은 분명 잠을 자는 구역이었을 것이다. 이 복합건물은 아마 소규모의 영구적인 군대가 배치되어서 수비하고, 여기에 그치지 않고 사막의 많은 여행자와 상인에게 피난처와 식량을 제공하는 역할도 감당했을 것이다. 학자들은 쿤틸레트 아즈루드의 기능을 두고 논쟁을 벌여왔는데, 특별히 그곳이 신전 장소였는지에 대한 논쟁이 있었다.[329] 그러나 그곳에는 성문에 병합되어 있는 성소가 분명히 있었고, 이 성소는 제의 활동의 중심지였다.

그러므로 이 장소는 요새이지만, 또한 일종의 '여관(inn)'으로도 충분히 생각될 수 있다; 그리고 그곳은 다른 장소에서도 그런 것처럼(앞을 보라), 논쟁의 여지가 없는 '성문 성소'를 가지고 있었다. 즉, 성소는 들어갔다 나왔다 하는 성문 측면에 있는 두 개의 방으로 구성되었는데, 사람들은 회반죽을 칠한 바깥 광장에서부터 안뜰로 들어올 수 있었다. 이 방들의 벽 주위로 낮은 긴 의자가 있었으며, 각방은 부분적으로 나누어져서 벽 뒷부분에 구덩이(*favissa*)를 만들 수 있었는데, 그 구덩이를 제의적 물품을 폐기하는 장소로 사용함으로써 그것들이 일상적인 사용으로 불경스러워지지 못하도록 구별할 수 있었다. 두 개의 측면 방에 있는 벽들과 긴 의자들은 회반죽이 온통 붙어 있었는데, 이것은 큰 복합건물의 다른 부분에서도 나타나는 것이었다. 그 건물의 구조는 합리적으로 생각할 때 분명하다; 들어가고 나가는 누구라도 반드시 이 거룩한 지역을 통과해야만 한다. 여기에는 광장의 저편에 두 채의 단편적인 외딴 건물들이 있었지만, 그러나 성문의 성

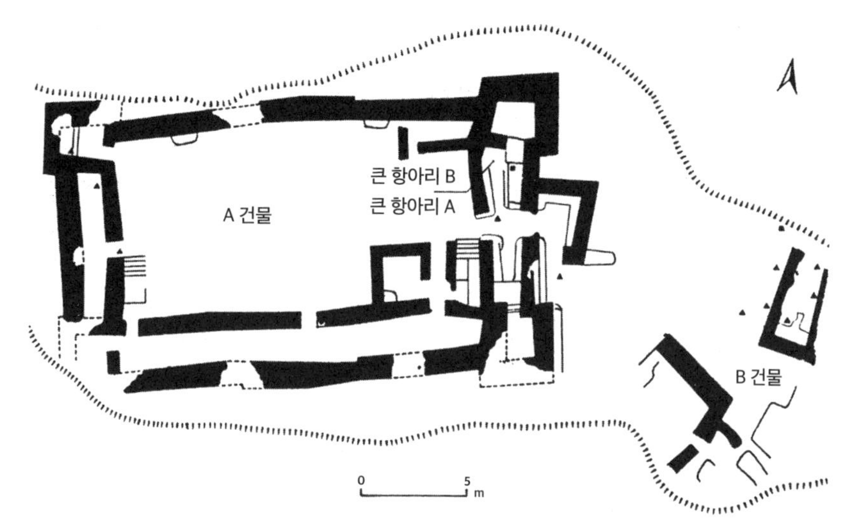

그림 VIII.10. 쿤틸레트 아즈루드 복합건물의 평면도. Barkay 1992, 그림 9:30

소야말로 복합건물 전체의 중심이었다.

긴 의자가 있는 두 개의 방 내부에는 구덩이(사용한 제의 용품을 따로 폐기하는 목적—역자주)들이 발견되었고, 그리고 근처의 안뜰에서 회반죽이 칠해진 벽에 여러 가지 그림이 그려진 비문이 발견되었으며, 두 개의 큰 저장용 항아리(그림 VIII.10의 항아리 A, B)에는 그림이 그려진 장면과 비문이 있었고, 다량의 도자기가 출토되었다. 복합건물의 다른 곳에서는 그림이 그려진 다른 회반죽 비문과 그림이 발견되었을 뿐만 아니라, 크고 무거운 돌로 된 어떤 대접의 가장자리를 둘러싸며 다음과 같은 글귀가 새겨져 있었다: "아드나의 아들, 오바댜의 소유; 그는 야훼에게 복을 받을 것이다." 이 대접은 분명 봉헌물을 담는 용도였다.

많은 히브리어 비문 조각들이 쿤틸레트 아즈루드에서 발견되었는데, 그러나 목록도 없고 적합한 사진도 아직 출간되지 못한 상태이다. 이스라엘 박물관에서 직접 조사한 것을 기반으로 한 제빗의 번역이 여러 번역 가운데 최고이다.[330] 여기에서 특별히 관심을 받는 것은 히브리어 비문 자료에서 최소한 넷에 이르는 신에 대한 분명한 언급이 포함되어 있다는 점이다: 야훼, 엘, 바알, 그리고 아세라. 이러한 잘 알려진 신들의 이름이 짝을 이루고 있다는 점에서 그들의 등장은 더 의미심장한 일이다. 우리는 남성 신의 이름이 평행을 이루고 있음을 발견하며, 그러한 평행에서 그들이 동등하게 평가를 받는다는 것을 알게 된다. 그러한 예로 다음의 기록이 있다:

> 전]쟁의 날에 바알Ba'al을 칭송하라,
> 전]쟁의 날에 엘El의 이름을.

그러나 더욱 놀라운 것은 '야훼'와 '아세라'라는 이름이 여러 비문에서 짝을 이루고 있다는 점이다. 성소의 긴 의자가 있는 한쪽 방 벽에는 다음과 같은 비문이 적혀 있었다:

> 데만Teiman(오늘날의 예멘)(의) [야]훼에게 그리고 그의 아세[라]에게.

그러므로 아즈루드는 많은 경우에 이례적인 고고학적 장소라고 할 수 있는데, 특별히 그곳에서 발견된 수많은 기록물 때문이다. 나는 이 기록물들을 인용할 것인데, 왜냐하면 그것들은 성서 바깥의 자료이기 때문이고, 또한 1차 증거라는 우리의 기준에 들어맞는 진정한 고고학적인 인공유물이기 때문이다. 다시 말하지만 우리는 그곳에서 숭배를 받았던 신들의 이름을 (그중에 최소한 넷이나!) 알고 있다.

성소 안에서 여러 개의 큰 저장용 항아리들을 발견했는데, 그 항아리에 히브리어 비문이 새겨져 있었다. 하나(대형 항아리[Pithos] A)에는 긴 비문이 있었는데, 다음과 같이 끝이 난다: "나는 당신을 [축]복한다. 사마리아의 야훼로(혹은 '에게') 그리고 그의 아세라로." 두 번째 저장용 항아리(대형 항아리 B)는 비슷하지만 다음과 같이 읽을 수 있다: "데만의 야훼 그리고 그의 아세라." 이 두 개의 저장용 항아리 모두는 또한 정교하고 다소 이국적으로 색을 칠한 그림이 그려져 있다. 대형 항아리 A의 경우에는 잘 알려진 페니키아 소재인 새끼를 젖 먹이는 소가 그려져 있었고(이것은 기원전 9~기원전 8세기의 상아를 깎아 만든 판에 그려진 내용과 동일하다); 뒷발로 일어선 야생 염소 두 마리가 측면에 있으며 양식화된 야자나무(어쩌면 다소 남근男根처럼 보인다)가 중앙에 있는, 초기 가나안 도상의 보편적인 소재가 나타나 있으며; 큰 사자 한 마리, 황소처럼 보이는 것, 그리고 가장 중요한 것으로, 두 남성(?)이 서 있는 것을 보여주는 그림이 그려져 있다. 페니키아와 가나안의 소재는 보편적이며, 그리고 그것들은 만약 우리가 혼합적인 민간 종교를 다룬다고 한다면, 바로 이 경우가 확실히 그런 것처럼 실제로 전혀 예상하지 못했던 부분은 아니다.

대형 항아리 A에는 앞에서 논의했던 비문 아래로 호기심을 돋우는 그림이 있다. 그것은 두 인물을 보여주는데, 이집트 신 베스Bes라고 보는 게 가장 합리적이다. 베스는 철기 시대에 행운의 신이며, 또한 음악과 춤이 있는 제의에서 기념이 되는 신으로, 레반트 지역에서 매우 보편적인 존재였다. 한쪽에는 절반쯤 옷을 벗은 여성 인물이 자리에 앉아 수금을 연주하고 있다. 학자들은 이 인물 때문에 당황했다. 그러나 고대 근동에서 왕권이나 신에게만 부여되는 사자 모양의 왕좌로 보건대, 그녀는 여신을 나타내는 것이라고 나는 오랫동안 주장했었다. 이 경우에 그녀는 앞의 비문에서 이름이 소개되는 바로 그 여신이었음에 분명하다: 옛 가나안의 어머니 여신이자, 으뜸가는 남신 엘El의 배우자이기도 한 아세라Asherah 말이다.[331]

이러한 정교한 제의 시설이 저 멀리에, 즉 가장 가까운 문명(그리고 우리가 가장 잘 알고 있는 실제; 곧 예루살렘)에서 수십 마일이나 떨어진 시나이 광야에 있다는 것은 무엇을 설명해주는가? 한 가지를 말하면, 아즈루드 요새는 기껏해야 작은 군사 기지로, 그곳의 구성원은 자신들의 위치가 사방에 노출되어 있다는 점을 잘 알고 있었다(그래서 안전을 빌어야 했다는 상

그림 VIII.11. 큰 항아리 A, 쿤틸레트 아즈루드. Meshel 1978, p. 12

황적 이해가 합당했을 것이라는 저자의 주장이다—역자주). 더 나아가, 몸에 밴 경로를 따라서 길을 걷는 여행자나 상인의 입장에서 그곳에 잠시 머무르며 안전한 여행을 위해 기도하는 것보다 더 자연스러운 일이 또 어디에 있겠는가? 또한 아즈루드는 순례 장소로도 기능했던 것으로 보인다(이것은 근처에 가데스-바네아의 요새와 같은 해석이다). 마지막으로, 우리 중 많은 이가 알고 있는 바와 같이, 시나이 사막은 그 자체로 두려움의 대상이며, 오랜 시간 동안 신비주의자들과 성인들에게 영감을 주었던 장소이기도 했다. 정말 그랬을 것인데, 왜 그런 곳에 성전 하나 없었겠는가?[332]

가정의 성소

지금까지 우리는 몇몇 기념비적인 성전과 작은 촌락의 신전들을 살펴보았다. 그러나 추정하건대 대부분의 제의는 실제로 가정에 있는 성소에서

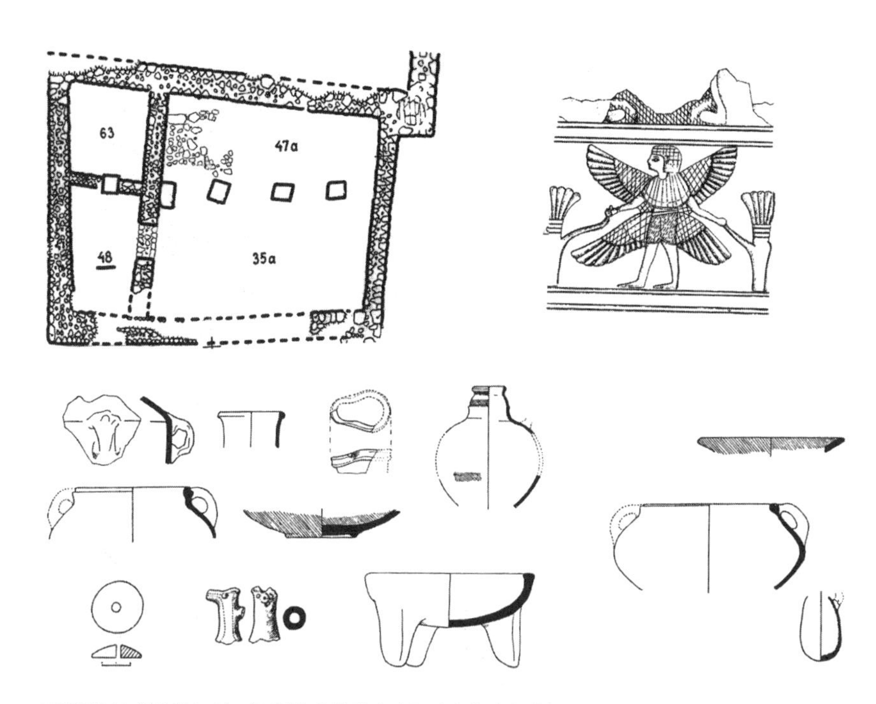

그림 VIII.12. 하솔의 L.47a, 48 (지층 6층)에서 나온 가정의 제의 용품. Yadin 편집 1958, pl. LCV:6:20; CLXXIII

진행되었으며, 특별히 이스라엘과 유다가 주로 농촌 사회였을 때부터 그러했다. 아내들과 어머니들이 종종 진정한 '제의 전문가'였으며, 제사장은 그렇지 못했을 것이라고 주장되기도 했다. 그들은 자신의 가족에 둘러싸여서 거의 날마다 다양한 종교적 의식들을 주관했을 것이다. 만약 대부분의 작은 마을이나 촌락에 다른 종교적 전문가가 있었더라면, 그것은 점쟁이 곧 무당이었을 것이다. 여전히 우리는 가정 성소에 대한 증거를 거의 가지지 못하고 있는데, 그 이유는 부분적으로는 최근까지 고고학자들이 가정의 건축물보다 오히려 공공건물에 사로잡혀 있기 때문이다. 이제 현장 보고서가 출간되면서 어느 정도 단서를 확보하게 된 상태이다.[333]

상부 갈릴리 하솔의 기원전 8세기 중반에 해당하는 지층 6층에서, 그 시대의 가정 성소가 어떠했을지를 보여주는 유물이 발견되었다. A 지역의 L.47a와 48(그림 VIII.12를 보라)은 전형적인 기원전 8세기 4방 구조 가옥

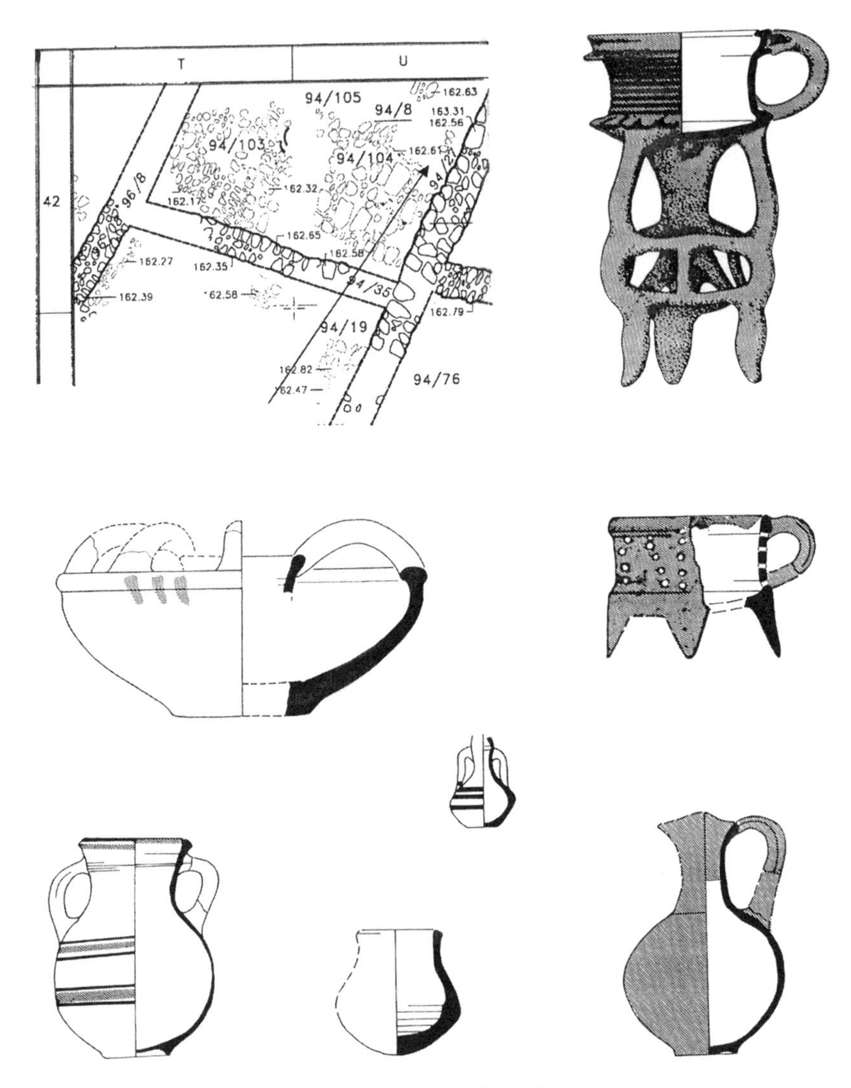

그림 VIII.13. 메기도, L.94/H/8, H-3(지층 4B-A층)의 일반 가정 제의 유물들.
Finkelstein, Ussishkin, and Halpern 2000, 그림 11.43:13, 15, 19; 11.44:5; 11.45; 11.46.2, 6, 8; 11.47; 11.48

에 속하는데, 그 가옥에서 현무암 재질의 다리가 셋 달린 제물 대접, 동물 모양의 신상 머리 부분, 그리고 그리핀(독수리의 머리와 날개, 사자의 몸을 한 괴물—역자주)이 그려져 있는 상아를 깎아 만든 판자가 발견되었다. 기원전

8세기 후반에 해당하는 지층 5층에서는 A 지역(L.13~16; 44)에 있는 다른 4방 구조 가옥에서 유물이 발견되었다. 그중 하나의 물건은 테라코타로 만든 '제의 가면' 조각이었다.[334]

또 하나의 지역 행정 중심지인 메기도에서는 가정 성소에 대한 추가적인 증거가 나왔다. 지층 4B층의 2081 가옥의 한 방에서 제의용 벽감이 발견되었다. 그 안에 있는 물건 중에는 3개의 봉헌대(offering stand); 2개의 돌로 만든 작은 제단; 여러 가지 특이한 키프로스-페니키아 양식의 그릇들; 긴 사슬이 달린 향로 하나와 여러 가지 부적과 도장과 인장; 그리고 여러 금속 물건들이 있었다.[335] 복잡하게 연대 설정이 되는 지층 4A(L.99H8)층의 한 방에서는 상당히 많은 도자기 그릇이 나왔는데, 그와 함께 품질이 좋은 페니키아 양식의 물주전자, 정교한 봉헌대, 흔하지 않은 사슬 달린 향로 받침, 그리고 동물 형상의 그릇 조각들이 포함되었다.

텔 할리프(오늘날 라하브Lahav)의 L.G8005는 앞에서 언급한 메기도와 비슷한 물건들과 함께 가정 성소로 해석되었으며, 그 연대는 분명 기원전 8세기 후반이었다.[336]

베르셰바 지층 3층의 여러 가옥의 방들에서는 제의 용품 군집이 출토되었는데, 여기에는 성배 조각, 기둥으로 밑받침이 되어 있는 유다 방식의 신상, 작게 만든 등잔, 그리고 작게 만든 의자(L.25)가 포함된다. 또 하나의 신상이 지층 3층의 L.48 구역에서 나왔다. 안뜰의 L.442와 443에서는 신상의 머리, 축소해서 만든 석회암 제단 두 개, 그리고 축소한 의자가 나왔다. 808번 가옥에서는 두 개의 동물 형상의 신상 조각들이 출토되었다. 전반적으로 보아 베르셰바에서는 기원전 8~기원전 7세기 제의용 인공유물이 가장 많이 발견되었고, 여기에는 기둥으로 밑받침이 되어 있는 유다 방식의 신상 43개와 말을 탄 신상 11개가 포함되어 있다.[337]

이러한 (그리고 여러 가지 다른) 철기 시대의 '외딴 곳에서 시행된 제의(cult corners)'가 민간 종교의 실제에 대해서 암시하는 바가 무엇인가? 특별

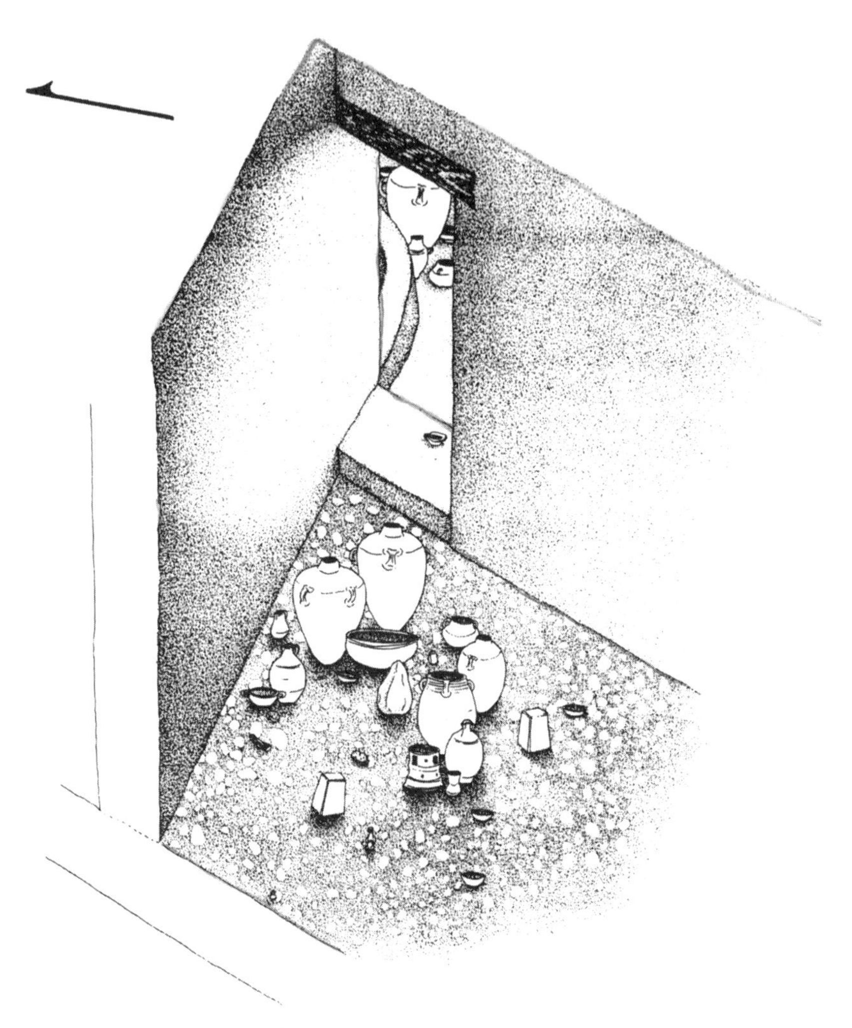

그림 VIII.14. 텔 할리프의 가정 성소. Hardin 2010, 그림 5:12

히 두드러진 시골 지역에서 무엇을 알 수 있을까? 텔 할리프의 가옥이 해명해줄 수 있을 것이다. 그 내용물로는 (1) 음식 조리와 소비에서 전형적으로 사용되는 물건들(저장용 항아리; 물병과 작은 용기, 요리용 항아리; 접시와 대접; 그리고 갈기 위한 돌; 여기에 소와 양 뼈 약간); (2) 몇 개의 실용적인 물건들로, 남성과 여성 모두가 일상적으로 사용하는 것들(회전축, 뼈로 만든 원반, 화

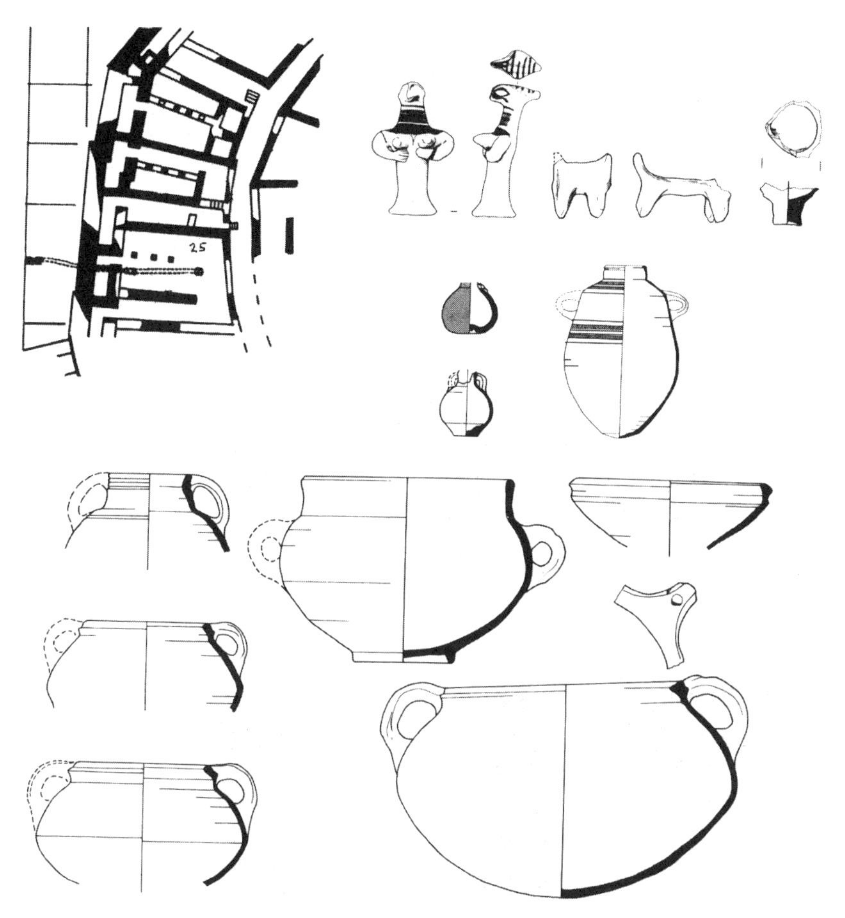

그림 VIII.15. 베르셰바 지층 3층에서 출토된 가정 제의 용품. Aharoni 1973, pl. 70:16~21; 71:1~6; 94

살); (3) 그리고 몇 개의 특성화된 제의 용품들(봉헌대, 두 개의 마체보트, 두 개의 여성 신상)이 포함된다.

이러한 물건들은 텔 할리프에서 진행되었던 종교적 의식 가운데 지속적인 풍요를 기원하면서 신들에게 음식과 음료를 봉헌했으며; 공동체 축제를 벌였고; 짐승과 들판의 축복을 기원했으며; 일상의 식기류에 대한 정화 작업을 했고; 그리고 분명 자녀를 임신하고 안전하게 양육하기를 바라며 여신에게 기도했다는 (그리고 아마도 노래했다는) 것을 시사한다는 점이다.

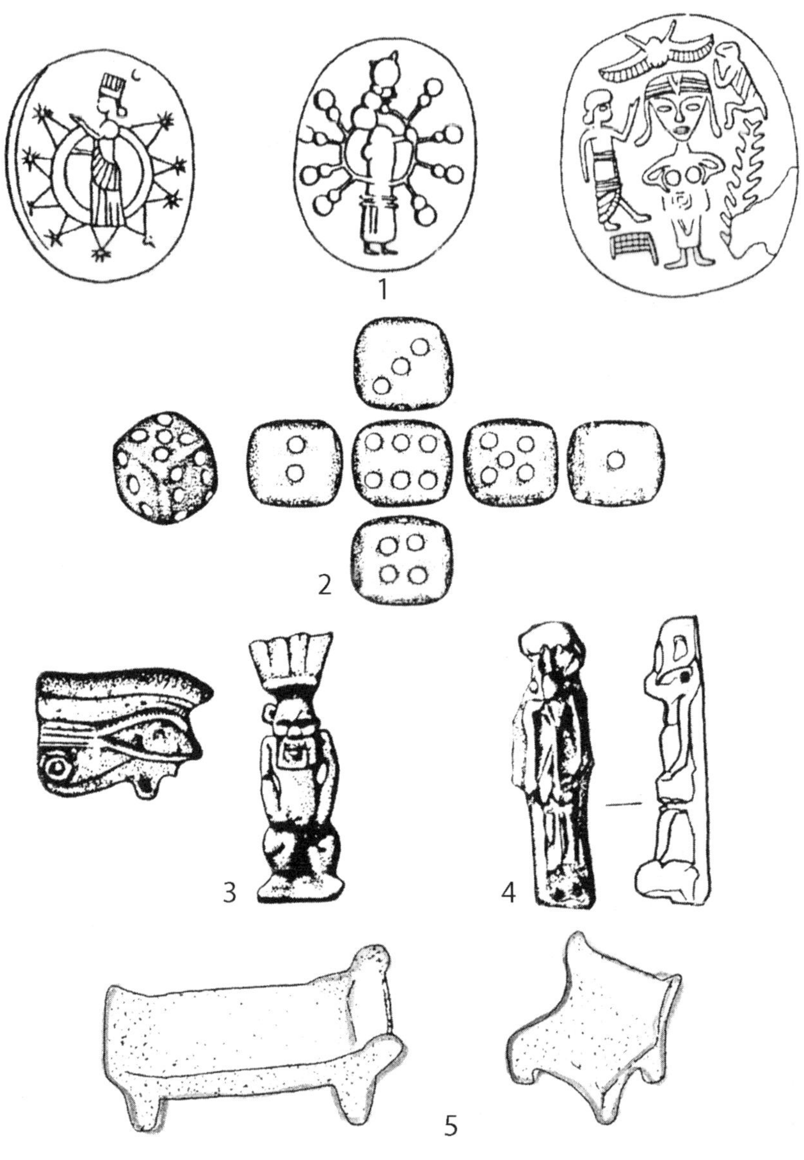

그림 VIII.16. 점술 혹은 마술을 위해 사용된 물품. (1) 이슈타르가 그려진 인장; 라기스; (2) 파이앙스 주사위, 여섯 면; (3) 베스 신상 그리고 호루스의 눈, 라기스; (4) 파이앙스 세크메트 부적, 텔 엘 파라; (5) 축소한 긴 의자와 소파, 라기스 무덤.

Keel and Uehlinger 1998, 그림 288a, b (288b, 벧-산) (1); Biran 1994, 그림 157 (2); Tufnell 1953, pl. 34:8, 14 (3); Chambon 1984, 그림 63:7 (4); Tufnell 1953, pl. 29:21, 22 (5)

아내들과 어머니들은 가정의 성소에서 진정한 제의 전문가였을 것이다. 어쨌든 누구도 신명기라는 책을 읽지 않았고, 우리가 알고 있는 예언자들의 작품을 인용하지도 않았으며, 우리가 지금 가지고 있는 시편의 노래를 부르지도 않았다는 것을 우리는 확신할 수 있다. 그들의 최우선적인 관심은 어떤 종류이든 언어의 (결국, 책의 종교로 기록되게 되는) 형식으로 표현되지 않았고, 오히려 신들을 달래고 그들의 호의를 구하는 제의적 실제로 나타났다.

한 가지 작은 제의 물건 종류에서 특별히 기원전 8세기로 조명하기 어려운 것이 나왔다. 그것은 점술 혹은 '마술'에 사용되는 물품을 포함한다.[338] 초기 무덤에서는 원판과 광택이 나는 복사뼈(양이나 염소의 관절뼈)가 나왔는데, 이것들은 제비를 뽑을 때 사용하는 물품이다. 철기 II 시대에서 우리는 수백 개의 형상을 발견하게 되는데, 그것들은 제의 맥락에서 종종 발견되었고, 틀림없이 행운의 부적으로 사용되던 것이었다. 앞에서 논의했던 축소한 가구 역시 마법이 함축되어 있는데, 왜냐하면 그들은 보이지 않는 현상을 인식하기 위해서 (초월적 대상으로서—역자주) 실제에 해당하는 것의 모형을 만들었기 때문이다. 후기 유대 사회의 무덤에서 발견된 가장 두드러진 액막이용 장치는 이집트 양식의 채색 도기로 만든 베스Bes 신상 그리고 호루스의 눈(Eye-of-Horus) 부적으로, 이것들은 레반트 전 지역에서 대중적인 행운의 부적으로 잘 알려져 있었다.

다른 제의용 비품들

나는 앞에서 제안하기를, 제의 장소들을 특별한 건축학적인 특징에서 볼 때 혹은 '이국적'인 작은 물건들에서 볼 때, 그 성격이 일반적으로 꽤 명백하다고 했다. 이러한 기준은 큰 공공 성전이나 신전을 더 현실적으로 특징짓게 될지도 모른다. 그러나 그러한 기준은 또한 보다 작은 촌락이나 가정의 성소에서도 적용될 수 있는데, 비록 이러한 것들이 성격상 고고학적 자료에서 발견이 덜 된다고 하더라도 말이다. 그리고 최근까지 많은 고고학자들은 그것을 조사하는 일을 무시하거나 단서를 놓치기 일쑤였다. 최근에 들어와서 우리의 학문 분야에서 '제의 고고학'이라는 것이 다시 부상하게 되었고, 이 시기에는 더욱 탁월하게 발굴된 자료들을 가지고 지성적으로 엄밀하게 작업하게 되었다.

건축물의 중요성에도 불구하고, 제의 장소 역시 그것과 연관된 인공유물에 의해서 인식되었다. 오래전에 메기도의 발굴자들은 『메기도 제의의 물질 유물*Material Remains of the Megiddo Cult*』이라는 제목의 책을 출간한 적이 있다.[339] 봉헌자의 행위에 가장 직접적으로 영향을 끼친 것은 바로 이러한 유물—작은 물건—들인데, 이것은 결국 우리가 원하는 것이다. 그리고 만약 이러한 물건들이 달리 표현해서 '제의적' 맥락에서 발견되었다면, 우리는 수렴하는 두 개의 증거를 보유하게 된 셈이다. 그러므로 성서 기록에서 그 어떤 도움을 받지 않고, 오직 고고학적 자료만으로 우리가 해결할 수 있는 것이 무엇인지 한번 살펴보도록 하자.

마체보트Māṣṣēbôth 제의 장소라고 생각되었던 여러 장소에서 독특한 인공유물이 출토되었다. 첫 번째로 우리는 큰 입석을 발굴했다.[340] 이러한 돌기둥들은 어떤 것은 높이가 1.8미터 혹은 그 이상까지 되기도 했는데, 텔 파라(성서의 디르사)의 초기(기원전 10세기) 출입구에서 발견되었다. 그리고 아랏 성전의 안쪽 성소에서도 주목할 만한 것이 발견되었는데, 그곳에서는 입석이 쌍을 이루고 있었다(앞을 보라). 단에 있는 성문 외곽의 광장에서는 돌로 만든 낮은 제단이 있었는데, 그 뒤로 5개의 작은 입석이 한 무리를 이루어서 자리하고 있었다. 이러한 입석이 스스로 설명하지는 못하지만 이것들은 독특한 것들이며, 그리고 그 의도적인 위치와 효용은 일종의 신비한 어떤 감정, 즉 '타자'에 대한 인식을 분명 일으키게 한다. 제단과 성문에 붙어 있는 성소와의 관계는 이러한 가정에 힘을 실어준다.

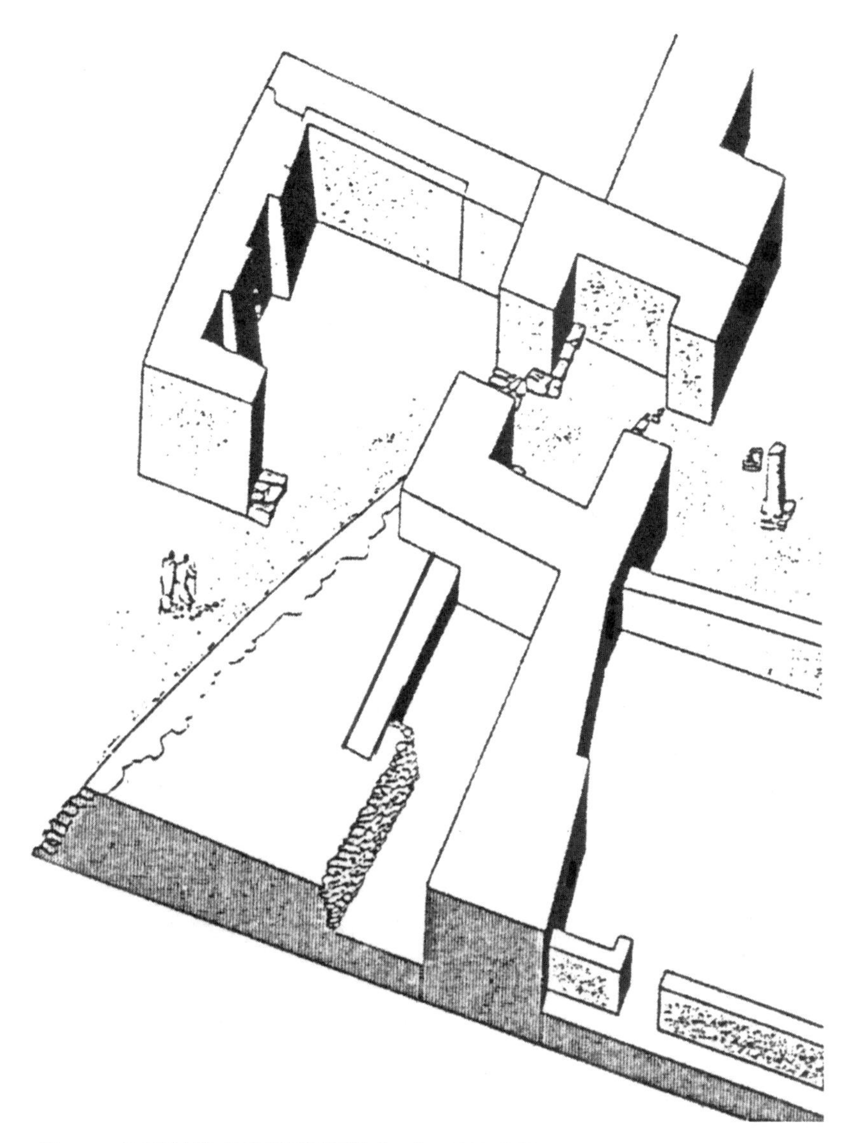

그림 VIII.17. 텔 파라 북쪽 성문 지역의 마체바. Chambon 1984, pl. 66

제단 비슷하게 눈에 띄는 돌 건축물이 있는데, 하나 혹은 무리를 지은 돌들이 제단(Altar) 혹은 '봉헌용 탁자'로 보이는 것을 형성하고 있다. 우리가 고대 이스라엘과 유다에서 어쩌다 발견한 것들은 비교적 명백하다.[341]

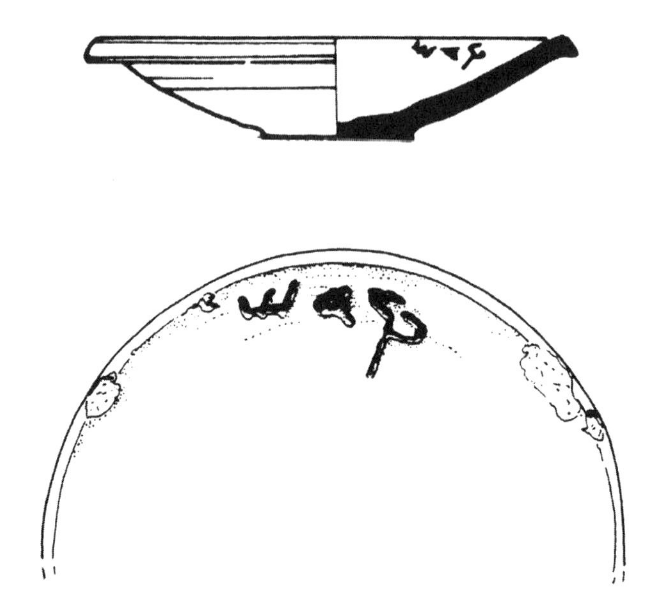

그림 VIII.18. 아랏 성전의 제단에서 나온 봉헌 접시, '거룩'으로 읽는다. Aharoni 1981, 35

단Dan 성문 복합건물의 기반에 있는 낮은 돌은 앞에서 언급했던 것이기도 한데, 가장 좋은 예가 될 것이다. 제단 위에 놓인 작은 그릇들은 음식과 음료를 봉헌하기 위해 사용된 것임을 확증한다.

봉헌을 위한 대형 접시가 아랏에 있는 성전 앞마당의 명백한 석제 제단의 발치에서 발견되었다(앞을 보라). 그 접시 중 하나에서 다행스럽게도 어떤 글귀가 나왔다. 그것은 히브리어 글자로 코프 카프*qōf kāf*가 새겨져 있었는데, 틀림없이 코데시 코하님*qôdesh kōhānîm*이란 말의 약어 표현으로, 그 뜻은 '제사장들을 위해 따로 두다/신성하게 하다'이다. 아랏 도편(잉크로 글자를 넣은 도자기 조각)에는 성서 바깥의 다른 기록 여러 개에서 '야훼의 성전'과 관련이 있는 제사장 가문이 실제로 언급되고 있었다. 여기에서 우리는 아랏에서 숭배되었던 신의 이름—야훼—까지 알 수 있게 되었는데, 이는 발굴을 통해서 얻어낸 다소 희귀한 기록 증거라고 할 수 있다.[342]

또 하나의 제단 종류로 '4개의 뿔이 달린' 제단이 있다.[343] 우리는 단과 베르셰바에서 발견된 기원전 8세기의 것으로 알려진 두 개의 큰 제단들을 이미 논의한 바 있다. 아랏의 경우는 두 개의 매우 양식화된 중간 크기의 뿔 달린 제단(?)이 신전 내실로 향하는 입구 측면에 자리하고 있었다.[344] 그러나 보다 보편적인 다양성이 나타났는데, 바로 이동이 가능한 작은 제단으로, 겨우 30센티미터 정도의 높이였으며, 분명히 분향焚香을 위해 사용되었다. 우리는 여남은 개의 실제 유물들을 가지고 있는데, 대부분 철기 II 시대의 것으로, 몇몇은 기원전 8세기에 해당하기도 하며, 그것들 가운데 대부분은 가정에서 사용되었고, 성전에서 이용되었던 것은 아니었다.

전례 의식을 위한 준비물들 고대 근동 성전이나 작은 신전에서는 예식을 실시하면서 예배자 스스로 기름 혹은 향기를 내는 물질을 붓는 행위를 요구하는데, 아마 제사장의 관리 아래 현장에서 진행되었을 것이다. 그러한 기름을 위한 시설들로, 큰 올리브 압착기와 물웅덩이가 단의 성전 구역 안에서 발견되었다(앞을 보라). 매우 비슷한 압착기와 웅덩이가 다른 곳에서 발견되었고, 특별히 텔 파라(북쪽)와 다아낙의 기원전 10세기 성전에서도 나왔다.[345]

순수한 물로 목욕재계를 하는 것은 또한 고대로부터 분명 일상적인 행동이었고, 그것은 상당히 오랜 후까지도 여전히 남아 있다. 가능한 사례로는, 우리가 앞에서 논의했던 단 성전 복합건물에 있는 샘 웅덩이를 포함할 수 있다. 그 상징—스스로 오염에서 씻어냄—은 한눈에 알아볼 수 있을 정도이다.

테라코타로 만든 제의 도구 진흙을 구워서 만든 작은 제의용 인공유물은 고대의 신전 어디에나 존재했었다—실로, 그것들은 제의 도구를 규정하는 한 가지 방법이다. 이런 것 가운데 그 어느 것도 일반 가정에서 사용되는 물품이 아니었다. 그것들은 성격상 '이국적'이었고, 종종 단 하나뿐인

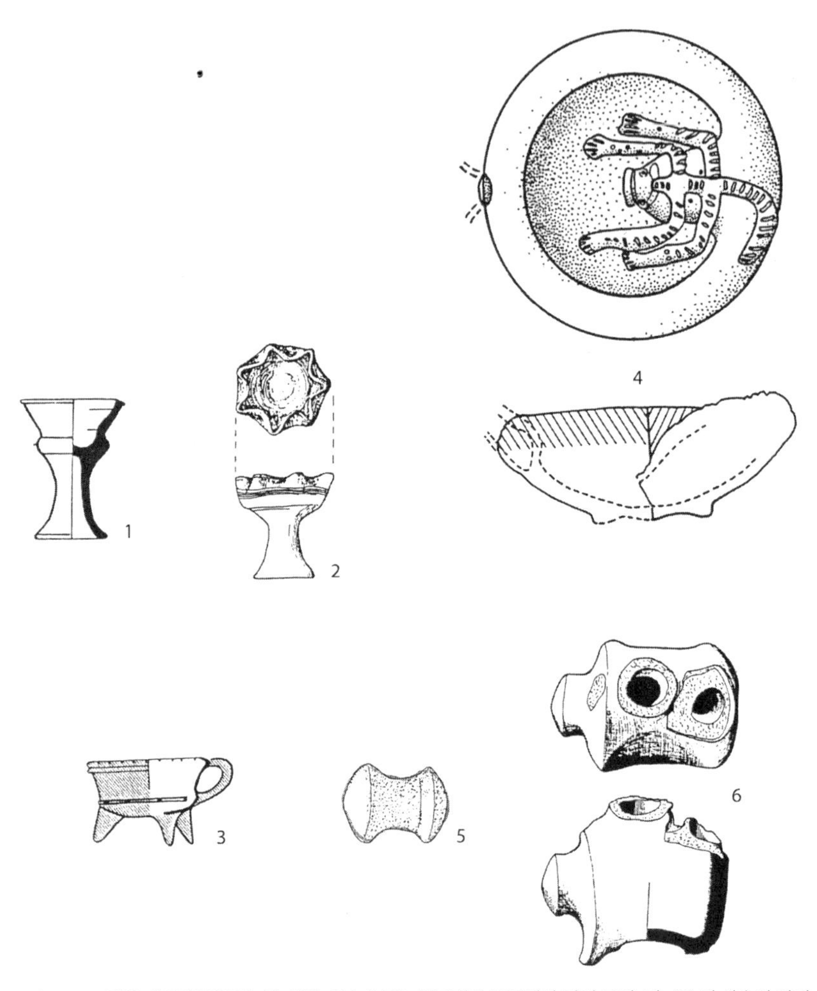

그림 VIII.19. 작은 제의 인공유물. (1) 성배, 하솔 5A층; (2) 7개의 주둥이가 달린 등잔, 단; (3) 긴 사슬이 달린 향로, 암몬 무덤; (4) 케르노스 화병; (5) 테라코타로 만든 딸랑이, 라기스 무덤; (6) 동물 모양의 도자기 그릇(헌주를 위해?), 게셀. 비율 = 1:10.

Amiran 1967, pl. 68:18 (1); Biran 1994, 그림 128 (2); Amiran 1967, pl. 101:11 (3); Bloch-Smith 1992, 그림 130 (4, 5); Dever, Lance, and Wright 1970, pl. 37.9 (6)

그런 것이며, 그러므로 따로 구분해두거나 혹은 거룩한 용도로 바쳐진 것들이었다(비록 '성'과 '속'의 구분이 고대 사회에서 일반적으로 보편적인 개념은 아니었지만 말이다).

그렇게 쉽게 인식이 되는 제의용 인공유물로는 다음의 것들을 포함할 수 있다: 신전(*naoi*, 모형 성전); 봉헌대(offering stand); 성배와 잔(종종 장식이 되어 있다); 특이한 주둥이가 많은 등잔; 케르노스(*kernos*, 헌주를 위한 '사람 모양의 가짜 그릇'); 긴 사슬이 달린 향로; '딸랑이'(그리고 소리를 내는 다른 악기들); 다양한 종류의 축소 모형물로, 일반적으로 가구; 봉헌할 때 일반적으로 사용되는 다양한 종류의 그릇들; 그리고 특별히 사람 모형과 동물 모형의 신상들.[346] 이러한 테라코타들은 전형적으로 신전과 성전 안에서 나타났는데, 그러나 그것들은 또한 촌락이나 가정의 성소에서 발견되기도 했다.

우리는 앞에서 나열했던 것 중에서 기원전 8세기로 연대 설정이 된 몇 안 되는 테라코타를 보유하고 있다(사실, 전체 철기 시대 동안 우리는 모든 종류의 사례들을 인용할 수 있다). 우리는 가정의 성소를 조사하면서 보유한 것들에 대해서 논의하고자 한다(아래를 보라).

신상 나는 이러한 명백한 제의용 테라코타를 따로 구분해서 논의하기를 선택했다. 그 이유는 그것들은 너무 중요하기 때문이며 동시에 너무나 불가사의한 것이기 때문이기도 하다. 일단 사람 모형의 신상(Figurine)을 살펴보도록 하자.

우리는 고대 이스라엘과 유다에서 거의 3,000개 정도의 사람 모형의 테라코타 신상을 가지고 있다. 그 연대는 기원전 12세기부터 기원전 6세기 초반까지 다양하지만 기원전 8~기원전 7세기 유다의 것이 가장 보편적이다. (우리는 그것이 어떤 의미가 있는지는 모르지만, 어떤 맥락에서도 남성 모양의 신상을 보여주는 것은 가지고 있지 않다.) 이러한 신상들은 다음의 두 가지 일반적인 형태로 나뉠 수 있다.[347]

a. (일반적으로) 왼쪽 가슴 부분에 원형 혹은 원반 모양의 물건을 붙잡고 있는 신상. 신상의 손 혹은 두 손이 붙잡고 있는 물건에 대해서 다양하

게 해석되었는데, 즉 탬버린, 다른 방식의 틀-북(frame-drum), 혹은 틀에 부어 만든 납작한 빵이거나 햇무리를 상징하는 것으로도 제시되었다.[348] 틀-북이라는 이론은 여러 민속 음악학자들이 지지했다(그러나 우리는 가슴에 꼭 붙어 있는 탬버린을 연주할 수 없다). 나는 몇몇 다른 학자들과 함께 주장하기를, 그 물건은 주형을 떠서 만든 납작한 빵으로 보인다고 했다. 우리는 다른 곳에서 빵 주형뿐만 아니라 종교적 기념과 축제를 위해서 특별하게 납작한 빵을 굽는 전통이 있었다는 고고학적 증거를 가지고 있다. 이러한 신상들은 북쪽과 남쪽 모두에서 발견되었으며, 기원전 10세기부터 기원전 6세기 초까지 지속됐다.[349]

b. 밖으로 내뻗은 팔을 가진 신상으로, 일반적으로 가슴을 받치고 있는 모양이다. 이러한 형식은 정교하게 머리를 손질한 주형틀로 만든 형태, 그리고 얼굴 부분의 진흙을 간단히 집어서 코와 눈의 모양을 낸 일상적인 형태로 크게 나누어 볼 수 있다. 이러한 두 하위 형태 모두는 기둥으로 밑받침이 되어 있는 유다 방식의 신상(Judean Pillar Base figurine)이라고 부르는데, 왜냐하면 그 원형의 밑부분이 기둥을 이루고 있기 때문이고, 또한 그것들이 아시리아가 북왕국을 멸망시킨 이후에 유다에서만 나타났기 때문이다(기원전 8세기 후반에서 기원전 6세기 초반).

중요한 쟁점은 이 신상들의 용도와 관련이 있다. 그것은 어떻게 보면 쉽게 보인다. 왜냐하면 이러한 나체의 신상이 분명히 여성의 가슴을 강조하고 있기 때문이다—특별히 그것들이 훨씬 더 악명 높은 옛 가나안의 여신, 즉 오랫동안 '다산의 신상(fertility figurine)'이라고 불려왔던 것과 비교되었기 때문이다. 그러므로 이러한 형식의 모든 신상들은 초기에 나온 것이건 후대에 나온 것이건 다산을 기원하는 신상으로 불렸으며, 종종 위대한 여신 아스타르테Astarte를 나타낸다고 생각되었다. 오늘날에 '다산'이라는 용어는 다소 악평하는 맥락에서 사용되는 것인데, 왜냐하면 초기 학자들이 가나안 제의를 선정적인 것으로 취급하려는 경향이 있었기 때문이다. 그리

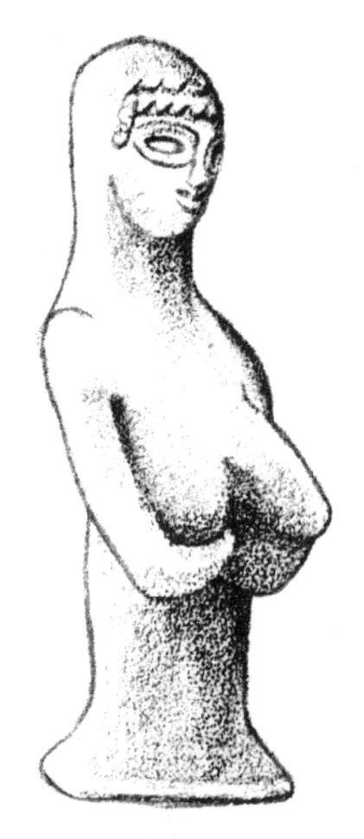

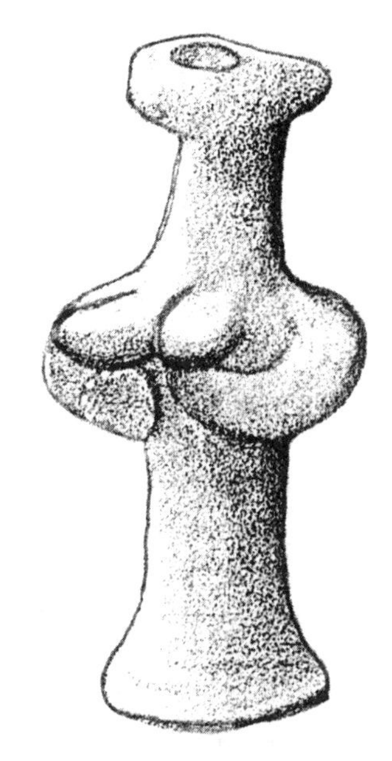

그림 VIII.20. 유다의 기둥 바닥 신상과 코를 집어 모양을 만든 신상, 기원전 8~기원전 7세기.
Vriezen 2001, 그림 13

고 철기 시대에 주요한 여성 신은 아스타르테가 아니라 아세라였다. 그렇지만 이 신상들은 오늘날의 바비 인형 같은 존재가 아니었다. 그것들은 분명 번식과 관련이 있다: 그 신상을 사용하는 사람이 안전하게 임신하고 자녀를 출산하며 수유할 것에 대한 바람이 들어 있는 것이다. 이것들은 사실상 '점토로 만든 기도'였다: 여성에게 아이를 갖고, 수유하며, 어린아이로 자랄 때까지 양육하도록 돕는 부적(talisman) 말이다. 아주 먼 옛날 여성에게 임신과 출산은 극히 위험한 과정이었지만, 그들은 너무나 강력하게 아이들을 원했다.

두 번째 쟁점은 여성 신상의 정체와 관련된 문제이다. 맥락은 이국적이며 또한 수수께끼 같은 인공유물을 설명하는 데 종종 도움을 주기 마련이지만, 그러나 이 경우에는 꼭 그렇지만은 않다. 그 신상들이 발견된 곳은 일반 가정, 거리, 쓰레기 더미, 흙더미, 무덤, 신전, 그리고 다른 모든 곳이다. 상대적으로 지극히 소수의 것들이 분명히 제의 맥락에서 나왔을 뿐이다. 예외가 있다면 예루살렘의 1번 동굴로, 16개의 신상 몽텅이가 발굴되었는데, 그러나 그곳이 제의적 장소인지 아닌지는 확실하지 않다(앞을 보라). 더욱 중요한 점은 원판 모양의 신상을 제작하는 주형틀인데, 그것이 북이스라엘의 다아낙에 있는 기원전 10세기 촌락의 성소에서 출토되었다는 사실이다.[350] 그것은 확실히 제의 맥락에서 발견되었으며, 또한 어디—아마 **가정**을 염두에 두었을 것이다—에서나 사용될 목적으로 분명히 대량생산을 의도한 것이기도 했다. 그것은 그 사용을 추측하는 최적의 단서가 될 것이다.

그러나 그 신상은 과연 **누구를** 나타내는 것일까? 그 신상은 숭배를 받는 여신을 뜻하는 것일까? 아니면 그것들은 인간, 이 경우에는 그것들 자체가 단순한 '봉헌물'인가? 다시 말해서, 마치 교회의 봉헌용 초가 나타내는 것과 같이, 예배자가 신 앞에서 계속 서 있는 것을 나타내는 방식으로 예배자를 표현하는 봉헌물이라는 것인가? 그러한 질문은 역시 상당히 논쟁거리가 되어왔다.[351] 논의를 단순화해보면, 여신을 암시하는 증거는 주로 그 신상이 벗고 있다는 점으로, 통상적으로 예배자가 일반 여성이라고 한다면 벗은 상태로 예식에 참여하지 않았을 것이기 때문이다. 더 나아가, 그 신상들은 가나안의 전통에 따라 철기 시대에까지 내려온 것으로 보이는데, 여기에서 가나안의 것들은 틀림없이 여신을 나타내고 있었다(일반적으로는 아스타르테이지만, 가끔은 아세라도 있었다). (여신이 아니라는 해석과 관련하여—역자주) 다른 편으로 볼 때, 비슷한 많은 형상이 레반트의 다른 곳들에서도 발견되었는데, 예를 들면 같은 시기의 키프로스에서도 발견되었으며, 그것들은 모두 봉헌물이었다.[352]

나는 후자의 논증(예배자를 상징한다는 주장)에서 설득이 되는 부분을 찾을 수 없다. 왜냐하면 그것은 연관이 없어 보이는 비교에 근거한 논증이기 때문이다. 그러므로 나는 그 신상들을 철기 시대에 유명했던 여신 아세

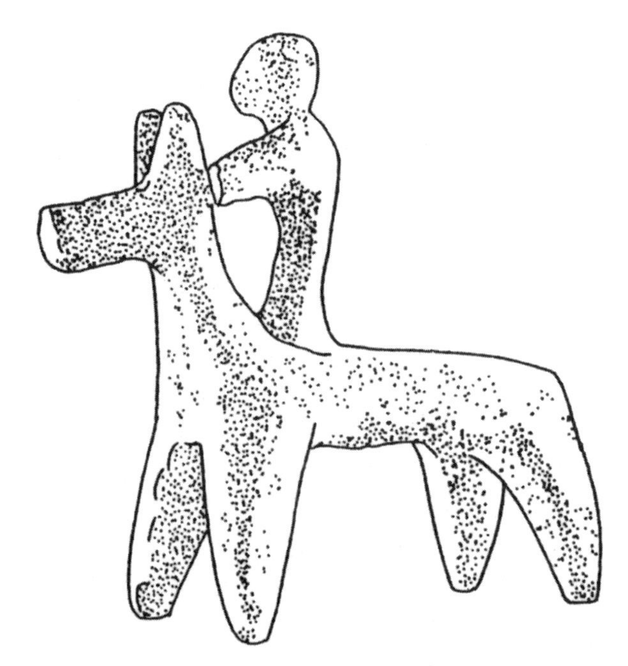

그림 VIII.21. 말에 올라탄 사람의 신상, 라기스 무덤(기원전 7세기). Keel and Uehlinger 1998, 그림 33b

라로 규정한다. 그러나 그 신상들에는 이름표가 없기 때문에 그것들이 무엇을 나타내고 있는지 우리에게 알려주는 직접적인 기록상의 증거가 없다고 해야 할 것이다. (분명히 성서 기록은 이 순간 고려에서 제외해야만 한다.) 그러나 만약 그것들이 아세라를 나타낸다고 한다면, 그것들을 '우상'으로 이해할 필요가 없다. 오히려 그것들은 상징이며, 그 존재와 힘이 보이지 않는 신에 대한 물질적 표현인 것이다. 그렇다면 여신의 이름을 아는 것이 상당한 차이를 만들기라도 하는 것일까?

신상의 또 하나의 범주로, 말에 올라탄 신상이 있는데, 어떤 것들에는 말에 탄 사람이 없는 경우도 있다.[353] 이것 역시 수수께끼이다. 그것들은 시대와 분포에 있어서 기둥으로 밑받침이 되어 있는 유다 방식의 신상과 유사하다. 어떤 학자는 분명히 남자가 말을 타고 있기 때문에 그것을 남성 신으로, 즉 가나안 신화에서 '구름을 타는 자'로 불리는 바알Ba'al일 것이라고 주

그림 VIII.22. 뿔이 달린 석회석의 작은 분향단, 메기도. Vriezen 2001, 그림 10

장하기도 한다(이 구름을 타는 자라는 표현은 여러 성서 구절에서 야훼를 가리키는 데 사용되기도 한다).[354] 우리가 말할 수 있는 것은 그것들이 장난감은 아니라는 점이다. 그것들은 확실히 어떤 제의적 연관성을 지니고 있다. 하지만 역시 여기에서 맥락이 도움이 되지 않는다. 대부분의 것이 후기 유다의 무덤에서 출토되었다. 다시 말하지만 이름표는 없다. (무덤에도 마찬가지이다. 자세한 것은 아래를 보라.)

사용되었던 제의 용품들

만약 앞에서 소개한 인공유물들을 살펴보기만 한다면, 기원전 8세기 이스라엘과 유다의 제의 그리고 제의의 실제에 관해서 우리는 어떠한 결론을 낼 수 있을까? 물건들 대부분은 분명 동물의 희생 제사를 의도하고 있는데, 돌로 만든 큰 제단이 바로 그런 좋은 예이다. 작은 돌 제단 역시 사용될 수는 있었다. 그러나 뿔이 달린 다양한 것들은 대부분 분향을 하기 위해서 주로 사용했다고 알려져 있다.

긴 사슬과 컵이 달린 작은 향로는 비록 팔레스타인 서부에서는 희귀한 것이기는 하지만 향료를 태우고 그것을 흔들기 위한 용도였음이 분명하다. 큰 원통형의 봉헌대는 구멍이 있는 경우, 역시 향을 태우기 위한 용도로 디자인된 것이다. 그것에 구멍이 있건 없건, 그 꼭대기에 떼어낼 수 있는 그릇이 있어서 음식과 음료를 봉헌하는 데 이상적으로 활용되었을 것으로 보인다. 발이 달린 성배는 이와 비슷한 용도로 사용되었을 것이다.

케르노스, 즉 '사람 모양의 가짜 그릇'은 역시 희귀한 것이기는 하지만 액체를 붓는 예식을 위해 잘 디자인된 물건으로, 헌주 제물 의식에 사용되었다.[355]

진흙으로 만든 '딸랑이'(또한 몇몇 테라코타로 만든 피리 등)는 거의 모든 종교에서 특징적으로 나타나는 음악 연주에서 사용되었을 것이다.[356]

우리가 철기 II 시대에서 발견한 소수의 신전(*naos*)은 작은 모형 성전으로, 그 기능은 분명하다. 즉, 도상학적인 소재에서 볼 때, 그것은 (신전에는 신이 거하기 때문에—역자주) 어떠한 신이나 쌍을 이루는 신들과 연관이 있다.[357]

축소된 다양한 물품들—등잔, 의자, 그리고 소파—은 아마 신에게 친근한 가정용 물품을 (진짜가 아니라 축소시켜서—역자주) 바치는 상징물이었을 것이다.

다양한 '호화로운' 물품도 있었는데, 일반적으로 도자기 그릇들로, 이것은 분명 기도를 들어준 것에 대한 감사로 신들에게 바쳐진 선물이었을 것이며, 혹은 서약에 대한 '약속 이행'일 수도 있다.

어디에나 존재하는 여성 신상의 정체와 그 기능은 앞에서 조사했다. 남성 신상이 거의 전무하다는 점은, 여성 신이 제의에서 주도적이거나 혹은 남자는 만들면 안 되지만 여자는 만들어도 된다는 일종의 허가를 시사하는

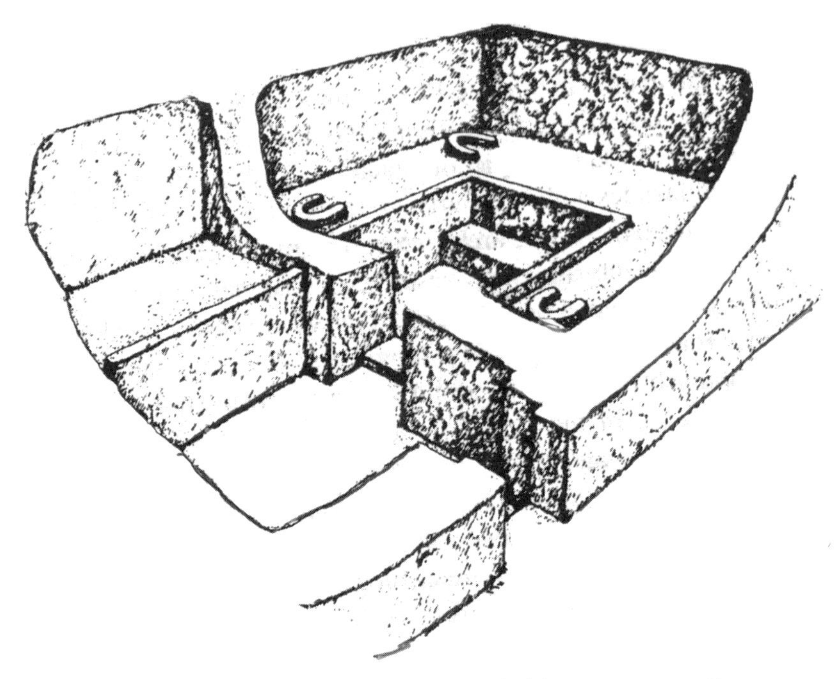

그림 VIII.23. 전형적인 기원전 8세기 유다의 긴 의자가 있는 무덤 평면도. de Geus 2003, 그림 41

것일 수도 있다.

무덤과 장례 풍습

고고학자들은 무덤과 장례 풍습이 특별히 종교적 신앙과 관련해서 문제를 해명해줄 것이라고 오랫동안 생각해왔다. 다행스럽게도 우리는 그에 대해 상당한 양의 관련 증거를 보유하고 있다. 철기 II 시대의 무덤 평면도는 그 자체로 유익한 정보를 제공한다.[358] 전형적인 기원전 8세기 무덤은 바위를 깎아 만든 것으로, 여러 방이 한 줄로 이어져 있는 공간에 긴 의자들이 차지하고 있었다(시신을 긴 의자 위에 올려놓는다.—역자주). 이 긴 의자는 '죽은 자를 위한 집'을 나타내는 것 같다. 이 무덤들은 여러 세대를 거쳐서 사용되었으며, 어떤 때는 수십 번 반복해 이루어진 매장의 흔적과 수백 개의 매장 용품이 발굴되었다. (긴 의자 위에 놓인—역자주) 이전에 매장된 개인의 뼈들은 주기적으로 모아다가 긴 의자 아래에 있는 일종의 납골당으로 옮겼는데, 바로 다른 시신을 매장하게 되었을 경우이다. 이 모든 것이 암시하는 것은 고대 이스라엘과 유다의 시골 사회와 경제, 가족, 그리고 가족의 연속성은 삶과 죽음에서 근본적인 가치였다는 점이다. 다시 말하지만 우리는 이러한 물건들의 정체와 성격을 알려주는 기록을 필요로 하지 않는다.

그렇지만 우리는 철기 II 시대의 무덤에서 우연히 어떤 비문을 발견하게 되었다. 예루살렘의 성전산(그림 VII.7; 앞을 보라)을 바라보는 경내에 있는 기원전 8세기의 바위를 깎아 만든 무덤에서 다음과 같이 읽을 수 있는 히브리어 비문이 발견되었다:

> 이것은 (셉나)-야후의 무덤으로,
> 그는 '집을 주관한다.' 여기에는
> 은이나 금이 없고, 오직 그의
> 뼈와 그의 여종-아내의 뼈만
> 그와 함께. 이 무덤을 여는 자에게
> 저주가 있으리라.[359]

여기에서 우리는 실제 한 가족무덤의 증거를 얻게 된다. 그리고 그 비문은 개인과 그의 가족의 유산을 보존하는 것을 돕는다.

또 하나의 기원전 8세기 유다의 무덤으로, 1968년 헤브론 산지의 키르베트 꼼에서 내가 발굴했던 곳이 있다(이곳은 아마 성서의 막게다일 것이다).[360] 이곳에는 전형적인 긴 의자 무덤 한 곳에 두 개의 비문이 있었다. 한 비문은, 한쪽 방의 입구 측면에 적혔는데, '네타냐후Netanyahu의 아들, 오파이Ophai의 것. 이것은 그의 무덤-방이다"로 읽힌다. 다른 것은 또 하나의 '방' 문 위쪽에 기록되었는데, '네타냐후의 딸, 우자Uza의 것'으로 읽는다.

그림 VIII.24. 긴 의자 아래에 있는 납골당, 키르베트 꼼 무덤.

이것은 역시 '네타냐후'라는 이름을 가진 한 가정의 무덤임이 분명하다. 그 좋은 히브리어 이름의 뜻은 '야훼가 주다/제공하다'이다.

무덤 II에서 또 하나의 비문이 나왔는데, 그것은 더 많은 것을 밝혀준다. 여기에서 우리는 쿤틸레트 아즈루드 비문(앞을 보라)과 동시대의 히브리어 비문을 발견하게 된다. 이 비문은 다음과 같다:

> 총독, 우리야후'Uriyahu의 것. 이것은 그의 비문이다.
> 야훼는 우리야후에게 복을 내렸다:
> 아세라는 적들로부터 그를 구했다.
> 오니야후'Oniyahu가 (적다).[361]

여기에서 우리는 또 하나의 비문을 발견하게 되었는데, 그 비문에는 한 쌍의 신명神名이 들어간 축복문이 들어 있었다. 종교적 신앙과 장례 풍습 사이의 교차점을 이것보다 더 잘 드러내는 사례는 없을 것이다.

그림 VIII.25. 키르베트 꼼의 제2 무덤에서 출토된 3번 비문. McCarter 1996, 87번

만약 우리가 이러한 무덤의 비문을 발견하지 못했다면, 남은 고고학적 증거를 가지고 기원전 8세기의 종교적 신앙에 대해서 우리가 알아낼 수 있는 것은 과연 무엇일까? 첫째로, 바위를 깎아 만든 전형적인 다중-방 구조의 무덤(multichambered tomb)이 일반 가옥을 닮았다는 점을 들 수 있다. 심지어 그 무덤의 중앙은 일반 가옥의 뜰과 같이 아르코솔리움*arcosolium*(아치 모양의 휴게 장소—역자주)을 닮았다. 그러한 개념—'죽은 자를 위한 집'—은 이스라엘과 유다의 세계관 안에서 가족의 중요성을 나타내는 또 하나의 표지이다.

매우 긴 시간을 거치면서 다수의 시신을 (긴 의자 위에 눕혀서—역자주) 매장하는 풍습, 그리고 이전에 매장된 뼈를 (긴 의자 아래쪽으로 모아서—역자주) 보존함으로써, 고인이 된 가족 구성원이 영속하고 있다는 개념을 가지

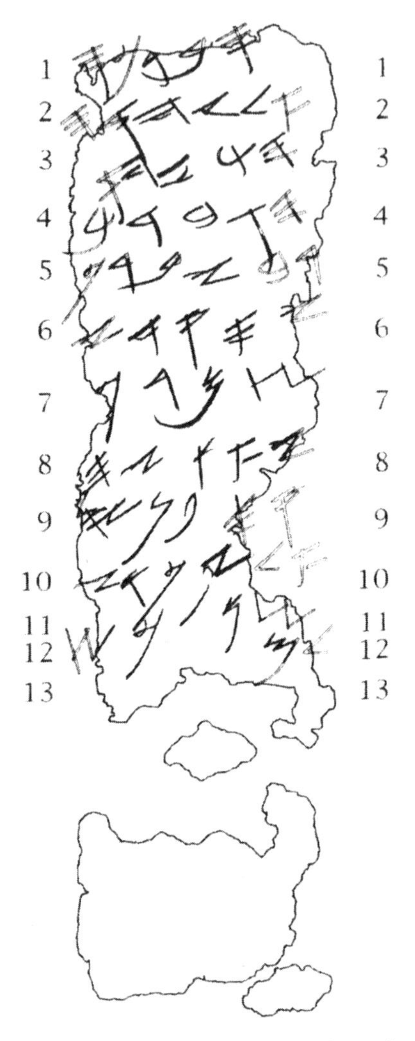

그림 VIII.26. 케테프 힌놈의 은으로 만든 부적.
Barkay 편집 2004, 그림 30

게 되며, 이것은 마치 그들의 기억과 전통을 보존한다는 생각을 만들게 했다. 봉헌물 중에서 몇몇 도자기가 있었는데, 즉 일반적으로 사용하는 그릇 같은 것이 나왔는데, 이는 가족이 죽었을 때나 아니면 어떤 특별한 경우에 가족의 무덤에 방문하게 되었을 때, 음식을 먹는 잔치가 열렸다는 것을 암시한다. 다른 매장 물품에도 분명 제의적인 성격이 있다: 베스, 호루스의 눈, 그리고 다른 행운의 부적; 이런저런 종류의 축소한 물건들(앞을 보라). 이런 제의용 물건들은, 분명히 고인이 죽음 이후에도 어느 정도 계속 존재하며, 심지어 살아남은 자의 행동에 따라서 죽은 자가 복을 누릴 수도 있다는 믿음을 가지고 놓아둔 것들이다. 사실, 이러한 진술은 추정이다; 그러나 도리에 어긋나지 않은 진술이며, 이 진술은 우리가 거의 모든 고대 사회에 대해 알고 있는 것에 잘 들어맞는다.

마지막으로 한 무덤의 비문이 이 논쟁에 획을 긋는다. 그것은 케테프 힌놈Ketef Hinnom에서 출토된 글씨가 새겨진 은으로 된 부적으로, 이곳은 예루살렘의 성전산 남쪽에 있는 힌놈 골짜기를 마주 보는 절벽 안에 자리 잡은 무덤이다. 비록 그 무덤은 후대의 것이기는 하지만(기원전 7세기 후반) 그리고 여기에서 우리의 범위를 벗어난 것이기는 하지만 그 은 부적은 종교와 장례 풍습이 합쳐져서 기능한다는 것을 증명하는 좋은 예이다. 그 비문은 부분적으로 다음과 같이 읽는다:

> 야훼께서 당신에게 복을 주시기를,
> 당신을 지키시기를.
> 야훼께서 그의
> 얼굴을 당신을 향해 비추고
> 그리고 당신에게 평화를 주시기를.[362]

2부

성서의 자료

2장에서 좀 더 자세하게 논증하는 과정에서 이스라엘 종교에 대한 실제적인 모든 역사는 그 종교에 **관한** 문헌의 역사에 지나지 않는다고 말한 바 있다. 히브리 성서는 엘리트(그리고 선전자[propagandist])가 쓴 것으로, 하나의 이상적인 묘사일 뿐이다. 그것은 대부분의 사람들이 실제로 믿고 행동했던 것을 기록하지 않았으며, 오히려 그들이 믿어야만 했고 또한 행동해야만 했던 것을 말하고 있다. 다시 말해서, 만약 이러한 신학자(신명기적 역사가를 가리킴—역자주)들, 즉 민족주의적 정통파 당파가 주장하던 바대로 과거가 그려졌더라면, 그들의 바람대로 세상이 움직였을 것이다(성서가 말하는 것처럼 진짜 세상은 움직이지 않았다는 의미—역자주). 그러므로 히브리 성서를 가장 잘 정의하는 것은 '반대 의견서(minority report)'이다. 진짜 의견서—보다 정확한 묘사—는 현대의 고고학에 의해 제공되는 정보로부터 이끌어낼 수 있고, 또한 이제 그렇게 이끌어내야만 하는 그런 것이다.

때때로 두 개의 자료는 수렴한다. 그러나 대부분의 경우 수렴하지 않는다. 인공유물과 기록 사이에 불일치가 생겼다는 것이 의미하는 바는 아이러니하게도 실제를 가장 잘 묘사하는 민간 종교를 저주하는 것이 바로 성서 기록이라는 뜻이다. 다시 말해서, 대중의 종교는 거의 모두 성서 저자들이 금지하는 것으로 이루어졌다. 그러므로 기록은 (실제에 대해서—역자주) 부정적인 평가들을 내릴 뿐이다. 성전과 신전으로 시작하면서, 기록과 인공유물 사이에 연결 지점이 있을 법한 특별한 사례를 살펴보도록 하자.

우리는 단, 아랏, 그리고 쿤틸레트 아즈루드에서 기원전 8세기의 성전과 신전을 주목했다(다른 곳들도 있을 수 있다). 히브리 성서는 대체로 제의 시설들을 언급하고는 있지만, 그것들이 반드시 폐지되어야만 한다고 공표하거나, 심지어 그것이 존재했다는 사실을 부인할 뿐이다. 관련 구절은 셀 수 없을 만큼 많으며, 대부분 열왕기서와 예언서에 들어있다. 유일하게 합법적인 성전은 예루살렘에 있는 솔로몬 성전으로, 이곳은 통일 왕국에서 정치와 종교의 수도였으며, 분열 왕국 시대에도 지속적으로 유지되었다. 그러나 우리가 그 성전에 대해서 고고학적으로 아는 것은 전혀 없다. 단지 다른 곳에서 비교할 수 있는 철기 시대 성전들이 있을 뿐이다(앞을 보라). 우리는 성전산을 발굴할 수조차 없었다. 그러므로 우리는 다른 곳을 찾아야만 한다.

나는 나의 책 『하나님은 아내가 있었는가?*Did God Have a Wife?*』(2005)에서 고고학과 기록 모두 거의 모든 증거를 언급한 바 있었다. 우선 우리가 알고 있는 완전한 성전인, 기원전 8세기로 안전하게 연대 설정이 되는 아랏의 성전을 우선 살펴보도록 하자(앞을 보라). 히브리 성서에서는 그 건물에 대한 구절이 없으며, 혹은 아랏이란 곳에 대한 어떠한 언급도 없다. 어떤 학자들은 성전의 지성소 안에 있는 3개의 마체보트(입석)를 의도적으로 묻어버린 것이, 아마 유다의 요시아 왕의 개혁에 대한 증거가 아닐까 하는 의견을 제안하기도 한다. 특별히 열왕기하 18장 4절은 진술하기를, 요시야가 "산당(바모트)을 헐어버렸고, 돌기둥(마체보트)들을 부수었으며, 아세라 목상(아세라, 한글성서는 '목상'이라고 추가하면서 상징성을 부각하지만 원어는 여신 그 자체를 시사한다—역자주)을 찍어버렸다."(새번역) 신명기적 개혁가들과 예언자의 지도 아래 진행된 '제의 개혁'에 관한 내용을 보고하는 이런 저런 구절에 대해 회의주의자들은 간단히 말해서 선전문구에 지나지 않는다고 주장한다.

나는 성서 저자들이 최소한 일반적인 종교적 상황을 정확하게 기술했다고 주장하고자 한다. 왜냐하면 그들은 그것을 잘 알고 있었기 때문이다. 나는 우리가 이제 요시야가 열왕기상 23장에서와 같이 성전에서 내다 버렸다고 전해지는 거의 모든 세세한 물품을 묘사하거나 서류로 증빙할 수 있는 고고학적 자료를 보유하게 되었다고 주장한 바 있다.[363] 그러므로 고고학은 그러한 개혁에 대하여, 그러한 개혁이 실제로 실행되었는지 아니면 실행되지 않았는지, '진짜 생생한' 맥락을 공급할 수 있다. 그러나 고고학적 자료는 그 자체만으로는 결정적이지 않다.

북쪽의 단Dan을 보면, 우리는 다소 나은 전망을 얻을 수 있다. 단에 있는 대규모의 제의 시설들은, 특별히 옥외의 연단이 있는 큰 제단은 확실히 성서가 바마, 즉 '산당'이라고 부르는 것이었다. 나는 이 시설과 그곳의 역사를 다른 지면을 통해 길게 논의한 바 있다. 여기에서 우리는 그 단의 '산당'이 실제로 히브리 성서 안에서 언급되었을 것에 주목하려고 한다(왕상 12:30 31).

저 멀리 동부 시나이 사막에 있는 쿤틸레트 아즈루드의 기원전 8세기 신전은 상관관계를 찾는 일에 여러 가지 호기심을 끄는 가능성을 제공한다.[364] 첫째로, 그곳에는 축복을 비는 맥락의 글 속에 야훼와 짝을 이루는 '아세라'를 언급하는 히브리어 비문이 있다. 이것은 불가피하게 히브리 성서에서 바로 이 여신을 금지하는 구절들을 떠올리게 한다. 아세라'ăšērāh라는 단어는 히브리 성서에서 대략 40번 정도 나타나며, 종종 나무 모양의 여신의 상징물로 나올 뿐이기에 반드시 그것을 잘라내고 불태워야만 하는데, 왜냐하면 그것은 옛 가나안 종교의 제의 상징물이기 때문이다.

그러나 대여섯 가지의 경우에서, 아세라라는 단어는 여신 자체를 가리킬 수 있다. 열왕기상 15장 13절에서 아사 왕의 어머니 마아가는 "혐오스러운 아세라 상을 만들었다". 여기에서 언급은 여신 자체이다: 어느 누구도 어떤 상징에 대한 상징을 만들지 않기 때문이다(아세라를 상징이라고 해석하려는 입장이 말이 안 된다는 뜻이다—역자주). 이 구절을 므낫세가 "아세라 목상을 성전에 세웠더라"라고 말하는 열왕기하 21장 7절과 비교해보자. 열왕기하 23장은 바알과 아세라를 짝으로 만들면서, 이 둘을 위해 만든 '그릇들'이 저주를 받았다고 말한다(4절). 따라서 만약 바알이 신이라면, 아세라 역시 신이라고 보아야 한다. 그러므로 쿤틸레트 아즈루드의 비문에서 언급하고 있는 '아세라'(그리고 내가 주장하고자 하는, 큰 저장용 항아리에 그려져 있는, 의자에 앉아서 절반쯤 벗은 그 인물)는 인공유물과 두 개의 기록, 즉 하나는 성서 바깥의 자료 그리고 다른 하나는 성서 자료, 이렇게 3중으로 직접 연결이 되는 것으로 취급되어야만 한다.

앞에서 나는 여러 가지 작은 제의 기구들을 구분했었는데, 즉 가정의 성소를 언급했었다. 분명히 말해서 이것들은 너무 눈에 띄지 않아서 성서 기록에서 주목될 수 없었다. 더 나아가, 그것들은 존재하지도 않았다고 생각되었다. 그러했으니 성서가 왜 그것을 언급했겠는가? 어쨌든 우리는 우리가 보유하고 있는 고고학적 사례들과 직접적으로 연결이 되는 성서 기록을 가지고 있지 않다.

그러나 우리는 제의 비품 몇 가지에 관해서는 어느 정도 말할 수 있다. 첫째로, 우리는 입석(standing stone) 혹은 마체보트*māṣṣēbôth*('서다'[to stand]라는 의미의 동사에서 유래했다)를 언급하는 구절을 알고 있다.[365] 이러한 큰 입석들은 어떤 것은 그 높이가 3미터에 이를 정도이다. 이것들은 일반적으로 금지되었는데, 그 이유는 입석들이 옛 가나안 제의와 연결되기 때문이었다. 히브리 성서의 수많은 관련 구절을 통해서 판단한다면, 그것들은 신의 현현顯現을 기념하는 과정에서 세워졌으며, 그 대상은 분명 신이었다(창 28:18; 출 24:4; 수 24:26~27). 그것들은 종종 바마, 곧 '산당'(왕상 14:23; 왕하 18:4; 23:13~14), 혹은 성전(왕하 3:2); 혹은 '우상' 근처에 자리를 잡는 것(레 26:1; 신 7:5; 12:3; 미 5:13)과 관련을 맺으며 소개되기도 했다.

이러한 성서의 구절들이 우리가 실제로 보유한 큰 입석들을, 예를 들면 아랏의 지성소에 있는 것과 같은 입석들을 더 잘 이해할 수 있게 돕는가? 그 성서 구절들은 우리가 이미 짐작하고 있는 바를 단지 확언할 뿐이다. 간단히 말해서, 이러한 매우 인상적인 입석 그 자체만으로 예배자의 주의를 불러일으키고 그에게 일종의 경외감을 심어주었을 것이라고 추측할 수 있다. '초자연적 존재'에 대한 그러한 분명한 상징은 고대(의 그리고 현대)의 많은 종교에서 발견되는 부분이다.

우리는 뿔이 달린 큰 제단과 작은 석회암 제단 모두를 언급한 바 있다. 몇몇 성서 구절이 이 큰 제단을 가리키고 있다. 출애굽기 21장 14절은 무죄한 사람이 생명을 보존하기 위해서 확실히 제단이라고 할 수 있는 것을 붙잡을 수 있다는 것을 기술한다. 우리가 보유하고 있는 두 개의 고고학적인 사례(기념비적인 뿔 달린 제단 두 개)가 단과 베르셰바—이곳은 성서가 말하는(대하 30:5), 이스라엘의 정확한 국경이다—에서 나왔다는 것은 매우 흥미롭고, 더 나아가 의미심장하다.

높이가 30센티미터 정도 되는, 뿔 달린 작은 제단 역시 잘 증명이 된다: 대략 45개는 그 연대를 알게 되었다. 그것들은 거의 확실하게 분향을 위해 사용되었다. 가끔 그것들은 올리브기름 압착기와 같은 가정 시설 근처에서 발견되었다.[366] 히브리 성서는 여러 번 그것을 언급한다; 그것은 특별히 분향을 위해 사용된다(레 26:30; 사 17:8; 27:9). 하지만 그러한 제단과 관련된 모든 구절은 그것을 사용해서 분향하는 행위를 저주하고 있다. 그러므로 여기에서 다시 나타나는 것은 얼마나 그 제단들이 보편적이었는지를 잘 보여주는 사례로, 바로 그러한 제단을 성서가 금지하고 있다는 사실에서 드러난다. 그러나 이들 구절에서는 우리가 알고 있는 '뿔'에 대한 언급은 없다. 한 구절이 특별히 주의를 끄는데, 아하스 왕의 "다락 지붕에 세운 제단들"에 대한 언급이다(왕하 23:12). 그러한 제단은 아스글론Ashkelon의 무너진 지붕의 잔해에서 발견되었다.

가장 흥미로운 제의 도구는 테라코타로 만든, 기둥으로 밑받침이 되어 있는 유다 방식의 여성 신상인데, 그것들 전부가 유다에서 발견되었기 때문에 '유다 방식'이라고 부르며, 주로 기원전 8세기 후반에서 기원전 7세기 초반에 제작되었고, 그 기간이 바로 우리가 지금까지 관심을 두고 있는 시기이다. 우리는 그러한 신상을 3,000개 이상 보유하고 있다; 그것들은 주로 일반 가정에서 발견되었다(앞을 보라). 그러므로 성서 저자들은 그것들에 대해서 알고 있었음에 틀림이 없다. 하지만 그것은 히브리 성서의 그 어느 곳에서도 단 한 번 언급된 적이 없다.

'가정의 신'(드라빔*tĕrāphîm*), '우상들'(길루림*gillûlîm*), '조각한 신상'(페셀*pesel*), '녹여 만든 신상'(마세카*māssēkāh*), 그리고 '신상'(세멜*sēmel*)이란 모든 가능한 용어들에 대한 자세한 조사는 그 어느 것도 결과물을 내놓지 못했다. 이 용어 가운데 어느 것도 어원이나 용례를 판단해볼 때, 우리가 보유한 기둥을 가진 신상을 가리키는 것이라고 볼 만한 것이 없다. 여기에서 성서 기록의 침묵은 고요하다 못해 적막이 흐른다. 성서 저자들은 의도적으로 이러한 '이교도적'인 인공유물에 대한 언급을 억누르고 있었던 것일까? 그리고 이렇게 널리 퍼진 대중성—소위 종교개혁이 일어났던 그 시대에서—은 그것의 실제적인 의미에 관해서 무엇을 말하고 있는가?

고고학적 발견을 통해 우리에게 잘 알려진 다른 다수의 제의적 인공유물들 역시 비슷한 이유로 성서 저자들에 의해 간과되었다. 이러한 것 가운데 신전(*naos*), 즉 모형 성전; 케르노스, 즉 헌주를 위한 '사람 모양의 가짜 그릇'; 그리고 구멍이 뚫린 다리 셋 달린 향로가 있다. 모형 신전은 기원전 8세기보다 이른 것이지만, 케르노스와 향로는 우리가 다루는 기원전 8세기의 것들이다.[367] 놀라운 점은 헌주와 분향 모두 히브리 성서의 정통주의 저자가 수용할 수 있었다는 점이다(그러나 분향은 제사장만 할 수 있다). 하지만 그들은 그러한 의식에서 실제로 제의가 어떻게 수행되는지를 전혀 언급하지 않았다. 우리가 실제로 발견한 것들에 대해서 그들이야말로 침묵했던 것이다.

요약하면, 고고학 덕분에 밝혀진 제의 용품들이 말하고 있는 바는 때때로 성서 기록의 '침묵'이고, 때때로 그 기록의 저주이다. 그러나 어느 경우에서도 성서 기록은 우리가 실제로 가지고 있는 인공유물이 명확히 해주는 것처럼 고대 세계를 명확하게 밝혀주지 못한다. 성서 기록은 전반적으로 그들만을 위한 텍스트에 그칠 뿐이다.

3절

사물의 의미

주로 물질문화 유물들이 비춰주는 것에 따라 보통 사람들의 삶에 초점을 맞추려는 우리의 의도에 발맞추어, 이제 우리는 위험할지 모르지만 보다 이론적인 해석의 단계로 나아가야만 한다. 앞에서 살펴본 인공유물과 기록 모두가 의미하는 것은 과연 무엇일까? 제의의 본질은 무엇이며, 그 제의에서 숭배하는 신의 본질은 무엇인가? 사람들이 집에서, 촌락의 신전에서, 성인에게 바쳐진 성소에서, 몇 안 되는 성전에서 그렇게 제의 활동을 하면서 느꼈던 감정은 무엇일까?

물론, 자세하게 알아내는 것은 불가능하다(기록 증거조차 그 일은 불가능하다; 아래를 보라). 그러나 우리가 논의했던 물질문화 유물은 어떤 성서주의자들이 고집하고 있는 것처럼 전혀 '침묵'하지 않는다. 더구나 기록이 반드시 빛을 비춰주지 못하고 있다. 함께 고려할 때, 이러한 유물들은 레반트 세계가 일반적으로 그런 것처럼 고대 이스라엘과 유다에서 다른 것이 아닌 '풍산 종교(fertility religion)'를 다루고 있다는 사실을 아주 분명히 해준다. 대중에게 중요한 것은 실제이지 몇몇 글쟁이의 정확한 신학 이론이 아니다(여기에는 히브리 성서를 기록했던 이상주의자들을 포함한다). 그러므로 우리는 실제 종교나 민간 종교를 밝혀주기 위해 기록 전통을 살펴볼 수 없다. 오직 고고학이 그 일을 할 수 있다.

'종교'는 어떻게든 정의를 내리기가 거의 불가능하다. 그러나 분명한 점은 그것이 궁극적인 관심사를 다루려고 시도한다는 사실이다. 그리고 고대 이스라엘과 유다에서 그 관심사는 근본적으로 생존과 관련되어 있다는 것은 의심의 여지가 없다. 혹독한 환경에서 자연에 휘둘리며 강경한 적들에 둘러싸인 대부분의 사람들은 신들을 달래줄 방도를 찾아야만 했고, 그들이 할 수 있는 최선을 다해서 신들의 호의를 구해야만 했다. 그리고 주로 시골과 농사를 짓는 사회에서 그것은 돌려받는 것을 의미했다. 즉, 신들에게 선사하는 동전처럼 그들이 바쳤던 것들: 가축에서, 농사에서 남은 것들을, 심지어 자손들까지 그들은 바쳤고, 되돌려 받으려 했다. 오직 이러한 제물들만이 '풍요'를 보장할 수 있었으며, 그것 없이 인간 집단과 그 유산은 살아남을 수 없었다.

아마 고대 이스라엘과 유다의 인구 중 99퍼센트가 글자를 쓰거나 읽을 수 없었을 것이다. 그들은 성서를 가지고 있었더라도, 그것을 읽을 수 없었을 것이다. 그들은 왕실에서 수행하는 제사장을 단 한 번도 만나본 적이 없으며, 심지어 수도에 있는 성전조차 방문해본 적이 없었다(심지어 지역의 행정 중심지도 가보지 못했을 것이다). 그들의 전 인생은 가족을 중심으로 전개되며, 촌락과 씨족, 자연 세계와 계절이 변화하는 흐름에 따라서 그들의 삶은 움직였다(자세한 것은 6장을 보라).

몇 안 되는 큰 마을과 도시에서 사는 일부 상위 계층은 신학적인 면에서 더욱 정교한 생각을 품었을 수도 있을 것이다. 그러나 대부분 가정의 성소는 그들이 알고 있는 유일한 성전이었다: 가정과 화덕의 종교 말이다. 그리고 가정에서 여성—아내, 어머니, 딸—은 여느 제사장처럼 제의 전문가로서 역할을 감당했을 것이다. 만약 종교가 그러한 작은 영역에서 기능하지 않았다면, 그것은 써먹히지 못했을 것이며 더 나아가 살아남지도 못했을 것이다. 사람들이 만들고, 사용하고, 폐기하고, 다시 사용했던 것은 인공유물이었다. 결국, 그들의 일상생활의 실제에 관해 대부분을 밝혀주는 것은, 위대한 전통이라고 생각되는 기록(성서)이 아니라 바로 인공유물이었다. 만약 이스라엘 종교를 다루는 역사가 미래에 기록된다면, 그것은 이제 우리가 보유한 방대하게 열거된 정보를 받아들여야만 할 것이다. 이것은 올브라이트가 자신 있게 예견했던 고고학적 혁명 덕분이다. 그것은 이미 도래했다. 비록 예상외의 결과가 나올지도 모르지만 말이다.

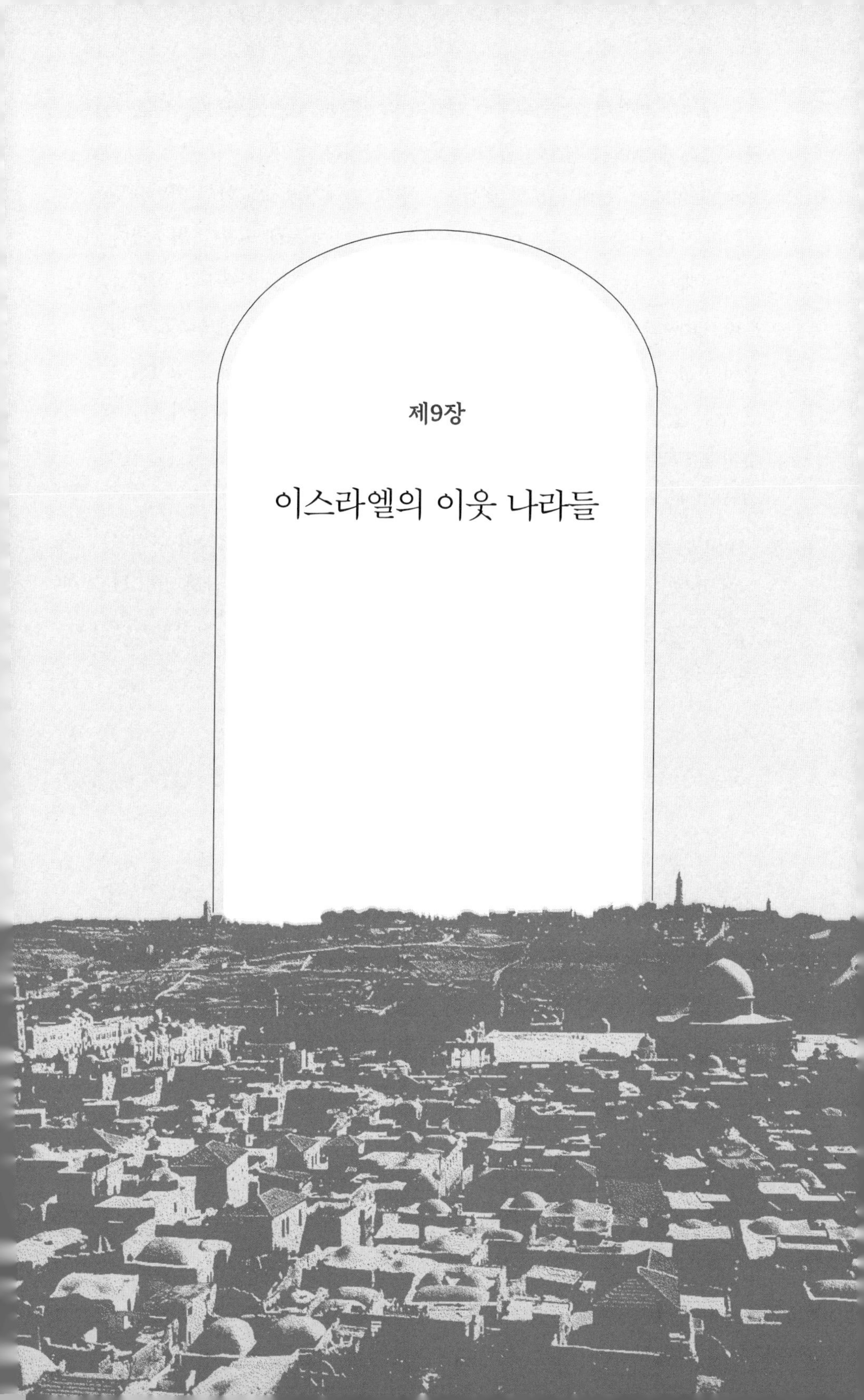

제9장

이스라엘의 이웃 나라들

고대 이스라엘이 진공 속에 존재하지 않았다는 것은 분명하다. 비록 최근에 그렇게 보이는 경우가 있기는 했지만 말이다(1948년의 이스라엘 건국을 의미함—역자주). 현대 학문의 태동—특별히 20세기의 고고학의 혁명—은 이러한 장기간 잃어버렸던 이웃의 나라들과 그 문화들에 빛을 비춰주었다.

여기에서 나는 해안을 따라 신-블레셋과 페니키아를; 북쪽으로 아람을; 트란스요르단으로 암몬, 모압 그리고 에돔을 차례대로 살펴보려고 한다. 성서 자료는 빈약하며 거의 도움이 되지 않기 때문에 통상 하는 것처럼 어떤 구절을 상세하게 덧붙이기보다 단지 해당하는 부분을 가져다가 사용할 것이다. 그리고 우리가 가진 정보는 상당히 빈약하기 때문에 나는 '그것이 진짜 어땠는지'에 대해서는 시도하지 않을 것이다.

이러한 국가의 문화에 대하여, 이미 다른 책에 쓸 만한 요약이 나와 있는데,[368] 그러므로 여기에서는 다음의 주제들에 집중해서 취급하겠다: (1) 이스라엘과 유다에 연관된 정치와 문화, 그리고 (2) 우리가 도표화할 수 있는 시간에 따른 변화들.

신-블레셋

원래 블레셋은 '바다 민족(Sea Peoples)'이란 하나의 집단으로, 기원전 1200년 어간에 미케네 세계가 붕괴하면서 등장했는데, 그 이후로 곧 남부 레반트 해안에 정착하게 된다.[369] 그들은 기원전 11~기원전 10세기 내륙으로 어느 정도 확장한 후에, 이스라엘과 유다가 왕국으로 성장하게 되면서부터 저지를 받게 된 것으로 보인다. 해안을 따라 블레셋의 주둔이 계속되었기 때문에 부분적으로는 문화적 변용이 일어나기는 했겠지만, '신-블레셋'이라고 명명해도 될 것이다.[370] 이 문화는 기원전 8세기 후반에 아시리아가 파괴하고 결국 기원전 604년에 바빌로니아가 멸망시킬 때까지 지속했다.

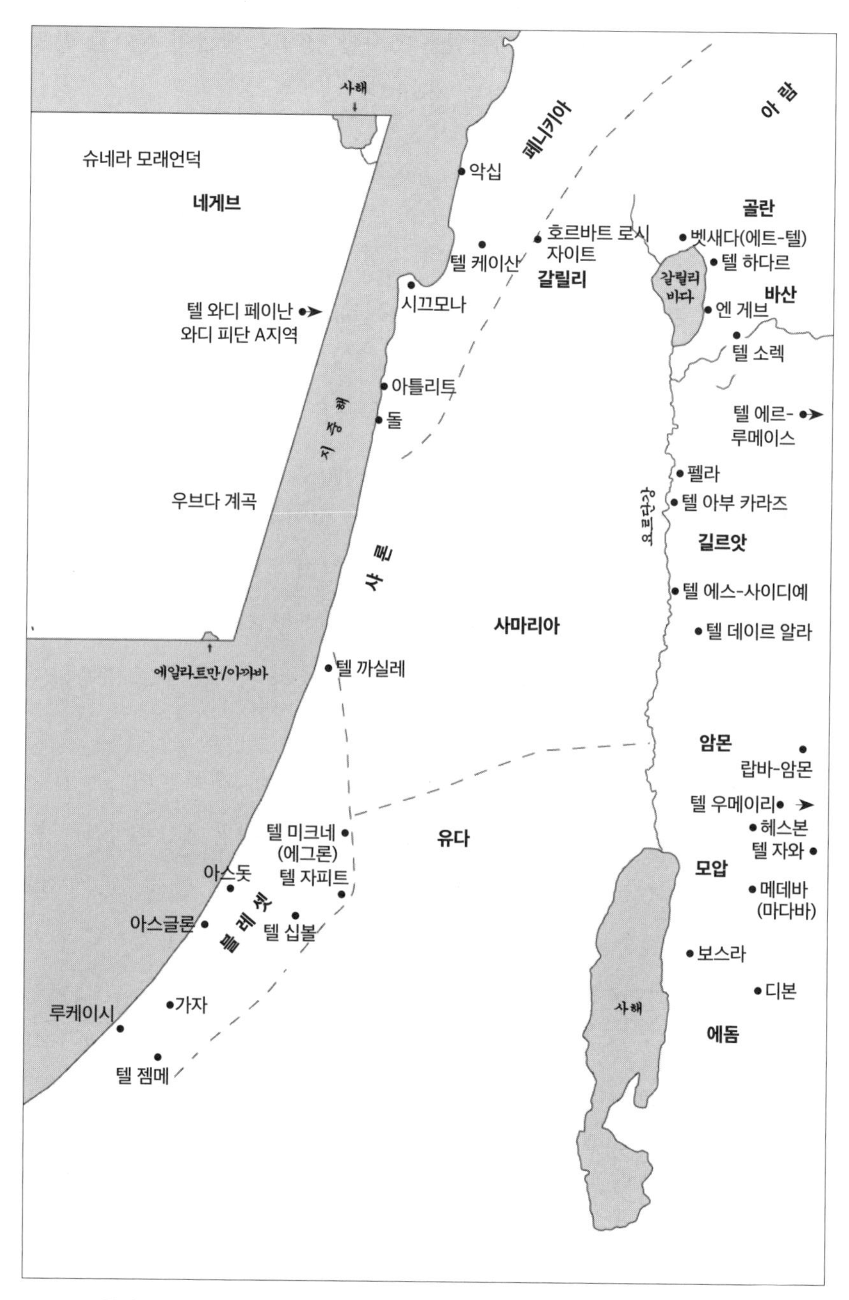

그림 IX.1. 철기 시대 이스라엘의 주요한 이웃 나라의 지도, 몇몇 잘 알려진 발굴 지역들이 나타나 있음.

여기에서 우리는 기원전 8세기만을 조사할 것이며, 발굴이 잘되고 발표가 된 몇 안 되는 장소를 주로 다룰 것이다.[371]

에그론

블레셋의 에그론Ekron은 그 나라의 가장 큰 둔덕 가운데 하나로, 40에이커의 하부 도시와 10에이커의 상부 도시로 되어 있는, 키르베트 무깐나Kh. el-Muqannaʿ(=텔 미크네)에 위치한다. 유다의 해안 내륙 평야 서쪽 경계에 자리하고 있으므로, 에그론은 주요한 동서를 가르는 도로를 따라 자리를 잡았다. 유다의 딤나Timna(텔 바타시Tel Batash)는 동쪽으로 8킬로미터 떨어져 있으며, 벧-세메스는 겨우 11킬로미터 떨어져 있다. 그러므로 에그론은 기원전 12세기에 블레셋이 세워졌을 때부터 유다와 대면하고 있었다(수 15:45~47). 그곳은 성서에서 블레셋 5대 도시 중 최북단 도시로 알려졌다(수 13:2~3; 삼상 5:10; 7:14). 성서의 저자는 그곳의 파괴를 두고 만족하며 기뻐했다(습 2:4; 슥 9:5~7).

그 장소는 1981~1996년에 시모어 기틴Seymour Gitin과 투르데 도탄Trude Dothan의 감독 아래 이스라엘과 미국 연합팀이 발굴했다. 에그론이라는 블레셋 고유의 도시는 독특한 에게해 문화의 도자기, 신상, 성전, 그리고 화덕과 중무장한 건축물이란 특징을 가지고 있었다(지층 7~4층). 그러나 철기 II 시대가 시작하면서(지층 3층, 기원전 10/기원전 9세기) 그 도시는 10에이커 이내로 위축되었다. 기원전 8세기에 해당하는 지층 2B-A층에는 여러 길을 따라서 대부분의 가정집 건물이 출토되었고, 여기에 해안 블레셋과 유다가 합쳐진 형태의 도자기가 발견되었다. 그곳에는 진흙 벽돌로 세운 성벽의 흔적이 있었다.

기원전 712년에 신-아시리아의 사르곤 2세가 군대를 이끌고 레반트 해안으로 내려오게 되자 에그론, 아스글론, 그리고 다른 블레셋의 마을들은 조공을 바쳤다. 그러나 기원전 701년에 센나케리브의 결정적인 유다 침공

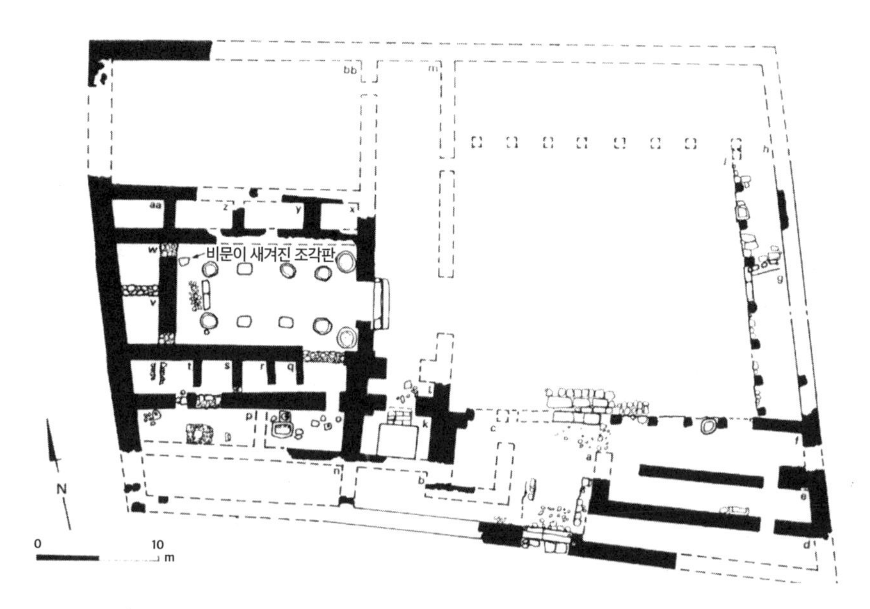

그림 IX.2. 텔 미크네(에그론)의 지층 1층의 성전 복합건물의 평면도. de Geus 2003, 그림 34

이 있자, 이들 마을은 반역하게 된다. 그러나 신-아시리아의 연대기는 기록하기를, 에그론의 사람들이 반역을 지원했지만, 그 왕 파디Padi는 반역에 동참하지 않았기 때문에 예루살렘에 있는 감옥에 갇히고, 유다 왕 히스기야가 그 자리를 빼앗았다고 한다. (성서 기사는 이 사건을 언급하지 않는다.) 이후에 센나케리브는 에그론을 탈취했으며, 관료들을 살해하고 그들을 말뚝에 찔러 죽였으며, 그의 봉신인 파디를 복원시켜서 결국 조공을 바치도록 했다. 고고학적 증거는 그 이후로 중요한 변화가 나타나고 있음을 보여주지만, 파괴의 흔적은 없었다.

기원전 701년에 아시리아의 진격으로 인해 에그론은 황폐화되고 말았지만 빠르게 복구되었고, 기원전 7세기 내내(지층 1층) 그 도시는 아시리아의 후견 아래에서 주요한 올리브기름 생산지와 섬유 생산 중심지로 번영하게 된다. 그러므로 그곳은 마지막 세기 동안 유다의 국경을 따라 성공한 최전선 도시로 남았다.

페니키아 글자로 기록한 여러 도편에는 옛 가나안 여신인 아세라에게 바치는 어떤 신전이 언급되어 있다. 옷을 벗은 여성 신상은 아세라 여신을 나타내는 것으로 보이며, 동시대의 기둥으로 밑받침이 되어 있는 유다 방식의 신상과 비슷하게 보이기는 하지만 여전히 뚜렷이 구별되는 부분도 있다. 여기에서 언어와 제의는 어느 정도 기원전 8세기의 유사성을 반영한다. 기원전 7세기 후반에 속하는 지층 1B층에는 기념비적인 헌정 비문이 650번 성전에서 발견되었는데, '파디의 아들, 아기스Achish'를 언급하고 있으며, 이 사람은 기원전 604년에 바빌로니아의 네부카드네자르 2세(성서의 느부갓네살—역자주)가 파괴할 때까지 에그론을 다스렸다.[372]

가드

에그론에서 남쪽으로 8킬로미터 떨어진 곳에 있고, 유다 국경에서 아세가를 마주하는 텔 에스-사피Tell es-Sâfi(텔 자피트Tel Zafit)는 비록 발굴 초기에 다른 장소로 잘못 규정되기는 했지만, 고대의 가드Gath였음이 분명하며, 성서가 말하는 블레셋의 5대 도시 가운데 하나이다. 그곳은 1996년 이래 아렌 마이어Aren Maeir와 다른 고고학자들에 의해서 발굴이 되었다. 그곳은 근처의 에그론보다 훨씬 크며, 약 100~125에이커에 이른다. 기원전 12세기의 본래 블레셋 도시의 크기는 아직 측정되지 못했다. 잠정적인 지층 3층은 기원전 9/기원전 8세기에 속해 있다. 그곳에서 실질적인 가옥 거주에 대한 증거가 나왔는데, 불에 타서 파괴된 지층에서 수백 개의 도자기 그릇이 발견되었다. 그릇 품목에는 키프로스-페니키아 양식뿐만 아니라 독특한 검은 바탕에 빨간 줄이 그려진 '아스돗' 도자기가 있었다. 거기에는 또한 많은 종류의 제의 그릇이 있었고, 또한 몇몇 블레셋 비문도 있었는데, 지금까지 해독되지 않은 상태이다.

가드의 파괴는 아람의 왕 하사엘 때문이라고 생각되었다(약 840년; 참고. 왕하 12:17). 하사엘은 공성전攻城戰을 벌였는데, 가드의 하부 도시 전체를

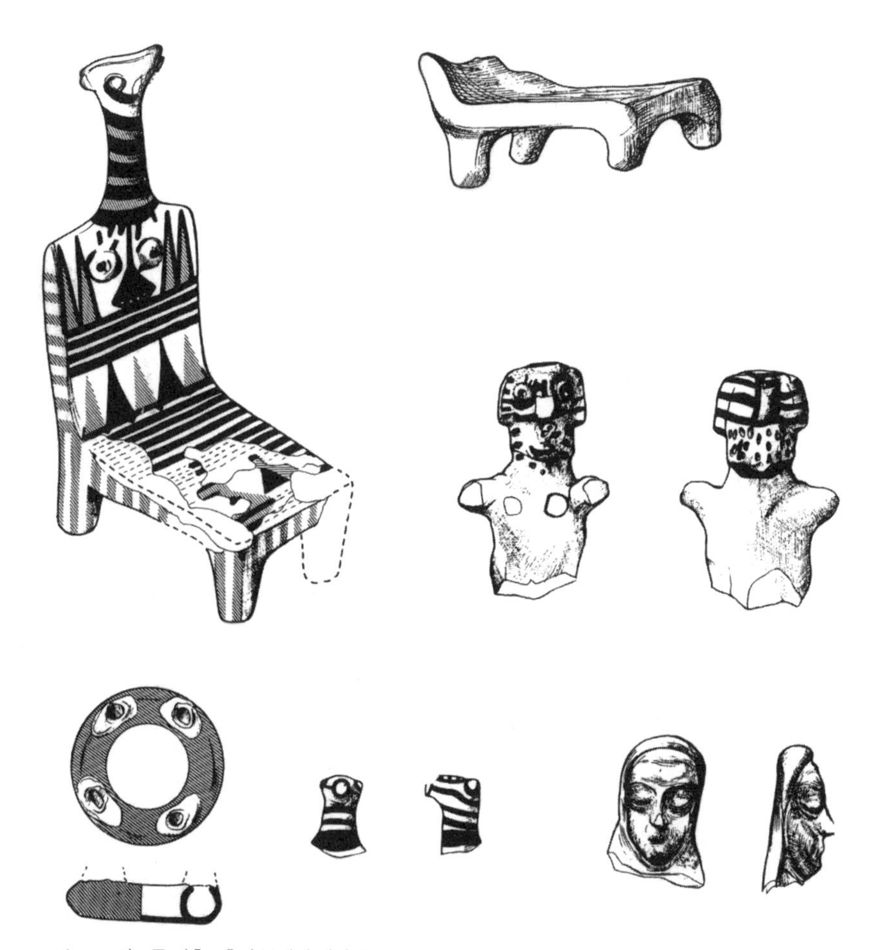

그림 IX.3. 아스돗 지층 8층의 블레셋 제의 용품들. Dothan 1971, 그림 62:3, 63:6, 66:7, 71:3, 91:1

둘러싸고 있는 거대한 도랑이 발견되었다. 어쨌든 이후 기원전 712년에 사르곤 2세는 아스돗과 함께 이 마을을 장악했다(참고. 사 20:1).[373]

아스돗

아스돗Ashdod이라는 거대한 둔덕(이스두드산[Ar. Isdud]; 하부 도시는 약 70에이커; 아크로폴리스는 약 20에이커)은 1962~1972년에 이스라엘의 고고학자인 모셰 도탄Moshe Dothan과 다른 학자들에 의해서 발굴되었다. 지층 8층의 도시는 쇠퇴하고 있는 상태의 기원전 8세기에 해당하는데, 가정 건물 여러 채뿐만 아니라 작은 성전이 발견되었다. 제단 근처와 사방을 두르는 방들 안에서 다량의 제의 물건이 발견되었다: 사람 모형과 동물 모형의 신상들, 케르노스*kernos*(헌주를 위한 '사람 모양의 가짜 그릇'), 축소형으로 만든 긴 의자로 머리 부분은 에게해 양식의 애도하는 여신('아슈도다Ashdoda', 아스돗에서 만들어진 여자 모양의 의자—역자주), 그리고 봉헌대.

신-아시리아 기록물을 근거로 판단할 때, 아스돗은 이전에 북왕국 이스라엘을 제거했던 원정에서 파괴되었다. 아스글론(아래를 보라)과 가자Gaza는 둘 다 티글라트 필레세르 3세의 기록물에서 특별하게 언급되고 있다(약 기원전 734년). 가자와 아스돗은 결국 기원전 712년에 사르곤 2세의 손에 넘어갔으며, 이후 에그론(과 어쩌면 가드)은 기원전 701년에 센나케리브에게 넘어갔다(참고. 사 20:1; 암 1:8; 습 2:4).

아스돗의 지층 7층의 쓰레기 구덩이에서 발견한 여남은, 어쩌면 수백의 매장지와 이차적인 매장지는 많은 수의 인골과 약간의 장례 봉헌물을 내놓았다. 이는 거의 확실히 아시리아에 의한 파괴의 희생자들로 보인다.

더욱 강력한 증거가 아시리아의 쐐기문자 비문이 새겨져 있는 큰 현무암 승전 기둥의 조각들에서 나왔다(3조각). 비록 이러한 조각들에서 아스돗 자체는 언급하고 있지 않지만, 그 기둥은 신-아시리아의 수도인 코르사바드Khorsabad에서 발견된 것과 매우 유사하다. 근처의 아스돗-얌('아스돗의 바다')은 방어를 견고하게 했지만, 이 시기에 파괴되고 말았다.

2003~2004년에 아스돗에서 재개된 우연한 발굴의 결과, 아시리아 양식의 왕궁이 드러났는데, 최소한 25에이커로 확장되었다(지층 7층). 그 왕궁은 기원전 7세기 파괴 이후의 상황을 나타낸다.[374]

아스글론

아스글론Ashkelon은 지중해에 있는 거대한 둔덕으로(약 150에이커), 아스돗에서 남쪽으로 19킬로미터 정도 떨어져 있다. 그곳은 1920년대에 영국의 고고학자들이 발굴하였고, 이후 1985년에 하버드 대학의 로런스 스테이저Lawrence Stager의 지도를 받은 미국 탐사대가 발굴하였다. 근처의 아스돗과 같이 아스글론에서는 기원전 12~기원전 11세기에 처음 블레셋이 정착한 것에 대해 방대한 증거가 나왔다. 그러나 기원전 9세기의 지층 15층에 이르자, 아스글론은 또한 쇠락의 길을 걷고 있었다. 그 지층에서 발견된 것 중에 새로운 내용을 알려주는 것으로, 집 한 채와 그 집의 안뜰 지하에 곡식 사일로가 있었다. 사일로에서 나온 쓰레기에는 수입된 페니키아 도자기뿐만 아니라 품질이 좋은 사마리아 양식의 그릇 몇 개가 포함되어 있었다. 기록에서 알게 된 기원전 734년 파괴의 증거는 보고된 바가 없다.[375] 유다의 적대적인 분위기는 사사기 1장 18절과 사무엘하 1장 20절과 같은 구절에서 나타나 있다.

다른 신-블레셋의 마을들

다른 신-블레셋의 마을들도 발견되었는데, 그러한 곳으로 5대 도시 중 하나인 가자뿐만 아니라 라피아Raphia, 그리고 벧-다간Beth-dagan(성서의 벧-다곤Beth-dagon—역자주), 욥바, 브네-브락Benei-beraq, 그리고 아소르Azor가 있다(모든 마을은 텔아비브를 향해서 해안에 자리하고 있다). 가자는 현대의 도시 가자 지하에 있을 것으로 생각되며, 그렇기에 발굴되지 못한 상태로 남아 있다. 라피아의 위치는 알고 있지만, 거기에서 우리는 몇 개 정도의 유물만 우연히 발견했을 뿐이다.

더 남쪽으로 내려가면 나오는 텔 젬메Tell Jemmeh는 아마 고대의 '이집트 시내(Brook of Egypt) 근처의 아르사Arza'였을 것인데, 신-아시리아의 에살핫돈의 기록물에 언급되어 있다(약 기원전 681년). 그러나 그곳은 아마 기록물에 언급되기 전에 파괴되었던 것으로 보인다. 어쨌든 아시리아 양식의 진흙 벽돌로 아치를 만든 독특한 건물, 그리고 아시리아의 '왕실 도자기'를

그림 IX.4. 초기 블레셋 도자기(기원전 12~기원전 11세기). Amiran 1967, pl. 90:1, 2, 6, 9, 13; 91:4, 5, 10

볼 때, 기원전 7세기에 아시리아의 통제를 받았음을 알 수 있다.[376]

요약하면, 기원전 8세기의 블레셋 평원은 내륙과 구별된 여러 '이국적인' 문화 요소들이 유지되면서 유다와 차이점을 보이게 되었고, 비록 국경이 확정되지 않았음에도 불구하고 문화적인 차이를 발견할 수 있었다. 유다의 세겔 저울추와 기둥으로 밑받침이 되어 있는 신상을 기초로 작성한 분포도는 그러한 문화적 유형-발굴(type-fossil)이 블레셋 안으로는 확장하지 않았음을 보여주었다. 반대로 말하면, 비록 어느 정도 교류가 있었음에도 불구하고 많은 블레셋의 도자기 유형은 내륙으로 침투하지 못했다. 미케네 헬라어의 한 형태가 초기 블레셋 침략자들에 의해서 틀림없이 사용되었을 것이지만, 그들의 후손은 히브리어와 관련이 있는 셈족 언어를 사용하게 되었을 것이 분명하다. 그들은 또한 히브리어와 긴밀하게 관련이 있는 페니키아의 활자를 채택했다. 기원전 7세기 에그론에서 발견된 비문은 여신 아세라 제의가 이 두 민족에게 보편적이었음을 드러내준다(앞을 보라). 그리고 이 둘은 기원전 8세기 후반 아시리아의 손안에서 같은 운명을 나누었다. 비록 블레셋이 훨씬 덜 영향을 받았고, 심지어 기원전 7세기에 번창하기까지 했지만 말이다.

기원전 8세기에 유다와 블레셋 간에는 어느 정도 화해의 분위기가 있었음에도 불구하고, 성서의 저자는 (이후의 관점으로) 유다가 블레셋과 내내 충돌했다고 말한다. 웃시야(기원전 788/7~기원전 736/5년)는 "블레셋 사람들과 싸웠다"고 말한다(대하 26:5~8). 그리고 유다의 아하스 왕(기원전 742/1~기원전 726년)은 블레셋이 셰펠라와 네게브에 침입해서 어려움을 겪기도 했다(대하 28:18). 그러나 그러한 충돌에 대한 고고학적 증거는 어디에도 없다. 그리고 역대기가 위와 같은 주장을 하지만 그것은 아무래도 300~400년 이후에 기록된 것으로, 열왕기의 저자는 그러한 사건들을 언급하지 않고 있다. 결국, 우리는 가자, 아스돗, 에그론, 그리고 가드의 도시가 장차 (센나케리브에 의한) 이스라엘과 유다의 패배를 기뻐할 것이라는 아모스 1장 4~8절과 미가 1장 10절과 같은 구절의 수사적 의미가 과연 무엇인지 주목하게 된다.

페니키아

기원전 8세기에 남부 레반트의 해안 평야 지대는 신-블레셋이 차지하고 있었다. 그러나 더 북쪽으로 가서 두로와 시돈까지 나아가면, 페니키아—후기 청동기 시대 가나안의 후손들—가 지배적이었다.[377] 여기에서 국경은 갈릴리 서쪽이었다. 다수의 페니키아 장소들이 발굴되었으며, 그중 몇몇은 기원전 8세기 맥락에 속한다(그림 IX.1 앞을 보라).

돌

돌Dor은 기원전 12~기원전 11세기에 초기 페니키아의 도시로 세워졌는데, '시킬Sikil'로 알려진 해양 민족의 한 집단이 세운 것으로 보인다. 그곳은 1980년 이래 에프라임 스테른Ephraim Stern과 다른 학자들에 의해서 발굴되었다. 돌은 남부 레반트 해안에서 가장 수심이 깊은 항구 중 하나였다. 이곳은 키프로스와 깊은 관련을 맺고 있었는데, 이는 초기 키프로스-페니키아 도자기가 다량으로 발견되었기 때문에 알 수 있는 내용이다. 한편 기원전 8세기에 이르면, 돌은 미약한 페니키아 도시가 되었고, 그 사람들은 다른 문화에 동화되었던 것으로 보인다. D3 지역의 9~10지층에서는 기원전 8세기에 속하는 빈약한 물건들이 나왔는데, 도자기들은 전형적으로 페니키아의 방식을 보여주고 있다. 한 인장에는 '돌의 제사장'이란 글귀가 새겨져 있었다.

돌에서 발견된 물건 중 가장 중요한 것은 거의 8.6킬로그램이나 되는 은 조각 뭉치로, 각각 0.4킬로그램 되는 천으로 된 가방 17개 안에 싸여 있었으며, 각각은 진흙 조각에 도장을 새긴 반지로 봉인이 되어 있었다. 그 가방들은 큰 물병 안에 포장되어 있었고, 그 위는 대접이 막았으며, 바닥 아래에 묻혀 있었다. 그러한 뭉치는 그 도시의 부유함을 증명해준다. 비록 그곳의 건축물은 거의 발굴하지 못했지만 말이다.[378]

아틀리트

해안을 따라 약 13킬로미터 정도 올라가면, 아틀리트'Atlit라는 페니키아의 장소가 나오는데, 그곳은 방대한 묘지로 유명하다. 그 묘지들은 기원전 8세기부터 헬레니즘 시대까지 걸쳐서 유지되었다. 초기 묘지의 일부는 화장의 흔적이 있고, 전형적인 키프로스와 페니키아 도자기가 수반되었다.

그곳에는 또한 수직으로 깎아 만든 무덤도 있었는데, 비슷한 무덤 물품들이 발견되었다.

페니키아의 항구는 이스라엘 해안을 따라 유일하게 온전히 잘 보존된 곳으로, 이곳에서 초기 페니키아의 해운 공학 기술에 대한 증거들이 나왔다. 그러나 발견된 대부분의 난파선과 그 화물은 페르시아와 헬레니즘 시대로 연대 설정이 되었다.[379]

시끄모나

시끄모나Shiqmona는 자연적인 절벽에 자리를 잡은 작고 낮은 둔덕(약 2에이커)으로, 하이파Haifa만灣의 남쪽 경계를 이룬다. 그곳은 1963~1979년에 하이파시 박물관 고대예술부의 J. 엘가비시J. Elgavish가 발굴했다. 기원전 12세기부터 기원전 7세기 말까지 연속적으로 사람들이 거주한 것으로 보고되었다. B 마을은 기원전 9세기 말에 아마 아람에 의해서 파괴된 것으로 보인다. 그런 다음에 C 마을은 기원전 8세기 중반에 파괴되었고, D 마을은 기원전 8세기 후반에 파괴되었다. 이는 신-아시리아가 파괴한 것일 가능성이 높은데, 레반트 해안 아래까지 그 원정의 일부가 진행되었기 때문이다.[380]

텔 케이산

텔 케이산Tell Keisan은 원래 하이파만 근처였지만 지금은 내륙이 된 곳으로, 급경사를 띤 거대한 둔덕이다(15에이커). 아마도 옛 지명은 악삽Achshaph이었을 것이다. 1971년부터 1980년까지 그곳은 페르 프리나드Pères J. Prignaud, J. 브랭J. Briend, J. -B. 윔베르J. -B. Humbert의 지도로 예루살렘의 프랑스 성서와 고고학 연구소(École Biblique et Archéologique Française)가 발굴했다.

기원전 12~기원전 11세기에는(지층 10~9층) 키프로스-페니키아뿐만 아니라 블레셋 도자기의 영향도 나타났다. 지층 8~5층은 기원전 10~기원전 8세기에 속하는데, 아시리아의 파괴로 끝이 나는 것 같다. 페니키아의 문화를 가장 잘 보여주는 것은 페니키아의 저장용 항아리의 대중적 사용인데, 그것은 기원전 7세기 말까지 광범위한 지역에서 거래되었다. 비슷한 항아리는 대부분 포도주를 담아 해양 운반을 하기 위한 용도로 사용되었던 것들로, 그 항아리들은 키프로스, 터키, 북아프리카 그리고 스페인에서 발견되었다.[381]

악고

고대 악고Acco의 상당 부분은 현대의 마을 아래에 있기 때문에 접근이 불가능한 상태이다. 그렇지만 최근에 모셰 도탄의 발굴을 통해서 그곳에 방어 시설이 갖춰진 기원전 8세기의 페니키아 도시가 있었음이 드러났다. 기원전 701년 아시리아가 파괴한 것으로 보이는 곳에서 은 뭉치가 발견되었다.[382]

악십

악십Achzib은 현대 레바논 국경에서 남쪽으로 겨우 8킬로미터 떨어진 곳으로, 레반트 해안에 자리하고 있다. 그 장소는 1940년대 이후로 여러 고고학자들이 정기적으로 발굴했었는데, 그 가운데 임마누엘 벤-도르Immanuel Ben-Dor, 모셰 프라우스니츠Moshe Prausnitz, 그리고 에일라트 마자르가 있다. 초기 페니키아 지층에서는 키프로스-페니키아 도자기들과 그 모형품들이 발견되었다. 그러나 증거 대부분은 여러 가지 묘지의 부장품들로 구성되었다. 기원전 8세기의 어떤 매장지는 화장의 흔적이 있었는데, 카르타고에 있는 페니키아 '도벳'Tophet(자녀를 바쳤다는 전승이 전해오는 도벳 신전—역자주)과 닮았다. 다른 것으로는 페니키아 양식의 도자기가 들어 있는 깎아 만든 무덤이 있었다. 특별히 중요한 점은 특별난 빨간색의 광택이 나

그림 IX.5. 페니키아 '풍요 신상', 제의 음악가 (악십). Vriezen 2001, 그림 15

는 물병, 말을 탄 사람 모양의 신상, 그리고 북을 연주하고 있는 여성 신상(제의 음악가인가?)이다. 그 장소는 기원전 701년 센나케리브의 원정에서 파괴되었다.[383]

로시 자이트

로시 자이트Rosh Zayit는 하부 갈릴리의 산기슭에 자리 잡은 작은 둔덕으로(6에이커), 텔 케이산에서 내륙으로 약 16킬로미터 들어간다. 그곳은 1980년대에 즈비 갈Zvi Gal이 발굴했다. 주요한 발견으로는 아시리아 방식의 기둥이 달린 현관 건물(비트 힐라니*bit hilāni* 모델)을 닮은 큰 성채가 나왔는데, 이것은 기원전 9세기에 파괴되었다. 그 폐허에서 많은 수의 페니키아 양식의 저장용 항아리뿐만 아니라 키프로스-페니키아 물병도 나왔다. A 건물은 기원전 8세기에 속한 것으로, 기름 압착기와 결합되어 있었다.

비록 페니키아 장소라고 하기에는 다소 내륙 지방에 속하였지만, 로시 자이트는 아마 성서에 나오는 가불Cabul로 보기에 최적의 장소이다(수 19:27). 그곳에서는 가불과 북쪽에 있는 이스라엘 지역 사이의 교역 관계에 대한 증거가 일부 존재한다(참조. 왕상 20:34의 '시장', 한글성서는 '거리'라고 번역했다—역자주).[384]

요약하면, 페니키아인들은 철기 시대 초기부터 이스라엘이 이웃하는 북부의 해안 지역에 사는 사람들로, 기원전 8세기 말 신-아시리아의 원정으로 희생되고 말았다. 이 둘은 후기 청동기 시대의 옛 가나안 문명의 후예들이었다. 북이스라엘의 수도인 사마리아가 그 문화에서 페니키아를 따르고 있다는 사실은 중요하다: 마름돌로 만든 건축물, 상아로 상감을 한 물건들, 빨간색이 들어간 도자기, 심지어 페니키아의 공주(이세벨)까지 말이다. 그리고 심지어 솔로몬의 예루살렘에서도 그 성전은 페니키아의 장인들과 기술자들이 건설했다. 성서 저자(대부분 남쪽 사람들이다)의 날카로운 논쟁에도 불구하고, 이스라엘과 페니키아는 비교적 평화로운 조건 속에서 함께 살아갈 수 있었다. 그것은 부분적으로는 그들의 국경에는 빈틈이 많았기 때문으로 보인다(그림. IX.1).

최근 연구에 따르면, 신-블레셋의 남쪽 장소들에서 아시리아의 파괴가 있고 난 후에, 페니키아가 가자Gaza와 심지어 멀리 루께이시Ruqeish(해안 평야에 위치한다)까지 침투해서 들어갔다는 주장이 제기되었다. 사람들의 이러한 움직임은 전형적으로 아시리아 정복 이후의 시대 현상으로, 그들은 아마 자신들의 새로운 군주에 용기를 얻었기 때문일 것이다.[385]

아람

철기 시대의 아람은 초기 이스라엘과 유사한 기원 역사를 가지고 있다.

이 두 민족은 부분적으로 레반트 지역의 유목민 부족에서부터 출현했다가, 기원전 12세기에 이집트 제국이 레반트에서 붕괴하자 정주定住하게 되었다. 원래 북부 메소포타미아에서 내려온 사람들로, 아람 부족은 서쪽으로 진행했고, 시리아에 정착했으며, 결국 기원전 10~기원전 9세기에 이르러 여러 도시국가로 합쳐지게 되었다. 그런 다음에 그들은 남쪽으로 진격했고, 얌하드Yamhad(알레포), 까트나Qatna, 하맛Hamath 그리고 다마스쿠스Damascus(그 유명한 아람의 다마스쿠스)와 같은 장소들을 차지하게 되었다(그림 III.1).[386]

우리는 기원전 9세기와 기원전 8세기에 아람이 북이스라엘로 갑작스럽게 진입했던 일들을 이미 주목한 바 있다(앞을 보라). 이제는 이스라엘 혹은 그 북쪽과 북동쪽 국경에서 우리가 알게 된 발굴지를 보다 자세하게 살펴보도록 하자.

벳새다

벳새다Bethsaida(아르 에트-텔Ar. et-Tell)는 요르단강의 동쪽 둑에 자리한 20에이커 크기의 둔덕으로, 갈릴리 바다로 향하고 있다. 1987년 이래로 그곳은 라미 아라브Rami Arav의 감독 아래 미국인 팀이 발굴했다. 철기 시대 벳새다는 기원전 10~기원전 9세기에 시작되었는데, 그 지층인 6a-b층에는 도시의 벽, 성문, 왕궁, 그리고 곡물 저장소가 있었고, 이 모든 것들은 기원전 9세기에 대화재를 겪으면서 파괴되고 말았다. 지층 5a-b층은 기원전 8세기에 방어 시설을 갖추어 다시 세워졌는데, 여기에는 통로가 3개인 거대한 성문과 다양한 성문 성소들이 있었다. 성문 입구 측면으로는, 하나의 성소에 거대한 현무암 돌기둥이 있었는데, 그 기둥에는 아람의 신 바알-하다드Ba'al-Hadad의 모습이 그려져 있었다. 전체 지역은 심각하게 파괴되었고, 불에 탄 벽돌 조각들이 사방 1미터 두께로 흩어져 있었는데, 이는 틀림없이 기원전 732년에 있었던 티글라트 필레세르 3세의 아시리아 원정 결과이다.[387]

그림 IX.6. 아람의 신 바알-하다드의 성문 석비 그림. Bethsaida, 기원전 8세기

텔 하다르

텔 하다르Tel Hadar는 벳새다에서 남쪽으로 약 3.2킬로미터 떨어진 곳으로, 갈릴리 바다의 동쪽 해안에 있는 작은(2.5에이커) 둔덕이다. 그곳은 기원전 11세기(지층 2층)에, 이스라엘의 발굴자 모셰 코하비Moshe Kochavi에 따르면 '왕실 요새'라고 불리는 방어 시설이 완비된 지역으로 건축되었다. 그러나 지층 1층의 시대인 기원전 8세기에 이르면, 그 장소는 농장 촌락에 지나지 않을 정도로 축소되고 말았는데, 아마 남쪽으로 겨우 9.6킬로미터 떨어진 엔 게브라는 새롭게 방어 시설을 갖춘 곳의 위성도시가 되었기 때문으로 보인다. 그곳은 기원전 733~기원전 732년에 티글라트 필레세르 3세의 원정에서 파괴되었고, 그 이후로는 결코 재건되지 못했다.

아람 사람들로 이루어진 그술Geshur 왕국이 골란 고원까지 확장했던 절정기에 텔 하다르는 왕국의 전초기지였다. 그리고 이 시기의 지도자 가운데 한 사람은 '암미훗의 아들 달매'였다. 성서에 따르면(대상 3:2), 그는 결혼을 통해 다윗 왕과 친척이 되었다.[388]

그림 IX.7. 텔 하다르 유적지. 사진: W. G. Dever

엔 게브

엔 게브'En Gev는 갈릴리 바다의 동쪽 해변에 있는 낮은 둔덕으로, 1960년대에 이스라엘 고고학자들이 발굴했다가, 1990년대 초반에 이스라엘과 일본 발굴팀이 작업을 했다. 그곳은 기원전 10세기(지층 5~4층)에 방어 시설이 있는 성채로 건축되었다. 기원전 9세기(지층 3~2층)에는 다시 방어 시설을 견고하게 갖추었는데, 이는 아람이 남쪽으로 원정을 떠나는 것과 발을 맞춘 것으로 보인다. 지층 1층은 방어 시설이 없었는데, 기원전 733년과 기원전 732년에 아시리아의 원정에서 파괴된 것으로 보인다.

그 장소를 아람 지역으로 볼 수 있는 근거는 지층 3~2층의 물건들 때문인데, 특별히 저장용 항아리에 '(잔 맡은 자) 샤끼아Shaqia의 것'이라는 기록에 의존하고 있다. 추가적으로, 도자기 일부가 남부 시리아에서 유입되었다. 강력한 방어 체계와 공공건물은 그곳이 아벡Aphek(왕상 20:30; 왕하 13:14~17)과 동일한 장소라는 것을 나타내는데, 이곳은 기원전 9세기에 아람의 전진 기지이기도 했다. 그러므로 텔 소렉은 아벡의 후보지가 될

수 없다.[389]

텔 소렉

골란 고원의 하부 쪽인 엔 게브로부터 내륙으로 8킬로미터 떨어진 곳에 있는 텔 소렉Tel Soreg은 기원전 9세기의 길가에 있는 작은 요새이며, 1980년대에 발굴되었다. 그 요새는 기원전 8세기까지 계속해서 사용되었고, 이후 쇠락의 길을 걷게 된다. 그곳은 아마 아람의 전진 기지였던 것 같다.[390]

요약하면 아람, 특별히 다마스쿠스의 도시들은 기원전 9세기 내내 정기적으로 이스라엘 안으로 침투해 들어왔다. 아람의 왕실 비문은 신-아시리아의 연대기와 함께 이들의 침략의 정도를 증명해준다. 성서 기록은 비록 여기저기에서 침묵하거나 실수가 있지만, 대체로 동의하고 있다.

아람은 결국엔 모든 학자들이 동의하는 바와 같이 하사엘 지배 아래에서 이스라엘, 유다, 그리고 블레셋 모두를 침략한다(약 기원전 840~기원전 810년). 그러나 이러한 아람의 원정은 기원전 9세기가 끝나면서 종말을 고하게 되는데, 즉 하사엘의 죽음 이후 그의 아들 벤-하닷(3세)이 계승하던 시기였다. 열왕기하 13장 1~6, 22~25절에 따르면, 이스라엘의 왕 여호아하스(기원전 819~기원전 804/3년)는 하사엘과 벤-하닷을 배반한다. 유다에서 여호아스(요아스; 기원전 842/1~기원전 802/1년)는 또한 하사엘을 이겨냈다고 전해지는데, 한편 그는 강제로 조공을 바쳤다고 한다(왕하 12:17~18). 그러므로 이후 50년 동안 이스라엘과 아람 사이에는 일종의 무장 휴전이 있었던 것 같다.

기원전 8세기에 이르면, 이 두 민족은 지난 고충을 옆으로 치워두고 보다 다급한 아시리아의 위협에 직면하게 되면서, 때로는 협력하기도 한다. 성서 저자들은 아람 왕들의 이름을 정확하게 언급했다. 그러나 그들은 아람이, 그러니까 아시리아가 아닌 아람이 그들의 주적이라고 계속 생각하는 실수를 저지르고 말았다.[391]

트란스요르단의 사람들

트란스요르단의 암몬, 모압 그리고 에돔은 사실상 이스라엘과 유다와 사촌이며, 단지 요르단강 저편에 있을 뿐으로, 그 경계도 절대 고정되지 않았었다(그림 IX.1). 그들은 전부 북서 셈족의 부족민으로, 이스라엘과 같이 후기 청동기 시대 문화와 이집트의 패권이 붕괴한 이후 초기 철기 시대에 출현하였다. 그들의 언어는 히브리어와 매우 유사하며, 이것은 그들이 차용한 글자에서도 나타나는 현상이다. 그렇지만 트란스요르단이라는 주변 환경은 사막의 가장자리이기 때문에 국가 형태로 나아가는 궤적이 상당히 느릴 수밖에 없었다. 급증하는 고고학적 증거에 비춰볼 때, 오늘날 권위자 대부분은 이들이 진정한 국가 체제를 전혀 이루지 못했으며, 더 적합한 모델을 찾는다면 오히려 '부족국가'에 가깝다는 데에 동의한다. 그리고 이러한 중앙화 단계에서조차 기원전 8세기 이전에는 해당 증거가 나오지 않았다.[392]

비록 이러한 트란스요르단의 사람들이 덜 통합되기는 했지만, 그들은 이스라엘과 유다 국가에 위협이 되는 존재로 보였다. 유명한 메샤 석비(Mesha Stele)는 1868년에 발견된 기념비적 모압 왕실 비문으로, 기원전 9세기에 메샤 왕이 이스라엘 왕 오므리를 상대하며 벌였던 원전을 묘사하고 있다. 당시에 메샤는 자신의 도시를 되찾기 위해서 시위를 벌였고, 그곳에서 이스라엘 사람들은 '다윗 왕조의 제단'을 세우게 된다. 그 석비에 언급된 몇몇 장소들은 이제 확인이 되었거나 발굴이 되었다(특별히 마데바Madeba와 디본Dibon; 아래를 보라). 그러나 석비에서 기술하고 있는 충돌에 대한 고고학적 증거는 어디에도 없다.[393]

기원전 8세기에 이르면, 이스라엘과 유다의 여러 왕들이 트란스요르단을 침략했던 것으로 보인다. 유다의 아마샤(기원전 805/4~기원전 776/5년)는 '소금 계곡'에서 에돔 사람 10,000명을 죽였다고 전해진다(왕하 14:7; 참고.

대하 25:14).

웃시야의 시대(기원전 788/7~기원전 736/5년)에 예언자 아모스는 트란스요르단의 유명한 마을인 길르앗, 모압, 그리욧, 보스라, 그리고 데반을 상대로 욕을 퍼부었다. 그러나 다시 말하지만 이것은 단순한 수사로 볼 수 있는데, 그 어떠한 고고학적 증거도 이러한 민족을 향한 실제 공격을 뒷받침하지 못하기 때문이다.

요담(기원전 758/7~기원전 742/1년)은 암몬 왕과 맞서 싸웠고, 그들을 굴복시켰으며 조공을 받았다고 전해진다(대하 27:5).

이러한 일반적인 요약을 염두에 두고, 이제 눈을 돌려 우리가 트란스요르단의 주요한 지역과 장소에서 고고학적으로 알아낸 것들을 정리해보도록 하자.

바산

바산Bashan이라고 이름이 붙은 영역은 일반적으로 훌레 분지(Huleh Basin)와 갈릴리 바다를 마주하는 곳으로, 야르뭇 협곡 아래로 골란 고원의 남쪽에 자리하고 있다(그림 IX.1). 우리가 알고 있는 주요한 지역들로는, 현대의 시리아와 마주한 요르단 국경에 있는 루메이스Rumeith, 카르나임Karnaim, 그리고 아스다롯Ashtaroth이 포함된다. 오직 루메이스만이 1960년대에 폴 랩Paul Lapp에 의해서 발굴이 되었다(아래를 보라). 히브리 성서는 루메이스('라못 길르앗')를 단 지파에 속한 길르앗 도시로 여기고 있다(신 4:43; 수 20:8; 21:38). 그러나 그 지역의 크기는 너무 작아서 그렇게 보기는 어렵다(참조. 왕상 22; 왕하 8:28~9:10). 루메이스는 주로 기원전 10세기(지층 8층)에 세워진 큰 요새였다가, 기원전 9세기(지층 7~6층)에 파괴되고 재건축되었으며, 기원전 8세기(지층 5층)에 와서 일반 가정이 크게 감소한 것으로 특징을 지을 수 있다. 지층 5층은 기원전 733년과 기원전 732년에 티글라트 필레세르 3세의 원정에서 파괴된 것으로 보인다.[394]

펠라Pella는 일반적으로 길르앗에 속하지만 그러나 그곳은 서쪽으로 너무 멀리 떨어져 있고, 오히려 요르단강에 가깝다.[395]

길르앗

길르앗Gilead은 바산의 남쪽으로, 야르뭇 협곡에서부터 남쪽으로 향하여 얍복강을 지나 암몬 북쪽 지역까지 뻗어 있다(그림 IX.1). 유일하게 알려진 철기 시대 장소는 라못-길르앗Ramoth-Gilead('루메이스'가 아니다; 앞을 보라)과 야베스-길르앗Jabesh-Gilead으로, 이 두 장소는 전혀 발굴되지 않았다. 다른 곳에서 몇몇 장소가 발굴되었으나, 기원전 8세기 물질유물은 거의 나타나지 않았다.[396]

야베스-길르앗은 아마 텔 아부 카라즈Tel Abu el-Kharaz라고 볼 수 있는데, 이곳은 요르단 계곡 안의 펠라 근처이기도 하다. 그곳은 거대한 둔덕으로, 그 기초는 25에이커에 달하며, 그 평평한 정상 부분은 약 4에이커에 해당한다. 그곳은 1989년에서 2005년까지 폴 피셔Paul M. Fischer가 감독을 한 스웨덴 발굴 기획팀이 작업을 했다. 상당한 양의 철기 II 시대 유물이 보고되었는데, 여기에 마름돌로 세운 큰 건물과 탑이 있는 방어 시설이 포함된다.[397]

길르앗의 몇몇 다른 철기 시대 장소들은 알려졌지만, 겨우 발굴되었을 뿐이고, 이르비드Irbid(요르단 북부에 있는 도시—역자주)처럼 우리는 기원전 8세기 유물에 대해서는 거의 할 말이 없다. 요르단 계곡의 아래쪽에 있는 장소들은 데이르 알라Deir 'Allā나 텔 에스-사이디예Tell es-Sai'diyeh처럼, 전형적인 곳은 아닌 것으로 보인다.[398]

암몬

고대 암몬Ammon의 영토는 쉽게 결정하기가 어려운데, 그 이유는 그 민족이 종종 반半유목민이었기 때문이다(그림 IX.1). 히브리 성서의 저자들은

그림 IX.8. 얍복강. 사진: W. G. Dever

옛 자료를 가지고 작업을 했겠지만, 그래도 기원전 7~기원전 6세기에 기록했기 때문에 암몬을 얍복강(와디 아즈-자르까Wadi az-Zarqa)에서부터 뻗어 나와서, 오늘날의 암만 북부를 지나 아르논 협곡(와디 무집Wadi el-Mujib)으로 향하는 남쪽의 모든 지역을 지나, 사해의 동쪽 해안으로 내려와 있다고 보았다. 더 현실적인 것으로는, 암몬의 남쪽 경계는 모압 북쪽의 평야와 만나는 곳까지 내려가며, 그리고 고대의 헤스본과 마데바 지역을 포함하고 있다고 말할 수 있다(아래를 보라).

히브리 성서에 신-아시리아 기록물과 이제 몇몇 암몬의 비문을 추가하면, 고대 암몬의 지명이 일부 드러난다. 그것 중에는 아이ʿAi, 아로엘ʿArôʿer, 아벨 그라밈Abel Keramim, 헤스본, 야제르Jazer, 마데바, 민니트Minnith, 그리고 라바트-암몬이 있다. 그러나 이들 장소 중 겨우 몇 곳만이 확인될 수 있었으며, 그 몇 곳 중에서 헤스본(탈 히스반Tall Hisban)만이 체계적으로 발굴이 되었을 뿐이다(아래를 보라). 마데바는 주로 지표조사에서 알려졌다.[399]

라바트-암몬은 오늘날의 암만으로, 우연히 몇 개의 물건과 무덤이 발견되었을 뿐이다. 이러한 빈약한 정보는 암몬의 여러 비문의 도움을 받고 보완될 수 있다. 즉, 암몬의 여러 왕의 이름이 들어 있는 기원전 8세기 비문을 포함할 수 있다. 여러 개의 탑이 암만 주위에서 발견되었는데, 이것은 방어 시설이 갖춰진 왕국을 암시하는 부분이다. 이러한 정보에 우리가 추가할 수 있는 것은, 옛 지명을 알지 못하거나 혹은 오직 추측할 수밖에 없는 그런 장소에 대한 탐사와 발굴 결과일 것이다.[400]

모압

광범위한 발굴이 미국의 고고학자들에 의해 진행되었는데, 바로 1968년부터 현재까지 마데바 평원 프로젝트(Madeba Plains Project)라는 프로그램 안에서 시그프리드 혼Siegfried Horn, 로저 보라스Roger Boraas, 로런스 제러티Lawrence Geraty, 래리 허Larry Herr, 그리고 다른 학자들이 참여했다. 탈 히스반Tall Hisban(확실히 성서가 말하는 헤스본이다)에서의 기초 작업을 통해 그곳에는 기원전 10~기원전 8세기에 거주의 증거가 어느 정도 있었지만, 가장 잘 보존된 정보는 기원전 7~기원전 6세기에서 나왔다는 결론을 내놓았다(그림 IX.1).[401]

유사한 장면이 오늘날 암만에서 남쪽으로 몇 마일 떨어진 곳인 텔 우메이리Tell el-ʿUmeiri에서 나타났다. 이곳에서 상당히 방대한 후기 청동기와 철기 I 시대의 유물이 나왔다(기원전 13~기원전 11세기). 그러나 발굴자들은 지층 8층, 곧 기원전 8세기에 속하는 이 지층에 가옥이 별로 없었고, 중요한 정착을 암시하는 것은 없었다고 말하고 있다.[402]

근처에는 탈 자와Tall Jawa가 있는데, 이곳은 1989~1995년에 랜들 영커Randall Younker와 P. M. 미셸 다비오P. M. Michèle Daviau가 발굴했다. 기원전 8세기 유물 약간(철기 IIB 시대)이 발표되었는데, 여기에는 잘 보존된 가옥과 가정 시설들뿐만 아니라 이중 성벽(casemate)까지도 포함하고 있다.[403]

마데바 평원 프로젝트 발굴의 또 하나의 장소는 탈 자룰Tall Jalul로, 마데

그림 IX.9. 아르논 골짜기; 모압 경계에 있는 왕의 도로. 사진: W. G. Dever

그림 IX.10. 암만 외곽의 루즘 말푸프(Rujm Malfuf)에 있는 암몬의 원형 탑. 사진: W. G. Dever

바에서 동쪽으로 4.8킬로미터 떨어져 있다. 그곳은 1992년 이래로 랜들 영커와 데이비드 멀링David Merling이 발굴해왔다. 유물 대부분은 철기 II 시대에 나온 것들이지만, 그 연대는 주로 기원전 7~기원전 6세기에 한정되어 있다.[404]

요약하면, 암몬과 모압Moab이라는 부족국가는 기원전 8세기에 들어오면서 형성되기 시작했다. 그러나 그들은 기원전 7세기에 주로 번영했던 것—부분적으로 그 이유는 그들이 아시리아의 약탈에서 최악은 면했기 때문—으로 보이고, 기원전 6세기 초반 바빌로니아에 의한 파괴가 있을 때까지는 생존했었다.

성서 저자들은 암몬에 대해서 다소 양면성을 지녔다. 그들은 암몬을 족장 시대나 정착 시대에서부터 올라가서 옛 경쟁자로 취급했다. 하지만 철기 II 시대에 이르면, 일종의 타협이 있었던 것 같다. 성서 기사는 기원전 8세기의 이스라엘과 유다 왕들의 통치에서(왕하 13~21; 참고. 대하 24~32) 암몬을 거의 언급하지 않는다. 열왕기서는 그 어떤 언급도 없다. 역대기서는 매우 후대에 기록된 것으로 덜 신뢰할 만한데, 암몬 족속을 상대로 아마샤(기원전 805/4~기원전 776/5년)와 요담(기원전 758/7~기원전 742/1년)의 침략을 언급하고 있다(대하 25:14; 27:5). 그러나 지금까지 요르단 어떤 지역의 주기적인 파괴 흔적이, 역대기가 주장하는 사건들과 연관이 있던 것이라고 특별히 보이는 지점은 없었다. 이 두 민족은 점증하는 아시리아의 위협에 집중하기 위해서 서로 간의 차별점을 억지로라도 제쳐두어야만 했을 것이다.

에돔

에돔Edom은 홍해로 가는 사해의 남쪽 끝에서 세렛 시내(Zered Brook, 와디 하사Wadi al-Hasa)의 남쪽으로 뻗어 있다. 이 지역 대부분이 반건조 기후이고 사막에 경계하고 있기 때문에 대규모의 사람들이 정주했던 때가 없었다(그것은 오늘날에도 해당된다; 그림 IX.1).[405] 성서 저자들은 에돔을, 더 북부에 있는 사람들(아람을 가리킴—역자주)처럼 경쟁자나 적으로 취급했다. 열왕기하 14장 7절에 따르면, 아마샤는 에돔 남부(페트라 근처)를 침략하고, 10,000명의 에돔 사람들을 살육하며, 그 지역의 이름을 바꿔 부른다(참고. 암몬에 대해서 앞을 보라). 역대상 1장은 아담(!)의 족보로 시작하며, "이스라엘 자손을 다스리는 왕이 있기 전에 에돔 땅을 다스린" 왕들로 이동한다(대상 1:43). 에돔의 여러 장소가 언급될 뿐만 아니라 '에돔의 족장'들까지도 그 이름을 언급하고 있다(1:51~54). 이 구절은 창세기 36장과 놀라울 정도로 비슷한데, 이것은 아마 오래된 자료였다가 그 시대로(기원전 6~기원전 5세기) 전해져 내려왔을 것이다. 이름 목록은 거의 같으나 이들 장소 가운데 오직 보스라Bozrah만 정체가 규명될 수 있었다.

부세이라Buseira(성서의 보스라)는 사막의 가장자리를 지나는 소위 '왕의 대로'(King's Highway)라고 불리는 길에 있는 타필라Tafila의 남쪽으로 약 24킬로미터에 자리하고 있다. 그곳은 1971~1980년에 영국의 고고학자 크리스털 베넷Crystal Bennett이 발굴했다. 그녀는 A 지역의 거대한 건물(왕궁?)

이 기원전 8~기원전 7세기의 '아시리아 양식'으로 지어졌다고 연대 설정을 했는데, 그러나 그녀는 그 지층의 파괴는 아시리아의 것으로 돌려야 한다고 주장했다.[406]

베넷이 그 장소를 팠던 시기엔 요르단 도자기—특별히 남부 지역에—는 아직 알려지지 않은 상태였다. 그녀의 죽음 이후 피오트르 비엔코브스키Piotr Bienkowski가 광범위한 지역을 다시 발굴했는데, 그는 발굴 자료를 출간했고, 몇 가지 점에서 명확한 결론을 산출했다. 그는 A 지역의 건물이 성전일 가능성을 제기했는데, 그러나 그는 베넷의 작업이 너무 빈약해서 발굴된 것들에 대하여 정확한 연대 설정을 내릴 수 없다고 결론을 제시했다. 그러나 지역의 도자기들은 (다른 에돔 지역에서와 같이) 기원전 8세기 이후부터 헬레니즘 시대까지 지속적으로 연속성을 보여주고 있다. 이 모든 것을 고려해보면, 우리는 기념비적 건물들에서 다음의 결론을 맺을 수 있다: 보스라는 아마 성서 저자가 자신들의 내러티브를 수집했을 무렵(기원전 6~기원전 5세기; 앞을 보라)에 에돔의 수도였을 것이다.[407]

다른 두 곳의 에돔 지역이 충분할 정도로 발굴이 되었다: 홍해 지역에 있는 곳들로, 가까운 타윌란Tawilan과 키르베트 켈레이페Kh. el-Kheleifeh이다. 타윌란은 1968~1970년과 1982년에 베넷이 발굴했는데, 다시 말하지만 지층 분석(과 출간)이 불충분해서, 말할 수 있는 것이 거의 없다. '지층 1~5층'은 전부 기원전 8세기 이후로 보이며(기원전 7~기원전 6세기), 그 장소는 이전에 생각되었던 것처럼 중요한 지역이 아니라 단지 방어 시설이 없는 마을에 불과한 것으로 보인다.[408]

텔 켈레이페는 아까바 항구의 북쪽 가까운 곳에 있는데, 1930년대에 미국의 랍비이자 고고학자인 넬슨 글루크Nelson Glueck가 발굴했다. 그는 거대한 복합 요새 건물을 기원전 10세기로 연대 설정을 했으며(그림 IV.32, 앞을 보라), 그 장소가 에시온-게벨Ezion-geber이란 솔로몬의 항구도시라고 주장했다(왕상 9:26). 물질 유물은 상당한 논쟁의 대상이 되었고, 1992년에

그림 IX.11. 엔-하제바'En-Hazevah의 에돔 성소. Stern 2001, 그림 1:113

게리 프라티코Gary Pratico가 광범위하게 재작업을 하기 전까지 출간되지 않았다. 제 III 시기는 일반적으로 기원전 8세기에 속하며, 이는 아마 유다와 에돔 사이의 아람 전쟁에서 파괴된 것으로 보인다(참조. 왕하 16:5~7). 지층 6층의 재건축은 기원전 7세기까지 확장되고 있다.[409]

가장 최근의 연구는 토마스 레비Thomas E. Levy의 기획 아래에서 미국인 고고학자와 다른 학자들이 진행한 것으로, 와디 페이난Wadi Feinan 지역(고대의 푸논Punon)에서 수년 동안 탐사한 내용을 완성했고, 기원전 3000년대까지 거슬러 올라가는 방대한 구리 제련 시설을 밝혀냈다. 특별히 관심을 모았던 것은 기원전 10~기원전 9세기의 도자기와 방어 시설을 갖춘 성문이었다. 이는 이러한 제련 시설이 초기에 시작되었으며, 그리고 국경을 넘어 유다와 어느 정도 접촉이 있었다는 것을 암시하는 부분이다.[410]

비록 여기에서 우리가 다루는 시기 이후이기는 하지만 두 개의 독특한 기원전 7세기 제의 장소가 유다의 요르단 서편에서 발견되었다: 베르셰바 동편에 있는 호르바트 끼트미트Horvat Qitmit, 그리고 사해 남쪽의 요르단 계곡에 있는 엔-하제바ʿEn-Ḥazevah이다.[411]

이것으로 미루어볼 때, 에돔은 기원전 8세기에 이스라엘에게는 매우 지엽적인 존재였으며, 거의 미지의 나라(*terra incognita*)였음이 분명하다. 아시리아 자료에 따르면, 기원전 701년 센나케리브의 원정이 유다뿐만 아니라 모압과 심지어 에돔까지 확장되었다. 그러나 현재 고고학적 증거는 이것을 확증해주지 못한다. 오히려 트란스요르단의 대부분은 분명히 기원전 7세기까지 지속적으로 유지되었고, 심지어 번영하기까지 했다. 이것은 아마도 유다가 번영할 수 있었던 일종의 '아시리아에 의한 평화(*pax Assyriaca*)' 덕분이었을 것이다(앞을 보라). 그러나 기원전 6세기 초반의 바빌로니아에 의한 파괴는 그러한 모든 것에 종지부를 찍었다. 하지만 잘 생각해보면, 트란스요르단과 그 주변 지역은 유다가 맞이했던 운명보다는 더 낫다고 해야 한다. 유다는 바벨론에 의해 멸망했기 때문이다.

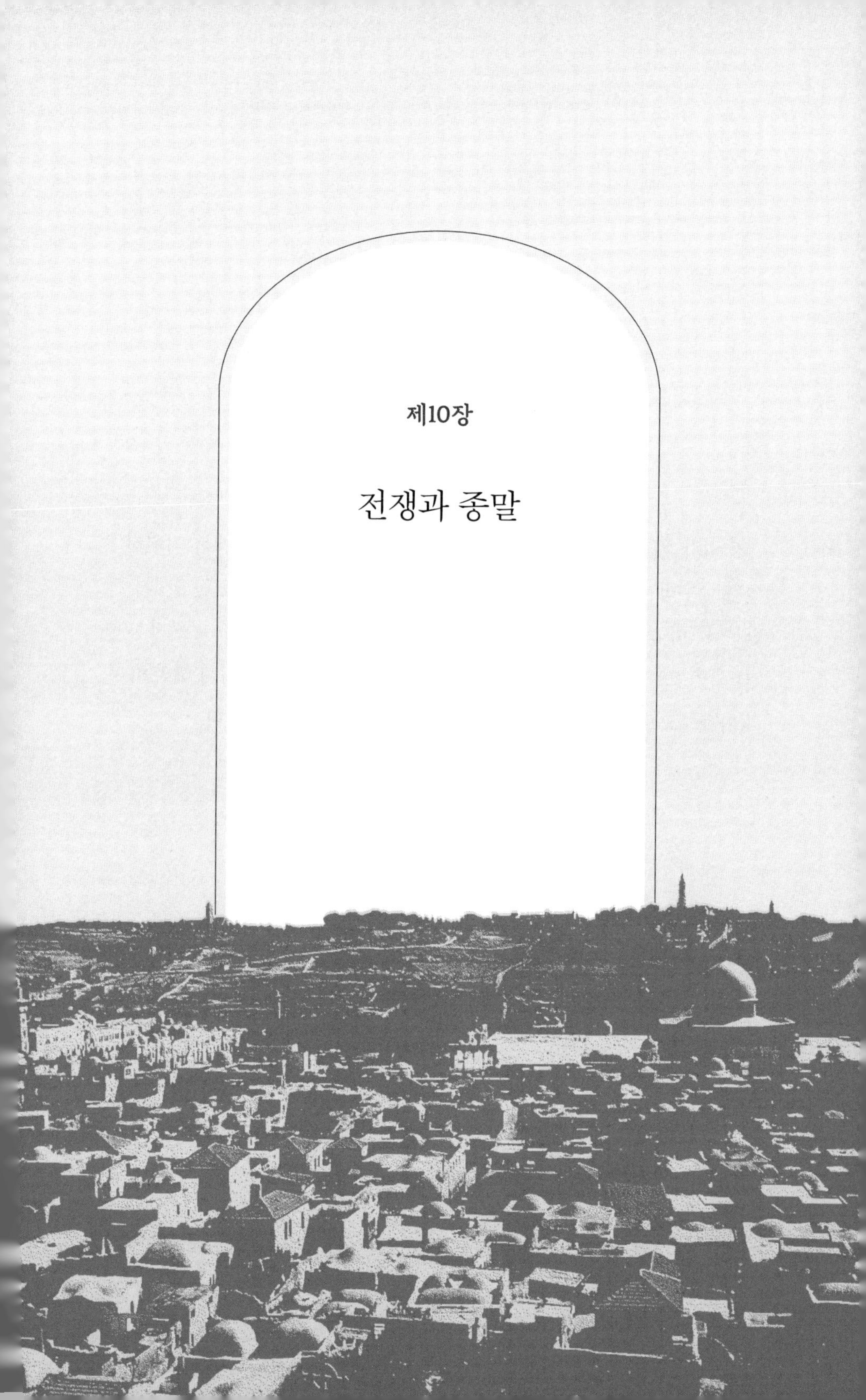

제10장

전쟁과 종말

1절

고고학적 자료

우리가 여기에서 조사하고 있는 기간—이스라엘과 유다에서 기원전 8세기 중후반—은 전쟁의 시대였다. 신-아시리아 제국은 기원전 9세기 초반부터 (아슈르나시르팔Asshur-Nasirpal 아래에서; 기원전 883~기원전 859년) 서쪽으로 압력을 가하기 시작했고, 이집트를 침략하기 위해 해안을 따라 아래쪽으로 진군하기 전에 지중해에 도달하려는 계획이었다.

무대 설정

기원전 853년에 살마네세르Shalmaneser 3세는 서쪽의 작은 나라 군주들의 연합을 상대로 나타났다. 이 군주들은 그를 시리아의 오론테스Orontes 계곡에 있는 까르까르Qarqar에서 가로막기 위해서 급하게 소집된 무리였다. 살마네세르 3세의 비문(monolith inscription)에서 우리는 시리아의 아람을 따르는 연합국 가운데 이스라엘 왕 '아합'이 있었고, 그는 다른 지도자들보다 많은 군사를 이끌고 왔다는 것을 알게 되었다—10,000명의 보병 그리고 2,000기의 전차.[412]

그림 X.1. 검은 오벨리스크, 이스라엘 왕 예후(혹은 그의 사신?)가 샬마네세르 3세에게 정중히 절을 올리고 있는 그림. King and Stager 2001, 그림 3:134a

아시리아는 잠시 저지를 당했다. 그러나 기원전 841년에 그들은 샬마네세르 3세 아래에서 다시 문을 두드리게 된다. 이때는 아시리아가 조공을 받고 만족하여 물러났다. 이제는 영국 박물관에 보관되어 있는, 그 유명한 검은 오벨리스크Black Obelisk의 한 면에는 예후Jehu라는 이름의 이스라엘 장군이 그려져 있다. 그는 궁정 쿠데타를 일으켜서, 아합의 손자로 사마리아에서 통치하던 여호람/요람을 죽였다. 이 승전비의 가운데 면에는 불쌍한 예후가 무릎을 꿇고 손을 바닥에 붙여서 아시리아 황제의 발에 입을 맞추고 있다. 아이러니하게도 이것은 이스라엘 왕에 대해서 우리가 가지고 있는, 유일하게 눈으로 목격한 그림으로, 명성이 어떻게 더럽혀지게 되는지를 정확하게 확인하게 된다.[413] 이렇게 해서 한 세기도 넘게 이스라엘의 힘과 자원을 소모하게 될 굴욕의 원정(과 궁극적인 패배)이 시작되었다.

이스라엘이 시리아의 아람 도시국가의 왕들과 충성 조약 체결을 협상할 수 있었지만, 이제 아람의 도시국가들(9장)은 국력이 절정에 도달하는 상황이었고, 이들 아람인들은 북왕국에게 다른 차원의 위협으로 다가오고 있었다. 그리고 그들은 너무 가까운 곳에 있었으니, 바로 북쪽 국경에 있었다(4장; 그림 IX.1). 이스라엘은 아시리아와 충돌하는 상황에서 벤-하닷 2세

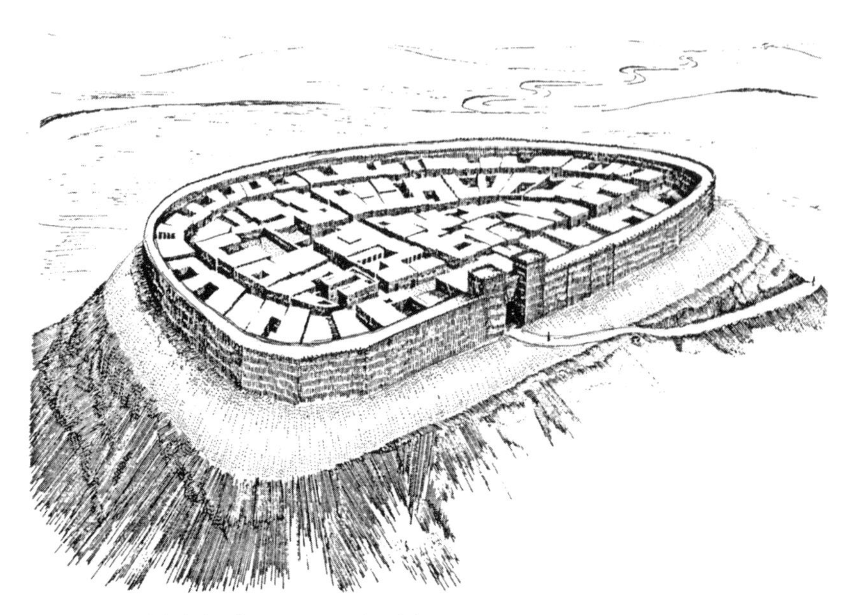

그림 X.2. 베르셰바의 재구성. Herzog 1997, 권두 삽화

('하닷에셀')와도 직면해야 했다. 그때 그는 이스라엘이 연합을 탈퇴해서 스스로 힘을 키우려 한다는 이유로 이미 이스라엘을 위협하고 있었다. 그러한 관점에서 볼 때, 이스라엘은 아시리아와 아람의 왕 모두와 직면해야만 했다. 특별히 다마스쿠스의 왕들이 문제였는데, 이들은 시리아의 북쪽 경계선에서 겨우 32킬로미터 정도밖에 떨어지지 않았고, 해안에 있는 두로의 경우에는 사실상 최북단 국경의 남쪽에 자리하고 있었다.[414]

도시 성벽과 성문

5장에서 나는 도시 성벽과 성문을 기술하면서 그것을 기원전 8세기 이스라엘과 유다의 중요한 도시들의 특징으로 잡았다. 그 도시들은 모두 기원전 8세기에 들어와서 강력한 방어 시설을 갖추게 되었다.

전형적인 마을이나 도시의 방벽은 높고 두꺼운 진흙 벽돌의 상부 구조에 거대하고 단단한 돌벽을 세운 것이 특색인데, 여기에 일련의 탑들이 많이 있는 외각 벽들도 종종 등장한다. 바깥쪽의 비탈(*glacis*), 즉 가파르게 보강 처리를 한 경사면은 베르셰바와 같이 이러한 성벽의 방어력을 증대시켜 준다. 대안이 되는 것으로, 보다 가벼운 이중벽(casemate, 안을 채워 넣은 이중벽—역자주)은 내부의 방들과 함께 건설되는데, 동일하게 효과적이라는 것이 증명되었다. 하지만 상대적으로 건설하기가 더 용이하며 평화로운 시기에는 더 실용적이기까지 했을 것이다.

이러한 도시 성벽에 대한 연구가 군사 기술자나 경제 전문가에 의해서 진행된 적은 없었다.[415] 그러나 전형적인 도시 성벽은 수백 명의 사람이 수년에 걸쳐 건설하기 마련이다. 2에이커 정도의 작은 장소들에 방어 시설을 갖추려면 정말로 엄청난 인력과 물자의 투자가 있어야 했다. 그리고 모든 경우에 매우 정교한 토목 기술자들이 참여해야만 했다. 7장에서 숙련된 전문가들과 노동자들을 묘사하면서, 우리는 그러한 중간 계층의 사람들이 분명 존재했을 것이라고 주장했다. 바로 여기에 그 증거가 있다.

알려진 모든 도시 성벽은 오직 하나의 입구가 있었는데, 이것은 가능한 한 적게 만들어서 성벽의 약한 부분의 수를 줄이려는 의도임이 분명하다. 기원전 10세기에는 4개의 통로가 있는 성문이 우세했는데, 이제는 더 간단한 3개나 2개의 통로가 있는 성문이 좀 더 일반적인 형태가 되었다. 그러나 이러한 것들은 또한 다중 통로의 성문이어서, 때때로 외부에 측면 탑이 함께 있기도 했는데, 그렇게 만들게 되면 성의 수비를 위해 매우 효과적일 수 있었다.

이들 성문의 안쪽에 서로 마주하고 있는 방들은 종종 보초 대기실로 불리는데, 사실 그러한 어떤 기능도 할 수 없었다. 평화로운 시기에 이 작은 방들은 종종 벽을 따라서 긴 의자가 둘러 있었으므로, 촌락의 장로와 같은 사람들의 회합 장소가 될 수 있었고, (우리가 성서 기록을 통해 알고 있는

그림 X.3. 게셀의 지층 3층의 도시 성문, 기원전 10~기원전 8세기. 사진: W. G. Dever

것처럼; 5장) 그곳에 모여 재판 같은 일을 할 수 있었다. 우리는 몇몇 성문 지역에서 곡물을 퍼내는 국자, 저울 접시, 그리고 세겔 저울추를 발견했는데, 이렇게 볼 때 이 방들은 또한 상업을 위한 거래 장소로 사용되었을 수도 있다(7장).

안쪽의 방들은 분명히 방어를 위해 기획되지 않았다. 이렇게 매우 작은 지역(작은 방의 크기가 약 3미터~4.5미터)의 수비는, 만약 성문이 무너지게 된다면 꼼짝없이 갇히게 되고 말 것이다. 성문을 진짜 방어할 수 있는 유일한 방법은 위층이나 바깥 탑의 꼭대기에 올라가는 것뿐이다. 이를 통해서 성문 지역에서 벗어날 수도 있고, 수비자가 위쪽에서 침략자들에게 불화살을 쏘거나, 아니면 무거운 돌이나 끓는 물을 내던지는 전략을 구사할 수도 있다. 도시 성벽과 같이 이 성문들은 2층 혹은 3층 높이로 사실상 성채의 역할을 하며, 이는 신-아시리아의 양각 그림에서 게셀 성문을 묘사하고 있는 것에서 알 수 있는 내용이다.[416]

라기스 양각(아래를 보라)은 기원전 8세기 성벽과 성문이 실제로 어떻

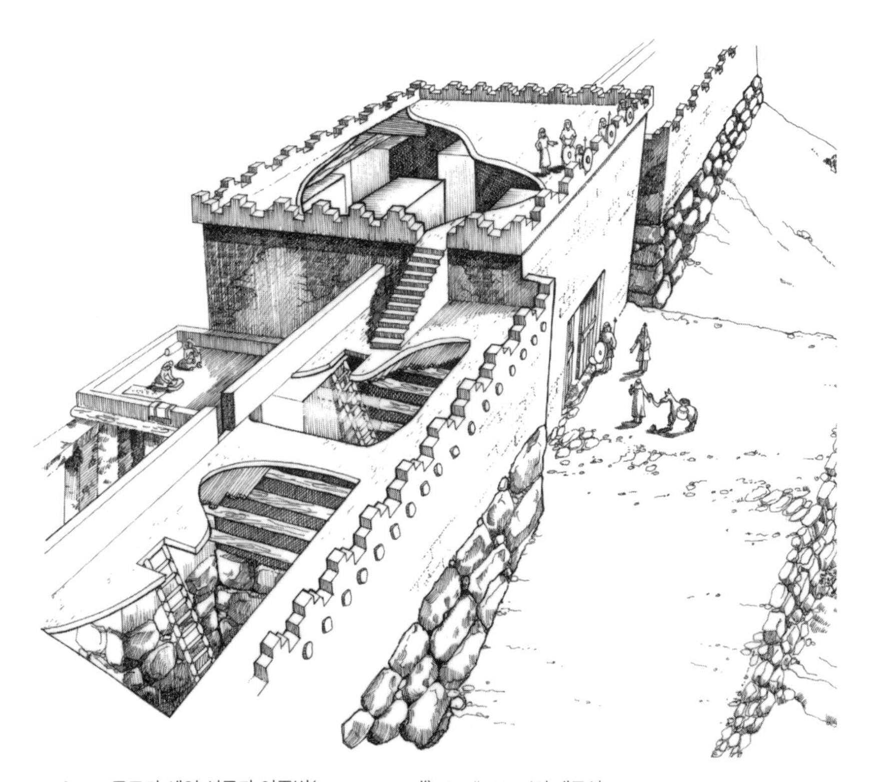

그림 X.4. 통로가 셋인 성문과 이중벽(casemate wall). Giselle Hasel의 재구성

게 생겼는지, 그리고 더 나아가 지속적으로 포위 공격이 발생했을 때(하지만 사실 공격은 없었다) 그것들이 어떻게 기능했는지, 직접 목격한 장면을 그림으로 나타내주고 있다.

다른 전쟁 시설들

우리가 살펴본 고고학적 증거들을 놓고 볼 때, 혹자는 이스라엘과 유다가 이미 아시리아의 위협(우리는 성서 바깥의 자료를 통해 잘 알고 있다; 아래를 보라)을 예상했을 것이며, 그래서 보병을 모집하는 조치를 취했을 것이라고 생각할지도 모르겠다. 사실, 우리는 이스라엘이 정말 그렇게 했다는 것을 알고 있다. 신-아시리아 연대기에는 '이스라엘의 아합'이 기원전 853년의 까르까르 전투에서 서부 연합국에 10,000명의 보병과 2,000기의 전차를 이끌고 왔다고 특정해서 언급하고 있다. 그 숫자는 다른 10명 혹은 11명의 왕이 한 것보다 규모가 큰 파견이었다.[417] 하지만 우리는 철기시대 전차에 대해 (신-아시리아를 제외하면) 실제 고고학적 증거를 가지고 있지 못하다.

초기 학자들은 기원전 9세기 메기도 지층 5C-4B층의 저장소를 '솔로몬의 마구간'으로 해석했었다. 그러나 그것들은 다음 두 개의 이유로 틀렸다고 결론이 났다: 소위 마구간이라는 것은 사실 아마 왕실의 저장소일 것이며, 그리고 그것들은 기원전 9세기의 아합의 시대에 속한 것이다. 심지어 베르셰바와 같은 분명하게 계획된 병참기지 마을에서조차 그곳에 상근하면서 군사 업무를 감당했던 사람들에 대한 특별한 증거는 존재하지 않는다. 그들은 단지 평화 유지군이며, 일종의 민병대 수준이었다. 그리고 그곳에는 확실히 전차(와 그것과 관련된 설비)에 대한 증거가 없었다.

국경 요새

무기들은 흔했으며 그리고 추정하건대 철기로 만들어졌는데, 이것은 통상적으로 입수할 수 있었다. 그러나 철은 고대 팔레스타인과 같이 습한 기후에서는 잘 견디지 못하기 때문에 우리가 광범위한 지역을 발굴했어도 무기에 대한 증거는 거의 밝혀내지 못했으며, 단지 예외가 있다면 몇 개의 창과 화살촉뿐이다(후자는 보통 청동이었다).[418]

우리는 앞에서 등급에 따른 도시 분류 작업을 하면서 여러 요새들을 구분했었다(4장; 그림. IV.29). 그곳에는 최소한 15곳의 요새가 있었는데, 모두 그 전략적인 위치와 독특한 건축물을 볼 때 방어 시설임이 분명하며, 모두 이스라엘 이웃 나라의 자연 경계선에 위치하고 있다. 그래서 우리는 북부 팔레스타인 평원의 국경을 따라 리숀 레-지욘Rishon le-Ziyyon을 발견한 것이다. 그 국경에서 북쪽으로 올라가면, 우리는 더 이상 요새를 발견하지 못할 것 같았는데, 그것은 아마도 경제와 문화 교류 때문으로 보인다. 북동쪽의 (시리아의) 아람 국경에서 우리는 텔 소렉이라는 곳에 있는 작은 요새를 발견했다(그러나 그것은 아마 아람의 것으로 보인다; 9장). 그리고 요르단 계곡인 트란스요르단이라는 자연 경계선에서 우리는 다음의 다양한 요새들을 발견하였다: 키르베트 마흐루끄Kh. Mahrûq; 예루살렘 동편으로 유대 광야의 부께이아Buqeiah 계곡의 작은 요새들; 키르베트 아부 투웨인Kh. Abu Tuwein(다소 높은 산지 위에 있다); 동부 산지의 호르바트 라둠Ḥorvat Radum; 그리고 먼 서쪽의 네게브 사막에 텔 말하타Tel Malḥata.

이러한 요새들은 북쪽과 남쪽 모두 분명히 정부에서 주도한 것으로, 다음의 비슷한 특징들을 공유한다: (1) 요새는 비교적 고립되어 있으며 다소 작은 것 같다. 크기를 가늠할 수 있는 유일한 것은 텔 말하타(약 4에이커)에 있는 것인데, 그러나 요새 그 자체는 그 지역에서 작은 부분에 속해 있다. (2) 요새는 사각형 혹은 직사각형 구조로, 특별히 두껍고 단단한 벽에, 통상 모서리(와 다른 곳)에 탑이 있었다. 성문은 한 개에서 세 개까지 다양했다. (3) 종종 우물이나 저수조를 통해서 물을 공급할 수 있었다. (4) 요새는 그곳에서 상주하는 자들의 편의를 위해 몇 개 정도의 간단한 방들을 포함하고 있었다. 유일하게 예외가 있다면 그것은 아랏의 요새인데, 그 요새는 벽으로 둘러싸인 실질적인 성전까지도 포함하고 있었다.[419] 어쨌든 우리는 그러한 방어 요새가 어떻게 기능하는지 살펴볼 필요가 있다.

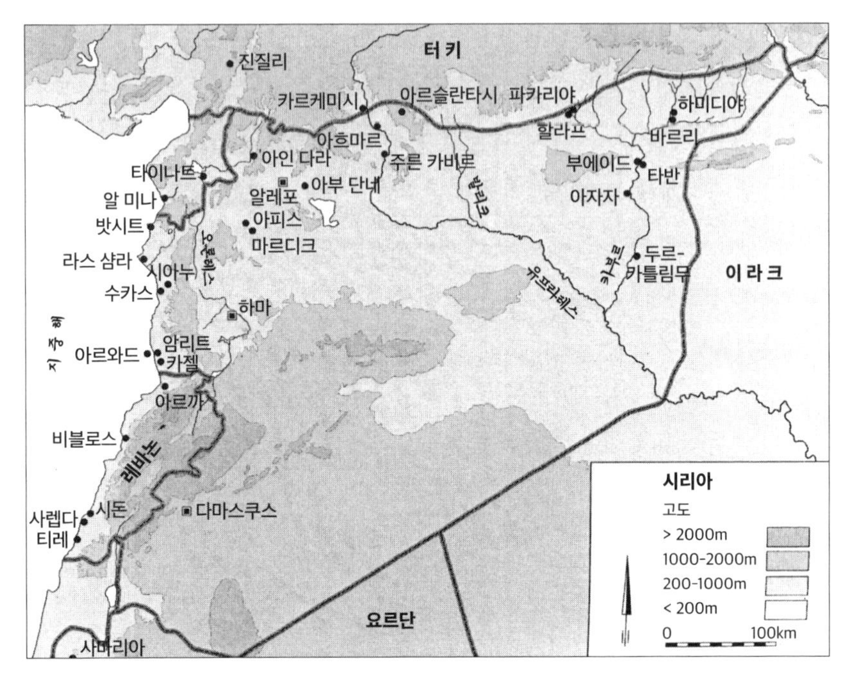

그림 X.5. 시리아의 아람 장소들에 대한 지도. Akkermans and Schwartz 2003, 그림 11.1

아람 도시국가의 출현

최근 연구에서 시리아의 초기 아람 민족이 국가를 형성하기까지의 궤적이 이스라엘의 그것과 비슷하다는 결론을 내놓았다. 원래 북부 시리아와 메소포타미아의 정착지 주변을 따라 목축 유목 생활을 했던 이들은 천천히 정주하게 되었다. 그들은 초기 신-아시리아 왕인 티글라트 필레세르 1세(약 기원전 1116~기원전 1076년) 시대의 기록물에 호전적이고 정착하지 않는 민족으로 기술되면서 처음으로 언급되었다.[420]

기원전 9세기에 이르면, 이스라엘의 사촌이라고 할 수 있는 이 북서 셈족 민족들은 (통일된 민족국가가 아닌) 다수의 도시국가를 시리아 북부와 중앙에 세우기 시작한다. 우리는 동시대의 쐐기문자 기록을 통해서 그 이

름을 알게 되었다: 알랄라크Alalakh, 얌하드Yamhad(알레포), 하마Hama, 까트나Qatna, 가데스Qadesh, 그리고 다마스쿠스Damascus. 한 곳(터키의 알랄라크)을 제외한 모든 곳은 현재 시리아에 있으며, 긍정적으로 장소를 확인할 수 있다. 이러한 기원전 9~기원전 8세기 아람 도시국가들 가운데 4곳은 부분적으로 발굴되었고, 어느 정도 출간되기까지 했다: 알랄라크, 하마, 까트나, 그리고 가데스.[421]

이스라엘의 왕들은 처음에는 기원전 853년 오론테스 계곡의 까르까르 전투에서 이 북쪽의 이웃 나라들을 처음으로 접촉하게 된 것으로 보인다. 이스라엘 왕 아합은 서쪽의 작은 나라들의 연합에 함께했는데, 여기에는 아람 왕도 포함되었다.[422] 살마네세르 3세의 부조에 따르면, 아람 왕은 겨우 7,000명을 출전시켰지만, 이스라엘 왕은 그의 모든 무대를 능가했다(앞을 보라).

몇 년 후, 신-아시리아 비문에 예후(기원전 842/41~기원전 815년)라는 이름의 또 한 명의 이스라엘 왕이 레반트 해안에 있는 두로 근처의 어떤 곳에서 살마네세르 3세와 마주하게 되었다. 이곳에서도 역시 다마스쿠스와 시돈의 아람 왕들은 (다마스쿠스의 하닷에셀이 만든) 그 연맹에 들어갔다. 그 연맹은 결정적으로 패배하지는 않았지만, 왕들은 무거운 조공을 바쳐야만 했고 충성을 맹세해야만 했다(앞을 보라).

그 시점에서 볼 때, 아람은 그들의 과거 동맹을 배신하게 된다.[423] 성서 바깥의 자료인 비문에서 가장 잘 알게 된 기원전 9세기 중반의 아람 왕은 바로 다마스쿠스의 하사엘(약 기원전 844/42~기원전 800년)이다. 그는 벤-하닷 3세('하닷에셀')의 아들이었을 것이며, 혹은 찬탈자였을 수도 있다. 처음 그는 북쪽에서 아시리아에 대한 반역을 계속한다. 비록 살마네세르 3세가 북부에서 물러나고 이후 몇 년 동안 이 지역에 원정을 나서지 않았지만, 하사엘은 상당한 수준의 영토를 빼앗기고 말았다. 이제 하사엘은 그의 관심을 남쪽으로 돌려 이스라엘을 향할 수 있게 되었다.

기원전 9세기 후반 동안에 하사엘은 다마스쿠스 남쪽을 관통해서 이스라엘 북부까지 나아가려고 시도했던 것처럼 보인다. 그러나 우리는 성서 바깥의 비문 증거를 거의 혹은 전혀 가지고 있지 못하다. 우리는 단지 다마스쿠스의 하사엘과 바-하닷(그의 아들)의 최대의 적인 하맛의 왕 작쿠르Zakkur의 비문을 가지고 있을 뿐이다(그 비문은 시리아 북부의 아피스Afis에서 발견되었다). 그 역사적 맥락은 대략 기원전 796년으로 제안한다.[424] 방어용 성곽과 해자에 대한 기술은 오늘날 중요하게 보인다(아래의 가드를 보라).

이스라엘 북쪽 지역에서 나올 수 있는 고고학적인 지각 변동이나 혼란한 부분을 아람의 침략으로 연결해서 생각하기는 어렵다. 몇 년 전에 이스라엘 고고학자인 요하난 아하로니Yohanan Aharoni와 루트 아미란Ruth Amiran은 새로운 철기 시대 연대를 제안했는데, 이는 약 기원전 840년과 기원전 810년 사이에 아람에 의한 일련의 침략이 발생했었다는 가정에 근거한 것으로, 이스라엘 고고학적 발굴지의 지층에서 발견된 단절과 연결했던 것이다. 그러나 극소수의 경우를 제외하면, 그러한 주장은 받아들이기 어렵다는 결론이 났다.[425]

블레셋 가드Gath의 위치는 오랫동안 논쟁이 되었는데, 오늘날에는 블레셋 평야와 유다 셰펠라 경계에 있는 텔 에스-사피Tell es-Sāfi라는 거대한 둔덕과 동일한 곳으로 인정된다.[426] 가드는 1996년 이래로 발굴되고 있다. 여기에서 우리의 논의와 관련된 발견 중에는 (1) 말라버린 거대한 해자가 있는데, 3.6미터 넓이에 4.5미터 깊이의 도랑으로, 1.6킬로미터 이상을 팠으며, 전체 100~125에이커의 둔덕을 감싸고 있었다. 기원전 9세기 중후반으로 연대 설정이 되며, 그 성격상 방어를 목적으로 제작되었다. 로마 이전의 팔레스타인에서는 이러한 해자가 발견된 적이 없다. (2) 그 둔덕의 위로, 기원전 9세기 후반에 거대한 수준으로 파괴된 흔적이 있다(지층 3층).

발굴자들은 이러한 두 개의 현상을 아람에 의한 포위 그리고 파괴와 연결시켰는데, 이 경우에 아람의 왕은 하사엘로 규정하는 게 그럴듯하다. 만약 그렇다면 그것은 기원전 9세기에 아람이 이스라엘—과, 놀랍게도 훨씬 남쪽인 유다—로 침입했을 것이라는 가능성을 고고학적으로 처음 확증한 것이 된다.[427] 만약 하사엘의 시대가 약 기원전 844/42~기원전 800년인 것이 신뢰할 만하다면, 이 파괴의 흔적은 이스라엘을 향한 이 특별한 위협의 끝을 표시하는 것이 될 수 있다.

이제 우리는 아람이 이스라엘로 침입한 보다 나은 증거를 보유하고 있는데, 그것은 비록 우리가 여기에서 조사하고 있는 시대보다 다소 이르기는 하지만 다름 아닌 고고학을 통해 드러난 것이다. 1993~1994년에 바로 시리아 국경에 있는 단Dan이란 곳에서 아람어로 쓰인 거대한 기념비적 비문 조각을 발견하였다(텔 단 비문—역자주). 아마도 전시용 비문으로 보이는 것으로, 그 석비는 깨졌고 그 조각들이 성문 광장 밖의 석벽 공사에 재사용되었다. 바로 그곳에서, 다시 말해 기원전 732년 파괴된 잔해 속에서 그 비문 조각은 발견되었던 것이다. 그러나 그 석비는 틀림없이 기원전 9세기 중반에 처음 만들어졌다. 이것은 분명 승전비이다. 그 비문에는 아람의 왕(하사엘?)의 주장이 나오는데, 이스라엘 왕(아마 아합의 아들인 여호람/요람일 것이다)이 자신의 땅에 침입했지만, 그가 이스라엘 왕을 죽이고, 그의 아들 아하시야후Ahaziyahu를 죽였다고 한다. 흥미롭게도 단 비문은 '이스라엘 왕'과 '다윗의 집(즉, 왕조)'에 소속된 한 왕을 동일시하고 있다. 그러므로 여기에서 우리는 다음의 내용을 알 수 있다: (1) 다윗 왕조에 대한 유일한 성서 바깥 자료의 언급; (2) 두 명의 알려진, 기원전 9세기 이스라엘 왕의 이름; 그리고 (3) 아람의 침략에 대한 분명한 증거.[428]

북왕국의 종말

기원전 8세기 중반에 이르면, 일종의 위기의식이 이스라엘과 유다에서

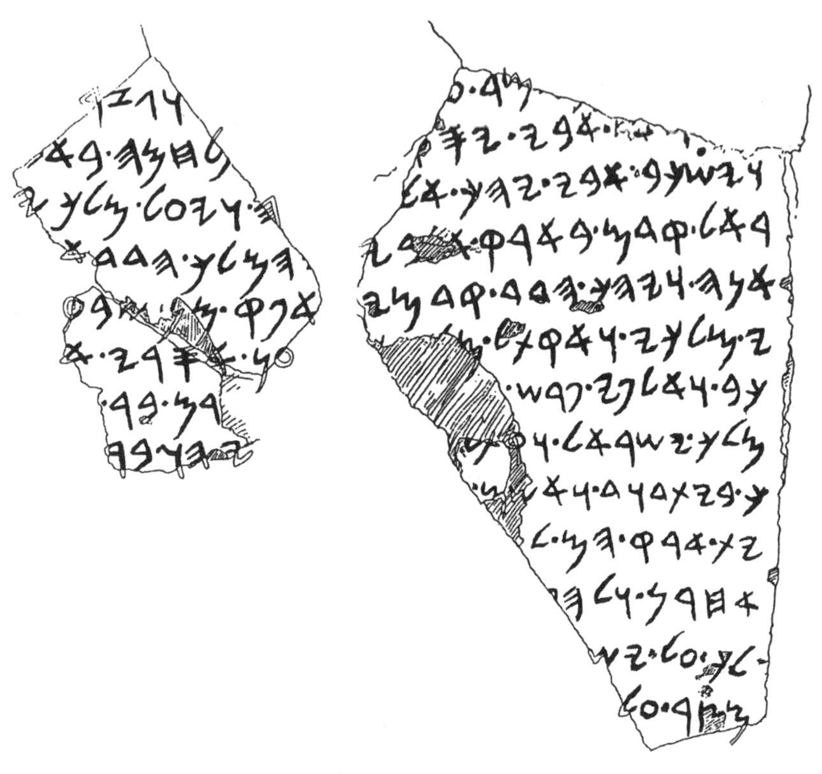

그림 X.6. 단Dan 성문 복합건물에서 출토된 아람 비문. McCarter 1996, 70번

팽배하기 시작했음이 분명하다. 쐐기문자 자료를 통해서 우리가 알고 있는 바와 같이, 신-아시리아의 왕 아다드-니라리Adad-nirāri 3세(기원전 811~기원전 783년)는 자신의 통치 초반에 오늘날 터키 남중부인 우라르투Urartu 왕국의 출현에 온통 정신이 빼앗겨 있었다. 이 휴지休止 기간에 이스라엘과 유다는 짧은 집행 연기를 만끽했으며, 이에 대한 정보는 신-아시리아와 아람의 여러 비문들에서 찾아볼 수 있다.[429]

왕들의 이름을 딴 연대기(Eponym Chronicle)는 아다드-니라리의 원정이 기원전 796년에 있었다고 기록하고 있는데, 여기에서 그는 다마스쿠스로부터 조공을 받았을 뿐만 아니라 페니키아 해안으로 남하하였다. 기원전 775년, 그의 후계자인 살마네세르 4세(기원전 782~기원전 773년)는 역시 오

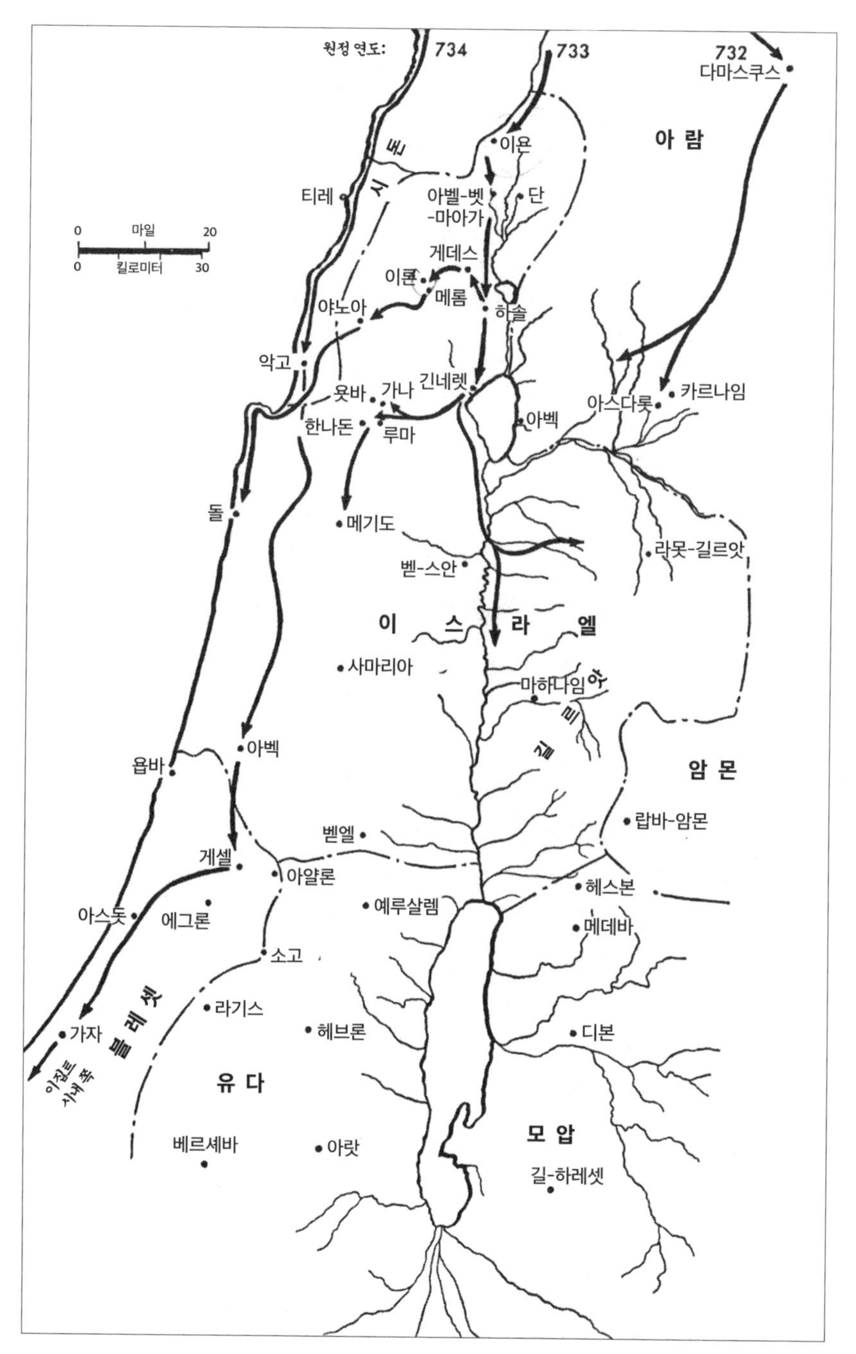

그림 X.7. 기원전 734~기원전 732년에 티글라트 필레세르 3세의 원정. Aharoni 1967, 지도 30번

늘날 레바논 해안이라는 곳으로 남하하여 원정을 했다. 결국, 이스라엘의 수도 사마리아를 포위한 사람은 바로 동명이인인 또 한 사람의 샬마네세르(5세, 기원전 727~기원전 722년)였다. 이제 조짐이 나타나고 있다.

악명 높은 아시리아의 왕 티글라트 필레세르 3세는 기원전 748년에 왕좌에 오르게 된다(기원전 727년까지 통치했다). 우리는 급격하게 확장된 아시리아 제국 전반에 대한 그의 통치를 알려주는 광범위한 쐐기문자 자료를 가질 수 있게 되었다: 신-아시리아 연대기, 님루드(성서의 니므롯—역자주) 각기둥(Nimrud Prism), 앗수르 연대기, 이란에서 발견된 석비 하나, 그리고 특별히 위대한 전시 비문(the Great Display Inscription II).[430]

그의 통치 2년째 되는 해에 티글라트 필레세르 3세는 (직진으로 가면 이스라엘 북쪽 경계에서 겨우 64킬로미터 떨어져 있는) 다마스쿠스의 왕으로부터 조공을 받았다고 주장한다. 기원전 743년과 기원전 738년 사이에 티글라트 필레세르 3세는 시리아 북부에 원정을 나왔고, 잃어버렸던 몇몇 지역을 다시 취하였다. 기원전 734년에 그가 심지어 블레셋 해안까지 남하해서 가자Gaza까지 왔으며 그곳에서 조공을 받아갔다며, 왕들의 이름을 딴 연대기는 정보를 보충하고 있는 것으로 보인다. 더 나아가 트란스요르단의 '아랍인'에게 억지로 공납을 바치도록 했다고 주장했다. 만약 그랬다면 이스라엘은 이제 두 방향에서 위협을 받게 되었고, 이제 곧 세 방향으로 늘어나게 된다.[431]

다음해(기원전 732년)에 티글라트 필레세르 3세는 아마 다마스쿠스를 취했을 것이다. 더 나아가, 위대한 전시 비문(II)에서 우리는 '오므리의 집'(북이스라엘 왕국을 가리킴—역자주)이라는 신-아시리아의 또 하나의 언급을 발견하게 된다. 한 기록에서 티글라트 필레세르 3세는 그가 이스라엘의 왕조를 약탈했다고 진술했다. 그러나 다른 기록에서 그는 그 왕을 '호세아'라고 명명했으며, 그가 엄청난 수의 (이스라엘) 국민들을 강제 이주시켰다고 말한다. 만약 그 문서가 신뢰할 만하다면, 일찍이 기원전 732년 즈음에 원정,

파괴, 그리고 강제 이주가 있었을 것이다.[432]

티글라트 필레세르 3세는 기원전 727년에 죽고, 살마네세르 5세가 그 뒤를 이었다(기원전 727~기원전 722년). 불행하게도 우리는 그의 짧은 통치 기간에서 발견한 비문 자료가 거의 없다. 바빌로니아 연대기는 그에게 겨우 4줄만 허용했을 뿐이다.[433] 기원전 722년에 그는 사르곤 2세로 대체된다(기원전 722~기원전 705년). 다행스러운 점은 그의 제국이 쐐기문자 기록을 통해서 비교적 잘 알려져 있다는 것이다.

대략 18개월의 포위 이후, 기원전 721년에 사마리아를 정복한 사람이 바로 사르곤 2세라는 것을 우리는 알고 있다. 관계가 있는 기록의 전문을 인용할 가치가 있다. "사마리아 성읍을 내가 포위했고 내가 정복했다. 27,290명의 사람들이 그곳에 거주했었는데, 내가 전리품으로 취했다. 나는 그들에게서 50기의 전차를 징발했고, 남은 것은 적합한 처분을 내렸다. 나는 그들을 주관하라고 시종을 임명했다. 그리고 나는 그들에게 이전의 왕과 같은 조공을 부여했다."[434]

우리는 '이전 왕'이 바로 직전(기원전 722년)에 죽었던 살마네세르 5세라는 것을 알고 있기 때문에, 사르곤 2세가 왕위에 오를 때에 사마리아를 포위했던 사람은 아마 살마네세르였을 것이라고 추정한다. 그리고 살마네세르 5세가 호세아라고 이름하는 왕을 언급했기 때문에, 우리는 이 왕이 사마리아의 마지막 통치자였다고 가정할 수 있게 된다(다소 차이를 보이는 성서 기사에 대해서 아래의 2절을 보라).

두 번째 비문은 상당히 자세하지만 그러나 약간은 차이를 보이는 내용을 추가한다. 그것은 '사마리아 사람들'이 사르곤 2세에 대항하여 다른 왕과 공모했으며; 사르곤 왕이 같은 수의 포로뿐만 아니라 '신들'까지도 가지고 갔다고 했으며; 전차의 수가 50이 아닌 200이라고 했고; 잡혀간 자들은 아시리아에 정착했으며; 그리고 그가 사마리아를 재건해서 "그곳을 이전보다 더 큰 곳으로 만들었다"라고 진술한다. 사르곤 2세는 심지어 "지극히 멀리 떨어진 곳에 위치한 유다 땅의 반란 진압자"라고 주장했다.[435] 마지막으로, 우리는 사르곤 2세가 피난민을 취해서 이스라엘에서 아시리아로 데려갔을 뿐만 아니라, 정복된 다른 사람들이 이스라엘의 일부 지역에서 정착할 수 있도록 데리고 왔다는 것도 알고 있다—사회적이며 문화적인 토대를 복구 불가능하게 찢어놓으려는 목적으로, 정복한 지역에 다양한 민족 집단을 섞어버리는 신-아시리아의 유명한 정책이다. 유다는 사르곤 2세의 그물에서부터 잠시 피할 수 있었으나, 이후 신-아시리아는 사르곤 2세의 계속된 원정을 통해서 해안 지역으로 남하했고 아스돗, 에그론, 그리고 아스글론뿐만 아니라 아스글론 구역의 벧-다곤, 욥바, 브네-브락Bene-baraq, 아소르Azor, 그리고 다른 도시들을 침략해서 포로로 거두어들이며 약탈하게 된다.[436]

그러는 와중에 사마리아와 '이스라엘'이라는 북왕국은 영원히 사라져버리고 말았다. 고고학적 증거는 사마리아의 멸망 이후에 북쪽에서 아시리아의 존재와 그 영향이 엄청났다는 사실을 보여준다(아래를 보라).

증거를 검토하다: 무엇이 실제로 발생했는가

대부분의 성서학자들과 고고학자들은 최근까지 아시리아가 북왕국을 유린한 것이 자명하며, 특별히 기원전 721년에 사마리아의 멸망에 대한 고고학적 증거에 의해서, 또한 동시대의 신-아시리아 기록물들에 의해서 잘 증명되기 때문이라고 가정했다. 그러나 꼭 그런 것만은 아닌 것이, 이는 내가 그동안 모든 자료에 대해서 비판적인 견해를 보여왔던 것에서 제시될 수 있다.[437]

신-아시리아 기록에서는 사마리아를 언급했던 것에 더하여 오직 "아빌락카Abilakka"(아벨-벧-마아가Abel-beth-Ma'acah); "납달리의 넓은 땅"; "온 이스라엘"; 그리고 아마 "한나돈Hannathon"을 언급할 뿐이다.[438] 약간 기대해본다면, 우리는 이 목록에 히브리 성서에서 언급되고 있는 몇몇 이름들을 추가할 수 있다: 이욘, 야노아, 게데스, 하솔, 길르앗, 그리고 갈릴리('아벨-벧-마아가'와 '온 납달리'의 아시리아식 이름은 히브리 성서에서도 똑같이 나타나고 있다; 참고. 왕하 15:29).

우선 사마리아를 살펴보도록 하자. 신-아시리아 기록에서 특별히 우방으로 언급되었던 사마리아는 특별한 주목을 받을 만하다. 이것은 모든 잠재적인 자료—기록과 고고학—로부터 비교적 풍부한 정보가 원칙상 수렴할 것이며, 우리가 보다 확고한 역사적 기초에 도달하도록 이끌 것이기 때문이다. 실로, 대부분의 학자들은 그렇게 가정한다. 그러나 불행하게도 최근 연구가 보여주는 것처럼 그 일은 그렇게 간단하지 않다.

데임 캐슬린 케니언의 지층 분석과 도자기 분석이 잘못되었다는 올브라이트와 라이트와 같은 권위자들의 초기 직관적 지식에도 불구하고, 해당 분야에서 방법론적 혁신가로서 그녀의 평판은 대단히 칭찬받는 수준이어서, 사마리아(그녀의 지층 6층 건물)에서 '아시리아의 파괴'와 관련한 그녀의 되풀이되는 진술에 대해 어느 누구도 감히 그럴듯한 대안을 내놓지 못했다. 케니언은 주장하기를, 쓸모없는 것들로 가득한 것 혹은 "초콜릿 층"(지층을 분간할 수 없음—역자주) 아래에 있는 모든 건물은 파괴되었다고 했다—"발견한 모든 곳이 파괴되어 겹겹을 이루는 쓰레기에 덮여 있다"; "'층층이 숯검정'이 덮어버린 벽 부스러기." "왕실 궁전" 방이 있는 층은 불에 탄 상아 조각들과 다른 잔해로 넘쳐났다. 결과적으로, 그 벽들은 무너져 내렸고, 그런 다음 파괴된 파편들이 흩어져 다시 그 위를 덮었다. (아마 아시리아 왕실 도자기일 것 같은) "이국적인 도자기"는 뒤이은 거주 지층(7층)에서 발견되었다.[439]

다행인 것은, 우리는 케니언의 1932~1935년 사마리아 발굴 결과에 대한 로널드 태피Ronald Tappy의 광범위한 재발굴 자료를 가지고 있다는 사실이다. 태피는 모든 1차 현장 자료를 다시 검토했고 그 지역에 대해 처음으로 완전하고 설득력 있는 지층 분석을 내놓았다. 그는 출간되거나 혹은 출간되지 않은 복잡한 자료를 쥐어짜내어, 상상할 수 있는 모든 지층의 단면 정보를 조사했을 뿐만 아니라, 성서와 신-아시리아 기록 모두에서 관계가 있는 자료를 완전하게 통합함으로써 결과적으로 주목할 만한 대작을 만들었다. 그는 '건물 지층 5층'에서는 매우 희박한 유물만 내놓고 있으며, '기념비적인 건축물'일 리 없다고 했으며; 조사를 받는 그 어떤 도자기도 결정적 위치가 알려지지 않은 채 출간되고 있으며; 그리고 심지어 케니언의 유명한 구역 그림조차 너무 단편적이어서 결정적이지 못하다고 보았다. 제6 도자기 시대의 도자기를 '건물 지층 5층'에 속한다고 보는 올브라이트와 라이트의 견해를 수용하면서, 태피는 놀라울 정도로 적은 자료군(corpus)을 가지고 정확하게 기원전 722/721년으로 연대 설정을 했던 케니언의 확신이 믿을 수 없다는 것을 발견했다. 그는 자료가 혼합되었다고 여겼고, 그것을 "기원전 8세기의 마지막 4반세기 혹은 기원전 7세기 초반'으로 고쳐 잡았다.

거의 900페이지의 논의를 끝낸 후에 제시된 태피의 전체 결론은 인용할 만한 가치가 있다: "궁극적으로, 케니언 보고서의 문제점은 단층에 대한 이해 부족에서 찾을 수 있다. (…) 나는 그 장소에서 유물들을 가로지르고 있는 파괴된 조각들의 층을 마주치지 못했다; 오히려 다양한 층들이 있었는데, 여러 시대에 걸칠 수 있으며, 늦게는 후기 로마 시대까지도 확장될 정도였다. (…) 케니언의 고고학적 연대기는 너무 직접적으로 역사적 연대(예후의 쿠데타)를 받아들이거나 아니면/동시에 역사적인 사건들을 인정하도록 의무를 지우는 것 같다."[440]

이제 다른 장소로 눈을 돌리면, 아시리아 기록물의 아빌락카는 이욘 계곡 남쪽 끝에 있는 아빌 깜Abil al-Qamḥ(혹은 아벨 벧-마아가)이라는 거대한 텔과 동일한 곳이다. 훌레 분지 전체를 조망할 수 있는 높은 절벽 위에 돌출한 35에이커의 장소로, 여전히 아랍어로 그 옛 이름을 보존하고 있다.

그 둔덕은 한 번도 발굴된 적이 없지만, 나는 1973년에 철저한 조사를 지휘했다.[441] 우리는 거대한 성채(아마 요새)의 표층 유물을 텔의 상부에 속한다고 보았고, 또한 여기에 상당한 양의 기원전 8세기 도자기도 포함된다고 여긴다. 이 도자기 중에 어떤 것은 저장용 항아리 테두리에 홈을 팠는데 그것은 하솔 5A층에서 나온 것과 동일했으며, 그것은 약 기원전 734년에 파괴된 것으로 보인다(아래를 보라). 아벨 벧-마아가에서는 파괴의 증거가 발굴되지 않았지만, 아시리아 군대는 이욘 계곡에서 남하하여 블레셋으로 이동했을 것이기 때문에, 그 장소를 그냥 지나쳤을 수는 없다. 신-아시리아 기록이 주장하는 것처럼, 그곳은 전략적으로 중요한 장소였기 때문에, 바로 그 이유 하나만으로도 그곳의 정복은 필요한 것으로 보인다.

아시리아 기록에 나오는 "납달리의 넓은 땅"은 아마 상부 갈릴리를 일반적으로 가리키는 것 같다(연관이 있는 성서 기록인 왕하 15:29은 단지 '갈릴리'라고만 언급한다). 이 지역은 지리적으로 아벨 벧-마아가를 포함하고 있는데, 그러므로 있는 그대로 목록에서 다음에 언급되었던 것으로 보인다. 다음에 이어지는 이름은 '사마리아'(아래를 보라)와 '온 이스라엘'이다.

이제 우리는 아시리아의 예상 일정에 따라 다른 장소들을 살펴보아야 할 필요가 있다. 즉, 히브리 성서가 보충하고 있는 이름(왕하 15:29)이나 고고학적 증거로 볼 때 가능성이 있는 지역을 (지리적인 순서로) 살펴볼 것이다.

이욘Ijon은 아벨 벧-마아가 근처로, 시리아 국경에 있는 이욘 계곡을 나타낼 것이다. 그게 아니라면, 그곳은 그 이름을 가진 어떤 마을을 가리키는 것일 텐데, 이욘 계곡(오늘날 레바논)의 아벨 벧-마아가 북쪽에 위치한 텔 에드-딥빈Tell ed-Dibbîn이라고 잠정적으로 인정될 수 있다. 텔 에드-딥빈은 발굴된 적이 없지만, 아벨 벧-마아가와 같이, 그곳은 아시리아가 진군하는 길 바로 위에 자리했던 일종의 관문 도시였다(앞을 보라). 그러나 그 마을이 아람의 것인지 아니면 이스라엘의 것인지는 확실하지 않다.

그림 X.8. 서쪽에서 바라본 아벨 벧-마아가의 인상적인 둔덕. 오늘날의 레바논과 시리아 국경이 내려다보인다. 사진: W. G. Dever

게데스Kedesh는 확실히 텔 카데스Tell Qades로, 오늘날 이스라엘과 레바논 국경에 있는 돌출한 25에이커의 텔인데, 고대 납달리 지역으로(앞을 보라), 상부 갈릴리에서 가장 큰 둔덕이다. 낮은 쪽의 텔은 현재 발굴 중이며, 화려한 헬레니즘-로마 시대의 유물을 내놓고 있다. 그러나 철기 II 시대 유물은, 그 자리를 오늘날의 도로가 나누어버린 곳에 자리하고 있어서 소규모의 보전 발굴(salvage excavation)을 통해서만 알아낼 수 있다. 하지만 이 장소는 북에서부터 내려오는 아시리아의 전진 방향을 고려할 때 아벨 벧-마아가처럼 전략적인 곳이기 때문에 티글라트 필레세르 3세가 파괴했던 곳으로 언급되는 성서의 기사는 지형학적으로 상당히 일리가 있다.[442]

열왕기서 목록에서 이론Yiron은 게데스 남서쪽에 있는 야룬Yārûn이라고 볼 수 있지만, 그곳은 발굴되지 않았다. 가까운 곳에 있는 메롬Merom은 아마 텔 키르베Tell el-Khirbeh('폐허의 둔덕')일 것이지만, 역시 발굴되지 못한 상태로 남아 있다.

하솔

하솔Hazor은 또 하나의 거대한 성채로, 하부 갈릴리의 텔 께다Tell el-Qedah라는 180에이커의 둔덕임이 분명하다. 비록 현존하는 신-아시리아 기록에는 언급되지 않았지만, 그곳은 그 지역에서 가장 크고 가장 전략적인 위치에 자리 잡은 둔덕이었으며, 그리고 갈릴리와 그 너머 북이스라엘의 심장부까지 아시리아가 전진하는 길에 직접 자리하고 있었다. 하솔은 1955년부터 1959년까지 야딘Yadin이 광범위하게 발굴했고, 1990년에 벤-토르Ben-Tor가 다시 발굴을 시작했다.[443]

지층 5A층의 도시는 감시탑을 포함한 거대한 성채가 주된 특징으로, 상부 둔덕의 서쪽 끝에 있는 절벽 위에 자리하고 있다(B 지역). 분명한 것은 그 성채의 앞선 지층 5B층에는 둘러싸는 도시 성벽이 없다는 점이다. 그러나 그 성채가 확장되고 추가적인 건물이 동쪽으로 더해지게 되었을 때, 일종의 요철(offset-inset) 모양의 벽이 건설되었다. 기원전 9세기에 있었던 거대한 수로 터널 공사와 함께(그림 IV.9; 앞을 보라), 이러한 건축을 통해 하솔은 (기원전 853년의 까르까르 전투가 있었기 때문에 이후에 아시리아의 반격이 분명히 이어질 것으로 기대했을) 기원전 8세기 후반의 포위를 아주 잘 준비하게 된 셈이다.

야딘은 성채를 묘사하며, 그곳이 "최후의, 완전한" 대화재로 파괴되었고, "전체 지역은 (…) 약 1미터 두께의 재와 파편으로 덮였다."고 했다. G 지역은 역시 파괴되었는데, 이갈Yigal은 진술하기를 "발굴된 모든 지역에서 드러나는 끔찍한 파괴의 표시는 그것이 발견되는 순간에 여전히 '생생하게 남아 있으며' 다음 시대에 거주했던 사람들은 잔해를 치우는 데 어려움을 겪지 않았다." 지층 4층은 파괴 이후의 층으로, "임시적으로 방어 시설이 없는 정착 유형"으로 기술되었다. 우리에게 특별히 중요한 부분이라면, 아시리아 방식의 왕궁이 그다음으로 B지역의 지층 3층에 건설되었다는 점이며, 이곳은 서쪽 절벽의 전 지역을 차지하는 것으로, 지층 1층까지 재사용되었다는 사실이다. 그러나 야딘 자신은 그 연대를 모호한 말을 쓰면서 얼버무렸는데, 기원전 7세기나 혹은 (바빌로니아의) 기원전 6세기 모두를 허용하고 있다. 그러나 그곳의 평면도는 메기도 3층의 아시리아 방식의 성채와 유사하다(아래를 보라).

야노아

야노아Yanoah(야누Yānûh)는 앞의 장소들에서 서쪽으로 매우 멀리 떨어져 있는데, 레반트 해안에서부터 내륙으로 겨우 16킬로미터 정도에 자리하고 있다. 만약 성서 기사가 신뢰할 만하다면, 야노아의 언급이 시사하는 바는 아시리아가 해안을 따라 남하해서 이집트로 가려고 했다는 점으로, 정말 그들은 그렇게 움직였다(아래를 보라).

북쪽 부근에 대략 10곳 정도 되는 기원전 8세기 중후반에 속한 곳들을 발굴했는데, 이곳들은 성서나 신-아시리아 기록물에서 언급하지 않고 있으며, 우리는 단지 그 파괴 지층을 약 기원전 734년과 722/721년 사이에 놓을 뿐이다. 우리는 이제 그러한 지역을 북쪽에서부터 남쪽까지 간단하게 살펴보려 한다.

단

텔 단Tel Dan에서 (1966년부터 지금까지) 오랜 시간 동안 진행되었던 발굴은 중요한 증거들을 내놓았을 것으로 기대하게 할지도 모르겠다. 단은 문화와 종교에서 중요한 지역이었을 뿐만 아니라, 아람의 국경이라는 전략적인 자리이기도 했다. 실로 신-아시리아의 군사적 일정에서 단은 근처인 이욘과 아벨 벧-마아가와 함께 언급되는데, 이를 통해서 앞에서 언급했던 그 지역의 전략적 중요성을 확인하게 된다. 단은 1966년부터 고인이 된 아브라함 비란Avraham Biran과 그의 후계자들이 발굴했는데, 그러나 매우 적은 분량만 출간되었다. 비란의 유명한 책인 『성서의 단*Biblical Dan*』에서는, 관계가 있는 지층 2층의 성벽과 성문(A와 B 지역), 그리고 거룩한 구역(T 지역)은 "파괴되었다"라고 말한다. 그러나 일반 가정 지역에 대해서는 거의 언급이 없으며, 실제로 군사적인 전투에서 의도적인 파괴를 입증해줄 수 있는 증거는 거의 나오지 않았다.

우리가 말할 수 있는 모든 것은 지층 2층에서 발표된 몇 안 되는 철기 II 시대의 도자기는 기원전 8세기 중후반으로 잡을 수 있다는 점이다. 성문 지역은 현저하게 파괴된 흔적을 보여주는 최적의 후보지이다. 이 지역은 폐허 위에 세워졌는데, 벽(pier)과 위병소 위로 약 1미터 정도 높이로 불에 탄 벽돌과 재가 덮고 있었다. 비란은 도자기 분석을 근거로, 이 파괴의 원인을 기원전 732년의 티글라트 필레세르 3세에게 돌렸다. 3개의 통로를 둔 성문과 그 외곽 광장의 마지막 지층에서 출토된 물건 가운데 유명한 기원전 9세기의 '다윗 석비'(텔 단 비문을 가리킴—역자주)가 있는데, 이것은 한때 파괴되었다가 성벽을 보수하는 과정에서 재사용되었다(앞을 보라).[444]

긴네렛

작지만 전략적으로 중요한 곳에 자리한 둔덕으로, 갈릴리 바다의 북서쪽 해안을 조망할 수 있는 이곳은 바다 주변 서쪽의 주요한 길을 방어하고 있다. 하솔의 남쪽으로 가는 공격 루트에서 자연스러운 길목이라고 할 수 있다. 1982년부터 1992년까지 볼크마르 프리츠Volkmar Fritz가 발굴했는데, 긴네렛Kinneret의 지층 2층은 강력하게 방어 시설을 갖추었지만, 기원전 733년에 티글라트 필레세르 3세에 의해 파괴되었다가, 그 후로 희박한 수준으로 사람들이 정착했다고 알려진다.[445]

벧-스안(텔 후슨Tell el-Ḥusn)

벧-스안Beth-Shean은 하부 갈릴리에서 가장 인상적인 둔덕 가운데 하나로, 이스르엘 계곡과 요르단강이 만나는 지점이다. 북왕국의 중요한 장소

가운데 한 곳이다. 지층 4층은 대개 기원전 8세기로 연대 설정이 되는데, 그러나 빈약하게 보존되었다고 알려졌다. 출판된 도자기는 기원전 대략 기원전 800년에서 기원전 600년까지 이른다. 거주의 간격이 이후 페르시아 시대까지 이어진다. 최근 아미하이 마자르가 수행한 발굴에 따르면, 다소 중요한 정보들을 제공하는데, 거대하고 잘 보존된 건물이 중포화 공격을 받고 파괴되었으며, 이는 아마 아시리아의 공격 때문으로 보인다. 잔해에서는 복구할 수 있는 그릇들이 100개가 넘게 나왔는데, 여기에 수많은 다른 물건도 나왔다.[446]

메기도(텔 무테셀림Tell el-Mutesellim)

메기도Megiddo라는 이름은 유명한 전투(아마겟돈을 가리키는데, 이는 원래 '메기도산'[하르-메기도]이란 의미이며, 예부터 이곳에서 수많은 전투가 벌어졌다—역자주)와 사실상 뜻이 같은데, (비록 그 장소가 여러 기록에서 언급되고 있지는 않지만) 여기에서 우리는 아시리아 전투에 대한 보다 설득력 있는 증거를 얻을 수 있을 것 같다. 지층 4A층은 연관이 있는 시대로, 요철 모양의 성벽에, 3개의 통로가 있는 성문, 수도 체계, 3개의 복합 왕궁, 그리고 저장소가 있었다(모든 것은 아마 기원전 10/9세기인 지층 4B층부터 계속된 것으로 보인다). 메기도는 티글라트 필레세르 3세에게는 부러운 대상의 하나였을 것인데, 이는 기원전 15세기에 투트모세 3세가 그랬던 것과 같았다: "메기도를 포획하는 일은 수천의 마을을 손에 넣는 것과 같다." 하지만 놀랍게도 이갈 실로Yigal Shiloh의 권위 있는 평가는 그 어떠한 아시리아에 의한 파괴의 증거를 언급하지 않았으며, 단지 '파괴했다'고 진술할 뿐이다. 그러나 신-아시리아 기록물에서 확실히 알 수 있는 것은 메기도가 아시리아의 새로운 속주, 마깃두Magiddu의 수도가 되었다는 점이다(아래를 보라). 두 개의 출구가 있는 새로운 지층 3층의 성문은 지배 체계의 변화에 대한 중요한 증거를 제공한다—그곳은 여러 큰 공공건물과 거주 건물에 의해 강화되었는데, 이는 중앙의 뜰에서와 같이 완연히 아시리아 건축의 특징을 보여주는 것이다. 하지만 이스라엘 핑켈스테인Israel Finkelstein과 다비드 우시슈킨David Ussishkin과 같은 최근 발굴자들은 특별히 아시리아 물건의 부재를 주목하고 있다.[447]

다아낙(텔 티인니크Tell Ti'innick)

메기도 근처에 있는 자매도시인 다아낙은 1960년대에 폴 랩Paul W. Lapp이 발굴했다. 철기 II 시대 지층은 간단히 예비 보고서 수준으로 출간되었는데, 지층 4층의 희박한 유물이 분명히 기원전 8세기 중후반에 속한다는 것을 제외하면 그리 할 말은 없다. 한 작은 지역에 검은 재로 된 한 층이 덮여 있다고 했는데, 발굴자들은 잠정적으로 기원전 733/732년으로 연대 설정을 했다.[448]

욕느암(텔 께이만Tell Qeiman)

욕느암Yoqne'am(Jokneam)은 경사지로, 에브라임 언덕에서 이스르엘 계곡으로 가는 주요한 산길을 지키는 10에이커의 둔덕인데, 1970년대에 대규모 지역 프로젝트의 일환으로 암논 벤-토르Amnon Ben-Tor와 다른 고고학자들에 의해서 발굴되었다. 기원전 8세기에 속하는 지층 12층에는 경사지 위로 두 개의 강력한 방어 시설이 세워졌으며, 이것은 지층 14층의 것으로 교체되었다. 그러나 예비 보고서는 파괴에 대한 언급을 하지 않았으며, 단지 방어시설이 쓰이지 않게 되었고 그 이후의 지층 11층은 파편적인 유물들만 남았다고 했다.[449]

텔 키리

텔 키리Tel Qiri는 성벽이 없는 작은 촌락으로, 중앙 이스르엘 계곡을 조망하는 카르멜산 등성이의 낮은 경사지 쪽에 있는 욕느암의 남동쪽에 자리하며, 1975~1977년에 암논 벤-토르가 발굴했다. 장소의 신원 확인은 제시되지 않았다. 지층 8층은 기원전 8세기 속하며, 새롭게 세워진 촌락임을 나타낸다. 그 성읍의 종말 혹은 파괴와 관련하여 보고된 것은 없으며, 단지 이후의 지층 7B-A층은 일반 가정 가옥에서 지속적인 건축학적 변화와 작은 촌락에 도움이 되었을 일련의 농업 산업의 개선된 발전을 보여주고 있다. 그 장소는 침략자의 관심을 좀처럼 끌지 못했던 것 같다.[450]

디르사(텔 파라, 북쪽)

디르사Tirzah는 짧은 기간 동안 북왕국의 첫 번째 수도로, 에브라임 산지의 와디 파라Wadi Far'ah의 상류에 돌출하여 자리를 잡고 있다. 1946~1960년에 롤랑 드 보Roland de Vaux 신부가 발굴했는데, 출간은 단지 부분적으로만 이루어졌다. 지층 7d층은 대체로 기원전 9~기원전 8세기에 속하며, 강력한 도시 성벽과 요철 모양의 출입구, 잘 정리된 다중 방의 집단 가옥, 그리고 '왕실'을 갖춘 강화된 마을이었다(그림 V.2, 앞을 보라). 도자기는 기원전 8세기의 다른 장소들의 특징을 가지고 있으며, 사마리아 양식의 자기를 포함한다. 발굴자들은 그 파괴를 사르곤 2세에게 돌리는데, 그러나 그 이상 자세한 사항은 제공하지 못했다. 그 이후로 지층 7e층의 마을은 쇠락의 길을 걸었는데, 그렇지만 그곳에 아시리아 왕실 도자기가 발견되었기 때문에 그 시대에 아시리아 사람들이 살았던 것으로 보인다.[451]

텔 케이산

거대한 둔덕인 텔 케이산Tell Keisan은 악고Acco 근처의 중요한 항구도시로, 잠정적으로 다른 여러 장소들과 동일시되었는데, 어느 주장도 확정적이지 않았다. 그곳은 1970년대에 프랑스 학자들이 소규모로 발굴했으며, 칭찬받을 만하게도 그들은 넉넉한 최종 발굴 보고서를 내놓았다. 지층 6층은 분명히 기원전 8세기에 속하는데, 그렇지만 그 당시 그곳은 두로 왕국

변경의 작은 촌락으로 여겨지며, 또한 전형적인 페니키아 해안의 도자기들이 발굴되었기 때문에 북왕국 이스라엘에 소속되지 않았던 것으로 보인다. 그 장소는 아시리아의 남진 과정의 길목에 없었던 것으로 보이는데, 왜냐하면 아시리아는 블레셋에 집중했기 때문이기도 했다(앞을 보라). 그렇지만 그곳에서 아시리아 왕실의 도자기가 발견되었다. 이는 아마 교역물품이었을 것으로 해석된다.[452]

세겜(텔 발라타Tell Balâṭah)

사마리아에서 남쪽으로 약 13킬로미터 떨어진 중앙 산지에 자리한 세겜Shechem은 철기 II 시대에 중간 크기의 마을 중 하나였다. 그곳은 1954년부터 1973년까지 G. 어니스트 라이트G. Ernest Wright와 다른 학자들의 기획 아래 미국의 고고학팀이 발굴하였다. 지층 7층은 기원전 8세기에 속하며, 그때 '현장 6'의 이중벽은 방어 목적으로 사용되었다. '현장 8'에서 특별히 1727번 가옥은 불에 의해서 격렬하게 파괴된 분명하고도 자세한 증거를 보여주었다. 그 가옥은 비록 도자기들과 물건들에 대한 결과는 아직 출간되지 않은 상태이지만, 파괴된 일반 가정 건물에 대하여 그 어느 장소보다 자세한 발굴 증거를 내놓았다. 발굴자들은 전체적인 파괴는 신-아시리아의 전투 결과였다고 제안한다.[453]

게셀(텔 제제르Tell el-Jezer)

게셀Gezer은 오늘날 로드Lod 근처의 셰펠라와 유다 산지가 만나는 곳에 있는 33에이커의 둔덕으로, 고대 팔레스타인의 청동기-철기 시대 장소 가운데 전략적으로 가장 중요한 위치 중 한 곳이었다. 그 도시는 북왕국의 남쪽 경계에 자리하고 있었으며, 기원전 8세기 후반 파괴된 후에 유다에 복속되었다. 그러므로 그곳은 기원전 701년 센나케리브가 원정을 오기 전까지 아시리아가 유다를 향해서 진격했던 가장 최남단의 지점이었다고 할 수

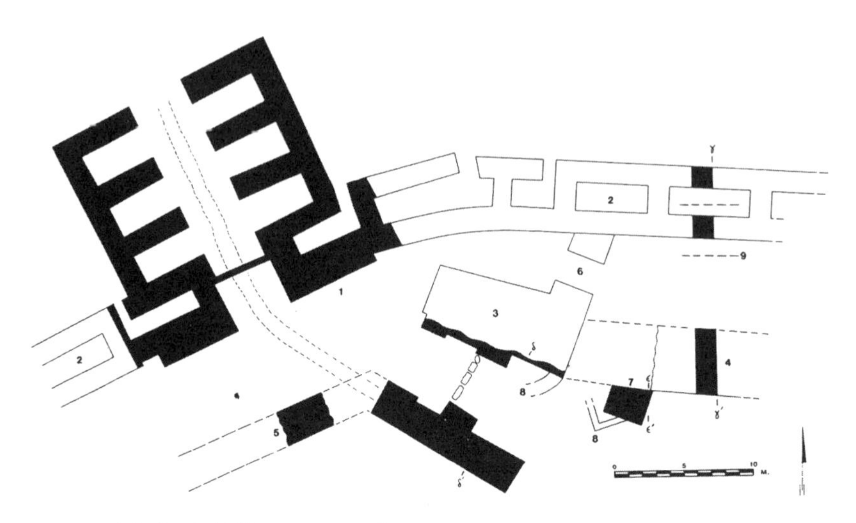

그림 X.9. 게셀, 성문과 이중벽. Dever 1986, 그림 8

있다. 가장 최근(1984~1990년)에 이루어진 발굴 작업은 나와 미국의 교수진이 담당했다. 기원전 8세기에 속하는 지층 6층의 특징으로는 약간의 이중벽 구역이 있는 다중 방어탑을 갖춘 성벽(외곽 벽); '현장 3'의 지하의 저장소와 3개의 통로를 갖춘 성문과 또한 여기에 인접한 왕실('왕실 8000번'); 그리고 '현장 7'의 구획이 잘된 개인 가옥이 있다.

우리의 발굴 초기에는 어느 일반 가옥 지역에서 대대적인 파괴가 나타나기도 했고('현장 2, 7'), 1984년과 1990년 발굴에서는 성문 근처의 아래쪽 성벽이 파괴되고, 오르막 비탈의 이중 성벽이 화염으로 파괴를 당한 생생한 증거들이 드러나기도 했다. 후자(이중 성벽)의 경우, 심하게 불타서 석회질이 되어버린 기원전 8세기 후반의 도자기가 다량 나왔고; 철제 화살촉; 100개가 넘는 불에 탄 진흙으로 만든 베틀 추; 기원전 701년 라기스의 파괴 지층에서 발견된 것과 유사한, 조각된 상아 부채 손잡이; 야인*yayin*(포도주)이라고 읽는 저장용 항아리 조각; 그리고 진흙으로 만든 흔치 않은 잉크병이 발견되었다.

게셀은 전쟁의 상황을 목격한 그림에 등장하면서 자랑할 수 있는 독특

그림 X.10. 신-아시리아 명판으로, 게셀의 성문을 포위 공격하는 그림, 우리의 '현장 3'의 성문과 성벽. Lance 1967, 그림 5

한 장소가 되었는데, 그것은 바로 신-아시리아 쐐기문자 명판(tablet)에서 성문을 공격하는 그림을 자세하게 묘사했고, 거기에 '게셀gaz[ru] 포위'라고 읽을 수 있는 글씨가 기록되어 있었다. 이 명판은 님루드에 있는 아시리아 왕실의 폐허에서 오래전에 발견되었다.[454]

언급해야 할 두 개의 북쪽 지역들이 각각 갈릴리 바다의 북쪽과 동쪽 해안에 남아 있다—벳새다Bethsaida와 텔 하다르Tel Hadar이다. 그러나 이 둘은 모두 아람에 소속된 장소들이다(9장).

열왕기하 15장 29절에 이름이 등장한 다른 지역들은 길르앗과 갈릴리이다. 갈릴리는 분명히 팔레스타인 북부 지역으로, 납달리(앞을 보라)와 서쪽으로 아셀 지파에게 할당된 지역을 포함하고 있다. 상부와 하부 갈릴리 모두를 포함하며, 그 지역은 티글라트 필레세르 3세의 초기 전투의 목표였을 것으로 보인다.

그러나 길르앗은 문제를 드러내는데, 왜냐하면 그곳은 트란스요르단의 북쪽과 중앙에 위치하기 때문으로, 이 지역에서 아시리아의 파괴 유물은 기록상으로나 고고학적으로나 문서로 입증되지 못한 상태이다. 더 나아가 어떻게 철기 II 시대에 이스라엘 사람이 이 지역에서 존재할 수 있었는지에 대해 논의의 여지가 있다. 트란스요르단 지역—즉, 와디 자르까Wadi Zarqa(얍복강)—의 북쪽과 남쪽 모두에서 알려진 철기 II 시대의 고고학 발굴 지역들은 희귀하며, 극소수만 발굴이 되었다. 최근에 맥도널드MacDonald가 수행한 탐사는 길르앗(즉, 고대 암몬의 국경을 따라서, 암몬 북부) 지역에서 대략 15곳을 나열해놓았다.[455]

아시리아 이후의 지평

기원전 8세기 후반은 북왕국에게는 일종의 최후의 장이라고 할 수 있다. 센나케리브 5세와 이후 사르곤 2세 아래에서 신-아시리아 군대는 북왕국을 침략했고, 수도인 사마리아를 점령했으며, 수천 명의 사람을 죽이고, 다른 수천 명을 노예로 만들어 아시리아의 수도 니네베로 강제 이주시켰다. 다음에 이어지는 것은 한 세기 동안 북쪽은 '사마리나Samarina'라는 이름으로 아시리아의 속주가 되어버린 일이다. 그리고 아시리아의 통치는 아래로 멀리까지 확장해서 블레셋 해안 평야까지 이어졌고, 심지어 트란스요르단뿐만 아니라 남쪽으로 암몬에 이를 정도였다. 유약한 유다는 사방으로 에워싸였다. 그러므로 '이스라엘의 잃어버린 10개의 부족'이라는 신비적 분위기가 형성되었다. 고고학적인 증거는 이러한 급격한 변화를 분명하게 반영하고 있다.[456]

참으로 이상한 것은 사마리아라는 도시 그 자체는 새로운 수도가 되지

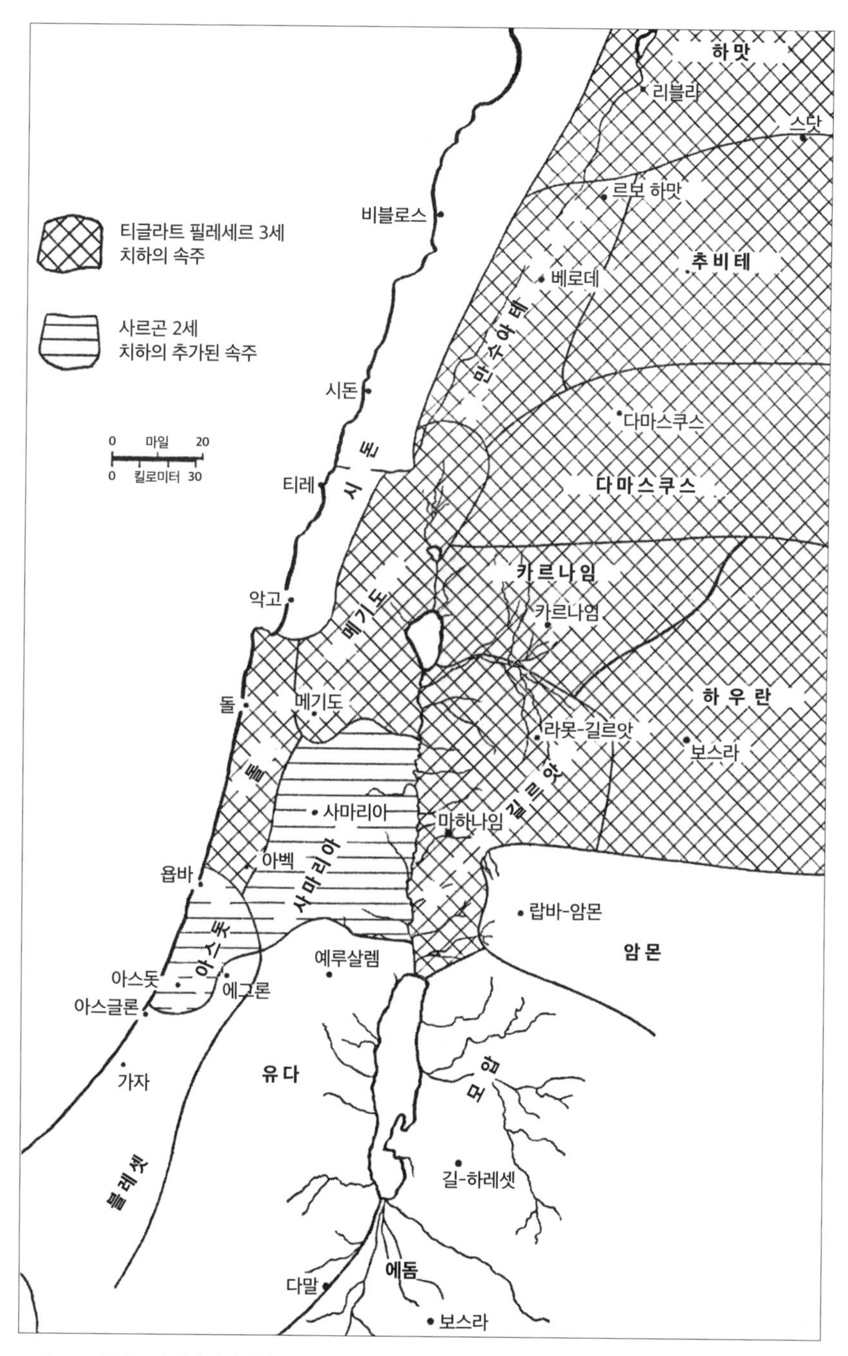

그림 X.11. 팔레스타인의 아시리아 속주. Aharoni 1967, 지도 31번

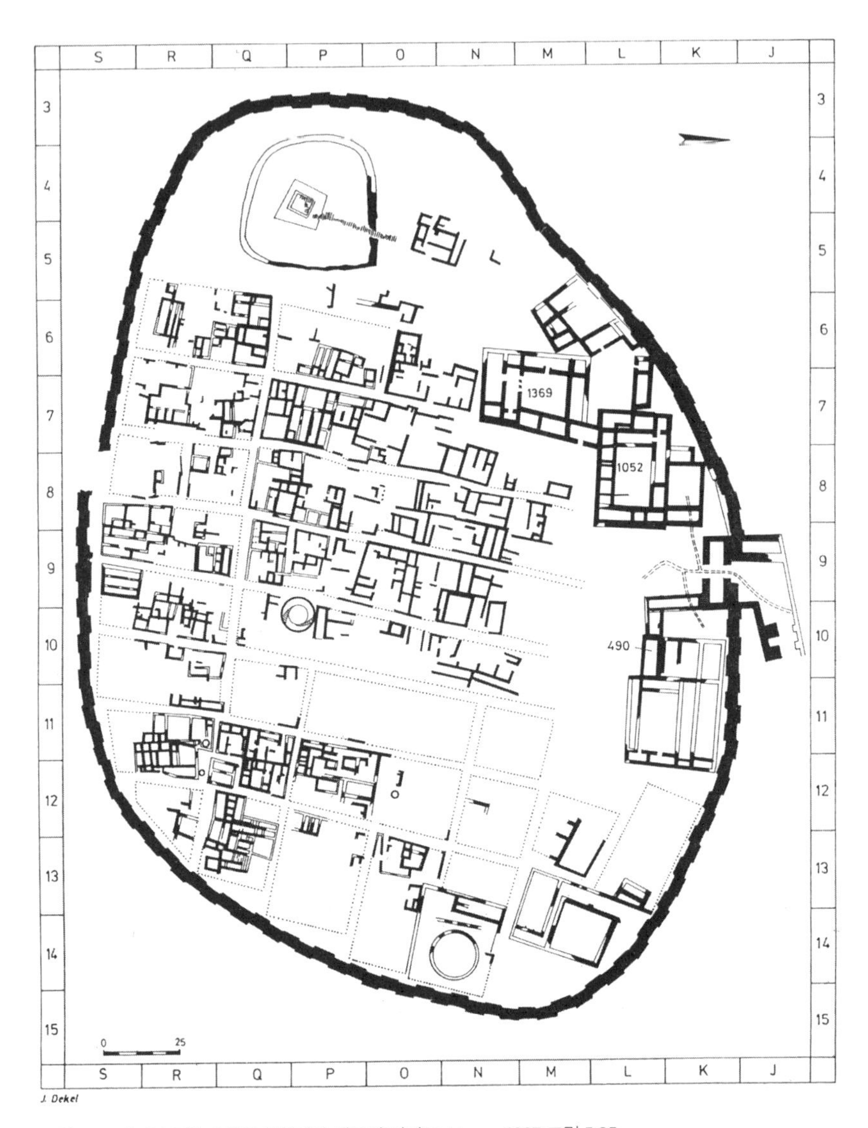

그림 X.12.메기도 지층 3층의 아시리아 건물의 평면도. Herzog 1997, 그림 5:35

않았다는 점이다. 사실, 지층 7층은 이전의 벽들과 변화가 거의 없으며 많은 부분에서 연속되고 있음을 보여준다. 이 지층에서는 발견된 것들이 거의 없으며, 수입된 왕실 도자기 몇 점과, 사르곤 2세에게 바치는 아시리아

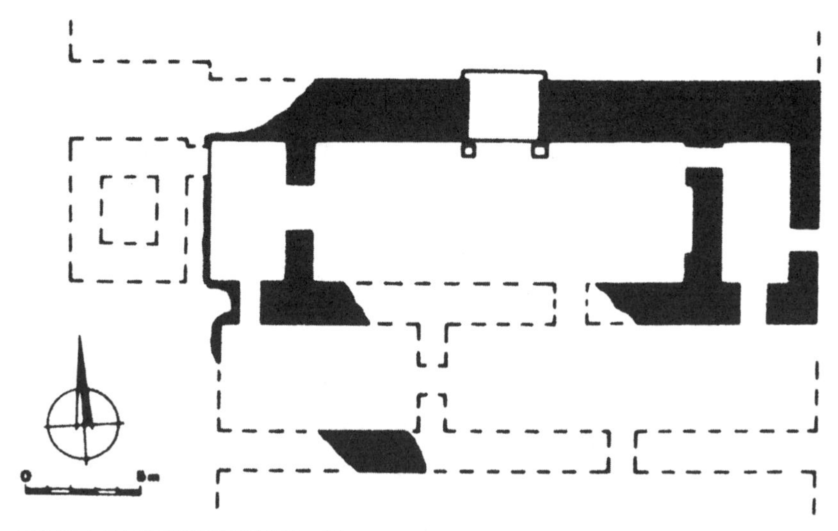

그림 X.13. 하솔의 아시리아 성채 (지층 5층). Stern 2001, 그림 1.14

석비 조각들, 그리고 지역 총독에게 보내는 편지에 새겨진 원통 인장을 제외하면 특별히 아시리아 물건들이 거의 없다고 할 수 있다. 비록 사마리아가 속주의 수도였지만, 아시리아는 새로운 속주를 분할하고 궁핍하게 만들어서, 아시리아 점령군을 뒷받침하는 데 충분한 수준으로만 지역의 경제활동을 제한시키는 것을 적합한 정책으로 생각했다.

메기도는 또 하나의 아시리아 수도로, 아시리아의 위압적 지배가 얼마나 효과가 있는지를 가장 잘 보여주는 곳이다. 완전히 새로워진 도시가 지층 4A층의 옛 모습을 바꾸어놓았는데, 바로 직각의 구조로 판을 짜놓고, 잘 정리된 거리 측면에 복합 가옥들을 배치하였다(지층 3층, 아시리아에 의해 새롭게 세워진 메기도—역자주). 이것들은 아마 아시리아의 관리나 군대가 거주했던 곳으로 보인다. 옛 요철 모양의 도시 성벽은 유지되었는데, 여기에 새롭게 2개의 통로가 있는 성문이 세워졌다. 성문 근처에는 지역의 총독을 위한 거주 구역과 행정 사무실이 있었는데, 그 건축은 아시리아와 시리아-페니키아 양식 모두를 결합한 것이었다.[457]

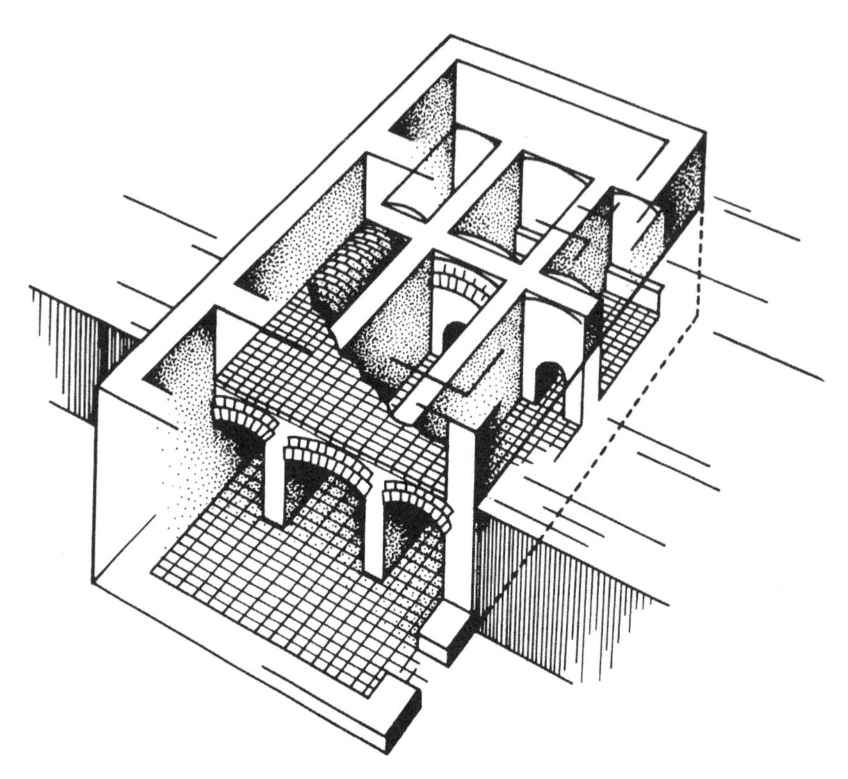

그림 X.14. 텔 젬메에 있는 신-아시리아의 아치형의 진흙 벽돌 구조물, 기원전 8세기 후반~기원전 7세기 초반. Stern 1993, 671의 Van Beek

하솔 역시 중요한 변화를 보여주었다. 'B지역'에 폐허가 된 지층 5층의 성채 위로, 메기도와 비슷한 큰 행정 요새가 세워졌다. 그 둔덕의 동쪽 기슭에는, 오늘날에는 거의 버려지기는 했지만, 일종의 왕궁이 영빈관과 함께 있었다.[458]

텔 파라(북쪽)에서 지층 7층은 즉각적으로 사람들이 다시 점유했는데, 성문을 봉쇄하고 옛 왕궁과 안뜰 지역에 몇몇 변화를 준 것을 제외하면, 변화가 거의 없는 편에 속한다. 그러나 아시리아 왕실의 도자기가 발견되어서, 그 당시에 아시리아 관리가 주둔했음을 입증하고 있다.[459]

게셀—이때에 아시리아의 원정이 멀리 남쪽과 중앙으로 관통하면서 여기까지 왔는데—은 지배권이 완전히 탈취된 증거를 극명하게 보여준다. 오래전에 시행된 발굴에서는 아시리아의 쐐기문자 행정 명판 두 개뿐만 아니라, 일군의 아시리아 물건과 도자기가 나왔다.[460] 보다 최근에 미국의 발굴자들은 더 많은 부분에서 아시리아의 영향이 있었을 것이라고 보았지만, 아시리아 세력의 주변 지역인 게셀은 다른 장소들보다 덜 영향을 받은 지역으로 남아 있었던 것 같다.[461]

멀리 남쪽으로 해안을 따라가면 텔 세라Tel Sera'(시글락—역자주)와 텔 젬메Tell Jemmeh가 나오는데, 이곳에서는 건물의 양식과 물건들에서 아시리아의 영향을 받은 증거가 나왔다. 그리고 많은 신-블레셋의 장소들이 아시리아 통치 아래에서 번영했다(아래를 보라).[462]

유다는 조심스럽게 보호를 받았는데, 다소 준準-독립의 상태를 유지했지만, 그것은 아주 짧은 기간뿐이었다.

포위 공격을 준비하다: 다음은 유다이다

기원전 705년에 사르곤 2세가 죽고 센나케리브가 그 뒤를 이었다. 그는 우선 아시리아 내의 정치적 불안정과 지역 충돌이란 문제에 몰두했다. 그러나 기원전 701년이 되자, 그는 서쪽으로 원정을 떠났고, 유다 북쪽의 페니키아 해안으로, 그리고 다음엔 남쪽으로 진행해서 유다의 가장 가까운 이웃 나라인 해안의 신-블레셋을 위협했다. 이러한 원정길에서 센나케리브는 유다의 심장부를 관통하게 된다. 신-아시리아 자료는 이러한 원정을 다소 자세하게 기록하고 있는데, 자신들이 히스기야 왕의 "성벽이 있는 마을"을 46개나 파괴했다고 주장한다(아래를 보라). 그러나 히브리 성서의 기록자는 간단히 진술하기를, "히스기야 왕 제십사 년에 (…) 산헤립(센나케리브—역자주)이 올라와서 유다 모든 견고한 성읍들을 쳐서 점령했다"(왕하 18:13; 참조. 대하 32:1; 사 36:1). 오직 라기스만이(아래를 보라) 예루살렘에 추가하여 그 이름이 거명되며, 오직 한 절에서만 센나케리브가 라기스에 주둔했다는 것을 알려주고 있다(왕하 18:14). 그들은 그런 다음에 2장이나 할애하여(왕하 18장과 19장) 기적적으로 예루살렘 포위가 해제된 이야기를 한다—이것이 그들의 유일한 관심사였다. 내가 이 책의 시작부터 계속 주장하고 있는 것처럼, 성서 저자가 자기 동포 대부분의 운명에 대해서는 거의 망각하고 있었다는 사실을 이처럼 극적으로 잘 보여주는 것도 없다고 하겠다.

이스라엘 혹은 유다 도시 그 어디에서도 가장 취약한 지점 가운데 하나는, 특별히 기원전 8세기에 들어가면서 도시들의 크기가 최대치로 증가하는 상황에서 물을 공급하는 문제였다. 도시를 결정하는 중요한 요소들을 살펴보면서(5장) 우리는 여러 가지 수도 공급 체계를 주목했었다. 어떤 것들은 기원전 9세기에 만들어졌다가 기원전 8세기에도 여전히 사용되었지만, 다른 것들은 그 당시에 겨우 건설되기도 했다. 우리는 이러한 혁신적이고 상당히 돈이 많이 들어가는 토목 공사의 위업이 있었던 연대가 단지 우연히 정해지지 않았다고 가정할 수 있다. 그것들은 기원전 9세기에 시작되고, 기원전 8세기에 이르자 더욱 가까이 강력하게 다가온 아시리아의 위협에 대한 직접적인 대응이었다.

이러한 모든 수도 공급 체계에서 가장 인상적인 것은, 그 지평에 계속 머무르고 있던 아시리아의 영향력에 대한 즉각적인 반응으로, 바로 예루살렘에 있는 유명한 물 터널이다(그림 V.12 그리고 VII.15, 앞을 보라). 이것은 분명히 임박한 침략 직전인 기원전 701년에 기혼 샘의 물을 성벽 안쪽에 있는 거대한 수조 안으로 끌어들임으로써 도시의 자원을 증강하고 확보하기 위해 건설했던 것이다. 우리는 이미 기원전 8세기 후반의 기념비적인 히브리어 비문에 관해 논의한 바가 있다. 이 비문은 터널의 남쪽 끝에서 발견된 것으로, 건축 과정을 기술하고 있었다. 여기에서 그 공사에서 필요로

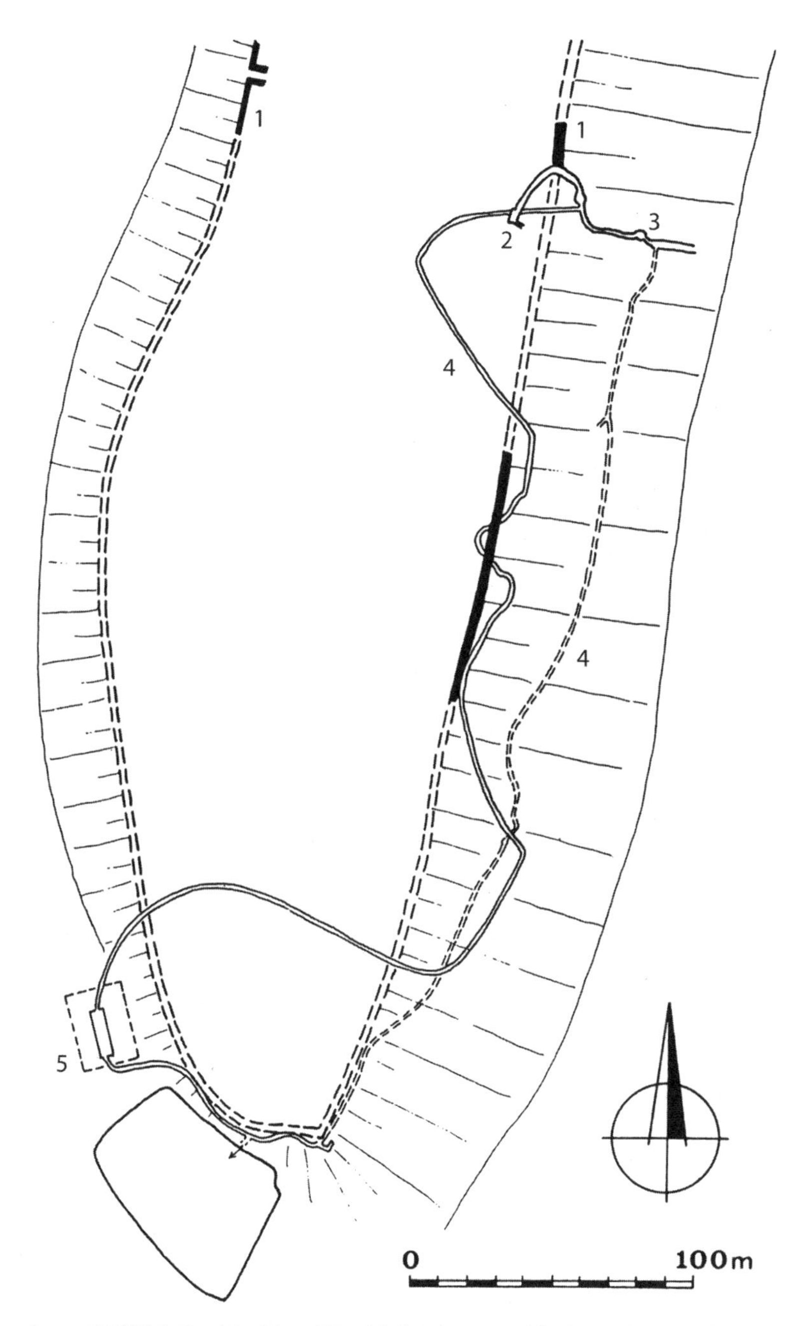

그림 X.15. 예루살렘의 히스기야 터널. 1. 성벽; 2. '워런 수직 통로'; 3. 기혼 샘; 4. 터널; 5. 실로암 연못.
Fritz 1995, 그림 56

했던 엄청난 기술과 노력을 산정해볼 만한 가치가 있다.

비록 절망적인 상황에서 서둘러서 팠겠지만, 이 작업은 놀라울 정도로 전문가들의 토목 기술이 적용된 것이었다. 그 터널은 약 365미터의 길이로 기반암을 관통해야 했을 뿐만 아니라, 지표면에서 30미터 아래에서 작업이 이루어져야 했다.[463] 우리는 그 비문에서 기술자들과 터널을 파는 사람들이 어떤 설명할 수 없는 이유로 인해서 양쪽의 끝에서 동시에 시작하기로 결심했다는 것을 알게 되었다. 그러나 어떻게 갱부들이 그들을 인도해줄 현대적인 관측 도구들 같은 것도 없이 거의 완벽하게 가운데 지점에서 만날 수 있었던 것일까? 그리고 머리를 높이 들지도 못하는 좁은 통로에서 작업하면서도 왜 그들은 질식하지 않았던 것일까? 그리고 항상 넘치도록 흐르는 물이 왜 그들을 익사시킬 정도로 크게 범람하지 않았던 것일까? 우리는 이러한 질문에 대한 답을 알지 못한다. 그러나 우리는 권위자들과 그 작업을 해야만 했던 그들의 노동자들이 가진 그 절박함과 천재성 모두를 인정할 수는 있다.

예루살렘 수도 터널과 관련된 것은 아마도 보다 넓은 지역을 통합하고 보호하기 위해서 성벽을 확대한 일일 것이다. '넓은 성벽(Broad Wall)'이라고 불리는 것을 나흐만 아비가드Nahman Avigad가 발견했으며, 그 연대를 고고학적인 맥락을 기초로 하여 기원전 8세기 중후반으로 잡았다. 또한 현재 구시가 근처에서 다른 동시대의 방어탑과 같은 방어 시설들을 발견했다. 이것과 수도 터널을 고려할 때, 우리는 기원전 8세기 유다의 왕들이 그럴 만한 이유가 있어서 기원전 732~기원전 701년의 아시리아 침략을 대비했다고 결론 맺을 수 있다.

비축 도시들을 준비시키다

7장에서 논의했던 비문(epigraphic) 자료 가운데, 우리는 호기심을 돋우는

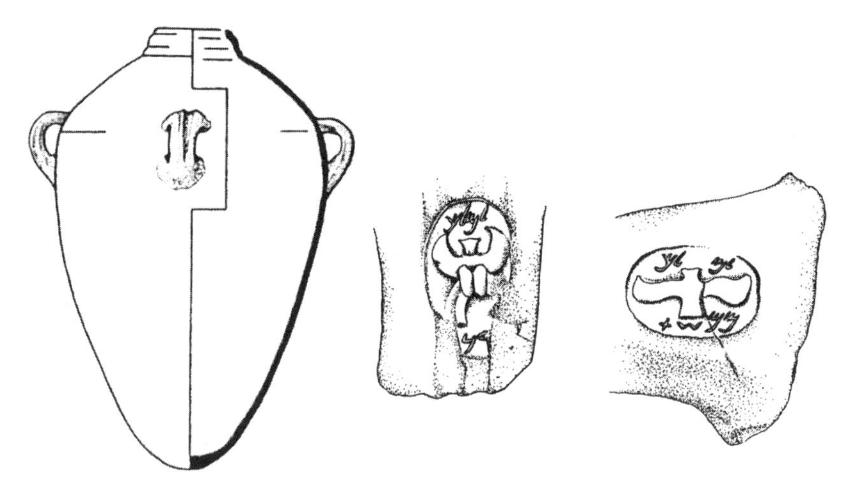

그림 X.16. '왕실 도장이 찍힌 항아리 손잡이'로, 레멜레크*lmlk*, '왕의 소유'라고 읽음.
Gitin 2006, 그림 2:2,3; McCarter 1996, 109번

종류의 물건을 넌지시 말하려고 한다. 즉, 소위 왕실의 도장이 찍힌 항아리 손잡이이다.[464] 이것은 기원전 8세기 거대한 달걀 모양의 저장용 항아리에 이중으로 길쭉하게 나온 독특한 손잡이인데, 이 경우에 그 손잡이들에 인장 도장이 새겨져 있었던 것이다.

어떤 도장 자국에서는 두 날개가 달린 원반 모양의 태양이, 다른 것에서는 4개의 날개가 달린 왕쇠똥구리가, 그리고 몇몇은 전형적인 네 날개의 상징이 나타나 있었다. 도장 자국은 모두 위쪽에 레-멜레크*le-melekh*('왕에게 속한 것')라고 되어 있으며, 그러므로 통칭하여 '왕실' 인장이라고 할 수 있다.

아래쪽에는 4개의 지명 중 한 곳이 나와 있다(여기에는 단지 자음만 나와 있다): *mmšlt*(아마 히브리어로 멤샬트*memshālt*, '정부', 즉 예루살렘을 가리킬 것이다); *zp*(십); *skh*(소고); 그리고 *ḥbrn*(헤브론). 이 장소 중에 세 군데는 유다 산지 남부에 자리하고 있으며, 네게브 사막에 있는 국경까지 확장하고 있는데, 예루살렘의 남쪽으로 약 32킬로미터 떨어진 헤브론에서 시작해서, 다음으로 십과 소고까지 연결된다.[465]

이렇게 글자가 새겨진 모든 항아리 손잡이들은 유다에서 발견되었으며, 그 정확한 연대를 기원전 8세기 중후반으로 잡을 수 있다. 알려진 수백 개의 예들을 연구하면서 주장할 수 있는 것은, 그것들의 분포 상황 지도가 유다의 저울추 지도에서와 같이 유다의 국경과 일치하고 있다는 사실이다.[466] 다른 연구에 따르면, 모든 도장 자국이 분명히 소수의 인장에서 찍힌 것임이 입증되었다.

이러한 항아리 손잡이가 발굴 초기에 드러나기 시작했을 때, 그 도장의 의미를 평가하는 데 약간의 문제가 있었다. 그러나 오늘날 대부분의 학자들은 그 인장들이 기원전 8세기 후반의 유다 왕이 임박한 아시리아의 유다 침입을 준비하는 과정에서 어떤 지역의 마을에 식량을 비축해놓으려는 시도를 나타내는 것이라는 생각에 동의하고 있다. 곡물, 올리브유, 그리고 다른 저장 물품이 창고에 비축되었는데, 그곳에서 저장용 항아리가 대량 생산되었다. (저장용 항아리를 만들어서) 건조 중인 진흙이 아직 굳어지기 전에 몇몇 공식 인장 도장을 가진 정부 관리인은 손잡이 윗부분에 목적지 이름이 있는 도장을 찍었다. 사실, 여러 도장 흔적들에 대한 연구는 그것들이 비교적 몇 안 되는 도장들로 모두 만들어졌다는 것을 보여준다(500여 개의 손잡이에 22개의 도장이 찍혔다).[467] 이러한 연구는 항아리 자체, 그 내용물, 그리고 그 목적지에 대한 정부의 관리가 있었다는 개념을 뒷받침해준다.

정부가 공인한 이러한 수백 개의 항아리에 대한 가장 합리적인 설명은 그것들이 방어 메커니즘이라는 것이다. 다시 말해서, 꽉 찬 항아리들은 차곡차곡 쌓인 후 언제라도 바로 실려서 여러 지역 보관소로 보내질 수 있었고, 그곳에서 필요로 하는 보다 작은 도시나 마을로 분배될 수 있었다. 수도 공급이 포위에 대항하여 방어하기 위한 전략이었던 것처럼 중요한 전쟁의 수단은 바로 음식을 공급하는 일이었다. 그리고 오직 중앙화된 정부만이 그러한 대책을 개발하고 시행할 수 있었다. 비축 도시들은 사실상 정부가 보증한 방어 공장이며 창고였다. 식량이 실제로 알맞게 사용되었다는 것은 라기스의 파괴 흔적에서 이러한 도장이 찍힌 항아리 손잡이 수백 개가 발굴되었다는 사실에서 확인된다.[468]

라기스 함락

고대 근동에서 가장 잘 기록된 전투는 센나케리브(기원전 705~기원전 681년)의 원정에서 라기스를 포위하고 함락했던 기원전 701년의 사건이었다. 우리는 다음의 네 개의 자료가 있다: (1) 그 사건을 기술하고 있는 신-아시리아 연대기; (2) 전투 자체를 그리고 있는 유명한 니네베의 부조로, 오늘날 대영박물관에 전시되어 있다; (3) 장기간에 걸친 두 번의 광범위한 고고학 발굴 작업으로, 여러 권으로 완전하게 출간되었다; 그리고 (4) 히브리 성서에서 간결하게 센나케리브와 라기스의 포위를 언급하고 있다.[469]

센나케리브는 기원전 705년에 사르곤 2세가 죽자 그를 계승했으며, 즉시 그는 질색이었던(*bête noir*) 바빌로니아를 상대로 남쪽으로 원정을 시작했다. 그러나 페니키아/블레셋 해안은 기원전 701년에 그의 세 번째 원정의 목표였다. 신-아시리아 기록물은 시돈, 사렙다, 악십, 욥바, 아소르, 에그론, 아스돗, 아스글론, 그리고 베이트-다곤(아마 아세가)뿐만 아니라 트란스요르단의 모압과 에돔에 대한 공격을 열거하고 있다. 예루살렘을 향한 길은 이제 동쪽에서 서쪽을 향한 노정으로 열리게 되었다.

이러한 성공적인 남부 원정에 이어서 센나케리브는 자신의 얼굴을 예루살렘을 향해서 돌렸는데, 예루살렘은 거의 40년간 아시리아의 욕심을 잘 피해오고 있었다. 그는 그곳에서 성공하지 못했을 수도 있다. 그러나 관련 있는 도시의 지층들은 그저 간단하게 발굴되었는데, 그렇기 때문에 그 문제는 여전히 열려 있다.[470] 그러나 그는 라기스라는 거대한 유다의 요새에

그림 X.17. 유다의 글자가 새겨진 저울추의 분포도. Kletter 1999, 그림 7

서 멋지게 성공을 거두었고(5장), 모든 세상이 그것을 보고 벌벌 떨도록 하려고 자신의 승리를 기념했다.

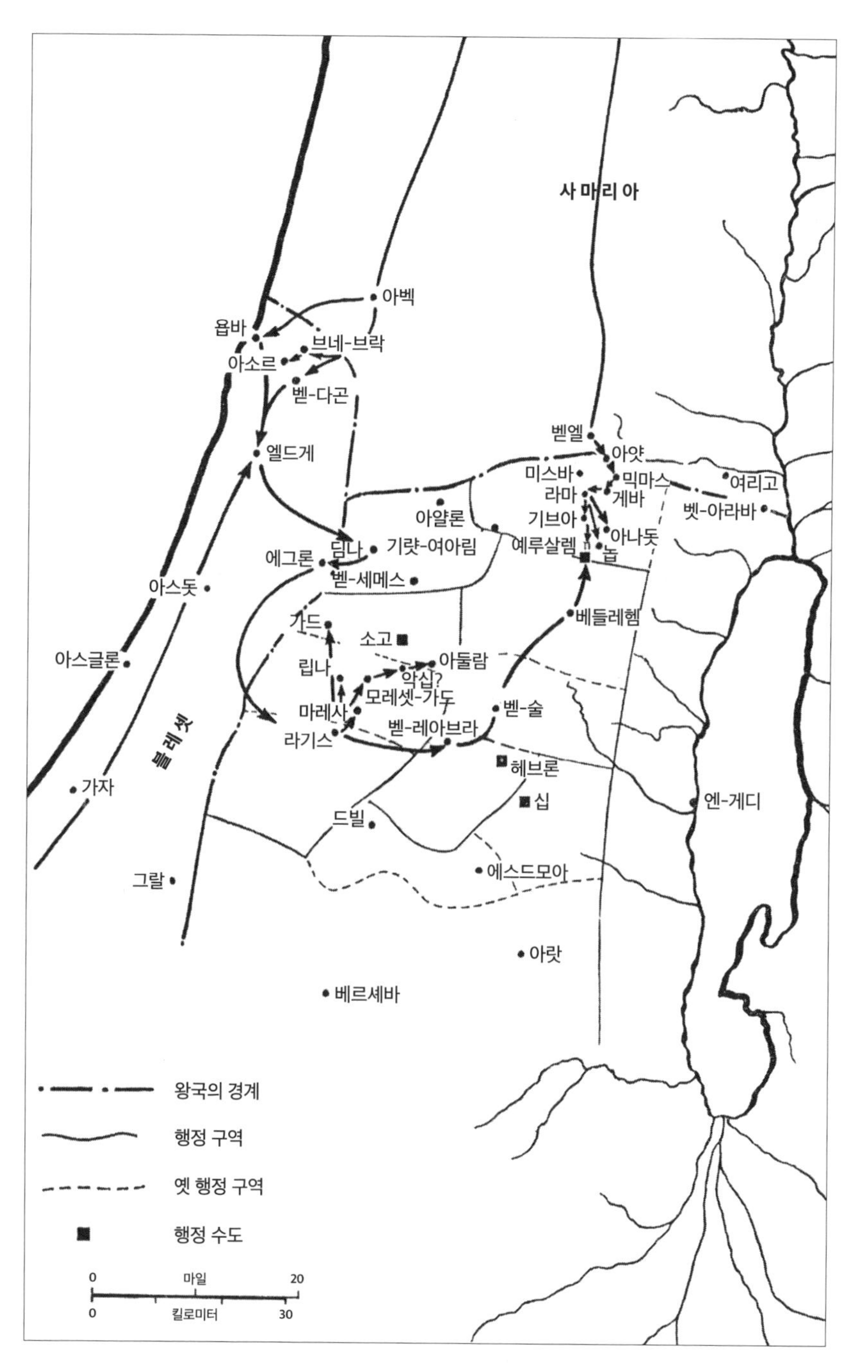

그림 X.18. 기원전 701년의 센나케리브의 유다 원정. Aharoni 1967, 지도 32번

예루살렘 포위에 대한 신-아시리아의 간단한 기사는 다소 모호하지만 전문을 인용할 가치는 있다:

> 내 지배에 굴복하지 않는 유다의 히스기야에 대해서 나는 그의 벽이 있는 강한 46개의 성읍과 그 주변에 있는 셀 수 없이 많은 작은 마을을 포위했다. 경사지의 경사를 낮추고 공성 무기를 맞추었으며, 보병들의 살육, 터널, 포위 사다리를 가지고 나는 그들을 정복했다. 200,150명의 사람들, 작은 자와 큰 자, 남자와 여자, 말, 노새, 당나귀, 낙타, 황소, 작은 소를 셀 수 없이 많은 그것들을 데리고 나왔다. 그리고 나는 (…) 그(즉, 히스기야)에 대하여 그의 왕궁 도시, 예루살렘의 새장 안의 새처럼 나는 그를 가두었다; 나는 그를 상대로 공성 무기들을 연결했고, 성문에서 누가 나오더라도 나는 굴욕으로 되갚아 물러가게 했다.[471]

나는 센나케리브의 46개의 '벽이 있는 강한 성읍'을 아래에서 다룰 것인데, 그 파괴는 의문의 여지가 있다.

그러나 센나케리브의 라기스 정복은 의심의 여지가 없다—그리고 그는 그것을 확실히 하려고 했다. 센나케리브가 포위 공격을 예상했으며, 그의 예상된 승리를 우리가 '종군 기자(war correspondent)'라고 부르는 자들을 전투에 보내서 전쟁 실황을 기록하고 기념하도록 했다는 것은 분명하다. 돌로 된 일련의 기념비적인 돋을새김은 니네베의 그의 왕실 복도에서 발견되었고 이제는 대영박물관에 비치되어 있는데, 상당히 자세하고 생생해서(혹은 쥐죽은 듯해서) 그것들은 목격자의 스케치에 기초하여 만들어진 것이라고 볼 수밖에 없다.[472] 이러한 돋을새김에는 소름이 끼칠 정도로 자세하게 다음과 같은 전투 상황이 그려지고 있다: 성벽을 향해서 사람이 만든 경사지를 올라가는, 철을 끼운 공성 망치; 앞뒤로 날아가는 투석기, 화살, 그

그림 X.19. 대영박물관에 보관된 그림으로, 라기스 포위 공격 돋을새김. Ussishkin 1982, pl. 86

리고 창; 벽의 꼭대기에서 절망적인 시도를 하는 수비자들로, 그들은 자신의 손에 잡히는 무엇이든지 공격자들을 향해 내던질 수 있는 것을 들고 있다. 특별히 나무로 만든 공성 망치를 불로 태우려고 한다; 벽으로 올라가기 위해 던져진 포위 공격용 사다리와 그것을 타고 올라가는 군인들; 군단 무리가 열을 지어 철기 방패를 서로 맞물려서 스스로 보호하면서 경사지를

그림 X20. 포로들이 라기스의 성문을 빠져나오고 있다. Ussishkin 1982, pl. 86

올라간다; 줄을 세운 후발의 궁수 부대가 하늘을 덮을 정도의 화살을 공중에 쏘아 붓는다.[473]

동시에, 전형적인 신-아시리아 예술에서 나타나는 것처럼 그 돋을새김은 도시의 멸망을 보여준다: 전투가 여전히 격렬하고 도시가 불타고 있는 와중에 등에 가방을 멘 죄수들이 줄을 지어 성문을 나오고 있다; 자신의 종복에 둘러싸여 보좌에 앉은 찬란한 센나케리브 앞으로 끌려 나온 포로들이 빌고 있는데, 센나케리브의 전차와 말은 그 보좌 뒤에서 기다리고 있다; 한 여성의 머리카락이 군인에게 잡혀 있는데, 그녀의 굽혀진 목 위로 그 군인은 칼을 치켜들고 있다; 남자들은 바닥에 뻗어 있으며 납작하게 되었는데, 그러는 중에 그들의 등껍질이 벗겨진다; 시체가 높이 솟은 대못에 꽂혀 있으며 성벽보다 더 높이 둘러서 전시되고 있다; 잘린 머리들이 선반 위의 수박처럼 쌓여 있다.

센나케리브 왕궁의 접견실 안에서 이러한 전시용 돋을새김 앞에 잠깐 멈춘 사람이라면 누구라도 요점을 알게 된다: 이것이 바로 전능한 왕을 거부하는 모든 자가 당할 운명이다. 요점을 파악하기 위해 센나케리브는 2.4미터가 넘는 돋을새김에 자기 모습을 그려 넣었는데, 그는 보좌에 앉아서 전리품을 받고, 그 앞에서 움츠린 죄수들을 접수한다. 비문은 다음과 같이 읽을 수 있다:

> 센나케리브, 세계의 왕,
> 아시리아 땅의 왕,
> 왕위에 오르다; 전리품이
> 라기스에서 그분의 앞으로 나아온다.[474]

이것은 발굴자들이 증명한 것처럼, 허세가 아니다. 라기스는 1932~1938년에 존경할 만한 스타키Starkey의 감독 아래 영국인들에 의해 발굴되었고, 다음으로 1973~1987년에 데이비드 우시슈킨David Ussishkin의 감독 아래 텔아비브 대학과 대규모의 이스라엘 전문가들이 발굴했다. 터프넬Tufnell은 4권의 큰 책을 출간했다; 우시슈킨의 훌륭한 5권의 시리즈는 대걸작이다.[475]

라기스 발굴의 결과는 인공유물과 기록이 상호 간에 얼마나 잘 확증해 줄 수 있는가를 보여주는, 거의 신비로울 정도의 사례를 내놓았다—각각의 자료가 편견이 없으며, 동시대의 증언일 경우에 말이다. 발굴자들은 돌로 된 인공적인 급경사를 발견했고, 진흙 벽돌로 만든 경사로가 성벽의 남동쪽 모퉁이로 나와 있음을 발견했는데, 여기에는 중량의 바퀴가 달린 아시리아의 공성 전차를 수용할 수 있는 폭 파인 차도가 있었다. 경사지의 높이를 계산해보면, 그것이 얼마나 조심스럽게 만들어졌는지를 보여준다. 이것은 왕궁 돋을새김에서 보여주고 있는 포위 그림과 정확하게 일치했다. 그 그림은 심지어 경사지 맞은편의 언덕 위로 보좌에 앉아 있는 센나케리브를 그려 넣기까지 했다—분명 아시리아의 미술가가 그 장면을 스케치했던 시점이었다(앞을 보라).

이제 초점을 성안으로 돌려보면, 수비자들은 사방에서 암석 조각으로 만든 대對공성전차 무기를 던졌다. 여기에서 제2 방어선이 급히 세워지게 된다. 하지만 아시리아는 성벽을 무너뜨리고 말았으며, 결과는 끔찍했다.

포위 공격의 섬세함은 아시리아 전차를 끄는 말의 장식에서 극명하게 드러난다; 여기에는 군사들의 투구; 갑옷미늘; 공성 무기를 향해서 수비대가 사용했던, 긴 줄이 달리고 구멍이 뚫린 무거운 돌들; 셀 수 없이 많은 투석기(투석기용으로 쏘는 돌); 그리고 850개가 넘는 화살촉들.

성벽이 무너졌고, 군사들은 성문에 불을 붙였으며, 발견된 안쪽의 방들은 꼭대기까지 불에 타버린 진흙 벽돌 잔해로 채워졌다. 도시 전체는 격렬하게 파괴되었고, 지표의 잔해와 성벽 아래의 경사지는 오늘날에 여전히 확인할 수 있다. 성의 주민 대부분은 포로가 되었을 것이다. 그리고 남은 자들은 (돋을새김이 보여주는 것처럼) 살육을 당했다. 대략 1,300구의 유골이 여러 동굴 안의 대규모 매장지에서 발견되었다—남자, 여자 그리고 아이들의 유골이었다. 그것을 분석했을 때, 유골은 그 시절에 전형적인 지역 주민의 것으로 판명되었다.

나는 매 시즌 거의 모든 발굴에 찾아갔다. 모든 것을 염두에 두고 아시리아의 공성 전차 위에 올라서 손에 몇 개의 화살을 쥔 채 반反공성 구역을 내려다보면서 나는 오싹하게 느꼈다. 고고학자들은 특히 무관심했는데, 사실 그들은 파괴에서 유용할 만한 정보가 나오기 때문에, 그러한 파괴 지층을 매우 좋아하기 마련이다. 그러나 여기에서 나는 불행한 유다의 수비대가 성 위에서 반드시 느꼈을 온전한 공포를 최소한 막연하게나마 감지할 수 있었다. 그들은 운이 다했다. 단지 시간문제였을 뿐이다(참고. 아래의 3부를 보라).

라기스 지층 3층의 파괴는 기원전 701년 센나케리브 원정의 극적인 증거이다. 그러나 아시리아 왕은 주장하기를, 유다에서 46개의 성벽을 갖춘 마을을 파괴했다고 했다. 사실, 유다 전역을 뒤져봐도 46개의 성벽을 갖춘 마을은 존재할 수 없다. 오히려 이 시대로 연대 설정이 될 수 있는 파괴층으로 다른 여러 곳이 있을 뿐이다.

네게브의 남쪽 경계를 따라서, 아랏의 요새(지층 8층)와 베르셰바의 지역 행정 중심지(지층 2층)는 이 시대에 격렬하게 파괴되었다. 잔해에서는 여남은 개의 왕실의 도장이 새겨진 항아리 손잡이들이 나왔고(앞을 보라), 수백 개의 복구 가능한 그릇들이 나왔는데, 이것들은 라기스 지층 3층의 것들과 거의 동일했다.[476]

유다의 중심 지역에 텔 할리프Tell Ḥalif라는 방어 시설을 갖춘 마을이 있는데, 최근 미국인이 지층 6B층을 발굴하면서 엄청난 양의 정보를 알아냈다. 그들은 4방 구조의 가옥도 발굴했는데, 그 가옥은 너무 갑자기 파괴되었기 때문에 그 안의 물건들을 거의 전부 발견할 수 있었다(그림 VI.5, VI.6).[477]

벧-세메스는 블레셋 국경에 있는 도시로, 절대 회복이 불가능할 정도로 심하게 파괴되었다(지층 2B층).[478] 그러므로 센나케리브의 침략은 유다에게 심각한 피해를 가져다주었다. 비록 이후 100년 어간 동안 나라는 어찌어찌해서 유지되었지만 말이다. 유약한 유다는 아시리아 군대의 손아귀에서 벗어날 수 있었지만, 그 나라는 결국 적의 손에 넘어가고 말았으니, 바로 바빌로니아였다.

다수의 파괴된 다른 유다 마을은 아마 기원전 701년의 센나케리브의 소행으로 볼 수 있다: 라맛 라헬Ramat Raḥel(지층 5B층), 텔 바타시Tel Batash(지층 3층), 라부드Rabûd(지층 B2층), 그리고 텔 베이트 미르심Tell Beit Mirsim(A2층).

게셀은 또한 이 지평에서 파괴되었다(지층 7~6층). 그러나 그곳은 북쪽의 경계에 있었고, 여전히 유다이기보다는 이스라엘에 소속되어 있었다. 우리의 목록에 이러한 것들을 추가했지만, 우리는 센나케리브가 파괴했다고 말하는 46개 마을 중에서 그 어디 것도 확인할 수 없었다. 물론 지표 조사에서 알아낸 어떤 곳을 더하면 총계를 부풀릴 수 있을지도 모른다.[479]

예루살렘은 유다의 수도였다. 그곳에는 무슨 일이 있었는가? 센나케리브는 "새장 속의 새처럼 유대인 히스기야를 가두었다", 즉 포위했다(앞을 보라)고 주장했다. 그러나 그는 그 도시를 파괴했다고는 주장하지 않았다. 예루살렘 지층 12층이 이 시대에 속한다. 그러나 드러난 곳이 제한되었기 때문에 우리는 지층 분석이 된 증거들을 거의 보유하지 못하고 있다. 우리는 그 도시가 히스기야의 포위 공격을 예상하고 수로 터널과 넓은 벽으로 강화하여 잘 방어했다는 것을(앞을 보라) 고고학적으로 알게 되었다. 우리가 알고 있는 얼마 되지 않는 것으로 미루어볼 때, 당시에 중요한 파괴는 전혀 없었다. 사실, 예루살렘은 또 한 번의 100년 동안 계속해서 번영했다.

2절

성서의 자료

역사 기록을 위해 두 자료를 분리하여 고려하는 우리의 노력을 계속해 나가면서, 이제는 히브리 성서에서 이끌어낼 수 있는 자료에도 관심을 돌려보자.

도시 성벽과 성문

히브리 성서의 저자들과 편집자들은 기원전 8세기에 아람과 아시리아의 위협뿐만 아니라, (기록이 언제 되었는지 상관없이) 당시에 기능하고 있던 방어 요소들도 잘 알고 있었다. 예루살렘의 넓은 성벽(Broad Wall, 히스기야 성벽이라고도 불린다—역자주)과 같은 거대한 성벽에 대한 언급이 있다(렘 51:58). 그러나 일반적인 성벽(호마*ḥōmāh*) 역시 알려져 있다. 그러나 성벽이 없는 마을이나 촌락인 "딸들"(앞을 보라)은 안전하지 못했다. 예언자들은 심지어 성벽을 갖춘 도시일지라도 아시리아의 희생물이 될 것이라고 (정말 그들이 그렇게 했던 것처럼) 분명히 말했다.

도시 성벽은 항시 수리를 해두어야만 했는데(느 3:14), 그러나 여전히 약한 부분은 쉽게 무너져 내릴 수 있었다(욥 30:14; 사 22:10~11, "두 성벽"; 참고, 왕상 20:30; 사 30:13; 58:12; 암 7:7; 시 106:23). 그러므로 결정적인 것은 도시 성벽인데, 바로 '성벽'이라는 용어가 그 도시 자체를 가리키는 은유로 사용될 정도이다(애 2:8).

이들과 몇몇 다른 기록들은 히브리 성서의 저자들이 앞에서 우리가 간략하게 묘사했던 불길한 그림에 대해서 잘 알고 있었음을 보여준다. 즉, 그들은 우리가 이제 사실로 알고 있는 바를 직관적으로 알고 있었다는 말이다. 그러나 아주 솔직하게 말해서, 그들의 관련 구절들은 실제적이기는 하지만 기원전 8세기의 방어와 전쟁의 본질을 이해하는 데, 우리가 (이미 고고학을 통해서—역자주) 알고 있는 것들에 대해서 별로 추가해주는 것이 없다.

이와 유사하게 저자들은 그들의 시대에 전형적인 성문이 사용되었다는 것을 알고 있었다. 우리는 다양한 중요한 활동들, 즉 그러한 활동 중에 무역(앞을 보라)이 성안의 장소에서 그리고 성벽의 측면 방에 둘러 있는 긴 의자에서 이루어졌다는 것을 주목했다. 이것에 대해서 히브리 성서는 추가적인 정보를 내놓았다. 성문(샤아르*sha'ar*)은 고위 관료가 청중을 소집할 수

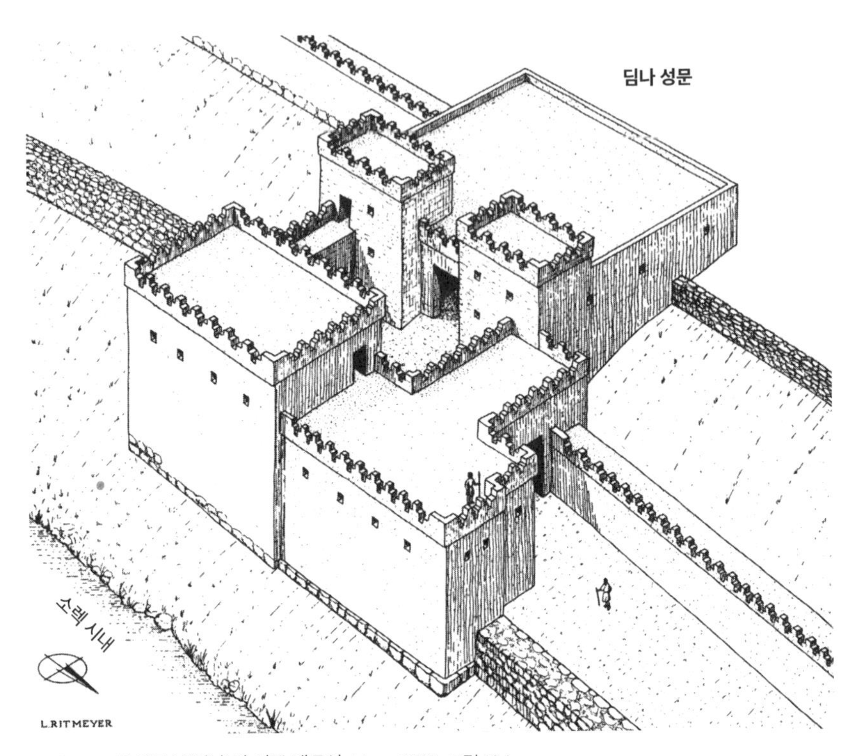

그림 X.21. 텔 바타시(딤나)의 성문 재구성. Mazar 1990, 그림 12:1

있는 장소이며, 그곳에서 공공의 토론이 이루어지고, 그곳에서 장로들이 회합을 가지며, 재판도 했다. 우리는 앞에서 관련 있는 모든 기록을 인용했는데, 그러나 여기에서 우리는 어떤 기록의 도움 없이 (고고학이 발굴한) 도시 성문의 완전한 기능을 이해하지 못했을 것이라는 점을 인식해야만 할 것이다. 그렇지만 히브리 성서에서 조금씩 수집한 정보는 부주의하고 우발적이며 신중하지 못한 묘사이다. 그 정보는 성서 저자들의 목적에서 볼 때 중요하지 않은 것들이다. 이는 지금까지 우리가 이해하는 것처럼, 성서가 역사기록을 위한 자료로 얼마나 부족한지를 명백하게 보여주는 단면이라고 하겠다.

아람과의 전쟁 그리고 다른 전쟁들

약 기원전 840~기원전 810년에 이스라엘로 침입했던 아람에 대한 기록이 들어 있는 아람 비문과 신-아시리아 비문은 앞에서 요약한 바 있으며, 또한 우리는 몇몇 유적 발굴지(주로 가드Gath)에서 얼마 안 되는 정보를 가지고 있다. 우리는 심지어 벤-하닷 3세와 하사엘과 같은 아람 왕의 이름도 가지고 있는데, 이들은 히브리 성서에서 언급되었다. 그러나 성서 기록이 그 어떠한 추가적인 정보를 내놓고 있는가?

우리가 우리의 주요한 자료인 열왕기하 13~20장에서 기원전 8세기를 배울 수 있는 것은 다음과 같이 간편하게 요약할 수 있다(여기에 성서 바깥의 자료를 통해 알려진 연대를 추가하겠다):

1. 벤-하닷(3세; 약 기원전 800년~)은 하사엘(기원전 842~약 기원전 800년)의 아들로, 여호아하스(기원전 819~기원전 804년)가 통치한 이스라엘을 압박했으나, 그러나 그 어떠한 마을도 취하지 않았다(왕하 13:1ff).
2. 여호아하스의 아들 요아스(기원전 805~기원전 790년)는 벤-하닷의 원정 기간에 아벡에서 아람과 전투를 벌였을 것인데, 그러나 그는 아버지 시대에 빼앗겼던 마을들을 수복했다(왕하 12:7; 13:17, 24; 대하 24:17~25).
3. 여로보암(2세, 기원전 790~749년)은 다마스쿠스의 도시들과 시리아의 하맛을 수복했다(왕하 14:25~28).

여기에서 우리는 (1) 아람과 신-아시리아 비문들, (2) 성서 기사들, 그리고 (3) 우연히 보유하게 된, 충분하지 않은 고고학적 자료를 어울리게 하는 데 상당한 어려움을 겪는다.

첫째로, 성서 기사들은 여호아하스와 벤-하닷의 통치를 관련시키는데,

여기에서 벤-하닷은 벤-하닷 3세로, 그는 정말 하사엘의 아들이었다. 그러나 이 둘이 겹쳐질 수 있다 하더라도 그 겹칠 수 있는 시간의 폭이 좁다. 벤-하닷 3세의 그 어떠한 원정도 그의 마시막 몇 년에 그리고 여호아하스의 마지막 2년에, 그러니까 대략 805년에 벌어졌던 것이라고 할 수 있다.[480]

둘째로, 여호아스(=요아스)와 벤-하닷 3세 사이의 약 10년의 중복은 아마도 약 기원전 800~기원전 790년이라고 할 수 있으며, 여호아스는 기원전 790년에 죽는다. 그러나 '아벡Aphek'은 욥바 근처의 블레셋 국경에 있는 그 아벡이 될 수 없다. 엔-게브 근처, 골란 고원에 또 하나의 아벡이 존재하는데, 그곳이 적합한 지역이라고 하겠다. 최근의 발굴자들은 오늘날의 아피끄Afiq 근처의 텔 소렉Tel Soreq에서 작은 둔덕을 발굴하고, 이 방어 시설을 갖춘 아람의 마을이, 엔-게브와 같이 기원전 8세기 초반에 이스라엘에게 빼앗겼을 상황을 보여주었다(9장).[481] 만약 그렇다면(그들의 연구는 아직 출간되지 못했다), 우리는 열왕기하 12장 7절 그리고 13장 17, 24절에 대한 물리적 확증을 가진 셈이 된다.

여호아스가 다시 빼앗았다고 여겨지는 몇몇 다른 마을은 아모스 6장 13절에서 언급되고 있다: 카르나임Karnaim 그리고 로드발Lo-debar이다(새번역과 공동번역을 따른다—역자주). 그러나 설령 이러한 장소들이 동일한 곳이라 할지라도, 그곳은 발굴된 적이 없다.

셋째로, 여로보암 2세가 시리아 남부의 하맛과 심지어 다마스쿠스와 같은 아람 요새를 취했다("되찾다")는 주장은 비록 일부 학자들이 이 주장을 확증하려고 노력했음에도 불구하고,[482] 상상인 것 같다.

요컨대, 아람의 진출과 관련하여 성서 기록에서 우리가 배울 수 있는 것은 무엇인가? 우리는 이미 아람 왕의 이름뿐만 아니라, (벤-하닷과 하사엘의 경우) 성서 기록이 제공하지 못하고 있는 연대까지도 이미 알고 있다. 우리는 그들의 이스라엘 상대자의 이름도 알고 있다. 그러나 우리가 이미 가지고 있는 그림에 그 어떠한 내용을 더하는 것은 여호아스의 저항과 아벡(과 엔-게브?)의 재탈환으로 인해 제공된, 단지 맥락뿐이다.

기원전 8세기 초중반기와 관련이 있는 다른 성서 구절들은 이스라엘과 유다 사이의 내전을 그릴 뿐만 아니라, 이스라엘과 유다 모두 자신들의 세력을 이웃 지역에까지 확장하려고 시도했음을 말한다. 그러나 이러한 정치적 역사에서 그 어느 것도 고고학적으로 직접 확증된 것이 없기 때문에, 우리는 그 문제를 여기에서는 건너뛸 것이다. 이 모든 것이 가능할 수도 있음을 인정해야만 한다. 그러나 그러한 주장은 전적으로 성서 기록에만 의존한 것으로, 그 기록의 정치적 편견과 신정주의(theocratic) 정책은 그것의 유용성을 제한하고 있다.

아시리아 침략, 기원전 732~기원전 721년

우리는 기원전 732~기원전 721년에 아시리아의 북왕국 파괴에 대한 고고학적 증거와 성서 바깥의 기록 증거를 세부적으로 논의한 바 있다. 히브리 성서에서 관련 있는 기록은 우리에게 그 이상의 자세한 내용을 주지 않는데, 그 이유는 첫째로 그것들이 남부, 즉 유다의 관점에서 기록되었기 때문이며, 둘째로 그들은 자신들의 북쪽 이웃/적국의 패배를 실제로 고소해했기 때문이었다. 본질적으로 그들은 어떻게 이스라엘의 모든 왕이 (히브리 성서의 관용적 표현대로—역자주) "여호와 보시기에 악을 행했으며", 따라서 그들이 받아 마땅한 것을 받게 되었다고 강조하고 있다.

전체 기사는 열왕기하 15장 29절이란 한 구절과 열왕기하 17장의 부분들에 포함되어 있는데, 이 구절들은 결론을 맺기를, 이스라엘은 "그 아로새긴 우상을 섬기니, 오늘까지 행하니라"라는 편집적 언급으로 끝냈다(왕하 17:41). 또한 심지어 패배는 "이스라엘 자손이 (…) 죄를 범했기 때문"이라고 주장하기도 했다(왕하 17:7).

확실한 것은, 성서 저자들은 우리에게 이스라엘의 마지막 왕의 이름, 곧 호세아를 알려주며, 아시리아 왕의 이름인 티글라트 필레세르(또한 '불Pul'로도 불린다)와 살마네세르를 알려준다. 그러나 우리는 그러한 이름들을 이미 알고 있는데, 더 나아가 성서 저자는 사마리아를 실제 정복했던 왕의 이름, 곧 사르곤 2세를 알려주지 않았다.

사마리아의 멸망에 대한 성서의 기사(두 개의 구절)에서, 성서 저자들은 살마네세르(5세)에게 승리를 돌린다. 그러나 신-아시리아 기록은 그 승리를 사르곤 2세에게 돌린다. 이러한 명백한 불일치는 그러나 쉽게 해결된다. 살마네세르 5세는 기원전 722년에 포위 공격을 개시했으나, 그 이후로 곧 죽고 말았으며, 그의 후계자인 사르곤 2세가 기원전 721년에 사마리아를 실제로 정복했던 것이다. 그러므로 성서 저자들이 틀린 것은 아니다; 그들은 그들의 핵심 내용에 살을 붙일 만한 그 어떠한 자세한 내용을 주지 않았을 뿐이다. 성서 저자들은 주로 사마리아의 운명에 관심을 두었다. 우리가 앞에서 논의했던 북쪽의 다른 마을이나 구역 대부분은 언급되지 않았으며, 비록 성서 저자들이 북왕국에 대해서 어느 정도는 알고 있었음에도 불구하고 그들은 그랬다.

열왕기하의 기사들은 이스라엘 사람들이 "할라, 하볼(카부르Khabur강) 연안, 고산 강가, 그리고 메대Medes 사람의 여러 성읍"으로 강제 이주했음을 주목한다(왕하 17:6). 신-아시리아 기사는 "27,900명"의 추방자들이 사마리아에서 쫓겨났다는 것을 구체적으로 기술하는데, 그러나 그것은 아마 전체 속주에서 시행했던 아시리아의 정책이었을 것이다.[483]

포위 공격에 준비하다

우리는 예루살렘의 포위 공격을 예상하면서 기원전 8세기 후반에 준비했던 것으로 보이는 내용들을 기술했다. 그것은 의욕적인 수도 터널(실로암 터널), 그리고 넓은 성벽을 만들어서 도시를 확장하고 강화하는 것이었다(앞을 보라).

우리는 이러한 고고학적 발견을 정확히 유다 왕 히스기야와 관련하여 명확히 할 수 있었다(히스기야라는 이름은 이미 센나케리브의 비문에서 알아냈다; 앞을 보라). 열왕기하 20장 20절에서, 그는 "저수지와 수도를 만들어 물을 성안으로 끌어들였다"라고 전해진다. 역대하 32장 30절은 선언하기를, 이 똑같은 히스기야가 "기혼의 윗샘물을 막아 그 아래로부터 다윗 성 서쪽으로 곧게 끌어들였더라"고 한다. 첫 번째 표현은 일반적으로 충분히 정확한데, 그러나 역대하의 표현은 우리가 실제로 알고 있는 실로암 터널에 대한 꼭 맞는 기술이다. 여기에서 성서 저자들은 제대로 짚었다—그것은 아마 기록이, 그들이 좋아하는 아들 히스기야를 칭찬했기 때문일 것이다.

아비가드가 발견한 넓은 성벽은 느헤미야 3장 8절의 한 구절에서 그 이름을 따온 것인데, 이 구절은 기원전 6세기 후반에 바빌로니아에서 돌아온 귀환자들에 의해 예루살렘의 회복을 기술하고 있다. 그들이 복구했다는 넓은 성벽은 아마 히스기야의 시대에 처음 사용되었을 것이다. 그리고 그 구절이 암시하는 바는 아비가드가 실제로 발견한 것은 멀리 서쪽에 있는 벽이라는 것이다.

센나케리브의 원정, 기원전 701년

기원전 701년에 라기스의 멸망은 우리가 고대 근동에서 알아낸 포위 공격과 파괴 중에서 가장 기록이 잘된 것이다. 그러므로 성서 저자가 그 사건에 대해서 단 한 줄도 할애하지 않았다는 것은 놀라운 일이다.

이사야는 예루살렘의 구원에 대해서 3장(사 35~37장)이나 할애했으나,

라기스에 대해서는 일언반구 하지 않았다. 열왕기하도 역시 라기스를 언급하지 않았지만, 예루살렘의 기적적인 구원에 대해서는 2장이나 바치고 있다(18, 19장). 오직 역대하 32장 9절의 기사만이 한 문장의 일부에서 라기스를 주목할 뿐이다: "아시리아 왕 산헤립이 그의 온 군대를 거느리고 라기스를 쳤다." 그렇게 그는 라기스를 쳤다.

성서의 자료는 분명 예루살렘에 몰두하고 있다. 심지어 예루살렘이 공격을 받았음에도 불구하고, 우리의 자료들이 주장하고 있는 것처럼(앞을 보라), 성전과 그들 자신의 왕실 궁전은 살아남았다는 사실에만 집중했다. 이제까지 나는 역사 기록은 정확한 묘사를 요구할 뿐만 아니라 합리적인 설명을 시도해야만 한다고 주장해왔다. 열왕기서의 저자들은 예루살렘이 포위되었다 구원받은 이유는 다름 아닌 야훼가 개입해서 아시리아 진영에 전염병을 보내 185,000명의 군사를 죽이고 센나케리브가 후퇴하도록 만들었기 때문이라고 주장한다(왕하 19:35, 36). 역대하는 본질적으로 같은 이야기를 전하면서, 그 기적을 천사에게 돌리며 살해당한 숫자를 명시하지 않는다(대하 32:21). 이사야는 열왕기하의 기사와 거의 정확하게 일치한다.

과장된 숫자들, 천사, 그리고 (사마리아와는 달리) 예루살렘의 기적적인 구원에 관해서 누가 뭐라고 말하든지 간에 이러한 기사들은 믿을 만한 설명으로 받아들여지기 힘들다. 성서의 저자들은, 아시리아에 의해서 파괴되었던 다른 마을들이나 도시들은 차치해도, 기껏해야 64킬로미터 정도밖에 떨어지지 않은 라기스의 포위 공격과 함락에 대해서 알고 있었어야만 했다. 그러나 그들은 비록 수천은 아니더라도 수백에 이르는 그들 자신의 동포의 운명에 대해서는 그저 눈을 감고 있었을 뿐이다. 이러한 그들의 행동은 무시무시할 정도로 무감각할 뿐만 아니라, 그 어떠한 신뢰를 받을 만한 역사가로 볼 수 없게끔 이 저자들의 자격을 빼앗는다.

3절

사물의 의미

나는 라기스에서 아시리아의 공성 무기 위에 서서, 그리고 무너져 내리는 성벽을 미친 듯이 재정비하면서 성안에 갇혀 있던 자들의 마음이 어떠했을지 상상하며 느꼈던 선뜩했던 감정을 이미 묘사한 바 있다. 곧 그들은 죽임을 당하고 수백의 시체와 함께 동굴에 내던져지고 말 것이다. 우리는 그 동굴들을 찾아냈다. 만약 그들이 생명을 부지할 수 있었다면, 그들은 사슬에 묶인 노예가 되어 긴 행렬을 이루며 거대한 시리아-아라비아 사막을 가로질러 1000킬로미터를 지나 아시리아까지 억지로 가야만 했다. (우리는 라기스 돋을새김에서 그렇게 출발하는 비참한 사람들을 볼 수 있다.) 얼마나 많은 다른 유대인들이 센나케리브의 '포위된 46개 마을'에서 쫓겨났는지 우리는 절대로 알 수 없을 것이다. 그러나 아마 수천 명 정도가 강제 이주했을 것이다. 유다는 기원전 701년 아시리아 원정에서 살아남았다. 그리고 성서 저자들은 심지어 그것을 성전과 왕실에 대한 정당성의 입증이라고 하면서 경축하기까지 했다. 그러나 그것은 수도 밖의 사람들에게는 가당치 않은 위로였을 것이다. 이들은 그것이 승리가 아니었다는 것을 직감으로 알았으며, 그들과 그들의 자녀들에게 이제 남겨진 죽음의 위협을 인지했다. 이러한 구사일생은 사람들에게 불안정한 감정을 영원히 남겨놓고 말았다. 아마 야훼는 예루살렘에 있는 자신의 성전과 소수의 제사장들을 정말 구원한 것 같다. 그러나 그는 시골에 있는 자신의 백성을 구원할 수 있었는가? 북왕국은 살아 있는 기억 가운데 역사의 페이지에서 잘려나가고 말았다. 많은 사람들에게 그것은 하나님이 죽은 것같이 보였을 것이 분명했다.

역사를 기록하기 위해 두 자료—인공유물과 기록(text)—를 처음에는 서로 분리해서 보고, 그런 다음에 비교하는 방식으로 지금까지 작업을 해 왔는데, 이제 우리의 탐구를 정리할 시간이다.

문제들과 준거틀

첫째로, 시도 자체는 가능한 것이었나? 그 답은 그렇다, 하는 것인데, 단지 몇몇 제한 조건이 있다. 문제는 바로 이스라엘에서 작업하는 대부분의 고고학자들이 미국인이건 이스라엘인이건 어느 정도 (어떻게 정의를 하건 관계없이) 성서고고학(biblical archaeology)에 영향을 받고 있다는 점이다. 그러나 35년이 넘게 나는 고고학과 성서학의 일종의 시험적인 분리를 꾸준히 요구해왔었다. 이 둘이 서로 무관하기 때문이 아니라, 그 반대로 반드시 있어야 할 대화를 하지 않고 최근까지 성서고고학이 독백만을 해왔기 때문이었다.[484]

대부분의 실천가들은, 특별히 1950년대와 1960년대의 성서고고학의 절정기에 활동했던 미국인들은 성서학자로(대부분은 목회자였다), 이들은 기껏해야 아마추어 고고학자였다. 나의 첫 비판적 연구서에서 제기했던 것은, 성서학에서 고고학을 실험적으로 분리하며, 신학적인 편견으로부터 자유롭게 해서 고고학을 독립적이고 성숙하며 전문적인 학문으로 만들어야 한다는 주장이었다. 그런 다음에야 두 개의 정직하고 비판적인 학문 사이의 대화가 최소한 가능할 것이 아니겠는가. 그러한 노력은 처음에는 뜨겁게 논의가 되었는데, 엇갈린 성공을 거두게 되었다. 그러나 어쨌든 오늘날 시리아-팔레스타인 고고학(Syro-Palestinian archaeology, 나는 이 용어를 선호한다) 혹은 다르게 불러서 레반트 고고학(Levantine archaeology)은 방대한 진보를 거두었고, 원칙적으로 그 학문은 과거에 대한 독립적인 증인이 되려고 분투하고 있다.

이러한 모든 작업이 어떻게 학문적으로 이루어지는지에 대한 이야기는 다른 곳에서 제시되었다.[485] 여기에서 나는 고대 이스라엘과 팔레스타인에 대한 일종의 세속적 역사를 기록하려는 우리의 시도에 (분열이 아닌) 분리의 효과를 살펴보기를 원한다. 사실은 이렇다: 우리는 (모든 훌륭한 역사가들이 하는 것처럼) 실로 우리의 두 자료를 분리할 수 있지만, 우리는 스스로 정신분열증 환자, 즉 우리 머리의 두 측면과 지식의 두 세계를 분리하지는 않을 것이다. 우리 대부분이 알고 있는 성서 지식을 잊어버리기란 불가능하다. 다시 말하면, 나는 이 책의 어떤 부분들을 다시 써야만 했는데, 왜냐하면 내가 알고 있는 성서 자료가 모두 정당한 것인지 확인해야 했기 때문이다. 그리고 어떤 이에게 그것은 자신의 신앙, 즉 성서가 (무의식은 과연 어떨지 모르겠지만) 결국엔 '사실'일 거라는 소망을 멈추게 하는 더 어려운 것일 수도 있다. 그러나 정직한 학자는 그러한 노력을 멈출 수 없다(아래를 보라).

성서 수정주의자들에 대한 나의 날카로운 비평은, 정직하게 말하자면 그들이 실패했다는 사실이다. 더 나아가 그들의 작품은 구식의 독백에 불과한데, 왜냐하면 그들은 이제 우리가 가지고 있는 방대한 고고학적 자료—대부분은 심지어 비전문가들조차 쉽게 접근할 수 있다—를 무시하거나 오용하기 때문이다.[486]

둘째로, 우리는 (성서와 고고학이라는—역자주) 자료를 분리하는 이러한 경험적인 학습이 얼마나 잘 기능하는지 반드시 물어야만 한다. 물론, 실험의 목적은 이러한 전략이 더 우월한 역사—아니면 진정한 의미에서 역사라고 부를 만한 것들—를 내놓는가의 여부에 달려 있다. 여기에서 최종 대답은 불가능하다는 것인데, 왜냐하면 우리는 객관적인 자료라고 인정할 수 있거나, 그리고 역사를 기록하려는 우리의 노력이 (객관적이라고) 판정할 수 있는, 과거에 대한 완전한 사실을 절대 얻을 수 없을 것이기 때문이다.

고고학자들이나 성서학자들 모두는 완전한 진리에 접근할 수 없는데, 이는 신뢰할 만한 정보가 제한되어 있을 뿐만 아니라, 그 정보 자체가 필연적으로 주관적이기 때문이다. 역사를 기록하는 일은 현재에 관한 것이면서 동시에 과거에 관한 것이다.

이러한 방법론적 한계에도 불구하고 역사가들(과 역사가로서의 고고학자들)의 작품을 평가하기 위한 몇 가지 실용적인 준거틀이 있다: (1) 첫째로, 인용된 '사실'은 주장하고자 하는 내용을 올바르게 뒷받침하고 있는가? 오늘날 쉽게 획득할 수 있는 많은 정보는 그 자체로는 배경 잡음에 지나지 않는다—진정한 지식을 애매하게 할 수 있는 혼란과 환상 말이다. 성서 기록과 고고학적 인공유물 모두에서 얻은 원시정보는 우리가 어느 것을 실제로 알기 전에, 즉 우리가 과거를 추정하여 재구성하는 데 사용되는 데이터베이스를 보유하기 전에, 일반적으로 동의하는 원칙(해석학)에 따라 반드시 **해석되어야만** 한다. 그리고 이러한 사실은 그것들이 적합한 문제와 관련을 맺을 수 있을 때만 자료(라틴어로 '주어진 것들')가 될 수 있다. 결국, 이러한 초기 탐구 과정에서 우리가 얻어낸 답은 우리의 질문에 따라 결정이 되며, 우리가 그 일을 하는 방식에 따라 결정이 된다.

여기에서 성서학자들의 최근 작품이 도움이 될 것이다. 특별히 우리가 장려하길 원하는 (성서학과 고고학 사이의—역자주) 대화에 있어서 말이다: 영국 훌 대학교의 레스터 그래브Lester Grabbe는 그의 책 『고대 이스라엘: 우리는 무엇을 알고 있으며, 그리고 우리는 그것을 어떻게 알고 있는가?*Ancient Israel: What Do We Know and How Do We Know It?*』가 있다. 나는 그래브의 부제목이 던진 질문을 이미 제기한 바 있었고, 다른 고고학자들에게 그들 역시 스스로 물어야 한다고 재촉했었다.[487] 그 책은 대화를 향한 시작점이 될 것으로, 고고학적 인공유물이 기록과 마찬가지로 강력한 역할을 감당하게 될 것을 말하고 있다.

고고학을 통해서 세상에 드러난 인공유물들은 종종 실재물(*realia*)이라고 부른다. 왜냐하면 그것들이 손에 잡히는 증거를 구성하기 때문이다. 물론, 기록들도 역시 인공유물이다. 즉, 인간의 손이 만든 사물이다. 그러나 그것들은 사람이 부호화한 생각에 관련된 것이며, 그리고 그것들은 해독하기가 종종 어렵다. 신문학 비평가들은 저자의 의도를 절대로 알아낼 수 없기 때문에 기록을 해독하는 일이 불가능하다고 주장하곤 한다. 가장 급진적인 비평가들은 주장하기를, 우리는 심지어 '저자'라는 말을 할 수 없다고 한다. 그러므로 기록은 독자가 원하는 대로 그 어떤 것도 의미할 수 있게 된다.

(기록 자료를 해독하는 게 어렵다고 한다면—역자주) 고고학적 인공유물이 사라져버리기를 기대하는 게 더 어렵다고 하겠다. 그 물질성, 그리고 어떠한 개인이 특정 시간과 장소에서 어떠한 목적을 위해서 그것을 만들었다는 사실은 너무나 분명하기에 오직 바보만이 이것을 부정할 수 있을 것이다. 분명한 것은, 해석은 인공유물이 사실이 되기 위한 본질적인 과정으로, 이와 같은 의미에서 기록 역시 똑같이 해석이 필요하다는 것이다. 그러나 나는 여기에서 주장하고자 한다: 고고학의 해석이 성서 기록의 해석보다 상대적으로 더 쉽다는 것인데, 그 이유는 기록이 오랜 세월 동안 쓰이고 다시 쓰이는 과정에서 전혀 다른 의미가 더해지며, 결국 본래의 의미가 완전히 모호해지게 될 만큼 기록은 오랜 시간을 거쳤기 때문이다. 이와는 반대로 인공유물은 몇 세기가 지나도 그것이 세상에 나오기 전까지는 본래 상태 그대로이다. 그리고 많은 고고학적 발견은 비록 그것들이 이름표를 붙이고 나오지는 않았지만, 그(유물) 의미에 관해 학자들의 합의를 비교적 쉽게 얻

어낼 수 있다는 측면에서, 스스로 말한다고 할 수 있겠다.

(2) 둘째로, 우리의 잠정적인 재구성은 우리가 지금 알고 있는 모든 자료를 적절하게 고려하고 있는가? 그것은 종합적이며, 균형이 맞고, (주장에 그치는 것이 아니라) 문서의 뒷받침이 잘되었는가? 그것은 가능한 최고의 설명인가? 그리고 마지막으로, 그 결과는 합리적인가; 그것은 일반 상식에 호소하는가; 그것은 궁극적으로 만족스러운가?

이러한 것들이 주관적인 평가 기준으로 보일지도 모르겠다. 그러나 우리가 이미 살펴보았던 것과 같이 그것은 불가피하다. 대부분의 역사가들은 역사 기록이 과학이 아니라는 것을 알고 있는데, 예를 들어 물리학에서 입자를 설명하고 예상하는 방식으로 인간 본성을 설명하거나 예상할 수 없다는 간단한 이유를 들이댈 수 있다.[488] 그러므로 우리 모두를 위한 광범위한 기준은, 우리가 '가능성의 저울(the balance of probability, 법정 용어로, 증거로 제시되는 사실 그 자체에도 어느 정도 논쟁의 여지가 있다는 점을 인정해야 한다는 의미이다—역자주)'이라고 부를 수 있는 것에 달려 있다. 그것은 ('합리적인 의심을 넘어서') 법제 분야에서도 통용되는 기준이며, 우리 역사가들이 기록과 인공유물이라는 두 개의 증거에 질문한 이후에 할 수 있는 가장 최고의 판단 기준이 될 것이다.

(3) 마지막으로, 과거에 대한 우리의 기술은 설명이 되는가? 게다가 앞서 언급한 한계들에도 불구하고 가능한 한 많이 설명할 수 있는가? 역사가들은 과거의 사건들을, 구슬을 꿰는 것처럼 단순히 하나로 묶을 수 없다. 그들은 일반적으로 과거에 관한 이야기('내러티브 역사')를 말한다. 그러나 그 이야기는 반드시 일화逸話(anecdotal) 이상의 것이어야만 하며, 무엇이 발생했는지에 대한 단순한 기술 그 이상이어야만 한다. 그러한 목표를 실천하기 위해서, 역사를 쓰는 일은 반드시 **설명을 하는 작업**이어야만 한다. 그것은 우리에게 무엇이 과거에 일어난 것으로 가정할 수 있는가뿐만 아니라, 왜 일어났으며 이 모든 것이 무엇을 의미하는지를 말해줄 수 있어야만

한다. 그렇지 않으면 그 이야기는 단지 동화—재미는 있으나, 그러나 결국에는 허구로 치부되는 것—에 지나지 않는다.

여기에서 기원전 8세기를 다룬 것은 정말 설명이 되었는가? 나는 그랬다고 믿는다. 가능한 곳이면 어느 곳이더라도 나는 상관관계를 보여주었다. 예를 들어, 거시적인 차원에서 나는 기원전 8세기의 여러 가지 물 시스템을 묘사했을 뿐만 아니라, 그것이 당시에 아시리아의 위협에 대한 반응이었다고 설명하기도 했다. 반대로 소규모의 단계에서 나는 촌락의 삶의 양식을 묘사했을 뿐만 아니라, 그러한 삶의 양식이 자연환경에 대한 대답이었다고 설명하기도 했다(7장). 제의는 설명하기 다소 어렵다고 할 수 있는데, 간단한 이유로, 종교는 이성적이지 않으며 이성적인 설명을 거부하곤 하기 때문이다(8장). 왜 사람들은 특별한 신을 예배하거나, 특별한 의식을 시행하는지 우리는 알지 못할 수도 있다. 나는 기록에서처럼, 즉 어떤 이가 꼭 필요하다고 생각하는 대상이라고 할지라도, 종교 현상에 대한 설명은 불가능할 수 있다고 주장하고자 한다. 만약 그것이 가능하다면, 학자들은 오래전에 고대 이스라엘 종교의 설명에 대해 동의했을 것이다. 분명히 말하지만 그들은 동의하지 않았다.

시험에 통과하다?

앞에 제시한 준거틀에 비춰보면서, 지금까지 우리의 노력이 어떠한 실적을 냈는지 살펴보도록 하자. 첫 번째 경우, 우리는 실제 성서의 편견을 피할 수 있었는가? 그리고 우리가 그러한 명백한 덫을 피했다 할지라도, 우리는 (우리가 종종 그렇게 한다고 비난을 받는 것처럼) 성서 이야기가 공급하는 논제를 성공적으로 무시해왔는가?[489] 이 두 경우 모두 우리는 상당히 성공적이었다고 믿는다.

솔직히 말하면, 수년간 나의 양심을 점검해오면서 나는 내가 친親성서적이지도 않고 또한 반反성서적이지도 않았다는 것을 확신한다. 나는 그 어떤 것도 '증명'하려고 애쓰지 않았으며, 고대 이스라엘의 과거의 한 시대에 관하여 우리가 실제로 알 수 있는 것을 단지 정리하고자 했다. 가능한 한 나는 그 어떠한 이데올로기, 신학 혹은 정치도 회피해왔다.[490]

논제(어젠다)에 관한 한 나는 모든 학자들이 자신의 논제를 가지고 있음을 단지 주목할 뿐이다. 그러나 나의 논제는 히브리 성서에서 역사에 대한 그 신정주의 견해에서 가져오지 않았다. 나의 어젠다는 모든 훌륭한 역사가들이 묻는 것과 같은 질문에서 가져왔다. 그리고 단 한 번도 나는 역사를 설명하면서 '하나님의 기적적인 개입'이라는 것에 호소하지도 않았다(문자적으로 '데우스 엑스 마키나*deus ex machina*', 연극에서 갑자기 나타나서 극의 복잡한 내용을 해결하는 신—역자주).

우리의 근본적인 호소는 고고학이 제공하는 최신의 그리고 최선의 사실들이었으며, 주류 학자들의 탁월한 해석을 덧붙였고, 또한 주와 참고문헌으로 문헌 증거를 더했다. 각 장에 마지막 부분—'그것은 정말 어땠는가?'—에 와서야, 나는 많은 추측을 하게 되었다. 그리고 그러한 추론은 심사숙고한 것이었고 말 그대로 학문적 추론이었다. 그러나 비록 추측임에도 불구하고 관련이 있는 민족지학의 평행 연구에 기초했을 뿐만 아니라 최근까지 성서 세계가 살아남아 있는 중동의 덜 발달된 지역에서의 나의 오랜 경험에도 기초했던 것이었다. 두 번째 경우에서, 여기에 적용된 현상학적인 접근이 합리적이며 만족스러운 설명인지에 대한 여부는 이제 독자의 반응에 크게 좌우되는 문제가 될 것이다. 내가 말할 수 있는 한, 지금까지 그것을 이루어낸 사람은 거의 없다고 말할 수 있다. 시작부터 내가 주목했던 바와 같이, 우리의 분야에 있는 그 어떤 학자도 그러한 역사가 가능하다고, 혹은 심지어 바람직하다고 생각하지 않았었다.

이 책은 단지 통상적인 차원에서 필요한 하나의 역사가 될지언정 기원전 8세기의 최종 역사가 될 것이라는 취지로 만들지는 않았다. 이 책은 내가 성서학과 고고학 모두 하나의 역사 서술의 막다른 곳에 도달했다고 생각했던 지점에서 시도한, 방법론적으로 볼 때 하나의 실험이다. 지난 약 35년 동안 이 주제를 가지고 꾸준히 출간했는데, 이제 그 모든 것이 (이 책을 위한) 하나의 서문 역할을 감당하게 되었다.

어떤 의미에서 이 책은 오랜 간청 끝에 집필되었다. 나는 소망하기를, 나의 이 노력에 감동을 받아서 다른 사람이 더 나은 것을 이루기를 바란다. 그러나 과연 한 개인이 그러한 과업을 감당할 수 있을지의 여부는 논쟁거리가 되겠다. 한편, 통상적인 '이스라엘의 역사들'이 여전히 계속해서 기록될 것인가? 물론 그렇게 될 것이다. 그러나 이제 역사가들은 성서 기록을 '1차 자료'라고 선호하면서 그것에만 의존하지는 않을 것이다. 심지어 성서주의자들조차 그러한 사실을 주목하기 시작했다(비록 물론 성서 수정주의자들, 즉 단지 '일어나지 않은 것들에 대한 가짜 역사'를 만드는 사람들에게 해당되는 내용은 아니지만).[491]

마지막으로, '설명'에 대한 주제는 가장 절박한 것일 수 있다(앞을 보라). 이것은 무엇보다 일관되고, 연대를 산정할 수 있는 일련의 사건들(혹은 사건의 증인들)을 요구하는데, 이 사건은 원인과 결과로 묶을 수 있어야 한다. 어떤 이들은 주장하기를, 오직 성서 기록만이 증명하는 수준으로 올라올 수 있다고 한다. 성서 기록들은 확장된 시간 흐름에 맞게 (앞뒤의 내용이) 배열될 수 있지만, 그와 반대로 실제 고고학의 지층은, 내가 여기에서 시도했던 것처럼 한 세기 정도 내에서 (그 이전과 이후의 관계를) 식별해내기 어렵다.

(그래서 성서가 더 정확하다고 생각할지 모르지만—역자주) 여기에서 여러 가지 반대가 제기된다. 무엇보다 다양한 성서 기록(혹은 '전통')은 사실 정확하게 연대를 설정할 수 없다. 심지어 주류 성서학자들조차 내가 여기에서 취급했던 자료, 그러니까 소위 신명기적 역사와 같은 자료(여호수아부터 열

왕기까지)의 연대와 관련해서 많게는 500년이나 차이를 보인다.[492] 반대로, 우리 고고학자들은 가장 논쟁이 되는 시대라 하더라도 많아도 50년 이상 차이를 보이지 않는다. 예를 들면 연합 왕국에 대한 기원전 10~기원전 9세기의 증거만 봐도 그렇다.[493]

더 나아가, 탄소 14 동위원소 계산으로 지지를 받고, 역사적 기록으로 확증된, 크게 개선된 지층분석 방법론과 함께 고고학자들은 하위 지층을 종종 인식하고 연대 설정을 할 수 있게 되었다. 한 가지 예를 들면, 기원전 10세기 솔로몬 국가를 특징짓는 것이라고 여겨지는 기준 도자기(diagnostic pottery)는 (더 확실하다고 할 수 있는) 기원전 918년에 있었던 이집트 파라오 셰숑크Sheshonq의 침략 사건에 의해서 그 시대가 확실하게 고정이 되는데, 이 밝혀진 연대를 통해서 그 시대의 지평 혹은 그 이전과 연관이 있는 파괴된 층에서 발견된 도자기와 다른 물질유물의 연대 역시 분명하게 설정할 수 있게 되었다.

널리 인정되고 있는 것처럼, 이 책에서 논의했던 많은 예에서 우리는 그렇게 정밀하게 연대를 설정할 수 있는 고고학적 지층을 실제로 보유하지 못할 수도 있다. 그러나 비록 그렇다고 하더라도 우리는 우리의 범위를 약간 앞쪽이나 뒤쪽으로 투영할 수 있었고, 그렇게 우리의 데이터베이스를 확장할 수 있었다. 그리고 어쨌든 우리 자신을 대략 한 세기 안쪽(기원전 8세기—역자주)으로 제한함으로써 우리는 많은 고고학자들과 역사가들이 이제는 신봉하고 있는 장기지속(*longue durée*) 방법에서 비교적 짧은 시기를 포착할 수 있었다.

우리는 무엇을 배웠는가

우리의 시도는 하나의 실험적인 연습이지 결정적인 작업은 아니기 때문에 우리는 앞으로의 시도를 이끌 수 있는 몇 가지 교훈을 생각해야만 한다. 그러므로 역사를 기록하기 위한 우리의 자료 각각에 대해서 우리는 무엇을 배웠는가?

고고학과 역사 기록

첫째로, 고고학의 영향은 이제 우리에게 넘칠 정도로 많은 자료를 준다는 것으로, 심지어 우리의 짧은 세기 동안에도 우리가 유익하게 사용할 수 있을 양보다 더 많은 정보를 제공한다. 그것은 현대 고고학이 이루었던 진보를 단지 인식하지 않는 (거의 언제나 비전문가들인) 회의론자에게 주는 메시지이다. 확실히 25년 전에는 이 책과 같은 연구서가 불가능했을지도 모르겠다. 그러나 오늘날 나는 왜 다른 누군가가 내가 여기에서 해보려던 것을 이미 시도하지 않았는지 매우 궁금하다. (어느 누구도 시도하지 않았던 이유는 내가 생각했던 것보다 훨씬 간단했다.) 고고학은 '벙어리이다'라는 옛 헛소문을 반복하는 사람이 있다면, 그는 잘 모르는 사람이거나 아니면 단지 '기록'이라는 세계를 방어하려는 사람이다.

물론, 더 많은 고고학적 자료는 언제나 환영을 받게 마련이다(앞으로는 더 이상의 [고고학처럼 새롭게 발굴될—역자주] 성서 자료는 없지 않겠는가! 우리 고고학자들에게 이점이 생겼다). 특별히, 도시와 같은 장소들의 대규모 발굴은 도시계획에 관하여 더 나은 정보를 제공해줄 것이다. 다른 측면에서 보면, 농촌 지역과 농촌의 사회구조에 더 많은 관심을 두는 것은 이제 더욱 중요하게 될 것인데, 왜냐하면 내가 주장했던 것처럼 이 요소가 고대 이스라엘과 유다에서는 결정적이기 때문이다. 특별히, 우리는 '가정의 고고학', 즉 일반 가정의 고고학에 대한 최근 강조에 힘을 더할 필요가 있는데, 바로 이러한 가정 고고학을 통해서 우리는 일상생활에서 얻어지는 물건들을 완전히 문서화할 수 있는 기회를 잡게 된다. 여기에는 특정화된 성 역할을 조명할 수 있는 물품들까지도 포함된다. 그렇기는 하나, 나는 문제는 정보의 부족이 아니라 적절한 통합의 부족이라고 주장하고자 한다.

통합한다는 것은 빠르게 확장하고 있는 정보의 시대에 다소 위험할 수 있다. 그러나 누군가가 그러한 통합에 착수할 시간이 왔다. 그렇지 않으면 우리는 더 이상 진보할 수 없을 것이다. 이스라엘의 학자들은 모두 '성서' 고고학에 전념한 것처럼 보이며 그리고 그들이 발표한 연구 자료도 더 많은데, 놀랍게도 그들은 내가 여기에서 시도했던 종류의 종합을 거의 진행하지 않았다. 혹자는 이스라엘 핑켈스테인Israel Finkelstein(과 전문집필자 닐 실버먼Neil Silberman)의 대중적인 저서, 『발굴된 성서: 고대 이스라엘과 거룩한 텍스트의 기원에 대한 고고학의 새로운 비전*The Bible Unearthed: Archaeology's New Vision of Ancient Israel and the Origin of Its Sacred Texts*』의 일부분을 인용하는 것만으로도 충분하다고 생각할 것이다.[494] 핑켈스테인과 또 한 명의 선구적인 이스라엘 고고학자인 아미하이 마자르 사이에 있었던 최근의 언쟁을 다룬 책은 그보다 신중하게 출간되었으나 역시 각주 같은 문헌 증거를 달고 있지 않다는 점에서는 마찬가지이다. 그 책의 제목은 『역사적 이스라엘을 찾아서: 고고학과 초기 이스라엘 역사의 논쟁*The Quest for the Historical Israel: Debating Archaeology and the History of Early Israel*』이다.[495]

히브리 성서와 역사 기록

나는 세계적으로 주류 성서학자 가운데 역사를 기록하는 일에 관심이 줄어들고 있다는 점을 주목하면서 1장을 시작했다. 그것은 아마 근대의 비평적 학자들의 방법론을 150년간 적용한 후에, 우리는 그들의 기록을 쥐어짜서 그것들이 담고 있었다고 생각되는 거의 모든 **역사적** 정보를 얻으려 했기 때문일 것이다. 그리고 여기 있는 우리의 계산에 따르면, 이제 짤 것이 거의 없다—적어도 대부분의 사람들이 생각했던 것만큼도 없다.

이것은 대담한 주장이다. 그러나 앞선 장들의 어떤 곳이라도 선택하고 1절과 2절을 비교해서 통계를 분석해본다면, 내 말을 지지하게 될 것이다. 성서의 자료는 상당히 미약한 수준의 **본질**을 내놓고 있어서, 대부분의 경우 그 자료의 대부분은 진정한 역사적 자료가 되지 못하고 배제될 수 있다. 확실한 것은, (성서 내러티브에 등장하는—역자주) 우리의 익명의 연기자에게 이름을 붙여주는 일이나, 혹은 어떠한 사건에 신학적인 '의미'를 부여하는 것은 어느 정도 흥미 있는 일이다. 그러나 대부분의 경우에 그러한 차원의 공헌은 본질적이지 않으며, 심지어 반드시 도움이 되는 것도 아니다.

이러한 '최소주의자'[496]로 보이는 평가에 대한 저항은 다음의 두 영역에서 나올 듯싶다: (1) 자기들만의 영역을 보호하려는 편협한 성서학자들, 그리고 (2) 근본주의자들로, 그들의 입장은 그들이 필요로 하는 모든 진리는 경전(Scripture)을 문자적으로 읽음으로써 공급받을 수 있다고 믿는다. 그러나 여기에서 문제가 되는 것은 전문적인 학문성의 요구가 아니며, 더구나 신앙의 요구도 아니다. 본질적으로 **역사**에 대한 논의이다: 즉, 그것은 무엇인가, 그것은 어떤 종류의 자료를 담고 있는가, 그것은 어떻게 기록되는가, 그리고 그것의 목적은 무엇인가.

다른 곳에서 나는 여러 종류의 역사를 구분하려고 시도한 바가 있다. 다양한 종류의 역사들로 아래의 것들을 제시할 수 있겠다:[497]

1. 자연사: 환경의 역사(플리니우스의 『박물지*Naturalis historia*』)
2. 기술사: 사물의 역사
3. 정치사: 공공 기관의 역사

4. 전쟁사: 전쟁의 기술

5. 문화사

6. 사회경제사

7. 지성사: 관념의 역사

8. 종교사

9. 내러티브 역사(때때로 구술사[oral history])

고고학은 관념이 지배적인 3, 7~9번과 같은 종류의 역사를 쓰기에는 확실히 적합하지 않다. 그러한 역사는 기록(text) 자료를 요구한다(여기에 관련이 있는 성서 자료가 포함될 수 있을 것이다). 고고학은 인공유물(artifact)이 종종 스스로 알려주는 영역인 1, 2, 4~6번—'사물의 역사'—과 같은 역사를 쓰는데, 앞으로 사용할 수 있으며 또한 그렇게 사용될 것이다.

여기에서 관련이 있는 지점은, 지금까지 기록된 '이스라엘 역사들' 대부분을 조사해보면, 그것들이 **정치적**(이며 신학적)인 역사들이었다는 점이 드러나며, 특별히 히브리 성서 내러티브의 '위인과 공적 행위'에 제한하여 집중했다는 사실이다. 어떤 사람들은 여전히 그러한 역사가 필요하다고 생각할지도 모른다. 그러나 그러한 접근은 구식이고, 그것은 오늘날의 세속적이며, 점점 증가하는 지구촌의 맥락에서 극소수만을 만족시킬 것이다. 만약 히브리 성서가 오늘날의 현대 세계와 어떠한 연관성을 지속해나가고자 한다면, 우리는 세계와의 연관을 만들지 못하는 역사—고대 이스라엘의 사실에 입각한 역사, 그렇기에 '신앙의 기초'가 된다고 여겨지게 하는 것 말이다(아래를 보라)—를 더 이상 기록하려 들지 말아야 한다. 사실, 히브리 성서에는 '역사'라는 단어가 없으며, 그 저자들이나 편집자들이 오늘날의 감각으로 역사 기록에 대하여 인식했다는 그 어떠한 증거도 없다. 그들은 **이야기들**을 이야기할 뿐이다. 마치 모든 고대의 역사가들이 그렇게 했던 것처럼 말이다. 그리고 이러한 이야기들의 초점은 무엇이 일어났어야

했는지가 아니라, **넓은** 관점에서 그 사건은 무엇을 의미하는가이다(신명기적 역사에 반복해서 등장하는 표현["어떻게 다스렸는지는 이스라엘 왕 역대지략에 기록되니라"; 왕상 14:19]에서 확인할 수 있다 -역자주). 그리고 그러한 관점은 언제나 종교적이다. 결국, 히브리 성서는 '신정 역사(theocratic history)'로, 본질상 교훈적이다.[498]

내가 존경하는 스승, 조지 어니스트 라이트는 1950년대에 주장하기를, 당시에 유행했던 성서신학을 방어하는 차원에서 "성서적 신앙 안에서 모든 것은 핵심적인 사건들이 실제로 발생했는지에 달려 있다"라고 했다.[499] '핵심적인 사건들'에 대해서 그는 히브리 성서의 위대한 주제들 안에서 발전한 사건들임을 분명하게 밝히고 있다: 족장들에게 준 약속; 출애굽과 정복; 시나이산에서 모세와 했던 계약; 성전과 유일신론적 제의. 하지만 오늘날 고고학은 이러한 주제들의 역사적 기초를 확증해주기는커녕 거의 모든 사건의 역사성을 무너뜨리고 있는데, 최소한 성서 기록이 문자적으로 읽히는 곳에서만큼은 그러했다.[500]

이 말은 다소 급진적으로 들릴지도 모르겠다. 그러나 그것이 바로 오늘날 주류 학자들의 소리이다. 더 나아가, 놀라울 만한 '고고학적 혁신'의 결과는 긴 안목으로 볼 때 유익한 것으로 드러나게 될 것이다. 다시 말해서, 고고학을 통해서 히브리 성서가 결국엔 본연 그대로의 모습을 되찾게 될 것이기 때문이다: 역사가 아닌, 신앙의 약속(testament) 말이다(앞을 보라). 이제 결과는, 물론 신학이 역사로부터 해방되어 신학 **본연의 자리**를 찾는 것이다: 신앙의 약속(신학은 역사를 찾는 학문이 아니라, 신앙이 약속하고 있는 바를 찾는 작업이 되어야 한다—역자주).

여기에서 옹호하고 있는, 역사를 신앙에서 분리하는 작업은 특별히 개신교인을, 심지어 자유주의에 설득된 사람들까지도 동요하게 할 것이다. 왜냐하면 그들의 좌우명은 오직 성경(*sola scriptura*)이었기 때문이다. 그러나 유대교는, 적어도 개혁적 입장에서는 오래전부터 그러한 부분들을 수용해왔다. 그리고 다른 비非기독교 종교들은 처음부터 강제되고, 특수주의적인 역사적 읽기에 그렇게 의존한 적이 없었다. 정상적인 종교라면 오히려 정통주의라는 교리보다 바른 실천성, 도덕적 진정성에 관하여 더욱 의존해야 할 것이다. 그리고 만약 그러한 순전한 종교가 살아남으려고 한다면, 앞으로 더욱 그래야만 할 것이다.

나는 신앙이 이성적이지 않으며 다소 초이성적이고, 그러므로 그것을 이성적으로 설명하려는 시도에 의존하지 않을뿐더러 그러한 설명으로 신앙이 향상되는 것도 아니라고 주장하는 바이다. 만약 입증이 요구된다면, 신앙은 신앙이라고 할 수 없다. 종교는 마법에 관한 것이다. 그러나 믿으려는 의지는 마법의 영역이 **아니다**. 그것은 개인적인 경향성과 훈련의 문제이다. 어떤 이들은 그것을 가졌다. 그리고 어떤 이들은 가지지 못했다. (그래서 신앙은 주관적일 수 있다—역자주) 그러나 역사를 기록하거나 다시 기록하는 것, 혹은 역사를 설명하는 것—여전히 더 많은 '사실들'을 내놓는 것—이라는 문제는 앞서 언급한 것들과 차원이 다르다. 그것은 '성서가 사실이다'라는 진술이 고고학적 증명과 전혀 무관한 영역에 자리하고 있는 까닭이다(아래를 보라).

그러나 '무엇이 진짜 일어났는가'

유명한 하버드의 신약학자 크리스테르 스텐달Krister Stendahl은 사전에 실린, 고전이 된 그의 소논문 「성서신학」에서 주목하기를, 성서학에서는 다음의 두 가지 질문이 있다고 했다. 하나는, 그 텍스트는 무엇을 **의미했는가**? 즉, 석의釋義(exegesis)의 작업으로, 혹은 텍스트 그 자체를 학문적으로 해석하는 일이다.[501] 다른 하나의 질문은, 그 텍스트는 (현재) 무엇을 의미**하는가**? 이것은 신학 그리고 교회와 회당의 작업이다.

나는 여기에 또 하나의 질문을 추가하고자 한다. 바로 역사가의 질문이다: 무엇이 진짜 일어났는가? 그리고 우리가 신앙과 역사를 연결하려고 제시한다고 할지라도(아래를 보라), 그것은 여전히 그 자체로 정당한 질문으로 남아 있다. 그러나 과연 우리는 그 질문에 대해서 설득력 있게 답할 수 있는가? 레스터 그래브Lester Grabbe가 말하는 것처럼 우리는 고대 이스라엘에 관해서 무엇을 알고 있으며, 우리는 그것을 어떻게 알고 있는가?

고고학자로서 나는 우리가 이제 상당히 많이 알고 있으며, 그리고 우리가 그것을 알게 된 이유는, 역사를 기록하는 데 (그래브도 동의하듯이) 이제 우리의 1차 자료가 된 고고학적 자료가 상당히 생산적이기 때문이라고 주장하고자 한다. 끊임없이 다시 만들어졌고 명확한 목적을 지닌 해석이라는 늘 따라다니는 문제를 가진, 그러한 정적인 성서 자료와는 달리 고고학적 자료는 역동적이다—기하급수적으로 확장하며, 해석에 있어서 훨씬 더 손에 잡히고 덜 주관적이고, 그리고 진정으로 (사물 자체를 있는 그대로 보여주기 때문에—역자주) 계시적이다. 그리고 성서 기록의 엘리트주의적 관점과는 달리 고고학은 이 책에서 우리가 했던 것처럼 일반 사람과 그들의 생활에 집중하도록 돕는 차원에서 이점을 더해준다. 우리는 하향식이 아니라 상향식의 역사를 기록하고 있다. 만약 숫자가 어떤 의미가 있다면, 그것이야말로 정말 중요하다(성서는 제한되어 있지만, 고고학은 거의 제한이 없다는 뜻이다—역자주).

'무엇이 진짜 일어났는가'에 대하여 내가 이 책에서 제시했던 고고학적 실제(*realia*)는 그 자체에 의존한다. 해석에 있어서 피할 수 없고 합법적이기까지 한 차이들을 인정한다 하더라도, 이러한 자료는 고대 이스라엘의 생활을 앞으로 재구성한다면 반드시 의존해야만 할 기초적인 정보를 제공한다. 나의 이 책은 그러한 방향에서 단지 한 발 나아간 것일 뿐이다.

신앙과 역사

이 시점에서 나는 마지막으로 '신앙과 역사'라는 어려운 질문을 던져야만 한다. 이것은 누군가에게는 **핵심** 질문이다. 만약 신앙, 혹은 종교적 믿음이 성서 기사가 사실이라는 것에 달려 있다면, 그래서 만약 고고학이 문제가 되는 그러한 사건들이 실제로 발생하지 않았다고 증명한다면 어떻게 될 것인가? 그렇다면 성서는 사실이 아닌 것인가? 그것은 우리가 '사실(true)'이라고 할 때, 과연 그 말이 무엇을 의미하는지에 달려 있다. 이제 이 문제를 살펴보자.

어려운 문제에 대한 하나의 예로 가나안 정복에 대한 성서 기사를 살펴보고, 무엇이 진리인지를 물어보도록 하자. 여호수아에 따르면 그 사건에서 온 땅을 단기간의 군사적 정복으로 빼앗았다고 한다. 성서의 해석은 이것이 기적이며, 이스라엘의 조상에게 한 야훼의 약속이 성취되는 것이었다. 여기에서 사건과 그것에 할당된 의미 모두가 숨김없이 진리로 제시되고 있다. 다른 측면에서 보면, 고고학적 증거가 압도적으로 증명하는 것은 그러한 정복은 어디에서도 일어나지 않았다는 점이다. 그러므로 역사적 사건에 기초한 의미는 있을 수 없는데, 왜냐하면 사건 자체가 없었기 때문이다. 성서는 여전히 사실일 수 있지만, 그러나 그것은 오직 은유적으로만(사실이다, 아래를 보라).

성서와 종교에 대한 이와 같은 생각에 반대 의견이 있을 것이다. 하나는, 만약 역사적 실제에 기초하지 않는다면(즉, 성서 저자가 쓴 기록의 정확성에 따르지 않는다면, 그리고 이 사건들의 결과라고 여겨지는 고유한 의미로부터 형성되는 권위에 기초하지 않는다면), 종교는 상대주의나 단지 접신술接神術(theosophy)로 퇴보하게 될 것이라는 주장이 있다. 그러한 일이 실제로 일어날지도 모른다. 정말로 아마 불가피할 것이다. 그러나 그 관점에서 실패하는 것은 고고학만이 아니라, 성서 기록의 비판적 석의 역시 실패하게 된다(고고학이 성서의 본질을 드러내고 있지만 결국 종교의 상대주의로 오해되기 때문이며, 또한 성서학은 그 자체로 아무리 비판적으로 해석한다 해도 역사성을 증명하지 못하기 때문이다—역자주). 정통 유대교 혹은 기독교가 요구하는 종류의 확실성은, 그리고 최근까지 주류 성서학이 제공하고자 했던 것은 한때 가능했다고 하더라도 (포스트모던이건 아니건 간에) 현대 세계에서 쉽게 얻을 수 있는 그런 것이 아니다. 자유주의 성서 신학자인 윌 허버그 Will Herberg가 선언했던 것처럼 "성서적 신앙은 역사에서 재현되는 신앙이다. 그렇지 않으면 그것은 아무것도 아니다."[502] 그리고 내가 이해할 수 있는 한, 그 말은 모든 종교에 대하여 사실이다.

여전히 신학을 역사로서의 성서라는 평가에 의존하는 것으로 보기 원하는 자들에게 다음의 몇몇 선택지만이 존재한다는 것을 알려주고 싶다(여기에서 근본주의는 배제했는데, 그것은 그 어떠한 비판적 사고도 하지 못하는 입장이기 때문이다): (1) 신앙에 헌신된 상태이면서 **동시에** 비판적인 방법론에 남아 있는다. 그리고 보다 새로운 일반적인 고고학적 재검토를 수용한다. 그러나 두 가지 길 모두를 얻기 위해서 어떤 경우에는 충돌을 합리화해야 한다. 이것은 많은 복음주의자들에게 호소가 된다. 그러나 그것은 결국 성서가 '참되다'라는 것으로 돌아가고 마는데, 왜냐하면 그것이 삶의 확실성에 대한 **개인적 필요**를 충족해주기 때문이다. (2) 두 번째 생각은, 한스 프라이Hans Frei의 고전 『성서 내러티브의 쇠퇴: 18세기와 19세기 해석학 연구*The Eclipse of Biblical Narrative: A Study in Eighteenth and Nineteenth Century Hermeneutics*』(1974)를 부분적으로 따르는 것이다. 성서 기록은 '역사-같은(history-like)' 것으로, 혹은 **은유적으로** 사실이다. 그러므로 성서는 도덕이나 윤리와 같은 문제에서 여전히 관련 맺기 위해 역사적으로 전혀 사실일 필요가 없다. 여기에 유신론자들과 세속주의자들이 동의할 것이다.

(3) 세 번째 선택은 성서와 성서 전통을 시대에 뒤진 서구 문화 전통의

중요 부분이라고 보고, 포스트모더니즘 운동가(와 어떤 수정주의자)처럼 모두 내던져버리는 것이다.

성서에 남은 것은 무엇인가

내가 이 책에서 제시했던 종류의 역사는 많은 사람들이 볼 때 최소주의자로 생각될지도 모르겠다. 일부 성서의 이야기에 문제를 제기하면서 고고학에 강조를 두고 있을 뿐만 아니라, 역사를 기록하는 데 성서의 많은 것을 1차 자료로 인정하지 않고 오히려 빼버렸기 때문이다. 만약 히브리 성서가 신앙에 있어서 결정적이지 않다면(앞을 보라), 그리고 이제는 역사에 있어서도 결정적이지 않다면 그 가치는 과연 무엇인가?

오늘날 많은 성서학자들이 히브리 성서가 오직 문학으로 연구하는 데에 가치가 있다고 말하는 것을 보면 참으로 아이러니하다. 히브리 성서는 기껏해야 '역사-같은' 이야기들로 구성되어 있다. 고고학자들은, 특별히 이스라엘의 고고학자들은 그러한 접근을 거부하는 경향을 보인다. 그렇지만 그들이 히브리 성서를 역사로 실제 사용하는 것을 보면, 그들 중 많은 이들이 진실로 역사적으로 취급하지 않고 있음을 알게 된다.[503] 그리고 그들 중 거의 모두가 세속주의자들이기 때문에 역시 그들은 히브리 성서를 그 종교적인 만족을 위해 읽지 않는다. 그러한 (종교적인—역자주) 접근이 갖는 완전한 의미를 인식하지 않고, 이들 고고학자들은 역시 본질적으로는 성서 없이 고대 이스라엘의 역사를 기록하고 있는 것이다. 내가 여기에서 하는 것처럼 말이다.

그러나 차이는 있는데, 그들은 특별히 역사가로서 문제를 제기하지 않으며, 다소 '문화사'라고 부르는 것에 관심을 가진다. 그들은 이런 질문을 좀처럼 던지지 않는다: 고대 이스라엘은 진짜 어떠했는가? 그리고 그들은 역사 안의 신앙이라는 질문을 잘 잊어버리는 것 같다. 그들의 초점은 사람보다는 사물이다. (데버의 관심은 사람이다. 이는 이 책의 원래 제목『고대 이스라엘의 보통 사람들의 생활*The Lives of Ordinary People in Ancient Israel*』에서 드러난다—역자주) 이것이 바로 이 책의 차별점이다. 비록 논란이 있지만 말이다.

나는 그 논란이 가까운 미래에 해결될 것이라고 믿는다. 왜냐하면 대부분의 성서학자들과 고고학자들은 그들이 인정하건 그렇지 않건 이미 일종의 최소주의적 경향성을 보여주고 있기 때문이다. 하지만 히브리 성서는 여전히 서구 문화 전통에서 토대가 되는 자료로서, 우리 중 많은 이를 구분하는 도덕적이며 윤리적인 가치의 기준으로서 여전히 그 가치를 유지하고 있다. 사실, 그것의 역사가 우리의 역사이다. 그리고 히브리 성서의 '핵심 역사'를 따로 떼어놓으려고 관계없는 요소들을 조금씩 없앰으로써 우리는 그것의 진정한 가치를 개선하게 된다.

이것이 바로 내가 성서 수정주의자들을 상대로 막아내려고 했던 핵심 역사이다. 그들은 역사에서 벗어나(out of history) 이스라엘에 관해 쓰려고 의도하는 것처럼 보인다. 나는 거꾸로 (역사) 안으로(into) 쓰고자 한다. 그러나 고대 이스라엘의 **믿을 만한** 기사를 쓸 것인데, 이것은 우리가 이제 고고학을 통해서 알게 된 모든 것에 기초하여 사실이 될 그런 기사이다.

히브리 성서를 실제 생활의 맥락으로 두는 것, 이제 빛을 본 고고학적 유물을 통해서 그 이야기를 조명하는 것은 히브리 성서를 손상하는 것이 아니다. 오히려 반대로, 이러한 종류의 보통 사람들의 역사는 성서를 **보다** 확실하게 만들어주며, 더욱 믿을 만한 것으로 만들 수 있다. 왜냐하면 성서는 그것을 읽는 사람과 똑같은 그런 사람들에 관한 이야기이기 때문이다. 이 책을 통한 나의 역사적 재구성에서 내가 유일하게 소망할 수 있는 것이라곤 내가 고대 이스라엘의 셀 수 없이 많은 익명의 사람들, 곧 "땅의 티끌 가운데에서 자는 자"에게 목소리를 돌려주었다는 것이다(단 12:2).

윌리엄 G. 데버에 대해서

이 책의 저자인 윌리엄 그윈 데버William Gwinn Dever는 1933년 11월에 미국 남부인 켄터키주 루이빌에서 출생했습니다(우연하게 옮긴이도 8년의 미국 유학 생활을 다른 곳이 아닌 루이빌에서 했습니다). 90세라는 긴 인생을 걸어온 노학자의 삶을 간단히 요약하기는 쉽지 않습니다(성서문학학회[SBL]에서 2020년에 출간한 그의 자서전[*My Nine Lives: Sixty Years in Israeli and Biblical Archaeology*]에는 60년에 걸친 고고학자의 활동을 9개의 과정으로 정리하고 있습니다). 남부 전통의 근본주의 목사 가정에서 태어난 데버는 보수적인 신학교에서 학부 과정을 마쳤지만(저자의 미들네임인 그윈Gwinn은 아버지의 멘토였던 근본주의 목사 헨리 그윈에서 왔습니다) 교리 훈련을 계속할 수 없었습니다. 무엇보다 같은 성서 텍스트를 끝없이 재해석하는 일에 더 이상 매력을 느낄 수 없어서 1960년대 중반부터 고고학 분야로 전환합니다. 이후 반세기 넘게 '시리아-팔레스타인 고고학' 분야에서 탁월한 권위자로 활동하게 됩니다. 1975년부터 2002년까지 애리조나 대학에서 고대근동 고고학과 인류학 교수로 재직했고, 그 이후로는 펜실베이니아주의 라이커밍 대학에서 고대근동학 특훈교수로 활동하며 여러 권의 책을 출간했습니다.

윌리엄 G. 데버의 학문적 업적 가운데 중요한 점을 뽑아서 설명하면 다음과 같습니다. 첫째로 성서학과 관련하여 고고학의 위치를 올바르게 설정했습니다. 과거(혹은 지금도 보수적인 학교)에는 고고학을 '성서고고학

(Biblical Archaeology)'이라고 부르면서, 고고학이 성서 텍스트의 역사성을 입증하는 도구로 사용되었습니다. 그러나 고고학 분야가 학문적으로 성숙하게 되면서 성서를 위한 학문으로 온전하게 설 수 없음을 자각하게 됩니다. 고고학적 발굴과 그 해석의 결과, 성서와 배치되는 목소리가 나오기 때문입니다. 그 좋은 예가 히브리 성서의 여호수아서에 언급된 '여리고 정복'입니다. 여리고라는 거대한 성이 파괴된 흔적을 찾은 '성서고고학자들'은 여호수아의 정복에 의한 파괴이며 이는 곧 성서의 역사성을 입증하는 것이라고 주장했습니다. 그러나 이후 다른 고고학자들이 보다 합리적으로 자료를 해석하면서 여리고에는 기원전 13세기에 사람들이 살았던 흔적이 아예 없으며 더 거슬러 올라가서 기원전 14세기에 건설된 주거지는 작고 빈약해서 별로 중요하지 않은 곳이었음이 드러났습니다(이에 대한 자세한 논의는 데버의 책 『이스라엘의 기원』을 참고하십시오). 데버는 이렇게 독립적인 학문으로서의 고고학의 위치를 잡기 위해서 '성서고고학'이라는 이름이 온당하지 않다고 보고, 대신 '시리아-팔레스타인 고고학(Syro-Palestine Archaeology)'이라는 표현을 사용하기 시작했고, 많은 학자들이 이에 동의하며 이후 고고학의 방향과 목적이 크게 바뀌게 되었습니다. 드디어 고고학은 데버가 종종 주장하는 것과 같이 독립적인 학문이 되었으며, 스스로 역사를 서술할 수 있는 위치가 되었습니다.

두 번째로, 1990년대에 벌어졌던 수정주의자들과의 싸움에서 합리적인 학문적 자세를 견지했습니다. 1992년에 출간된 필립 데이비스Philip Davies의 책, 『'고대 이스라엘'을 찾아서*In Search of 'Ancient Israel'*』를 시작으로, 히브리 성서가 헬라 시대에 기록된 '후대 엘리트 서기관의 창작'에 불과하다는 역사 수정주의 운동이 유럽 학자들을 중심으로 일어났습니다. 어찌 보면 이들은 성서 기록 자체만을 맹목적으로 역사적 사실로 받아들이는 기존의 근본주의적인 성서학에서 벗어나야 한다는 점을 지적한 것이기도 했습니다. 그러나 사실 이들은 포스트모던 역사의식을 성서 텍스트에 투영할 뿐,

고고학의 정보는 충실하게 다룰 수 없었다는 한계가 있습니다. 그래서 데버는 이들과 오랜 기간 학문적 논쟁을 벌였고, 그 결정판으로 2001년에 『성서 기록자들은 무엇을 알았으며, 그들은 그것을 언제 알았는가?*What Did the Biblical Writers Know and When Did They Know It?*』라는 긴 제목의 책을 출간하게 됩니다. 이 책에서 데버는 고고학적 자료를 바탕으로, 근본주의자들의 주장처럼 족장시대나 정복시대에 기록된 것은 아니지만, 수정주의자들의 주장처럼 헬라 시대에 기록된 것도 아니며, 오히려 그들이 "많은 것을 일찍부터" 알고 있었다고 반박합니다.

세 번째로, 2000년대 초반에 미국에서 이슈가 된 이스라엘의 기원에 대한 논쟁입니다. 2001년에 『발굴된 성서*The Bible Unearthed*』(우리말로는 『성경: 고고학인가 전설인가』라는 제목으로 2002년에 번역·출간되었습니다)라는 책이 미국에서 뜨거운 논란을 일으켰습니다. 1988년에 출간된 이스라엘 정착에 대한 고고학 연구를 기초로, 텔아비브 대학의 고고학 교수인 이스라엘 핑켈스테인Israel Finkelstein은 초기 이스라엘의 가나안 점령은 사실 오랜 시기 동안 반복되는 '유목민의 정착과 후퇴 패턴'의 하나라고 주장했습니다. 이스라엘의 기원이 외부적인 침입은 맞지만 그 주체는 유목민이라는 것입니다. 이에 대해서 데버는 2003년에 『이스라엘의 기원』이라는 책을 통해서 반박합니다. 핑켈스테인이 제시했던 고고학적 증거를 보다 합리적으로 해석하고 또한 인류학적으로 유목민은 정착하지 않는다는 사실도 주장하면서, 초기 이스라엘은 청동기 후기에 가나안에서 삶의 터전을 잃어버린 피난민(외부에서 온 것이 아니라 가나안의 내부자!)이 고지대에 새롭게 삶의 터전을 세웠던 역사에서부터 시작한다고 한 것입니다

네 번째로, 고대 이스라엘의 종교에 대해서 새로운 주장을 내놓았습니다. 1975년에 고고학자 제에브 메셸Ze'ev Meshel은 시나이 사막 북부에 있는 쿤틸레트 아주르드라는 지역에서 그림이 그려져 있는 항아리 조각을 발견하게 됩니다. 그 항아리에는 야훼라는 이스라엘의 신명이 있었는데 그것으

로 그치지 않고, "야훼와 그의 아세라"라는 표현이 기록되어 있었습니다. 다시 말해서, 야훼에게 아내가 있었는지에 대한 논의인데, 어떤 사람들은 그렇게 믿고 살았다는 고고학적인 증거가 되는 셈입니다. 데버는 초기부터 소논문을 통해서 종교와 관련된 연구를 계속했습니다. 즉, 고대 이스라엘 지역을 발굴한 결과, 수많은 일반 가옥에서 '아세라'로 추정되는 신상이 출토되는 것을 목격했고, 그 의미를 역사적으로 재검토한 것입니다. 그 결과, 고대 이스라엘에는 엘리트들에 의한 소위 '책의 종교'와 함께 일반인들의 '민간 신앙'이 공존했으며, 히브리 성서가 '외설적으로' 폄하했던 것과는 달리, 자녀의 출산이나 가정의 건강을 기원하는 차원에서 '기둥으로 단순화된' 아세라의 신상이 존재했다는 것입니다. 이러한 내용이 2005년에 『하나님은 아내가 있었는가?*Did God have a Wife?*』라는 제목으로 출간되었습니다.

그리고 마지막으로 기원전 8세기에 대한 종합적인 설명서를 내놓았습니다. 지금까지 진행된 학문의 과정을 통해서 볼 때, 성서 텍스트만으로 그려진 '고대 이스라엘'이라는 세계는 다른 학문적 접근과 상충하게 됩니다. 근본주의적 '문자주의'와 수정주의적 '발명/허구' 사이에 저자가 주장하는 바와 같이 고고학과 성서가 수렴하는 부분을 조심스럽게 찾으려 했던 것입니다. 많은 학자들은 그 접점이 기원전 8세기에 있다고 말합니다. 물리적 조건으로 볼 때에도 기원전 8세기가 되어야 고대 이스라엘은 역사를 기록하거나 외부와 교류할 수 있는 독립적인 국가로 성장하기 때문입니다. 이와 관련하여, 윌리엄 슈니더윈드William Schniedewind의 『성경은 어떻게 책이 되었을까*How the Bible Became a Book*』가 좋은 안내서가 될 것입니다. 데버의 독창적인 점은, 전술한 것과 같이 고고학과 성서를 각각 독립적으로 접근하면서 그 수렴하는 점을 학문적으로 종합했다는 사실입니다.

데버의 학문적 열정은 여기에 그치지는 않습니다. 그는 2017년에 텍스트를 넘어서는 역사를 내놓았으며(*Beyond the Texts : An Archaeological Portrait of Ancient Israel and Judah*), 또한 최근 2020년에 고고학의 위치를 다시 한 번 강조하는 목소리를 밝혔습니다(*Has Archaeology Buried the Bible?*). 그러나 이 두 책은 새로운 내용이라기보다는 이전에 출간했던 것들을 종합하고 요약하는 수준이라고 할 수 있습니다.

이 책에 대해서

이 책의 원제목은 『고대 이스라엘의 보통 사람들의 삶: 고고학과 성서가 교차하는 지점*The Lives of Ordinary People in Ancient Israel: Where Archaeology and the Bible Intersect*』입니다. 제목에서 알 수 있듯이 이 책은 '고대 이스라엘'과 '보통 사람들'을 대상으로 놓았습니다. 그런데 고대 이스라엘은 매우 포괄적인 시대이기 때문에, 저자는 기원전 8세기로 선택하고 집중합니다. 왜냐하면 기원전 8세기가 고대 이스라엘 역사에서 절정에 해당하는 시기이기 때문인데, 이와 관련된 무수히 많은 고고학 증거가 이를 뒷받침해줍니다. 그리고 저자는 '보통 사람들'의 생활에 관심을 보여줍니다. 도시에 사는 극소수의 엘리트의 화려한 생활보다는 우리와 같은 보통 사람이 자신의 집과 삶의 터전에서 어떻게 살아갔는지를 풍부한 고고학적 자료를 근거로 매우 설득력 있게 재구성하고 있습니다. 저자의 말 그대로 독자의 이해를 돕는 수많은 그림과 사진을 통해서 고대 이스라엘은 실제로 눈앞에 생생한 현장으로 나타나기도 합니다. 여기에는 저자 자신이 오랜 발굴 과정에서 찍었던 사진부터 시작하여 훌륭한 일러스트까지 다양합니다.

이 책의 내용을 간단히 정리하면 다음과 같습니다. 처음 두 장은 저자의 연구 배경을 설정하는 기초적이면서 중요한 내용을 담고 있습니다. 다름 아닌 역사 서술에 관한 문제입니다. 과거에 기록된 것들, 곧 역사적인 내용을 서술하고 있는 자료들을 전적으로 '역사'라고 인정할 수는 없습니다. 오히려 그러한 기록을 남겼던 특정 집단이 과거를 그렇게 인식했다고 이해하면서 다른 역사적 자료들과의 대화를 통해 보다 타당하며 입체적인 과거를 재구성해야 할 것입니다. 이렇게 볼 때, 성서의 역사적 기술을 있는 그대로의 역사로 생각했던 예전의 입장(이를 '최대주의자[maximalist]'라고 합니다)에서 벗어날 필요가 있습니다. 한편 반대로, 포스트모더니즘 역사가들은 과거의 기록물을 전적으로 부인하며 일종의 허구/소설로 취급하기도 합니다(이를 '최소주의자[minimalist]'라고 합니다). 최대주의자와 최소주의자 사이에서 저자는 고고학을 중심으로 역사를 기록하는 방법론을 개진하는 것입니다.

이어지는 3장과 4장은 이 책의 토대를 이루는 기본적인 뼈대를 세웁니다. 우선 남부 레반트 지역의 지리를 기술하는데, 주요 도로나 기후에 대한 기본적인 정보를 제공합니다. 그리고 70개 정도의 고고학 발굴지를 계층적으로 체계화해서 설명합니다. 특별히 수도, 행정중심지/지방 수도, 도시/도심지, 마을, 촌락, 성채, 이렇게 총 6개의 계층을 설정해서 각 계층의 특징과 성격을 규정합니다. 이를 통해서 독자들은 대략 15만 명의 사람이 살았던 기원전 8세기의 남부 레반트의 세계로 초대받게 됩니다. 5장부터 7장까지는 앞서 언급한 도시, 마을 그리고 촌락에 대한 고고학적인 세부 사항을 설명합니다. 고고학적인 연구를 통해서 방어 시설, 행정건물과 산업시설, 그리고 수도 관리나 가옥의 구조 등 복잡한 사회가 마치 가상 세계와 같이 생생하게 재구성됩니다. 8장에서 저자는 종교와 제의에 대해서 인류학적인 통찰을 보여줍니다. 고대의 보통 사람들은 왕실의 제의 장소에 나아가지 않았으며, 일상적인 예식은 각 지역의 마을 촌장을 중심으로 진행되었습니다. 지역의 성소나 가정에서 발견되는 신상에 대한 고고학적 발굴을 통해서 기원전 8세기 보통 사람들의 종교 생활을 새롭게 인식하게 됩니다. 9장과 10장에서는 주변의 나라들과 관련된 정치적 지형도를 그리고 있습니다.

고고학자로서 저자는 수십 년 동안 남부 레반트 지역을 발굴했지만, 모든 지역을 직접 다니며 탐사하는 것은 현실적으로 불가능합니다. 대신에 학자들은 권위 있는 발굴 보고서를 분석하고 올바르게 해석해서 소개하게 됩니다. 저자 역시 현실적으로 필요하고 가능한 선택을 합니다. 바로 『이스라엘 고고학 탐사학회에서 출간한 성지 고고학 발굴 사전*New Encyclopedia of Archaeological Excavations in the Holy Land*』의 매우 전문적인 내용을 이해하기 쉽게 정리해서 소개하고 있습니다.

기원전 8세기의 의미에 대해서

저자가 고고학을 토대로 입체적으로 제시한 기원전 8세기와 관련하여, 히브리 성서의 중요한 특징을 발견하게 됩니다. 그것은 바로 문서를 남겼던 예언자들이 활동을 시작한 시기가 바로 기원전 8세기였다는 점입니다. 호세아, 아모스, 이사야, 미가와 같은 예언자들이 그 시대에 야훼의 뜻을 선포했고, 이후에 예언자 집단이 기록했습니다. 왜 이 시기인지를 고려하는 일은 사건 자체를 따지는 것에 그치지 않고, 그 의미를 발견하는 것으로 이어지게 됩니다. 현상과 함께 그 내부 구조를 파악하게 되면, 왜 그 시기(기원전 8세기)에 그러한 반응(예언자들)이 나왔는지를 알 수 있기 때문이지요. 사실, 그 구조에 대해서는 저자가 철저하게 재구성했으며, 여기에 사회과학적인 접근을 더해서 왕실에 의한 전통 사회의 대격변이 일어났던 점을 이해하게 된다면, 예언자들의 외침이 더욱 실제적으로 들릴 수 있을 것입니다.

초기 이스라엘은 후기 청동기 시대(LAB)에서 초기 철기 시대(Iron I)로 넘어가는 어간(기원전 1200~기원전 1000년)에 팔레스타인의 중앙 고지대에서 출현했습니다. 이들이 남긴 고고학적인 자료들의 분석을 종합하면, 초기 이스라엘은 고지대의 척박한 농경지를 개간하기 위해 공동으로 노동력을 집중시키는 집단을 형성했으며, 다양한 토지 조건을 가축과 곡식의 혼합 영농으로 적응했고, 농업의 실패를 대비할 수 있도록 다양한 곡식을 재배하는 위기 분산 전략을 채택하면서, 궁극적으로 '평등주의적' 작은 촌락 사회를 이루며 안정화된 공동체를 이루었습니다.

그러나 어느 사회든 인구가 증가하고 유휴 재화가 쌓여갈수록 권력은 집중되기 마련입니다. 평등주의적 초기 이스라엘 사회는 '재분배자'인 추장제를 거치며(사울이 여기에 해당합니다) 결국 피라미드식의 왕권사회로 변천되었고, 이에 따라서 인구는 골고루 퍼져 있는 반면에 재화만이 도시로 집중하는 부조화가 생겨나고 말았습니다. 특히 국력이 가장 최우선 목표인 왕실에서는 국방력을 강화하기 위해서 외국과의 교역을 체결했습니다(이는 다윗의 통일왕국 이래로 계속된 현상이었습니다). 수출품을 조달하기 위해서 왕실은 전통적 농업 방식을 무리하게 뜯어고쳤고(대하 26:10), 특성화된 농작물에 집중하면서 농민들은 위험부담이 높은 포도와 올리브 등의 과수 재배에 내몰리고 위기에 노출됩니다. 이것을 '집약농업 정책'이라고 부릅니다.

시간이 지나면서, 왕실이 요구하는 목표를 채우지 못한 농민들은 작은 땅을 담보물로 내어 빚을 내어가며 근근이 생활했고(이를 '임대자본주의'라고 부릅니다), 권력자들과 결탁한 법정의 잘못된 선고로 인해서 농민들은 손에 아무것도 쥘 수 없었으니(사 1:23; 미 2:9), 그들은 부재지주들의 '대토지화 전략(latifundialization)'에 아무런 저항도 하지 못했습니다. 결국, 더욱 악화될 경우에는 (대부분이 그러했지만) 소작농이나 채무노예(debt-slave)로 전락하는 것이 부지기수였습니다. 이러한 전반적인 내용에 대해서는 우택주 교수의 『8세기 예언서 이해의 새 지평』이란 책에서 보다 자세하게 확인할 수 있습니다.

그러므로 호세아, 아모스, 이사야, 미가와 같은 예언자들이 야훼의 정신을 외치면서, 다른 것이 아닌 '공평과 정의'를 강조했던 이유를 확인하게 됩니다: "이스라엘 백성들아, 야훼의 말씀을 들어라. 야훼께서 이 땅 주민들을 걸어 논고를 펴신다. 이 땅에는 사랑하는 자도, 신실한 자도 없고 이 하느님을 알아주는 자 또한 없어 맹세하고도 지키지 않고 살인과 강도질은 꼬리를 물고 가는 데마다 간음과 강간이요, 유혈 참극이 그치지 않는다."(호세아 4장 1-2절) "나 야훼가 선고한다. 이스라엘이 지은 죄, 그 쌓이고 쌓인 죄 때문에 나는 이스라엘을 벌하고야 말리라. 죄 없는 사람을 빚돈에 종으로 팔아넘기고, 미투리 한 켤레 값에 가난한 사람을 팔아넘긴 죄 때문이다. 너희는 힘없는 자의 머리를 땅에다 짓이기고 가뜩이나 기를 못 펴는 사람을 길에서 밀쳐낸다. 아비와 아들이 한 여자에게 드나들어 나의 거룩한 이름을 더럽힌다."(아모스 2장 6-7절) "야훼께서 재판정에 들어서신다. 당신 백성을 재판하시려고 자리를 잡으신다. 야훼께서 당신 백성의 장로들과 그 우두머리들을 재판하신다. 내 포도밭에 불을 지른 것은 너희들이다. 너희는 가난한 자에게서 빼앗은 것을 너희 집에 두었다. 어찌하여 너희는 내 백성을 짓밟느냐? 어찌하여 가난한 자의 얼굴을 짓찧느냐? 주, 만군의 야훼가 묻는다."(이사야 3장 13-15절) "야곱 가문의 어른들이라는 것들아, 이스라엘 가문의 지도자라는 것들아, 정의를 역겨워하고 곧은 것을 구부러뜨리는 것들아, 이 말을 들어라."(미가 3장 9절)

가장 진보했으며, 가장 활력이 넘쳤던 시기에, 아이러니하게도 신의 뜻을 전했던 예언자들이 하나같이 칭찬보다는 책망과 심판으로 일관했다는 점은, 기원전 8세기를 살펴보는 오늘날의 현대인에게 중요한 의미를 전하는 것 같습니다. 역사의 진보가 인간성의 쇠퇴로 이어지는 세계를 살펴보았기 때문입니다. 특별히 기원전 8세기의 마지막이 북이스라엘 왕조에는 멸망으로 결정이 나고, 남유다 왕조에는 멀리 아시리아 왕 센나케리브의 원정으로 대부분의 도시들이 파괴되는 것으로 끝나기 때문입니다. 눈에 보이지 않는 코로나19 바이러스로 인해서 지구촌의 시민들은 몇 년간 삶의 외형과 내면 모두에서 어려운 시기를 보냈습니다. 여전히 지구촌에는 전쟁이 이어지고 그 피해자들의 외침으로 슬픔에 싸여 있습니다.

21세기의 현대사회는 기원전 8세기와 같은 역사적 행보를 하지는 않을 것입니다. 오히려 과거를 정확하게 이해하고 그 의미를 반성적으로 돌아봄으로써 우리는 보다 나은 역사를 만들어갈 수 있을 것입니다. 저자가 결론에서 언급했던 것처럼 이 책은 신적인 역사, 곧 히브리 성서로 과거를 이해했던 분들에게 또 하나의 다른 역사—전쟁사, 문화사, 사회사—를 제공합니다. 입체적인 세계 이해를 통해서 우리는 더욱 합리적이면서도 포용적인 시민으로 성장하리라고 기대합니다. 책의 출간을 결정해준 홍승권 대표님께 감사드리며, 길고도 어려운 교정 작업의 터널을 이끌어주신 이수경님께도 감사를 전하고 싶습니다. 마지막으로 함께 살아가며 삶의 의미를 나누는 아내 이태영에게, 그리고 '공평과 정의'를 배우고 실천할 새힘, 새은 두 아이에게 고맙다는 말을 하고 싶습니다.

| 주 |

1 편의상, 기원전 8세기의 일반적인 최신 조사들을 보려면, 간단한 수준의 것으로 Campbell 1998; Cogan 1998을 보라.

2 Tarnas 1991, 357.

3 이후로는 '구약성서'가 아닌 '히브리 성서'라고 하겠다. 왜냐하면 전자는 편견을 갖게 하는 용어이기 때문이다.

4 나의 이력과 출판목록을 보려면 Gitin, Wright, and Dessel 2006을 보라.

5 나의 제자 제니 에벨링Jennie Ebeling의 『성서 시대의 여성의 삶*Women's Lives in Biblical Times*』(2010)이라는 대중 서적을 보라. 이 책은 비록 허구적으로 기록했지만, 합리적인 고고학적 연구에 기초하고 있다. 철기 I 시대의 촌락을 다루었던 카럴 판 데르 토른Karel van der Toorn의 2003년 소논문 역시 비슷하게 허구적이며, 종종 상상력이 가미되었지만 우리가 지금 보유하고 있는 고고학적 자료에 비추어 매우 설득력이 있다. 그러나 이것들은 진정한 역사적 작품이 아니다. 고대 이스라엘의 토대가 되는 사회학—일차자료로 고고학을 사용하는 것으로—은 이제 파우스트Faust의 『철기 II 시대 이스라엘 사회의 고고학*The Archaeology of Israelite Society in Iron Age II*』(2011)으로, 이 작품은 내가 이 책을 집필하고 있는 동안 발표되었다. 파우스트의 작품은 고대 이스라엘의 다른 모든 사회학을 능가하며, 그 자체로 가치가 있으며, 최고의 성서 연구(즉, Perdue, Blenkinsopp, and Collins 1997; McNutt 1999)에 기초한 작품이다.

6 Borowski 1998, 2002, 2003.

7 예를 들면, 제6장에서 인용하고 있는 Ackerman, Meyers, 그리고 다른 이들의 책을 참조하라.

8 (Cambridge: Cambridge Scholars Publishing, 2008). 서론은 참고문헌을 제공할 뿐만 아니라, 고고학과 젠더 연구 분야의 관심이 점차 증가하고 있다고 말한다.

9 (Jerusalem: Israel Exploration Society, 1993, 2008). 이 책에서 소개하는 유적지들은 개별 저자의 이름으로 인용될 것이다; 각주에서만 다루고, 참고문헌에서는 언급하지 않겠다.

10 (Jerusalem: Carta, 2006).

11 Dever 2003b를 보라. 고고학 분야에서 적용된 몇 안 되는 사례에 대해서 Bunimotivz and Lederman 2009를 보라.

12 (Cambridge: Cambridge University Press). 이후 개정판(Hodder and Hutson 2003)은 내가 볼 때 그렇게 혁신적이지 않다.

13 Dever 1997b를 보라.

14 Kofoed 2005, 213의 논의와 관련 문헌을 보라.

15 Van Seters 1983; Halpern 1985; Millard, in Millard, Hoffmeier, and Baker 1994, 37~64; Brettler 1995; Long, in Baker and Arnold 1999, 145~75; 그리고 논의를 위해서 Kofoed 2005를 참조하라. 자세한 것은 아래와 주 20번을 보라.

16 하위징아의 유명한 정의에 대해서 Kofoed 2005, 16을 보라.

17 '비교분석' 모델은 Hallo 1990, 187~99에서 발전시키고 있다; Malul 1990을 참조하라. 성서 기록이 "무죄가 입증될 때까지 유죄"라고 잘못된 주장을 하는 것에 대하여, Dever 2001a, 128을 보라; Grabbe 1997, 163에 있는 Niehr을 참조하라.

18 특별히 Hodder 1986을 보라. 시리아-팔레스타인 그리고 성서고고학에 대한 특별한 적용에 대해서 그 분야와 성서학 분야에서 유사한 해석적 원리를 보여주는 것으로 Dever 1997b를 보라. Hodder의 최근 판본인 Hodder and Hutson 2003은 보다 급진적이다.

19 McKenzie 1991을 보라; Knoppers 1993/1994; Knoppers and McConville 2000; Na'aman 2006; Kofoed 2005, 113~63; Amit 2006; Na'aman 2006을 보라.

20 Amit 2006, 55, 56. 더 자세한 것은 Na'aman 2006을 보라. 앞의 각주 2, 4번을 참조하라.

21 앞의 주 15, 17, 18번을 보라.

22 Dever 1997a를 보라; 그리고 고고학 자료의 성격과 사용에 관하여 원자료를 확인하고 싶다면 Dever 2001a, 53 ~95를 보라.

23 주류 학자들조차, 즉 더 견문이 넓어야 하고 보다 호의적이어야만 하는 학자들조차 고고학이 발굴한 인공유물을 활용할 수 있을 정도로 충분히 근접하여 연대를 설정하지 못한다고 하면서 어리석게 비난을 반복하고 있다; Baker and Arnold 1999, 211~12의 Knoppers를 참조하라. 예를 들어, Grabbe 1997의 저자들 가운데 Barstad (50), Grabbe (30), Carroll (90), 그리고 Niehr (159; 고고학이 "침묵하고 있다")를 보라. 물론 수정주의자들은 예외 없이 이론적으로 고고학에 호소하지만(그들이 가진 유일한 자료이다), 그러나 실제로 고고학을 왜곡하거나 더 나아가 고고학 전부를 무시하고 있다.

24 역사 기록에서 '객관성'(즉, 이데올로기)에 대한 작품은 셀 수 없이 많다. 예를 들어 E. H. Carr 1987; Garbini 1998; Carroll 1997; Kofoed 2005; Provan 1995; Pippin 1986; Long 1994; Grabbe 1997; Pasto 1998; 특별히 Barr 2000 곳곳에, 그리고 Dever 2001a 곳곳을 보라. 수정주의자들과 이데올로기에 대하여는 아래의 주 25번과 이 책의 결론을 보라.

25 바Barr는 이데올로기가 최근 구약학계를 이해하기 위한 열쇠라고 말한다—이 경우에는 포스트모던 이데올로기이다. 포스트모던 이데올로기가 채택하고 있는 주된 공격 대상은 전통적인 '실증주의자' 혹은 '역사주의자' 성서 비평이며, 이들이 진리와 의미를 발견했다는 주장이다. 바는 다음과 같이 결론을 맺는다: "이데올로기라는 것이 성서학계에 들어오게 된 것이 행복한 사건이었다고 말할 수는 없다." Barr 2000, 139; 그리고 브레틀러Brettler(1995, 13)가 언급하는 것처럼, "이데올로기를 이해하는 것이 매우 이데올로기적인 것이 되어가고 있다." 내 결론은 이렇다. 만약 모든 것이 이데올로기라고 한다면, 자신의 것보다 더 나은 게 그 어디에 있겠는가? 포스트모더니즘과 그것이 성서와 역사 연구에 미치는 영향에 대해서는 2장을 보라.

26 균형의 중요성에 관하여, 탁월한 아시리아학자이자 고대근동학자인 윌리엄 할로William Hallo가 신중하게 주목하고 있는 바를 보라. 그는 쉽게 믿는 성향과 극단적으로 의심하는 성향 사이에 균형이 필요하다고 주장한다. 우리는 "온화한 합리성의 중간에 자리를 잡아야 할" 필요가 있는데, "고대 텍스트를 비판적으로, 그러나 생색내는 듯한 태도를 벗어버리고" 다루어야 한다. Hallo 1990, 187~189를 보라. 또한 성서역사가인 마크 브레틀러Marc Brettler는 "가능한 선택들"에 대해서 언급했다(Brettler 1995, 325).

27 수정주의자의 논의에서 사례들이 넘쳐난다. 렘셰Lemche는 선언하기를, "가나안 사람들은 그들 스스로 가나안 사람이었다는 것을 알지 못했다."; 이런 말은 명백하게 터무니없다. 그가 말**할 수 있을 법한 것**은, '가나

안 사람'이라는 현대적 개념이 실체를 반영하지 않을 수 있는 하나의 개념이라는 점이다. 데이비스Davies는 말하기를, "모든 사람이 역사는 과거에 관한 것이 아니라, 현재에 관한 것임을 알고 있다." 그가 말**할 수 있을 법한 것**은, 역사를 기록하는 일이 전적으로 객관적인 작업이 아니라는 점이다. 도전을 받을 때, 수정주의자들은 그들이 그렇고 그런 것을 진정으로 의미하지 않았었다고 대답할 뿐이다. 그러나 그들이 실제로 쓴 것을 가지고 그들과 논쟁하는 것이 바람직하다.

28 앞의 주 23번을 보라. 시간이 지남에 따라 수정주의자들은 나를 악령으로 묘사함으로써 그들이 무시하는 고고학적 자료에 대한 나의 인용에 응답할 뿐이다. 자세한 것은 2장을 보라.

29 Dever 2001, 곳곳에. Grabbe 2007 비슷하게 '수렴'을 찾는다. 나의 비평인 Dever 2010을 보라.

30 Knauf 2008, 82를 보라.

31 Knauf 2008, 85를 보라.

32 Grabbe 2007, 10, 35, 220, 224. 앞의 주 29, 30번을 참조하라.

33 나는 히브리 성서에는 사회적 부정에 대항하는 예언자의 항의뿐만 아니라 보통 사람의 권리를 보호하는 법률이 있다는 점을 잘 알고 있다. 그럼에도 불구하고 이러한 것들은 엘리트들의 목소리이다. 그리고 그들이 실제가 아닌 이상을 나타내고 있다는 점도 분명하다. 마지막으로, 여성의 실제 삶은 성서 기록에서 거의 나타나지 않는다.

34 Garbini 1998, 2.

35 Thompson 1987, 39를 보라. Rainey 1995에서 Thompson 1992의 통렬한 비평을 참조하라.

36 Dever 1981, 1985, 1988, 1997a, 1997b, 1998, 2000, 2001a, 2004를 참조하라.

37 Van Seters 1983; Halpern 1985; Dever 1991을 참조하라.

38 Thompson 1992를 참조하라. 실제 고고학적 의견은 별로 없었다; 그리고 증거 서류로 입증하는 것은 전혀 없었다. 아이러니한 것은, 그 자신이 말하는 이 '역사'조차 톰프슨은 곧 거부하고 있다—"결국, 엄밀하게 말해서, 역사는 존재하지 않는다"; Thompson 1997, 178을 보라. 새로운 자료에 의지하지 않고 "마음이 변했기 때문"에 전향하는 것만큼, 특정 이데올로기를 고집하는 명백한 부정의 사례도 없을 것이다. 심지어 그들은, 당연한 말이지만, 자신들이 전향하고 있음을 인식하지도 못하고 있다. 렘셰는 그의 1988년 역사에서 180도 돌아섰다; Lemche 1998a, 146~148을 보라.

39 데이비스의 "고대 이스라엘을 찾아서"(1992)는 고고학적 증거로 단지 아미하이 마자르Amihai Mazar의 『성지 고고학, 기원전 10,000~586*Archaeology of the Land of the Bible, 10,000~586 BCE*』만을 인용하고 있는데, 그것도 단 한 번의 각주에서뿐이었다. 그리고 철기 시대 전체의 데이터베이스를 그(데이비스)의 "페르시아 시대의 성서"와 "무관하다"라는 이유로 무시하였다; Davies 1992, 24 각주 4번을 보라. Zevit 1999의 비평을 참조하라.

40 히브리 성서의 헬레니즘 시대에 대한 렘셰의 고유한 '근거'는 단 하나의 각주뿐인데, 이 각주에서 그는 히브리 성서의 역사 편찬이 "헤로도토스의 것을 닮았다"라고 단언한다; Lemche 1993, 183 각주 39번을 보라. Lemche 1998a에 대한 중요한 비평이라면 Hendel 1999를 보라.

41 '최소주의자(minimalist)'와 '최대주의자(maximalist)'라는 용어는 이제 유명한 것이 되었는데, 1990년 할로Hallo가 먼저 사용했다. 다른 많은 학자를 따라서, 나는 그 용어들이 그렇게 쓸모 있다고 생각되지는 않는다. 그리고 나는 그러한 용어를 일반적으로 잘 사용하지 않는다. 좋은 학자들은 어떤 주제에서는 '최대주의자'이고, 다른 주제에서는 '최소주의자'이다. 이스라엘 국가의 기원(성서가 말하는 통일 왕국)에 대한 책은 방대하다; 그러나 보다 최근에 나온 것으로 Dever 2000a; 2001a, 124~57; Master 2001; E. Mazar 2002; Finkelstein 2003; Lehmann 2003; Ortiz 2004; Faust 2007; E. Mazar 2007을 보라.

42 Lemche 1998a를 보라. 그는 결론을 맺기를, 화이틀럼의 책이 "매우 차별이 없는" 것이라 했다(p. 149). 더 나아가, 그의 "팔레스타인 사람들"은 청동기 시대에 "발명되었다"(p. 151). "팔레스타인의 역사를 침묵하게 만든" 사람은 없다; 우리 고고학자들은 100년도 넘게 그들의 역사를 써왔다. 그런 동안 화이틀럼은 어디

에 있었지? 그리고 그가 더 잘할 수 있단 말인가? Zevit 2002의 자세한 비평을 보라.

43 특별히 Dever 1998을 참조하라; 화이틀럼은 모든 수정주의자 중에서 가장 단호하게 이데올로기에 사로잡혀 있다. 이데올로기에 대해서 1장을 보라.

44 톰프슨의 허무주의를 대변하는 표현들을 보려면, "우리는 있지도 않았고 또한 있을 수 없었던 과거를 애써 창조하고 있다"(1997, 180). "우리는 '고대 이스라엘'을 하나의 문학적 관념으로 이미 규정하고 있으며, 고대 유대교를 종교적 관념으로 규정하는 과정에 있다"(1997, 185). "옛 이스라엘은 잃어버린 이스라엘이다: 우리가 알 수 없는 과거의 인간 이스라엘인 것이다"(1997, 187). 다른 곳에서 톰프슨은 그러한 이스라엘이 존재했을 수 있다고 인정했다. 그러나 그의 실제 언급은 허무주의자의 것이었다. 바Barr는 내가 표명한 '허무주의자'에 주목하면서, 그것이 다른 몇몇 전문가의 환기를 불러일으켰다고 했다(Barr 2000, 71).

45 Carroll 1997, 99를 보라. 캐럴은 다른 수정주의자들보다 고고학에 대해서 잘 알지도 못한다. 그는 그 어떤 '고대 이스라엘 역사'를 시도하려는 시도가 모두 "가짜 역사"라고 말한다(p. 93). 캐럴이 만약 그 용어에 그 어떤 의미를 두고 있다면, 그는 톰프슨과 같이 허무주의자이다(앞의 주 44번을 보라). 주요한 수정주의자 중 렘셰만이 다소 긍정적이다.

46 Grabbe 2000을 보라.

47 Thompson 1995, 97을 보라. 톰프슨의 다른 주장들을 볼 때, 역시 허무주의이다. Dever 1998, 43~44; 2001a, 31~34를 보라.

48 1998년에 수정주의에 대한 나의 논문은 톰프슨의 『신화적 과거』(1999)가 나타나기 전에 썼다. 이후의 비평에 대해서 Dever 2004를 보라.

49 Dever 1998, 2000, 2004를 보라.

50 수정주의 학파를 비평한 나의 비평에 대답하여, 그들은 코펜하겐과 셰필드 그룹이 하나의 '학파'를 결성하지 않았다고 항변했다. 그리고 내가 그들을 옳지 않게 하나로 묶어 취급했다고 하였다. 예를 들어 Thompson 1995, 693~94를 보라; 또한 Carroll 1997, 97을 참조하라. 그중에 화이틀럼의 대답이 독특하다: 그는 말하기를, 자신은 최소주의자 '학파'에 소속될 수 없는데, 왜냐하면 그런 학파는 존재하지 않기 때문이다; Whitelam 2002. 다음을 보라: (1) '코펜하겐의 견해'라고 했던 렘셰의 요약(Lemche 1998b); (2) 내가 속했다고 가정하는 '하버드 학파'에 대한 톰프슨의 풍자(1993); 그리고 (3) 그들을 특별히 다루었던 나의 모든 비평에서, 그들은 성서 기록을 회의주의적으로 취급한다는 사실, 그리고 '학파'이건 아니건 그들이 전부 동의하고 있었다는 사실. 실제로 모든 최근의 논의들은 데이비스, 렘셰, 톰프슨 그리고 화이틀럼(종종 캐럴까지)을 하나의 그룹으로 취급하고 있음을 주목할 만하다. Barr 2000 곳곳을 보면 이러한 학자들을 수정주의자로 다루고 있는데, 바로 내가 하는 것과 같다. 또한 Kofoed 2005, lx, x, 그리고 특별히 Brettler 2003을 참조하라.

51 그러므로 Finkelstein 2007; A. Mazar 2007b, 2008, 가장 최근(그리고 최고)의 언급이 나왔다. 또한 Faust 2007을 참조하라. 고고학적 자료에 근거해서, 최초로 '사회사' 전반을 다룬 것으로는 Faust 2011이 있다. 성서 기록에 대하여 Albertz 2007과 참고문헌을 보라.

52 Dever 2001c를 보라.

53 몇몇 톰프슨의 희화화에 대하여, 앞의 주 47번에 언급한 문헌들을 보라. 렘셰는 나를 "승리주의자"라고 불렀을 뿐만 아니라, 한편으로는 거의 "나치"로 불렀고(Lemche 2000, 173), 다른 편으로 사실상의 "시온주의자"라고 불렀다. 다른 곳에서 그는 나를 "시골뜨기"라고 폄하했는데(내가 생각할 때, 순진한 비유럽인이라고 하는 것 같다; Lemche 1998b, 176), 웃기게도 바Barr는 그가 다소 심각하게 여기는 "포스트모더니즘"이란 칭호를 나에게 붙였다. 화이틀럼은 그러한 모든 것을 능가한 수사법으로(왜냐하면, 그는 어떠한 사실도 가지지 않았으므로), 나를 "사실주의자(facticity)"라고 비난하였다. 나는 인정한다. 나는 "지적 제국주의"의 죄를 지었다. 성서문학학회의 비공개 회의에서 발표된 화이틀럼의 미출간된 소논문을 보라.

54 Halpern 1995.

55 화이틀럼이 반드시 알고 있어야 하며 인용했어야만 했던 고고학적 자료를 내가 인용했던 것에 대하여, 그의 반응은 교육적으로 볼 때 유익하다. 그는 그 자료에 도움을 구하지 않았으며, 오히려 즉각적으로 인신공격적인 논증으로 방향을 전환했다—통하는 것은 언제나 (그들의 합리적인 주장이 아니라) 이데올로기뿐이라는 증명을 그가 잘 보여준 셈이다.

56 내 이념은 처음부터 옳다. 나의 2001a, 2003b, 그리고 2005c의 대중적인 책들을 참조하라. 또한 앞의 1장을 보라. 그렇다 해도 당신은 나를 이길 수 없다. 나는 내가 유신론자가 아니라고 데이비스에게 편지를 썼는데, 그러나 그는 어쨌든 내가 유신론자라고 말한다; Davies 1997, 117 각주 19번.

57 수정주의자들은 거의 모두 내가 그들의 "역사가 아닌 작품들"이라고 비평했던 것(Dever 1998)에 대답하기를, 그들은 단지 '성서'와 현대 학자들에 의한 '고대 이스라엘들'을 부인할 뿐이라고 했다. 그러나 그들의 언어는 모호하다. 그리고 만약 그들이 어떠한 '역사적 이스라엘'이 존재했었다고 할지라도, 그들은 그것을 일체 표현하지 않는다. 바Barr는 이와 같은 말을 한다: "다시 말하지만 데이비스와 다른 이들의 역사적 열망에도 불구하고, 어떤 경우이건 그 결과는 허무주의적 역사의 파괴에 해당한다는 것을 보게 된다"(Barr 2000, 165). 그들은 역사를 **기록할 수 없다**. 왜냐하면 그들은 텍스트를 허구라고 일축하기 때문이며, 이제는 고고학이 일차 자료가 되었으므로 그들은 그것을 다루기에 역량이 부족하기 때문이다.

58 Levine and Malamat 1996.

59 Sommers 1998.

60 Brettler 2003, 18.

61 앞의 주 58, 59번을 참조하라. '반反셈족주의'에 대한 나의 언급(Dever 2001a, 35~37)은 화이틀럼이 이스라엘 학자들과 미국 학자들 모두를 증거 서류 하나 언급하지 않고 단지 일괄적으로 비난했던 것에 기초하고 있다. 이것은 하나의 희화화이며, 그리고 명백히 이데올로기적 편견에 기초하고 있다. 2001년 10월에(!) 톰프슨은 요르단 암만에서 예루살렘 역사에 대한 주제로 '국제' 심포지엄을 소집했는데, 이곳에서는 그 어떤 이스라엘 학자나 미국 학자도 초대받지 못했다. 그 심포지엄은 다마스쿠스에 있는 아랍 기관에 의해 지원받고 출간하게 되었으며, 톰프슨은 아랍 수도에 초대를 받아 이 책의 출간을 경축했다. 그 책의 서문에 톰프슨이 언급한 것은 그의 정치적 어젠다를 완전히 드러내는 것이었다. Thompson 2003, vii~xi을 보라. 이와 유사하게 화이틀럼의 『고대 이스라엘의 발명』은 동예루살렘에서 베스트셀러이다. 그리고 아랍어로 번역된 것(베이루트)은 대중적인 교재가 되었다. 화이틀럼은 아랍어 번역과 자신이 아무런 상관이 없다고 주장한다. 렘셰는 이 모든 것보다 더 높이 목소리를 올린다. 주 58, 59번을 참조하라. 더 자세한 것은 Barr 2000, 82~89를 참조하라.

62 Japhet 1998.

63 Hurvitz 1997, 1999를 참조하라. "늦은 연대 = 비역사적"의 오류에 대한 더 자세한 논의에 대하여 Kofoed 2005, 33~112와 그곳에 나와 있는 참고문헌을 보라. 수정주의자들은, 성서 히브리어가 상대적으로 이른 시기이며, 그것이 후대이고 인공적인 "서기관의 은어"라는 (크나우프와 데이비스의) 생각을 반증하는 자세한 언어학적 논증을 전부 무시해버렸다. 2000년 소논문에서 렘셰는 그의 헬레니즘 시대로 돌아가고 말았는데, 그러나 어느 곳에서도 Hurvitz 1997을 언급하지 않았다. 내가 볼 수 있는 한, 톰프슨은 비슷하게 후르비츠의 언어학적 자료를 무시한다. 데이비스는 내가 보았던 '백지'로 답을 했다.

64 이러한 학문적 전환은 종종 '문학적 전환(literary turn)'—같은 용어가 포스트모더니즘을 기술하는 데 사용된다—이라고 불린다. 이것은 우연인가? 사실상 거의 모든 히브리 성서(혹은 구약) 개관은 Barr 2000, 16ff; Collins 2005, 30~42가 보여주는 것과 같이 이러한 문학적 전환으로 시작하고 있다. 초기 복음주의권의 개관 역시 유사하다; Long 1999를 참조하라.

65 Hoffmeier and Millard 2004를 보라. 많은 장들에서 내 작품과 대화를 시도하고 있다. 나는 심포지엄에 초대를 받았지만, 그때 개인적인 비극이 나의 모든 관심을 사로잡고 있었다.

66 나는 종종 동료이자 친구인 키친을 근본주의자라고 부른다. 그러나 그는 나와 편지를 주고받으면서 주

장하기를, 자신을 "사실주의자"라고 했다. Kitchen 2003, xiv를 참조하라.

67 이 책들은 옛날 방식의 '실증주의적' 작품으로, 나는 시대에 뒤떨어진 것이라고 말하고 싶다. 비록 내가 프로번, 롱, 그리고 롱먼의 책 표지에 추천의 글을 써주기는 했지만, 최종 분석의 글에서 독자는 진정한 '성서적' **역사**를 발견할 수 없을 것이며, 단지 분명하게 편견에 사로잡힌 성서 저자의 기사에 기초한 이상적인 그림만 얻을 수 있을 것이다.

68 수정주의자들은 고대 이스라엘에 관한 모든 과거의 역사를 거부한다. 학문적으로 오른쪽에 있는 자들을 멸시하면서 말이다. 그들의 역사는 톰프슨의 견해로, 역사가 있을 수 없다고 주장하는 견해였는데, 왜냐하면 '이스라엘' 자체가 문학적 관념이기 때문이다. 그가 말하는 것처럼, "우리는 전통을 역사적이라고 도저히 말할 수 없다. 성서는 우리에게 과거에 관한 그 어떤 것을 말해주는 일에 관심을 두지 않는다"(Thompson 1999, 189). 앞의 주 57번을 참조하라.

69 '신앙과 역사' 운동은 1950년대에 있었던 '성서신학'의 부흥에 따른 결과물로 주로 나왔다. Barr 2000과 참고문헌을 보라. Moberly 1999에 있는 전형적인 복음주의자의 진술을 참고하라. 나는 고고학적 관점에서 성서신학에 대한 비평을 제시했다(Dever 1985, 1997a). 자세한 것은 이 책의 결론을 보라.

70 지나가며 언급하는 것에 대하여 Kofoed 2005, 2~6을 보라. 색인에서 '성서고고학'은 단 한 개만 존재한다(p. 6). 놀랍게도 '포스트모더니즘'은 5개의 참고가 있다.

71 Barr 2000, 139를 참조하라. 바Barr는 그의 분석에서 포스트모더니즘의 다양한 측면을 정의하는데, 그것을 내가 했던 것처럼 수정주의와 결합하고 있다.

72 앞의 주 71번을 보라. 나의 이전 출간에 대한 바Barr의 호의적인 비평에 대해서 Barr 2000, 71~74를 보라.

73 특별히 나의 2001년 책에 대하여 잡지 『*Shofar*』에 기고한 데이비스의 비평을 보라. 추가로, 화이틀럼은 나를 마치 미국 "지적 패권주의"의 요원으로 상정해놓고, (포스트모더니즘이 선호하는 용어이기도 한데) 내가 그 담론을 지배하려 한다며, 나를 규정하기도 했다. (이것은 국제 교수 모임의 비공개회의에서 발표된 논문이다.) 서구 문화 전통(이라고 쓰고, '미국'이라고 읽는다)에 대한 이러한 노골적인 거부는, 당연한 이야기지만 포스트모더니즘의 주요한 특징이다. 아래의 주 74번을 보라.

74 포스트모더니즘에 대한 나의 논의는 Dever 1998; 2001a, 곳곳에; 2005a를 보라. 데리다, 푸코, 리오타르, 그리고 다른 많은 이에게서 인용한 것은, 포스트모더니즘에 대한 최고의 개론서 중 하나인 Lemert 1997에서 간편하게 찾을 수 있다. 이 책은 가장 온건한 방식으로(!) 이 운동을 옹호하고 있다. 반대되는 것으로, Windschuttle 1996의 압도적인 비평을 보라; 또한 보다 일반적인 것으로 Gress 1998; Tarnas 1991을 참고하라.

75 특별히 Windschuttle 1996; Gress 1998; Tarnas 1991을 보라. 또한 바턴Barton은 포스트모더니즘의 모순을 능숙하게 꿰어놓았다; 예를 들면, Barton 1996, 161을 보라.

76 Gress 1998, 477; 자세한 것은 475~80을 보라.

77 앞의 주 74, 75를 보라.

78 Dever 2001a, 23~52.

79 바Barr가 렘셰와 다른 수정주의자들의 주장을 포스트모더니즘으로 규정한 것에 대하여, 렘셰는 대답—이들(수정주의자들)이 포스트모더니즘과 관련하여 전형적인 표현들을 사용하지 않았음을 인정하면서도—하기를, 이들은 초기 (포스트모더니즘의) 대표적인 저작들을 읽지 못했고, 단지 이후 이데올로기적 전향이 있은 다음에야 그러한 문헌을 접할 수 있었다고 했다. 아래 주 80번을 참조하라.

80 그들이 (모든 비평가가 이제는 인식하고 있는 것처럼) 포스트모더니스트라는 것을 부인하고 있지만, 그들은 거의 모든 배경적인 전제조건을 수용하고 있다는 점에서 수정주의자들의 위선이 드러난다. 앞의 주 79번을 참조하라. 그럼에도 불구하고 그들은 다른 사람들이 주목했던 전형적인 어휘 사용을 회피하고 있다; Brettler 2003을 보라. 나는 Lemert 1997에서 솜씨 좋게 취급했던 것처럼, 솔직하게 포스트모더니즘을 옹호하려고 했던 자들을 존중하는 바이다.

81 나는 포스트모더니즘을 고려할 가치가 있다고 생각한다. 그러나 사실 그것은 일시적 유행일 뿐이었다; Dever 2001a, 249~54, 60. 이미 고전이 된 책 『미국 정신의 폐쇄*The Closing of the American Mind*』(1987)에서 앨런 블룸Allan Bloom이 주목했던 점은, 포스트모더니즘을 시작했던 파리의 지성인 집단은 곧 지나갈 유행에 불과했다는 사실이다; Bloom 1987, 379. 그러한 것이 1987년이었다! 스탠퍼드 대학의 문학 교수인 테리 캐슬Terry Castle의 최근 언급을 보라. 그는 포스트모더니즘이 아직 죽지 않았는가에 대한 질문에 대해서 "그것은 좀비처럼 움직이며, 이곳저곳에서 은어같이 등장한다. 그러나 그것은 쇠퇴하고 있다"; *New York Times Magazine*, 2010년 1월 17일자, 16면. 브레틀러는 수정주의가 "지겨운 것"이 되었다고 말한다; Brettler 2003, 21. 마지막으로, 포스트모더니즘의 초기 스승 중 하나인 테리 이글턴Terry Eagleton은 이제 다음과 같은 제목의 책을 썼다: 『포스트모더니즘의 환상*The Illusions of Postmodernism*』(1996); Ellis 1989를 참조하라.

82 특별히 Barr 2000, 곳곳에; Collins 2005; Kofoed 2005, 10~11을 보라.

83 Barr 2000, 70~74. 그가 책을 쓰고 있었을 때, 나의 2001년 작품을 보지 못했다.

84 Barr 2000, 180. '역사의 종말'이라는 개념은 프란시스 후쿠야마Francis Fukuyama의 1992년 작품인 『역사의 종말 그리고 마지막 인간*The End of History and the Last Man*』에서 얻어왔다. Windschuttle 1996, 159~178을 보라. 확실히 포스트모더니즘과 성서 수정주의는 역사 **기록**의 종말을 뜻한다. 왜냐하면 (그들에게) 그것은 모두 허구이기 때문이다. 그러나 내가 추측하기에 인간은 (종말을 맞지 않고—역자) 살아남을 것이다.

85 Collins 2005, 32.

86 Dever 2010.

87 Dever 2010.

88 (London: T. & T. Clark, 2004). 나는 유일하게 초대를 받은 고고학자였다. 나의 논문 제목은 「고대 이스라엘의 역사들과 역사가 아닌 것들: 통일 왕국에 대한 문제」(pp. 65~94).

89 고고학에 대한 자신의 이해를 보여주기 위해서 뱅크스는 나를 인용하기는 했지만, 그러나 다른 전문가들은 언급하지 않았고, 실제로 그녀는 고고학을 이해하지 못했다. 그렇지만 그녀는 "성서의 언급이 없는" 역사가 바람직한 것이 될 수 있으며, "그러한 역사가 기록되어야만 하고, 바로 그렇게 될 때, 그런 역사는 히브리 성서 연구를 위해 중요한 영향을 끼치게 될 것이다"라고 결론을 맺었다. Banks 2006, 233~34를 보라. 이 책은 나의 가제본이 완성된 후에 받아볼 수 있었다. 그러나 나는 그 책을 충분히 예상할 수 있었다.

90 A. 마자르의 논문인, 「삽과 글: 기원전 10~기원전 9세기와 관련하여 고고학과 이스라엘 역사 사이의 상호관계」(pp. 145~71)는 최상이며, 어떤 고고학자와 비교해봐도 최고의 진술이 들어 있다. 매우 유사한 것으로, Finkelstein 2007과 논쟁하고 있는 A. Mazar 2007b를 참조하라.

91 다시 말하면, 마자르의 논문이 최고이다. 그래브의 서론(pp. 3~18)과 "토론에 대한 숙고"(pp. 219~32)는, 이러한 주제들에 대한 그의 이해가 비전문가들에게 비견할 수 없는 것임을 나타내주고 있다(이것은 그의 2007년 작품에서도 마찬가지이다).

92 Hallo 1990을 보라. 할로의 '비교분석 방법'에 대해서 Evans, Hallo, and White 1986을 보라.

93 소진Soggin(2001)은 그의 초기 저작(1999)보다 훨씬 왼쪽으로 갔으며, 너무 이질적이다. 포스트모더니즘의 영향은 분명한데, 직접적인 언급이 없어도 쉽게 알 수 있을 정도이다. 리베라니Liverani의 2007년 역사는 우리가 얻을 수 있는 것들 가운데 가장 왼쪽에 속할 정도로 독특한데, 그 이유는 그가 마르크스주의에 빠져 있기 때문이다. 그렇지만 이것은 뛰어나고 창의적인 작품으로, 진정한 '헬레니즘적 이스라엘'과 허구적인 '성서'(와 고고학의) 이스라엘을 평행시킨 작품이다.

94 '표현의 위기'에 대해서 Marcus and Fischer 1986을 보라.

95 서구 문화 전통의 혈기 넘치는 변호는 앞의 주 73, 76, 77, 81번에 인용하고 있는 작품들에서 발견할 수 있다. Dever 2001a, 190~94에서 나는 나 자신의 온건한 방어를 제시했는데, 그 모든 잘못에도 불구하고

이 전통은 수없이 많은 이에게 자유와 평등, 번영과 소망을 가져다주는 일에, 알려진 다른 그 무엇보다 더 우월한 것으로 증명이 되었음을 언급했다. 우리의 전통, 우리의 세계관에 대해 유일하게 대안이 될 수 있는 것이라면, 그것은 마르크스주의(오늘날 모든 곳에서 소멸하고 말았다)나 이슬람일 것인데, 이것은 앞에서 언급한 가치들을 보유하고 있다고 자인하지 않고 있다. 자세한 것은 Gress 1998, 552~59의 긍정적인 결론을 보라.

96 요하난 아하로니는 이스라엘에서 지도자적인 역사지리학자였다. 히브리어로 된 그의 고전적인 작품, 『성서의 땅*The Land of the Bible*』(1962)은 앤슨 레이니Anson Rainey가 영어로 번역했다(1967; 1979년에 개정 증보됨). 역시 탁월한 역사지리학자인 레이니는 오늘날 R. 스티븐 나틀리R. Steven Notley와 공동으로 최근 표준적인 책인 『성스러운 다리: 카르타 성서 세계 지도*The Sacred Bridge: Carta's Atlas of the Biblical World*』(2006)를 출간했다. 역사지리학 분야에 대한 개관으로 pp. 9~24를 보라.

97 이 책 전반에 걸쳐서 나는 레이니의 『성스러운 다리』를 인용할 것이다(앞의 주 96번). 왜냐하면, 그가 다룬 부분이 여기에서 유일하게 관련이 있기 때문이다. 여기에서 논의하고 있는 지리적인 환경에 대하여 pp. 25~42를 보라. 다른 성서 지도도 많이 있지만, 어떤 것도 레이니와 나틀리의 작품과는 비교가 되지 않는다.

98 앞의 주 96번을 보라.

99 "젖과 꿀이 흐르는 땅"이라는 케케묵은 성서 구절은 분명 수사적 표현이다; N. MacDonald 2008, 3~9를 참조하라.

100 오늘날 지형고고학은 잘 알려진 하위 학문 분야로, 이 학문은 지형을 물리적 조건뿐만 아니라 인식—'정신 상태'—으로 접근하고 있다. 자세한 것은 Dever 2003d를 보라.

101 성서의 세계관은 창세기 10장과 평행 본문인 역대상 1장 4~23절에 나오는 나라들의 일람표에 반영되어 있다.

102 기초 배경을 위해서 Hodder and Orton 1976을 보라. 유적지의 계층이 분명한 것으로 보임에도 불구하고, 대부분 표준적인 고고학적 연구들은 그러한 분석을 하지 않았다.

103 Renfrew and Bahn 1991, 154~62를 참조하라. 아래의 주 131번을 참조하라.

104 M. C. Davies 2008.

105 7장에서 이런 상아들에 대한 논의를 보라; Tappy 2006을 참조하라.

106 기원전 10세기 예루살렘의 인구는, 대략 10에이커 크기에 대한 인구 측정을 기초로, 약 1,000명을 넘지 않은 것으로 보인다. 그러나 기원전 8세기 후반의 인구는 기원전 732~기원전 721년에 있었던 아시리아 원정 이후 북왕국에서 피난한 난민의 유입으로 인해 부풀어 오르게 된다. 서쪽 언덕에 사람들이 새롭게 정착하는 것을 포함하여, 예루살렘은 이제 약 150에이커로 확장되었고, 이는 그 인구도 약 15,000명 정도로 늘어났음을 암시한다. 이것으로 인하여 예루살렘은 그 지역에서 가장 큰 도시가 되었다. 이와 관련된 연구는 방대하지만 Lehmann 2003, 130을 보라. 게바Geva는 기원전 8세기 후반에 그 성이 약 150에이커이며, 인구는 대략 15,000~20,000명에 이르렀다고 기술한다; Geva 2003, 206을 참조하라. Faust 2005a; A. Mazar 2007b, 160을 보라.

107 예루살렘에 대한 출판물 목록만 해도 그 자체로 책 한 권 분량에 해당한다. 최근의 발견과 광범위한 참고문헌에 관해서 Stern 1993, 698~804; 2008, 1801~37을 보라. 매우 유용하게 정리해놓은 것은 Vaughn and Killebrew 2003의 책에서 찾을 수 있을 것이다.

108 Rainey 2006, 253을 보라; 여기에서 번역은 레이니를 따른다. 어떻게 그 터널을 팔 수 있었는지에 대한 최근의 대중적인 설명을 들으려면 Shanks 2008을 보라. 보다 자세한 내용을 원하면 Reich and Shukron 2006을 보라. 연대는 기원전 701년이 거의 확실하며, 보다 이를 수도 있다. 그러나 수정주의자 중 하나인 데이비스는 그 비문의 연대를 기원전 2세기로 낮추어 잡기도 했다; 그 분야의 전문가들이 입을 모아 통렬하게 비판했는데, 그것은 Shanks, "Defusing Pseudo-scholarship: The Siloam Inscription Ain't Hasmonean," in Shanks 1997, 41~50을 보라. 이것은 특정 이데올로기에 집착한 사람이 자기에게 불리한 자료를 회피하기

위해서 얼마나 멀리까지 갈 수 있는지를 보여주는 예라고 하겠다. 터널에 대해 더 자세한 내용은 7장과 그 장의 주 303번을 보라; Sneh, Weinberger, and Shalev 2010을 보라.

109 Stern 1993, 323~32; 2008, 1686~89에 있는 Biran의 글을 보라. 또한 비란의 대중적인 책 『성서의 단*Biblical Dan*』(1994)을 보라.

110 참고문헌은 너무 많아서 나열할 수 없을 정도이다. 그러나 주요한 작품으로 Biran and Naveh 1993, 1995를 보라. Schniedewind 1996b; Lemaire 1998; Na'aman 2000; Hagelia 2004; Aḥituv 2006, 466~83을 참조하라. 수정주의자인 렘셰와 톰프슨은 이 비문이 '위조품'이라고 선언했다; 이를 반박한 것으로 Rainey 1994를 보라.

111 Stern 1993, 594~606의 Yadin; Stern 2008, 1769~85의 Ben-Tor를 보라. 또한 야딘의 대중적인 책인 『하솔: 성서에서 가장 큰 성채의 발견*Hazor: The Rediscovery of a Great Citadel of the Bible*』(1975)을 보라.

112 Stern 1993, 1003~24의 Shiloh; Stern 2008, 1944~50의 Finkelstein, Ussishkin, and Halpern을 보라.

113 Stern 2008, 249~53; Stern 2008, 1644~48의 Bunimovitz and Lederman을 보라.

114 Stern 1993, 490~506의 Dever를 보라.

115 관련된 연구는 방대하지만 Dever 2001a, 124~31과 그곳에서 언급한 참고문헌을 보라. 이제는 Master 2001; Finkelstein 2003, 2007; A. Mazar 2007a, 2007b를 추가할 수 있으며, 연대기 문제에 관련해서 Levy and Higham 2005; Sharon 편집 2007을 보라. 그리고 주 124번을 참조하라.

116 Stern 1993, 897~911의 Ussishkin을 보라.

117 이러한 셋으로 갈라진 건물과 관련하여 A. Mazar 1990, 471~78을 보라; Herzog 1992, 223~28을 참고하라. 그리고 5장의 주 191, 196, 197번을 참고하라.

118 Stern 1993, 167~73의 Aharoni; Stern 1993, 1594~97의 Herzog를 보라.

119 앞의 주 117번을 보라.

120 인구 측정 문제에 대해서 Shiloh 1980을 보라. 보다 최근의 연구로는 Zorn 1994; Lehmann 2003, 130~36을 보라. 그리고 주 122, 124번을 참고하라.

121 Stern 1993, 1311~12의 Zertal; Stern 1993, 1313~14의 Finkelstein을 보라.

122 기본적인 방법론에 대해서는 앞의 주 120번을 보라.

123 Falconer and Savage 1995를 보라.

124 핑켈스테인은 유다가 기원전 8세기 말이 되어서야, 즉 북왕국의 멸망 이후에야 완전한 국가 체제에 이르게 되었다고 최근까지 계속해서 주장했다. 그러나 전통적인 학자들은 여전히 유다 왕국의 출현을 기원전 10세기 후반 혹은 기원전 9세기 초반으로 보고 있다. A. Mazar 2007b를 참조하라. 유다와 팔레스타인 셰펠라 경계에 있는 키르베트 케이야파Kh. Qeiyafa의 최근 발굴에서 한 세대의 요새화된 전초기지를 발견했는데, 이곳은 확실히 기원전 10세기로 연대 설정이 된다. 이것은 초기 유다 국가에 매우 중앙화된 정부가 세워졌음을 보여주는 증거이다. Garfinkel and Ganor 2009를 보라; 또한 앞의 각주 14번을 참조하라. 이스라엘의 국가 체제 문제에 대한 다양한 견해를 비교해보려면, 『고대 근동 고고학*Near Eastern Archaeology*』(70/1 [2007]:4~25)이라는 학술지에 있는 Faust, Grabbe, Herzog, 그리고 Silberman의 글과 그곳에 소개하고 있는 참고문헌을 보라. 그러나 이 논의의 대부분은 기원전 10세기 혹은 기원전 9세기에 국가가 발흥했다는 내용을 따르고 있다. 기원전 8세기에 이르러 유다가 적어도 1세기 동안(그 이상은 아니었다)은 진정한 국가가 되었다. 한편, Bunimovitz and Lederman 2009를 참조하라. 이들은 기원전 10세기가 아닌 기원전 9세기 초반의 국가를 주장하는데, 벧-세메스가 국가 수준의 조직을 반영하고 있다고 보았다(12).

125 Stern 1993, 1345~54의 Campbell을 보라. 또한 G. E. Wright 1965를 참조하라.

126 Stern 1993, 372~74의 Cooley and Pratico를 보라.

127 Stern 1993, 1428~33의 Glock을 보라.

128 Stern 1993, 214~23의 Mazar; Stern 2008, 1616~22를 보라

129 Stern 2008, 2013~18의 Mazar를 보라.

130 앞의 주 103번을 보라.

131 남부 이라크의 충적평야에서 중심시 이론을 적용한 것과 관련하여 Renfrew and Bahn 1991, 159~61을 보라.

132 Stern 1993, 1252의 Kochavi를 보라.

133 Stern 1993, 606~9의 Ofer를 보라.

134 Stern 1993, 630~34의 Fargo; Stern 1993, 580~84의 Oren을 보라.

135 Stern 1993, 259~61의 Funk; Stern 1993, 511~14의 Pritchard.

136 Stern 1993, 192~94의 Kelso; Stern 1993, 561~62의 Cahill and Tarler를 보라.

137 Stern 1993, 815~16의 Ofer를 보라.

138 다른 학자들은 촌락이라고 말한다. 그러나 제시된 용어에 대해 정의가 내려져 있지 못한 상태이다. 파우스트Faust는 다른 누구보다 사회적 요인을 강조했던 학자로, 이스라엘의 촌락을 다음의 특징들을 가지고 있다고 규정한다: (1) 응집된 장소, 일반적으로 꼭대기나 산허리에 위치한다; (2) 1에서 3에이커 크기의 거주지; (3) 일반적으로 주변의 벽들로 둘러싸여 있다; (4) 4개의 방을 가진 구조로, 종종 통상보다 훨씬 큰 특징이 있다; (5) 자급자족으로, (일반적으로 기름과 포도주 가공을 하는) 집중적 생산에 기초한다. 파우스트는 철기 II 시대에 그러한 촌락이 여남은 개 이상 있었을 것이라고 주장한다. 그렇지만 극소수의 장소들만 충분히 발굴된 상태이다. 다른 것들은 기원전 7세기로 연대 설정이 되며, 그러므로 여기에서 우리의 범위를 넘어선다. Faust 2011, 126~72를 보라.

139 Stern 1993, 1311~12의 Zertal; Stern 1993, 1313~14의 Finkelstein; Stern 1993, 1314, 16의 Dar; Borowski 2003, 13~25를 보라. 또한 앞의 주 138번을 보라.

140 앞의 주 139번을 보라.

141 텔 키리에 대하여 보다 자세한 논의를 찾으려면 6장을 보라.

142 Stern 1993, 1200~1203의 Ben-Tor를 보라.

143 요새로 부를 수 있는 장소들은 촌락에서와 같이 그 정의가 매우 빈약하다. 판단 기준은 대개 일반상식에 의한 것으로, 우리는 그러한 기준을 따른다.

144 Stern 1993, 934~36의 Kochavi; Stern 1993, 1254~55의 Beit-Arieh를 보라.

145 Stern 1993, 82~87의 Aharoni를 보라.

146 헤르조그가 헛갈리는 아랏의 지층을 어떻게 다시 작업을 했는지에 대해서 살펴보는 일이 필요할 것이다. Herzog 편집 1984; 또한 Herzog 2001, 156~78을 참고하라.

147 네게브 요새의 연대 설정에 대한 논쟁과 관련하여, 가장 최근의 것으로 Faust 2006c; Gilboa 2009를 보라. 이러한 요새들이 기원전 10세기 혹은 아무리 늦어도 기원전 9세기로 연대 설정이 되어야 한다는 의견일치가 점점 늘어가고 있다. 어떤 경우이건, 그것들은 우리의 연구 대상이 아니다.

148 Stern 1993, 867~70의 Pratico를 보라.

149 Stern 1993, 843~47의 Cohen을 보라.

150 Stern 1993, 1458~64의 Meshel을 보라.

151 Stern 2008, 2018~20의 Levy를 보라.

152 Stern 1993, 15~16의 Mazar를 보라.

153 Stern 1993, 267~69의 Cross를 보라.

154 Stern 2008, 2021~22의 Levy and Peilstöcker를 보라.

155 Stern 1993, 1261~67의 Aharoni를 보라. 이 지역의 발굴은 계속 진행 중이다.

156 Stern 1993, 882의 Avigad를 보라.

157 Stern 2008, 1837~39의 Ussishkin and Woodhead를 보라.

158 나는 매 장에서 2절까지 성서 기록을 미루어두었으며, 그러므로 성서에 등장하는 이름 없이 진행해왔기 때문에, 4장에서 대부분의 장소를 지칭할 때 아랍식 이름을 사용했었다.

159 신명기적 역사(Deuteronomistic History, 줄여서 Dtr)에 대한 연구는 방대하다. 그러나 기초적인 내용은 1장을 보라. 이 책에서 나는 신명기적 역사(신명기, 여호수아, 사사기, 사무엘상하, 열왕기상하)를 기원전 7세기에 유다에서 기원해서, 최종 판본이 포로기와 포로 후기에 속하는 하나의 구성물로 취급한다. 많은 학자들을 따라서, 나는 이 작품이 분열 왕조에 관하여 상당히 신뢰할 만한 정보를 담고 있다고 생각한다. 그러나 그것은 오히려 고고학적 자료와 부합하는 경우에 사용되어야만 한다. 이 역사가 지금 당장 고고학에 어떤 악영향을 끼칠 수 있는지에 대한 좋은 예로 A. Mazar 2007a; Finkelstein 2007의 논지를 비교해보라.

160 특정한 예언자의 이름을 담고 있는 히브리 성서의 책들은, 후대의 (예언자) 학파가 초기 예언자 전통을 수집해서, 그 수집한 것을 그 예언자의 이름으로 돌려서 기록한 것이다. 그러나 우리가 가지고 있는 이러한 책들이 기원전 8세기보다 후대라는 사실이, 그것들에는 그 어떠한 역사적 가치도 결여되었다는 점을 의미하지는 않는다. 그러므로 이사야, 아모스 그리고 미가에서 나온 정보가, 다른 자료들에서 알게 된 것과 '꼭 맞는다'면, 우리는 그것을 사용한다. 이스라엘 예언 현상에 대한 일반적인 연구로는 Ben Zvi and Floyd 2000을 보라. 한편, Toorn 2007을 참고하라. 그래브는 특별히 이러한 자료가 성서 외적인 증거와 비교될 때 예언 문학에는 상당한 역사적 자료가 있다고 결론을 맺는다. 예를 들어 예레미야에 대한 그의 긍정적인 관점에 대해서는 Grabbe 2007을 보라.

161 왕하 15:29는 "납달리 온 땅"을 언급하는데, 이는 티글라트 필레세르 3세의 "납달리 넓은 땅"이라는 표현과 정확하게 평행한다. *Ancient Near Eastern Texts Relating to Old Testament*, ed. J. B. Pritchard, 3rd ed. (Princeton: Princeton University Press, 1969), 284를 참조하라.

162 여호수아 15~19장은 자세한 경계 목록을 보여주고 있는데, 그 보고를 역사적 증언으로 문자 그대로 받아들이게 된다면, 수십 개의 성서에 나오는 마을과 도시가 표시된 이스라엘과 유다의 지도를 얻게 된다. 그러나 이 기록은 뜨겁게 논쟁의 대상이 되어왔는데, 그 이유는 기록이 (이제 우리가 알고 있는 것처럼) 기원전 12세기의 부족 경계를 기술하고 있다고 주장하지만 그것의 현재 형태로 그 기록은 기원전 7세기 이전에는 작성될 수 없기 때문이다(대상 2, 4장 참고). 아하로니의 고전인 『성서의 땅*Land of the Bible*』은 이 기록이 유효하다고 간단히 추정할 뿐이다; Aharoni 1979, 348~62를 참고하라. 레이니의 『카르타 지도*Carta Atlas*』도 경계 목록을 간단히 진짜로 취급한다; Rainey 2006, 151~54, 181~85를 참고하라. 한편, 레이니는 문제를 인식하지만 다음과 같이 말한다: "위에서 언급된 해당 구절은, 솔로몬의 감독관의 구역 목록을 보존하고 있는 똑같은 기록물 자료에서 유래한 것이다"(185). "솔로몬의 구역 목록"은 왕상 4:7~19에 나와 있다; 그러나 이것 역시, 앞의 경계 목록에서처럼 의심스러운 면이 있다. 이러한 목록의 잠재적인 가치에 대해서는 앞의 주 159번을 보라. 한편, 여기에서 나는 이러한 기록을 조금도 사용하지 않으려 한다. 그 이유는 내 견해로는 그러한 기록이 기원전 8세기에 대한 우리의 묘사에 아무것도 더해주지 않기 때문이다.

163 '물질문화'에 대한 데이스트의 연구는 상당히 실망스럽다. 그는 사실상 **실제** 물질문화, 즉 고고학적 자료를 전혀 사용하지 않았다. 그는 심지어 벤-토르와 레비의 교과서와 같은 표준적인 안내서도 언급하지 않았다. 그는 "고고학적 증거는 불완전하며, 무엇보다 말을 못 한다"고 언급했다(Deist 2000, 55). 다양한 생각과 사물들을 언급하고 있는 성서 기록에 대한 일종의 어휘집이 되었다는 점을 제외하고, 이 책은 거의 가치가 없다. '물질문화'를 논의할 수 있는 학자라면 오직 고고학자뿐이다. 혹은 성서학을 공동 연구하는 고고학자뿐이다.

164 Herzog 1997을 참고하라. 제르탈Zertal은 여러 가지 정착 방식을 다음과 같이 구분한다: (1) 마을과 도시, (2) 촌락, (3) 농장, (4) 계절적으로 도시에 인접한 곳, (5) 요새. Zertal 2001을 보라.

165 고인이 된 볼크마르 프리츠의 저명한 저서는 도시 분석에 매진한 것인데, (초기 청동기 시대의!) '도시'를 다음과 같이 정의하고 있다: (1) 15~25에이커에 달하는 큰 장소, (2) 둘러싸인 벽으로 보호받음, (3)

기념비적 건물들, (4) 도시계획의 증거들, 그리고 (5) 사회적 계층화의 증거. Fritz 1995를 보라. 그는 이러한 계층화를 더 자세한 구분 없이 철기 시대에 적용하고 있다. 그는 우리의 마을, 촌락, 그리고 농장에 대해서는 전혀 다루지 않았다. 또한 de Geus 2003을 보라. 이 작품은 보다 종합적이지만, 저자가 고고학자는 아니기 때문에 덜 권위적이다.

166 나는 Dever 2001a에서 기록과 인공유물 사이의 '수렴'이라는 생각을 역사적 입증의 개념으로 발전시켰다.

167 기원전 8세기 이스라엘과 유다의 측정 인구는 약 150,000명에서 400,000명에 이를 정도로 다양한다. Broshi and Finkelstein 1992를 참고하라.

168 마을 계획에 관해서 Shiloh 1978, 1987; McClellan 1984; Herzog 1992, 1997; Kempinski and Reich 1992; Zorn 1994; 그리고 특별히 Faust 2002, 2003b를 보라.

169 McClellan 1984에는 McCown 1947의 개정된 내용이 들어 있다; 그리고 특별히 Zorn 1997을 보라.

170 앞의 주 169번을 보라.

171 상대적으로 고정된 인구이지만 그 복잡성은 증가했다는 개념에 대하여 Herzog 1992, 263을 보라.

172 Stern 1993, 432~40의 Chambon. 아래의 그림 VII.10을 참고하라.

173 텔 베이트 미르심에서 올브라이트가 행한 발굴은 그 전설적인 위상에도 불구하고, 실제로 그가 제시한 모든 지층 연구는 개정되고 말았다. 가장 최근의 정리를 위해서 Stern 1993, 177~80의 Greenberg를 보라. 철기 시대에 관해서 보다 최근의 연구인 Greenberg 1987을 참고하라.

174 벧-세메스는 현재 광범위하게 재발굴되고 있다; 특별히 기원전 10·9~기원전 8세기에 (블레셋을 마주하는) '국경 요새'로서 그 장소(여기에서 지층 2층)의 중요한 역할에 관하여 Bunimovitz and Lederman 2009를 보라.

175 앞의 주 174번을 보라. 지층 2층은 기원전 701년에 대규모 파괴가 있었음을 보여주며, 그 이후로 쇠퇴하기 시작했다.

176 무엇이 도시를 구성하는지에 대한 정의는 쉽게 내릴 수 없다. 그러나 Shiloh 1980; Herzog 1992를 보라. 도시는 일반적으로 계획되었고, 기능면에서 다양화되었고, 그리고 일반적으로 방어 시설을 갖추었다. 프리츠의 기준은 보다 결정적이다: 도시란 (1) 크기 면에서 약 3에이커보다는 넓고; (2) 계획되어야 하며, 스스로 자신의 상태를 유지할 수 있어야 하며; (3) 기념비적인 건축물을 보유하고 있어야 하고; 그리고 (4) 방어 시설을 견고히 갖추어야 한다. Fritz 1995, 11~19를 참고하라. 또한 앞의 계층 2에 대한 설명을 참조하라.

177 Stern 1993, 601의 Yadin을 보라. 기원전 10세기 성문(지층 10층)은 지층 5층이 끝날 때까지(대략 기원전 732년) 파괴되지 않았다.

178 앞의 주 177번을 보라.

179 기원전 10세기에 해당하는 지층 8층의 4개 통로의 성문은 기원전 9세기에 지층 7층의 3개 통로의 성문으로 재사용되며, 기원전 8세기에 이르면 지층 6층에서 2개 통로의 성문으로 된다. Stern 1993, 505의 Dever를 보라.

180 상부 성문을 추가한 부분에 대해서 Stern 2008, 1689의 Biran을 보라.

181 지층 4층의 두꺼운 벽을 대신해 지층 3층에 이중벽을 추가한 내용에 대해서 Stern 1993, 171의 Herzog를 보라.

182 기원전 9세기 지층 4층의 가능성에 대해서 Stern 1993, 907의 Ussishkin을 보라.

183 예를 들어, 게셀에서는 기원전 8세기의 도시 서쪽의 이중벽으로 된 성문(아시리아 원정으로 인해 파괴됨, 지층 6층)에서 여남은 개의 베틀 무게추(이것은 불에 탄 직립 직기에서 나온 것이다); 여러 저장용 항아리(이 중 하나는 히브리어로 야인*yayin*, 포도주)이라는 글씨가 새겨져 있다); 여러 작은 테라코타로 만든 잉크병; 그리고 뼈를 깎아 만든 '펜 손잡이'가 출토되었다. Dever 1985, 1986을 보라.

184 텔 엔-나스베의 지층 분석은 정밀하지 못하기 때문에 그림 V.1에서 나온 기원전 9세기 집과 기원전 8

세기 집을 구분하는 것은 거의 불가능한 일이다. Stern 1993, 1098~1102의 Zorn을 참고하라; Zorn 1997.

185 Herzog 1992, 251~54를 보라; Fritz 1995, 88~95를 참고하라.

186 베르셰바라는 곳은 대부분의 경우(비록 그러한 발굴이 우리에게 거의 완전한 배치를 알려주지만)에서 기대하는 것보다 더 광범위하게 발굴되었다. 그러나 (아랏에서와 같이) 아하로니의 방법론은 지층 분석에 논쟁점을 남겨두었다. 헤르조그는 『베르셰바 지층 2층: 초기 철기 시대 정착*Beersheba II: The Early Iron Age Settlement*』(1984)이라는 책을 출간했으며, 여기에서 그의 개정판은 보다 신뢰할 만하다. Stern 1993, 167~76의 Herzog를 참고하라.

187 Stern 1993, 180의 Greenberg를 보라. 앞의 주 173번을 참고하라. 소위 서쪽 탑은 이전에 다른 고고학자에 의해서 가옥으로 여겨지기도 했다. Fritz 1995, 109를 참고하라; Holladay 1992, 헤르조그는 그것을 후에 추가된 이례적인 것이라고 보았다. Herzog 1992, 261.

188 기원전 10세기(지층 7b층)부터 기원전 9~기원전 8세기(지층 7d층)에 이르기까지 가옥 구조 사이에 상당한 연속성이 존재한다. 편리한 것으로 Fritz 1995, 97~98(그림 33, 34)을 보라. 지층 7d층의 가옥은 컸지만, 4방 구조의 모양은 여전히 분명하게 보인다; 이러한 남쪽 문과 관련된 건물은 여기에서 논의되고 있다.

189 '성채'로 알려진 B지역의 그 건물에 대해서 Reich 1992, 206~7을 보라. 그 건물은 기원전 9세기에 건축된 것으로 보이는데, 그 사용은 아시리아 침략 때까지 계속되었다(지층 8~5층).

190 지층 4B층의 평면도는 4개의 통로를 가진 성문에 두꺼운 벽; 저장소(옛 '마구간'); 물 관리소; 그리고 광장 1723번과 그 복합물을 포함하고 있다. 지층 4A층(기원전 9~기원전 8세기)은 옛 왕궁이 그 외곽 벽을 유지하고 있다는 점을 제외하면 그 평면도가 상당히 비슷한데, 새롭게 남쪽 왕궁이 추가되었고(L. 338); 그리고 성문은 2개의 통로가 있는 성문으로 축소되었다. Stern 1993, 1019~21의 Shiloh를 참고하라; Fritz 1995, 89~90을 참고하라.

191 사마리아에서 새로운 기원전 8세기의 추가된 건축물에 대해서 Herzog 1992, 229('서기관의 집'이라고 불린다)를 보라; Fritz 1995, 129~30을 참고하라.

192 라맛 라헬의 기능은 계속 논쟁의 주제가 되어왔다. 프리츠는 그곳을 '왕실의 여름 별장'으로 여겼고, 행정 복합건물로는 취급하지 않았다; Firtz 1995, 131~35. 아하로니는 그곳이 '성채'라고 생각했다(Stern 1993, 1263~65).

193 Reich 1992, 206~9를 보라; Fritz 1995, 103~7을 참고하라.

194 '총독의 집'에 대하여 Reich 1992, 210~11; Fritz 1995, 111~12를 보라.

195 이러한 세 부분으로 갈라진 건물을 '마구간'으로 해석하는 것에 관해서 Holladay 1986; '지붕이 있는 시장'으로 해석하는 것에 관해서 Herr 1988; '군용 막사'로 해석하는 것에 관해서 Herzog 1992, 225~82(이 관점은 여기에서 채택하고 있다)를 보라. 한편, de Geus 2003, 63~74를 참고하라. 그리고 아래의 주 196번을 참고하라.

196 본래 '지층 5A/4B층'으로 여겨지고 또한 기원전 10세기로 연대 설정이 된 이른바 마구간은 이제 기원전 9세기의 새로운 지층 4B층으로 여겨지게 되었다. Fritz 1995, 887~96과, 그곳에 언급된 참고문헌들을 참조하라. 프리츠는 특별히 Herzog 1992를 따르고 있다. 이러한 해결은 더 좋다고 하겠다. 비록 그것이 핑켈스테인의 기묘한 '낮은 연대기'로 흘러가고 말았지만 말이다. 앞의 주 195번을 참고하라.

197 물 시스템에 관해서 Fritz 1995, 151~60을 보라. 한편, 벧-세메스의 물 시스템을 추가하여, 아래의 주 198번을 참조하라. 이제는 아랏에서도 물 시스템이 발견되었다.

198 Bunimovitz and Lederman 2009, 128~35.

199 McClellan 1984; Stern 1993, 1101의 Zorn; Zorn 1997을 보라.

200 이렇게 빈번하게 올리브기름 압착 시설이 출현하는 것은 하나의 '산업'이었기 때문이라는 주장에 대하여 Stern 1993, 1057~58의 Gitin을 보라.

201 바타시 지층 3층의 올리브기름 압착기(기원전 7세기)에 대해서는 Stern 1993, 157~58의 Mazar를 보

라. 또한 벧-세메스와 다른 장소에 대하여 Bunimovitz and Lederman 2009, 136~37을 보라.

202 고대 도자기 제작은 여성이 담당했다는 주장을 한 최초의 연구로, 나의 제자 London 2008과 그 글에 실린 참고문헌들을 보라.

203 마름돌, 혹은 고급 끌로 만든 석조는 일반적으로 페니키아에서 유래한 것이라고 생각되어왔다. Shiloh 1979의 선구적인 논의를 보라; 이제는 Reich 1992, 211~12를 참고하라. 그러나 마름돌 건축은 기원전 13세기 후반 키프로스의 칼라바소스Kalavassos와 같은 곳에서도 발견되었는데, 이곳은 미케네 문화의 발상지였다.

204 Bunimovitz and Lederman 2009, 128~31.

205 앞의 주 197번을 보라.

206 '4방 구조' 혹은 '기둥과 안뜰을 갖춘' 가옥에 대하여 Shiloh 1970; 1978; Stager 1985; G. R. H. Wright 1985; Holladay 1992; Netzer 1992; Fritz 1995, 136~42; King and Stager 2001, 21~35; Clark 2003; Faust and Bunimovitz 2003; de Geus 2003, 74~85; Faust 2003a; 2006a, 71~84; 2011, 208~24; Hardin 2010, 24~60을 보라.

207 이렇게 추정된 원형으로부터 다양한 변형들이 나오는데, Bunimovitz and Faust 2003a, 412; Faust 2006a, 77~78을 보라. 그럼에도 불구하고 우리가 보유한 많은 사례에서 주목할 만한 동질성이 나타났다.

208 이즈베트 사르타와 텔 마소스의 초기 (기원전 12~기원전 11세기) 4방 구조 가옥에 대해서 쉬운 것으로 Fritz 1995, 57~60, 64~68과 그 부분에서 언급된 참고문헌을 보라.

209 앞의 주 208번을 보라.

210 기원전 14세기의 텔 바타시 지층 7층 가옥에 대하여 Stern 1993, 154의 Mazar를 보라. 그것이 이스라엘 가옥의 '원형'인지에 대한 논의를 위해서는 Faust 2006a, 73~78에서 연관성을 부인하는 주장을 보라 (나도 동의한다).

211 Dever 출간 예정(Ben-Tor)을 보라.

212 Bunimovitz and Lederman 2009; Hardin 2010을 참고하라.

213 Stager 1985.

214 나는 그러한 가옥—지붕 밀대로 완성된—을 언급한 모든 지역에서 보았다. 웨스트뱅크는 아직도 그러한 가옥이 있으며, 최근까지 지붕 밀대가 사용되어 사람이 거주했다. '우메이리' 가옥에서는 지붕 밀대가 나왔다. Bunimovitz and Lederman 2009, 88을 보라.

215 Ben-Tor and Portugali 1987.

216 연구 모델에 대해서 Naroll 1962; Shiloh 1980(8명의 가족); 그리고 최고로 모델을 잘 적용한 것으로 Stager 1985, 19(4~5명)를 참고하라. 4장의 주 120번을 보라.

217 Aharoni 1967, 297~304를 참고하라. 그는 이 목록을 기원전 9세기 초반에 기원한 것으로 여겼는데, 그러나 (통일왕국의) 기원전 10세기라는 혹은 더 이전의 역사적인 기억이 보존되어 있다고 보았다. 또한 Rainey 2006, 181~85를 보라. 이와 관련하여 나는 좀 회의적이다; 즉, 현재 상태로 주어진 성서 기록은 확실히 기원전 7~6세기 이전의 작품이 아니다. 사실 이 모든 것이 여기에서 중요한 점이기도 하다.

218 '아날 학파'에 관하여 Dever 1988과 그 글에 언급되고 있는 참고문헌을 보라. 보다 최근에 간편한 개론서로 Barstad 2007, 25~29가 있다. 그러나 이 방법론이 고고학 분야에서 보편적이라는 그의 평가는 잘못되었다. 물론, 실제적인 장기 지속은 모든 고고학에 필수적이다.

219 4장의 주 121번에 언급한 참고문헌을 보라: 북쪽으로 약 450개의 장소가 있고, 남쪽으로는 약 70개의 유적지가 있다. 철기 II 시대 이스라엘과 유다의 '농촌 사회'에 대해서 Hopkins 1985; Stager 1985; Perdue, Blenkinsopp, and Collins 1997; McNutt 1999; King and Stager 2001, 21~35; Ofer 2001; Borowski 2002; 2003; Bunimovitz and Faust 2003a; 그리고 특별히 Faust 2011을 보라.

220 Ben-Tor and Portugali 1987.

221 Faust 2011, 132~34를 보라.

222 Faust 2011, 135를 보라. 파우스트는 다른 몇몇의 시골 지역을 논의한다. 특별히 키르베트 바나트 바르, 호르바트 엘리, 키르베트 에르-라스, 피스가트 제에브 A, 키르베트 자리시, 그리고 다른 많은 기원전 7세기 농장과 촌락을 언급한다. 그러나 이것들은 역시 너무 빈약하게 출간되었기 때문에 여기에서 활용할 수는 없다.

223 Stern 1993, 1277~82의 Edelstein을 보라.

224 Fritz 1990; 1995, 83~87(요약)을 보라. 그 장소는 '킨네레트' 혹은 '킨로트'로 알려져 있다.

225 전형적인 가옥에 대해서 Hardin 2010, 7~34, 44~55; 앞선 5장의 주 206~216번과 거기에서 언급한 참고문헌을 보라. 특별히 '여성의 공간'에 대해서 Meyers 2003a; Ebeling 2010, 29~33, 그리고 거기에서 언급한 참고문헌을 보라. 또한 아래의 주 248번을 보라.

226 Clark and Herr 2009; Hardin 2010, 124~60을 참고하라. 우메이리 가옥은 초기 철기 I 시대(기원전 12세기)에 속하지만 할리프 가옥은 기원전 8세기 후반에 속하며, 기원전 701년 센나케리브의 원정에서 파괴되었다. 이들은 지금까지 우리가 완전한 목록을 보유했던 철기 시대 가옥 가운데 단 2개의 발굴된 가옥들이었다. 다소 완전한 목록을 보유했던 철기 I 시대 가옥에 대한 연구가 최근에 메기도에서 발표되었다(가옥 00/K/10; 지층 6A층, 기원전 11세기). 그러나 발굴자들은 그것을 전형적인 U 모양의 거주지라기보다, '가내공업' 시설로 인식했다. Finkelstein, Ussishkin, and Halpern 2006, 232~34, 583~97을 보라. 게셀에 기원전 12~기원전 11세기 안뜰을 갖춘 가옥 2채가 있었는데, 그것들이 민족적으로 꼭 '이스라엘'이라고 할 수 없었으며, 그 집들에서는 본래의 장소에 있던 물건들이 거의 발견되지 못했다. Dever 편집. 1986, 88~117을 보라.

227 고고학 자료에 기초한 파우스트의 사회구조 분석은 지금까지 시도된 것 중에서 가장 포괄적인 것이다. 그러나 그는 이 책에서 적용한 다중 계층구조와 같은 것으로는 발전시키지 못했다. 그는 단지 2레벨로 사회를 나눈다: 시골과 도시. 그의 '시골' 사회는 분명 나의 농가, 촌락, 그리고 마을(최소한 보다 작은 마을)에 해당한다. 아래의 주 229, 230번을 참고하라.

228 아래의 주 262번의 참고문헌을 참고하라.

229 크기 차이에 따라 방 배치가 결정되는 것에 대하여 Faust 2011을 보라. 도시 가옥은 건평이 평균 45~80제곱미터이지만(1층에 한해서), 시골의 가옥은 건평이 평균 약 80~120제곱미터이다. '방'에 대해서는 아래를 보라. 2층에 대한 문제와 생활공간 계산에 대해서는, 아래와 주 233번을 보라.

230 이것은 바나트 바르, 베이트 아리에, 키르베트 자리시, 키르베트 제메인, 텔 키리, 그리고 다른 촌락과 시골의 장소와 같은 곳에서 분명히 나타난다. 그러한 장소에서 기둥과 안뜰을 갖춘 가옥들은 예외에 속한다. 지방의 큰 집들이나 다닥다닥 붙어 있는 집은 아마 농가를 확장하는 특별한 필요를 반영한 것으로 보인다. 앞의 4장을 보라. 그리고 Faust 2011을 참고하라.

231 킹King과 스테이저Stager는 이제 '기둥을 갖춘 집'이란 표현을 선호한다(2001, 28~35). 하딘Hardin은 '기둥을 갖춘 건물'이란 용어를 사용한다(2010, 44~56, 이들 가옥의 기원과 건축에 대한 풍부한 참고문헌이 있다). 나는 기둥(과 또한 석조)의 존재가 지붕을 받쳐주기 위함이라는 것을 알고 있다. 그러나 중앙의 안뜰이야말로 보다 보편적인 특성이다.

232 이것은 Hardin 2010, 124~60에 대한 나의 요약이다. 나는 편의상 그의 미터법을 피트로 바꾸었다.

233 이 모델에 대해서 Naroll 1962를 보라. 실제로 모든 팔레스타인 고고학자들은 이 모델을 채택하고 있다. 우리의 자료를 사용해서 그 모델에 적용한 것에 대하여, 좋은 사례로 Shiloh 1979; Stager 1985; Holladay 1992; Broshi and Finkelstein 1992; Zorn 1994; Netzer 1992; Faust 2011, 109, 110을 보라. 최소 수치를 인정한 결과로는 약 5명 정도의 적은 수의 핵가족이 나왔다.

234 중앙의 안뜰에 지붕이 있었는지는 계속해서 논쟁 중이다. 지붕이 완비되었다고 주장하는 학자들로, Stager 1985, 15; Holladay 1992, 14~17; Netzer 1992, 196; Clark and Herr 2009, 85가 있다. 프리츠는 지붕이 없는 안뜰을 주장하는 유일한 학자인데, 그의 주장에 따르면 안뜰이 너무 넓기 때문에 목재를 가지고 그 사이를 연결할 수 없을 것이라고 한다(Fritz 1995, 131). 하딘의 입장은 다소 모호한데, 그는 전부는 아닐지

언정 할리프 가옥의 대부분은 지붕이 있다고 말했다(2010, 51~58). 하딘 역시 이 분야에서 최고의 해석을 담고 있다. 초기의 상당수의 학자들은 지붕이 없는 안뜰을 채택했는데, 그중에는 Shiloh 1970; Herzog 1984; 그리고 저명한 건축학자 G. R. H. Wright 1985가 있다. 나는 안뜰의 일부분은 하늘을 향해 열려 있었을 것이라고 여전히 믿고 있다. 아랍 촌락에서 잠시 생활하면서 나는 폐쇄된 공간에서 거름을 태운 연기가 일나나 숨이 막히는지를 개인적으로 경험해서 알고 있다. 이러한 탄누르*tannûr*(아랍어로 tabûn이며, 화덕이나 화로를 뜻한다—역자주)는 절대 집 안에 있지 않았다. 어떤 경우이건, 지붕이 있는 작은 곳 안의 탄누르는 주로 날씨가 춥고 사나울 때 사용되었다. 자세한 것은 아래의 주 235번을 보라.

235 이제 Baadsgaard 2008에서 탄누르의 배치와 기능에 대한 탁월한 연구를 확인할 수 있다. 그녀의 연구에는 여성의 협동 노동에 대해서 특별한 언급을 더하고 있다. 탄누르의 배치가 임의로 되었음을 보여준다. 그녀는 탄누르*tannûr*가 아랍어 타분*tabûn*에서 왔다는 매퀴티*mcquitty*의 견해를 따르고 있다(매퀴티는 타분이 바깥에서 불이 붙는 것이라고 가정한다). 헤브론 산지 촌락에서 있었던 나의 경험에 따르면, 꼭 그렇지만은 않다. 앞의 주 234번을 참조하라. 할리프 가옥은 5번 방에 탄누르가 있었다.

236 도시와 시골의 가옥 크기 비교를 위해서 Faust 2011, 32~38, 109~14를 보라. 또한 앞의 주 229~233번을 참고하라.

237 나는 '생활공간'을 계산해 보여주면서 그것이 무엇을 의미하고 있는지를 정확하게 정의하고 있는 그 어떤 사람도 찾아볼 수 없었다. 마구간, 창고, 음식 준비, 그리고 중앙 안뜰에서 이루어지는 다양한 가내 산업에 대해서 Hardin 2010, 48~53, 151~57을 보라.

238 최근의 모든 논의는 가족 구성원 대부분의 활동이 이루어지는 2층에 관한 것이다. 이것은 그렇지 않다면 전체 생활공간이 너무 작게 될지도 모른다는 가정에 부분적으로 달려 있으며, 또한 고고학적으로 가장 잘 입증이 되는 1층의 활동이 마구간, 저장, 가내 산업, 그리고 그와 같은 것들과 관련이 있다는 관찰에 부분적으로 달려 있다. 여전히 할리프 가옥은 1층에서 제의 행위 그리고 음식 소비와 같은 가정 내 활동이 있었음을 계속해서 암시하고 있다(Hardin 2010, 133~43). 2층으로 올라갈 수 있게 해주는 사다리와 계단의 증거에 대해서 Hardin 2010, 51과 거기에 언급된 참고문헌을 보라. 2층에 대한 나의 이론적 재구성에 대해서는 아래를 보라.

239 키르베트 에르-라스라는 장소에 대해서 Faust 2011, 180~83을 보라.

240 앞의 주 233번을 보라.

241 기본이 되는 연구는 Stager 1985로, 거의 모든 권위자가 이 연구를 따르고 있다. Hardin 2010, 177~85의 논의와 참고문헌을 보라. 이어지는 부분은 이 모델을 요약한 것이며, 다소 지나치게 간략화한 것일 수도 있다.

242 Hardin 2010, 172. 그러나 만약 그러한 큰 가족을 상상하게 되었다면, 1층과 2층 모두 생활공간으로 고려되어야만 하며, 이는 결국 총 생활공간으로 93제곱미터가 아니라 약 186제곱미터가 된다. 93제곱미터의 경우라면 가능한 거주 인원은 겨우 7명에서 8명 정도뿐이다(즉, 나롤의 1인당 필요한 제곱미터 기준에 따라 12제곱미터의 공간이 한 사람에게 요구된다는 것을 가정하면 그렇게 나온다). 그것은 매우 작은 확대가족으로 생각될 수도 있다; 그러나 대부분의 학자들은 확대가족으로 10명에서 20명의 수치를 사용한다.

243 앞의 주 235번을 보라.

244 여기에서 틀로 잡은 평면도는 Clark 2003, 36에서 적용한 것이다.

245 가정 안에서의 여성의 역할에 대한 연구는 빈약하다. 그러나 이제 급증하고 있다. 특별히 빵을 만드는 것에 관하여 Ackerman 1989를 보라. 또한 Meyers 1999; 2002; 2003a; 2003b; 2007; 2009; Baadsgaard 2008; Ebeling and Homan 2008; Ebeling 2010, 48~53을 보라. 여성에 대한 연구로 보다 최근에 출간된 것으로는 Nakhai 2008; Ebeling 2010에서 고대의 여성에 대한 보다 확장된 연구들을 언급하고 있다.

246 앞의 주 245번의 참고문헌들을 보라.

247 이란 촌락에 대한 고전적인 연구로 Kramer 1979; Watson 1979가 있다. 팔레스타인 촌락에 대해서는

Canaan 1933; Dalman 1935, 1942; Lutifiyya 1966; Seger 1981을 보라. 또한 탁월한 정리를 위해서 Hardin 2010, 161~73을 보라. 그리고 Holladay 1992의 초기 논의를 참고하라.

248 Shamir 2007; Cassuto 2008의 참고문헌과 방추돌에 대한 언급을 보라. 게셀에서 1984년 발굴을 통해 성문 서쪽의 한 이중벽에서 100개가 넘는 방추돌을 찾아냈다. 이상하게 들리겠지만, 텔 할리프 가옥은 단지 몇 개밖에 없었다(Hardin 2010). 또한 주 247, 250번을 보라.

249 여성이 베를 짜는 것과 관련하여 Meyers 2003a; 2003b; Shamir 2007; Cassuto 2008; Ebeling 2010, 6~95를 보라. 히브리 성서의 베틀과 직물을 짜는 일과 관련하여 Deist 2000, 216~20을 보라. 고대로부터 내려온 최고의 증거는 이집트에서 나왔다. 앞의 주 247번을 참고하라.

250 그림과 참고문헌에 대해서 Cassuto 2008을 보라. 또한 앞의 주 244, 245번을 보라.

251 Gitin 1993.

252 Dever 2001a, 230~34와 거기에 언급된 참고문헌을 참조하라. 그 책에서 나는 거의 모든 기원전 7세기 도자기 그림(모두 18개에 이른다)에 대한 성서의 용어를 제시했는데, 한편 어떤 것들은 King and Stager 2001, 144~45에서 (독립적으로) 시도되기도 했다. 또한 일반적인 논의를 위해서 그 책의 133~46을 보라. 어떤 비평가도 이것을 주목하지 못한 것 같다. 그러나 이 용어의 대부분은 여기에서 기원전 8세기를 가리키는 데 적용할 것이다. 그러므로 그림 VI:12에서 저장용 항아리(1~3, 8번)는 카드*kad*, 네벨*nēbel*, 아시드'āsîd; 요리용 항아리(19, 20번)는 두드*dûd*, 시르*sîr*; 그릇(4~6번)은 아란*'aṟān*, 세펠*sēpel*, 살라하트*sallahat* 등이다. 그림 VI.12의 출처를 보려면 Amiran 1967, 번호 7, 9, 10, 11, 14, 16 18, 20, 21, 23; Gitin 1990, 번호 1~3, 5, 6, 13(게셀의 지층 IA층); Hardin 2010, 번호 4, 8, 12, 15, 19, 22(텔 할리프 지층 VIB층)를 참조하라.

253 내가 머물던 오래된 촌락 가옥을 돌아보면, 그 가옥의 어떤 물건들은 지역 주민들이 박물관에 보관했는데, 탁자나 의자, 침대, 혹은 찬장과 같은 가구가 거의 없었다. 침구들은 낮 동안에는 둘둘 말아 쌓아두었고, 때로는 돌로 만든 긴 의자에 올려놓거나 벽간에 넣어두기도 했다. 사람들은 바닥 위의 돗자리에서 먹고 자고 일하고 함께했다. 의복은 벽에 못을 박아 걸어두었다. 몇 개의 물병과 나무로 만든 그릇, 엮어서 만든 바구니 혹은 돗자리가 보였고, 또한 엮어서 만든 아기 포대기도 있었다. 그러나 가구라고 여겨지는 것이나 장식으로 불릴 만한 것은 거의 없었다. 유일한 '가구'가 있다면 옷을 쌓아두는 큰 긴 의자와 곡물을 저장하는 통이 있었을 뿐이다. 이 통은 나무로 만든 것이 아니라, 종려나무 잎과 진흙 석고(아랍어로 카비예*khābiyeh*)로 만들었다. 가족의 활동은 가능한 한 집들 사이에 흩어져 있는 야외의 큰 뜰에서 이루어졌고, 이는 종종 우유를 휘젓거나, 요리를 하거나, 베를 짜는 것과 같이 공동의 활동이 있을 경우였다. 40년 전의 이러한 생생한 기억은 이제는 사라져버린 세계가 되어버렸는데, 수아드 아미리Suad Amiry와 베라 타마리Vera Tamari가 쓴 『팔레스타인 촌락 세계*The Palestinian Village World*』(1989)에서 자세하게 서술되고 있다. 또한 팔레스타인과 이란의 촌락 생활에 대해서는 앞의 주 245번을 보라.

254 Clark and Herr 2009, 86~88; Hardin 2010, 124~60.

255 다음에 이어지는 음식에 대한 요약은 거의 N. MacDonald 2008에서 가져왔다. 또한 King and Stager 2001, 93~106을 보라.

256 고대 이스라엘의 포도주 그리고 포도주 만들기에 관하여 MacDonald 2008, 22~23과 텔 할리프 가옥을 보라.

257 고대의 올리브기름 압착과 사용에 대해서 MacDonald 2008, 23~24를 보라.

258 Clark and Herr 2009, 89. 또한 King and Stager 2001, 곳곳을; Ebeling 2010, 120~22을 보라. Deist 2000, 185~87을 참조하라. 여기에서 논의의 대부분은 1967년과 1968년 여름 그리고 1971년 봄에 헤브론 산지의 데이르 사미트Deir Samit와 시미예Simiyeh에 있는 웨스트뱅크에서 몇 달 동안 살았던 나의 경험에 기초한 것이다. 내가 묵고 일했던 곳의 촌락민들이 먹었던 음식은 거의 같았다. 단지 커피와 차가 추가되었을 뿐이다. 당연한 말이지만, 이제 현대화가 그 모든 것을 바꾸어놓았다. 옛 촌락 가옥은 1960년대 말에 이미 사용되지 않기 시작했고, 벽에 기대고 쌓아둔 침구들과 탁자와 의자 한둘을 제외하면 가옥의 주요한 부분들이

거의 남지 않았다. 앞의 주 253번을 참조하라.

259 고대 이스라엘의 음악에 대해서 Braun 2002; King and Stager 2001, 285~98; 그리고 특별히 내 학생의 작품인 Burgh 2006을 보라. 기원전 8세기에 대해서 우리는 몇 가지 뼈로 만든 플루트 혹은 나무로 만든 드럼과 같은 증거들을 가지고 있다.

260 앞의 주 253번을 보라.

261 Sheffer and Tidhar 1991, 14. 발견된 100개의 직물 조각들 대부분은 레 19:19와 신 22:11의 규정을 고수하고 있다. 또한 King and Stager 2001, 140~62; Ebeling 2010, 58~60을 참조하라.

262 예외가 있다면 Clark and Herr 2009; Hardin 2010, 123~60의 거의 완전한 물건 목록을 보라. 일상의 물질문화와 증거들에 대해서 특별히 앞의 주 235, 245~248, 258번을 보라. 여기에 맥주 제조에 관해서 Ebeling and Homan 2008과 Homan 2010; 포도주 생산과 관련해서 Dayagi-Mendels and Weigl 1999; Walsh 2000; McGovern 2003; 올리브 압착에 관해서 Frankel, Avitsor, and Ayalon 1994; 땅에 있는 돌로 된 물건에 대해서 Eitam 2007; Wolff 2007; Ebeling and Rowan 2008을 보라. 관련 있는 성서의 용어에 대해서 Dever 2000, 여러 곳을 보라.

263 R. A. S. 매캘리스터는 1902~9년에 게셀을 발굴했던 사람으로, 그 둔덕 근처의 아부-슈셰Abu-Shusheh에 있던 아랍 촌락이 "실제로 배설물의 고리에 둘러싸였으며, 어느 방향에서건 끔찍한 냄새가 났다"라고 말했다(Macalister 1912, 1:5).

264 Stager 1985를 보라. 사실상 사회 조직과 가족의 삶에 대한 모든 연구는, 이 연구가 있고 난 후에 이 기본적인 주장을 인용할 뿐이었다. 보다 자세한 논의에 대해서는 Hardin 2010, 169~70, 178~85; Faust 2011, 126~72를 보라.

265 5장의 주 207번을 보라. 이러한 특징적인 가옥이 우리가 이스라엘의 '사고방식'에 대한 독특한 통찰력을 갖게 해줄 것이라는 의견에 관하여, 특별히 Bunimovitz and Faust 2002; 2003a; 2003b; Faust and Bunimovitz 2003; Faust 2006a, 71~84를 보라. Ebeling 2010을 참고하라.

266 Aḥituv 2006, 156~63을 보라.

267 Dever 2005a, 133~35; Ebeling 2010, 37~41을 보라. 농업에 대한 일반적인 내용과 특별히 그 의미에 관하여 Hopkins 1985; King and Stager 2001, 85~124; Borowski 2002를 보라. 가나안 달력의 기원과 그것을 따르는 제의는 분명하다. 더 자세한 것은 King and Stager 2001, 85~89, 353~62; Borowski 2003, 27~28, 80~84를 보라.

268 건강과 위생에 대하여 King and Stager 2001, 68~82; Borowski 2003, 74~79를 보라.

269 Sahlins 1972, 95를 보라.

270 A. Mazar 2007b, 160~66; Finkelstein 2007, 147을 참고하라. 예를 들면, 기원전 915년의 시삭 침략과 기원전 8세기 후반의 아시리아에 의한 파괴 사이에 그 어떠한 결정적인 파괴의 흔적이 없다. 10장을 참고하라.

271 일반적으로 고대 이스라엘의 생활에 대해서 표준적인 작품은 King and Stager 2001과 Borowski 2003이 있다. 비록 내가 볼 때 그 책들은 다소 낙관적인 그림을 보여줄 뿐만 아니라, **여성들의** 삶에 대해서는 거의 무시하고 있다. 여성에 대해서는 앞의 주 235번을 보라. 여기에 여성의 삶이 가지고 있는 난관에 대해서 Willett 2008을 추가하고자 한다; 그리고 한 여인('오라Orah')의 거의 허구적인 삶의 이야기를 담은 것으로 Ebeling 2010을 보라. 이 책은 고고학적 자료를 기초로 전문가가 쓴 글이다.

272 도편에 대해서 Reisner, Fisher, and Lyon 1924, 1:227ff를 보라. 논의에 대해서 Aharoni 1967; Kaufmann 1982; Rainey 2006, 221~22를 보라.

273 Crowfoot and Crowfoot 1938. Winter 1976, 1981; Barnett 1982; Tappy 2006을 참고하라.

274 사르곤의 위대한 비문들(Great Display Inscription)에 나온 *Sāmārīna*를 참고하라(Rainey 2006, 234). 그 이름은 아마 수도나 큰 구역을 나타내는 듯하다(이것은 히브리 성서에서도 종종 나타나는 방식이다).

275 Ussishkin 1982, 그림 2, 3; 그리고 이제 Ussishkin 편집 2004를 추가한다.

276 이러한 저장소에 대해서 그리고 메기도에서 그러한 건물이 '마구간'으로 여겨졌던 몇 가지 사례들에 대해서 5장을 보라. 그리고 Herzog 1992, 223~39를 참고하라. 4장의 주 117번; 5장의 주 191, 196, 197, 그리고 그곳에 있는 참고문헌들을 참조하라.

277 B. Mazar and E. Mazar 1989; E. Mazar 1987. 이러한 건물들이 기원전 10세기에 기원했다는 가능성에 대해서 Cahill 2003, 70을 참조하라. 또한 B. Mazar and E. Mazar 1989; E. Mazar 1987, 2002, 2006b를 보라. 기원전 10세기 연대는 논쟁이 되며, 어떤 학자들은 기원전 9세기를 선호하기도 한다; Finkelstein 2003을 참조하라. 그러나 보다 균형 잡힌 견해에 대해서 Cahill 2003, 72~79; A. Mazar 2007b, 152~53를 보라. 어떤 경우이건, 기원전 8세기는 안전한 가장 늦은 연대가 될 수 있다. 기원전 8세기의 낮은 성벽에 대해서 Reich, Shukron, and Lernau 2008을 보라. 또한 아래의 주 280번을 참조하라.

278 Stern 1993, 698~712의 Shiloh를 보라. 또한 Cahill 2003, 56~66을 보라.

279 Avigad 1953을 보라. Dever 2001a, 219~20을 참조하라.

280 Reich, Shukron, and Lernau 2008. 또한 E. Mazar 2007, 165를 보라. 그는 이 도장이 '중앙 행정과 조직된 통상'에 대한 증거라고 보았다. 기원전 10~기원전 8세기의 예루살렘에 대한 가장 권위 있는 최신의 조사를 찾으려면 Vaughn and Killebrew 2003, 특별히 그곳을 직접 발굴했던 사람들 가운데 유일한 기고자인 Cahill의 장(13~80)을 보라. 도시 성벽에 대해서 Cahill 2003, 67~68을; G 지역과 다른 곳의 개별 가옥에 대해서 56~68을; 악명 높은 '계단식 돌' 구조(성서의 밀로*millo*)에 대해서 33~57을 보라. 솔로몬 성전에 대해서 Dever 2001a, 144~57과 거기에 있는 참고문헌을 보라. 또한 Miller 1997의 Miller and Knauf를 참고하라. 히브리어 연구를 위해서 Cahill 2003, 54의 각주 111번을 보라. 기원전 8세기 후반에 도시의 물 시스템을 위해 만들어진 유명한 '히스기야 터널'에 대해서 아래의 10장을 보라. 이제 우리가 중기 청동기 시대부터 기원했다고 알고 있는 기혼 샘, 그 기혼 샘과 연관된 다른 건물들은 기원전 10~기원전 8세기에 계속해서 사용되었던 것으로 보인다. Reich, Shukron, and Lernau 2008을 보라. 그리고 Cahill 2003, 71~72를 참고하라. 또한 최신 정보에 대해서 Stern 2008, 1801~37의 Reich and Shukron를 보라. 핑켈스테인의 뜨거운 논쟁거리인 '낮은 연대기(low chronology)' 문제는 여기에서 무관하다. 왜냐하면 그 역시 인정하는 것처럼, 기원전 8세기에 이르면 유다에는 예루살렘이라는 수도가 갖춰진 '국가'가 존재했기 때문이다. Finkelstein 2001, 105 15; 2007, 110~16을 보라. 국가의 기원에 대해서 4장의 주 115, 124번을 보라.

281 Yadin 편집 1958, pl. CCV. Herzog 1992, 207~8을 참고하라. 이 건물은 기원전 9세기의 지층 8층에 세워졌는데, 그러나 그 건물은 기원전 8세기의 지층 6층까지 계속해서 사용된 것으로 보인다. 그 장소에 대한 일반적인 내용은 Stern 1993, 601~3의 Yadin을 보라.

282 Chambon 1984, 평면도 II-IV. Fritz 1995, 96~99를 참조하라. 그 장소에 대한 일반적인 사항은 Stern 1993, 439~40의 Chambon을 보라.

283 McCown 1947. McClellan 1984; Herzog 1992, 201~63; Fritz 1995, 100~102를 참고하라. 여기에 Stern 1993, 1108~12의 Zorn을 더하라.

284 그 지역에 대한 일반적인 정보는 Stern 1993, 179~80의 Albright를 보라. Fritz 1995, 108~9를 참고하라.

285 그러나 Shiloh 1970, 150~90; Holladay 1992, 316~17을 보라. 그리고 Herzog 1992, 201을 참고하라.

286 Reich 1992, 210~11; Fritz 1995, 109~10을 참조하라. 다른 엘리트 거주지에 대해서 Singer-Avitz 2002, 171~72 (각주 812, 855번)를 보라.

287 인장과 인장의 인쇄에 대한 일반적인 개론서로 Avigad 1987, 195~208을 보라. 히브리어와 다른 철기 시대 인장에 대한 결정적인 수록집으로 Sass and Uehlinger 1993; Keel 1997; Avigad and Sass 1997(90개의 출처가 밝혀진 인장들); Reich, Shukron, and Lernau 2008(기혼 샘에서 최근에 발굴된 인장)을 보라.

또한 Avigad 1986; Reich and Shukron 2000; Hestrin and Dayagi-Mendels 1979를 보라.

288 페니키아 예술에 대하여 Winter 1976, 1981을 보라.

289 이스라엘의 읽고 쓰는 능력에 대하여 Ben Zvi and Floyd 2000; Schniedewind 2000; Sanders 2008과 참고문헌을 보라. 고대 사회의 읽고 쓰는 능력에 대한 일반적인 설명으로 Harris 1989를 보라. 더 자세한 것은 아래의 주 290번을 참고하라. 읽고 쓰는 능력과 국가 형성에 대하여 D. Carr 2008; Knoppers 1997; Millard, Hoffmeier, and Baker 1997; Miller 1997; King and Stager 2001, 300~317. 또한 주 290번을 보라.

290 서기관 '학교'에 관해서 Heaton 1994를 보라. 보다 회의적인 견해와 늦은 연대에 대하여 Jamieson-Drake 1991을 보라. 이제 D. Carr 2008; Sanders 2008을 추가하라. 또한 주 289번을 보라.

291 앞의 주 287번의 참고문헌을 보라.

292 사마리아 도편에 대한 일반적인 연구로, 앞의 주 272번을 보라. '라메드' 접두사에 대한 해석으로 Aharoni 1967, 322 ('나'=세금 징수자); Yadin 1959, 184~87 ('나'=소유자); Rainey 1996, 221 ('나'=수취인, 그러나 자기들 땅에서 지불된 것)을 보라.

293 Aharoni 1967, 324~27. 사마리아에서 실시된 보다 최근의 이스라엘 사람들에 의한 탐사에 대해서 Stern 1993, 1314~16의 Dar; Stern 1993, 1313~14의 Finkelstein; Stern 1993, 1311~12의 Zertal; Finkelstein, Lederman, and Bunimovitz 1997; Faust 2000을 보라.

294 유다의 신명神名이 들어간 개인의 이름들은 그 끝이 -야후*yāhū*인데, 예를 들면 '셉나-야후'와 같다. 그러나 이스라엘에서 신명의 요소(신의 이름)는 축약형으로 -야*yaw*로 쓰이는데, 예를 들면 '옵디야(Obdyaw)'('오바댜')가 된다. 이스라엘-유다의 이름 모음에 대해서 Tigay 1986을 보라. 인장에 찍힌 더 많은 이름의 모음에 대해서 앞의 주 287번의 참고문헌을 보라.

295 Demsky and Kochavi 1978. 또한 앞의 주 289, 290번의 참고문헌을 보라.

296 Tappy and McCarter 2008.

297 Rollstone 2008, 80~81과 거기에 있는 참고문헌. 또한 McCarter 1996, 100~101; Aḥituv 2006, 252~ 57을 보라.

298 특별히 Naveh 1982를 보라. 글자를 쓰고 읽는 능력의 확산이 의미하는 것에 대하여 Havelock 1982를 보라. 여기에 D. Carr 2008; Sanders 2008을 추가하라. 국가 형성 과정과 관련된 의미에 대해서 앞의 주 289번을 보라.

299 처음으로 출간된 것으로는 Biran and Naveh 1993, 1995를 보라. 렘셰Lemche, 톰프슨Thompson, 데이비스Davies, 그리고 다른 사람들이 단Dan 비문을 '위작'이라고 일축하려 했던 초기 수정주의자의 시도는 명백하게 자신들의 허무주의적 관념을 증명하는 프로파간다일 뿐이다. 그들은 '통일 왕국'은 존재했을 리가 없다고 하였다. Lemche and Thompson 1994; Davies 1992를 보라. 그리고 그러한 견해에 대한 통렬한 반박으로 Rainey 1994를 참조하라. 그 비문의 순전성과 그 의미에 대하여 Lemaire 1998; Schniedewind 1996b를 보라. 또한 4장의 주 110번을 보라.

300 Aharoni 1981을 보라. 모두가 후대의 것이며, 이제 기원전 8세기로 연대 설정이 되는 비문은 거의 없다. 자세한 것은 Aḥituv 2006, 92~123을 보라.

301 Stern 1993, 833~35의 Stern.

302 Bar-Adon 1975; Naveh 1963을 보라. 그리고 아랏에 대해서 앞의 주 300번을 보라. 자세한 것은 Aḥituv 2006, 233~39를 보라.

303 이 비문의 번역에 대해서 Rainey 2006, 253을 보라. 레이니는 지적하기를, 바위 위쪽의 반반하게 된 부분이 새겨지지 않은 상태로 남겨졌으며, 그렇기에 비문은 절대 완성된 것이 아니라고 했다. 그러므로 왕의 이름이 없는 것은 문제가 되지 않는다. 이 비문이 '왕실' 비문이 아니라고 단언하는 사람들은 이러한 사실을 간과하고 있다. 4장의 주 108번과 그 참고문헌을 보라.

304 Dever 1995; Holladay 1995, 381~82를 참조하라.

305 앞의 주 283번을 보라.

306 앞의 주 284번을 보라.

307 이러한 관찰은 예루살렘에서 12년간 거주했던 나의 경험에 기인한다. 나는 구도시(Old City)를 주기적으로 방문했을 뿐만 아니라, 웨스트뱅크의 다른 많은 마을과 촌락을 방문했었다. 광범위한 민족지 자료에 대해서 Kramer 1979; Watson 1979를 보라.

308 '재분배' 경제체제와 '전면 교환'에 대해서 Holladay 1995, 368~91을 보라.

309 Kletter 1991, 1999를 보라.

310 저울대(balance beam)에 대해서 Barkay 1996을 보라. 곡물 숟가락에 대해서 Gitin 1993을 보라.

311 Yeivin 1987, 426 (기원전 10~기원전 9세기의 에스드모아Eshtemoa란 곳에서, 5개의 물병 안에 총합 26킬로그램의 은이 나왔다); Gitin 2004b, 1956 (기원전 7세기의 텔 미크네/에그론에서 세 뭉치가 나왔다); Stern 2008, 1699 (기원전 9~기원전 8세기의 돌Dor에서 항아리 안 17개의 밀봉된 가방에서 총합 8.15킬로그램의 은이 나왔다)를 보라.

312 Holladay 1995, 379~81.

313 앞의 주 274, 288번을 보라.

314 앞의 주 312번을 보라.

315 Biran 1999.

316 가장 최근의 것으로 Dever 2000과 그 참고문헌을 보라. 특별히 1985a, 1992를 보라. 이 장의 일부는 Dever 2005a를 변경했다. 또한 앞의 2장을 보라.

317 Dever 2005a, 32~62. Zevit 2001에 추가하여, 또한 보다 보수적인 접근으로 Hess 2007을 보라. 제빗에 대한 나의 비평으로 Dever 2005a, 45~46을 보라. 고고학과 종교에 대해 가장 간결하게 요약한 글로는 Vriezen 2001을 보라. 또한 King and Stager 319~63(비록 민간 종교에 대해서 특별히 다루고 있지는 않지만)을 보라.

318 4장; Dever 2005a, 139~51을 참조하라. 또한 Biran 1994; Zevit 2001, 180~96을 보라.

319 Dever 2005a, 139~41, 158~59; Zevit 2001, 180~96을 보라. 베르셰바에 대한 새로운 연구에 대해서 Herzog, Rainey, and Muskovitz 1977을 보라.

320 Dever 2005a 117; Zevit 2001, 234를 보라. 또한 앞의 4장을 보라.

321 찬반양론의 입장에서 엄청난 책들이 출간되었다. 그러나 간편한 것으로 Hess 2007, 276~78과 그 참고문헌을 보라.

322 솔로몬 성전에 대하여 Dever 2001a, 144~47을 보라. 여기에 Block-Smith 2002b를 추가한다. 또한 Monson 2000을 참조하라.

323 Kenyon 1974, 143; Holland 1977, 154; Holladay 1987, 265, 74; Zevit 2001, 706~13; Dever 2005a, 155~57. 아래의 주 324번을 참조하라.

324 Amiran 1958; Holladay 1987; Dever 2005a, 157~58; Zevit 2001, 206 ~10을 보라.

325 Aharoni 1973; Zevit 2001, 171~74; 참조. Dever 2005a, 158~59; 또한 앞의 주 319번을 참조하라.

326 Herzog 2001; Herzog 편집 1984; Herzog, Aharoni, and Rainey 1987. 참고 Dever 2005a, 170~75; Zevit 2001, 156~7. 평면도에 대해서 그림 IV.31을 보라.

327 마체보트maṣṣēbôth의 해체가 히스기야의 개혁에 기인한 것이라는 몇몇 성서학자의 주장에 대해서 Herzog 편집 1984와 거기에서 언급된 참고문헌을 보라. 성서 용어에 대해서 LaRocca-Pitts 2001을 보라. 또한 Dever 2005a, 118, 136~54를 보라.

328 아즈루드ʿAjrûd에 대한 출판물은 셀 수 없을 정도이지만, Meshel 1978; Beck 1982를 보라. 그리고 Holladay 1987; Keel and Uehlinger 1998, 210~39, 259~63; Day 2000, 104~25; Hadley 2000, 104~25; Dijkstra 2001, 17~31; Zevit 2001, 370~405(최고의 논의); Aḫituv 2006, 313~30을 보라. 다음에 이어지는 논의는 Dever 2005a, 170~95, 219~24에 기초한 것이다.

329 앞의 주 328번에 있는 참고문헌을 보라. 그 장소가 종교적인 중심지가 아니었다는 일부 사람들의 견해는 종교적 실제에 대하여 지극히 단순한 관점에 의존한 것으로 보인다.

330 Zevit 2001, 370~405. 또한 Aḫituv 2006, 313~30과 거기에 언급된 참고문헌들을 보라.

331 아세라를 야훼의 배우자로 보는 이 견해는, 내가 Dever 1984에서 처음으로 제기했는데, 처음에는 논쟁거리가 되었다. 그러나 많은 학자가 이 견해를 받아들이고 있다. Olyan 1998; Day 2000; Ackerman 1992, 2003a; Keel and Uehlinger 1998; Toorn 2003; Hadley 2000; Smith 2001; Wiggins 2001; Becking 편집 20001; Dijkstra 2001; Vriezen 2001; 그리고 Cornelius 2004를 참조하라. Dever 2005a, 176~251에서 나는 전면적으로 이 주제를 다루었다.

332 초기 기독교(나 이슬람)와 같이, 고대 유대교는 일종의 두드러진 '광야라는 주제'가 나타나 있다.

333 이어지는 논의는 개별 장소들을 다룬다. 그러나 유일하게 광범위한 종합적 연구는 아이러니하게도 성서주의자라고 할 수 있는, 독일 뮌스터의 베스트팔리안 빌헬름 대학의 뤼디거 슈미트Rüdiger Schmidt가 진행했다. 나는 참고문헌에서 그의 책을 인용하지 않았다. 단지 영어로 된 저작들을 언급했을 뿐이다.

334 Yadin 편집 1958, 14~20; pl. LVI:9; LVII:22; LXV:13~20; CLI; Yadin 편집 1960, pl. LX:10; CCII을 보라.

335 Finkelstein, Ussishkin, and Halpern 2000, 145~47, 301~13; 그림 11:43~51; 그림 12:38.

336 Hardin 2010, 133~34. 또한 앞의 6장을 보라.

337 Aharoni 1973, pl. 6, 22~28, 45, 52, 70, 71, 75, 84, 94; 참고. Zevit 2001, 175~76.

338 '마술'에 대해서 Dever 2005a, 125~35를 보라. 더 자세한 것으로 Jeffers 1986; Dolansky 2008을 참조하라. 잡다한 제의 용품에 대해서 Bloch-Smith 1992, 86~90, 94; Dever 2005a, 133~35를 보라.

339 May and Engberg, 1935.

340 Dever 2005a, 곳곳을 보라. 성서의 용어에 대해서 Zevit 2001, 256~63; LaRocca-Pitts 2001; Bloch-Smith 2004를 보라.

341 Zevit 2001, 288~314; Dever 2005a 곳곳을 보라.

342 아랏에 대하여 일반적인 내용은 앞의 주 326번을 보라. 아랏 비문에 대해서 Aharoni 1981; Aḫituv 2006, 92~154를 보라.

343 Gitin 2002를 보라.

344 앞의 주 325, 326번을 보라.

345 텔 파라에 대해서 Lapp 1964를 보라; 단에 대해서 Stager and Wolff 1981; Chambon 1984, pl. 63:1을 보라. 다아낙에 대해서 Stager and Wolff 1981을 보라. Zevit 2001, 181~96, 235~41; Dever 2005a, 115~16, 142, 151~55를 참조하라.

346 신전(*naoi*)에 대해서 앞의 주 338번을 보라. Dever 2001a를 보라.

347 신상에 대해서 Holland 1977; Kletter 1996(전집); Vriezen 2001, 58~60; Zevit 2001, 267~76; Moorey 2003; Meyers 2007; Dever 2005a, 176~24; Dever 2010; Dever 출간 예정을 보라. 성서의 기록에 대해서 Toorn 2002를 보라.

348 Paz 2007.

349 앞의 주 345, 346번의 참고문헌을 보라.

350 Lapp 1964; 참고. Dever 2007, 151~54.

351 관련 연구는 방대하지만 앞의 주 331번에 언급한 참고문헌들을 보라; Dever 2005a, 176~251을 참고하라. 또한 Meyers 2007에 반대하는 것으로, Dever 출간 예정을 보라.

352 Connelley 1989를 보라. Dever 2010을 참고하라.

353 이에 대하여 논의가 거의 이루어지지 않고 있다. 그러나 Taylor 1993을 보라.

354 Day 2000, 91~95를 보라. 참고. 신 33:26~27.

355 Dever 2001b를 보라.

356 제의에서 음악에 대하여 Meyers 1991; 고대 이스라엘의 음악에 대하여 Braun 2002와 Burgh 2006; 그리고 일반적인 내용으로 King and Stager 2001, 285~98을 보라.

357 Dever 2001b; 그리고 가장 최근의 것으로 Dever 2008.

358 Dever 2003b, 131~35를 보라. 표준적인 참고서는 Block-Smith 1992이며, 여기에 Lewis 1989; Schmidt 1996을 더할 수 있다.

359 Avigad 1953을 보라; Dever 2001a, 219~20을 참고하라; 또한 Aḫituv 2006, 44~48을 보라. 또한 앞의 그림 VII.7을 보라.

360 Dever 2005a, 131~33, 196~98을 보라. 이제 광범위한 연구들이 진행되었다. 그러나 Dever 1999b의 참고문헌을 참조하라. 여기에 Day 2000, 49~52; Zevit 2001, 359~70; Aḫituv 2006, 220~26; 그리고 특별히 Lemaire 2006을 추가하라.

361 Dever 1999b에서 요약을 보라. 또한 Zevit 2001, 359~70; Aḫituv 2006, 180~200을 보라.

362 Barkay 편집 2004를 보라. 고대 이스라엘에서 누군가가 죽었을 때, 그/그녀는 "조상에게로 돌아간다." 자세한 내용은, Bloch-Smith 1992를 보라. 이제는 4방 구조 가옥과 유다의 바위를 깎아 만든 무덤 사이의 유사점에 대해서, 특별히 기원전 8~기원전 7세기에 사회가 변화하는 시기에 가족의 중요성을 강조하는 것으로 Faust 2008b를 더할 수 있다. Yezerski 1999를 참고하라.

363 Dever 1994를 보라.

364 Dever 2005a, 32~62의 논의를 보라. 또한 앞의 주 328번의 참고문헌을 참조하라.

365 앞의 주 327번을 보라.

366 Zevit 2001, 156~70; Dever 2005a, 173~75를 보라. 또한 앞의 주 342, 343번을 보라.

367 Dever 1994를 보라.

368 개론적인 내용에 대해서는 LaBianca and Younker 1995를 보라. 특별히 애덤스가 편집한 논문집을 보라(Adams 2008). 또한 아래의 주 369번에 소개한 참고문헌을 보라. 대부분의 장소를 아우르고 있는 백과사전은 이제 요르단과 주요한 모든 지역까지 확장되었다(Stern 1993; 2008). 요르단 지역의 자세한 요약을 위해서 Stern 2008, 1840~91을 보라. 또한 아래의 주 386, 392, 399, 401, 그리고 402번의 연구서를 보라.

369 블레셋의 역사와 문화에 대한 개론으로 Dothan and Dothan 1992; Gitin 1998; Killebrew 2008, 197 245를 보라. 특별히 Oren 2000의 여러 장을 보라. 짧은 요약은 Stern 2001, 102~29에서 참고문헌(594~96)과 함께 찾을 수 있다. 또한 역사에 관하여 Katzenstein 1992를 보라.

370 이 용어는 비록 적합한 것처럼 보이지만, 여전히 일반적인 표현은 아니다. '신-블레셋' 장소들은 최근에 그리고 현재 발굴되고 있는데, 여기에는 아스돗, 아스글론, 에그론(텔 미크네), 그리고 가드(텔 자피트)가 포함된다. 그 용어는 기원전 10/기원전 9세기에서 기원전 7세기 후반의 기간에 가장 잘 들어맞는다.

371 이 장소들은 주로 이스라엘과 요르단에 나열되고 있는 자료에 기초한다(Stern 1993; 2008).

372 Stern 1993, 1051~59; 2008, 1952~58의 Dothan and Gitin.

373 Stern 1993, 1522~24; 2008, 2079~81의 Maeir.

374 Stern 1993, 93~102의 Dothan; Stern 2008, 1573~74의 Kogan-Zechavi; Stern 2008, 1575~76의 Nachlieli.

375 Stern 1993, 103~12; 2008, 1577~85의 Stager.

376 일반적으로 Stern 2008, 1840~91과 그곳에서 소개하는 참고문헌을 보라.

377 간편한 것으로 Stern 2001, 58~101과 거기에 소개하고 있는 참고문헌을 보라. Lehmann 2001. 페니키아 역사와 문화에 대한 일반적인 연구에 대해서 Peckham 1992; Aubet 1993; Lipinski 1991을 보라.

378 Stern 1993, 357~72; 2008, 1695~1703의 Stern.

379 Stern 1993, 112~17의 Johns.

380 Stern 1993, 1373~78의 Elgavish.

381 Stern 1993, 862~67의 Humbert.

382 Stern 1993, 17~24의 Dothan.

383 Stern 1993, 32~35의 Prausnitz; Stern 1993, 35~36의 Mazar.

384 Stern 1993, 1522~24; 2008, 2079~81의 Maeir.

385 Rainey 2006, 255.

386 Daviau, Wevers, and Weigl 2001; Sader 1992를 보라. 고대 암몬에 대해 일반적인 내용은 Millard 1992와 MacDonald and Younker 1999에 있는 글들과 참고문헌들을 보라.

387 Stern 2008, 1611~15의 Arav.

388 Stern 1993, 551~52의 Kochavi; Stern 2008, 1756~57의 Yadin and Kochavi.

389 Stern 1993, 409~12의 Kochavi; Stern 2008, 1724~26의 Kochavi and Tsukimoto.

390 Stern 1993, 1410의 Kochavi.

391 Grabbe 2007, 164~65.

392 Sawyer and Clines 1993; Dornemann 1983; Bartlett 1989; Bienkowski 1992; Edelman 1995; MacDonald and Younker 1999; B. MacDonald 2000; Levy 편집 2007; Adams 2008을 보라.

393 Rainey 2006, 203~5, 211~12. 보다 자세한 내용에 대해서 Dearman 1989를 보라.

394 Stern 1993, 1291~93의 Lapp.

395 Stern 1993, 1174~80의 Smith.

396 일반적으로 B. MacDonald 2000, 195~208, 그리고 거기에 소개하는 참고문헌을 보라.

397 Stern 2008, 1840의 Fischer.

398 데이르 알라Deir 'Allā에 대해서 Stern 1993, 338~42의 van der Kooij; 텔 에스-사이디에Tell es-Saaidiyeh에 대해서 Stern 1993, 1295~1300의 Tubb를 보라.

399 일반적으로 MacDonald and Younker 1999의 여러 장들과; B. MacDonald 2000, 157~70; Stern 2001, 237~58, 605~85, 그리고 거기에서 소개하는 참고문헌을 보라.

400 앞의 주 399번을 보라. 특별히 MacDonald and Younker 1999를 보라.

401 고대의 모압에 대한 일반적인 견해로 Miller 1992; B. MacDonald 2000, 171~83, 609; Stern 2001, 259~67; Routledge 2004를 보라. 히스반에 대해서 Stern 1993, 626~30의 Geraty를 보라.

402 Stern 2008, 1848~51의 Herr.

403 Stern 2008, 1845의 Herr.

404 Stern 2008, 1844~45의 Herr.

405 고대의 에돔에 대하여 일반적인 내용은 Bartlett 1992; B. MacDonald 2000, 185~94; MacDonald and Younker 1999의 여러 장들; Stern 2001, 268~94, 609~12; 특별히 Bienkowski 1992를 보라.

406 Stern 1993, 264~66의 Reich.

407 Bienkowski 1992.

408 Bienkowski 1992.

409 Stern 1993, 869~70의 Pratico.

410 Levy 편집 2007 그리고 거기에 소개하는 참고문헌.

411 키트미트Qitmit에 대해서 Stern 1993, 1230~33의 Beit-Arieh; Beit-Arieh 1995; Zevit 2001, 142~49를 보라. 엔-하제바'En-Ḥazevah에 대해서 Cohen and Yisrael 1996을 보라.

412 Rainey 2006, 199~203.

413 Rainey 2006, 209~10. 어떤 학자들은 무릎을 꿇은 인물이 예후 자신이 아니라, 어떤 특사였다고 주장한다.

414 아람에 대하여 일반적인 내용은 Pitard 1987을 보라. Rainey 2006, 190~95, 199~202, 207~11, 214~21을 참고하라. 보다 최근의 연구서로 Sader 1992를 보라.

415 유용하지만 간단한 정리로 Herzog 1992가 있다. 초기(중기 청동기 시대)의 방어 시설에 대해서 Burke 2009의 자세한 연구를 보라.

416 편리한 것으로 Lance 1971을 보라. '게셀'이라는 단어는 부분적으로 파손되었으나, 복구한 것은 거의 확실하다고 본다. 불행하게도 그 비문은 잃어버렸다고 전해진다. 참조. 아래의 주 454번.

417 앞의 주 412번을 보라.

418 Yadin and Ben-Tor 1993; Chapman 1997; King and Stager 2001, 223~58; Borowski 2003, 35~42를 보라.

419 인상적인 아랏 요새의 연대 문제는 논쟁거리이다. 최고의 연구에 대해서 Herzog 편집 1984; Herzog 2001을 보라. 어쨌든 지층 10~9층은 기원전 8세기에 속하며, 그러므로 여기에 관련이 있다.

420 앞의 주 414번을 보라; 추가해서 Rainey 2006, 207~21을 보라.

421 Pitard 1987, 곳곳에.

422 Rainey 2006, 199~200, 212~13. 앞의 주 412, 417번을 참고하라. 아람 왕은 다마스쿠스의 하닷-이드리Hadad-'idri(성서의 '하닷에셀')이다.

423 Rainey 2006, 307~21.

424 Rainey 2006, 215, 220.

425 Aharoni and Amiran 1958. 이제 특별히 주목을 받는 곳은 틀림없이 기원전 11~기원전 10세기 키르베트 께이야파Qeiyafa에 있는 요새이다; Garfinkel and Ganor 2009, 3~12를 보라.

426 Stern 2008, 2008~81의 Meir; 참조. Rainey 2006, 214~15.

427 앞의 주 426번을 보라.

428 이제 유명해진 단Dan 비문에 대해서 Schniedewind 1996b; Na'aman 2000; Rainey 2006, 212~13을 보라. 여기에 이제 Hagelia 2004와 참고문헌을 더하라. 이스라엘 왕 중 한 명의 이름은 부분적으로 깨져 있지만, 복원한 이름은 '요람/여호람'이 분명하다. 아람 왕의 이름은 없어졌지만, 대부분의 학자들은 그가 '하사엘'일 것이라고 생각한다.

429 Rainey 2006, 219~20.

430 관계가 있는 신-아시리아 기록 자료에 대해서 Rainey 2006, 213~45와 권위 있는 번역을 보라.

431 Rainey 2006, 229.

432 Rainey 2006, 229~30, 232.

433 Rainey 2006, 234.

434 기록에 대해서 Rainey 2006, 229~31.

435 Rainey 2006, 234~38.

436 Rainey 2006, 234~36.

437 이어지는 논의의 대부분은 Dever 2007과 거기에 언급된 모든 참고문헌에 기초하고 있다. 이후 기원전 701년의 파괴에 대하여(아래를 보라), 최고의 요약으로 Hardin 2010, 80~83을 보라.

438 Rainey 2006, 229~45.

439 아시리아 왕실 도자기에 관해서 Amiran 1967, pl. 63:14.

440 Tappy 2001, 440, 444.

441 벧-마아가에 대한 나의 간략한 조사로 Dever 1986을 보라.

442 Stern 1993, 855~57의 Tadmor.

443 Stern 2008, 1975의 Ben-Tor.

444 Biran 1994, 203~6, 260~70. 참고. 앞의 주 428번의 참고문헌을 보라.

445 Fritz 1995, 83~87.

446 A. Mazar 2001, 196~300.

447 Stern 1993, 1021의 Shiloh.

448 Rast 1978, 41.

449 Stern 1993, 807의 Ben-Tor.

450 Ben-Tor and Portugali 1987, 71~73.

451 Stern 1993, 539~40의 Chambon.

452 Stern 1993, 866의 Humbert.

453 Toombs 1992, 1185.

454 Dever 1985, 223~26; Dever 1993, 36~38. '게셀'(gazru)을 묘사하는 쐐기문자 부조에 대해서 Lance 1967, 42~44를 보라. 앞의 주 416번을 참조하라. 아시리아 시대와 관련하여 Reich and Brandl 1985를 보라.

455 B. MacDonald 2000, 195~205.

456 북왕국이 실제로 사라졌다는 것은 역사적 기록의 문제이다. 결과적으로, 살아남은 남왕국 유다가 문헌을 형성할 수 있었고, 그것이 우리에게 전해져 내려온 실재이다. 만약 우리가 '북왕국의 성서'를 가지게 되었다면 어땠을까?

457 Stern 2001, 42~51; 참조. Herzog 1992, 253~58. 파괴 이후 상황에 대하여 간단하면서 전반적인 요약으로 Stern 2001, 2~57을 보라; 또한 Blakely and Hardin 2002를 보라.

458 Stern 1993, 601의 Yadin; Stern 2001, 1775의 Ben-Tor.

459 Stern 1993, 440의 Chambon.

460 Lance 1967; Stern 1993, 505의 Dever; Reich and Brandl 1985.

461 Herzog 1992, 253~58.

462 텔 세라Tel Sera'에 대하여 Stern 1993, 1332~33의 Oren을 보라. 텔 예메Tel Jemmeh에 대하여 Stern 1993, 670~72의 van Beek을 보라(아시리아 양식을 따라서 진흙 벽돌로 아치형의 독특한 건물을 만들었다). 아시리아가 북왕국을 멸망시킨 후 기원전 7세기에 유다가 실제로 번영했다는 사실에 대하여 Gitin 1997을 보라. 그리고 Bunimovitz and Lederman 2009, 136~39를 참고하라.

463 4장의 주 108번과 7장의 주 303번에 언급한 참고문헌을 보라.

464 Aharoni 1967, 340~46; Lance 1971; Ussishkin 1977; Na'aman 1979; Vaughn 1999; Kletter 1999; 그리고 Rainey 2006, 251~53의 요약을 보라.

465 실제로 1,200여 개의 왕실 도장이 찍힌 항아리 손잡이들은 유다에서 발견되었다(라기스 한 곳에서만 400개가 나왔다). 몇몇 개가 벧엘과 게셀에서 나왔는데, 이 두 장소는 북왕국과 남왕국의 국경에 속한다. 요약에 대해서 Rainey 2006, 251~53을 보라. 앞의 주 464번과 아래의 주 466번을 참고하라.

466 저울추와 신상에 대해서 Kletter 1999를 보라.

467 어떤 이들은 알려진 모든 저장용 항아리에 사용되었던 도장은 22개를 넘지 않는다고 주장했다. 그러나 다른 이들은 최근의 사례들을 내놓으며 40여 개의 서로 다른 도장들이 사용되었다고 말했다.

468 Stern 1993, 9007~9의 Ussishkin. 400개가 넘는 왕실 도장이 찍힌 항아리 손잡이는 지층 3층/기원전 701년 폐허에서 발견되었다.

469 고대의 그 어떤 다른 전투도 이렇게까지 잘 기록되어 있지 않다.

470 예루살렘에 대한 최소주의자들의 논증은 발굴된 증거가 부족하다는 가정에 거의 독보적으로 의존하고 있다. 더 좋은 균형 잡힌 견해로, 상당히 많은 자료를 언급하는 것으로 Cahill 2003을 보라. 예루살렘이 기원전 8세기 후반 이전에 그 어느 왕국의 수도가 아니었다는 핑켈스테인과 다른 몇몇 학자들의 견해는 이제 사실상 파기되었는데, 예루살렘에서 점점 넘쳐나는 증거뿐만 아니라, 특별히 키르베트 께이야파라는 잘 계획된 유다 국경 요새의 새로운 발굴 때문이기도 한데, 이곳은 기원전 11세기 후반/10세기 초반으로 연대 설

정하는 것에 모두 동의하고 있다. Garfinkel and Ganor 2009를 참조하라.

471 Rainey 2006, 243.

472 라기스 돋을새김에 대하여 최고의 시각적인 연구를 한 것으로(아낌없이 그림을 그렸다), 이제 Ussishkin 1992의 결정적인 논의를 보라.

473 라기스 돋을새김은 너무 자세하고 생생해서 대부분의 권위자들은 그것들이 라기스 현장에서 작성된 스케치를 고국으로 가지고 가서 만든 것이라고 추측한다.

474 Rainey 2006, 244.

475 라기스에서 발굴했던 결과물에 대한 우시슈킨의 권위 있는 5권으로 된 책(2004년)을 내가 호평하며 평가했는데, Dever 2010을 보라.

476 아랏에 대해서 Stern 1993, 82의 Aharoni; 베르셰바에 대해서 Stern 1993, 171의 Aharoni를 보라.

477 Hardin 2010, 80~83. 센나케리브가 유다에서 행했을 다른 파괴에 대한 논의는 Blakely and Hardin 2002를 보라. 참고. Faust 2008a.

478 Bunimovitz and Lederman 2009, 136~39.

479 심지어 센나케리브가 유다에서 파괴했을 법한 최대수를 고려한다 해도(앞의 각주 65~67번을 참고하라), 센나케리브가 자랑하는 46개 마을과 같은 일은 절대로 없었다. 하딘Hardin의 최근 연구는 텔 할리프 지층 6B 층의 상세한 발굴을 기초로 기원전 701년의 파괴에 대한 고고학적 자료를 훌륭하게 요약했다. 하딘은 여기에서 내가 취급했던 극소수의 파괴에 대략 20곳의 파괴를 더했다. 참고. Hardin 2010, 80~83.

480 히브리 성서는 하사엘(기원전 844/42~약 기원전 800년)과 여호아하스(기원전 842/41~기원전 802/1년)의 연대를 집약해서 보고 있는데, 즉 "시리아의 하사엘 왕은 여호아하스(=여호아스)가 다스리는 동안에 줄곧 이스라엘을 억압하였다"(왕하 13:22, 새번역)라고 진술한다. "줄곧(All the days)"이란 표현은 그러므로 단지 1년 혹은 2년이었을 것이다.

481 Stern 1993, 1410의 Kochavi를 보라.

482 예를 들어 Rainey 2006, 216.

483 신-아시리아 기록은 "27,900명"의 추방자들을 구체적으로 기술하지만 그것은 사마리아 속주의 전역에서 일어난 것으로 보인다. 히브리 성서의 저자들은 단지 "아시리아 왕이 사마리아를 점령하고; 그는 이스라엘 사람을 사로잡아 앗수르로 끌고 갔다"라고 말한다(왕하 17:6).

484 그러한 난관에 대한 고전적인 기술은 Halpern 1997을 보라. 나는 30년도 넘게 수많은 글을 통해서(고고학과 성서학의—역자주) 대화를 요구했었다. Dever 2001a는 거의 완전하게 그 대화 가능성에 집중하고 있으며, 대화를 위한 '규칙'을 다루었다(특별히 5장을 보라). 자세한 사항은 Dever 1992, 2003a와 거기에 언급한 참고문헌을 보라. 또한 Hoffmeier and Millard 2004의 소논문들을 보라.

485 다소 잠정적이지만 그럼에도 장래성이 있는 진전은 아래의 주 487, 494번 그리고 495번에서 문헌으로 제시했다.

486 대표적으로 교훈이 되는 사례 연구가 데이비스Davies로, 그는 자신의 책 『'고대 이스라엘'을 찾아서*In Search of 'Ancient Israel'*』(1992)에서 단지 하나의 고고학 문헌—마자르Mazar의 1992년 연구서—만을 인용하며, 그것도 겨우 단 한 줄의 각주에서 데이비스의 페르시아 시대 '이스라엘' 연구와 '무관하다'라고 하면서 일축하였다. 화이틀럼Whitelam은 그냥 눈감아줄 수 없는데, 그의 1996년 책인 『고대 이스라엘의 발명*Invention of Ancient Israel*』은 전반적으로 고고학과 고고학자들을 풍자하고 있다. 그의 이후 작품은 그러한 노력이 거의 없어진 것 같다. 또한 톰프슨Thompson(1999)은 역시 터무니없는 정도이다. 최소한 렘셰Lemche는 고고학을 정당하게 사용하려는 시도를 보여주었다. 비록 선택적이기는 하지만(역시 1998a에서도) 말이다. 수정주의자를 봐줄 생각은 없다. 비록 그들의 유럽 세미나 동료인 그래브Grabbe(2007)가 자료 연구에 대해 비판적인 대가의 모습을 보여주었지만 말이다. 아래의 주 487번을 참고하라.

487 그래브에 대한 존경을 담은 나의 비평은 Dever 2010에서 볼 수 있다. 또한 그래브 자신이 소집했던

심포지엄 결과물의 탁월한 서문과 요약에 대해서 Grabbe 2008을 보라. 내가 볼 때, 나는 대화를 다시 한 번 요구하는데, 그것은 그래브의 용감한 전진에 용기를 얻었기 때문이다.

488 이 책의 1장과 2장을 참고하라. 아이러니하게도 일부 복음주의자들은 한때 성서를 문자적으로 '역사'로 이해할 것을 요구하는 것처럼 보이기도 했으나, 오늘날 이 지점에서 동의하고 있다. 예를 들어 Moberly 1999의 방대한 논의를 보라. 또한 보다 적합한 것으로 Martens 1994(특별히 330~40; 한 장의 제목은 '신학과 접선하는 역사'이다)를 보라.

489 수정주의자들에게서 나온 '성서의 편견'이라는 비방의 사례들은 도처에 있다. 데이비스가 가장 최근 아무 생각 없이 언급했던 것이 전형적인 사례이다. 비록 그는 나의 2001년 책이 정보들의 등급 사이에서—모든 훌륭한 역사가들이 하는 것처럼—'수렴'을 찾을 뿐이라고 언급했지만, 그는 주장하기를 "독립적인 고고학적 역사에 입에 발린 말을 하는 사람들(데버의 시도[2001a]에 대해서 Davies 2005를 보라)조차 사실 그렇게 못 한다"라고 했다(Davies 2007, 53). 그러나 Davies 2005는, 제목이 '정체를 감춘 최소주의'인데, 실제로 앞의 진술과 정반대로 말했다. 왜냐하면 그는 자신이 생각하는 '최소주의'와 내가 (생각하는) '최대주의' 사이에 실제로 그렇게 심한 차이가 없다고 주장했기 때문이다. 그러나 과자는 먹으면 없어지는 법이다. 데이비스는 자신의 입장을 훼손하지 않고서 나를 진정으로 받아들일 수 없다.

490 나 자신의 솔직한 이데올로기에 대하여 앞의 1장과 2장을 보라. 물론, 절대적 객관성이란 불가능하다; 그러나 나는 어느 정도의 객관성은 전혀 없는 것보다 낫다는 생각을 고집하겠다.

491 이러한 적절한 어구는 Knauf 1991, 41에서 가지고 왔다. 크나우프의 다른 기억할 만한 어구—그 자신의 '수정주의자'와 같은—는 Knauf 2008에서 찾아볼 수 있다.

492 참고문헌에 대해서 1장의 주 19, 20번을 보라.

493 '전통적인' 대對 '낮은' 연대기에 대한 문헌은 방대하다; 그러나 개론적인 연구로 Levy 편집 2007; Sharon 편집 2007과 그 참고문헌; 그리고 Finkelstein 2007과 E. Mazar 2007(비록 각주가 없지만)의 최근 참고문헌; Garfinkel and Ganor 2009를 보라.

494 그러나 이러한 칭찬해야 할 노력에도 불구하고, 문서 조사가 부족했다는 점에서 비판을 받아왔다. 그리고 특별히 성서 자료와 관련하여 그(핑켈스테인의) 순진함이 문제가 되었다. 아래의 주 495번을 보라. 또한 Vaughn 2003, 427~29를 보라. 같은 책에서 본은 나를 '본질주의자(essentialist)'라고, 즉 "합리적인 구성물이라는 하나님을 만들어내는 (…) 그런 위험"을 무릅쓰는 자라고, 잘못 설명하고 있다(411; 또한 12~16을 참조하라). 사실, 나는 불가지론자(agnostic)인데, 신학의 방법론을 제외하고는 신학 그 자체에 전혀 흥미를 두지 않는 사람이다. 본의 격렬하게 반대되는 발언의 더 심한 증거는, '후기-실증주의적 객관성'이라는 그의 제안을 주장했던 장면이다(Vaughn 2003, 410). 그러나 이것은 용어 자체에서 완전히 모순이지 않은가!

495 Finkelstein 2007; A. Mazar 2007b; 참고. A. Mazar 2008; 그리고 또한 Faust 2007.

496 나는 다른 곳에서 일찌감치 주목하기를, 여러 가지 점에서 훌륭한 고고학자들과 역사가들은 '최소주의자', 곧 우리의 증거가 우리에게 말할 수 있게 해주는 모든 것을 겸손하게 말하는 자라고 한 적이 있다. 이것은 오캄Occam의 면도날이라는 유명한 원리, 즉 증거를 설명하는 가장 초라한 설명이 최고의 설명이라는 원리를 따르는 것이다(Tarnas 1991, 2010~18을 보라). '최소주의자/최대주의자'라는 용어를 반대하는 것에 대해서 Kofoed 2005, 43~48, 109~11; Barstad 2007, 43; Grabbe 2007을 보라. 화이틀럼은 '최소주의자' 학파가 존재한다는 것을 부인한다(Whitelam 2002). 데이비스는 그 차이는 미미하다고 생각한다(Davies 2005).

497 Dever 1997a를 보라.

498 앞을, 그리고 주 488번을 보라.

499 G. E. Wright 1952, 126; 나의 비평(Dever 1981)을 참고하라. 그 논의에 대한 (비록 복음주의적 관점이기는 하지만) 유용한 정리는 Millard, Hoffmeier, and Baker 1994, 313~40에서 찾을 수 있을 것이다.

500 '족장'과 '출애굽-정복' 전승에 대한 희박한 역사성에 대해 Dever 2003b, 2003c, 그리고 그곳에 소개한 참고문헌을 보라. 그 책들에서 제시한 견해는 한때 논쟁이 되었으나, 지금은 주류 학자의 공통된 의견이

되었다.

501 Stendahl 1962.

502 Millard, Hoffmeier, and Baker 1994, 330에서 재인용. 이 책에서 복음주의적 학자의 진술을 참조하라: "결국 나는 성서 이야기를 수용할 것인데, 역사적으로 합리적이기 때문이 아니라, 복음의 내적 특질 곧 그 진실성을 따르기 때문이다"(334, 각주 88번). 그러나 그 진술은 순환 논법으로 보인다.

503 앞의 주 495번의 참고문헌을 참조하라.

| 참고문헌 |

Ackerman, Susan

1989 "'And the Women Knead Dough': The Worship of the Queen of Heaven in Sixth-Century Judah." In *Gender and Difference in Ancient Israel*, edited by Peggy L. Day. Minneapolis: Fortress, 109-24.

1992 *Under Every Green Tree: Popular Religion in Sixth-Century Judah*. Harvard Semitic Monographs 46. Atlanta: Scholars Press.

2003a "At Home with the Goddess." In *Symbiosis, Symbolism, and the Power of the Past: Canaan, Ancient Israel, and Their Neighbors from the Late Bronze Age through Roman Palaestina*, edited by William G. Dever and Seymour Gitin. Winona Lake, IN: Eisenbrauns, 455-68.

2003b "Digging Up Deborah: Recent Hebrew Bible Scholarship on Gender and the Contribution of Archaeology." *Near Eastern Archaeology* 66/4:172-84.

2008 "Asherah, the West Semitic Goddess of Spinning and Weaving." *Journal of Near Eastern Studies* 67/1:1-29.

Adams, Russell B., ed.

2008 *Jordan: An Archaeological Reader*. London: Equinox.

Aharoni, Yohanan

1967 *The Land of the Bible: A Geography*. Translated by Anson F. Rainey. London: Burns and Oates.

1973 *Beer-Sheba I: Excavations of Tell Beer-Sheba 1969-1971 Seasons*. Publications of Institute of Archaeology 2. Tel Aviv: Tel Aviv University.

1979 *The Land of the Bible: A Geography*. Enlarged edition. Translated by Anson F. Rainey. London: Burns and Oates.

1981 *The Arad Inscriptions*. Jerusalem: Bialik.

Aharoni, Yohanan, and Ruth Amiran

1958 "A New Scheme for the Discussion of the Iron Age." *Israel Exploration Journal*: 171-84.

Aḫituv, Shmuel

2006 *Echoes from the Past: Hebrew and Cognate Inscriptions from the Biblical Period*. Jerusalem: Carta.

Ahlström, Gösta W.

1993 *The History of Ancient Palestine from the Paleolithic Period to Alexander's Conquest*. Journal for the Study of the Old Testament: Supplement Series 146. Sheffield: Sheffield Academic Press.

Akkermans, P. M. M. G., and G. M. Schwartz

2003 *The Archaeology of Syria: From Complex Hunter-Gatherers to Early Urban Societies (ca. 16,000-300 BC)*. Cambridge: Cambridge University Press.

Albertz, Rainer

2007 "Social History of Ancient Israel." In *Understanding the History of Ancient Israel*, edited by Hugh G.M. Williamson. Proceedings of the British Academy 143. Oxford: Oxford University Press.

Amiran, Ruth

1958 "The Tumuli West of Jerusalem." *Israel Exploration Journal* 8:205-70.

1967 *Ancient Pottery of the Holy Land*. Jerusalem: Massada Press.

Amit, Yairah

2006 "Looking at History through Literary Glasses Too." In *Essays on Ancient Israel in Its Near Eastern Context: A Tribute to Nadav Na'aman*. Winona Lake, IN: Eisenbrauns, 1-15.

Amit, Yairah, et al., eds.

2006 *Essays on Ancient Israel in Its Near Eastern Context: A Tribute to Nadav Na'aman*. Winona Lake, IN: Eisenbrauns.

Arav, Rami

2000 "Bethsaida Rediscovered." *Biblical Archaeology Review* 26/1:48-49.

Aubet, M. E.

1976 *Bullae and Seals from a Post-Exilic Judean Archive*. Qedem 4. Jerusalem: Institute of Archaeology, Hebrew University of Jerusalem.

1986 *Hebrew Bullae from the Time of Jeremiah: Remnants of a Burnt Archive*. Jerusalem: Israel Exploration Society.

1993 *The Phoenicians in the West: Politics, Colonies, and Trade*. Cambridge: Cambridge University Press.

Avigad, Nahman

1953 "The Epitaph of a Royal Steward from Silwan Village." *Israel Exploration Journal* 3:137-52.

1986 *Hebrew Bullae from the Time of Jeremiah: Remnants of a Burnt Archive* Jerusalem: Israel Exploration Society.

1987 "The Contribution of Hebrew Seals to an Understanding of Israelite Religion and Society." In *Ancient Israelite Religion: Essays in Honor of Frank M.Cross*, edited by Patrick D. Miller, Paul D. Hanson, and S. Dean McBride. Philadelphia: Fortress, 195-208.

1990 "The Inscribed Pomegranate from the 'House of the Lord.'" *Biblical Archaeologist* 53/3:157-66.

Avigad, Nahman, Michael Heltzer, and André Lemaire

2000 *West Semitic Seals: Eighth-Sixth Centuries B.C.E.* Haifa: University of Haifa.

Avigad, Nahman, and Benjamin Sass

1997 *Corpus of West Semitic Stamp Seals*. Jerusalem: Israel Exploration Society.

Baadsgaard, Audery

2008 "A Taste of Women's Sociality: Cooking as Cooperative Labor in Iron Age Syro-Palestine." In *The World of Women in the Ancient and Classical Near East*, edited by Beth Alpert Nakhai. Newcastle upon Tyne: Cambridge Scholars Publishing, 13-44.

Baker, David W., and Bill T. Arnold, eds.

1999 *The Face of Old Testament Studies: A Survey of Contemporary Approaches*. Grand Rapids: Baker.

Banks, Diane

2006 *Writing the History of Israel*. London: T. & T. Clark.

Bar-Adon, Pesach

1975 "An Early Hebrew Graffito in a Judean Desert Cave." *Israel Exploration Journal* 25:226-32.

Barkay, Gabriel

1986 *Ketef Hinnom: A treasure Facing Jerusalem's Walls*. Jerusalem: Israel Museum.

1992 "The Iron Age II." In *The Archaeology of Ancient Israel*, edited by Amnon Ben-Tor. New Haven: Yale University Press, 302-73.

1996 "A Balance Beam from Tel Lachish." *Tel Aviv* 23:75-82.

Barkay, Gabriel, et al.

2004 "The Amulets from Ketef Hinnom: A New Edition and Evaluation." *Bulletin of the American Schools of Oriental Research* 334:41-71.

Barnett, Richard D.

1982 *Ancient Ivories in the Middle East*. Qedem 14. Jerusalem: Institute of Archaeology, Hebrew University of Jerusalem.

Barr, James

2000 *History and Ideology in the Old Testament: Biblical Studies at the End of a Millennium*. Oxford: Oxford University Press.

Barstad, Hans

2007 "The History of Ancient Israel: What Directions Should We Take?" In *Understanding the History of Ancient Israel*, edited by Hugh G.M. Williamson. Proceedings of the British Academy 143. Oxford: Oxford University Press, 25-48.

Bartlett, John R.

1989 *Edom and the Edomites*. Sheffield: Sheffield Academic Press.

1992 "Edom in History." In *Anchor Bible Dictionary*, edited by D.N. Freedman. New York: Doubleday, 2:287-95.

Barton, John

1996 *Reading the Old Testament: Method in Biblical Study*. 2nd ed. London: Darton, Longman and Todd.

Beck, Pirhiya

1982 "The Drawing from Horvat Teiman (Kuntillet 'Ajrûd)." *Tel Aviv* 9:3-80.

Becking, Bob, et al., eds.
2001 *Only One God? Monotheism in Ancient Israel and the Generation of the Goddess Asherah*. Biblical Seminar. Sheffield: Sheffield Academic Press.

Beit-Arieh, Itzhak, ed.
1995 *Horrat Qitmit: An Edomite Shrine in the Biblical Negev*. Tel Aviv: Tel Aviv University.
1999 *Tel ʿIra, a Stronghold in the Biblical Negev*. Tel Aviv: Tel Aviv University.

Ben-Tor, Amnon, and Yuval Portugali
1987 *Tell Qiri*. Qedem 24. Jerusalem: Institute of Archaeology, Hebrew University of Jerusalem.

Ben Zvi, Ehud, and M.H. Floyd, eds.
2000 *Writings and Speech in Israelite and Ancient Near Eastern Prophecy*. Atlanta: Society of Biblical Literature.

Bienkowski, Piotr, ed.
1992 *Early Edom and Moab: The Beginning of the Iron Age in Southern Transjordan*. Sheffield Archaeological Monographs 7. Sheffield: Collins.

Bintliff, John, ed.
1991 *The Annales School of Archaeology*. Leicester: University of Leicester.

Biran, Avraham
1994 *Biblical Dan*. Jerusalem: Israel Exploration Society.
1999 "Two Bronze Daggers and the Huṣṣot of Dan." *Israel Exploration Journal* 49:43-54.

Biran, Avraham, and Joseph Naveh
1993 "An Aramaic Stele Fragment form Tel Dan." *Israel Exploration Journal* 43:81-98.
1995 "The Tel Dan Inscription: A New Fragment." *Israel Exploration Journal* 45:1-18.

Blakely, Jeffrey A., and James W. Hardin
2002 "Southwestern Judah in the Late Eighth Century B.C.E." *Bulletin of the American Schools of Oriental Research* 326:111-64.

Bloch-Smith, Elizabeth
1992 *Judahite Burial Practices and Beliefs about the Dead*. Sheffield: Sheffield Academic Press.
2002a "Life in Judah from the Perspective of the Dead." *Near Eastern Archaeology* 65/2:

120-30.

2002b "Solomon's Temple: The Politics of Ritual Space." In *Sacred Time, Sacred Place: Archaeology and the Religion of Israel*, edited by Barry M. Gittlen. Winona Lake, IN: Eisenbrauns, 83-94.

2004 "Maṣṣēbôt in the Israelite Cult: An Argument for Rendering Cultic Criteria Explicit." In *Temple and Worship in Biblical Israel*, edited by John Day. London: T. & T. Clark, 28-39.

Bloom, Allan

1987 *The Closing of the American Mind: How Higher Education Has Failed Democracy and Impoverished the Souls of Today's Students*. New York: Simon and Schuster.

Borowski, Oded

1998 *Every Living Thing: Daily Use of Animals in Ancient Israel*. Walnut Creek, CA: Alta Mira Press.

2002 *Agriculture in Iron Age Israel*. Boston: American Schools of Oriental Research.

2003 *Daily Life in Biblical Times*. Atlanta: Society of Biblical Literature.

Braun, Joachim

2002 *Music in Ancient Israel/Palestine: Archaeological, Written, and Comparative Sources*. Grand Rapids: Eerdmans.

Brettler, Marc Zvi

1995 *The Creation of History in Ancient Israel*. London: Routledge.

2003 "The Copenhagen School: The Historiographical Issues." *American Jewish Studies Review* 27/1:1-22.

Broshi, Magen, and Israel Finkelstein

1992 "The Population of Palestine in Iron Age II." *Bulletin of the American Schools of Oriental Research* 287:147-60.

Bunimovitz, Shlomo, and Avraham Faust

2002 "Ideology in Stone: Understanding the Four-Room House." *Biblical Archaeology Review* 28/4:32-41, 59-60.

2003a "Building an Identity: The Four Room House and the Israelite Mind." In *Symbiosis, Symbolism, and the Power of the Past: Canaan, Ancient Israel, and Their Neighbors from the Late Bronze Age through Roman Palaestina*, edited by William G. Dever and Seymour Gitin. Winona Lake, IN: Eisenbrauns, 411-23.

2003b "The Four-Room House: Embodying Iron Age Israelite Society." *Near Eastern*

Archaeology 66:22-31.

Bunimovitz, Shlomo, and Zvi Lederman

2009 "The Archaeology of Border Communities: Renewed Excavations at Tel Beth-Shemesh, Part I: The Iron Age." *Near Eastern Archaeology* 72/3:115-42.

Burgh, Theodore

2006 *Listening to the Artifacts: Music Culture in Ancient Palestine*. New York: T. & T. Clark.

Burke, Aaron

2009 *"Walled Up to Heaven": The Evolution of Middle Bronze Age Fortification Strategies in the Levant*. Studies in the Archaeology and History of the Levant 4. Winona Lake, Eisenbrauns.

Cahill, Jane

2003 "Jerusalem at the Time of the United Monarchy: The Archaeological Evidence." In *Jerusalem in Bible and Archaeology*, edited by Andrew Vaughn and Ann Killebrew. Atlanta: Scholars Press, 13-80.

Campbell, Edward F.

1998 "A Land Divided: Judah and Israel from the Death of Solomon to the Fall of Samaria." In *The Oxford History of the Biblical World*, edited by Michael D. Coogan. New York: Oxford University Press, 206-41.

1994 "Archaeological Reflections on Amos's Targets." In *Scripture and Other Artifacts: Essays on the Bible and Archaeology in Honor of Philip J. King*, edited by Michael D. Coogan, J. Cheryl Exum, and Lawrence E. Stager. Louisville: Westminster John Knox, 32-52.

Canaan, Tewfik

1933 "The Palestinian Arab House: Its Architecture and Folklore." *Journal of the Palestine Oriental Society* 13:1-83.

Carr, David M.

2008 "The Tel Zayit Abecedary in (Social) Context." In *Literate Culture and Tenth-Century Canaan: The Tel Zayit Abecedary in Context*, edited by Ron E. Tappy and P. Kyle McCarter. Winona Lake, IN: Eisenbrauns, 113-29.

Carr, E. H.

1987 *What Is History?* London: Penguin.

Carroll, Robert

1997 "Madonna of Silences: Clio and the Bible." In *Can a "History of Israel" Be Written?* Journal for the Study of the Old Testament: Supplement Series 14. Sheffield: Sheffield Academic Press.

Cassuto, Deborah

2008 "Bringing the Artifacts Home: A Social Interpretation of Loom Weight in Context." In *The World of Women in the Ancient and Classical Near East*, edited by Beth Alpert Nakhai. Newcastle upon Tyne: Cambridge Scholars Publishing, 63-77.

Chambon, Alain

1984 *Tell el-Fâr'ah I: L'âge du Fer*. Paris: Éditions Recherche sur les Civilisations.

Chambon, Rupert

1997 "Weapons and Warfare." In *Oxford Encyclopedia of the Archaeology of the Near East*, edited by J. Sasson. New York and Oxford: Oxford University Press, 5:334-39.

Clark, Douglas R.

2003 "Bricks, Sweat and Tears: The Human Investment in Constructing a 'Four-Room' House." *Near Eastern Archaeologist* 66:1-2.

Clark, Douglas R., and Larry G. Herr

2009 "From the Stone Age to the Middle Ages in Jordan: Digging Up Tall al-Umayri." *Near Eastern Archaeology* 72/2:68-97.

Cogan, Mordechai

1998 "Into Exile: From the Assyrian Conquest to the Fall of Babylon." In *The Oxford History of the Hebrew Bible*, edited by Michael D. Coogan. New York: Oxford University Press, 242-73.

Cohen, Rudolf, and Y. Yisrael

1995 "The Iron Age Fortess at 'En-Ḥaseva." *Biblical Archaeologist* 58:223-25.

1996 "Smashing the Idols: Piecing Together an Edomite Shrine in Judah." *Biblical Archaeologist* 22/4:40-51.

Collins, John J.

2005 *The Bible after Babel: Historical Criticism in a Postmodern Age*. Grand Rapids: Eerdmans.

Connelley, Joan B.

1989 "Standing Before One's God: Votive Sculpture and the Cypriote Religions." *Biblical Archaeologist* 52/4:210-18.

Cornelius, Izthak

2004 *The Many Faces of the Goddess: The Iconography of the Syro-Palestinian Goddesses Anat, Astarte, Qedeshet, and Asherah, 1500-1000 BCE*. Fribourg: Academic Press.

Crowfoot, John W., and Grace M. Crowfoot

1938 *Early Ivories from Samaria*. London: Palestine Exploration Fund.

Crowfoot, John W., Grace M. Crawfoot, and Kathleen M. Kenyon

1957 *Samaria-Sebaste III: The Objects from Samaria*. London: Palestine Exploration Fund.

Dalman, Gustav

1935 *Arbeite und Sitte in Palästina*. Vols. 2-4. Gütersloh: Bertelsmann.

1942 *Arbeite und Sitte in Palästina*. Vol. 7. Gütersloh: Bertelsmann.

Dar, Shimon

1986 *Landscape and Pattern: An Archaeological Survey of Western Samaria, 800 BCE-636 CE*. BAR International Series 308. Oxford: British Archaeological Reports.

Daviau, P. M. Michèle, John W. Wevers, and M. Weigl, eds.

2001 *The World of the Aramaeans II: Studies in History and Archaeology in Honour of Paul-Eugene Dion*. Sheffield: Sheffield Academic Press.

Davies, Philip R.

1992 *In Search of "Ancient Israel."* Journal for the Study of the Old Testament: Supplement Series 148. Sheffield: Sheffield Academic Press.

1997 "Whose History? Whose Israel? Whose Bible? Biblical Histories, Ancient and Modern." In *Can a "History of Israel" Be Written?* edited by Lester L. Grabbe. Journal for the Study of the Old Testament: Supplement Series 245. Sheffield: Sheffield Academic Press, 104-22.

2000 "The Search for History in the Bible—What Separates a Minimalist from a Maximalist? Not Much." *Biblical Archaeology Review* 26/2:24-27, 72-73.

2005 "Crypto-Minimalism." *Journal of Semitic Studies* 50:117-36.

2007 "Biblical Israel in the Ninth Century." In *Understanding the History of Ancient Israel*, edited by Hugh G.M. Williamson. Proceedings of the British Academy

143. Oxford: Oxford University Press, 49-56.

Davis, Miriam C.

2008 *Dame Kathleen Kenyon: Digging Up the Holy Land*. Walnut Creek, CA: Left Coast Press.

Davis, Thomas W.

2004 *Shifting Sands: The Rise and Fall of Biblical Archaeology*. Oxford: Oxford University Press.

Day, John

2000 *Yahweh and the Gods and Goddesses of Canaan*. Sheffield: Sheffield Academic Press.

Day, John, ed.

2004 *In Search of Pre-Exilic Israel*. Journal for the Study of the Old Testament: Supplement Series 406. London: T. & T. Clark.

Dayagi-Mendels, M., and M. Weigl

1999 *Drink and Be Merry: Wine and Beer in Ancient Times*. Jerusalem: Israel Museum.

Dearman, Andrew, ed.

1989 *Studies in the Mesha Inscription and Moab*. Atlanta: Scholars Press.

de Geus, Cornelius H. J.

2003 *Towns in Ancient Israel and in the Southern Levant*. Leuven: Peeters.

Deist, Ferdinand E.

2000 *The Material Culture of the Bible*. Sheffield: Sheffield Academic Press.

Demsky, Aaron, and Moshe Kochavi

1978 "An Alphabet from the Days of the Judges." *Biblical Archaeology Review* 4/3:23-30.

Dever, William G.

1981 "Biblical Theology and Biblical Archaeology: An Appreciation of G. Ernest Wright." *Harvard Theological Review* 73:1-15.

1984 "Asherah, Consort of Yahweh? New Evidence from Kuntillet 'Ajrûd." *Bulletin of the American Schools of Oriental Research* 255:29-37.

1985 "Syro-Palestinian and Biblical Archaeology." In *The Hebrew Bible and Its Modern Interpreters*, edited by Douglas A. Knight and Gene M. Tucker. Philadelphia: Fortress,

31-74.

1986 "Late Bronze Age and Solomonic Defences at Gezer: New Evidence." *Bulletin of the American Schools of Oriental Research* 262:9-34.

1988 "Impact of the New Archaeology." In *Benchmarks in Time and Culture: Introduction to Palestinian Archaeology*, edited by Joel F. Drinkard Jr., Gerald L. Mattingly, and J. Maxwell Miller. Atlanta: Scholar Press, 337-52.

1991 "Archaeology, Material Culture and the Early Monarchical Period." In *The Fabric of History: Text, Artifact, and Israel's Past*, edited by Diana V. Edelman. Journal for the Study of the Old Testament: Supplement Series 127. Sheffield: JSOT Press, 103-15.

1992 "Archaeology, Syro-Palestinian and Biblical." In *Anchor Bible Dictionary*, edited by David Noel Freedman. New York: Doubleday, 1:354-67.

1993 "Further Evidence on the Date of the Outer Wall at Gezer." *Bulletin of the American Schools of Oriental Research* 289:33-54.

1994 "The Silence of the Text: An Archaeological Commentary on 2 Kings 23." In *Scripture and Other Artifacts: Essays on the Bible and Archaeology in Honor of Philip J. King*, edited by M.D. Coogan, J.C. Exum, and L.E. Stager. Louisville: Westminster John Knox.

1995 "Social Structure in Palestine in the Iron II Period on the Eve of Destruction." In *The Archaeology of Society in the Holy Land*, edited by Thomas E. Levy. London: Leicester University Press, 416-31.

1997a "Philology, Theology, and Archaeology: What Kind of History Do We Want, and What Is Possible?" In *The Archaeology of Israel: Constructing the Past, Interpreting the Present*, edited by Neil A. Silberman and David Small. Sheffield: Sheffield Academic Press, 290-310.

1997b "On Listening to the Texts and the Artifacts." In *The Echoes of Many Texts: Essays in Honor of Lou H. Silberman*, edited by William G. Dever and J. Edward Wright. Atlanta: Scholars Press, 1-23.

1998 "Archaeology, Ideology, and the Search for an 'Ancient' or 'Biblical' Israel." *Near Eastern Archaeology* 61/1:39-52.

1999a "Histories and Non-Histories of Ancient Israel." *Bulletin of the American Schools of Oriental Research* 316:89-105.

1999b "Archaeology and the Israelite Cult: How the Kh. el-Qôm and Kuntillet ʿAjrûd 'Asherah' Texts Have Changed the Picture." *Eretz-Israel* 26:8*-15*.

2000 "Biblical and Syro-Palestinian Archaeology: A State-of-the-Art Assessment at the Turn of the Millennium." *Currents in Research: Biblical Research* 8:91-116.

2001a *What Did the Biblical Writers Know and When Did They Know It? What Archaeology Can Tell Us about the Reality of Ancient Israel*. Grand Rapids: Eerdmans.

2001b "Iron Age Kernoi and the Israelite Cult." In *Studies in the Archaeology of Israel and Neighboring Lands in Honor of James A. Sauer*, edited by Samuel Wolff. Studies in Ancient Oriental Civilization 59. Chicago: Oriental Institute, 119-33.

2001c Review of *The Bible Unearthed: Archaeology's New Vision of Ancient Israel and the Origin of Its Sacred Texts*, by I. Finkelstein and Neil A. Silberman. *Bulletin of the American Schools of Oriental Research* 322:66-77.

2003a "Syro-Palestinian and Biblical Archaeology: Into the Next Millennium." In *Symbiosis, Symbolism, and the Power of the Past: Canaan, Ancient Israel, and Their Neighbors from the Late Bronze Age through Roman Palaestina*, edited by William G. Dever and Seymour Gitin. Winona Lake, IN: Eisenbrauns, 513-27.

2003b *Who Were the Early Israelites and Where Did They Come From?* Grand Rapids: Eerdmans.

2003c "The Patriarchs and Matriarchs of Ancient Israel: Myth or History?" In *One Hundred Years of American Archaeology in the Middle East: Proceedings of the American Schools of Oriental Research Centennial Celebration, Washington, DC, April 2000*, edited by Douglas R. Clark and Victor H. Matthews. Boston: American Schools of Oriental Research, 39-56.

2003d "The Rural Landscape of Palestine in the Early Bronze 4 Period." In *The Rural Landscape of Ancient Israel*, edited by Aren M. Maeir, Shimon Dar, and Z. Safrai. Oxford: Archaeopress, 43-59.

2004 "Histories and Non-Histories of Ancient Israel: Theology, Archaeology, and Ideology." In *In Search of Pre-Exilic Israel*, edited by John Day. Cambridge: Cambridge University Press, 65-94.

2005a *Did God Have a Wife? Archaeology and Folk Religion in Ancient Israel*. Grand Rapids: Eerdmans.

2005b "Histories and Non-Histories of Ancient Israel: What Archaeology Can Contribute." In *Recenti tendenze nella ricos tiuzioni della storia antica Israel*, edited by Mario Liverani. Rome: Academia Lincei, 29-50.

2005c "Social Structure in Palestine in the Iron II on the Eve of Destruction." In *The Archaeology of Science*, edited by Thomas E. Levy. Leicester: Leicester University Press, 416-30.

2007 "Archaeology and the Fall of the Northern Kingdom: What Really Happened?" In *"Up to the Gates of Ekron": Essays on the Archaeology and History of the Eastern Mediterranean in Honor of Seymour Gitin*, edited by Sidnie W. Crawford et al. Jerusalem: Israel Exploration Society, 78-92.

2008 "A Temple Built for Two: Did Yahweh Share a Throne with His Consort Asherah?" *Biblical Archaeology Review* 34/2:4, 54-62.

2010 Review of *Ancient Israel: What Do We Know and How Do We Know It?* by Lester L. Grabbe. *Bulletin of the American Schools of Oriental Research* 357:77-83.

Forthcoming "The Judean 'Pillar-Base Figurines': Mother and Mother Goddesses?" In *The Rainer Albertz Festschrift*. Münster.

Dever, William G., H. Darrell Lance, and G. Ernest Wright

1970 *Gezer I: Preliminary Report of the 1964-65 Seasons*. Jerusalem: Hebrew Union College.

Dever, William G., ct al.

1986 *Gezer IV: The 1968-81 Seasons in Field IV, the "Acropolis."* Annual of the NGSBAJ. Jerusalem: Hebrew Union College.

Dever, William, and Seymour Gitin, eds.

2003 *Symbiosis, Symbolism, and the Power of the Past: Canaan, Ancient Israel, and Their Neighbors from the Late Bronze Age through Roman Palaestina*. Winona Lake, IN: Eisenbrauns.

Dijkstra, Meindert

2001 "I Have Blessed You by YHWH of Samaria and His Asherah: Texts with Religious Elements from the Soil Archive of Ancient Israel." In *Only One God? Monotheism in Ancient Israel and the Veneration of the Goddess Asherah*, edited by Bob Becking et al. Biblical Seminar 77. Sheffield: Sheffield Academic Press, 17-44.

Dolnasky, Shawna

2008 *Now You See It, Now You Don't: Biblical Perspectives on the Relationship between Magic and Religion*. Winona Lake, IN: Eisenbrauns.

Dornemann, Rudolph H.

1983 *The Archaeology of the Transjordan in the Bronze and Iron Ages*. Milwaukee: Milwaukee Public Museum.

Dothan, Moshe

1971 *Ashdod II-III: The Second and Third Seasons of Excavations 1963, 1965; 'Atiqot IX-X*. Jerusalem: Institute of Archaeology, Hebrew University of Jerusalem.

Dothan, Moshe, and Trude Dothan

1992 *People of the Sea: The Search for the Philistines*. New York: Macmillan.

Dothan, Trude

1992 "Philistines, History." In *Anchor Bible Dictionary*, edited by D.N. Freedman. New York: Doubleday, 5:326-28.

Eagleton, Terrence

1996 *The Illusions of Postmodernism*. Oxford: Blackwell.

Ebeling, Jennie R.

2010 *Women's Lives in Biblical Times*. London: T. & T. Clark.

Ebeling, Jennie R., and Michael M. Homan

2008 "Baking and Brewing Beer in the Israelite Household: A Study of Women's Cooking Technology." In *The World of Women in the Ancient and Classical Near East*, edited by Beth Albert Nakhai. Newcastle upon Tyne: Cambridge Scholars Publishing, 45-62.

Ebeling, Jennie R., and York Rowan

2008 *New Approaches to Old Stones: Recent Studies of Ground Stone Artifacts*. London: Equinox.

Edelman, Diana V., ed.

1991 *The Fabric of History: Text, Artifact, and Israel's Past*. Journal for the Study of the Old Testament: Supplement Series 127. Sheffield: JSOT Press.

1995 *You Shall Not Abhor an Edomite for He Is Your Brother: Edom and Seir in History and Tradition*. Atlanta: Scholars Press.

Eitam, David

2007 "The Stone Tools from Khirbet 'Auja el-Foqa." In *"Up to the Gates of Ekron": Essays on the Archaeology and History of the Eastern Mediterranean in Honor of Seymour Gitin*, edited by Sidnie W. Crawford et al. Jerusalem: Israel Exploration Society, 93-106.

Ellis, J. M.

1989 *Against Deconstruction*. Princeton: Princeton University Press.

Eshel, Itzhak, and Kay Prag

1995 *Excavations by K. M. Kenyon in Jerusalem, 1961-67*. Vol. IV, *The Iron Age Cave Deposits on the South-Eastern Hill and Isolated Burials and Cemeteries*. Oxford: Oxford University Press.

Evans, Carl D., William W. Hallo, and John B. White, eds.

1986 *Scripture in Context: Essays on the Comparative Approach*. Pittsburgh: Pickwick.

Falconer, Steven E., and Stephen H. Savage

1995 "Heartlands and Hinterlands: Alternative Trajectories of Early Urbanization in Mesopotamia and the Southern Levant." *American Antiquity* 60:38-44.

Faust, Avraham

2000 "The Rural Community in Ancient Israel during the Iron Age II." *Bulletin of the American Schools of Oriental Research* 317:17-39.

2002 "Accessibility, Defence and Town Planning in Iron Age Israel." *Tel Aviv* 29/2:297-317.

2003a "The Farmstead in the Highland of Iron Age II Israel." In *The Rural Landscape of Ancient Israel*, edited by Aren M. Maeir, Shimon Dar, and Z. Safrai. BAR International Series 1121. Oxford: British Archaeological Reports, 91-104.

2003b "Residential Patterns in the Ancient Israelite City." *Levant* 35:123-38.

2005a "The Settlement of Jerusalem's Western Hill and the City's Status in Iron Age II Revisited." *Zeitschrift des Deutschen Palästina-Vereins* 121:97-118.

2005b "The Israelite Village: Cultural Conservatism and Technological Innovation." *Tel Aviv* 32:204-19.

2006a *Israel's Ethnogenesis: Settlement, Interaction, Expansion, and Resistance*. London: Equinox.

2006b "Farmsteads in Western Samaria's Foothills: A. Reexamination." In *"I Will Speak the Riddles of Ancient Times": Archaeological and Historical Studies in Honor of Amihai Mazar on the Occasion of His Sixtieth Birthday*, edited by Aren M. Maeir and Pierre deMiroschedji. Winona Lake, IN: Eisenbrauns, 477-504.

2006c "The Negev Fortresses in Context: Reexamining the Phenomenon in Light of General Settlement Processes of the Eleventh-Tenth Centuries B.C.E." *Journal of the American Oriental Society* 26/2:135-60.

2007 "Rural Settlements, State Formation, and 'Bible Archaeology.'" *Near Eastern Archaeology* 70/1:4-9.

2008a "Settlement and Demography in Seventh-Century Judah and the Extent and Intensity of Sennacherib's Campaign." *Palestine Exploration Quarterly* 140/3:168-94.

2008b "The Judahite Rock-Cut Tomb: Family Response at a Time of Change." *Israel Exploration Journal* 58:150-70.

2011 *The Archaeology of Israelite Society in Iron Age II*. Winona Lake, IN: Eisenbrauns.

Faust, Avraham, and Shlomo Bunimovitz

2003 "The Four Room House: Embodying Iron Age Israelite Society." *Near Eastern Archaeology* 66/1-2:22-31.

Finkelstein, Israel

1995 "The Archaeology of the United Monarchy: An Alternative View." *Levant* 28:177-87.

1998 "Bible Archaeology or the Archaeology of Palestine in the Iron Age? A Rejoinder." *Levant* 30:167-74.

2001 "The Rise of Jerusalem and Judah: The Missing Link." *Levant* 33:105-15.

2003 "The Rise of Judah and Jerusalem: The Missing Link." In *Jerusalem in Bible and Archaeology: The First Temple Period*, edited by A. G. Vaughan and Ann E. Killebrew. Atlanta: Society of Biblical Literature, 81-101.

2007 "The Two Kingdoms: Israel and Judah." In *The Quest for the Historical Israel: Debating Archaeology and the History of Early Israel*, edited by Brian B. Schmidt. Atlanta: Society of Biblical Literature, 147-57.

Finkelstein, Israel, Zvi Lederman, and Shlomo Bunimovitz

1997 *Highland of Many Cultures: The Southern Samaria Survey*. Tel Aviv: Institute of Archaeology, Tel Aviv University.

Finkelstein, Israel, and Eli Piasetzkey

2003 "Recent Radiocarbon Results and Biblical History." *Antiquity* 77:876-84.

Finkelstein, Israel, and Neil Asher Silberman

2001 *The Bible Unearthed: Archaeology's New Vision of Ancient Israel and the Origin of Its Sacred Texts*. New York: Free Press.

Finkelstein, Israel, David Ussishkin, and Baruch Halpern, eds.

2000 *Megiddo III/1 & 2: The 1992-1996 Seasons*. Tel Aviv Monograph Series 18. Tel Aviv: Institute of Archaeology, Tel Aviv University.

2006 *Megiddo IV/1 & 2: The 1998-2002 Seasons*. Tel Aviv Monograph Series 24. Tel Aviv: Institute of Archaeology, Tel Aviv University.

Frankel, R., S. Avitsur, and E. Ayalon

1994 *History and Technology of Olive Oil in the Holy Land*. Translated by J. C. Johnson. Tel Aviv: Eretz Israel Museum.

Frei, Hans

1974 *The Eclipse of the Biblical Narrative: A Study in Eighteenth and Nineteenth Century Hermeneutics*. New Haven: Yale University Press.

Fritz, Volkmar

1990 *Kinneret*. Wiesbaden: Otto Harrassowitz.

1995 *The City in Ancient Israel*. Sheffield: Sheffield Academic Press.

2007 "On the Reconstruction of the Four-Room House." In *"Up to the Gates of Ekron"*:

Essays on the Archaeology and History of the Eastern Mediterranean in Honor of Seymour Gitin, edited by Sidnie White Crawford et al. Jerusalem: Israel Exploration Society, 114-18.

Fritz, Volkmar, and Philip R. Davies, eds.
1996 *The Origins of the Ancient Israelite State*. Sheffield: Sheffield Academic Press.

Galil, Gershon
1996 *The Chronology of the Kings of Israel and Judah*. Leiden: Brill.

Garbini, Giovanni
1998 *History and Ideology in Ancient Israel*. New York: Crossroad.

Garfinkel, Yosef
2007 "The Dynamic Settlement History of Philistine Ekron: A Case Study of Central Place Theory." In *"Up to the Gates of Ekron": Essays on the Archaeology and History of the Eastern Mediterranean in Honor of Seymour Gitin*, edited by Sidnie W. Crawford et al. Jerusalem: Israel Exploration Society, 17-24.

Garfinkel, Yosef, and Vaar Ganor
2009 *Khirbet Qeiyafa Vol. 1: Excavation Report, 2007-2008*. Jerusalem: Institute of Archaeology, Hebrew University of Jerusalem.

Geva, Hillel
2003 "Western Jerusalem at the End of the First Temple Period in Light of the Excavations in the Jewish Quarter." In *Jerusalem in Bible and Archaeology: The First Temple Period*, edited by Andrew G. Vaughn and Ann E. Killebrew. Atlanta: Society of Biblical Literature, 183-208.

Geva, Shulamith
1989 *Hazor, Israel: An Urban Community of the 8th Century BCE*. BAR International Series 543. Oxford: Oxford University Press.

Gilboa, Ayelet
2009 "Notes on Iron IIA 14C Dates from Tell el-Qudeirat (Kadesh Barnea)." *Tel Aviv* 36/1:82-94.

Gitin, Seymour
1990 *Gezer III: A Ceramic Typology of the Late Iron II, Persian and Hellenistic Periods at*

Tel Gezer. Annual of NGSBAJ, vol. 3. Jerusalem: Hebrew Union College.

1993 "Scoops: Corpus, Function, and Typology." In *Studies in the Archaeology and History of Ancient Israel: In Honor of Moshe Dothan*, edited by M. Heltzer, A. Segal, and D. Kaufman. Haifa: Haifa University Press, 99-126.

1997 "The Neo-Assyrian and Its Western Periphery: The Levant, with a Focus on Philistine Ekron." In *Proceedings of the 10th Anniversary Symposium of the Neo-Assyrian Text Corpus Project, Helsinki, September, 1995*, edited by Simo Parpola and R. M. Whiting. Helsinki: University of Helsinki, 77-103.

1998 "Philistia in Transition: The Tenth Century BCE and Beyond." In *Mediterranean Peoples in Transition: Thirteenth to Early Tenth Centuries BCE*, edited by Seymour Gitin, Amihai Mazar, and Ephraim Stern. Jerusalem: Israel Exploration Society, 162-83.

2002 "The Four-Horned Altar and Sacred Space." In *Sacred Time, Sacred Place: Archaeology and the Religion of Israel*, edited by Barry M. Gittlen. Winona Lake, IN: Eisenbrauns, 95-123.

2004a "The Philistines: Neighbors of the Canaanites, Phoenicians, and Israelites." In *One Hundred Years of American Archeology in the Levant: Proceedings of the American Schools of Oriental Research Centennial Celebration, Washington, D. C., April, 2000*, edited by Douglas Clark and Victor Matthews. Atlanta: American Schools of Oriental Research, 55-83.

2004b "A Silver-Based Monetary Economy in the 7th Century BCE: A Response to Raz Kletter." *Levant* 36:203-5.

2006 "The lmlk Jar-Form Redefined: A New Class of Iron Age II Oval-Shaped Storage Jars." In *"I Will Speak the Riddles of Ancient Times": Archaeological and Historical Studies in Honor of Amihai Mazar on the Occasion of His Sixtieth Birthday*, edited by Aren M. Maeir and Pierre de Miroschedji. Winona Lake, IN: Eisenbrauns, 505-24.

Gitin, Seymour, and A. Golani

2001 "The Tel Miqneh Silver Hoards: The Assyrian and Phoenician Connections." In *Hacksilber to Coinage: New Insights into the Monetary History of the Near East and Greece*, edited by Miriam Balmuth. New York: American Numismatic Society, 25-45.

Gitin, Seymour, J. Edward Wright, and J. P. Dessel, eds.

2006 *Confronting the Past: Essays in Honor of William G. Dever*. Winona Lake, IN: Eisenbrauns.

Grabbe, Lester L.

2000 "Hat die Bibel doch Recht? A Review of T. L. Thompson's *The Bible in History*." *Journal for the Society of the Old Testament* 13:117-39.

2007 *Ancient Israel: What Do We Know and How Do We Know It?* London: T. & T. Clark.

2008 *Israel in Transition. From Late Bronze II to Iron IIA (c. 1250-850 B.C.E.).* Vol. 1, *The Archaeology*. London: T. & T. Clark.

Grabbe, Lester L., ed.

1997 *Can a "History of Israel" Be Written?* Journal for the Study of the Old Testament: Supplement Series 245. Sheffield: Sheffield Academic Press.

Greenberg, Raphael

1987 "New Light on the Early Iron Age at Tell Beit Mirsim." *Bulletin of the American Schools of Oriental Research* 265:55-80.

Gress, David

1998 *From Plato to NATO: The Idea of the West and Its Opponents*. New York: Free Press.

Guy, P. L. O., and Robert M. Engberg

1938 *Megiddo Tombs*. Chicago: University of Chicago Press.

Hadley, Judith M.

2000 *The Cult of Asherah in Ancient Israel and Judah: Evidence for a Hebrew Goddess*. Cambridge: Cambridge University Press.

Hagelia, Hallvard

2004 "The First Dissertation on the Tel Dan Inscription." *Scandinavian Journal of the Old Testament* 18/1:135-45.

Hallo, William W.

1990 "The Limits of Skepticism." *Journal of the American Oriental Society* 110/2 (April-June).

Hallo, William W., James C. Moyers, and Leo G. Perdue, eds.

1983 *Scripture in Context II: More Essays on the Comparative Method*. Winona Lake, IN: Eisenbrauns.

Halpern, Baruch

1985 *The First Historians: The Hebrew Bible and History*. San Francisco: Harper and Row.

1995 "Erasing History: The Minimalist Assault on Ancient Israel." *Bible Review* 11/6:26-35, 47.

1997 "Text and Artifact: Two Monologues?" In *Constructing the Past, Interpreting the*

Present, edited by Neil A. Silberman and David Small. Journal for the Study of the Old Testament: Supplement Series 237. Sheffield: Sheffield Academic Press, 311-41.

Hardin, James W.

2010 *Lahav II: Households and the Use of Domestic Space at Iron II Tell Halif: An Archaeology of Destruction*. Winona Lake, IN: Eisenbrauns.

Harris, William V.

1989 *Ancient Literacy*. Cambridge: Harvard University Press.

Harrison, Timothy P.

2004 *Megiddo 3: Final Report on the Stratum VI Excavations*. Oriental Institute Publication 127. Chicago: University of Chicago Press.

Havelock, E. A.

1982 *The Literate Revolution in Greece and Its Cultural Consequences*. Princeton: Princeton University Press.

Heaton, E. W.

1994 *The School Tradition of the Old Testament: The Bampton Lectures for 1994*. Oxford: Clarendon.

Hendel, Ronald S.

1999 Review of *The Israelites in History and Tradition*, by Niels Peter Lemche. *Biblical Archaeology Review* 25/6:59-60.

Herr, Larry G.

1988 "Tripartite Pillared Buildings and the Market Place in Iron Age Palestine." *Bulletin of the American Schools of Oriental Research* 271:47-67.

Herzog, Ze'ev

1984 *Beersheba II: The Early Iron Age Settlement*. Tel Aviv: Institute of Archaeology, Tel Aviv University.

1992 "Settlement and Fortification Planning in the Iron Age." In *The Architecture of Ancient Israel*, edited by Aaron Kempinski et al. Jerusalem: Israel Exploration Society, 231-74.

1997 *Archaeology of the City: Urban Planning in Ancient Israel and Its Social Implications*. Tel Aviv: Institute of Archaeology, Tel Aviv University.

2001 "The Date of the Temple at Arad: Reassessment of the Stratigraphy and the Implications for the History of Judah." In *Studies in the Archaeology of the Iron Age* in *Israel and Jordan*, edited by A. Mazar. Journal for the Study of the Old Testament: Supplement Series 331. Sheffield: Sheffield Academic Press, 156-78.

Herzog, Ze'ev, Yohanan Aharoni, and Anson F. Rainey
1987 "Arad: An Ancient Israelite Fortress with a Temple to YHWH." *Biblical Archaeology* Review 13/2:16-35.

Herzog, Ze'ev, Anson Rainey, and Shmuel Muskovitz
1977 "The Stratigraphy of Beer-Sheba and the Location of the Sanctuary." *Bulletin of the American Schools of Oriental Research* 225:49-58.

Herzog, Ze'ev, et al.
1984 "The Israelite Fortress at Arad." *Bulletin of the American Schools of Oriental Research* 254:1-34.

Hess, Richard S.
2007 *Israelite Religions: An Archaeological and Biblical Survey*. Grand Rapids: Baker Academic.

Hestrin, Ruth, and M. Dayagi-Mendels
1979 *Inscribed Seals: First Temple Period: Hebrew, Ammonite, Moabite, Phoenician, and Aramaic*. Jerusalem: Israel Museum.

Hodder, Ian
1986 *Reading the Past: Current Approaches to Interpretation in Archaeology*. Cambridge: Cambridge University Press.

Hodder, Ian, and Scott Hutson
2003 *Reading the Past: Current Approaches to Interpretation in Archaeology*. 3rd ed. Cambridge: Cambridge University Press.

Hodder, Ian, and Clive Orton
1976 *Spatial Analysis in Archaeology*. Cambridge: Cambridge University Press.

Hoffmeier, James K., and Alan Millard, eds.
2004 *The Future of Biblical Archaeology: Reassessing Methodologies and Assumptions*. Grand Rapids: Eerdmans.

Holladay, John S.

1986 "The Stables of Ancient Israel: Functional Determinants of Stable Construction; Interpretation of Pillared Building Remains of the Palestinian Iron Age." In *The Archaeology of Jordan and Other Studies Presented to Siefried H. Horn*, edited by T. Geraty and G. Herr. Berrien Springs, MI: Andrews University Press, 65-103.

1987 "Religions in Israel and Judah under the Monarchy." In *Ancient Israelite Religion: Essays in Honor of Frank Moore Cross*, edited by Paul D. Hanson and S. Dean McBride. Philadelphia: Fortress, 249-99.

1992 "House, Israelite." In *Anchor Bible Dictionary*, edited by D. N. Freedman. New York: Doubleday, 3:308-18.

1995 "The Kingdoms of Israel and Judah: Political and Economic Centralization in the Iron Age II A-B (ca. 1000-750 B.C.E.)." In *The Archaeology of Society*, edited by Thomas E. Levy. London: Leicester University Press, 368-98.

Holland, Thomas

1977 "A Study of Palestinian Iron Age Baked Clay Figurines with Special Reference to Jerusalem Cave I." *Levant* 9:121-55.

Homan, Michael M.

2010 "Did the Ancient Israelites Drink Beer?" *Biblical Archaeology Review* 36/ 5:48-56, 78.

Hopkins, David C.

1985 *The Highlands of Canaan: Agricultural Life in the Early Iron Age Israel*. Social World of Biblical Antiquity 3. Sheffield: Almond Press.

Hurvitz, Avi

1997 "The Historical Quest for an 'Ancient Israel' and the Linguistic Evidence of the Hebrew Bible: Some Methodological Observations." *Vetus Testamentum* 47:301-15.

1999 The Relevance of Biblical Hebrew Linguistics for the Historical Study of Ancient Israel." In *Proceedings of the Twelfth World Congress of Jewish Studies*. Jerusalem: World Congress of Jewish Studies, 21-33.

James, Francis W.

1966 *The Iron Age at Beth Shan*. Philadelphia: University Museum.

Jamieson-Drake, David W.

1991 *Scribes and Schools in Monarchic Judah: A Socio-Archaeological Approach*. Journal for the Study of the Old Testament: Supplement Series 109. Sheffield: Sheffield Academic Press.

Japhet, Sara

1998 "In Search of Ancient Israel: Revisionism at All Costs." In *The Jewish Past Revisited: Reflections on Modern Jewish Historians*, edited by David D. Meyers and David S. Ruderman. New Haven: Yale University Press.

Jeffers, Ann

1986 *Magic and Divination in Ancient Palestine and Syria*. Leiden: Brill.

Kaiser, Walter C.

1998 *A History of Israel*. Nashville: Broadman and Holman.

Katzenstein, H. J.

1992 "Philistines, History." In *Anchor Bible Dictionary*, edited by D. N. Freedman. New York: Doubleday, 5:326-28.

Kaufmann, Ivan

1982 "The Samaria Ostraca: An Early Witness to Hebrew Writing." *Biblical Archaeologist* 45:229-39.

Keel, Othmar

1997 *The Symbolism of the Biblical World: Ancient Near Eastern Iconography and the Book of Psalms*. Winona Lake, IN: Eisenbrauns.

Keel, Othmar, and Christoph Uehlinger

1998 *Gods, Goddesses, and Images of God in Ancient Israel*. Minneapolis: Fortress.

Kempinski, Aharon, and Ronny Reich, eds.

1992 *The Architecture of Ancient Israel from the Prehistoric to the Persian Period*. Jerusalem: Israel Exploration Society.

Kenyon, Kathleen M.

1974 *Digging Up Jerusalem*. London: Benn.

Killebrew Ann E.

2008 *Biblical Peoples and Ethnicity: An Archaeological Study of Egyptians, Canaanites, Philistines, and Early Israel, 1300-1100 B.C.E.* Atlanta: Scholars Press.

King, Phillip J., and Lawrence E. Stager

2001 *Life in Biblical Israel*. Louisville: Westminster John Knox.

Kitchen, Kenneth A.

2003 *On the Reliability of the Old Testament*. Grand Rapids: Eerdmans.

Kletter, Raz

1991 "The Inscribed Weights of the Kingdom of Judah." *Tel Aviv* 18/1:121-63.

1996 *The Judean Pillar-Figurines and the Archaeology of Asherah*. BAR International Series 636. Oxford: Temvs Reparatum.

1999 "Pots and Polities: Material Remains of Late Iron Judah in Relation to Its Political Borders." *Bulletin of the American Schools of Oriental Research* 314:19-54.

2001 "Between Archaeology and Theology: The Pillar Figurines from Judah and the Asherah." In *Studies in the Archaeology of the Iron Age in Israel and Judah*, edited by A. Mazar. Journal for the Study of the Old Testament: Supplement Series 331. Sheffield: Sheffield Academic Press, 179-216.

Knauf, Ernst Axel

1991 "From History to Interpretation." In *The Fabric of History: Text, Artifact, and Israel's Past*, edited by D. V. Edelman. Journal for the Study of the Old Testament: Supplement Series 127. Sheffield: Sheffield Academic Press, 26-64.

2008 "From Archaeology to History, Bronze and Iron Ages, with Special Regard to the Year 1200 B.C.E., and the Tenth Century." In *Israel in Transition: From Late Bronze II to Iron IIa (c. 1250-850 B.C.E.)*, vol. 1, *The Archaeology*, edited by L. L. Grabbe. London: T. & T. Clark, 72-85.

Knoppers, Gary N.

1993/94 *Two Nations under God: The Deuternomistic History and the Dual Monarchies*. 2 vols. Harvard Semitic Museum Series. Atlanta: Scholars Press.

1997 "The Vanishing Solomon: The Disappearance of the United Monarchy from Recent Histories of Ancient Israel." *Journal of Biblical Literature* 116:19-44.

Knoppers, Gary N., and J. Gordon McConville, eds.

2000 *Reconsidering Israel and Judah: The Deuteronomistic History in Recent Thought*. Winona Lake, IN: Eisenbrauns.

Kofoed, Jens B.

2005 *Text and History: Historiography and the Study of the Biblical Text*. Winona Lake, IN: Eisenbrauns.

Kramer, Carol, ed.

1979 *Ethnoarchaeology: Implications of Ethnography for Archaeology*. New York: Columbia University Press.

LaBianca, Øystein, and Randall W. Younker

1995 "The Kingdoms of Ammon, Moab and Edom: The Archaeology of Society in Late Bronze/Iron Age Transjordan (ca. 1400-500 BCE)." In *The Archaeology of Society*, edited by T. E. Levy. Leicester: Leicester University, 399-415.

Lamon, Robert, and Geoffrey M. Shipton

1939 *Megiddo I*. Chicago: University of Chicago Press.

Lance, H. Darrell

1967 "Gezer in the Land and in History." *Biblical Archaeologist* 30:34-47.

1971 "The Royal Stamps and the Kingdom of Josiah." *Harvard Theological Review* 64:315-32.

Lapp, Paul W.

1964 "Ta'anach by the Waters of Megiddo." *Biblical Archaeologist* 30:2-27.

1969 "The 1968 Excavations at Tell Ta'anach: The New Cultic Stand." *Bulletin of the American Schools of Oriental Research* 195:42-44.

LaRocca-Pitts, Elizabeth C.

2001 *"Of Wood and Stone": The Significance of Israelite Cultic Terms in the Bible and Its Early Interpreters*. Harvard Semitic Monographs 61. Winona Lake, IN: Eisenbrauns.

Lehmann, Gunnar

2001 "Phoenicians in Western Galilee: First Results of an Archaeological Survey in the Hinterland of Akko." In *Studies in the Archaeology of Israel and Jordan*, edited by Amihai Mazar. Sheffield: Sheffield Academic Press.

2003 "The United Monarchy in the Countryside: Jerusalem, Judah, and the Shephelah during the Tenth Century B.C.E." In *Jerusalem in Bible and Archaeology: The First Temple Period*, edited by A. G. Vaughn and A. E. Killebrew. Atlanta: Society of Biblical Literature, 117-62.

Lemaire, Andre

1998 "The Tel Dan Stele as a Piece of Royal Historiograph." *Journal for the Study of the Old Testament* 81:3-14.

2006 "Khirbet el-Qôm and Hebrew and Aramaic Epigraphy." In *Confronting the Past:*

Archaeological and Historical Essays on Ancient Israel in Honor of William G. Dever, edited by S. Gitin, J. Edward Wright, and J. P. Dessel.Winona Lake, IN: Eisenbrauns, 231-38.

Lemche, Niels Peter

1993 "The Old Testament—a Hellenistic Book?" *Scandinavian Journal of the Old Testament* 7:163-93.

1996 "Clio Is Also among the Muses: Keith W. Whitelam and the History of Palestine: A Review and a Commentary." *Scandinavian Journal of the Old Testament* 10:88-119.

1998a *The Israelites in History and Tradition*. Louisville: Westminster John Knox.

1998b "The Origin of the Israelite State: A Copenhagen Perspective on the Emergence of Critical Historical Studies of Ancient Israel in Recent Times." *Scandinavian Journal of the Old Testament* 12/1:44-63.

2000 "On the Problem at Reconstructing Pre-Hellenistic Israelite (Palestinian) History." *Journal of Historical Study* 3:1-14.

Lemche, Niels Peter, and Thomas L. Thompson

1994 "Did Biran Kill David? The Bible in the Light of Archaeology." *Journal for the Study of the Old Testament* 64:3-22.

Lemert, Charles

1997 *Postmodernism Is Not What You Think*. Oxford: Blackwell.

Levine, Baruch A., and Avraham Malamat

1996 Review of *The Invention of Ancient Israel: The Silencing of Palestinian History*, by Keith W. Whitelam. *Israel Exploration Journal* 46:284-88.

Levy, Thomas E., ed.

1995 *The Archaeology of Society*. Leicester: Leicester University Press.

Levy, Thomas E., and Thomas Higham, eds.

2005 *The Bible and Radiocarbon Dating: Archaeology, Text, and Science*. London: Equinox.

Levy, Thomas E., et al., eds.

2007 *Crossing the Jordan: American Contributions to the Archaeology of Jordan*. London: Equinox.

Lewis, Theodore J.

1989 *Cults of the Dead in Ancient Israel and Ugarit*. Harvard Semitic Monographs 39.

Atlanta: Scholars Press.

Lipinski, Edouard, ed.

1991 *Phoenicia and the Bible*. Leuven: Peeters.

Liverani, Mario

2007 *Israel's History and the History of Israel*. London: Equinox.

London, Gloria

2008 "Fe(male) Potters as the Personification of Individuals, Places, and Things as Known from Ethnoarchaeological Studies." In *The World of Women in the Ancient and Classical Near East*, edited by B. A. Nakhai. Newcastle upon Tyne: Cambridge Scholars Press, 155-80.

Long, V. Philips

1994 *The Art of Biblical History*. Grand Rapids: Zondervan.

Long, V. Philips, ed.

1999 *Israel's Past in Present Research: Essays on Ancient Israelite Historiography*. Winona Lake, IN: Eisenbrauns.

Long, V. Philips, David W. Baker, and Gordon J. Wenham, eds.

2002 *Windows into Old Testament History: Evidence, Argument, and the Crisis of "Biblical Israel."* Grand Rapids: Eerdmans.

Lutifiyya, A. M.

1966 *Baytin, a Jordanian Village: A Study of Social Institutions and Social Change in a Folk Community*. The Hague: Mouton.

Macalister, Robert A. S.

1912 *The Excavations at Gezer*. Vol 1. London: Palestine Exploration Society.

MacDonald, Burton

1992 "Archaeology of Edom." In *Anchor Bible Dictionary*, edited by D. N. Freedman. New York: Doubleday, 2:295-301.

2000 *East of the Jordan: Territories and Sites of the Hebrew Scriptures*. Boston: American Schools of Oriental Research.

MacDonald, Burton, and Randall W. Younker, eds.

1999 *Ancient Ammon*. Studies in the History and Culture of the Ancient Near East 17. Leiden: Brill.

MacDonald, Nathan

2008 *What Did the Ancient Israelites Eat? Diet in Biblical Times*. Grand Rapids: Eerdmans.

Malul, Meir

1990 *The Comparative Method in Ancient and Near Eastern and Biblical Legal Studies*. Neukirchen-Vluyn: Neukirchener Verlag.

Marcus, G. E., and M. M. J. Fischer

1986 *Anthropology as Cultural Critique: An Experimental Moment in the Human Sciences*. Chicago: University of Chicago Press.

Martens, Elmer A.

1994 "The Oscillating Fortunes of 'History' within Old Testament Theology." In *Faith, Tradition, and History*, edited by A. R. Millard, J. K. Hoffmeier, and D. W. Baker. Winona Lake, IN: Eisenbrauns, 313-40.

Master, Daniel M.

2001 "State Formation Theory and the Kingdom of Ancient Israel." *Journal of Near Eastern Studies* 60:117-31.

May, Herbert G., and Robert M. Engberg

1935 *Material Remains of the Megiddo Cult*. Oriental Institute Publication 26. Chicago: University of Chicago Press.

Mazar, Amihai

1982 "Three Israelite Sites in the Hills of Judah and Ephraim." *Biblical Archaeologist* 45:167-78.

1990 *Archaeology of the Land of the Bible: 10,000-586 B.C.E.* New York: Doubleday.

1997 "Iron Age Chronology: A Reply to I. Finkelstein." *Levant* 27:157-67.

2001 "Beth Shean during Iron Age II: Stratigraphy, Chronology and Iron Age Ostraca." In *Studies in the Archaeology of the Iron Age in Israel and Jordan*, edited by Amihai Mazar. Sheffield: Sheffield Academic Press, 289-309.

2006 *Excavations of Tel Beth-Shean, 1989-1990*. Vol. I, *From the Late Bronze Age to the Medieval Period*. Jerusalem: Institute of Archaeology, Hebrew University of Jerusalem.

2007a "The Spade and the Text: The Interaction between Archaeology and Israelite History

Relating to the TenthNinth Centuries B.C.E." In *Understanding the History of Ancient Israel*, edited by H. G. M. Williamson. Oxford: Oxford University Press.

2007b "The Divided Monarchy: Comments on Some Archaeological Issues." In *The Quest for the Historical Israel: Debating Archaeology and the History of Early Israel*, edited by B. B. Schmidt. Atlanta: Society of Biblical Literature, 159-70.

2008 "From 1200 to 850 B.C.E.: Remarks on Some Selected Archaeological Issues." In *Israel in Transition: From Late Bronze IIa (c. 1250-850 B.C.E.)*, vol. 1, *The Archaeology*, edited by L. L. Grabbe. London: T. & T. Clark, 86-120.

Mazar, Benjamin, and Eilat Mazar

1989 *Excavations in the South of the Temple Mount, the Ophel of Biblical Jerusalem*. Qedem 29. Jerusalem: Hebrew University of Jerusalem.

Mazar, Eilat

1987 "Excavate King David's Palace!" *Biblical Archaeology Review* 23/1:50-57, 74.

2002 *The Complete Guide to the Temple Mount Excavations*. Jerusalem: Shoham.

2006a "The Solomonic Wall in Jerusalem." In *"I Will Speak the Riddles of Ancient Times": Archaeological and Historical Studies in Honor of Amihai Mazar on the Occasion of His Sixtieth Birthday*, edited by A. M. Maeir and P. de Miroschedji. Winona Lake: Eisenbrauns, 775-86.

2006b "Did I Find King David's Palace?" *Biblical Archaeology Review* 32/1:16-27, 70.

2007 *Preliminary Report on the City of David Excavations 2005 at the Visitor Center Area*. Jerusalem: Shoham.

McCarter, P. Kyle

1996 *Ancient Inscriptions: Voices from the Biblical World*. Washington, D.C.: Biblical Archaeology Society.

McClellan, Thomas L.

1984 "Town Planning at Tell en-Naşbeh." *Zeitschrift des Deutschen Palästina-Vereins* 100:53-69.

McCown, Chester C.

1947 *Tell en-Nasbeh I. Archaeological and Historical Results*. New Haven: American Schools of Oriental Research.

McGovern, Patrick E.

2003 *Ancient Wine: The Search for the Origins of Viniculture*. Princeton: Princeton University Press.

McKenzie, Steven L.

1991 *The Trouble with Kings: The Composition of the Book of Kings in the Deuteronomistic History*. Supplements to Vetus Testamentum 42. Leiden: Brill.

McNutt, Paula M.

1999 *Reconstructing the Society of Ancient Israel*. Louisville: Westminster John Knox.

Meshel, Zeev

1978 *Kuntillet 'Ajrûd: A Religious Center from the Time of the Judaean Monarchy on the Border of Sinai*. Israel Museum Catalogue 175. Jerusalem: Israel Museum.

Meyers, Carol L.

1991 "'To Her Mother's House': Considering a Counterpart of the Israelite Bêt'āb." In *The Bible and the Politics of Exegesis: Essays in Honor of Norman K. Gottwald on His Sixty-fifth Birthday*, edited by D. Jobling, P. L. Day, and G. T. Sheppard. New York: Pilgrim Press, 39-51.

1999 "'Guilds and Gatherings': Women's Groups in Ancient Israel." In *Realia Dei: Essays in Archaeology and Biblical Interpretation in Honor of Edward F. Campbell, Jr.*, edited by P. M. Williams Jr. and T. T. Hiebert. Atlanta: Scholars Press, 154-84.

2002 "Having Their Space and Eating There Too: Bread Production and Female Power in Ancient Israel." *Nahshim: A Journal of Jewish Studies and Gender Issues* 5:14-44.

2003a "Material Remains and Social Relations: Women's Culture in Agrarian Households of the Iron Age." In *Symbiosis, Symbolism, and the Power of the Past: Canaan, Ancient Israel, and Their Neighbors from the Late Bronze Age through Roman Palaestina*, edited by W. G. Dever and S. Gitin. Winona Lake, IN: Eisenbrauns, 425-44.

2003b "Engendering Syro-Palestinian Archaeology: Reasons and Resources." *Near Eastern Archaeology* 66/4:185-97.

2007 "Terra Cottas without Texts: Judean Pillar Figurines in Anthropological Context." In *To Break Every Yoke: Essays in Honor of Marvin L. Chaney*, edited by R. B. Coote and N. K. Gottwald. Sheffield: Sheffield Academic Press, 115-30.

2009 "From Field Crops to Food: Attributing Gender and Meaning to Bread Production in Iron Age Israel." In *The Archaeology of Difference: Gender, Ethnicity, Class, and the "Other" in Antiquity: Essays in Honor of Eric M. Meyers*, edited by D. R. Edwards and C. T. McCollough. Boston: American Schools of Oriental Research, 67-83.

Millard, Alan R.

1992 "Arameans." In *Anchor Bible Dictionary*, edited by D. N. Freedman. New York: Doubleday, 1:345-50.

Millard, Alan R., James K. Hoffmeier, and David W. Baker

1994 *Faith, Tradition, and History: Old Testament Historiography in Its Near Eastern Context*. Winona Lake, IN: Eisenbrauns.

1997 "Story, History, and Theology." In *Faith, Tradition, and History: Old Testament Historiography in Its Near Eastern Context*, edited by Alan R. Millard, James K. Hoffmeier, and David W. Baker. Winona Lake, IN: Eisenbrauns.

Miller, J. Maxwell

1992 "Moab." In *Anchor Bible Dictionary*, edited by D. N. Freedman. New York: Doubleday, 4:882-93.

1997 "Separating the Solomon of History from the Solomon of Legend." In *The Age of Solomon: Scholarship of the Turn of the Millennium*, edited by L. K. Handy. Leiden: Brill.

Miller, J. Maxwell, and John H. Hayes

1991 *A History of Ancient Israel and Judah*. 2nd ed. Philadelphia: Westminister.

Moberly, R. W. L.

1999 "Theology of the Old Testament." In *The Face of Old Testament Studies: A Contemporary Approach*, edited by D. W. Baker and B. T. Arnold. Grand Rapids: Baker, 452-78.

Monson, John

2000 "The New 'Ain Dara Temple: Closest Solomonic Parallel." *Biblical Archaeology Review* 26/3:20-35, 67.

Moorey, P. Roger S.

2003 *Idols of the People: Miniature Images of Clay in the Ancient Near East*. Oxford: Oxford University Press.

Na'aman, Nadav

1979 "Sennacherib's Campaign to Judah and the Date of the lmlk Stamps." *Vetus Testamentum* 29:61-86.

2000 "Three Notes on the Aramaic Inscriptions from Tel Dan." *Israel Exploration Journal* 50:92-104.

2006 *Ancient Israel's History and Historiography: The First Temple Period*. Winona Lake, IN: Eisenbrauns.

Nakhai, Beth Alpert

2008 *The World of Women in the Ancient and Classical Near East*. Cambridge: Cambridge Scholars Publishing.

Naroll, R.

1962 "Floor Area and Settlement Population." *American Antiquity* 27:587-89.

Naveh, Joseph

1963 "Old Hebrew Inscriptions in a Burial Cave." *Israel Exploration Journal* 13:74-92.

1982 *Early History of the Alphabet*. Jerusalem: Magnes Press.

Netzer, Ehud

1992 "Domestic Architecture in the Iron Age." In *The Architecture of Ancient Israel: From the Prehistoric to the Persian Period*, edited by A. Kempinski and R. Reich. Jerusalem: Israel Exploration Society, 93-202.

Neufeld, E.

1971 "Hygiene Conditions in Ancient Israel (Iron Age)." *Biblical Archaeologist* 34/2:41-66.

Noll, K. N.

2001 *Canaan and Israel in Antiquity: An Introduction*. Biblical Seminar 83. Sheffield: Sheffield Academic Press.

Ofer, Avi

2001 "The Monarchic Period in the Judean Highland: A Spatial Overview." In *Studies in the Archaeology of the Iron Age*, edited by A. Mazar. Journal for the Study of the Old Testament: Supplement Series 331. Sheffield: Sheffield Academic Press, 14-37.

Olyan, Saul M.

1998 *Asherah and the Cult of Asherah in Israel*. Atlanta: Scholars Press.

Oren, Eliezer D.

2000 *The Sea Peoples and Their World: A Reassessment*. Philadelphia: University Museum.

Ornan, Tally

2001 "Ištar as Depicted on Finds from Israel." In *Studies in the Archaeology of the Iron Age in Israel and Jordan*, edited by A. Mazar. Journal for the Study of the Old Testament: Supplement Series 831. Sheffield: Sheffield Academic Press 235-56.

Ortiz, Steven M.

2004 "Deconstructing and Reconstructing the United Monarchy: House of David or Tent of David (Current Trends in Iron Age Chronology)." In *The Future of Biblical Archaeology: Reassessing Methodologies and Assumptions*, edited by J. K. Hoffmeier and A. Millard. Grand Rapids: Eerdmans, 121-48.

Pasto, J.

1998 "When the End Is the Beginning? Or When the Biblical Past Is the Political Present: Some Thoughts on Ancient Israel, 'Post-Exilic Judaism,' and the Politics of Biblical Scholarship." *Scandinavian Journal of the Old Testament* 12:157-202.

Paz, Sarit

2007 *Drums, Women, and Goddesses: Drumming and Gender in Iron Age II Israel*. Fribourg: Academic Press.

Peckham, B.

1992 "Phoenicians, History of." In *Anchor Bible Dictionary*, edited by David Noel Freedman. New York: Doubleday, 5:349-57.

Perdue, Leo G., Joseph Blenkinsopp, and John J. Collins, eds.

1997 *Families in Ancient Israel*. Louisville: Westminster John Knox.

Pippin, Tina

1986 "Ideology, Ideological Criticism, and the Bible." *Currents in Research: Biblical Studies* 4:51-78.

Pitard, Wayne T.

1987 *Ancient Damascus: A Historical Study of the Syrian City-State from Earliest Times until Its Fall to the Assyrians in 732 B.C.E.* Winona Lake, IN: Eisenbrauns.

Provan, Ian W.

1995 "Ideologies, Literary and Critical: Reflections on Recent Writing on the History of Israel." *Journal of Biblical Literature* 114:585-606.

Rainey, Anson F.

1994 "The 'House of David' and the House of the Deconstructionists." *Biblical Archaeology Review* 20/6:47.

1995 Review of *Early History of the Israelite People from the Written and Archaeological Sources*, by Thomas L. Thompson. *American Jewish Studies* 20:156-60.

Rainey, Anson F., and R. Steven Notley

2006 *The Sacred Bridge: Carta's Atlas of the Biblical World*. Jerusalem: Carta. Cited as Rainey 2006 in notes.

Rast, Walter E.

1978 *Ta'anach 1: Studies in the Iron Age Pottery*. Cambridge, MA: American Schools of Oriental Research.

Reich, R.

1992 "Palaces and Residencies in the Iron Age." In *The Architecture of Ancient Israel from the Prehistoric to the Persian Periods*, edited by Aharon Kempinski and Ronny Reich. Jerusalem: Israel Exploration Society, 202-22.

Reich, Ronny, and Baruch Brandl

1985 "Gezer under Assyrian Rule." *Palestine Exploration Quarterly* 117:41-54.

Reich, Ronny, and Eli Shukron

2000 "The System of Rock-Cut Tunnels near Gihon in Jerusalem Reconsidered." *Revue Biblique* 107:5-17.

2006 "On the Original Length of Hezekiah's Tunnel: Some Critical Notes on David Ussishkin's Suggestions." In *"I Will Speak the Riddles of Ancient Times": Archaeological and Historical Studies in Honor of Amihai Mazar on the Occasion of His Sixtieth Birthday*, edited by A. Maeir and P. de Miroschedji. Winona Lake, IN: Eisenbrauns, 795-800.

Reich, Ronny, Eli Shukron, and Omri Lernau

2008 "The Iron Age II Finds from the Rock-Cut 'Pool' near the Spring in Jerusalem: A Preliminary Report." In *Israel in Transition: From Late Bronze II to Iron IIa (c. 1250-850 B.C.E.)*, vol. 1, *The Archaeology*, edited by L. L. Grabbe. London: T. & T. Clark, 138-43.

Reisner, George A., Clarence S. Fisher, and David G. Lyon

1924 *Harvard Excavations at Samaria (1908-1910)*. Vols. 1, 2. Cambridge: Harvard University Press.

Renfrew, Colin, and Paul Bahn

1991 *Archaeology: Theories, Methods, and Practice*. London: Thames and Hudson.

Rollston, Christopher A.

2008 "The Phoenician Script of the Tel Zayit Abecedary and Putative Evidence for Israelite Literacy." In *Literate Culture and Tenth-Century Canaan: The Tel Zayit Abecedary in Context*, edited by R. E. Tappy and P. K. McCarter. Winona Lake, IN: Eisenbrauns, 61-96.

Rosovsky, M., ed.

1996 *Illness and Healing in Ancient Times*. Haifa: Hecht Museum.

Routledge, Bruce

1995 "Pillared Buildings in Iron Age Moab." *Biblical Archaeologist* 58/4:236.

2004 *Moab in the Iron Age: Hegemony, Polity, Archaeology*. Philadelphia: University of Pennsylvania Press.

Sader, Helene

1992 "The 12th Century B.C. in Syria: The Problem of the Rise of the Arameans." In *The Crisis Years: The 12th Century B.C.; From Beyond the Danube to the Tigris*, edited by W. A. Ward and M. S. Joukowsky. Dubuque: Kendall/Hunt Publishing Co., 1509-63.

Sahlins, Marshall D.

1972 *Stone Age Economics*. Chicago: University of Chicago Press.

Sanders, Seth H.

2008 "Writing and Early Iron Age Israel: Before National Scripts, beyond Nations and States." In *Literate Culture and Tenth-Century Canaan: The Tel Zayit Abecedary in Context*, edited by R. E. Tappy and P. K. McCarter. Winona Lake, IN: Eisenbrauns.

Sass, Benjamin, and Christopher Uehlinger, eds.

1993 *Studies in the Iconography of North Semitic Inscribed Seals*. Orbis biblicus et orientalis 125. Freibourg: University Press.

Sawyer, John F. A., and David J. A. Clines, eds.

1993 *Midian, Moab, and Edom: The History and Archaeology of Late Bronze and Iron Age Jordan and North-West Arabia*. Journal for the Study of the Old Testament: Supplement Series 24. Sheffield: JSOT Press.

Schmidt, Brian B.

1996 *Israel's Beneficent Dead: Ancestor Cult and Necromancy in Ancient Israelite Religion and Tradition*. Winona Lake, IN: Eisenbrauns.

Schmidt, Brian B., ed.

2007 *The Quest for the Historical Israel: Debating Archaeology and the History of Early Israel*. SBL Archaeology and Biblical Studies 17. Atlanta: Scholars Press.

Schniedewind, William M.

1996a "The Problem with Kings: Recent Study of the Deuteronomistic History." *Religious Studies Review* 22:22-87.

1996b "The Tel Dan Stele: New Light on Aramaic and Jehu's Revolt." *Bulletin of the American Schools of Oriental Research* 302:75-90.

2000 "Orality and Literacy in Ancient Israel." *Religious Studies Review* 26/4:327-32.

Seger, Karen, ed.

1981 *Portrait of a Palestinian Village: The Photographs of Hilma Granqvist*. London: Third World Centre for Research and Publishing.

Sered, Susan S.

1992 *Women as Ritual Experts: The Religious Lives of Elderly Jewish Women in Jerusalem*. New York: Oxford University Press.

Shamir, Orit

2007 "Loomweights and Textile Production at Tel Miqne-Ekron." In *"Up to the Gates of Ekron": Essays on the Archaeology and History of the Eastern Mediterranean in Honor of Seymour Gitin*, edited by S. W. Crawford et al. Jerusalem: Israel Exploration Society, 43-49.

Shanks, Hershel

1997 "Face to Face: Biblical Minimalists Meet Their Challengers." *Biblical Archaeology Review* 23/4:26-42, 46.

2008 "Sound Proof: How Hezekiah's Tunnelers Met." *Biblical Archaeology Review* 34/5:51-57, 78.

Sharon, Ilana, and Annabel Zarzecki-Peleg

2006 "Podium Structures with Lateral Access: Authority Ploys in Royal Architecture in the Iron Age Levant." In *Confronting the Past: Archaeological and Historical Essays on Ancient Israel in Honor of William G. Dever*, edited by Seymour Gitin, J. Edward Wright, and J. P. Dessel. Winona Lake, IN: Eisenbrauns, 145-67.

Sharon, I., et al.

2007 "The Early Iron Age Dating Project: Introduction, Methodology, Progress Report and an Update on the Tel Dot Radiometric Dates." In *The Bible and Radiocarbon Dating*, edited by Thomas Levy and Thomas Higham. London: Equinox, 43-54.

Sheffer, A., and A. Tidhar

1991 "Textiles and Basketry at Kuntillet 'Ajrûd." *'Atiqot* 20:1-26.

Shiloh, Yigal

1970 "The Four-Room House, Its Situation and Function in the Israelite City." *Israel Exploration Journal* 20:180-90.

1978 "Elements in the Development of Town Planning in the Israelite City." *Israel Exploration Journal* 28:36-51.

1979 *The Proto-Aeolic Capital and Israelite Ashlar Masonry*. Qedem 11. Jerusalem: Institute of Archaeology, Hebrew University of Jerusalem.

1980 "The Population of Iron Age Palestine in the Light of a Sample of Urban Plans, Areas and Population Density." *Bulletin of the American Schools of Oriental Research* 239:25-35.

1987 "The Material Culture of Judah and Jerusalem in the EighthSixth Centuries BCE." In *Recent Excavations in Israel: Studies in Iron Age Archaeology*, edited by S. Gitin and W. G. Dever. Annual of the American Schools of Oriental Research 249. Winona Lake, IN: Eisenbrauns, 113-96.

Shukon, Eli, and Ronny Reich

2000 "The Rock-Cut Tunnels near Gihon Reconsidered." *Revue Biblique* 107:5-17.

Singer-Avitz, Lily

2002 "Arad: The Iron Age Pottery Assemblages." *Tel Aviv* 29:110-214.

Smith, Mark S.

2001 *The Origins of Biblical Monotheism: Israel's Polytheistic Background and the Ugaritic Texts*. New York: Oxford University Press.

2002 *The Early History of God: Yahweh and the Other Deities of Ancient Israel*. Grand Rapids: Eerdmans.

Sneh, Amihai, Ram Weinberer, and Eyal Shalev

2010 "The Why, How, and When of the Siloam Tunnel Reevaluated." *Bulletin of the American Schools of Oriental Research* 359:67-76.

Soggin, J. Alberto

1999 *An Introduction to the History of Israel and Judah*. London: SCM.

2001 *Israel in the Biblical Period: Institutions, Festivals, Ceremonies, Rituals*. London: T. & T. Clark.

Sommer, Benjamin D.

1998 Review of *The Invention of Ancient Israel: The Silencing of Palestinian History*, by Keith W. Whitelam. *Middle East Quarterly*: 85-86.

Stager, Lawrence E.

1985 "The Archaeology of the Family in Ancient Israel." *Bulletin of the American Schools of Oriental Research* 260:1-35.

1995 "The Impact of the Sea Peoples in Canaan." In *The Archaeology of Society*, edited by Thomas E. Levy. Leicester: Leicester University Press, 332-48.

Stager, Lawrence E., and Samuel R. Wolff

1981 "Production and Commerce in Temple Courtyards: An Olive Press in the Sacred Precinct at Tel Dan." *Bulletin of the American Schools of Oriental Research* 243:95, 101.

Stendahl, Krister

1962 "Biblical Theology, Contemporary." In *Interpreter's Dictionary of the Bible*, edited by G. A. Buttrick. Nashville: Abingdon, 1:418-32.

Stern, Ephraim

2001 *The Assyrian, Babylonian, and Persian Periods, 732-332 BCE*. New York: Doubleday.

Stern, Ephraim, ed.

1993 *New Encyclopedia of Archaeological Excavations in the Holy Land*. Vols. 1-4. Jerusalem: Israel Exploration Society.

2008 *New Encyclopedia of Archaeological Excavations in the Holy Land*. Vol. 5. Jerusalem: Israel Exploration Society.

Tappy, Ron E.

2001 *The Archaeology of Israelite Samaria: The Eighth Century BCE*. Winona Lake, IN: Eisenbrauns.

2006 "The Provenance of the Unpublished Ivories from Samaria." In *"I Will Speak the Riddles of Ancient Times": Archaeological and Historical Studies in Honor of Amihai Mazar on the Occasion of His Sixtieth Birthday*, edited by A. M. Maeir and P. de Miroschedji. Winona Lake, IN: Eisenbrauns, 637-56.

Tappy, R. E., and P. K. McCarter, eds.
2008 *Literate Culture and Tenth-Century Canaan: The Tel Zayit Abecedary in Context*. Winona Lake, IN: Eisenbrauns.

Tarnas, Richard
1991 *The Passion of the Western Mind: Understanding the Ideas That Have Shaped Our World View*. New York: Ballantine Books.

Taylor, J. Glen
1993 *Yahweh and the Sun: Biblical and Archaeological Evidence for Sun Worship in Ancient Israel*. Journal for the Study of the Old Testament: Supplement Series 111. Sheffield: Sheffield Academic Press.

Thompson, Thomas L.
1987 *The Origin Tradition of Ancient Israel: The Literary Formation of Genesis and Exodus 123*. Journal for the Study of the Old Testament: Supplement Series 55. Sheffield: JSOT Press.
1992 *Early History of the Israelite People from the Written and Archaeological Sources*. Studies in the History of the Ancient Near East. Leiden: Brill.
1995 "A Neo-Albrightian School in History and Biblical Scholarship." *Journal of Biblical Literature* 114:983-98.
1997 "Defining History and Ethnicity in the Southern Levant." In *Can a "History of Israel" Be Written?* edited by L. L. Grabbe. Journal for the Study of the Old Testament: Supplement Series 245. Sheffield: Sheffield Academic Press, 166-87.
1999 *The Mythic Past: Biblical Archaeology and the Myth of Israel*. New York: Basic Books.
2001 "A View from Copenhagen: Israel and the History of Palestine." Online at http://www.bibleinterp.com.
2003 *Jerusalem in Ancient History and Tradition*. Journal for the Study of the Old Testament: Supplement Series 381. London: T. & T. Clark.

Tigay, J. H.
1986 *You Shall Have No Other Gods: Israelite Religion in the Light of Hebrew Inscriptions*. Atlanta: Scholars Press.

Toombs, Lawrence E.
1992 "Shechem (Place)." In *The Anchor Bible Dictionary*, edited by David Noel Freedman. New York: Doubleday, 5:1174-86.

Toorn, Karel van der

2002 "Israelite Figurines: A View from the Texts." In *Sacred Time and Space: Archaeology and the Religion of Israel*, edited by B. M. Gittlen. Winona Lake, IN: Eisenbrauns, 45-62.

2003 "Nine Months among the Peasants in the Palestinian Highlands: An Anthropological Perspective on Local Religion in the Early Iron Age." In *Symbiosis, Symbolism, and the Power of the Past: Canaan, Ancient Israel, and Their Neighbors from the Late Bronze Age through Roman Palaestina*, edited by W. G. Dever and S. Gitin. Winona Lake IN: Eisenbrauns, 393-410.

2007 *Scribal Culture and the Making of the Hebrew Bible*. Cambridge: Harvard University Press.

Tufnell, Olga

1953 *Lachish III: The Iron Age*. London: Oxford University Press.

Ussishkin, David

1977 "The Destruction of Lachish by Sennacherib and the Dating of the Royal Judean Storage Jars." *Tel Aviv* 4:28-60.

1982 *The Conquest of Lachish by Sennacherib*. Tel Aviv: Institute of Archaeology, Tel Aviv University.

1983 "The Conquest of Lachish by Sennacherib." *Tel Aviv* 10:97-105.

Ussishkin, David, et al., eds.

2004 *The Renewed Archaeological Excavation at Lachish(1973-1994)*. Institute of Archaeology Monograph Series 22. Tel Aviv: Institute of Archaeology, Tel Aviv University.

Van Seters, John

1983 *In Search of History: Historiography in the Ancient World and the Origins of Biblical History*. New Haven: Yale University Press.

Vaughn, Andrew G.

1999 "Can We Write a History of Israel Today?" In *The Future of Biblical Archaeology: Methodologies and Assumptions*, edited by J. K. Hoffmeier and A. Millard. Grand Rapids: Eerdmans, 368-85.

2003 "Is Biblical Archaeology Theologically Useful Today? Yes, a Programmatic Proposal." In *Jerusalem in Bible and Archaeology: The First Temple Period*, edited by Andrew G. Vaughn and Ann E. Killebrew. Atlanta: Society of Biblical Literature, 407-30.

Vaughn, Andrew G., and Ann E. Killebrew, eds.

2003 *Jerusalem in Bible and Archaeology*. Atlanta: Society of Biblical Literature.

Vaughn, Andrew G., and Carolyn P. Dobler

2006 "A Provenience Study of Hebrew Seals and Seal Impressions." In *"I Will Speak the Riddles of Ancient Times": Archaeological and Historical Studies in Honor of Amihai Mazar on the Occasion of His Sixtieth Birthday*, edited by A. Maeir and P. de Miroschedji. Winona Lake, IN: Eisenbrauns, 757-71.

Vriezen, Karel J. H.

2001 "Archaeological Traces of Cult in Ancient Israel." In *Only One God? Monotheism in Ancient Israel and the Veneration of the Goddess Asherah*, edited by B. Becking, M. Dijkstra, and K. J. H. Vriezen. Biblical Seminar 77. Sheffield: Sheffield Academic Press, 45-80.

Walsh, C.

2000 *The Fruit of the Vine: Viticulture in Ancient Israel*. Harvard Semitic Monographs 60. Winona Lake, IN: Eisenbrauns.

Watson, Patty Jo

1979 *Archaeological Ethnography in Western Iran*. Tucson: University of Arizona.

Whitelam, Keith W.

1996 *The Invention of Ancient Israel: The Silencing of Palestinian History*. London: Routledge.

2002 "Representing Minimalism: The Rhetoric and Reality of Revisionism." In *Sense and Sensibility: Essays on Reading the Bible in Memory of Robert Carroll*, edited by A. G. Hunter and P. R. Davies. Journal for the Study of the Old Testament: Supplement Series 348. Sheffield: Sheffield Academic Press, 194-223.

Whitley, D. S.

1998 *Reader in Archaeological Theory: Post-Processual and Cognitive Approaches*. London: Routledge.

Wiggins, Steve A.

2001 *A Reassessment of "Asherah": A Study according to the Textual Sources of the First Two Millennia BCE*. Neukirchen-Vluyn: Neukirchener.

Willett, Ann R.

2008 "Infant Mortality and Women's Religion in the Biblical Periods." In *The World of Women in the Ancient and Classic Near East*, edited by Beth Alpert Nakhai. Newcastle upon Tyne: Cambridge Scholars Press, 79-98.

Williamson, Hugh G. M., ed.

2007 *Understanding the History of Ancient Israel*. Proceedings of the British Academy 143. Oxford: Oxford University Press.

Windschuttle, K.

1996 *The Killing of History: How Literary Critics and Social Theorists Are Murdering Our Past*. New York: Free Press.

Winter, Irene J.

1976 "Phoenician and North Syrian Ivory Carving in Historical Context: Questions of Style and Distribution." *Iraq* 38:1-22.

1981 "Is There a South Syrian Style of Ivory Carving in the Early First Millennium B.C.?" *Iraq* 43:101-30.

Wolff, Samuel

2007 "Stone Pedestaled Bowls from the Late Bronze Age Iron Ages in the Levant." In *"Up to the Gates of Ekron": Essays on the Archaeology and History of the Eastern Mediterranean in Honor of Seymour Gitin*, edited by S. W. Crawford et al. Jerusalem: Israel Exploration Society, 305-12.

Wright, George Ernest

1952 *God Who Acts: Biblical Theology as Recital*. London: SCM.

1965 *Shechem: The Biography of a Biblical City*. New York: McGraw-Hill.

Wright, G. R. H.

1985 *Ancient Building in South Syria and Palestine*. Vols. I-II. Leiden: Brill.

Yadin, Y.

1959 "Receipts of Owners, a Note on the Samaria Ostraca." *Israel Exploration Society* 19:184-87.

1975 *Hazor: The Rediscovery of a Great Citadel of the Bible*. New York: Random House.

Yadin, Yigael, et al.

1958 *Hazor I.* Jerusalem: Magnes Press.

1960 *Hazor II.* Jerusalem: Magnes Press.

1989 *Hazor III.* Jerusalem: Magnes Press.

Yadin, Yigael, and Amnon Ben-Tor, eds.

1989 *Hazor III-IV, Text.* Jerusalem: Israel Exploration Society.

1993 *The Art of Warfare in Biblical Lands in the Light of Archaeological Study.* 2 vols. New York: McGraw-Hill.

Yeivin, A.

1987 "The Mysterious Silver Hoard from Eshtemoa." *Biblical Archaeology Review* 13/6:38-44.

Yezerski, Irit

1999 "Burial-Cave Distribution and the Borders of the Kingdom of Judah toward the End of the Iron Age." *Tel Aviv* 26:253-70.

2004 "An Iron Age Burial Cave at Rās āl-Tawil." In *Burial Caves and Sites in Judea and Samaria*, edited by H. Hizmi and A. De Groot. Jerusalem: Israel Antiquities Authority, 209-30.

Zertal, Adam

2001 "The Heart of the Monarchy: Pattern of Settlement and Historical Considerations of the Israelite Kingdom of Samaria." In *Studies in the Archaeology of the Iron Age in Israel and Jordan*, edited by A. Mazar. Journal for the Study of the Old Testament: Supplement Series 331. Sheffield: Sheffield Academic Press, 38-64.

Zevit, Ziony

1999 Review of *In Search of "Ancient Israel,"* by Philip R. Davies. *American Jewish Studies Review* 20:153-56.

2001 *The Religions of Ancient Israel: A Synthesis of Parallactic Approaches.* London: Continuum.

2002 "Three Debates about Bible and Archaeology." *Biblica* 83/1:1-27.

Zirmhoni, Ora

2004 "The Pottery of Levels III and II." In *The Renewed Archaeological Excavations at Lachish(1973-1994).* Institute of Archaeology Monograph Series 22. Tel Aviv: Institute of Archaeology, Tel Aviv University, 178-89.

Zorn, Jeffrey R.

1994 "Estimating the Population Size of Ancient Settlements: Methods, Problems, Solutions, and a Case Study." *Bulletin of the American Schools of Oriental Research* 295:31-48.

1997 "An Inner and Outer Gate Complex at Tell en-Naşbeh." *Bulletin of the American Schools of Oriental Research* 307:36-53.